基于单元的语文教学设计研究

崔嵘 ◎ 主编

中国友谊出版公司

图书在版编目（CIP）数据

基于单元的语文教学设计研究 / 崔嵘主编.-- 北京：中国友谊出版公司，2024.3
ISBN 978-7-5057-5776-9

I.①基… Ⅱ.①崔… Ⅲ.①语文课—教学设计—中小学 Ⅳ.① G633.302

中国国家版本馆 CIP 数据核字（2023）第 224374 号

书名	基于单元的语文教学设计研究
主编	崔　嵘
出版	中国友谊出版公司
发行	中国友谊出版公司
经销	新华书店
印刷	晟德（天津）印刷有限公司
规格	787 毫米 ×1092 毫米　16 开 42.75 印张　　500 千字
版次	2024 年 6 月第 1 版
印次	2024 年 6 月第 1 次印刷
书号	ISBN 978-7-5057-5776-9
定价	128.00 元
地址	北京市朝阳区西坝河南里 17 号楼
邮编	100028
电话	（010）64678009

编委会

主　编：崔　嵘

副主编：杨红兵　李新会

编委会（按音序排列）：

柏春庆　高春杰　谷凤霞　蒋杰英　孔凡艳　刘　利
刘为群　马　妍　尚红艳　宋继东　王凤红　王化英
王云阁　袁红娥　张东岭　张立娟

学术指导委员会：

张维佳　崔增亮　李禄兴　吴　琳

学术助理：

王姝懿　赵欣妍

前　言

近年来，语文教育作为课程改革的重中之重，面临着来自社会发展、课程改革、教材变化等方面的诸多挑战。语文课程也在经历着系统化、结构化、科学化的重构。语文核心素养、统编教材、单元整体教学、学习活动、线上教学、跨学科整合等成了语文教育的高频词。但语文课程致力于引导学生热爱国家通用语言文字，培养语言文字运用的能力，为学生学好其他课程打下基础的奠基作用没有变；语文课程在培根铸魂、落实立德树人的根本任务中所具有的不可替代的优势没有变。因此，如何开展守正创新的语文课程改革是语文教育工作者都在认真思考并积极探索的问题。

北京市语文现代化研究会作为从事语文现代化研究的学术团体，始终密切关注小学语文教育教学的时代发展，以服务首都基础教育，引领并推动小学语文教育的研究发展为己任，努力搭建语文教师专业成长的学术平台，受到了广大教师的欢迎。

2021年，学会召开了第八届年会。本届年会以"领悟统编教材理念，强化核心素养养成"为主题，聚焦"语文核心素养的形成与发展、单元整体教学、学习活动设计、语文评价研究、跨学科整合"等语文教学中的热点问题，在理事单位的小学语文教师中征集了教学论文、教学录像、说课视频等多种形式的实践成果，展示了这些"小语人"对语文教学的孜孜追求。为进一步发挥学会的辐射与引领作用，将学会开展的教学与研究惠及众人，使更多的教师了解小学语文的研究动态和成就，深入理解统编版教材编写理念，同时也为增强小学语文教师之间的交流与借鉴，分享教育智慧，经过多方推选，编委会从这些教学论文及教学设计中精选了部分优秀作品，结集为《指向语文核心素养的教学研究》《基于单元的语文教学设计研究》两书出版。

学会始终秉持以研究助推专业成长的理念，鼓励并支持小学语文教师结合日常教学，开展实践研究。《指向语文核心素养的教学研究》便是这样一本凝聚了近百位语文教师的研究智慧的论文集。本书分为六大板块，各板块内以作者姓氏音序排列，内容涵盖学习活动设计、学习评价实施、单元整体教学、整本书阅读教学、跨学科整合及作业设计等语文教育的热点问题，总结了教师们在促进学生语文素养的形成与发展方面的探索经验。

与语文教育改革同频共振是本学会发展的目标之一。为此，学会始终号召广大语文教师在课堂教学中不断改革，勇于创新。自统编教材使用以来，越来越多的教师认识到实施单元整体教学是用好统编教材的关键。《基于单元的语文教学设计研究》旨在以单元整体教学作为深入研究统编教材的切入点，收录了83位教师的教学设计，汇聚了他们在识字教学、革命文化教学、文体教学、阅读策略教学、习作教学以及语文综合性学习单元教学等方面的教学成果。本书共分六大板块，各版块内按教材册次及单元顺序排列，相同的教材篇目以作者姓氏音序排列。

两本书的结集出版在一定程度上见证了北京市语文现代化研究会各理事单位在小学语文教育改革之路上的探索，促进了小学语文教师的专业成长与发展，也昭示了我们未来的发展方向。

由于时间仓促，难免有疏漏，请予指正。同时，因版面有限，还有许多作者的优秀论文及教学设计未及收录，颇为遗憾。衷心期待未来能有更多、更新、更好、更深的作品出现。

感谢学会领导的关怀与指导，感谢常务理事们的大力支持，感谢各理事单位的积极配合，感谢各位作者的辛勤付出，感谢所有为此书编辑出版而辛苦工作的同仁！

主编

2022年春

目 录

识字教学板块

第一册第七单元《明天要远足》　　　　　　　王晓亮 / 002
第三册第二单元《拍手歌》　　　　　　　　　丁巳菊 / 011
第四册第三单元《"贝"的故事》　　　　　　陈驰 / 019

革命文化教学板块

第二册第二单元《吃水不忘挖井人》　　　　　赵芸 / 030
第三册第六单元《八角楼上》　　　　　　　　高春杰 / 037
第十册第四单元《军神》　　　　　　　　　　王冬梅 / 045
第十二册第四单元《十六年前的回忆》　　　　齐雯雯 / 053

文体教学板块

第一册第八单元《雪地里的小画家》　　　　　朱艳 / 062
第二册第六单元《荷叶圆圆》　　　　　　　　任悦 / 070
第二册第六单元《要下雨了》　　　　　　　　罗硕 / 077
第二册第七单元《一分钟》　　　　　　　　　林安琪 / 085
第四册第八单元《羿射九日》　　　　　　　　马莹 / 094
第五册第二单元《古诗三首》　　　　　　　　马英姿 / 101
第五册第二单元《守株待兔》　　　　　　　　于明 / 108
第五册第六单元《富饶的西沙群岛》　　　　　梁新 / 116
第五册第七单元《大自然的声音》　　　　　　胡云朋 / 126
第六册第三单元《蜜蜂》　　　　　　　　　　刘岚 / 135
第六册第六单元《剃头大师》　　　　　　　　杨洪玉 / 142
第六册第七单元《我们奇妙的世界》　　　　　岳伶丽 / 150

第六册第七单元《我们奇妙的世界》	刘淑丽	/ 158
第七册第三单元《古诗三首》	靳桂香	/ 165
第七册第四单元《盘古开天地》	王琦	/ 172
第七册第四单元《普罗米修斯》	王金艳	/ 182
第七册第八单元《王戎不取道旁李》	闫继凡	/ 192
第八册第一单元《乡下人家》	黄旭	/ 200
第八册第三单元《短诗三首》	张路	/ 207
第八册第三单元《短诗三首》	孙阳	/ 214
第八册第七单元《挑山工》	祝春光	/ 221
第八册第八单元《宝葫芦的秘密（节选）》	王蕊	/ 229
第九册第三单元《猎人海力布》	王淑阳	/ 237
第九册第四单元《古诗三首》	任丹丹	/ 245
第九册第四单元《少年中国说（节选）》	李惠	/ 254
第九册第六单元《慈母情深》	张乃清	/ 262
第九册第六单元《慈母情深》	朱爱云	/ 268
第九册第七单元《古诗词三首》	梁文松	/ 275
第九册第七单元《鸟的天堂》	刘悦	/ 282
第九册第八单元《忆读书》	王雨楠	/ 289
第九册第八单元《忆读书》	杨晓洁	/ 298
第十册第六单元《跳水》	李凯旋	/ 305
第十册第七单元《牧场之国》	杨辰	/ 313
第十一册第四单元《桥》	吴娟	/ 321
第十一册第六单元《青山不老》	张宇	/ 328
第十一册第八单元《少年闰土》	杨旭	/ 336
第十二册第二单元《骑鹅旅行记（节选）》	吴瑞	/ 343

阅读策略教学板块

第二册第六单元《古诗二首》	赵墨	/ 354
第三册第一单元《我是什么》	王凤红	/ 363
第四册第六单元《要是你在野外迷了路》	刘雅楠	/ 371

第五册第四单元《胡萝卜先生的长胡子》　　　　　　　　张颖 / 380

第五册第四单元《小狗学叫》　　　　　　　　　　　　袁丽华 / 389

第五册第四单元《胡萝卜先生的长胡子》　　　　　　　　李响 / 398

第五册第四单元《总也倒不了的老屋》　　　　　　　　　吕敏 / 408

第五册第四单元《总也倒不了的老屋》　　　　　　　　　赵丽 / 415

第五册第四单元《胡萝卜先生的长胡子》　　　　　　　刘晓群 / 423

第七册第二单元《一个豆荚里的五粒豆》　　　　　　　　杜延 / 432

第八册第二单元《千年梦圆在今朝》　　　　　　　　　　张颖 / 439

第九册第二单元《将相和》　　　　　　　　　　　　　赵晨芳 / 446

第九册第二单元《什么比猎豹的速度更快》　　　　　　陆宇晨 / 454

第十一册第三单元《竹节人》　　　　　　　　　　　　崔玉莲 / 461

习作教学板块

第五册第五单元　我们眼中的缤纷世界　　　　　　　　卢笑莹 / 469

第五册第五单元《搭船的鸟》《我家的小狗》　　　　　李艳红 / 478

第六册第五单元《宇宙的另一边》　　　　　　　　　　胡京南 / 486

第六册第五单元《我变成了一棵树》　　　　　　　　　　任媛 / 496

第七册第五单元　习作：生活万花筒　　　　　　　　　李珺然 / 505

第七册第六单元　记一次游戏　　　　　　　　　　　　马青翠 / 514

第八册第四单元　我的动物朋友　　　　　　　　　　　润艳艳 / 522

第八册第五单元《海上日出》　　　　　　　　　　　　朱卫华 / 529

第八册第五单元《记金华的双龙洞》　　　　　　　　　尹盼盼 / 537

第八册第五单元《记金华的双龙洞》　　　　　　　　　　孙冬 / 546

第九册第五单元《太阳》　　　　　　　　　　　　　　艾欣欣 / 554

第九册第五单元《松鼠》　　　　　　　　　　　　　　　赵娜 / 562

第十册第二单元　习作：写读后感　　　　　　　　　　周晓萱 / 570

第十册第五单元《刷子李》　　　　　　　　　　　　　　侯旭 / 578

第十册第五单元　习作：形形色色的人　　　　　　　　王红艳 / 586

第十一册第五单元《夏天里的成长》　　　　　　　　　籍莹莹 / 593

第十一册第五单元《盼》　　　　　　　　　　　　　　付京芳 / 600

第十一册第五单元《夏天里的成长》　　　　　　刘文娟 / 608
第十一册第五单元《夏天里的成长》　　　　　　霍曈 / 615
第十一册第五单元　围绕中心意思写　　　　　　张志坤 / 624
第十一册第五单元　围绕中心意思写　　　　　　潘晓庚 / 632
第十二册第一单元　习作：家乡的风俗　　　　　孙小超 / 641
第十二册第三单元《那个星期天》　　　　　　　燕京华 / 650

语文综合性学习单元板块

第四册第一单元《找春天》　　　　　　　　　　张雨 / 659
第十册第三单元　汉字真有趣　　　　　　　　　赵露 / 666

识字教学板块

第一册　第七单元《明天要远足》

王晓亮

教学单元基本信息		
姓名	王晓亮	单位	北京市朝阳区垂杨柳中心小学
年级	一年级	单元	上册第七单元
单元主题	儿童生活		

单元指导思想与理论依据

"喜欢学习汉字，有主动识字、写字的愿望"是《义务教育语文课程标准（2011年版）》对低年级学生提出的识字要求。因此，在低年级识字课上，采用多种识字方法，以游戏活动为载体，引导学生在游戏中识字、在情境中识字、在生活体验中识字，不仅可以降低识字难度，还能激发学生识字的兴趣，促进低年级学生自主识字。

单元教学内容及要素分析

《明天要远足》是统编教材小学语文一年级上册第七单元的第一课。

表1　单元"双线"分析

课题	人文主题	语文要素		
		联系生活实际，理解课文内容	学习"的"字词语的合理搭配	巩固用识字方法认识生字
《明天要远足》	感受即将远足的快乐、期盼之情	初步感知	初步感知	加减换、生活中识字、情境中识字、字理识字
《大还是小》	体会希望快快长大和不愿长大的充满矛盾和趣味的内心世界	学习方法	发现规律	加减换、生活中识字、偏旁归类识字

续表

《项链》	体会海边玩耍的快乐之情	运用方法	扩展运用	加减换、生活中识字、字理识字、联想识字
语文园地七	感受故事的趣味和亲子阅读的快乐			偏旁归类识字

从人文主题方面来看，本单元围绕"儿童生活"共编排了3篇课文，题材丰富，内容贴近学生的生活：有远足郊游，有成长点滴，有海边玩耍，不仅展现了多彩的儿童生活场景，也展现了儿童丰富的内心世界，以及他们日常生活中的不同情感体验。

从语文要素方面来看：本单元的教学重点一个是联系学生的生活实际，理解课文内容；另一个是"的"字词语的合理搭配；第三个是巩固识字方法，认识生字。识字和写字是阅读和写作的基础，同时也是第一学段的教学重点。这3篇课文通过不同的侧重点，落实本单元的语文要素。

单元教学目标

1.通过运用加减换和生活中识字等多种识字方法，认识38个生字和5个偏旁；会写11个生字。

2.正确、流利地朗读课文；初步尝试找出课文中一些明显的信息。

3.联系生活实际，理解课文内容，感受儿童丰富多彩的内心世界。

单元教学结构

加减换 生活中识字 情境中识字 字理识字	加减换 生活中识字 偏旁归类识字
《明天要远足》 （11个生字+2个偏旁）	《大还是小》 （11个生字+2个偏旁）
巩固识字方法，认识生字	
《项链》 （11个生字+1个偏旁）	语文园地 （5个生字）
加减换 生活中识字 字理识字 联想识字	偏旁归类识字

图1　单元教学结构图

课题	9 明天要远足
课时	第 1 课时
课型	新授课☑　精读或略读指导□　口语交际课□　专题复习课□ 习作指导或讲评□　学科实践活动课□　其他□

课时教学内容分析

1. 主题分析。

本课没有正面写远足，却写出了一个即将远足郊游的孩子对远足的向往和期盼，把儿童独有的内心世界和情绪活动生动地传达了出来。

2. 文本特点。

本文是一首儿童诗，共3个小节，饱含童真，语言凝练、传神，情趣盎然。三个小节中都使用了感叹词"唉"，重复使用，使主人公情感的传达更有力度。

3. 课后思考题分析。

第一题是朗读课文。可以采用多种形式的朗读，重点指导读好问句。第二题是联系自己的生活实际，体会文中主人公的心情，并和同学进行交流。这一语文要素将在第二课时落实。

识字写字是低年级重要的学习任务，在教学中可以运用多种方法进行识字，让学生在有趣的情境中、活动中走进语文，乐于识字。

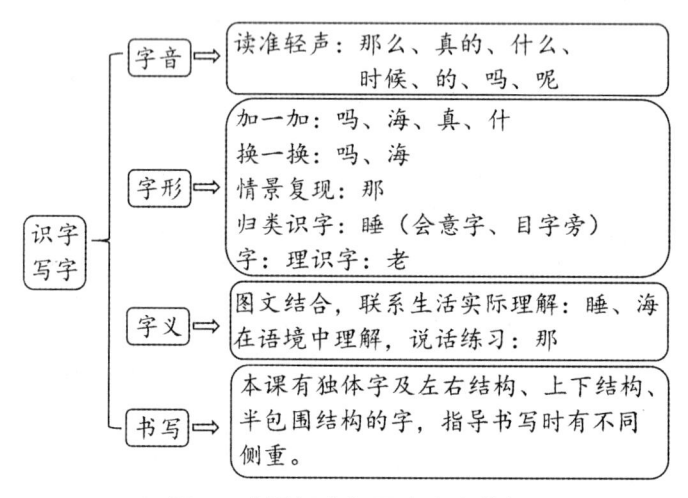

```
              ┌─字音 → 读准轻声：那么、真的、什么、
              │              时候、的、吗、呢
              │
              │         加一加：吗、海、真、什
              │         换一换：吗、海
识字写字 ─────┼─字形 → 情景复现：那
              │         归类识字：睡（会意字、目字旁）
              │         字：理识字：老
              │
              ├─字义 → 图文结合，联系生活实际理解：睡、海
              │         在语境中理解，说话练习：那
              │
              └─书写 → 本课有独体字及左右结构、上下结构、
                        半包围结构的字，指导书写时有不同
                        侧重。
```

图 2　本课识字与写字内容分析

学习者分析

1. 识字方面。

学生基础：

（1）能够借助汉语拼音识字。

（2）已学习的识字方法：加一加、减一减、换一换、看图识字、生活中识字等。

（3）已经认识了29个偏旁。

（4）培养了识字小老师，鼓励学生互助识字，在识字游戏中检验识字效果，感受识字乐趣。

提升点：

（1）学生没有归类识记的意识。遇到新偏旁，教师需要引导学生探究偏旁的意义，并进行拓展，达到"识一字，通一类"的目的，形成归类识字的意识。

（2）学生识字方法单一，不能够灵活运用。识字课的提升点，不只是认识某个字，而是学方法，认识更多的字。所以学习识字方法和使用方法，实现自主识字是识字教学的核心。

2. 写字方面。

在本课之前已经学写了73个汉字，绝大部分是独体字。本课还出现了左右结构、上下结构、半包围结构的字，指导书写时有不同侧重。通过前面的学习，学生知道写字的步骤和标准，培养了写字"小老师"。

3. 朗读方面。

学生通过前期学习能够借助拼音读课文，能按照标点符号停顿。通过朗读的三星评价标准，可以知道读好课文的标准，如何评价别人的朗读，使学生朗读的能力和评价的能力都得到训练。

课时教学目标

1. 通过运用加减换和生活中识字等多种识字方法，认识"说、那"等11个生字，认识"目字旁、京字头"两个偏旁。会写"才、明"两个生字。（教学重难点）

2. 通过多种朗读形式，正确流利地朗读课文，读好问句。（教学重难点）
3. 通过朗读课文，初步了解课文内容。

学习评价设计

第一关：识字小能手——游戏"词语拍拍乐"

第二关：朗读小达人

★声音洪亮
★字音准确
★句子通顺

第三关：写字小标兵

	规范	端正	整洁
自评	★	★	★
互评	★	★	★

教学活动设计

一、联系生活，激趣导入

1. 出示图片，回顾活动。

同学们，前段时间我们一起到野生动物园参加社会实践活动，你印象最深的是什么？

2. 出示课题，理解意思。板书课题：明天要远足。

3. 齐读课题，闯关激励。

这个小女孩需要闯过三关，获得三枚徽章，才可以拿到明天远足的通行证，你们愿意助她一臂之力吗？这三枚徽章分别是"朗读小达人""识字小能手"和"写字小标兵"。让我们一起去闯关吧。

【设计意图：从学生实际生活引入，唤起记忆，引发学生的认同感，理解题目意思。再以游戏闯关的形式，激发学生参与的热情，增强学习的主动性。】

二、整体朗读，初步正音

过渡：下面请同学们打开书93页，借助拼音朗读这首儿童诗，要求读准字音，读通句子，读不好的地方多读几遍。一起为拿到"朗读小达人"徽章努力吧。

1. 学生自读，读准音。

2. 教师范读，再正音。

3. 同伴互读，纠偏差。

4. 互读词卡，找难点。

小游戏：我来指，你来读。轮流认读生字，两个人都不认识的字可以标"求助圈"。

| 睡不着 | 大海 | 那么 | 真的吗 | 老师 | 同学 | 什么 | 才天亮 |

【设计意图：通过借助拼音自读、老师范读、同伴互读等方式，学生清晰目标，读准字音。通过"我来指你来读"小游戏，课上摸学情，了解难点字。】

三、细致朗读，随文识字

过渡：认识了本课的生字可以帮助我们更好地读懂课文，下面我们先来闯第一关。

1. 回顾方法，预热识字。还记得我们学过哪些识字方法吗？

预设：加一加、减一减、换一换、看图识字、生活中识字……

2. 在活动中，集中识字。

出示第 1 小节：

> 翻过来，
> 唉——
> 睡不着。
> 那地方的海，
> 真的像老师说的，
> 那么多种颜色吗？

（1）小组活动，交流识字方法。

（2）全班交流，教师点拨重点。

①同一个字可以用不同的方法来记。

吗：加一加、换一换（妈）

②同样方法迁移：还有哪些字能用这种方法来记？

加一加：（海、真）；换一换：海（梅）

③"睡"字点拨：睡是会意字，左边目，右边垂，眼皮垂下来就是闭上眼睛，睡着的样子。

认识目字旁：你还认识其他带有目字旁的字吗？发现都和眼睛有关。

④生活中识字："老师"

出示海报：你能找到"老师"这个词吗？

点拨：字理识字"老"（甲骨文的"老"是一位手里拿着拐杖的老人，本义是年老。）

⑤语境运用中认识"那""同"。

小活动：我会说——老师示范：这位同学是_____，那位同学是_____，你有什么发现？（引导发现"这"和"那"相对，这是近处，那是远处。）指生用句式模仿表达。

⑥"一字开花"游戏——"同"字扩词。

（3）指导朗读，读好问句——第1、2小节。

方式：教师示范、学生练习。

【设计意图：在集中识字环节，自主识字、全班交流和老师点拨相结合，引导学生借助字理识字、生活中识字、偏旁归类识字、情境中运用等多种方法，识记较难生字，丰富了识字方法，提高了识字兴趣。】

3.小组合作，自主识字。

（1）小组合作，借助识字方法识记生字，并练习读第3小节。

（2）全班反馈交流。认识"京字头"。

（3）指生朗读第3小节。

【设计意图：本环节就可以充分放手，让学生借助识字方法自主识记生字，再通过朗读课文的方式进行检验，提高课堂学习的效率。】

四、游戏巩固，监控落实

1.识字游戏，共同闯第一关。——游戏"词语拍拍乐"

游戏规则：四人一组，组长说词，其他人拍词，先拍到先得，游戏结束后，统计获得词卡数量，最多的同学获胜。

祝贺大家，我们拿到了第一枚徽章——识字小能手。

2.明确标准，推荐闯第二关。

出示标准——朗读三颗星：★声音洪亮、★字音正确、★句子流利。

（1）明确要求，自主练习。

（2）同伴互读，评价指导。请同伴来当一当你的"朗读小耳朵"，读完请给他评星。

（3）推荐选手，进行闯关。

（4）全班评价，获得徽章。太棒了，我们拿到"朗读小达人"徽章了。

【设计意图：游戏是学生喜闻乐见的形式。游戏中的小竞争，能够点燃学生学习的激情。同时，学生在游戏中检验了识字的效果，享受到了游戏的快乐。朗读闯关活动中，学生明确标准，按照标准自主练习，对照标准互相评价，按

照标准推荐小选手，最后达到标准，得到"朗读小达人"的徽章，形成闭环学习过程。】

五、指导书写，强化习惯

1. 回顾书写步骤，明确写字标准。（看—描—写—比—练）

2. 出示生字"才、明"，"写字小老师"带领学习。（看结构，看笔顺，看笔画）

表达范例：大家好，我来教大家"才"，天才的才，它是独体字；笔顺是：横、竖钩、撇（全班书空）；写的时候要注意竖钩偏右边一点，谁还有补充？

3. 教师范写并讲解，学生书空。

4. 学生描红、书写，自评。

5. 同桌运用评价量表互评，再次练习。

获得三颗星的同学，得到了写字小标兵的徽章，真了不起！你们看，通行证拿到了！

小结：我们这节课的收获可真不少，一起闯过了识字、朗读、写字三关，还帮助了这个小女孩拿到远足的通行证。下节课，我们还将和她一起感受远足前一晚的奇妙心情。

【设计意图：写字环节要注重有趣和得法，通过闯关活动让学生在快乐的氛围中学习，借助"写字小老师"，引导学生从结构、笔顺、关键笔画等方面观察，再根据书写标准进行书写练习。在写完生字后，充分发挥学生的主体性，运用及时评价，强化写字标准，提升书写水平。】

板书设计

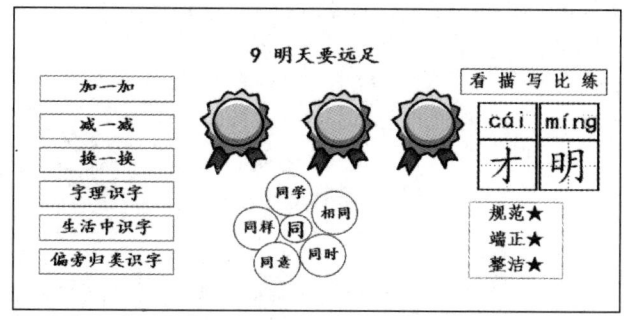

作业设计

挑战"词语拍拍乐"游戏

活动方式：下课3~4人一组，一人说词，其他人拍词，统计获得词卡数量，最多的同学获胜。

教学反思与改进

1. 在自主合作中，提高学生学习效率。

学生是课堂学习的主人，在识字、朗读和写字环节，自主学习和小组合作学习相结合，让学生在主动探索和生生互助中，提高学习效率。

2. 在游戏活动中，激发学生学习兴趣。

课堂中，既有贯穿整节课的闯关情境，也有丰富的识字、朗读等小游戏，符合低年级学生的年龄特点，有助于提高学生课堂学习参与性。

3. 在自评互评中，检验学生学习效果。

在识字、朗读、书写方面都有相应的评价标准，使学生在学习前了解标准，学习时对照标准，评价时使用标准，检验了学生的学习效果。

4. 培养"小老师"，激发学生学习主动性，鼓励他们在课外更好地识字。

通过培养识字、写字小老师，学生成了课堂的主人，既锻炼了胆量，又增强了识字写字的信心。当然，"小老师"的培养需要持续进行，后面还可以培养"朗读小老师""解题小老师等"。

（指导教师：北京市朝阳区教育科学研究院 马妍）

第三册　第二单元《拍手歌》

丁巳菊

教学单元基本信息				
姓名	丁巳菊	单位	北京市顺义区天竺第一小学
年级	二年级	单元	上册第二单元
单元主题	识字		

单元指导思想与理论依据

《义务教育语文课程标准（2011年版）》对第一学段识字的要求为"喜欢学习汉字，有主动识字、写字的愿望。""学习独立识字。""识字教学要注意儿童心理特点，将学生熟知的语言因素作为主要材料，结合学生的生活经验，引导他们利用各种机会主动识字，力求识用结合。"

本单元识字教学充分利用了儿歌在识字中的作用。学生可以借助儿歌读准字音、利用语境了解字义，识字与朗读互相促进。发现形声字特点，用部件归类法识字，既提高识字效率又为学生独立识字打下基础。

单元教学内容及要素分析

本单元是集中识字单元，教学时应把教学重点放在识字写字上。本单元安排了《场景歌》《树之歌》《拍手歌》《田家四季歌》4篇课文，以歌谣的形式呈现，目的是引导学生在不同语境中识字学词，了解形声字形旁表义、声旁表音的特点。"语文园地"重点安排学习部首查字法，这是学生独立识字常用的方法。教学时，教师要结合课文加强查字典的练习，引导学生学会用部首查字法查字典，提高主动识字的意识和能力。

本单元课文内容贴近儿童生活：《场景歌》把意义相连、语义相关的数量词分类集中在 4 个不同场景中；《树之歌》介绍了祖国大江南北常见的树木，引导学生了解它们的基本特点；《拍手歌》旨在渗透爱护和保护动物的意识；《田家四季歌》介绍了一年四季的农事活动。通过本组课文的学习，让学生亲近自然，感受大自然的丰富美妙，激发对大自然的热爱之情。

单元教学目标

1. 通过自主学习、合作学习，结合图文识记生字，发现形声字特点。读准 2 个多音字，会写 40 个字和 25 个词语。
2. 了解数量词的用法，能在生活情景中恰当运用量词。
3. 能正确、流利、有感情地朗读课文，背诵课文。
4. 学会部首查字法。懂得阅读时遇到不认识的字可以用部首查字法查字典。
5. 在朗读中感受儿歌的韵律和趣味，感受大自然的美好。

单元教学结构

美妙的大自然
在不同语境中集中识字

《场景歌》	《树之歌》	《拍手歌》	《田家四季歌》	《语文园地二》
读文中识字，识字过程中了解形声字特点。	利用形声字特点掌握木字旁生字。	学习部件归类法识字。随文自主识字。	多元识字，用学过的识字方法自主识字。	利用例字学习部首查字法查字典。
结合不同场景了解不同事物数量词的表达。	在朗读、背诵的过程中了解不同地区树木的特点。	多种形式读中感受童谣节奏韵律，利用插图认识动物及生活场景。	读好童谣中长短句节奏。结合插图和生活实际了解四季农事。	积累中华美德名言。借助拼音及查字典阅读《十二月花名歌》。

图 1　单元教学结构图

课题	3 拍手歌
课时	第 1 课时
课型	新授课☑ 精读或略读指导☐ 口语交际课☐ 专题复习课☐ 习作指导或讲评☐ 学科实践活动课☐ 其他☐

课时教学内容分析

　　《拍手歌》语句简短，句式整齐，一节一韵，节奏轻快。儿歌共 10 个小节，开头与结尾 3 个小节相互呼应，中间的 6 个小节展现了 8 种动物的生活场景。儿歌主要运用拟人手法，动物形象亲切可爱，富于儿童情趣。本课第一课时初读儿歌，主要解决生字与认读字的字音，在儿歌提供的具体语言环境中随文识字、部首归类识字；了解"隹字旁"和"鸟字旁"的字大多与"鸟"有关；学习书写"歌、深、猫、朋"四个左右结构的生字。

学习者分析

　　二年级学生通过之前的学习对汉字的偏旁、结构、构字原理有了初步了解，并掌握了常用的识字方法，对形声字形旁表义、声旁表音的规律也有一定体悟。所以在学习本课生字时继续引导学生利用这些方法自主识字。在写字方面，学生在一年级时已掌握了汉字的基本笔画和笔顺，初步形成了观察汉字结构、部件、笔画的能力，能够比较准确地书写左右结构的生字。

课时教学目标

　　1. 认识 14 个生字，会写 4 个左右结构的字（教学重点），了解"隹""鸟"偏旁表义的特点。（教学难点）

　　2. 正确、流利地朗读儿歌，读出节奏感。（教学重点）

　　3. 了解汉字文化，感受汉字形体美，产生识字的愿望。

　　4. 在反复朗读中初步体会动物世界的"新奇"，感受动物生活的自由、快乐。

学习评价设计

表1　学习评价设计

评价内容	评价方式	优秀	良好
朗读儿歌	互评	正确、流利、有节奏	正确、流利
认读生字	自评	全部正确认读	在帮助下全部认读
书写生字	自评	正确、整洁、端正	正确、比较整洁端正

教学活动设计

一、猜字激趣，揭示课题

（一）开场语：同学们，我们先来做一个看图猜字的游戏吧！（先后出示甲骨文：鸟、犬）你们知道鸟字边（反犬旁）的字有哪些吗？

导语：今天，还有许多小动物也来到了我们的课堂上，它们就藏在《拍手歌》里，请你们伸出小手，和老师一起写课题。

（二）指导书写"歌"

（三）齐读课题

【设计意图：从学生已有认知出发，回顾形声字形旁表意的特点，联系有关动物的常识，激趣导入，随课题识字。】

二、朗读课文，认读词语

（一）朗读课文

1. 借助拼音自由读课文，注意读准字音，读通句子。

2. 同桌合作轮读一遍课文。同桌读的时候，认真听，读对了夸夸他，读错了帮帮他。

3. 指名开火车分小节读课文，师生评读。

（二）认读词语

　　　世界　　孔雀　　锦鸡　　雄鹰　　飞翔
　　　云彩　　雁群　　丛林　　深处　　猛虎
　　　黄鹂　　百灵　　熊猫　　朋友　　唱不休

1. 带拼音自读词语，依学情指导读好轻声。

2. 去拼音自读词语，小老师带读词语，老师随机指词语检查读。

【设计意图：通过多种方式的练读，引导学生认真读好儿歌和词语，培养良好的朗读习惯和倾听习惯。】

三、再读课文，识记生字

（一）归类识字

1. 圈画动物，了解内容。

导语：请认真读一遍课文，看看儿歌中写了哪些动物，把它们的名字圈出来。

预设：学生汇报时可能会圈画"雁群"或"雁"。教师出示"人"字形雁群图片和句子"天空雁群会写字"，联系学过的课文中的句子"一会儿排成一字，一会儿排成人字"，促进理解。

2. 归类识记，拓展识字。

（1）导语：我们再来叫一叫动物朋友的名字吧！

出示词语：孔雀、锦鸡、雄鹰、大雁、黄鹂、百灵、猛虎、熊猫

（2）导语：同学们，你们熟悉这些动物吗？

预设：学生可能对"锦鸡、百灵"不太熟悉。教师相机引导观察插图认识动物，读句子"孔雀锦鸡是伙伴""黄鹂百灵唱不休"，初步体会文意。

（3）出示动物图片：听到同学们的呼唤，动物朋友们来了！看图再读词语，说说你有什么发现？

预设：学生会发现大多数是鸟类，剩下的是兽类。

（4）隐去动物图片：同学们，请你仔细观察一下这些和鸟相关的字，你又发现了什么呢？（ppt中，和鸟相关的字变红。）

预设：学生会发现和鸟相关的汉字，有的是"鸟字边"，有的是"隹字旁"。相机学习"隹"字旁，出示字源演变图片："隹"最初是指短尾巴的鸟，现在就泛指鸟类了。所以，含有"隹"字旁的字大多与鸟有关。

拓展：你还知道哪些"隹"字旁的字吗？

（二）随文识字

1. 合作读文，自主识字。

复现词语，导读句子：同学们再来读一读这些动物的名字吧！认识了这么多的动物朋友，你们高兴吗？让我们拍着手读一读这句话："你拍一，我拍一，动物世界很新奇。"（板书：新奇）动物世界怎么新奇？读一读课文。

出示：你拍二，我拍二，孔雀锦鸡是伙伴。
　　　你拍三，我拍三，雄鹰飞翔云彩间。
　　　你拍四，我拍四，天空雁群会写字。
　　　你拍五，我拍五，丛林深处有猛虎。
　　　你拍六，我拍六，黄鹂百灵唱不休。
　　　你拍七，我拍七，竹林熊猫在嬉戏。

导语：这些句子里还藏着几个生字宝宝。（生字变红）大家有什么好方法记住它们吗？（出示6个生字）同桌交流一下，比一比谁记的生字多。

2.汇报交流，相机指导。

预设：多数学生能按部首记字形，部分学生能用形声字、会意字构字规律自主识字。

（1）"翔"：左边是"羊"的变形，表声，右边是"羽"，表义。出示雄鹰飞翔图片，朗读句子，理解字义。

（2）"丛"：据形猜义，表示聚集。看图读词，巩固字义（花丛、草丛、丛林、丛书）

（3）"休"：引导学生据形猜义，出示图文，理解字义，识记字形。

【设计意图：根据学情，引导学生利用形声字特点识记"翔、深、猛"；据形猜义识记会意字"丛、休"。适当补充字源知识，丰富识字方法，培养学生独立识字的能力。】

3.拍手读文，渗透关爱。

导语：我们应该怎样对待这些动物朋友呢？读句子。

出示：你拍八，我拍八，大小动物都有家。
　　　你拍九，我拍九，人和动物是朋友。

你拍十，我拍十，保护动物是大事。

（三）巩固识字

1. 出示连线游戏"找朋友"，巩固生字：猫、歌、丛、深、朋、熊。

导语："人和动物是朋友"，我们来做个"找朋友"的游戏吧！上面的部件和下面的部件可以组成本课的哪些生字？

氵	犭	灬	欠	一	月
苗	哥	从	罙	月	能

2. 交流订正。

四、写字指导

（一）分析生字

导语：这些生字宝宝，我们不光会认，还要写好它们。（学生分析左右结构的字：一看宽窄，二看高矮，三看关键笔画。）

左右等宽：歌

左窄右宽：深、猫、朋

（二）范写生字

（三）写字展评、更正书写

五、课后小结

同学们，这节课我们学会了很多生字，知道了动物世界的新奇。下节课我们再继续走进新奇的动物世界。

板书设计

3. 拍手歌

新奇　歌　深

作业设计

1. 打节拍将《拍手歌》朗诵给爸爸妈妈听。

2. 查找小动物资料，了解小动物有什么特点。

教学反思与改进

1. 体现对教材的遵循和创造，凸显课型特点。

本节识字课注重生字音、形、义的整体识记，培养学生分析字形的能力，体现出识字与认识事物相结合，与朗读相结合。教师遵循低年级识字课型直观性、趣味性、实践性的原则，引导学生在生动有趣的识字过程中，运用已有的识字方法自主识字，并注意在语境中复现生字，使学生通过口说、眼看、耳听、手写等多感官参与，全方位强化识记。

2. 关注低段识字与阅读关系，两者互为促进。

在文本语言环境中可以提高低段识字教学效率，随文识字的前提是读好课文。本节课的朗读训练目标明确，形式多样，因需进行。实现第一课时读通读好，读出节奏的目标。学生在充分有效的、充满童真童趣的朗读中，识字的兴趣得到了激发。教师则根据低年级学生的认知规律和已有基础，认真分析了本课生字的特点，对学生比较生疏的字词进行指导，更多的是鼓励学生利用多种方法自主识记生字。

3. 贯穿体验性学习活动设计，凸显学生主体。

本课教学体验性的学习活动贯穿课堂，突出识字单元教学重点，鼓励学生自主识字。在归类识字活动中，教师激发学生的"发现意识"，在观察探究中发现含有"隹字旁"的字大多与鸟有关，继而拓展识字，提高识字效率。在随文识字活动中，引导观察藏在句子里的生字，讨论用什么好方法记住它们。在游戏巩固识字活动中，学生兴趣盎然，积极参与。在写字指导环节中，学生运用已有的书写经验，同桌交流后，有序表达。教师把识字融入丰富的活动中，让学生体验到快乐和成就感。

（指导教师：北京市顺义区天竺第一小学 李冬青）

第四册　第三单元《"贝"的故事》

陈驰

教学单元基本信息			
姓名	陈驰	单位	北京市通州区第二中学
年级	二年级	单元	下册第三单元
单元主题		多元策略识汉字，走进文本赞中华	

单元指导思想与理论依据

《义务教育语文课程标准（2011年版）》指出"识字写字是阅读和写作的基础，是第一学段的教学重点，也是贯穿整个义务教育阶段的重要教学内容"。"教学建议"中指出"识字教学要注意儿童的心理特点，充分利用儿童的生活经验，引导他们利用各种机会主动识字，力求识用结合"。

综上所述，本单元是识字单元，要引导学生在不同语境中识字学词，感受汉字在中华民族文化中的价值与意义；运用多种方法主动识字，注重发现、感悟规律，建立汉字音、形、义之间的联系。

单元教学内容及要素分析

一、单元教学内容分析

本单元是识字单元，围绕"传统文化"主题编排了《神州谣》《传统节日》《"贝"的故事》《中国美食》4篇课文，以及口语交际"长大以后做什么"和语文园地。单元文本形式活泼、内容丰富，要让学生通过想象、诵读、情境说话等方式，感受中华优秀传统文化的博大和语言文字的美好。

二、单元要素分析

1. 立足单元整体，横向看关联。

依据教学目标确定本单元的训练要素是"利用韵语、形旁与字义的联系，借助图片识字，初步感受汉字的魅力"，旨在引导学生建立汉字音、形、义之间的联系，夯实和运用多种识字方法，感受识字乐趣。《神州谣》引导学生充分利用文本语境识字学词。《传统节日》利用已有的知识背景和生活情境识字。《"贝"的故事》直指本单元的学习核心，引导学生发现偏旁与字义的关联。《中国美食》聚焦"火"类偏旁部首之间的关联，引导学生发现"心"和"忄""刀"和"刂"的关联，深化了学生对形旁表义规律的认知。

2. 统编教材识字能力纵向递进。

表1 识字能力进阶表

册别	单元	识字能力
一上	第一单元	在有趣的情境中认识象形字，感受汉语的音韵特点。
	第二单元	借助课程表识字。
	第四单元	初步建立反义词概念；认识同学的名字。
	第五单元	初步认识会意字，了解汉字偏旁表义的构字规律。
	第六单元	按结构进行汉字分类；巩固方位词。
	第七单元	学习表示亲属称谓的词语；进一步了解汉字偏旁表义的构字规律。
一下	第一单元	借助汉语拼音自主识字，主动识字。
	第三单元	正确使用字典，学会音序查字法；勤查字典，独立识字。
	第五单元	学习应用形声字的构字规律识字，感受识字的乐趣；辨析形近字和同音字，查字典有一定速度。
	第七单元	掌握"加一加、减一减"的识字方法；学习分辨形近字。
	第八单元	在生活情境中积累词语，认识生字；复习巩固形声字偏旁表义的规律。
二上	第二单元	发现汉字规律，运用形声字形旁表义、声旁表音的特点归类识字；学习"部首查字法"。
二下	第三单元	利用韵语、形旁与字义的联系，借助图片识字，初步感受汉字的魅力。

从表1中可以看出，识字写字是第一学段的教学重点，本册识字单元十分重视培养学生自主识字的能力，进一步强化了形声字形旁表义、声旁表音规律的教学，引导学生大胆地猜读生字、归类识字，自主学习课文，促进自身的思

维发展。

基于以上分析，本单元的主题制定为"多元策略识汉字，走进文本赞中华"。围绕"传统文化"，以节日、美食、汉字等文化元素为载体，在不同的情境中识字学词。学生在自主识字的同时走进文本，积淀优秀传统文化所蕴含的人文精神和民族精神，成为传承民族优秀传统文化的践行者。

单元教学目标

1. 认识60个生字，读准2个多音字，会写36个字，会写36个词语。

2. 能利用韵语、形旁与字义的联系，借助图片识字。通过查字典识字与偏旁归类的识字方式，了解汉字部首的起源意义、字形演变特点，初步感受汉字的魅力。

3. 能在语言环境中初步感受"奔、涌""长、耸"的表达效果；能说出用"炒、烤、烧"等方法制作的美食。

4. 通过课文学习，感受祖国山河的壮美，了解钱币、美食、节日中的中华文化，激发学生热爱祖国的情感。

单元教学结构

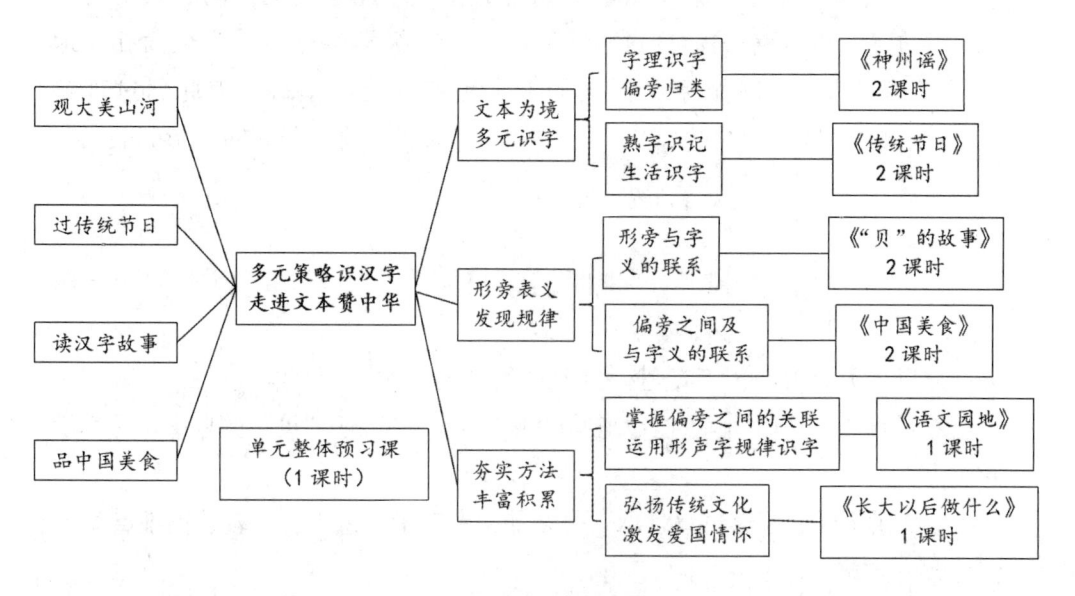

图1　单元教学结构图

课题	3 "贝"的故事
课时	第2课时
课型	新授课☑ 精读或略读指导☐ 口语交际课☐ 专题复习课☐ 习作指导或讲评☐ 学科实践活动课☐ 其他☐

课时教学内容分析

《"贝"的故事》是识字单元的第3课，介绍了汉字"贝"的造字缘由、字形演变及发展。课文用4幅图简洁明了地展示了"贝"字的演变过程，图画与课文内容映照，帮助学生直观感受"贝"字的形态变化过程。通过"贝"的作用，了解"贝"作为部首的起源意义，感受汉字的趣味性，激发学生学习汉字的兴趣。重点学习部首"贝"的字源意义、字形演变，结合课后习题，拓展了解部首"钅"与"王（玉）"。

学习者分析

二年级的学生思维方式以形象思维为主，因此运用图片的方式更有利于学生了解"贝"字的演变过程。同时，二年级学生已经较为全面扎实地掌握了识字方法，理解字义词义的能力也有一定的基础，因此通过理解"赚""赔""购""贫""货"等"贝"字旁的字深化学生对"形旁表义"知识的理解，符合二年级学生的认知特点。

课时教学目标

1. 巩固本课15个生字，会写"钱、财、与、关"4个生字。

2. 了解"贝"作偏旁的字大多与钱财有关，能讲述"贝"的故事。（教学重难点）

3. 借助图片，了解"镜、珠"等字的偏旁表示的意思。（教学重难点）

学习评价设计

表2 识字方法评价表

评价标准	自我评价	同伴评价	教师评价
熟练运用偏旁归类识字	☆☆☆	☆☆☆	
了解形旁之间及与字义的联系	☆☆☆	☆☆☆	
运用熟字识字	☆☆☆	☆☆☆	
语境识字	☆☆☆	☆☆☆	
其他方法识字	☆☆☆	☆☆☆	

教学活动设计

一、复习词语，回顾课文

1.引导学生回顾上节课所学（识字单元第3课）的课文内容，齐读课题，"开火车"读词语。

2.词语读准确后，学生齐读课文。

【设计意图：本环节承上启下，通过复习上节课词语，回忆所学知识，并通过朗读课文，进一步回忆课文内容，为后续环节的学习打下坚实的基础。】

二、"贝"的作用，探寻原因

1.回顾第一段"贝"字演变的过程，提问：古时候的贝壳都有什么用处？朗读第二自然段，找一找贝壳的用处。

预设：

原因一：古时候，人们觉得贝壳很漂亮，很珍贵，喜欢把他们当作饰品戴在身上。

原因二：而且贝壳可以随身携带，不容易损坏，于是古人还把贝壳当作钱币。

2.引导学生用"因为……所以……"说一说。

因为_____，所以贝壳可以当作饰品；因为_____，所以贝壳可以当作_____。

3.师生合作读一读，老师读黑字，学生读红字。

4. 学生齐读贝壳的用处。

5. 过渡引导：正因为这样，"贝字旁"的字大多与什么有关呢？引出课文"所以，用'贝'作偏旁的字大多与钱财有关"，生齐读。

【设计意图：通过"因为……所以……"的句式，引导学生说出原因。由浅入深，层层递进。】

三、"贝"作偏旁，缘何与钱财有关

（一）圈画第二段"贝"字旁的字

1. "贝"字旁的字是不是都与钱财有关呢？我们默读第二自然段，先圈一圈用"贝"作偏旁的字。

2. 学生说一说，都圈画了哪几个"贝"字旁的字，分别是什么。

3. 学生如果没圈画全，再补充。

4. 齐读"贝"字旁的字。

（二）发现"用'贝'作偏旁的字大多与钱财有关"。

1. 这些"贝"字旁的字怎么就与钱财有关了呢？4人为一小组讨论。师下台参与讨论，适时给予引导。

预设：

（1）我想讲"赚"字，因为这个字一般可以组词"赚钱"，所以我认为与钱财有关。

明确：赚钱就是挣得钱财的意思。

（2）我想讲"赔"字，因为这个字一般可以组词"赔钱"，所以我认为与钱财有关。

明确：赔的意思是指拿出财物赔偿别人，我们还可以组词"赔本""赔礼"，一起来读读这两个词。

（3）我想讲"贫"字，贫就是没有钱买。

明确：大家来看看，贫字是一个"分"加一个"贝"字，贝表示钱财，将钱财都分出去了，钱就变少了，是贫穷。

（4）我想讲"购"字，我和妈妈去超市买东西需要钱买。

快来看看这幅图，图片上的小朋友多开心呀！学生读句子。（句中包含了"购买""采购"二词）

（5）我想讲"货"字，货是指货物，也需要钱买。

（6）财：可以组词财物、财宝，也与钱财有关。一起读一读这两个词：财富、财产。

2. 学生齐读课文，再次验证自己的发现。

3. 现在大家运用查字典的方法找找，还有哪些"贝"字旁的字呢？它们与钱财有关吗？

明确：贪、资、贷、贺、费等。

4. 小结：这些带"贝"字旁的字都和钱财有关，我们借助了一个偏旁就能了解这个字的含义，这就是汉字形旁与字义的联系。

5. 指名读，齐读第二段。

6. 通过创设讲"贝"的故事的情境，请学生在课堂上进行讲故事展示。

【设计意图：此部分为教学的中心环节，通过圈字、论字、说字，一步步引导学生充分理解"贝"字旁的字大多与钱财有关的原因，锻炼了学生的自主、合作、探究能力。】

四、汉字规律，学以致用

1. 通过图片（铜镜），请学生猜猜，"镜"字的偏旁与什么有关？为什么？

预设：我猜和金属有关。因为是"金"字旁。

小结：是的，"镜"字的偏旁是"金"字旁，古时候的镜子是铜做的，铜是一种金属，所以带金字旁的字大多数与金属有关。

2. 你还能想到哪些带"金"字旁的字？

预设：钢、铁、镯、钉、锈、针。

3. 出示"珠宝图片"，看图，你再来猜猜，"珠"字的偏旁与什么有关？为什么呢？

预设：通过图片我猜可能与玉石有关。

"王"字旁的字为什么与珠宝有关呢？我们听小博士讲一讲"玉"的故事（播放视频）。

预设：通过视频了解了"王"字旁又称斜玉旁，大多与玉石有关。

【设计意图：趁热打铁，学以致用。利用刚刚学到的知识，通过图片、视频等方式继续了解"玉""金"字旁的字的故事。】

五、指导书写，关注要点

1. 过渡：今天，我们了解了用"贝"作偏旁的字大多与钱财有关，这是我们本节课的重大发现。那就让我们来写写"钱、财、与、关"这4个字吧！

2. 写好"钱""财"二字。

（1）谁来说说这两个字？

预设：

钱：第五笔是竖提。注意右半部分是两短横、一短撇，而不是三横。

财："贝"末两笔撇尖低，点高。"贝"与"才"都要写得瘦长，"才"更长一些。

（2）我们来写一写这两个字，跟老师一起书空。

（3）学生照着范字描一个，写一个。

（4）对学生所写的字的优点和缺点进行评价，用红笔进行针对性的修正。

3.写好"与""关"二字。

（1）谁来说说"与""关"这两个字？

预设：

与：一笔横，二笔竖折折钩的第一折写在横中线上；上横稍短，下横稍长。

关：第二笔是撇，第二横长，写在横中线上，撇、捺要写舒展。

（2）写一写这两个字，跟老师一起书空。

（3）学生照着范字描一个，写一个。

（4）对学生所写的字的优点和缺点进行评价，用红笔进行针对性的修正。

【设计意图：关注学生对于重点笔画的掌握情况，抓住要点，落到实处。】

六、学习小结，感受文化

今天我们学习了"贝"的故事，小小"贝"字文化藏，钱财有关"贝"字旁。部首表义很神奇，汉字文化真辉煌！希望你与汉字成为朋友，在生活中发现更多汉字的秘密。

板书设计

3."贝"的故事

作业设计

下课和同学填一填下面的任务单。

《"贝"的故事》学习任务清单

请根据所学知识，完成下列内容。

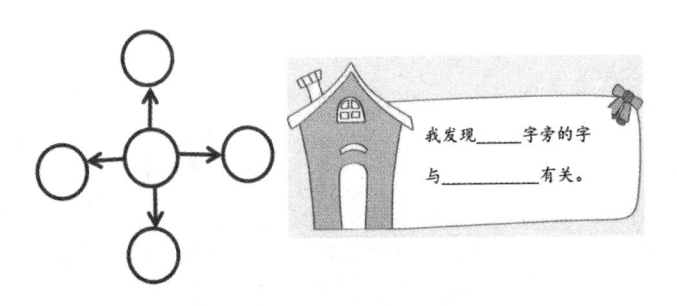

我发现_____字旁的字与_____有关。

教学反思与改进

　　教学中我做到了重点突出，层次分明。本课的学习重点是引导学生了解形旁表义的规律，运用图片识字、查字典等多种方法认识含有"贝"字旁的生字，层层深入，将这一知识点嵌入学生的知识体系当中。但对于汉字内涵的挖掘不够，趣味性不足，应更好地激发学生主动学习汉字的兴趣。

（指导教师：北京市通州区第二中学 王继红）

革命文化教学板块

第二册　第二单元《吃水不忘挖井人》

赵芸

教学单元基本信息			
姓名	赵芸	单位	北京第二实验小学平谷分校
年级	一年级	单元	下册第二单元
单元主题	心愿		

单元指导思想与理论依据

以人文主题和语文要素为双主线教学的统编版教材，不仅发挥了语文学科在育人方面的独特优势，还通过不同的单元有侧重、有联系地安排了语文要素的学习与训练，让语文能力呈现整体阶梯式的发展。

随着社会的发展与进步，阅读能力的提升尤为重要，从《义务教育语文课程标准（2011年版）》中也不难发现，"学生喜欢阅读，感受阅读的乐趣"这一目标贯穿整个语文阅读教学。教师要在教学中让学生真正地变成学习的主人，爱上阅读；在不断阅读中，体会借助读物中的图画、结合上下文和生活实际了解文本中词语意思的阅读方法，并在阅读过程中，展开想象，感受语言的优美，达到语文素养的提升。

单元教学内容及要素分析

一年级下册第二单元围绕"心愿"这一人文主题，编排了《吃水不忘挖井人》《我多想去看看》《一个接一个》《四个太阳》4篇课文。它们内容不同、特点鲜明，既有现代儿童生活题材的诗歌，又有革命时代伟人的小故事。《吃水不忘挖井人》讲述的是革命岁月故事。《我多想去看看》《一个接一个》《四个太阳》表达了儿童美好的愿望，这3篇课文具有反复的表现方法，语言浅显，节奏明快，易于学生诵读，所描述内容能唤起儿童情感上的共鸣，激发儿童对外面世界的向往，培养他们积极向上的生活态度。尤为重要的是，每一课都凸显了语文素养。

本单元教学要求是找出文中明显的信息，让孩子读懂课文内容，通过多种形式的读，引发孩子的情感共鸣。在朗读上，继续学习读好词语和句子节奏的方法，注意不连读、唱读、读破句。"找出课文中明显信息"这一语文要素在小学语文低年级教学中还体现在以下单元：一上第八单元提取课文明显信息，根据课后题要求，通过圈画词语找出课文中明显的信息。一下第二单元根据课后题要求，圈画词语找出课文中明显信息，直接运用。而本册第七单元是根据课后题要求，学会带着问题边读边在课文中画出与问题相关联的信息，选择运用。二上第三单元从课文中获取信息，进行比较推断。例如《曹冲称象》，要求画出课文中提到的两种称象的办法，说说为什么曹冲的办法好，以及《一封信》中露西在给爸爸的后一封信里都写了什么。露西前后写的两封信，你更喜欢哪一封，为什么？都是借助课后题，从课文中获取信息，进行比较推断。二下第六单元围绕提取主要信息，了解主要内容进行训练。

由此可以看出，本单元的"找出课文中明显信息"是对一年级上学期这一语文要素的巩固和延伸，同时也是对接下来二年级"获取信息进行推断"和"提取主要信息，了解课文内容"做好准备。整个过程呈现螺旋上升，层层递进。

单元教学目标

1. 认识57个生字和6个偏旁，读准多音字"觉"；会写27个字和3个笔画"横折弯""横折折撇"和"横撇弯钩"。通过独体字"日""寸"加上部件成为新字的练习，巩固已学生字。

2. 展示从其他学科中学到的汉字，激发学生自主识字的积极性。

3. 通过教师范读、学生朗读等形式，达到正确朗读课文，读准字音，读好带有感叹号的句子，提高朗读能力。

4. 积累词语，认识数量词短语，鼓励学生能将学到的词语运用于表达中，朗读积累古诗《春晓》。

5. 复习巩固《字母表》，能将大小写字母一一对应。

6. 读懂课文，根据问题能提取明显信息，并乐于和小伙伴交流阅读感受。

7. 感受儿童的美好愿望，了解革命传统故事，激发对革命领袖的敬爱之情。

单元教学结构

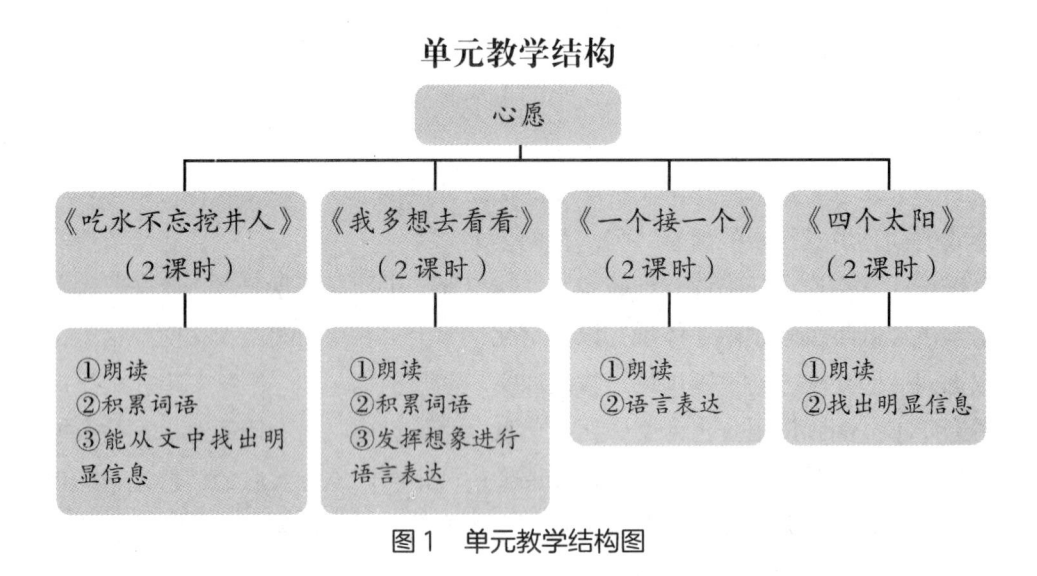

```
                            心愿
    ┌───────────────┬───────────────┬───────────────┐
《吃水不忘挖井人》  《我多想去看看》  《一个接一个》    《四个太阳》
  （2课时）         （2课时）        （2课时）        （2课时）
    │                │                │                │
①朗读            ①朗读            ①朗读            ①朗读
②积累词语        ②积累词语        ②语言表达        ②找出明显信息
③能从文中找出明  ③发挥想象进行
  显信息            语言表达
```

图1　单元教学结构图

课题	1 吃水不忘挖井人
课时	第 2 课时
课型	新授课☑　精读或略读指导☐　口语交际课☐　专题复习课☐ 习作指导或讲评☐　学科实践活动课☐　其他☐

课时教学内容分析

《吃水不忘挖井人》是一篇记叙文，记叙了革命领袖毛主席在江西领导革命时，带领战士和乡亲们挖井，解决了沙洲坝村子吃水困难的问题。乡亲们感激毛主席，新中国成立以后在井边立碑纪念，饮水思源。在本课时的教学中，以"为什么要挖井"作为主线，再次阅读课文，抓住"很远"一词，通过对比阅读以及补充的图片材料感受当时缺水生活的艰辛，想象缺水会给人们的生活带来的影响，从而体会沙洲坝人民的情感。通过这篇课文的学习，使学生懂得幸福生活来之不易，要学会感恩，懂得珍惜。文中的插图，让故事内容更加真实感人。

学习者分析

《吃水不忘挖井人》是革命传统故事，发生的背景离学生生活较远。由于现在生活中用水方便，学生很难体会到吃水困难给生活带来的艰辛。班中有34名同学，有10名同学表示仅仅在忘记带水壶时有缺水口渴的感受；还有20

名同学表示生活中没有体会过缺水，家里临时停水，也会购买矿泉水解决问题；另外4名同学表示用水很方便。在课前调查中还发现，大部分学生对于毛主席的了解，只停留在知道名字，仅有小部分同学听过毛主席的故事。

课时教学目标

1. 认识新笔画"横折弯"，学写生字"江""没"。
2. 通过朗读课文，能找出文中明显的信息，体会乡亲们的情感。（教学重难点）
3. 通过"因为……所以……"句式练习，换词理解"很远"，达到积累词语，提高语言表达能力的目的。
4. 让学生对沙洲坝人民挑水时的画面展开想象，获得吃水艰辛的情感体验，达到思维的提升与发展。
5. 了解革命传统故事，激发对革命领袖的敬爱之情。

学习评价设计

1. 学生能够对自己书写的汉字进行评价。
2. 学生能够评价其他学生的朗读，对于同学提取的信息进行补充。还能够根据同学所写汉字，指出优点，针对不足之处提出建议。
3. 教师能够指导学生有感情地朗读课文。
4. 教师能否通过图片、文本等让学生理解重点词语和语句的意思。
5. 教师能否抓住重点字词进行讲解，加深学生对课文的理解，让他们体会乡亲们的感恩。

教学活动设计

一、回忆课文，导入新课

齐读课题，通过回忆课文中的挖井人都有谁导入新课。

二、细读课文，体会感恩

（一）为什么要挖井

学生通过朗读课文，自己尝试提取出文本中与"为什么挖井"相关联的信息。

1. 读句子，结合实际，体会用水困难。

抓住"没有水井"一词，让学生明白这里十分缺水。这时，让学生结合生活实际先谈一谈缺水会给人们的生活带来什么影响。

在学生初步体会缺水给生活带来的不便之后，教师出示图片资料，让学生通过观察缺水时植物的枯萎、土地的干涸，以及缺水时人们只能从泥坑里舀水做饭等场景，在直观感受上，让学生更深层地体会那里是多么干旱，人们用水多么困难！

在此过程中，设计了"因为……所以……"的句式练习。

2. 对比阅读，合理想象，体会"很远"。

设计句子对比阅读环节，体会乡亲们吃水确实很困难。另外通过对"很远"进行换词表达，想象画面理解"很远"。在合理想象画面后，指导学生抓住关键词语，读好相关语句。

【设计意图：利用一定句式进行语言训练，体会缺水生活的艰辛。另外通过对比阅读与合理想象，抓住重点词语，再次感受吃水的困难。】

小结：面对着吃水困难，沙洲坝人是多么渴望有一口水井呀！毛主席把百姓的困难看在眼里，记在心中。于是毛主席就带领战士和乡亲们挖了一口井，为沙洲坝的人民解决了吃水困难的问题。

（二）乡亲们的感恩行动

1. 再读文本，找出乡亲们的做法。

引导学生思考沙洲坝的乡亲们为什么"立石碑"感恩毛主席。在此过程中，教师相机引导学生借助课文的插图和文本第3自然段中的语句进行思考与总结。

2. 抓关键词理解"感恩至深"。

再读石碑上的话"吃水不忘挖井人，时刻想念毛主席"，思考，谁不会忘记挖井人？体会"时刻"就是每时每刻。

3. 感受毛主席的伟大与关心百姓。

引导学生体会没有毛主席关心百姓，处处为百姓着想，就可能没有沙洲坝的这口井，沙洲坝的人民可能就要继续忍受吃水的困难。乡亲们把字刻在了石碑上，更是刻在了心中。并引导想象：每当他们喝清凉甘甜的泉水时，就会想到毛主席；每当看到清澈的井水流进稻田，滋润禾苗的时候，就会想到毛主席，想起他带领战士、乡亲们挖井的场景。

教师相机板书"饮水思源"，体会其中含义。

三、联系生活，知恩感恩

联系学生的生活实际，结合疫情大背景下身边人的付出，让学生体会在享受美好生活的同时，也应该懂得感恩，不忘他们的辛勤付出。

四、书写指导

认真观察"江""没"两字的结构，学习新笔画"横折弯"。对比字形，规范正确书写。

【设计意图：归类学习两个三点水的字，让学生在比较中明白，左右结构的字中，三点水的摆放位置是有区别的。】

五、总结

幸福生活来之不易，我们要学会感恩，懂得珍惜。

板书设计

1. 吃水不忘挖井人 （饮水思源）

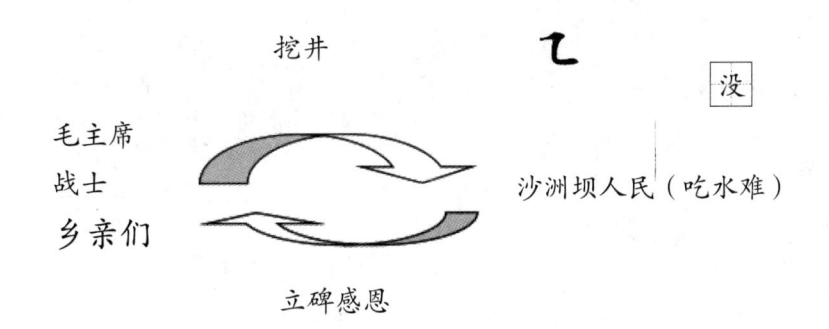

挖井　　　乙　　　没

毛主席
战士　　　　　　　沙洲坝人民（吃水难）
乡亲们

立碑感恩

作业设计

通过写信或者当面感谢的方式，对生活中给予你帮助的人，表达自己的感恩之情。

教学反思与改进

《吃水不忘挖井人》讲述的是革命岁月故事，离孩子的生活较远。因此教学中，在了解文本的同时，通过"因为……所以……"的句式练习，达到语言训练的目的。理解"很远"这个词时，进行知识间的勾连，通过换一个词语说一说的方法，达到积累词语，理解文本重点词语意思的目的，实现语言的积累与建构。

在感受沙洲坝人民吃水困难的环节，通过设计对比阅读，让学生理解"很远"这个词，感受人民吃水的艰辛；另外通过让学生对沙洲坝人民挑水时的画面展开想象，获得吃水艰辛的情感体验，从而感受到毛主席想人民之所想，关心百姓，为后面沙洲坝人民感恩做铺垫。达到思维的提升与发展。

利用现代化技术辅助教学，对于学生难以理解的革命时期吃水困难，通过电脑展示缺水时的照片，让学生更加形象直观地感受到缺水的艰辛。

通过引用"饮水思源"这一词语，让学生了解中华传统美德，懂得幸福生活来之不易，学会感恩身边为自己默默付出的每一个人，懂得珍惜，将来成为文化传承者。

（指导教师：北京第二实验小学平谷分校 姚赛赛）

第三册　第六单元《八角楼上》

高春杰

教学单元基本信息			
姓名	高春杰	单位	北京市昌平区教师进修学校
年级	二年级	单元	上册第六单元
单元主题			革命先辈

单元指导思想与理论依据

《义务教育语文课程标准（2011年版）》在第一学段目标中指出："借助读物中的图画阅读。结合上下文和生活实际了解课文中词句的意思，在阅读中积累词语。"本单元的语文要素是"借助词句，了解课文内容"。在教学中注重语言的积累和感悟，有助于培养学生扎实的语文学习技能。

党的十八大提出，"把立德树人作为教育的根本任务"。统编教材编写理念之一是弘扬革命传统教育，落实立德树人的根本任务。教学中要依托单元内容，旗帜鲜明地弘扬革命传统教育，使学生对革命伟人和革命先烈怀有敬佩之情。

单元教学内容及要素分析

二年级下册第六单元的人文主题是"革命先辈"。本单元围绕这一主题编排了《八角楼上》《朱德的扁担》《难忘的泼水节》《刘胡兰》四篇课文，分别讲述了毛主席在艰苦的环境中日夜操劳紧张工作，朱德身先士卒和战士们一起挑粮，周总理和傣族人民一起过泼水节的故事以及刘胡兰面对敌人威逼利诱毫不屈服光荣牺牲的悲壮事迹，旨在引领学生感受革命领袖和革命先烈的崇高品质，初步进行革命传统教育。

本单元语文要素"借助词句，了解课文内容"，是在第一单元"借助图片，了解课文的内容"和第三单元"借助词句，尝试讲述课文内容"的基础上的发展提高。从"借助图片"到"借助词句"，从"讲述课文内容"到"了解课文内容"，语文要素体现了学生语文能力的螺旋上升。

表1　本单元语文要素与各年级阅读训练要素的关系

册序	单元	阅读训练要素
一上	第八单元	借助圈一圈、画一画的方法从课文中寻找明显信息；借助图画阅读课文。
一下	第八单元	借助图画阅读课文。
二上	第六单元	借助词句，了解课文内容。
三上	第六单元	借助关键语句理解一段话的意思。
三下	第四单元	借助关键语句概括一段话的大意。
四下	第一单元	抓住关键词句，初步体会文章表达的思想感情。
六上	第六单元	抓住关键句，把握文章的主要观点。

从上面的表格中可以看出，就"借助词句，了解课文内容"这一阅读训练要素，教材有循序渐进的要求。统编版教材对于同一类学习要求在不同单元有不同的训练重点，随着时间的推移，学生能力的发展，同一学习要求在复现中呈现出螺旋上升的特点。

单元教学目标

课文：

1.认识49个生字，读准2个多音字。会写30个字，会写33个词语。

2.正确、流利地朗读课文。能借助课文插图和联系上下文理解词句意思，从而理解课文内容。

3.感受革命领袖和革命先烈的精神，并由衷产生敬意。

4.学习动词和名词的搭配。

口语交际：

1.讲故事时按照顺序，讲清图意。

2.能认真听，知道别人讲的是哪幅图的内容。

语文园地：

1.认识10个生字，认识常见的交通工具。

2.根据语境读准多音字的读音，学习据意定音方法。

3.正确使用逗号、句号、问号、感叹号。

4.通过认读，发现形声字声旁表音的特点。

5. 引导学生积累立志名言，并熟读成诵。
6. 阅读《大禹治水》，体会大禹治水心系百姓、无私奉献的精神。

单元教学结构

结合单元整体解读，梳理出本单元语文训练要素所指向的具体学习目标。在此基础上，将整个单元的主要学习活动规划如下：

第六单元 革命先辈

板块一：通读单元内容，激发阅读兴趣 —— 1课时
1. 自主阅读目录及课文插图。
2. 借助图画阅读课文，了解故事内容。
3. 课前向长辈了解，或在家长的帮助下搜集相关资料，与同学交流自己的看法，形成初步的情感体验。

板块二：精读课文，了解革命领袖和先烈的事迹，感受他们的崇高品质以传承红色经典，讲述革命故事为主线 —— 8课时
1. 学习《八角楼上》，结合插图，体会词语的意思，体会毛主席心系革命、无私奉献的精神。讲述《不灭的明灯》这幅画中的故事。 2课时
2. 学习《朱德的扁担》，借助描写朱德同志挑粮的词语，体会他与战士们同甘共苦的精神。讲述"朱德扁担"的故事。 2课时
3. 学习《难忘的泼水节》，借助词语讲述周总理和傣族人民一起过泼水节的情景，体会周总理和傣族人民心连心的深厚情谊。 2课时
4. 学习《刘胡兰》，联系上下文了解词语的意思，借助词句体会刘胡兰宁死不屈的精神。讲述毛主席题词"生的伟大，死的光荣"的来历。 2课时

板块三：口语交际 —— 1课时
1. 看懂图意，了解每幅图的内容。
2. 把这些图画的内容连起来讲一讲这个故事。
3. 想一想这个故事接下来会怎么样，进行故事续编。 1课时

板块四：语文园地六 —— 2课时
识字写字：引导学生在认识事物中学词，在词中识字，学词、识字和认识事物有机结合。
字词句运用：根据词语的意思来判断多音字的读音，引导学生正确使用逗号、句号、问号、感叹号。
我的发现：发现形声字声旁表音的特点。 1课时

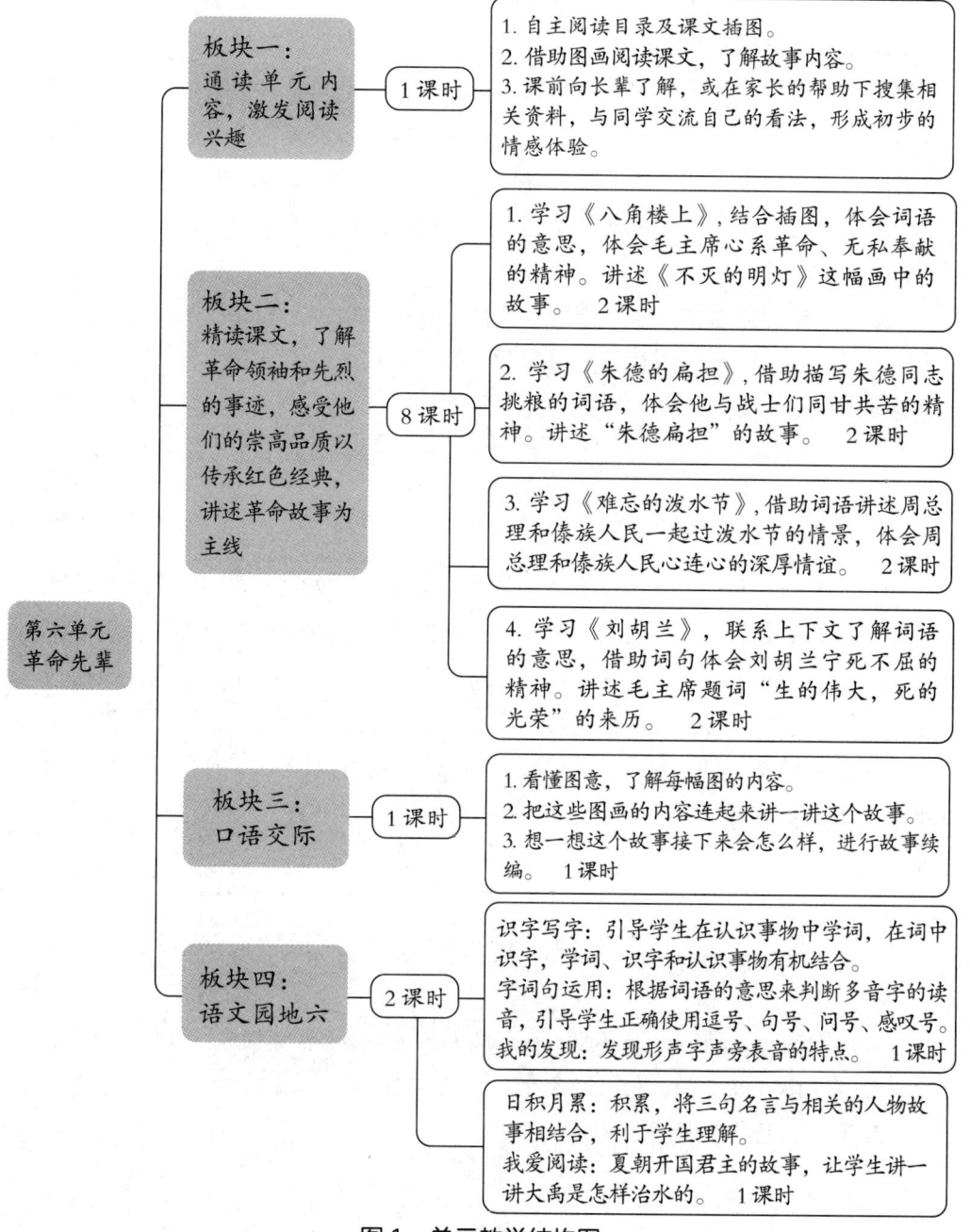

日积月累：积累，将三句名言与相关的人物故事相结合，利于学生理解。
我爱阅读：夏朝开国君主的故事，让学生讲一讲大禹是怎样治水的。 1课时

图1 单元教学结构图

课题	15 八角楼上
课时	第 2 课时
课型	新授课☑　精读或略读指导☐　口语交际课☐　专题复习课☐ 习作指导或讲评☐　学科实践活动课☐　其他☐

课时教学内容分析

课文《八角楼上》讲述了毛主席在艰苦的环境中，日夜操劳、紧张工作的事迹，表现了他为领导中国革命忘我工作的精神。全文语言平实，以故事的形式展开叙述。课文配有插图，图中毛主席身穿单衣，坐在竹椅上写文章。他右手握笔，左手轻拨灯芯，眼睛凝视着灯火陷入沉思。背上披着的薄毯子已经滑落，他却毫无察觉。插图为学生体会主席在艰苦的条件下忘我工作的精神提供了凭借。

结合本单元的语文要素"借助词句，了解课文内容"和课后两道思考题，明确"借助插图理解词语意思，感受环境的艰苦和毛主席忘我工作的精神，抓关键词说说毛主席是怎样工作的"为本课的重难点。

学习者分析

学生在一年级上学期学习了"联系上下文和生活实际了解词语意思"，在本册第四单元中学习了"联系上下文和生活经验，了解词句的意思"，为本单元"借助词句，了解课文内容"这一要素的落实打下了一些基础。本课所讲述的内容是革命年代的故事，距离学生生活较远，学生理解有一定困难。教学中重点通过引导学生结合插图体会词语的意思，从而读懂文章内容。同时可以通过介绍时代背景，借助图片、视频等资料帮助学生直观地构建画面，突破难点。

课时教学目标

1.借助插图，理解"寒冬腊月""薄被子""凝视""沉思"等词语的意思；会写"楼、披、轻、利"四个字。（教学难点）

2.正确、流利地朗读课文。

3.借助课文插图,说清楚毛主席是怎样工作的。感受毛主席为领导中国革命忘我工作的精神。(教学重点)

学习评价设计

评价目标:
1.通过激励性评价激发学生讲故事的兴趣。
2.通过形成性评价对学生语言表达、文本理解能力进行持续培养。
3.通过星级评价提高学生书写汉字的能力和水平。
评价方式:
1.课堂互动式多元评价。2.课堂观察式量规评价。3.家长反馈评价。
评价工具:

表2 学习评价标准

	讲述故事	朗读课文	汉字书写
评价标准	吐字清晰☆ 声音洪亮☆ 讲述清楚☆	正确☆ 流利☆ 声音洪亮☆	正确☆ 规范☆ 整洁☆
效果	自我评价( ) 同学评价( ) 教师评价( )	自我评价( ) 同学评价( ) 教师评价( )	自我评价( ) 同学评价( ) 教师评价( )

教学活动设计

一、指向插图,创设情境

(一)布置任务:招募小小讲解员

导入,出示书中的插图,今年是中国共产党成立100周年,这幅画参加了"不忘来时路 永远跟党走——讲述革命文物背后的故事"主题展览。为了便于大家在"云上"参观,组委会正在招募小小讲解员。

招募条件:1.吐字清晰　2.声音洪亮　3.讲解清楚

(二)明确招募条件,符合者得3颗星

【设计意图:创设情境,为学生搭建学习平台,以招募"小小讲解员"为

任务带领学生深入学习课文，为落实语文要素的训练做好铺垫。】

二、读文鉴图，感知人物

（一）复习词语，回顾课文内容

1. 出示词语，学生读词。

井冈山　茅坪村　八角楼　夜幕降临　寒冬腊月　穿着单军衣　披着薄毯子　凝视　沉思　察觉

2. 学生自由朗读课文，想一想课文主要讲的是一件什么事。

【设计意图：回顾课文主要内容，为借助插图说说毛主席是怎样工作的做好铺垫。】

（二）出示插图，了解故事背景

1. 出示插图：这个故事发生的背景是怎样的呢？自己读第一自然段。

预设：时间、地点、环境。

2. 从第二句话中你知道了什么？理解"夜幕降临"。

每当夜幕降临的时候，八角楼上的灯就亮了。 夜幕降临的时候，八角楼上的灯亮了。

3. 对比句子，这两句话在意思上有什么不同？

4. 指导朗读：感受毛主席工作的紧张与辛劳。

（三）自读课文，了解图画故事

1. 自读第二自然段，想一想毛主席怎样工作的。画出相关语句读一读。

预设："这是个寒冬腊月的深夜，毛主席穿着单军衣，披着薄毯子，坐在竹椅上写文章。"请你观察课文插图，想象窗外的画面。

2. 联系生活理解"寒冬腊月""单军衣""薄毯子"，感受毛主席工作条件的艰苦。

3. 指导学生朗读，体现艰苦的环境。

4. 聚焦画面，理解"凝视"是什么意思。想象画面，理解"沉思"，抓住"连毯子滑落下来也没有察觉到"，感受毛主席工作非常认真。

5. 指导朗读，注意体现毛主席连贯的动作，感受他忘我工作的精神。

【设计意图：在教授课文重难点时，聚焦局部插图，进行重点观察。探寻画面细节，以图解文，理解关键词语，在细品慢读中，读懂文本。】

（四）图文结合，讲述图画故事

1. 出示三星讲解员的要求。

引语：谁能借助插图，选用词语，讲解毛主席在八角楼工作的故事。

2. 同桌合作，互说互评。

3. 推荐展示，讲评指导。

【设计意图：结合情境设置，把课后习题"说说毛主席是怎样工作的"变成小讲解员的任务。这样，既训练了学生的观察能力、语言表达能力，又加深了学生对毛主席这一人物形象的认识。】

三、关联故事，升华情感

播放微视频，教师讲述《一根灯芯的故事》。

【设计意图：拓展主席艰苦斗争的故事，进一步感受革命领袖的崇高品质。】

四、学习写字，规范书写

（一）出示"楼、披、轻、利"，整体观察这些字。

一看结构，二看宽窄高低，三看关键笔。

（二）教师范写"楼"字，学生练习书写"楼"。

（三）反馈书写，"三星"评价，即"正确、规范、整洁"。

（四）学生书写"披、轻、利"三个字。

【设计意图：此环节，归类指导书写，培养学生对字的观察能力、识记能力、书写能力。培养学生良好的书写习惯。】

五、布置作业，实践延展

（一）把《不灭的明灯》这幅图讲述的故事讲给家人听。

（二）搜集有关毛主席的小故事，和同学分享。

【设计意图：进一步落实教学目标，讲述故事增进对文本内容的理解，拓展阅读增进对主席的了解，激发敬爱之情。】

板书设计

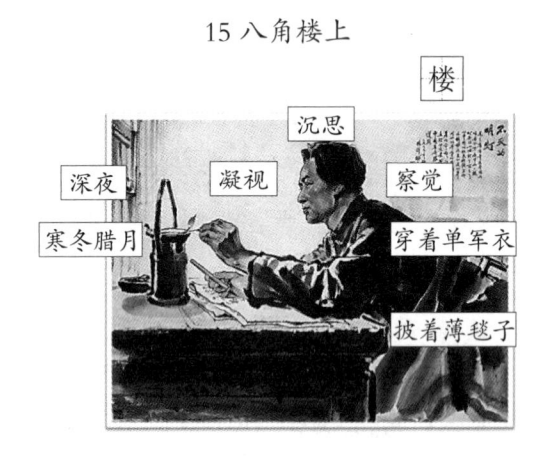

15 八角楼上

[插图：毛主席在八角楼上伏案工作的画面，配有词语标签："楼""沉思""深夜""凝视""察觉""寒冬腊月""穿着单军衣""披着薄毯子"]

教学反思与改进

1. 巧借插图，理解词语意思。

低年级学生形象思维能力强，教学中适时引导学生观察插图，通过在插图相应的位置上粘贴"穿着单军衣""披着薄毯子"等词卡，把无形的讲述融于有形的图画中，帮助学生理解课文，再通过朗读表达，增进学生对内容的理解，体现了学生与文本对话的过程。

2. 创设情境，了解课文内容。

创设情境，为学生搭建学习平台，以招募"小小讲解员"为任务带领学生深入学习课文，引导学生抓住主要词语讲述插图故事，感受毛主席的风范，从而落实本单元语文要素。

3. 拓展资源，拉近时代距离。

革命类题材的课文与学生生活相距较远，学生无法切身体会井冈山的"艰苦斗争"。因此，通过看图片资料，联系生活实际对比，再适时引入能触动孩子心灵的媒体视频资源，化抽象为具体，拉近历史与现实的距离，使学生有"感"，有"思"，有"悟"。

4. 不足与改进。

教学中，学生讲述插图故事的过程中，教师对学生的放手还不够，应该让学生在与文本的自觉对话中，在生生互动中，完成学习任务。

第十册　第四单元《军神》

王冬梅

教学单元基本信息			
姓名	王冬梅	单位	北京市朝阳区呼家楼中心小学
年级	五年级	单元	下册第四单元
单元主题	责任		

单元指导思想与理论依据

《义务教育语文课程标准（2011年版）》中指出："语文课程丰富的人文内涵对学生精神世界的影响是广泛而深刻的。因此，应该重视语文课程对学生思想情感所起的熏陶感染作用，注意课程内容的价值取向，要继承和发扬中华优秀文化传统和革命传统。"在语文学习过程中，培养学生的爱国主义感情、社会主义思想道德和健康的审美情趣，发展其个性，培养其合作精神，使他们逐步形成积极的人生态度和正确的价值观。落实语文学科核心素养，引导学生在品读语言的过程中感悟革命者伟大而平凡的形象，丰富情感，让革命者的崇高品质对学生的精神世界产生深远的影响，激发他们热爱祖国的情怀。

单元教学内容及要素分析

本单元围绕"责任"这一主题，安排了《古诗三首》《青山处处埋忠骨》《军神》《清贫》4篇课文。《古诗三首》描绘了边塞风光、遗民思国和惊喜返乡；《青山处处埋忠骨》叙写了毛主席得知爱子毛岸英在抗美援朝战争中牺牲这个噩耗后极度痛苦的心情和对岸英遗体是否归葬的抉择过程；《军神》叙写了刘伯承在不使用麻醉剂的情况下忍受了72刀的剧痛却一声不吭，而被沃克医生称为"军神"的故事;《清贫》叙写了方志敏一生甘于清贫,被俘时身无分文的故事。

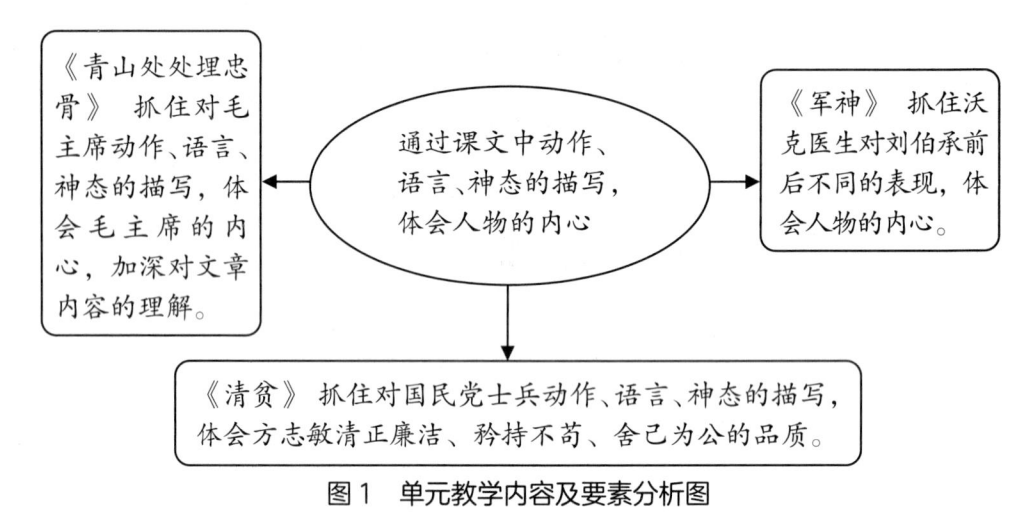

《青山处处埋忠骨》抓住对毛主席动作、语言、神态的描写,体会毛主席的内心,加深对文章内容的理解。

通过课文中动作、语言、神态的描写,体会人物的内心

《军神》抓住沃克医生对刘伯承前后不同的表现,体会人物的内心。

《清贫》抓住对国民党士兵动作、语言、神态的描写,体会方志敏清正廉洁、矜持不苟、舍己为公的品质。

图1 单元教学内容及要素分析图

单元教学目标

1. 认识28个生字,读准2个多音字,会写35个字,会写29个词语,弄懂重点词语的意思。

2. 有感情地朗读课文。背诵三首古诗,默写《从军行》和《秋夜将晓出篱门迎凉有感》。

3. 通过抓住故事的主要情节把握课文的主要内容。

4. 通过抓住课文中人物的动作、语言、神态描写,体会人物的内心。

5. 在朗读中感受革命先辈的崇高精神。

单元教学结构

本单元以项目式学习"革命先辈,我想替您说……"进行任务驱动。学生通过对教材中3篇课文的学习,掌握抓住课文中动作、语言、神态的描写体会内心的方法,并运用此方法开展"我是革命前辈代言人"的主题实践活动,以此唤醒对革命先辈的崇敬之情,以及对"苟利国家生死以,岂因祸福避趋之"的深刻理解。

图 2　单元教学结构图

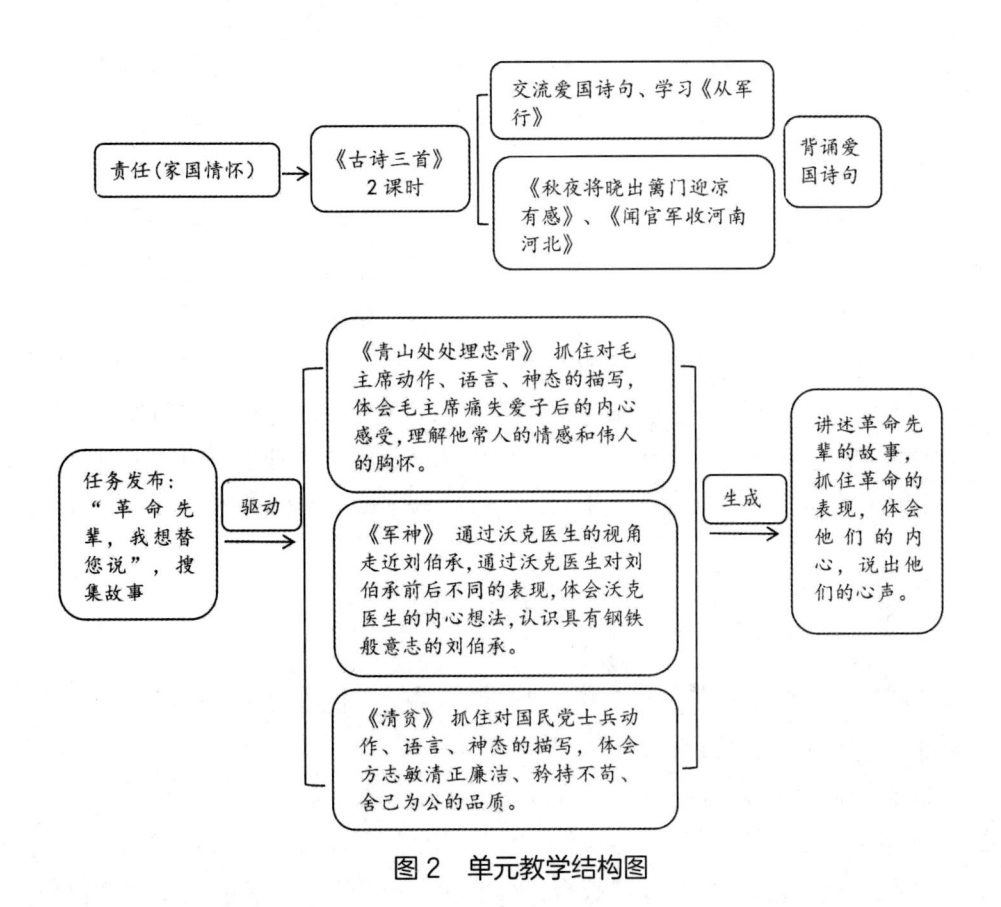

课题	11 军神
课时	第 2 课时
课型	新授课☑　精读或略读指导☐　口语交际课☐　专题复习课☐ 习作指导或讲评☐　学科实践活动课☐　其他☐

课时教学内容分析

《军神》是五年级下册第四单元的一篇精读课文。写了刘伯承的眼睛受了重伤后，到德国人开设的诊所就医的故事。刘伯承为了尽量减少手术对大脑的影响，拒绝使用麻醉剂，强忍巨大疼痛接受了手术，表现出钢铁般的意志，体现出他为了能全身心地投入革命，不惜自己承受巨大痛苦的崇高精神。本课用沃克医生的表现来反映刘伯承钢铁般的意志和崇高的革命精神。在小学阶段具有这样独特写法的文章不多，所以这篇文章很具有典型性，可借此引导学生学习如何读懂这一类文章。

学习者分析

对五年级8个班296人调研，发现有38.7%的学生了解本单元所涉及的老一辈的革命家的故事；41.2%的学生只是听说过他们的名字，并不了解；20.1%的学生听过个别革命家的名字。可见，对于学生来说，他们对老一辈革命家的了解也仅停留在影视剧或者儿童故事中，并不是太清楚。所以，这篇文章对于学生深入了解老一辈革命家的钢铁意志和为革命甘愿牺牲的精神尤为重要。但由于故事内容与学生生活有一定的距离，教师在教学中要为学生创设情境；同时，要引导学生课前查找资料，为深入地了解人物做准备。

课时教学目标

1. 通过沃克医生的神态、语言、动作来体会他的内心变化，认识他眼中的"军神"。（教学重点）
2. 通过体会沃克医生的内心，深入理解刘伯承被称为"军神"的原因。（教学难点）
3. 通过以沃克医生的口吻讲故事，感受革命先辈的崇高精神。（教学重点）

学习评价设计

表1　学习评价设计

方法	评价内容	☆☆☆	☆☆	☆
自评	我能针对问题批注关键词	针对问题准确、全面批注关键词	针对问题准确批注关键词	针对问题批注关键词
互评	我能对沃克医生内心活动进行补白并以他的口吻讲故事	能清楚、完整、流畅地以沃克医生的口吻讲故事	能比较清楚、完整、流畅地以沃克医生的口吻讲故事	能用自己的话清楚、完整地以沃克医生的口吻讲故事
师评	理解刘伯承被称为"军神"的原因	能结合文章和补充资料深入理解刘伯承被称为"军神"的原因	能结合文章和补充资料理解刘伯承被称为"军神"的原因	能结合文章和补充资料简单理解刘伯承被称为"军神"的原因

1. 能够通过沃克医生的神态、语言、动作，体会他的内心变化的原因，逐

步认识他眼中的"军神"——刘伯承。

2. 能够通过沃克医生对刘伯承前后不同的表现和补充资料，深入理解刘伯承被称为"军神"的原因。

3. 能够通过对沃克医生内心活动的补白以他的口吻讲述亲眼所见的故事，感受革命先辈的崇高精神。

教学活动设计

一、谈话导入，引发思考

复习主要内容，提出疑问，激发阅读兴趣。

【设计意图：关注学情，以学定教，以学生为主体，发挥其自主学习的积极性，培养学生发现问题、解决问题的能力。】

二、品读感悟，内心变化

（一）出示自学提示

默读课文，画出描写沃克医生动作、语言、神态的语句，体会他内心的变化，把关键词批注在旁边。

（二）默读画批，交流反馈

1. 创设情境，移情体验。

引导学生思考：此时的你们就是沃克医生，当你解开绷带为什么会愣住，惊疑呢？

预设：看到了伤势严重他愣住了，想到这么重的伤竟然能够这样地从容镇定，很惊疑。

2. 引导结合上下文，想象伤势的严重。

3. 小结：关注了沃克医生的内心，才能体会出文字背后内心的变化。

（三）移情入境，再现情境

教师以沃克医生的口吻讲述初次见面的经过并将自己的所见所想融入讲述的过程中；教师可以找一个学生与之配合扮演沃克医生。

（四）移情体验谈感受

1. 教师采访同学：如果你是沃克医生，你会对刘伯承有怎样的认识？

2. 小结：当我们把自己当成故事中的沃克医生，会更深入地体会到当时沃克医生的内心变化。

【设计意图：通过创设情境，通过联系上下文的想象，在移情入境的对读感悟中，体会沃克医生初见刘伯承时的内心想法。】

三、体会内心，感受意志坚强

（一）自主阅读，通过关注对沃克医生的描写，揣摩其内心变化，以沃克医生的口吻来讲故事

（二）小组合作研讨，选小组代表汇报

1. 手术前部分：学生能够体会到沃克医生初见刘伯承时，因他伤势严重，表现却从容镇定而惊疑，因他的坚强而赞许；如果学生不能体会沃克医生的内心活动则进行以下引导：

（1）创设情境引导思考：你就是此时的沃克医生，听了刘伯承这样的回答你的内心会想些什么？有怎样的感受？

（2）小结：当你换成沃克医生这个视角去观察，就能更深入地体会沃克医生的内心已经对这个人充满了赞许之情。

2. 手术中部分：学生能够体会到沃克医生因刘伯承没有使用麻醉剂而紧张，因他超乎常人的意志力而钦佩他；如果学生不能体会沃克医生的内心活动则进行以下引导：

（1）播放手术视频，创设情境，引导学生体会沃克医生的内心。

（2）播放视频后可以采访同学，假如你就是正在手术的沃克医生，看到刘伯承的表现你会想些什么？

（3）小结：当以沃克医生的视角去观察刘伯承的表现时，更能体会到沃克医生对刘伯承的钦佩之情，也更能深入地感受到刘伯承那超乎常人的钢铁意志。

3. 手术后部分：学生能够体会到沃克医生的内心变化，感悟沃克医生对刘伯承的无比崇敬之情；

如果学生不能通过沃克医生的表现补白沃克医生的内心，不能感悟沃克医生的无比崇敬之情则进行以下引导：

（1）教师引导：手术后的沃克医生又因为什么而惊呆呢？

（2）资料补充，体会钢铁意志：手术持续了3个多小时……

（3）教师引读，感悟沃克医生的无比崇敬之情。

4. 指名以沃克医生的口吻讲故事，点评故事。

【设计意图：紧扣细节描写，抓住对刘伯承在手术中的动作、神态的描写，手术后的语言、神态描写，以及沃克医生做手术时的紧张表现，从而体会刘伯承钢铁般的意志和沃克医生对他的无比崇敬之情。】

四、借助资料走进人物，感悟写法

结合课前资料说说：为什么听到"刘伯承"这个名字，沃克医生竟会肃然起敬呢？

1. 师生补充资料，深入了解刘伯承。
2. 小结：超乎常人的表现源于从小立志"拯民于水火"，就是这一信念才使得他用超乎常人的钢铁意志来忍受割肉之痛，成了沃克心中的"军神"。
3. 回顾课前问题，梳理写作特点。

五、拓展阅读，体会老一辈革命者的伟大

1. 阅读《丰碑》后，如果你是军长，在那个军礼中包含着你想对军需处长说的什么呢？
2. 小结：为了新中国的诞生，革命先辈甘愿为祖国抛头颅，洒热血，谱写了一曲曲英雄赞歌。

【设计意图：通过资料的补充让主人公的形象更加丰满，使得学生能够更加深入地认识人物形象，从始至终让学生体验学习过程的快乐。】

板书设计

```
              "军神"
问诊 ──→ 术前 ──→ 术中 ──→ 术后
从容镇定    钢铁意志   坚定信念
```

作业设计

课下了解更多关于老一辈革命者的故事，走进他们的内心，讲述他们的经历，道出他们的心声，做他们的代言人。

教学反思与改进

1. 以学生为主体进行教学设计。

本课设计从导入开始就依据学生的课前问题入课，重视学生自读的体悟和感受，敢于放手，通过师生合作还原情境，引导学生关注沃克医生的表现，体悟他内心的变化；通过教师的引导，学生在小组合作中彼此启发，以沃克医生

的视角去观察、体悟，逐步深入地了解刘伯承。本节课的设计，注重学生能力的培养。无论是走进刘伯承的内心感受沃克形象，还是借助资料进一步认识刘伯承，都是学生的思考在先，在学生需要的时候教师才给予引导和帮助，助力孩子树立自信心。

2. 紧紧抓住课后题来落实本单元的语文要素。

本单元的语文要素是：通过课文中动作、语言、神态的描写，体会人物的内心。《青山处处埋忠骨》是直接抓住对主人公毛主席动作、语言、神态的描写，体会他的内心世界。《军神》则更侧重于从沃克医生的视角来走近刘伯承，通过抓住对沃克医生动作、语言、神态的描写来体会他的内心变化，通过他的眼睛去认识刘伯承，并以"沃克"的口吻讲述出来，更加深了学生对人物内心的体会。

3. 注重能力和思维的培养。

注重学生思维的培养，在整堂课的设计中紧紧围绕抓沃克医生的表现，通过联系上下文，结合当时的背景激发学生想象，体悟沃克医生会看到什么，想到什么，从而走进他的内心；并通过视频资料和文字资料的补充丰富学生的认识，在开展阅读拓展和实践活动中，激发学生深刻感悟老一辈革命家的崇高精神。

但是在授课的过程中也产生了些许的遗憾：如：问诊部分的教学环节可以再清晰些。转换人称后，加入内心活动时，应给予学生充分感悟的机会，为学生后面的自主学习打下坚实的基础。

（指导教师：北京市朝阳区呼家楼中心小学 孙宇）

第十二册　第四单元《十六年前的回忆》

齐雯雯

教学单元基本信息			
姓名	齐雯雯	单位	北京市东城区前门小学
年级	六年级	单元	下册第四单元
单元主题		理想和信念	

单元指导思想与理论依据

《义务教育语文课程标准（2011年版）》在第三学段关于阅读提出这样的阶段目标："根据需要搜集信息；能简单描述自己印象深刻的场景、人物、细节，说出自己的喜爱、憎恶、崇敬、向往、同情等感受。"本单元"关注外貌、神态、言行的描写，体会人物品质""查阅相关资料，加深对课文的理解"这两个语文要素正是对阶段目标的落实。

单元教学内容及要素分析

本单元的主题是"理想与信念"。课文体裁多样，有古诗、散文、演讲稿和小说；内容丰富，有的抒发了作者高尚的情操和远大志向，有的追忆了革命先辈的感人事迹，有的阐述了革命志士共同的理想信念，从不同侧面展现了"人生自古谁无死，留取丹心照汗青"的英雄气概和民族精神，有助于学生树立远大理想，拥有高尚的道德情操。

本单元的两个语文要素是"关注外貌、神态、言行的描写，体会人物品质""查阅相关资料，加深对课文的理解"，这两个语文要素在小学阶段不是第一次出现，学生都已经学习过。所以，本单元两个语文要素的复现是为了强调对这两个要素的综合运用。《十六年前的回忆》作为本单元的第一篇课文，正是训练的好例子。首先，要指导学生在课前搜集、查阅资料，了解当时中国的情况，以及军阀割据形势下，李大钊所从事的革命事业的危险性及李大钊生平。其次，要引导学生关注外貌、神态、言行的描写，体会人物品质，加深领会李大钊同志的革命精神。围绕单元训练点，利用好文本这个例子，落实语言的建构与运用，促进思维的发展与提升。

表1　相关语文要素在小学各年级的编排情况

四年级上册	通过人物的动作、语言、神态体会人物的心情。
四年级下册	从人物的语言、动作等描写中感受人物的品质。
五年级上册	结合查找的资料，体会课文表达的思想感情。
五年级下册	通过人物的动作、语言、神态的描写，体会人物的内心。
六年级上册	借助相关资料，理解课文主要内容。

单元教学目标

1. 会写28个字，会写37个词语。
2. 有感情地朗读课文，能借助相关资料，加深对课文的理解。
3. 把握课文的主要内容，能关注人物的外貌、神态、言行，体会人物的品质，受到革命文化熏陶。

单元教学结构

表2　单元教学结构安排

分类	课题	阶段目标	课时	单元要素落实
课文	《古诗三首》	1.能借助注释，理解诗句意思。 2.有感情朗读课文，背诵课文。默写《竹石》。 3.能联系诗人的生平资料，体会诗人的精神品质和远大目标。	2	初次落实目标
	《十六年前的回忆》	1.关注人物外貌、神态、言行的描写，感受李大钊同志大无畏的革命英雄气概。 2.了解课文首尾呼应的表达方法。 3.查找资料，了解先辈的革命事迹。	2	综合运用要素
	《为人民服务》	1.有感情地朗读课文，背诵2、3自然段。 2.理解课题对全文的统领作用，把握各自然段之间的内在联系。 3.结合"阅读链接"，理解含义深刻的语句，体会"为人民服务"的思想内涵，进行革命人生观的启蒙教育。	2	迁移方法，自主练习

续表

分类	课题	阶段目标	课时	单元要素落实
	《金色的鱼钩》	1.默读课文，概括课文的主要内容。 2.关注人物的外貌、神态、言行，体会以老班长为代表的革命先辈的革命精神。	1	运用方法，加深体会
口语交际	即兴发言	能根据场合、对象等，稍作准备，作即兴发言。	1	锻炼应变能力、表达能力
习作	心愿	1.能选择适合的材料与方式表达自己的心愿。 2.能用修改符号自主修改习作。	3	关注习作内容与习作方式
语文园地	交流平台	能围绕文章的开头和结尾展开交流，体会这样写的好处。	1	对语文要素进行梳理总结，明确方法
	词句段运用	1.能联系读过的古诗，了解哪些事物被赋予了人的品格和志向。 2.体会外貌和神态描写对刻画人物形象的作用。	0.5	
	日积月累	朗读并背诵一组有劝勉意义的俗语。	0.5	

课题	11 十六年前的回忆
课时	第 2 课时
课型	新授课☑ 精读或略读指导☐ 口语交际课☐ 专题复习课☐ 习作指导或讲评☐ 学科实践活动课☐ 其他☐

课时教学内容分析

《十六年前的回忆》是李大钊同志的女儿李星华在 1943 年李大钊遇难十六周年的时候写的一篇回忆性散文。课文以"忆"作统领，按时间顺序依次回忆了李大钊被捕前、被捕时、被审时、被害后的情形，运用人物描写的多种方法，客观、立体地塑造了一位英雄父亲的形象。本课重点在于引导学生从多方面深入感受这位有血有肉、有英雄气概又慈祥温情的革命者形象。

学习者分析

本单元以"理想和信念"为主题，这一要素对于学生来说并不陌生，在四、五年级学生都有过学习。但课文时代较为久远，学生理解起来有一定障碍。读过课文后，学生能够感受到李大钊的英雄形象，但是并不能从多方面深入感受这位有血有肉、有英雄气概又慈祥温情的革命者形象。

课时教学目标

1. 进一步借助相关资料，加深对课文的理解。（教学重点）
2. 关注李大钊外貌、神态、言行的描写，体会人物品质，接受革命文化熏陶。（教学重点）
3. 发现文章开头和结尾处李大钊先生牺牲日期的前后呼应，初步体会其作用。（教学难点）

学习评价设计

表3 教学评价表

评价内容	1. 能够关注到文中对于李大钊的外貌、神态、言行的描写，体会人物品质，与同学交流分享自己的想法 2. 查找相关资料，了解当时的社会背景，结合资料谈感受，更加深入感受李大钊的英雄形象 3. 继续查阅资料，了解革命先烈的事迹。在班中召开"红色故事会"，学生选择一个最为感动的革命先烈故事，讲给同学们听，进一步升华"理想与信念"
评价量表	1.《课堂形成性评价表》 **课堂形成性评价表** 		评价内容	自我评价	同学评价	老师评价
---	---	---	---	---
参与	1. 能够关注到文中对于李大钊的外貌、神态、言行的描写，从中体会人物品质。	☆☆☆	☆☆☆	☆☆☆
	2. 查找相关资料，了解当时的社会背景，更加深入感受李大钊的英雄形象。	☆☆☆	☆☆☆	☆☆☆
表达	1. 积极分享交流自己的想法。	☆☆☆	☆☆☆	☆☆☆
	2. 能够清楚表达自己的想法，语言流畅清晰。	☆☆☆	☆☆☆	☆☆☆
合作	1. 认真倾听其他同学发言。	☆☆☆	☆☆☆	☆☆☆
	2. 能就其他同学的发言进行补充、评价。	☆☆☆	☆☆☆	☆☆☆ | 2.《"红色故事会"评价表》。 **"红色故事会"评价表** |	评价内容	自我评价	同学评价	老师评价
---	---	---	---	---
内容	1. 材料典型，事迹感人，并加入自己的感受。	☆☆☆	☆☆☆	☆☆☆
	2. 围绕主题，故事内容丰富、生动感人。	☆☆☆	☆☆☆	☆☆☆
表达	1. 语言规范，吐字清晰，声音洪亮。	☆☆☆	☆☆☆	☆☆☆
	2. 语速、语气、节奏等符合故事情节与感情的起伏变化。	☆☆☆	☆☆☆	☆☆☆	

教学活动设计

一、拉近时空距离，回顾课文脉络

（一）出示绞刑架，拉近时空距离

1. 出示国家博物馆文物——李大钊绞刑架。

2. 请同学介绍，教师补充，引入第二课时学习。

（二）回顾课文，理清脉络

快速浏览课文，回顾课文内容。

【设计意图：国家博物馆中的一号文物是李大钊的绞刑架，学生带着疑问进入第二课时的学习，拉近了时空的距离。学生回顾课文内容，走进回忆中，同时也为深度体会人物品格做了铺垫。】

二、抓住外貌神态言行，感悟英雄形象

（一）回顾要素，明确目标

1. 回顾单元语文要素。

2. 结合单元要素提出本节课学习重点：关注文中对李大钊同志外貌、神态、言行的描写，结合相关资料，体会李大钊的品格。

（二）自读课文，品读批注

出示自学提示：请同学们默读课文，画出描写李大钊外貌、神态和言行的语句，并在相应的句段旁批注感受、体会。

【设计意图：以这个问题统领全文的学习，既落实了本单元的语文要素，同时也将课后练习题自然地穿插于教学过程中。】

（三）学生汇报，体悟品格

学生汇报。抓住以下几个重点内容进行进一步指导：

1. 被捕前。

第一处：行为反常　坚守革命理想

（1）发现父亲的反常之处。

（2）结合查找的资料体会其中原因。

（3）从反常之处，体会李大钊同志的品格。

（4）指导朗读，读出体会。

总结归纳：此处正是运用了对比的手法，写出了李大钊行为上的反常，据此可以感受李大钊对孩子的慈爱，对工作的严谨负责，对革命理想的坚守。

第二处：语言坚决　不顾个人安危

（1）以读代讲，对比读母亲、亲友与李大钊的态度。

（2）朗读。读中感受李大钊的坚决态度。

总结：在被捕前部分，作者对李大钊的言行描写，以及两处对比手法的运用，让我们感受到了李大钊对革命工作的高度负责的品格。

【设计意图：抓住父亲的三个反常之处与对比的描写，引导学生感受到李大钊对孩子的慈爱、对工作的严谨负责，对革命理想的坚守。】

2. 被捕时——语言动作 沉着镇定的品格。

（1）抓住关键语句，感受父亲的沉着、镇定、从容。

（2）读中感悟。

（3）总结：这部分对李大钊笔墨不多，但这鲜明的对比，让李大钊在被捕时镇定从容、沉着冷静、英勇无畏的革命者形象跃然纸上。这一次，他沉着镇定的品格是我们从动作描写和语言描写中共同品味出来的。

3. 被审时。

第一处：外貌描写 坚贞不屈的气概

（1）发现文字背后，暗示了父亲和阎振三一样，遭受了酷刑。

（2）引入背景资料，了解当时李大钊所遭受的残酷折磨。

学生谈感受。

（3）体会"平静而慈祥"的背后是李大钊对家人的关心和爱护，以及面对敌人酷刑的顽强意志和对革命事业必胜的坚定信念。

总结：此时，李大钊同志的坚毅品格和他关心家人的表现，都是我们从这简约又不简单的外貌描写中品味出来的。

第二处：眼神动作 丰富的内心情感

（1）父亲"望了望我们"。父亲望向我们的眼神中可能藏了什么话呢？

（2）联系前文，体会"望了望"中包含的复杂情感。

（3）朗读，感受李大钊此时丰富的内心世界。

总结：面对敌人酷刑，父亲是那样顽强，而面对自己的家人，又是那么地关心和爱护。

4. 慷慨就义。

（再次出示绞刑架）在这座绞刑架前，国家博物馆有这样的注释：

李大钊就义前慷慨陈词："不能因为反动派今天绞死了我，就绞死了伟大的共产主义，共产主义在中国必然得到光辉的胜利。"

教师小结，回顾单元导语"人生自古谁无死，留取丹心照汗青"。

【设计意图：本环节抓住课文中的外貌、神态、言行描写，走进了这位沉着镇定、坚贞不屈的革命者。在他大无畏的革命英雄形象中，还感受到李大钊同志作为一位父亲、一位丈夫丰富的、慈爱的内心世界。学生对于这位革命者形象的感受更加立体、更加丰富。由此，再次回归到单元主题，学生由衷感受到"人生自古谁无死，留取丹心照汗青"的英雄气节和民族精神。】

三、了解呼应写法，升华理想信念

1. 出示第一课时，同学提出的疑问：开头已经写了父亲的被难日的日期，结尾为什么又写呢？

　　了解首尾呼应的写法。

2. 文中类似这样，前面埋下伏笔，后面再次出现，前后有关联的句子还有很多，你发现了吗？

　　了解前后照应的写法。

3. 李大钊同志的品格到底源于什么样的力量呢？（课文23段）

　　对于革命事业的信心。这，就是他崇高的理想和信念。

【设计意图：引导学生发现文中类似用法，前面埋下伏笔，后面再次出现，前后有关联的句子就是我们所说的前后照应。通过这样的描写，我们对事件的来龙去脉更加清楚，对当时紧张局势的感受更加深刻，人物形象也更清晰完整。】

四、拓展英烈故事，传承英雄精神

1. 讲革命先烈英雄故事。
2. 总结全课。

【设计意图：拓展英烈故事，升华理想信念。引导学生感受到正是革命先烈的牺牲，换来了今天的美好生活。要珍惜这份来之不易的幸福生活，继往开来，将这份理想和信念永存心中，代代传承！】

板书设计

　　　　　　　十六年前的回忆
　　　　　被捕前　高度负责
　　　　　被捕时　镇定从容　　首尾呼应
　　　　　被审时　坚贞不屈　　前后照应
　　　　　被害后　英勇无畏

作业设计

1. 自主阅读课外阅读教材《我与诗》第四单元的内容，感受古今仁人志士的爱国情怀。

2. 如果有条件，参观国家博物馆，更多地了解党的历史，接受爱国教育。

教学反思与改进

首先，本课时的教学紧扣单元导读，将教路、学路与文路融为一体，落实语文核心素养。其次，以课后题为引领，由重教师的教，轻学生的学，转换为以学生学习活动为主体的教与学的统一；由重知识传授轻能力培养，转换为以发展能力为主体的知识与能力的统一。第三，课堂中，应更加重视不同学生的多元感受，给学生更多的自主学习时间。

（指导教师：北京市东城区前门小学 赵连杰）

文体教学板块

第一册　第八单元《雪地里的小画家》

朱艳

教学单元基本信息				
姓名	朱艳	单位	北京市通州区后南仓小学	
年级	一年级	单元	上册第八单元	
单元主题		善观察　明信息　学方法　促养成		

单元指导思想与理论依据

《义务教育语文课程标准（2011年版）》指出，"语文课程是一门学习语言文字运用的综合性、实践性课程。"小学低年级阅读教学要求为"阅读浅近的童话、寓言、故事，向往美好的情境，关心自然和生命，对感兴趣的人物和事件有自己的感受和想法，并乐于与人交流"。识字写字的教学要求是"喜欢学习汉字，有主动识字、写字的愿望，初步感受汉字的形体美"。所以，低年级语文教学应注重学生的识字教学，同时培养阅读兴趣和阅读习惯。根据低年级学生对具体、形象事物的认知特点，通过引导学生关注语文与生活的结合，初步培养观察、分析、推理等逻辑思维。基于此，在低年级语文教学中，要积极渗透自主、合作、探究的学习方式，努力创建富有情境并具有活力的语文学习过程，以丰富学生的语文知识和人文素养。

单元教学内容及要素分析

本单元围绕"观察"这个主题编排了《雪地里的小画家》《乌鸦喝水》《小蜗牛》3篇课文。这些课文都以动物为主人公，充满了童真和童趣。本单元的阅读要素：一是培养学生根据问题，借助圈一圈、画一画的方法，从文中提取明显信息的能力;二是引导学生借助图画猜读不认识的生字,理解课文内容。

1. 根据课文内容横向看联系。

本单元始终以阅读要素"从文中提取明显信息"为主线编排教学内容。识字写字方面也是多种识字方法层层递进,培养学生识字、写字能力。

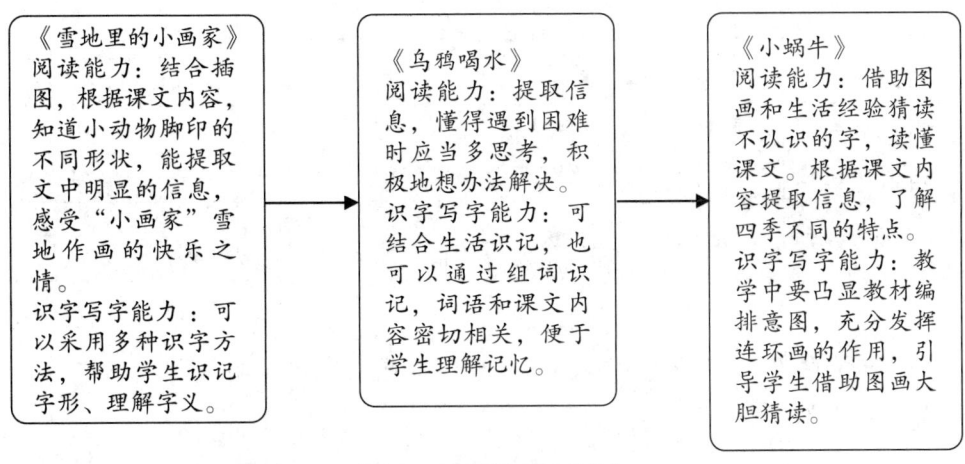

《雪地里的小画家》
阅读能力:结合插图,根据课文内容,知道小动物脚印的不同形状,能提取文中明显的信息,感受"小画家"雪地作画的快乐之情。
识字写字能力:可以采用多种识字方法,帮助学生识记字形、理解字义。

→

《乌鸦喝水》
阅读能力:提取信息,懂得遇到困难时应当多思考,积极地想办法解决。
识字写字能力:可结合生活识记,也可以通过组词识记,词语和课文内容密切相关,便于学生理解记忆。

→

《小蜗牛》
阅读能力:借助图画和生活经验猜读不认识的字,读懂课文。根据课文内容提取信息,了解四季不同的特点。
识字写字能力:教学中要凸显教材编排意图,充分发挥连环画的作用,引导学生借助图画大胆猜读。

图1　单元能力结构图

2. 立足统编教材纵向看递进。

（1）阅读能力进阶。

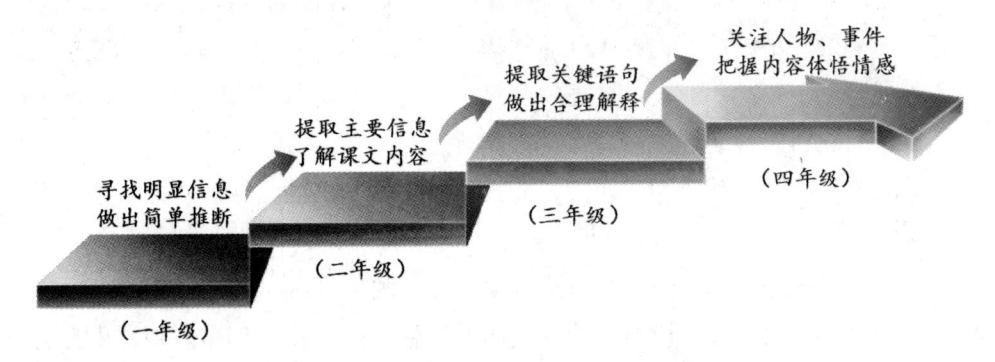

图2　"提取信息"能力进阶图

如图所示,学生随着年级的升高,根据课文信息进行合理推断的能力也逐渐提高。由一年级本单元"寻找明显信息"到一年级下册"根据课文信息做出简单推断",再到二年级"提取主要信息,了解课文内容",进而到三年级"提取关键语句,做出合理解释",再到四年级"关注人物、事件,把握内容体悟情感",能力逐年提高,层层递进。学好本单元的语文要素,能够为以后学习及提高阅读能力奠定基础。

（2）识字写字能力进阶。

表1 识字写字能力进阶表

册别单元	汉字构字规律	识字方法的学习与运用
一上第一单元	重在象形字的构字特点	看图、联系生活识字；象形字
一上第五单元	重在会意字的构字特点	偏旁归类识字；对比识字；会意字识字
一下第一单元	重在合体字的构成	看图、韵语、字族、字谜识字
一下第五单元	重在形声字的构字特点	归类、韵语、字理、形声字识字
二上第二单元	汉字词句的内在联系	归类、图文结合、联系生活识字
二下第三单元	汉字的综合实践运用	归类、字理识字、语境识字；形声字、联系生活、看图等方法识字

由此可见，识字写字是低学段教学重点。识字写字能力进阶表显示，一年级要求学生掌握多种识字方法，并逐步养成自主识字兴趣和正确书写的习惯。

单元教学目标

1.运用多种识字方法认识38个生字、1个偏旁和1个多音字，会写15个字和1个笔画。了解汉字"先中间后两边""先外后内"的笔顺规则，能按规则正确书写。

2.借助图画，猜读不认识的字，自主阅读不全文注音的课文。

3.能够正确、流利地朗读课文，能找出课文中明显的信息。背诵《雪地里的小画家》。

4.通过学习课文，了解一些自然常识，产生观察自然、观察生活的兴趣。

5.能大胆与人交流，说出想法，选出自己喜欢的方法说理由。能说出自己知道的职业。

6.学习写新年贺卡，能给家人或朋友写一句祝福的话。

7.试着把《春节童谣》读给大人听，了解春节的习俗，体会过年的快乐。

单元教学结构

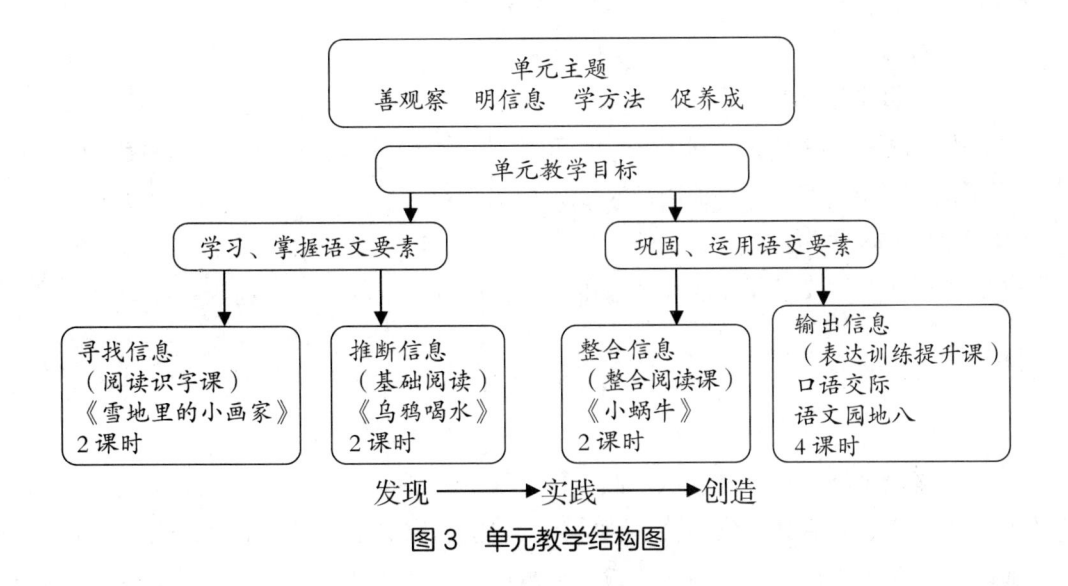

```
单元主题
善观察 明信息 学方法 促养成
        ↓
    单元教学目标
    ↙        ↘
学习、掌握语文要素    巩固、运用语文要素
  ↙       ↘          ↙          ↘
寻找信息   推断信息   整合信息    输出信息
(阅读识字课)(基础阅读)(整合阅读课)(表达训练提升课)
《雪地里的   《乌鸦喝水》《小蜗牛》   口语交际
小画家》    2课时      2课时      语文园地八
2课时                              4课时

     发现 ——→ 实践 ——→ 创造
```

图 3 单元教学结构图

课题	12 雪地里的小画家
课时	第 2 课时
课型	新授课☑ 精读或略读指导☐ 口语交际课☐ 专题复习课☐ 习作指导或讲评☐ 学科实践活动课☐ 其他☐

课时教学内容分析

《雪地里的小画家》描写了雪地里一群"小画家"画画的场景，是一首富有儿童情趣，又融汇了科普知识的儿歌。全文语言浅显易懂，排列整齐又错落有致，气韵生动，充满儿童情趣。首句"下雪啦"重复出现，旨在营造冬日雪景氛围，可以想象，当小动物们看到雪后大地就像一张雪白的画布时，充满高兴和喜悦的心情。第二、三、四句采用拟人的手法，运用形象的比喻，精确而又饶有趣味地描绘了 4 种小动物在雪地里留下的不同形状的足迹。设问结尾，既巧妙融入了青蛙冬眠这一科学知识，又使得儿歌拥有了别样的想象空间。

学习者分析

一年级学生年龄小，生活经验少，还处于直观思维阶段，识字量有限。为了更好地把握学生语文基础知识的已知情况，针对本课教学，对本班级学生进行了前期调研，有45%的学生不能完全掌握认读字。所以运用不同的方法随文识字，仍是学习重点。部分学生阅读能力弱不能从文中寻找信息，所以通过本课的学习，要培养学生善于观察的习惯，激发学生的阅读兴趣。

课时教学目标

1. 运用多种识字方法认识"群、竹"等10个字。会写"竹、马"。
2. 正确、流利地朗读课文，背诵课文。能提取文中明显的信息，感受"小画家"雪地作画的快乐之情。（教学重难点）
3. 结合插图，知道小动物脚印的不同形状，了解青蛙冬眠的特点。（教学重难点）

学习评价设计

表2　识字、写字评价表

评价内容	评价标准	评价方式	评价等级
写字姿势	写字做到三个一	自评	☆☆
书写	书写正确、美观	同桌互评	☆☆

表3　朗读评价表

评价标准	评价方式	评价等级
正确、流利地朗读	自评	☆☆
有语气地朗读	互评或师评	☆☆

教学活动设计

一、创设情境导入

1.秋去冬来，冬爷爷来到人间，他请来了小雪花，大地一片白茫茫。树枝上，房顶上，空地上都积满了厚厚的白雪。这时候，你们最喜欢在雪地里干什么呀？（堆雪人、打雪仗、滚雪球）图片创设情境，渲染气氛。

2."下雪啦！下雪啦！"你会高兴地对谁说？好，你会高兴地对妈妈说，对老师说……（语言创设情境指导朗读）

3.下雪啦！小动物们也特别高兴。看！雪地里来了一群可爱的小画家。我们今天继续学习第12课《雪地里的小画家》。（齐读课题）

【设计意图：语言、图片创设情境，渲染气氛，激发学生学习兴趣。】

二、观察联系生活

1.让我们快来读读课文吧！看看这群小画家在干什么。自由读课文。

2.你们认识这些词语朋友吗？有不认识的就借助拼音来读一读。

（出示词语）齐读词语。

3.如果把这些词语的拼音去掉了，你还认识吗？那我们来做个小游戏考考你吧！游戏的名字叫猜气球。看谁读得又快又准确，声音又洪亮。

4.老师把课文中的生字宝宝请来了，我们开小火车读一读吧！

5.下雪啦，下雪啦！雪地里来了一群小画家。指读这句话。

你们看，他们是谁呀？ 谁能用这样的句式告诉大家？

雪地里的小画家有（ ），有（ ），还有（ ）和（ ）。

他们在画什么呀？

（出示：小鸡画竹叶，小狗画梅花，小鸭画枫叶，小马画月牙。）

6."小鸡画竹叶"的这个"竹"字是我们今天要学习的生字，它是象形字。（用竹叶和"竹"字做比较学习"竹"。说一说怎样记住这个字。学习笔顺。组词。）竹，竹叶的竹，小鸡画竹叶。

7."小马画月牙"的"马"也是我们今天要学习的生字（指读）。学习"马"：说一说怎样记住这个字。学习笔顺。组词。

8."不用颜料不用笔，几步就成一幅画"。小动物们是用什么画画的呢？（指读理解小动物们用脚印画画）

9.我们来看一看，为什么说"小鸡会画竹叶"呀？小鸡的脚印像竹叶。新学的这个句子叫比喻句，是把小鸡的脚印比成竹叶。我们来读一读这两句话。

对比读句子：

小鸡画竹叶。小鸡的脚印像竹叶。

小狗画梅花。小狗的脚印像梅花。

小鸭画枫叶。小鸭的脚印像枫叶。

小马画月牙。小马的脚印像月牙。

10. 老师这里有小画家们的脚印儿和他们画的画，谁能帮我找到它们的主人？（贴脚印图片。）

11. 小画家们在雪地里跑啊跳啊！哇！好漂亮的图画呀！

出示：

小鸡画竹叶，小狗画梅花，小鸭画枫叶，小马画月牙。不用颜料不用笔，几步就成一幅画。（训练朗读。）

【设计意图：通过语言、图片创设情境感受"小画家"雪地作画的快乐。通过朗读创设情境能提取文中明显的信息，结合插图，知道小动物脚印的不同形状。】

三、创新拓展思维

1. 这时雪地上的小动物越来越多了，小鸟和小狮子也来到雪地上画画。他们能画出什么样的画呀？（了解小鸟和狮子的脚印样子。）你能用书上的句式说吗？

> 小鸟画（竹叶），
> （狮子）画（梅花），
> 不用颜料不用笔，
> 几步就成一幅画。

2. 这么多的小动物都来画画了，咦，青蛙为什么没参加？

"哦，他在洞里睡着了。"（理解冬眠）

3. 冬天里还有哪些动物在睡觉呢？ 出示图：（熊、蛇、乌龟、青蛙……）

【设计意图：通过读课文和结合图片，了解还有很多动物有冬眠的特点。】

小结：今天，我们学习了小动物在雪地里是怎样画画的，神奇又有趣。

四、指导书写

1. 学写"竹"字。

（1）观察"竹"字，讲占格。

（2）指导书写要点，范写。

2. 学写"马"字。

（1）观察"马"字的占格。

（2）指导书写要点，范写。

3. 学生描一个写一个。评价、修改。

板书设计

12 雪地里的小画家

小鸟画（竹叶），
（狮子）画（梅花），
不用颜料不用笔，
几步就成一幅画。

竹　马

作业设计

1. 把句子补充完整。

小马会画（　　　）　　小猫会画（　　　）　　（　　　）会画（　　　）

2. 还有哪些动物也冬眠，讲给你的好朋友听，并说出自己是从哪里了解的。

教学反思与改进

　　《雪地里的小画家》是一首富有儿童情趣的科普儿歌。全文不但形象地讲述了四种动物爪子和青蛙冬眠的特点，而且语言活泼，富有童趣，读起来朗朗上口。老师用图片引入，"你们最喜欢在雪地里干什么呀？"牢牢抓住学生的年龄特征，激发学习兴趣，把学生带进了白雪皑皑的世界，引起了学生情感的共鸣。借学生兴奋之时，提问："下雪啦！你会高兴地对谁说？"用语言创设情境，激情导入新课。引导学生读中悟情，联系生活实际，用心去感受和体会朗读课文时轻快活泼的基调。

（指导教师：北京市通州区后南仓小学　吕桂红）

第二册　第六单元《荷叶圆圆》

任悦

教学单元基本信息				
姓名	任悦	单位	北京市平谷区峪口中心小学	
年级	一年级	单元	下册第六单元	
单元主题	夏天			

单元指导思想与理论依据

《义务教育语文课程标准（2011年版）》(以下简称《课标》)指出学生要"结合上下文和生活实际了解课文中词句的意思，在阅读中积累词语"。在教学中，教师应充分调动学生的生活经验，借助文本内容，更好地了解相关词语的意思，帮助学生读懂课文。同时，《课标》还指出学生要"掌握汉字的基本笔画和常用的偏旁部首，能按笔顺规则用硬笔写字，注意间架结构。初步感受汉字形体美"。因此，在学习生字时，学生可以通过观察结构框架和歌诀识字等方法，感受汉字结构美，激发识字、写字兴趣，传承中华民族文化。

单元教学内容及要素分析

本单元的主题是"美好而快乐的夏天"，安排了《古诗二首》《荷叶圆圆》《要下雨了》3篇课文和语文园地六。文章体裁分别为诗歌、散文诗、科学童话，从不同的角度描绘了夏天。从内容角度看，围绕夏天又可分为：夏日古诗、盛夏荷塘、夏日的雨、多彩夏日这4个主题。再加上"语文园地"的内容和课本剧表演，学生对"夏天"的认识将更立体。学生从本单元的学习中，能够充分感受到夏天的美好和乐趣。

表1 单元内容分析表

作品名称	作者	文体	文章主旨
一、夏日古诗 《池上》 《小池》	[唐]白居易 [宋]杨万里	五言绝句 七言绝句	诗人在夏天的所见所感
二、盛夏荷塘 《荷叶圆圆》	胡木仁	散文诗（反复式）	感受夏天荷塘的美好
三、夏日的雨 《要下雨了》	罗亚	科普童话（反复式＋事情发展顺序）	下雨前，小动物的活动特点及原因
四、多彩夏日 语文园地六 我最喜欢的课本剧评选			在实践与积累中继续学习

词语教学是小学语文教学的重要组成部分。在小学低年级的语文教学中，对于"理解词语意思"这一阅读方法的指导涉及很多课文。这个要素以泡泡和课后习题的形式重点出现在一年级下册和二年级全册的几篇课文中。本单元学习之前，已经有了《小公鸡和小鸭子》《树和喜鹊》两篇课文的学习经验。可以在前两课的学习基础上，引导学生用这种方法理解本单元重点词语的意思。这样的学习内容又为二年级的理解词语意思"牵线搭桥"，同时也为中高年级真正地理解词语、句子、段落奠定扎实的基础。学生在阅读中积累，在积累中体会其表达效果，增强理解祖国语言文字和运用语言文字的能力。

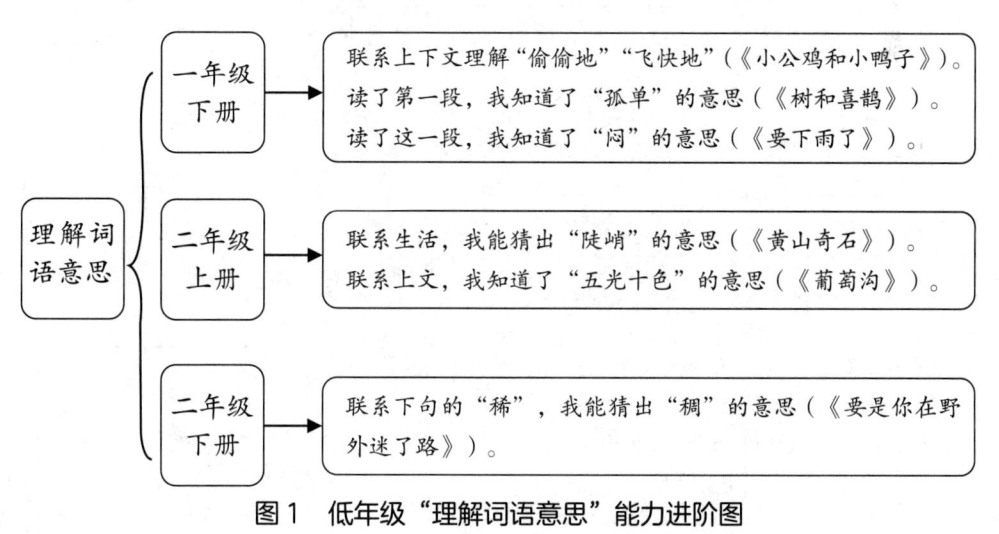

理解词语意思
- 一年级下册
  - 联系上下文理解"偷偷地""飞快地"（《小公鸡和小鸭子》）。
  - 读了第一段，我知道了"孤单"的意思（《树和喜鹊》）。
  - 读了这一段，我知道了"闷"的意思（《要下雨了》）。
- 二年级上册
  - 联系生活，我能猜出"陡峭"的意思（《黄山奇石》）。
  - 联系上文，我知道了"五光十色"的意思（《葡萄沟》）。
- 二年级下册
  - 联系下句的"稀"，我能猜出"稠"的意思（《要是你在野外迷了路》）。

图1 低年级"理解词语意思"能力进阶图

单元教学目标

1. 认识本单元45个生字和1个偏旁，读准1个多音字，会写21个生字。
2. 能按照课后要求，正确、流利地朗读、背诵课文或分角色朗读课文。
3. 能正确使用逗号、句号、问号、感叹号；读好问句和感叹句。
4. 按照要求，仿说、仿写句子，能正确抄写句子；学会多样的表达，积累语言。
5. 能在生活中识字，通过联系生活、结合图片等方式理解词语的意思。
6. 通过朗读、阅读等方式，从不同的角度了解夏天的特点，感受夏天的美好。
7. 通过对课本剧的表演，巩固分角色朗读。

单元教学结构

贯穿整个单元学习的重点是联系生活理解词语的意思。《古诗二首》为单元的学习作适当铺垫，学生能够结合生活实际说出两首古诗中词语的意思。在《荷叶圆圆》中，学生学习运用这种方法理解词语的意思，能够看到词语想象画面，看到画面有词语。在学习《要下雨了》时，学生可以结合泡泡的提示，自主尝试运用。在最后的语文园地中，学生将所学进行综合性的实践。从而掌握方法，更好地了解词语的意思，读懂课文。

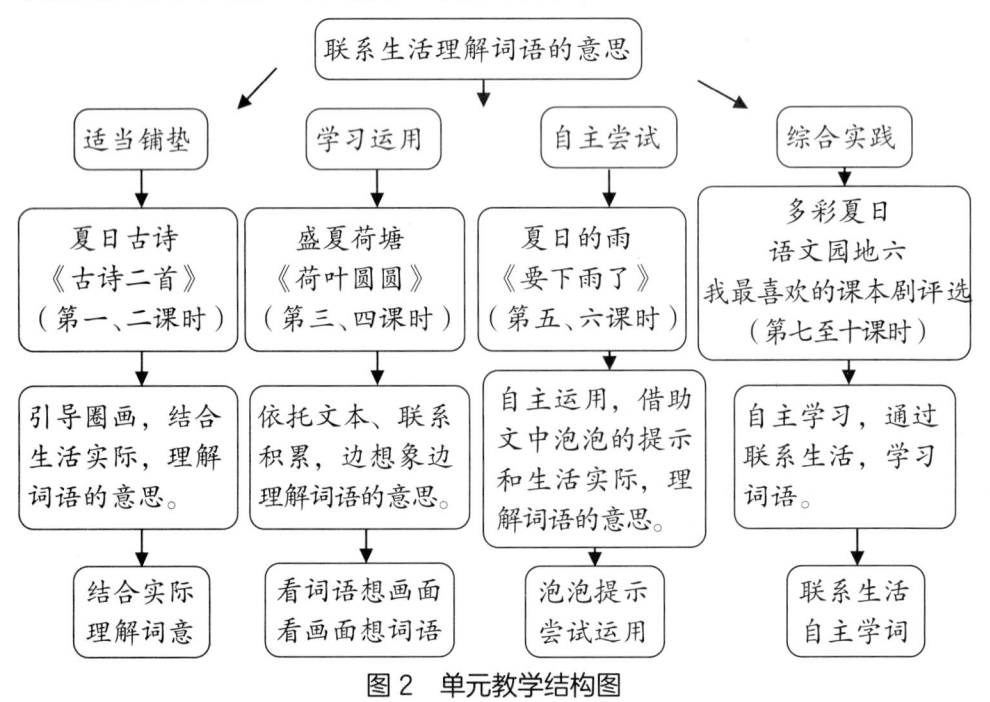

```
                    联系生活理解词语的意思
        ┌───────────┬───────────┬───────────┐
     适当铺垫      学习运用      自主尝试      综合实践
        │            │            │            │
     夏日古诗      盛夏荷塘      夏日的雨      多彩夏日
    《古诗二首》  《荷叶圆圆》  《要下雨了》   语文园地六
                                            我最喜欢的课本剧评选
    （第一、二课时）（第三、四课时）（第五、六课时）（第七至十课时）
        │            │            │            │
     引导圈画，    依托文本、    自主运用，    自主学习，
     结合生活实际，联系积累，    借助文中泡泡  通过联系生活，
     理解词语的    边想象边      的提示和生活  学习词语。
     意思。        理解词语的    实际，理解
                   意思。        词语的意思。
        │            │            │            │
     结合实际      看词语想画面   泡泡提示     联系生活
     理解词意      看画面想词语   尝试运用     自主学词
```

图2　单元教学结构图

课题	13 荷叶圆圆
课时	第 1 课时
课型	新授课☑　精读或略读指导☐　口语交际课☐　专题复习课☐ 习作指导或讲评☐　学科实践活动课☐　其他☐

课时教学内容分析

　　《荷叶圆圆》是一篇优美的散文诗。圆圆的、绿绿的荷叶是小水珠的摇篮、小蜻蜓的停机坪、小青蛙的歌台、小鱼儿的凉伞。这篇散文诗轻快活泼，语言清新淡雅，充满了童真童趣，有利于丰富学生的内心体验，激发想象。在学习词语时，教师应将学生已有的生活经验和新旧知识构建起联系，通过"摇篮""停机坪"等词语让学生联系生活或图片，想象画面，感受词语背后的情感和温度。学生通过本课的学习，能够知道很多学习的途径和方法，在多样的体验和表达中，感受中华语言文字的魅力。

学习者分析

　　一年级的小学生能够在教师的带领下，在生活中识字，通过联系生活、结合图片等方式理解词语的意思，对词语进行想象，但是想象的内容还不够丰富。学生在一年级上学期已经学过了《江南》《青蛙写诗》这两篇课文，这些已有的积累都能为发展学生的语言、丰富他们的想象空间助力。在教学时，教师应注意将朗读、联系生活和想象三者相结合，帮助学生积累和感悟语言。

课时教学目标

　　1.学习生字，认识新偏旁"身字旁"。规范书写"台、朵、美"3个生字。（教学重点）

　　2.能正确、流利地朗读课文。

　　3.通过借助图片，联系生活实际等方式了解词语的意思。（教学难点）

　　4.通过词、句想象画面，尝试用言语表达，初步感受夏日荷塘的美。（教学难点）

学习评价设计

表2 评价表

评价内容	评价标准	评价方式	评价等级
写字	书写正确 书写正确、规范 书写正确、规范、整洁；姿势规范	学生自评 生生互评 教师评价	
朗读	正确 正确、流利 正确、流利、有感情	学生自评 生生互评 教师评价	
仿说	敢于表达 从单一方面仿说 从形状、颜色、滋味等多方面仿说	学生自评 生生互评 教师评价	

教学活动设计

一、初读荷叶，由题入画

（一）初识荷叶，表达喜爱

（二）板画荷叶，引出课题

二、再读荷叶，词中有画

（一）初读课文，借助拼音读准字音，读通句子

（二）读准词语，想象画面

第一组：圆圆的 绿绿的

练习用这样的词语形容苹果和香蕉。

第二组：摇篮 歌台 凉伞 停机坪

通过"摇篮"和"停机坪"想象画面。

【设计意图：分组认读词语，能在生活中运用，表达喜爱。通过词语想象画面，提升学生的表达能力。】

三、三读荷叶，说画得法

（一）读文思考，找到荷叶的好朋友

1. 根据段落读课文。
2. 除了我们喜欢这圆圆的、绿绿的荷叶，文中还有谁是荷叶的好朋友？
3. 教师将小水珠、小蜻蜓、小青蛙、小鱼儿的图片贴到黑板上。

（二）辨析字形，描述画面

1. 把动词与动物一一对应。
2. 认识"躺"及"身字旁"，辨析"身"和"身字旁"。
3. 用不同方法或途径认识"游、蹲、立"3个字。
4. 根据黑板内容整体描述画面。

（三）再读文本，想象画面

1. 再读课文，在这些好朋友的眼中，荷叶又是他们的什么呢？
2. 学生思考：同样是圆圆的、绿绿的荷叶，在好朋友的眼中却成了摇篮、停机坪、歌台、凉伞，你想说些什么？

四、四读荷叶，文画相生

（一）学习课文第二自然段

1. 依托文本进行想象：小水珠躺在摇篮里，眨着亮晶晶的眼睛，会看到什么、听到什么、闻到什么、感受到什么？
2. 借助"资料"学想象。
3. 边想象边读文。

【设计意图：调动学生的多种感官，训练思维，想象画面。再通过原文作者胡木仁老爷爷对小水珠这一段落的描述，丰富想象。】

（二）联系积累，丰富三、四、五自然段的画面

提问并思考：小蜻蜓、小青蛙、小鱼儿与荷叶在一起玩耍的时候都是一幅画面，联系积累，你又想到了什么？

五、五读荷叶，歌诀写字

（一）观察"台、朵、美"3个字，识记生字

发现汉字特点："一处宽"和"留空间"。

（二）随机范写，学写生字，补全歌诀

（三）理解运用歌诀

【设计意图：通过对歌诀的理解，体会上下结构的字书写的一般规律和方法。规范、端正、整洁地书写"台、朵、美"3个字。】

（四）全课小结

板书设计

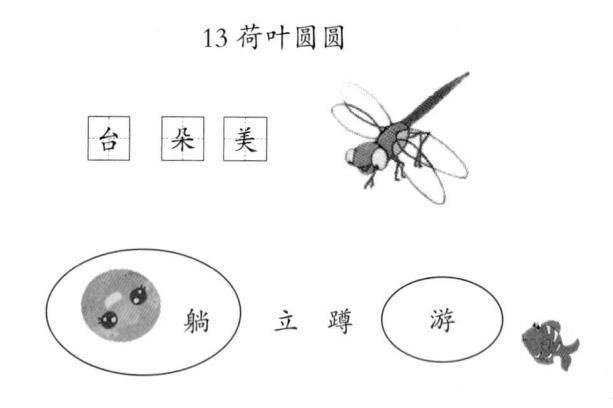

13 荷叶圆圆

台　朵　美

躺　立蹲　游

作业设计

圆圆的、绿绿的荷叶带给我们无限的快乐和遐想。请同学们带着喜爱和美好的感情读文。

教学反思与改进

首先，教学活动中，注重以人为本的教学理念的落实。教学设计丰富有层次，注重单元学习的整体性，符合低年级学生的年龄特点。如在识字教学中，教师充分挖掘课程思想内涵，密切联系学生的生活实际学习新生字；在书写时，询问学生觉得哪个字难写，从学生的实际困难出发，进行指导。

其次，抓住重点，培养学生的语文核心素养。教学设计中落实对学生语文核心素养的培养，让学生在实际的参与中习得知识，提高素养。通过课文第一自然段的学习，学生知道词语重复可以表达喜欢，进而指导学生从不同方面去形容苹果和香蕉，学生在丰富的语言实践中建构语言，并在生活中学会运用；通过依托文本、联系积累等方式，引导学生边想象边理解"摇篮""停机坪"等词语的意思，教学中通过多种感官参与想象画面，注重想象能力的培养，学生思维也得到发展与提升；在学习汉字时，让学生了解了汉字的美，培养他们热爱祖国语言文字的情感，进而传承中华优秀传统文化，充分发挥课堂教学在教书育人中的主渠道作用。

（指导教师：北京市平谷区教育研修中心 李新会）

第二册　第六单元《要下雨了》

罗 硕

教学单元基本信息		
姓名	罗硕	单位	北京第一师范学校附属小学平谷分校
年级	一年级	单元	下册第六单元
单元主题		夏天

单元指导思想与理论依据

《义务教育语文课程标准（2011年版）》指出："能主动进行探究性学习，激发想象力和创造潜能，在实践中学习和运用语文。"所以在小学低年级阶段，教师要通过各种学习形式培养学生语文思维，激发学生的想象力，形成对文本的初步感知，逐渐培养思维的灵活性和创造性。在本单元的教学中，教师应充分调动学生的生活经验，在展开想象的同时，更好地了解词语的意思，读懂课文内容。

单元教学内容及要素分析

立足单元整体看横向关联：本单元的主题是"美好而快乐的夏天"。单元内容上既有传统文化的渗透，又有现代散文诗。3篇课文文体不同，但都从不同的角度展现了作者在夏天的所见所感。分析本单元教材编排的课文、语文园地这两部分内容不难发现，它们围绕着核心素养，紧密联系、互相支撑。

通过课后习题看联系：通过下表不难看出，本单元在词语的积累、理解和信息的提取方面是逐层递进的。

表1　单元内各要素关联表

课题	课后思考题（要求）	相关知识点
《古诗二首》	1. 朗读课文。背诵课文。 2. 读一读，记一记。	积累词语和古诗。
《荷叶圆圆》	1. 朗读课文。背诵课文。 2. 连一连，说一说。 3. 读一读，写一写。	在读中提取直接信息并能仿照表达形式尝试表达。
《要下雨了》	1. 朗读课文。说说故事里有哪些动物，再分角色读一读。 2. 想想燕子、小鱼、蚂蚁下雨前都在干什么？ 3. 读一读，记一记。	在读中提取直接信息并能用自己的语言表达；积累词语。
语文园地六	识字加油站、字词句运用、展示台、日积月累、和大人一起读。	在实践活动中学习用自己的方法识字记词；标点的使用；积累谚语；和大人一起读书。

立足教材看纵向递进：纵向看各年级阅读要素不难发现，同样是理解词语、课文内容，方法与能力要求在不断递进，由"联系上文"到"联系上下文"，再到"联系生活实际"，由"获得方法"到"初步体会"，再到"体会"。因此，本单元教学是整个链条中承上启下的一环，为二年级上册"运用多种方法理解难懂的词语"这一教学内容起到关键性支撑作用。

表2　"理解词语意思"能力进阶表

册别	阅读能力	阅读策略
一上七单元	联系生活实际，理解课文内容。	展开想象
一下三单元	联系上文理解词语的意思。	想象画面
一下六单元	联系生活实际了解词语的意思。	想象画面
二上二单元	运用多种方法理解难懂的词语。	抓关键词、句
三下三单元	继续巩固联系上下文、查字典理解词语的方法。	借助具体事物

单元教学目标

1. 认识本单元45个生字和1个偏旁，读准1个多音字，会写21个生字。

2. 能读出古诗的节奏和儿童诗的韵味，读好问句和感叹句。分角色读好文中的对话并尝试依据课文句式相近、段落反复的结构特点背诵课文。

3. 能运用联系生活、结合图片等方式理解关键词的意思。

4. 仿说、仿写句子，学会多样的表达，积累语言。

5. 能正确使用逗号、句号、问号、感叹号。读好问句和感叹句。

6. 通过朗读、阅读，从不同的角度了解夏天的特点，感受夏天的美好。学会多样表达，积累语言。

7. 培养学生提取信息的能力。

单元教学结构

《古诗二首》
适当铺垫，圈画古诗中描绘的景物，结合生活中看到的景物和场景，理解"踪迹、树阴"等词语的意思。

联系生活实际，了解词语的意思

《要下雨了》
自主尝试借助文中泡泡的提示，结合生活体验，理解"潮湿、闷"等词语的意思。

《荷叶圆圆》
借助图片联系生活，发挥想象，理解"停机坪、摇篮"等词语的意思。

图1　单元教学结构图

课题	14 要下雨了
课时	第1课时
课型	新授课☑　精读或略读指导☐　口语交际课☐　专题复习课☐ 习作指导或讲评☐　学科实践活动课☐　其他☐

课时教学内容分析

《要下雨了》是一篇生动有趣的童话故事。这篇课文主要从"燕子低飞捉虫、鱼游水面透气、蚂蚁躲雨搬家"3种现象，讲述了下雨前小动物的活动特点及发生这些现象的原因。课文还配有相应的插图，学生可以图文对照读故事，知道可以通过观察大自然一些奇妙的现象了解天气变化。课文语言浅显，层次清晰，通过小白兔与小动物们的对话展开故事情节。对话中带有语气词，学生可以进一步体会语气词的表达与运用，通过角色体验读出人物的不同语气。

学习者分析

学生对下雨前的一些自然现象和小动物的变化都有所了解，所以在教学中，应通过联系生活实际、结合图片等方式，促进学生生活经验与课文内容有效对接，从而更准确地了解词语的意思，读懂课文内容。学生已经学过了《雨点儿》《小公鸡和小鸭子》两篇课文，虽然他们已具备了初步的分角色朗读能力，但仍需教师进一步引导，更好地体会语言，形成语感。

课时教学目标

1. 认识"腰、坡"等13个生字，学写"呢、呀"2个生字。读准多音字"空"的读音。（教学重难点）
2. 借助图片以及联系生活实际理解"阴沉沉、潮湿"等词语的意思。（教学重难点）
3. 正确朗读课文，读好带有"呢、呀、吧"的问句和感叹句；分角色读好燕子和小白兔的对话。（教学重难点）
4. 通过图文结合、联系生活，了解"燕子低飞"的原因。

学习评价设计

1. 基础知识。
（1）掌握本课的生字和词语，读好问句和感叹句。
（2）联系生活、结合图片等方式理解关键词的意思。
2. 基本能力。
通过朗读、阅读，从不同的角度了解"燕子低飞"的原因。
3. 对本课学习的兴趣。
通过分角色朗读、学习科普类的内容，积极参与学习活动。

教学活动设计

一、导入新课，激发兴趣

（一）读懂课题
1. 板书"下雨了"，并出示下雨场景的图片，激活学生的背景知识。

2. 补充课题：引导学生发现课题漏了"要"字，用红色粉笔补充。

3. 教师总结：要下雨了，是雨快要下了，但还没有开始下。

（二）联系生活，想画面

1. 引导学生联系生活说说：下雨前，你都看到过哪些画面呢？

2. 教师引导：除了同学们看到的这些要下雨的情景，有一只小白兔也想向你描述一些画面，今天我们就跟随他走进大自然看看吧。

【设计意图：从"下雨了"谈起，再将"下雨了"与"要下雨了"进行比较，让学生感受到加了一个"要"字，意思就发生了改变，表示还没有发生的事情。】

二、初读课文，认读词语

（一）初读课文

1. 学生自由读课文。要求：把课文读正确、通顺，难读的句子借助拼音多读几遍。

2. 同桌轮读检查读课文情况。

（二）分类认读词语

1. 第一组：弯腰 直起身子 伸腰

（1）出示"弯腰"。指名读，并让学生起立做弯腰的动作。

（2）学生连续做"直起身子"的动作，并读词语。发现"弯——直"意思相反。

（3）出示"伸腰"并与老师同做动作。

2. 第二组：空气 有空

（1）引导学生读准多音字"空"在不同词语中的不同读音。

（2）联系生活说一说"有空"的意思并说一句话。

3. 第三组：阴沉沉

（1）借助图片，明白"阴沉沉的天"是什么样子。

（2）联系生活理解"阴沉沉的脸"表示情绪不好，并引导学生不管遇到什么伤心事都要勇敢乐观面对。

4. 第四组：搬家 山坡 潮湿

（1）联系生活说一说搬家、山坡的意思。

（2）引导学生猜一猜"潮湿"的意思，并说一说在生活中见过哪些潮湿的地方。

随机出示相关图片，地板湿滑、玻璃上冒水珠等。

5. 第五组：边飞边说 一边跑一边喊

（1）读词语，体会连续动作的两种不同表达方式。

（2）指导学生一边做动作一边读词语。

【设计意图：学生已有一定的识字能力，通过指导学生做动作、联系生活实际了解词语的意思，帮助学生更好地读懂课文。】

三、指导朗读，品味语言

（一）感知课文

1. 边读边思考：小白兔遇到了哪些小动物？这些小动物下雨前都在做什么？

指导学生用一句完整的话回答，交流信息：小白兔遇到了燕子、小鱼和蚂蚁这些小动物。

2. 引导学生用简单的词语说一说，小动物下雨前都在做什么？

交流获取并随机板书：

燕子　　低飞捉虫

小鱼　　水面透气

蚂蚁　　搬家躲雨

【设计意图：学生学会带着问题朗读课文，通过阅读培养提取信息的能力。】

（二）读好第一次对话，了解"燕子低飞"的原因

1. 指导读好小白兔的话。

出示"大声喊"，并引导学生关注插图、小白兔的动作和神态，边做动作边读好小白兔的话。

2. 指导读好燕子的话。

出示句子：

燕子边飞边说："要下雨了，空气很潮湿，虫子的翅膀沾了小水珠，飞不高，我正忙着捉虫子呢！"

（1）借助提示语做动作，读好小白兔的话。

（2）指导学生练习一边做动作一边读燕子的话。

3. 引导学生用"因为……所以……"的句式表达燕子低飞的原因。

4. 分角色朗读小白兔和燕子的对话。

（1）师生对读。

（2）学生分角色朗读。

【设计意图：分角色朗读可以促进学生理解故事内容，把握形象。通过标点符号、提示语、关键词等多方面的关注，学生可以获得更丰富的情感体验。】

四、书写练习

1. 出示生字"呢、呀",引导学生发现这些字在书写上的共同点:都是左右结构,都有口字旁,且口字旁的位置较高。
2. 通过辅助线观察"呢、呀"两字中"撇"穿插到口字旁下方,出示歌诀:短偏旁,左边升。
3. 教师范写"呢"字,学生自主练写"呢、呀"。
4. 展示评价:学生对展示的书写进行评价并修改。

【设计意图:书写力求美观,利用歌诀帮助学生写好汉字并总结其中的规律。】

五、总结

通过这节课的学习,我们了解了小动物在下雨前的表现。知道了燕子低飞捉虫的原因。小白兔遇到小鱼和小蚂蚁又会发生什么呢?相信通过下节课的学习,你会收获更多。

板书设计

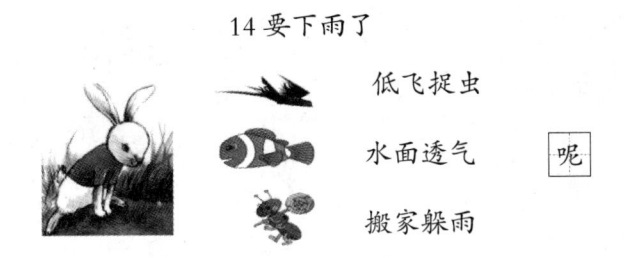

14 要下雨了

低飞捉虫

水面透气   呢

搬家躲雨

作业设计

小动物用它们的活动特点告诉我们"要下雨了"这个消息,请你也到生活中去找一找还有哪些这样的小动物。先画一画,然后准备和同学们说一说。

教学反思与改进

本课教学的最大亮点就是用多种方法帮助学生准确理解词语的意思。首先,情境唤醒,加深感受。对于课文中的一些词语,学生有时候可能明白它的意思,却说不清楚。针对这样的情况,通过情境唤醒,引导学生把课文中所描绘的现象与现实生活加以联结,加深其感受,从而达到了解词语意思的目的。其次,呈现图片，直观体验。在低学段阅读中，一些书面化的形容词，学生无法与已有的经验建立联系，此时，可以借助图片、视频等资源给予学生直观的感受，唤醒他们已有的生活经验。再次，动作演示，深入理解。低年级学生活泼好动，文中有很多表达各种动物活动的动作：弯腰、直起身子……让学生充分"动"起来，加深对重点词句的准确理解。

（指导教师：北京市平谷区教育研修中心 李新会）

第二册　第七单元《一分钟》

林安琪

教学单元基本信息			
姓名	林安琪	单位	珠海市首都师范大学横琴伯牙小学
年级	一年级	单元	下册第七单元
单元主题			养成好习惯

单元指导思想与理论依据

《义务教育语文课程标准（2011年版）》在课程目标中指出：语文课程应致力于"培养学生热爱祖国语言文字的情感，增强学习语文的自信心，养成良好的语文学习习惯，初步掌握学习语文的基本方法""在发展学生语言能力的同时，发展思维能力，学习科学的思想方法，逐步养成实事求是、崇尚真知的科学态度""引导学生喜欢学习汉字，有主动识字、写字的愿望，学习独立识字"。因此，在语文学习过程当中，教师不仅要关注学生的语言能力，培养学生的识字能力，还要关注学生的习惯和思维能力。

单元教学内容及要素分析

一、横向关联

本单元除了最后的"口语交际"和"语文园地七"外，以"养成好习惯"为人文主题编排了四篇课文：《文具的家》《一分钟》《动物王国开大会》和《小猴子下山》。四篇课文内容丰富，生动有趣，从不同的角度去帮助小朋友养成良好的生活和学习习惯。

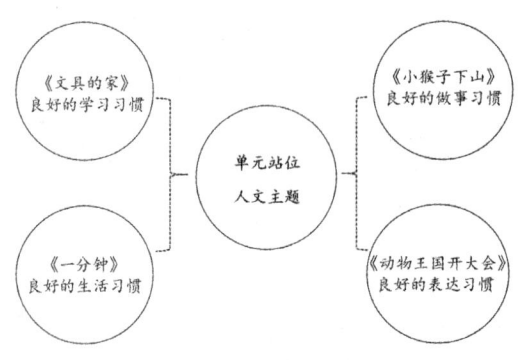

图1 单元人文主题图

此外，本单元课文以故事体裁为主，每课安排2课时，深入理解课文主要安排在第二课时，要求在教学过程中培养学生的信息推断能力，抓住故事中的关键信息，理清故事发展的脉络，从而在整体上把握故事的主要内容。4篇课文的思维提升点分别如下。

表1 单元语言训练点及思维提升点梳理

	15《玩具的家》	16《一分钟》	17《动物王国开大会》	18《小猴子下山》
语言训练点	文具的家是什么？	根据课文内容说一说：要是……就……	对比动物王国4次会议通知	结合插图，说说小猴子看到了什么，做了什么，最后为什么只好空着手回家去
思维提升点	联系生活作推断	关联信息作推断	比较信息作推断	整合信息作推断
语文要素：根据信息作简单推断				

二、纵向递进

本单元整体设计在学生第一学段的语文素养发展路径中起到了承前启后的作用。

表2 "提取信息"能力进阶表

年级	单元	对提取信息能力的培养
一上	第五、六单元	初步学习提取明显信息
一上	第七、八单元	初步培养提取明显信息的能力
一下	第二单元	重点要求提取明显信息的能力
一下	第七、八单元	根据课文信息作简单推断
二上	第二单元	能够提取明显信息，借助词语讲故事

通过表2可见，对于在阅读中培养学生的思维能力要求，在第一学段的单元整体设计上呈现出由易到难、循序渐进的规律，目标落实明确。

单元教学目标

1. 认识51个生字和2个偏旁，会写27个生字；掌握半包围结构字的笔顺。

2. 正确、流利地朗读课文；分角色朗读课文，读好对话。

3. 联系上下文和生活经验理解"平平安安、后悔"等词语的意思；运用组词的方法继续积累词语。

4. 借助插图、故事情节反复的特点读懂长课文。

5. 根据课文信息作简单推断；借助文本情节，了解告知一件事情时，需要说清楚时间、地点等要素；能根据问题提取、整合信息，推断事情的原因、结果。

6. 养成良好的学习和生活习惯。

单元教学结构

人文主题   **语文要素**

养成好习惯
- 课文
  - 《玩具的家》→ 保管好自己的文具 → 联系生活作判断
  - 《一分钟》→ 按时起床，珍惜时间 → 关联信息作判断
  - 《动物王国开大会》→ 通知事情时要说清楚 → 比较信息作判断
  - 《小猴子下山》→ 做事专心，不能三心二意 → 整合信息作判断
- 口语交际
  - 一起做游戏 → 乐于交往，友善待人 → 初步学会有条理地表达
- 语文园地
  - 识字加油站
  - 字词句运用
  - 书写提示
  - 日积月累
  - 和大人一起读

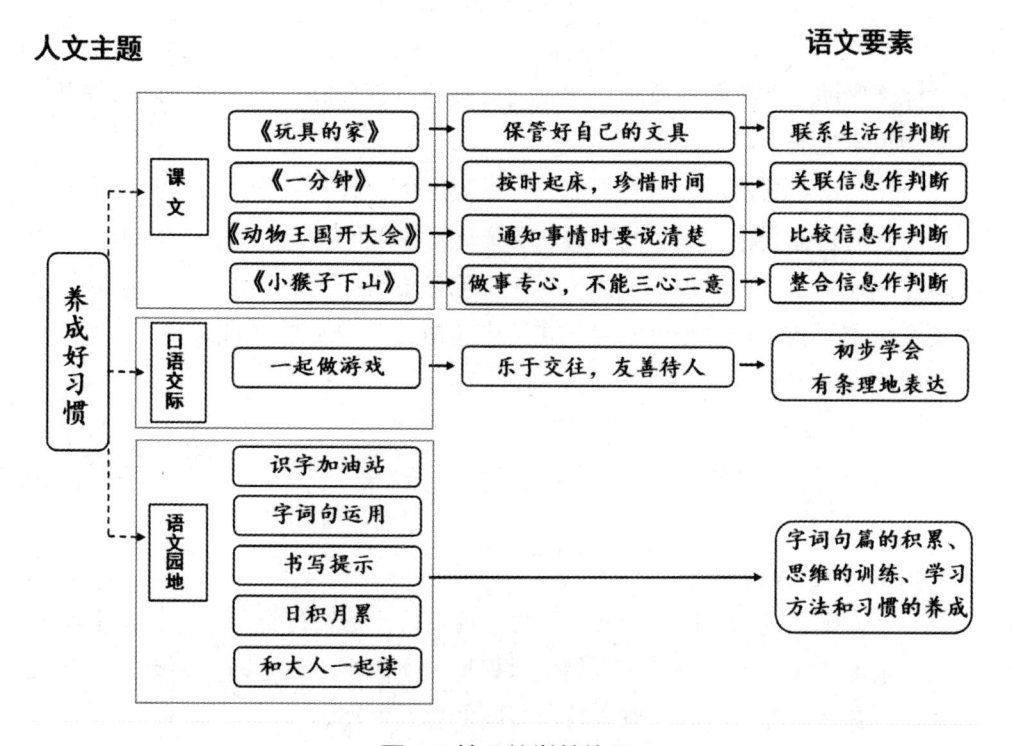

→ 字词句篇的积累、思维的训练、学习方法和习惯的养成

图2 单元教学结构图

课题	16 一分钟
课时	第 2 课时
课型	新授课☑ 精读或略读指导☐ 口语交际课☐ 专题复习课☐ 习作指导或讲评☐ 学科实践活动课☐ 其他☐

课时教学内容分析

《一分钟》讲述了小学生元元"贪睡一分钟，迟到二十分钟"的事。本课的第2、3自然段结构相同，都先陈述事情经过，然后以元元叹气说"要是早一分钟就好了"结尾。这与第1自然段文末"再睡一分钟吧，就睡一分钟，不会迟到的"形成对比，有助于学生习得语言，体悟主人公的心情。课文中的两幅插图，也形象再现了事情的因果。

在读懂课文的基础上，引导学生根据课文内容的内在联系，借助"要是……就……"句式进行逻辑思维的训练，同时渗透时间管理的意识。

学习者分析

课文借助生动有趣的故事对学生进行教育，符合低年级儿童的认知特点，易于激发学生的学习兴趣。

一年级学生的逻辑思维能力较差，在理解由于晚起一分钟而导致最终迟到二十分钟时可能会存在一定的困难，需要教师引导学生分步理解。由于一年级的学生还比较小，时间观念不强，对于如何珍惜时间缺乏感性认识。所以教学时要充分利用教材资源创设情境，在读中感悟，从中渗透时间意识，明确养成珍惜时间的好习惯很重要。

课时教学目标

1. 复习生字词，会写"已"。
2. 能正确、流利地朗读课文，读出元元沮丧、后悔的语气。（教学重点）
3. 借助"要是……就……"句式，根据课文内容进行推断。（教学难点）
4. 教育学生养成按时起床，珍惜时间的良好习惯。

学习评价设计

1. 在小组里,选择自己喜欢的段落,表演朗读。(提示:注意读好描写元元动作、表情和心里想法的句子。)

2. 根据课文进行推断。

表3 学习评价表

效果评价标准		★★★	★★	★
正确、流利、有感情地朗读课文段落	组员评价			
	自我评价			
根据课文内容填一填	要是早一分钟,就能赶上绿灯了。 要是能赶上绿灯,就_____。 要是能及时通过路口,就_____。 要是能赶上公交车,就不会迟到了。			

教学活动设计

一、复习巩固,导入新课

(一)复习词语

师出示词语:闹钟响、等公共汽车、坐公共汽车、吃早饭、过十字路口、洗脸、到校、迟到。生多种形式读(齐读、开火车读)。

(二)了解课文内容

1. 学生仔细读课文,说一说元元的作息。

2. 师根据学生回答,通过多媒体梳理出元元的作息:

闹钟响——洗脸——吃早饭——过十字路口——等公共汽车——坐公共汽车——到校

师谈话:元元对上学的路线相当熟悉了,可是今天却迟到了二十分钟。今天和往日有什么不一样呢?让我们到文中去看一看。

【设计意图:复习巩固,通过学习重点词语感知课文内容,让学生了解元元平日作息,更直观地感受按时做事的重要性。同样的作息,不一样的结果。设置一个悬念,激发学生学习兴趣。】

二、读中感悟，学习推断

（一）走进文本，了解人物

1. 学习第1自然段。

（1）生自由朗读第1自然段。要求：边读边思考元元迟到的原因。

（2）指名用文中的话交流迟到原因。（板书：迟起一分钟）

（3）引导学生找出元元的想法"再睡一分钟吧，就一分钟，不会迟到的"，并追问：他为什么这样想？

（4）引导学生观察85页插图，边做动作边读一读第1自然段。

（5）师生配合读第1自然段，注意读出两个"一分钟"的重音、语速的不同。

【设计意图：引导学生认真阅读课文，了解迟到的原因，培养学生从书中提取有用信息的能力。有效设问，引导学生根据信息对元元不在乎一分钟的心态进行简单推断。】

2. 学习第5、6自然段。

（1）师出示语文书86页的插图，引导学生观察图中元元的表情，说一说结果。

（2）生自由朗读第5、6自然段，图文相结合了解事情的结果，然后进行个别分享。

（板书：迟到二十分钟）

【设计意图：为了更好地激发学生的阅读兴趣，没有按照课文的编排顺序一步步梳理故事情节，而是在学生明确故事的起因后立刻找出故事结果。】

（二）入情入境，读出语气

1. 学生自由朗读第2—4自然段，用_____画出元元说的话。找出出现两次的"要是早一分钟就好了"并作对比，师顺势引导学生交流在日常生活中什么情况下会叹气，并进一步引导思考：元元叹气的原因是什么？

2. 结合上下文，引导学生想象自己是元元，抓住"刚想""眼看""等了一会儿""才"等重点词语说一说此时的想法，引导读出2、3自然段着急、后悔的心情。

3. 学习第4自然段。

师提问：由于元元对一分钟的不在乎，造成两次时间的耽误，最后他是怎样到达学校的呢？（生朗读第4自然段找到答案）

【设计意图：让学生以自己是元元的角色进入课文，引导学生联系生活经验，抓具体语句，设身处地想想元元当时的心情、语言，为心理补白，进行推

断做准备。】

(三)心理补白，进行推断

1. 在第 2 自然段的学习中，抓住"刚想"等词的意思，引导学生联系上下文说一说元元的想法。并出示句式，规范学生语言：

要是早一分钟，就_____。

2. 在学习第 3 自然段时，抓住重点词语提问元元的想法。生先自读，再与同桌互相交流，然后师出示句式，帮助学生做简单推断：

要是能赶上绿灯，_____。

要是能及时通过路口，_____。

【设计意图：这一环节教学在把握内容的基础上，引导学生揣摩元元心理，借助"要是……就……"的句式，根据课文内容进行简单推断，在元元的后悔中认识到一分钟的重要性，突破本课的教学重难点。】

(四)整合推断，升华主题

1. 出示语文书第 86 页的插图，引导学生设身处地想想，脸红的元元在想什么呢?

2. 出示课后练习，帮助学生进行推断整合，进一步认识到一分钟的重要性。

要是早一分钟，就能赶上绿灯了。

要是能赶上绿灯，就_____。

要是能及时通过路口，就_____。

要是能赶上公共汽车，就不会迟到了。

3. 师小结：看来时间是宝贵的，不能浪费一分一秒。(板书：珍惜宝贵的时间)

【设计意图：通过"元元，你在想什么?"帮助学生梳理有效信息。借助课后练习，引导学生进行推断整合，从而认识到时间是宝贵的，不能浪费一分一秒。】

三、拓展实践，课外延伸

(一)动手实践，渗透时间意识

1. 分组计时比赛，两个组抄生字，两个组运用音序查字法查字典。比一比在一分钟的时间里谁完成得最多，最准。

2. 说一说一分钟还能做什么。

(二)交流有关时间的格言

【设计意图：通过课外延伸，使学生愉快地从课文中走到生活中。学生亲

身体验，对一分钟有了更感性的认识。"说一说一分钟还能做什么"环节能调动学生的语言积累和知识储备进行表达。】

四、指导书写，规范正确

（一）指名认读"已"字

（二）学写"已"字

1. 生交流识记"已"的方法。

2. 注意与"己"字区分。

3. 观察"已"在田字格中的位置。

4. 师范写，生书空。

5. 生自主描红、书写。师在巡视的过程中注意强调写字姿势。

6. 展评。再修正。

【设计意图：培养学生观察汉字的习惯。在写字教学中使学生养成良好的写字习惯，做到书写规范、端正、整洁。同时逐步提高学生自主探究写字方法的能力。】

板书设计

16 一分钟

错过绿灯 → 没有及时通过路 → 没有赶上公共汽车

迟到一分钟 ————————————————→ 迟到二十分钟

珍惜宝贵的时间

作业设计

续编故事：《元元的明天》

第二天清晨，丁零零，闹钟又响了。元元……

教学反思与改进

本课时教学调整了段落学习顺序，先抓住起因和结果，引发学生质疑。然后以一分钟为起点，以二十分钟为终点，引导学生逐步理清它们之间的关系，提高逻辑思维能力。同时，在学习课文的过程中引导学生关注描写元元动作、语言、表情的词句，以体会人物的内心世界，初步渗透阅读方法，尽可能做到挖掘文本的语文价值，实现从"教课文"到"教语文"的转变。在实际教学当中，教师可以在引导学生"入情入境"时创设更加生动、丰富的情境，增添读的趣味性，更有助于学生在体会人物心理和结合自身经历谈感受的过程中，认识到时间的宝贵。总之，本课力求在推断过程中发展语言，在语言表达中外显思维，在学习语言文字当中，认识到养成良好的生活、学习习惯的重要性。

（指导教师：珠海市首都师范大学横琴伯牙小学 程晓红）

第四册　第八单元《羿射九日》

马莹

教学单元基本信息			
姓名	马莹	单位	中国人民大学附属中学丰台学校
年级	二年级	单元	下册第八单元
单元主题		世界之初	

单元指导思想与理论依据

阅读教学是文本、教师、学生三者之间对话的过程。《义务教育语文课程标准（2011年版）》指出："激发想象力和创造潜能，在实践中学习和运用语文。"培养想象力要点如下：激学习热情——想象力的动力；重知识储存——想象力的基石；抓关键词——想象力的启航标；强生活体验——想象力的翅膀。因此教学中在语言方面，训练学生根据课文内容展开想象；从思维方面，培养学生想象思维；在审美方面，使学生感悟英雄形象；在文化传承方面，继承和弘扬中华优秀传统文化。

单元教学内容及要素分析

一、单元教学的内容

任何神话都是借助想象来征服、支配自然，把自然力加以形象化的。神话是人类最早的故事，其中"神"可以释为"神奇"，即天马行空的夸张和想象，还可以将神理解为英雄。神话中的"话"一方面是指叙事，另一方面指叙述语言质朴、简约，都用到诸如"很久很久以前"这样的语句，把读者的思绪带到那个遥远的年代。中国古代神话一般可分为三种类型：开辟神话、自然神话、英雄神话。就英雄神话，结构上一般都是人类遇到困难——英雄帮助人类解决困难——最终以英雄胜利或牺牲作为结尾。本单元《羿射九日》《夸父逐日》《大禹治水》都属于英雄类神话故事。

二、单元要素分析

纵观统编教材，二年级下册不仅继续落实上册的训练要求，且在能力训练上有所提升。增加了新的讲述方法，诸如借助词语讲、根据示意图讲、依据表格内容讲等方法。而《羿射九日》就是根据表格内容讲故事，为从低段"借助提示想象讲故事"平稳过渡到中段"开始练习复述"做好思想和语言上的准备。

单元教学目标

1. 默读课文，做到不指读。（重点）
2. 能够根据表格的提示讲故事。（重点）
3. 能就自己觉得神奇的地方与同学进行交流，感知英雄人物形象。（难点）
4. 能够根据课文内容展开想象，大胆地表达自己的想法。（难点）

单元教学结构

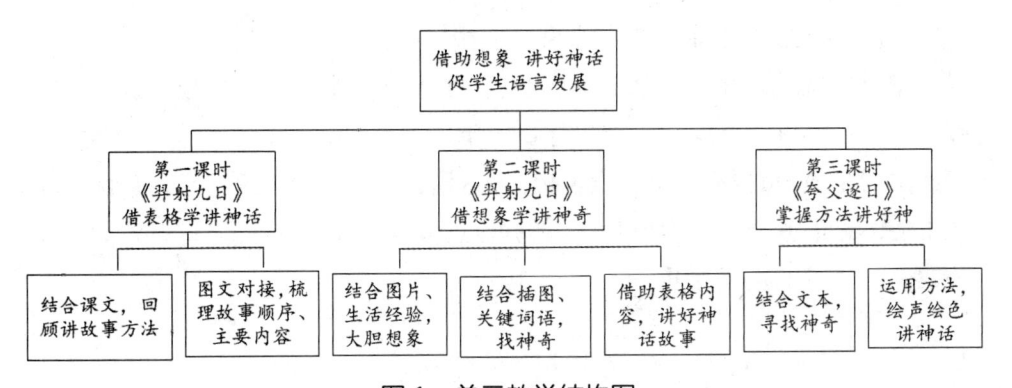

图1 单元教学结构图

基于神话本身的特点和学生认知规律，本单元的教学，以《羿射九日》第一课时为例带领学生梳理文本顺序、主要内容，为讲好神话做铺垫；用《羿射九日》第二课时教授学生抓神奇、借想象讲好神话故事的方法；以《夸父追日》一文为载体，培养学生用学会的讲神话故事的方法，绘声绘色讲神话。

课题	25 羿射九日
课时	第 2 课时
课型	新授课☑　精读或略读指导☐　口语交际课☐　专题复习课☐ 习作指导或讲评☐　学科实践活动课☐　其他☐

课时教学内容分析

　　课文以"射日"为线索，按照事情的发展顺序将羿射九日的起因、经过、结果娓娓道来，脉络清晰。学生在第一课时学习的基础上，通过表格，理清了故事脉络。本课时让学生结合图片、生活体验大胆想象，并结合文本抓描写神奇的句子，感悟神话的故事神奇所在。

　　课文用精练准确的语言构建出了恢宏奇特的上古神话世界。在教学中，教师通过引导关注射日前生活艰难与射日后生机勃勃的画面对比，让学生了解到大地能够重换新颜，都是因为羿的努力与付出，从而能够对羿这样刚毅坚定、英勇无畏的神性人物有初步认识。

学习者分析

　　学生在二年级上学期已经学习过一篇神话故事《大禹治水》，对于神话中的想象因素及人物刻画有了初步感知。通过本册七单元的学习，学生已经初步掌握了借助提示讲故事的方法。本课的表格提供了按照事情发展顺序讲故事的新方法，为进入中年级学习简要复述奠定基础。通过第一课时的学习，学生已经能借助表格理清故事的脉络，但如何能从语言文字中感受到神奇，并且通过自己的想象补白画面，仍是学生学习的难点所在。因此，本课时将引导学生通过想象感受神奇作为教学重点。

课时教学目标

1. 能借助表格讲故事。（教学重点）
2. 能从语言文字中感受到神奇，能根据课文内容展开想象。（教学难点）
3. 大体了解羿的英雄形象。

学习评价设计

1. 我能找出文中神奇的地方并说一说。

（1）能找到 1 处（　　　）。

（2）能找到 2 处或 3 处（　　　）。

（3）能找到 4 处（　　　）。

2. 能根据表格内容讲《羿射九日》。

（1）能完整讲述（　　　）。

（2）能加入神奇色彩讲故事（　　　）。

教学活动设计

一、创设情境，任务驱动

老师家里 3 岁的儿子吵着让我给他讲这个故事，我 3 句话就把这个故事讲完了，但是他不爱听。请大家帮我出主意想办法把故事讲好。

二、逐步探究，完成任务

（一）讲好故事"经过"部分

活动一：电影演起来

1. 活动任务。

师：我们就先从经过部分讲起，让电影演起来。看谁讲得能让人听后，脑子里出现画面，就像看电影似的。

2. 活动路径。

（1）为了能把故事讲清楚、不漏重点内容，大家先自由读 4—6 段，借助词卡把怎样射日的过程摆出来。

出示词卡：

翻过　跨过　登上　搭弓射箭　留下

（2）学生活动。

（3）借助词语接力讲（读）句子、想画面，让电影演起来。

活动二：比神奇

1. 活动任务。

师：我儿子才 3 岁，注意力不太集中，你怎么讲能吸引他？谁有好主意？

2. 活动路径。

（1）师生继续探究解决问题的办法。

（2）解决问题：默读第4—6自然段，边读边想：从哪儿看出神奇？

（3）人神对话，比神奇。

师小结：用神奇的语气讲故事，才能让人爱听。

（4）展开想象讲故事，比神奇。

①举例点拨引导，启发想象。

▲羿射下了一个太阳，其他太阳当时是什么样儿？他们会说什么？

▲"最后一个太阳慌慌张张地躲进了大海里，天上没有了太阳，整个世界一片黑暗。"当时大地上会是什么样儿呢？你听到了什么？

②加上想象讲"经过"，比神奇。

（讲给同桌听——指名讲故事、评议）

【设计意图：通过对话，找出羿怎么射日的，体会两个"九十九"表现了羿不怕艰难险阻。通过找出羿的动作，从而体会羿英勇无畏、本领高强的英雄形象。在此基础上再指导学生朗读，感情便会自然流露。结合插图、关键词感知英雄人物，站在人物的角度感受内心，学会思考，并让学生感悟用肢体语言表演读更能读出神话的神奇。】

三、迁移学习，展开想象，讲好故事的"起因"和"结果"

（一）学习故事的"起因"

1. 活动任务。

羿为什么射日？请你读读故事的起因部分，让电影接着在你的脑子中演起来。

2. 活动路径。

（1）自由读第1—3自然段，边读边想象。

（2）全班交流，理清顺序、再现画面。

*选图，先演什么？再演什么？

*聚焦第3自然段，说说你好像看到了什么。读好第3自然段

引导：读读变红的词语（晒枯 烤焦 蒸干 熔化），仔细看这些字的偏旁，你有什么发现？有什么感受？

（3）根据词语"艰难"，展开想象，补画面。

▲教师点拨想象：你仿佛看到了"什么、怎么样"？你试着用这样的句式

说说！

▲让电影"出声"：除了看到画面，你的耳边还能听到哪些声音？谁能让电影变得更加生动起来？

3. 点拨讲好故事"起因"。

师：讲故事的时候，不仅要讲清楚，还可以加上点儿想象，故事就会更吸引人了。

（二）学习故事的"结果"

1. 活动任务。

师：请你读一读第7自然段。让电影接着在你的脑子中演起来。

2. 全班反馈：你在电影中看到了什么？

（学生交流）读好第7自然段。

3. 根据词语"勃勃生机"，展开想象，补画面。

利用图片，引导学生想象及表达

师：仔细看图，还会有这样的景象呢，谁来接着说，让电影中的画面更加丰富。

（三）对比朗读，感知人物形象

【设计意图：通过对比，让学生感知羿射九日后大地的勃勃生机，拓展想象。并通过读让学生感受世界的美丽。】

四、回归整体，借助课后表格完整地讲故事

1. 强化应该按照事情发展的顺序讲故事。

2. 根据表格提示，按照顺序完整地讲故事。

五、回顾故事，巩固、运用生字

1. 自主阅读，填写已学过的生字。

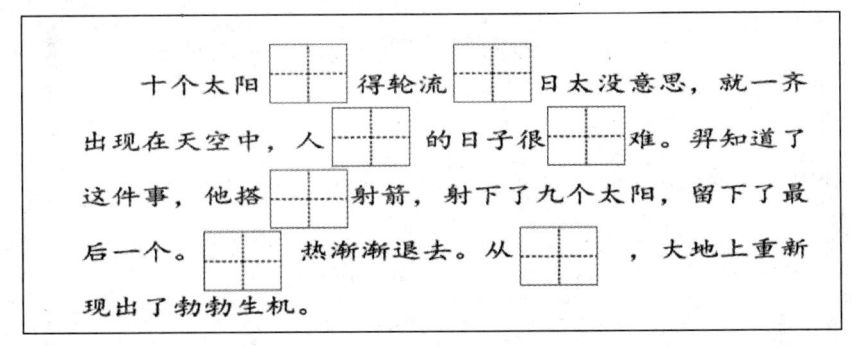

十个太阳☐得轮流☐日太没意思，就一齐出现在天空中，人☐的日子很☐难。羿知道了这件事，他搭☐射箭，射下了九个太阳，留下了最后一个。☐☐热渐渐退去。从☐☐，大地上重新现出了勃勃生机。

2. 全班反馈，再次强化书写要领。

【设计意图：回顾故事内容的同时，巩固本课所学生字。】

板书设计

```
            羿射九日

  翻过  跨过  登上  搭弓射箭  留下
```

作业设计

阅读《中国古代神话故事》（青少年插图版）

教学反思与改进

1. 突出重点，展开教学。

本课的教学主要是围绕解决"后羿为什么射日"和"后羿怎样射日"这两个内容展开的。重点引导学生大胆想象，在想象中深入理解课文。在本课的教学中，采用任务驱动式学习法，激发了学生学习兴趣。学生在人神对话活动中，能够在老师的引导下运用想象、结合图片、结合生活体验、结合文本的词语等方法，来感受课文内容，潜心会文。

2. 结合文本，抓住神奇，引导学生讲出神话色彩。

关注人物动作，想象补白神奇所在。课上带领学生圈画羿的射日动作，通过人神对话，感受羿的英勇无畏。让学生圈画羿是怎么射日的，重点品味两个"九十九"，从中体会神话故事的神奇色彩。在想象神奇，补白神奇的基础上，鼓励学生学讲神奇，讲出神奇。

（指导教师：中国人民大学附属中学丰台学校 刘利）

第五册　第二单元《古诗三首》

马英姿

教学单元基本信息			
姓名	马英姿	单位	首都师范大学附属朝阳实验小学
年级	三年级	单元	上册第二单元
单元主题		金秋时节	

单元指导思想与理论依据

《义务教育语文课程标准（2011年版）》（以下简称《课标》）中有关第二学段的阅读教学目标，要求之一是："能联系上下文，理解词句的意思，体会课文中关键词句表达情意的作用。能借助字典、词典和生活积累，理解生词的意义。"由此可见，理解关键词句很重要。只有学会理解关键词语的意思，学生才能明晰文章所要表达的意思及情感。尤其是在古诗教学中，学生学会运用多种方法理解诗句的意思，才能想象古诗所呈现的画面，体会古诗的优美韵味以及诗人所要表达的情感。

单元教学内容及要素分析

一、教学内容分析

三年级上册的第二单元以"金秋时节"为主题，想让学生抓住文中的关键词语，用不同方法理解词语的意思，再从不同角度感受秋天别样的风景。本单元将在运用多种方法理解难懂的词语，体会秋天的风景上进行整合设计。

本单元以"单元主题"为主线，以"单元主题阅读教学法"策略为指导，以"读"为主线，以"阅读教学"为重点，完成文章的学习。

本单元4篇不同体裁的课文，从不同角度展现了秋天别样的风景。《古诗三首》是古代诗人眼中的秋景。散文《铺满金色巴掌的水泥道》以儿童的视角，描写了深秋时节铺满落叶的水泥道美景。散文《秋天的雨》从多角度描绘出一个美丽、丰收、欢乐的秋天。诗歌《听听，秋的声音》描写了秋天里大自然的各种声音。课文首先从形、色、声的角度展现秋天美；其次从动物、植物、事物的角度展现美；最后展现静态美、动态美。

二、语文要素分析

表1　单元语文要素分解图

语文要素	教材内容	语文要素分解
1.运用多种方法理解难懂的词语。 2.学习写日记。	《古诗三首》	能联系生活实际，借助插图，借助注释，大致理解词语、诗句的意思。
	《铺满金色巴掌的水泥道》	能运用字义叠加、使用工具书、联系上下文、联系生活实际、借助图片、比较法等多种方法，理解明朗、凌乱等词语的意思，并与同学交流理解的方法。
	《秋天的雨》	能运用联系下文等多种方法理解"五彩缤纷"等词语的意思。
	《听听秋的声音》	能自主运用学过的方法理解"叮咛""歌吟"等词语的意思。
	习作：写日记	留心观察生活，初步学习积累习作的素材，并用日记的形式记录下来。
	语文园地二	"交流平台"引导学生总结理解词语的方法绘制思维导图。"词句段运用"是对多种方法理解难懂词语的巩固与运用。

各年级内容之间的联系：

表2　关于"理解词语"能力要素进阶图

年级	单元	学习重点
一年级下册	第三单元	联系上下文了解词语意思。
一年级下册	第六单元	联系生活实际了解词语意思。
二年级上册	第四单元	联系上下文和生活经验，了解词句的意思。
二年级下册	第二单元	运用多种方法猜测词语的意思，并说出了解词语意思的方法。
二年级下册	第六单元	能联系语境猜测词语的意思。
三年级上册	第二单元	运用多种方法理解难懂的词语。
三年级下册	第六单元	运用多种方法理解难懂的句子。

本单元语文要素中的阅读要素是"运用多种方法理解难懂的词语"。学生在低年级学习过借助图画、查字典、联系上下文、联系生活经验等了解词语意思的方法，本单元是在此基础上的延展和提升，旨在引导学生综合运用多种方法理解难懂的词语，并逐步做到迁移运用，为后续"理解难懂的句子"奠定良好的基础。

单元教学目标

1. 能运用多种识字方法认识本单元 35 个生字，1 个多音字"挑"，会写 39 个字，会写 27 个词语。能用钢笔书写"狂、排"等 8 个字。

2. 有感情地朗读课文，背诵 3 首古诗，背诵《秋天的雨》第二自然段，默写《山行》。

3. 能借助注释，大致理解诗句的意思。运用多种方法理解难懂词语的意思，并与同学交流理解的方法，能说出理解"憧憬""忐忑不安"这两个词语的方法。能从古诗中的景象知道古诗描写的季节。

4. 能展开想象，从大自然的各种声音中体会秋天的活力，感受秋天的美。

5. 能借助例文并结合生活经验，了解写日记的好处、日记可写的内容及日记的基本格式。能用日记记录自己的生活。

单元教学结构

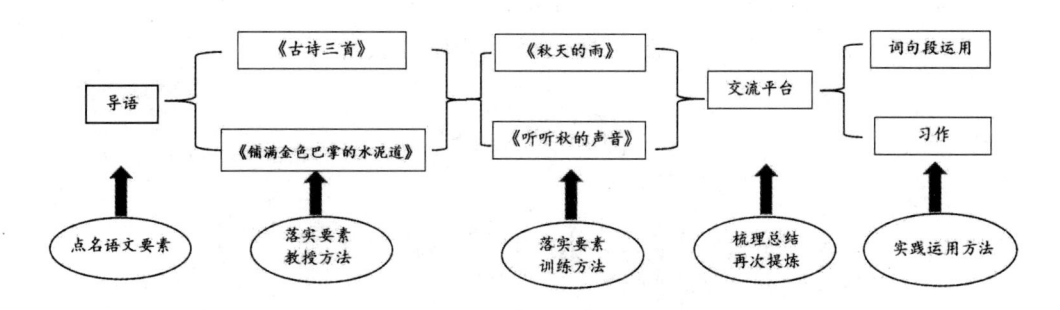

图 1　单元教学结构图

本单元"金秋时节"主题贯穿始终，按照要素进行单元的整体备课。让语文要素有效地落实，以《山行》为例。

课题	《古诗三首·山行》
课时	第1课时
课型	新授课☑　精读或略读指导☐　口语交际课☐　专题复习课☐ 习作指导或讲评☐　学科实践活动课☐　其他☐

课时教学内容分析

本课是单元的起始课文，是人文主题和语文要素的点明课，也是方法的讲授课。具体的内容分析如下：

《山行》这首诗借景抒情，咏景言志。前两句写出了诗人所看到的山中景致，后两句写出了诗人停车欣赏的原因，并从中悟得了"霜叶红于二月花"这样富有理趣的警句。本诗重在学习借助注释理解词语、诗句的意思的方法。

学习者分析

《课标》对低年级的要求是结合上下文和生活实际了解课文中的词句的意思。而中年级不仅要理解词语的意思，还要体会关键词句表达情意的作用。低年级渗透方法，中年级学习归纳方法。本单元是重在引导学生综合运用多种方法理解难懂的词语，并逐步做到迁移运用。学生能够借助图画、查字典的方法理解难懂的词语，但是大部分学生不能联系上下文、联系生活实际来进行理解。尤其是古诗的教学，学生不能运用所学方法理解诗意。

课时教学目标

1.认识"径、斜"等4个生字，书写"寒、径、霜"3个字。

2.有感情地朗读、背诵《山行》。

3.学习运用借助插图、结合注释、查阅字典的方法了解古诗大意，体会诗人情感。（教学难点）

4.引导学生想象诗中描绘的画面，感受秋天的美景。（教学重点）

学习评价设计

表3　朗读评价量规

诗题	朗读时 字音正确、流利	朗读时 停顿正确	朗读时展开想象 能通过抑扬顿挫、语调高低表达古诗情感
《山行》			

表4　背诵评价量规

诗题	背诵时 字音正确、流利	背诵时 停顿正确	背诵时 能带有古诗情感
《山行》			

表5　理解诗意评价量规

诗题	能用自己的话说出诗句的意思	能加入自己的想象和情感讲古诗
《山行》		

教学活动设计

一、谈话导入，揭示主题

1. 对本单元的课题进行猜想。

学生根据题目进行猜想。

2. 明确单元导语和语文要素。

主题：金秋时节。语文要素：（1）运用多种方法理解难懂的字词。（2）学习写日记。

3. 教师导语揭示本课内容。

【设计意图：从单元整体入手，通过对课题的猜想引发学生的阅读兴趣。】

二、初读古诗，学习生字

1. 读读要求认识的10个生字，重点指导"径、斜"的读音。

2. 重点提示"径、霜"的写法。

"径"在书写的时候要注意右上部分，注意观察，横撇、点。

在书写时，我们还要注意"霜"字，"雨"做"雨字头"时，横折钩变为横钩。

3. 正确朗读古诗。

（1）学生两人合作朗读。

（2）指名读。

点拨：读准字音，采用"223"节奏来朗读。

【设计意图：读准字音，读通诗句，为后面的学习做铺垫。】

三、运用方法，了解诗意

（一）理解诗题

联系生活实际理解题目意思。

（二）整体感知

1. 出示课后思考题：这首诗写的是哪个季节的景色？你是从哪些地方发现的？

2. 出示学习小贴士：诗中写了哪些景物？请你圈一圈。

3. 学生圈画。

【设计意图：借助学习小贴士为学生提供解决问题的路径，使得学生在进一步感受诗意的时候更具有可操作性。】

（三）我思我解

1. 出示学习提示：先朗读古诗，再圈出难懂的字词，最后小组合作说说整首诗的意思。

2. 全班汇报。

教师随机点拨："远上寒山石径斜"：结合注释、借助插图理解"寒山"的意思。"白云生处有人家"：结合注释和借助插图理解"生"的意思。"停车坐爱枫林晚"：结合注释理解"坐"的意思。"霜叶红于二月花"：借助关键词语"霜"，以及霜叶图片理解诗句的意思。

3. 学生用自己的话完整地说一说这首诗的意思。

（四）我学我用

师生总结方法：圈画出难理解的词语，借助插图、结合注释、查阅字典，我们就可以理解诗句的意思，把诗句意思串联起来就是整首诗的意思。

（五）我思我感

学生根据景物寒山、石径、白云、人家、枫林、霜叶等，借助枫叶似火的图片展开想象，描绘出想象的画面，感悟古诗情感。

（六）我感我背

1. 学生配乐朗读。

2. 师生配合读。

当你来到山脚下，看到这样的仙境，你不由感叹道："远上寒山石径斜，白云生处有人家。"

当你爬到高高的山峰上，看到漫山遍野的红叶时，你会不由得吟诵出："停车坐爱枫林晚，霜叶红于二月花。"

当你看到这让人陶醉的秋景时，不由得背诵出："远上寒山石径斜，白云生处有人家。停车坐爱枫林晚，霜叶红于二月花。"

【设计意图：在本环节中，主要引导学生有意识地运用理解难懂的词语的方法，即借助插图、结合注释、查阅字典。在理解的过程中，对于重点词语进行点拨，为深入理解诗意打下基础。引导学生把文字转化成画面，在头脑中形成画面感，进而感受秋天的美，同时也可以更好地指导背诵。】

板书设计

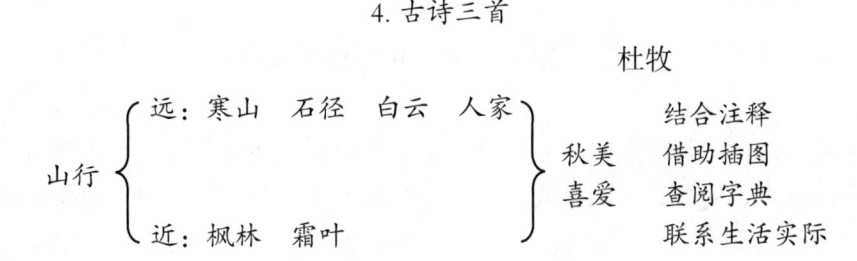

4. 古诗三首

杜牧

山行 ｛ 远：寒山　石径　白云　人家
　　　近：枫林　霜叶 ｝ 秋美　结合注释
　　　　　　　　　　　　喜爱　借助插图
　　　　　　　　　　　　　　　查阅字典
　　　　　　　　　　　　　　　联系生活实际

作业设计

1. 我是吟诵小能手：配乐吟诵《山行》。
2. 我是绘画小能手：把自己对《山行》的理解用手中的画笔呈现出来。

教学反思与改进

首先，课堂注重学生的古诗诵读。学生能够在读中理解诗意，感悟情感。但本课的教学中，缺乏教师的有效指导，没有给充足的时间在理解诗句的基础上进行有感情的诵读。其次，注重语文要素的落实，但因过于强调要素的落实，忽视了学生的个人感受。

（指导教师：首都师范大学附属朝阳实验小学　佟旌）

第五册　第二单元《守株待兔》

于明

教学单元基本信息			
姓名	于明	单位	北京市海淀区实验小学
年级	三年级	单元	下册第二单元
单元主题	寓言		

单元指导思想与理论依据

《义务教育语文课程标准（2011年版）》在第一学段目标中明确提出"阅读浅近的寓言，向往美好的情境，关心自然和生命，对感兴趣的人物和事情有自己的感受和想法"，既明确了阅读内容载体，又明晰了学习成果。课程标准统领阅读要素"读寓言故事，明白其中的道理"，两者相互契合，为引导学习提供了明确路径。因此单元学习需要放大文本的独特性，引导学生在品味语言中发展思维能力；在体验尝试中掌握学习方法；在关联融合中促进精神成长。

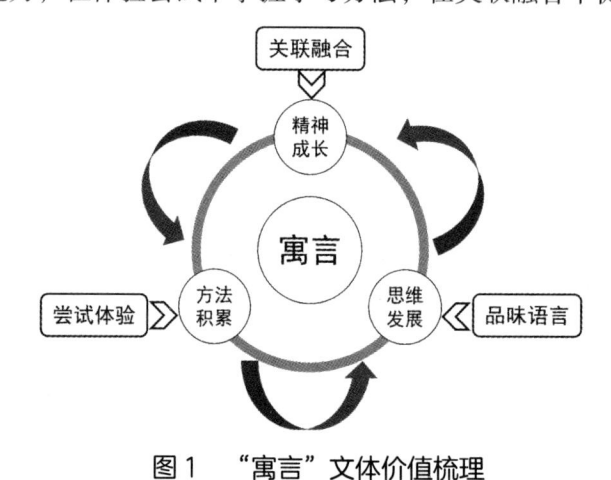

图1 "寓言"文体价值梳理

单元教学内容及要素分析

本单元是文体组元单元，聚焦"寓言"编排了四则寓言故事：《守株待兔》《陶罐与铁罐》《鹿角和鹿腿》《池子与河流》。四则故事涵盖古今中外，既有故事，又有诗歌，为学生深入理解寓言提供了丰富的素材。本单元的语文阅读要素是"读寓言故事，明白其中的道理"，其中包含内容特质和阅读成效。梳理统编教材，基于寓言这一特质，在引导学生"明白道理，形成个人想法"方面有一条清晰的脉络。第一学段：二年级上下册第五单元人文主题分别为"思维方法"与"办法"，两个单元选文均有寓言，如《坐井观天》《寓言二则》，依托该内容落实要素"初步体会课文讲述的道理"和"根据课文内容，谈谈简单看法"。第三学段：五年级下册第三单元的人文主题为"思维的火花"，该单元选用了《自相矛盾》这则寓言落实"了解人物的思维过程，加深对课文内容的理解"的阅读要素。由此可见，三个学段各有侧重，从"初读寓言，体会道理，形成看法"到"聚焦寓言，明白道理，积累方法"，再到"活用寓言，把握思维，理解内容"。

第一学段	第二学段	第三学段
初读寓言	聚焦寓言	借助寓言
体会道理	明白道理	把握思维
形成看法	积累方法	理解内容

图 2　各学段寓言学法梳理

寓言这一载体从散点初感到聚焦呈现再到灵活借用，同时依据文体特性达成的思维发展呈现螺旋上升态势。本单元为第二学段中的文体组元单元，要发挥承上启下的作用，要以学生的阅读及学习经历为基础，引导学生对寓言形成初步认识，尤其是对其特点能够根据多篇的阅读经验积累进行感知，借助方法感悟寓言中蕴含的道理。

单元教学目标

1.借助已有方法，认识28个生字，读准3个多音字，会写33个字，会写27个词语。

2. 能够正确、流利、有感情地朗读课文，注意把握不同语言的特点。

3. 能结合相关语句，体会人物不同性格特点、思维方式。读懂故事，明白道理，能结合生活实际对故事发表个人看法。

4. 能够积极参与讨论，表明自己的观点，并说明理由。

5. 能够按照一定顺序观察图画，展开想象，并把自己看到的、想到的写清楚。

6. 能结合自己的阅读体验，说明、总结对寓言的体会和认识。

7. 能够自主阅读各种寓言类作品，了解故事内容，且能感受到阅读寓言故事的快乐，乐于分享。

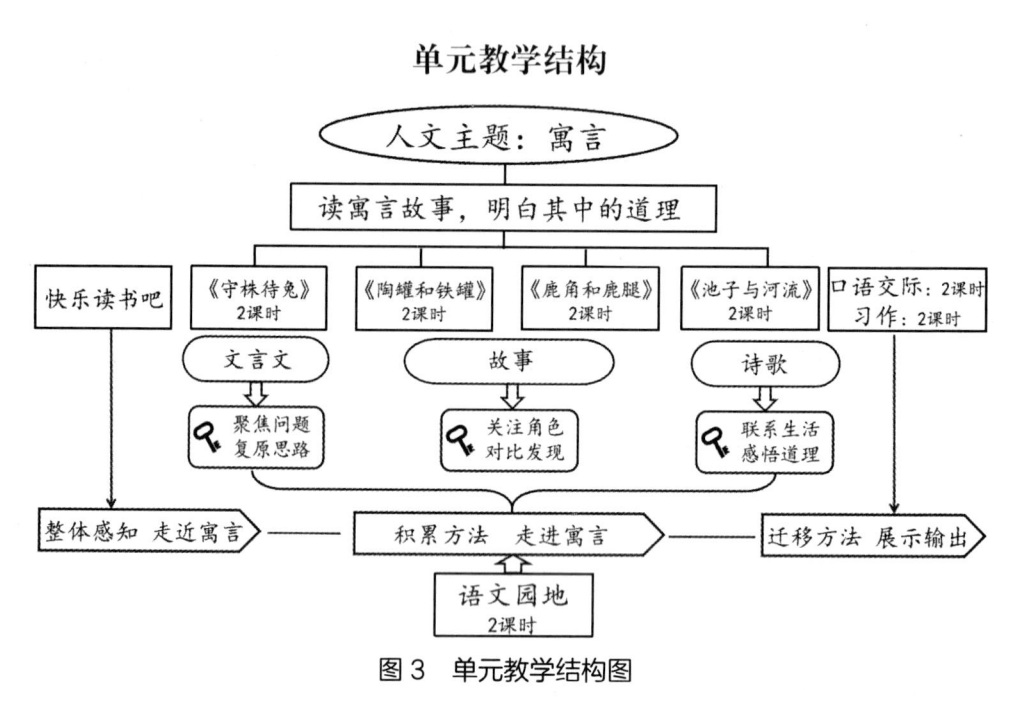

单元教学结构

人文主题：寓言

读寓言故事，明白其中的道理

- 快乐读书吧
- 《守株待兔》 2课时 —— 文言文 —— 聚焦问题 复原思路
- 《陶罐和铁罐》 2课时 —— 故事 —— 关注角色 对比发现
- 《鹿角和鹿腿》 2课时
- 《池子与河流》 2课时 —— 诗歌 —— 联系生活 感悟道理
- 口语交际：2课时 习作：2课时

整体感知 走近寓言 → 积累方法 走进寓言 → 迁移方法 展示输出

语文园地 2课时

图 3　单元教学结构图

说明：本单元围绕语文阅读要素"读寓言故事，明白其中的道理"统整内容，通过"快乐读书吧"的先期推荐，调动已有积累，引导学生在整体感知的基础上走近寓言。通过精读课文及略读课文的学习，积累阅读方法，在方法的使用和文字的品味双轨并进中了解寓言这一独特文体。借助口语交际及习作的输出将方法、感悟进行外化表达、输出。

课题	5 守株待兔
课时	第 2 课时
课型	新授课☑　精读或略读指导□　口语交际课□　专题复习课□ 习作指导或讲评□　学科实践活动课□　其他□

课时教学内容分析

《守株待兔》选自《韩子非·五蠹》，这是一则广为流传的故事。课文的语言保持了文言文的原貌，配以注释和插图，因此内容理解难度不大，但是其中蕴含的道理需要学生综合故事情节的发展、人物行为的变化等关键要素进行深度的剖析与联系才能明了。同时文本言简义丰的特点为学生明白其中的道理创设了空间与载体，需要在教学中进行重点关注。作为本单元的首篇寓言故事，不仅要引导学生对寓言有更为深入的了解，同时在阅读中积累"明白其中道理"的方法，将文体意识和阅读策略借助学习活动进行整合共进。

学习者分析

学习方法：本文是统编教材中的第二篇文言文，学生在三年级上册学习《司马光》一课时，已经积累了相关经验，例如借助注释了解课文内容等。这些能力为课文内容的理解奠定了基础。

要素落实：本单元的语文阅读要素为"读寓言故事，明白其中的道理"。据学情调研可知，近95%的学生在之前的阅读经历中已经接触过这则故事，同时对其背后的道理也有所了解。但更多是记住了现成的寓意，而对故事及道理之间的联系没有思考。故事阅读与明白道理之间是割裂的，需要搭设桥梁，形成关联，促进理解。

课时教学目标

1. 能够准确朗读课文，注意词句间的停顿，把课文读通顺。背诵课文。
2. 借助注释读懂课文，用自己的话说出农夫被宋国人笑话的原因。（教学重点）
3. 能说出寓意：死守狭隘经验，不知变通，或抱着侥幸心理妄想不劳而获，不会有好结果的。（教学难点）

学习评价设计

表1 本课评价设计

序号	标准	层级
1	能够正确、通顺地朗读课文。	1. 能够正确朗读课文，没有读错的字。 2. 能够在朗读时根据断句符号进行停顿，没有读错的字。 3. 能够在朗读时根据古文特点进行停顿，且读出一定的韵味。
2	能够结合注释及生活积累，理解课文内容。	1. 能够借助注释等读懂课文的意思，能用自己的话大致说清楚。 2. 能够借助注释、插图读懂课文的意思，用自己的话讲清楚故事，语言流畅，表述清晰明白。 3. 能够借助多种方法读懂课文的意思且能够自如地用自己的话讲出故事，对于个别细节有适当的展开及补充。
3	明白寓言所蕴含的道理。	1. 能够用自己的话说出明白的道理。 2. 能够用自己的话并结合课文内容说出明白的道理。 3. 能够用自己的话并结合内容说出明白的道理，并能够关联到自己的生活经验。

教学活动设计

一、回顾导入，引入课文

（一）回顾课文内容，关注语言特色

文言文的特点是语言简洁。

（二）复习阅读方法，强调迁移运用

借助注释理解内容的方法，既要知晓，更要善于运用。

（三）关注注释信息，形成阅读期待

1. 聚焦注释：关注《韩非子》一书的时间跨度。

2. 催生情感：流传千年的故事魅力非凡。

【设计意图：第二课时的导入强调寓言特色之一，即言语简洁，为后文感受意蕴丰富做好铺垫；阅读方法的迁移为关注时间跨度做好铺垫，同时借助关注年代久远而体验历史的悠久，从而催生对中华文化源远流长的崇敬之情。】

二、复现成效，强调重点

（一）明确基本要求，达到"正确"

1. 教师明确要求。

读正确：每一个字音要读正确，且不能丢字落字。

2.学生互听评价。

重点听读音是否正确，有问题直接指出。

预设易错音：颈

（二）强调重点读音，练习巩固

1.教师范读。

2.学生范读。

【设计意图：本环节借助第一课时的成效复现，强调重点字的读音，在夯实的基础上强化重点。以读正确做基础为学生能够熟读成诵、强化记忆做好铺垫。】

三、注意节奏，读出韵味

（一）强调语言特色，突出韵味

要求：读通顺。

解释：不仅要读正确，还要读出韵味。

（二）借助停顿符号，读出韵味

1.借助符号，练习感受语言特点。

（突破难点，读好"因 / 释其耒 / 而守株"）

宋人 / 有耕者。田中 / 有株。兔走 / 触株，折颈 / 而死。因 / 释其耒 / 而守株，冀 / 复得兔。兔 / 不可复得，而 / 身为宋国笑。

2.多种形式，读出韵味。

【设计意图：本环节主要借助停顿符号及注释帮助学生读出文言文的独特韵味，通过读出韵味为理解寓意搭设桥梁。抑扬顿挫的语感有助于学生对文字呈现出的独特场景有所感悟，对于文中宋人的行为聚焦关注。】

四、质疑推进，建立联系

（一）细化问题，关注行为

1.明确要求。

读明白：读通顺课文，还要明白道理。

2.聚焦质疑。

为什么这个宋国的农夫成了别人嘲笑的对象？

（二）理解内容，剖析想法

1.出示学习建议。

（1）对照课文并借助注释，试着用自己的话讲讲《守株待兔》这个故事。

（2）给同桌讲一讲，互相听一听。

2. 提取关键词，复现农夫的想法。

破解"笑"的原因，要了解农夫经历的事情，引导学生尝试用文中的词语概括。

起因：触株折颈——得兔

经过：释耒守株——冀复得兔

结果：身为宋国笑

3. 借助特点，想象丰富情节。

（1）想象"兔走触株，折颈而死"后的情境：如果你就是农夫的邻居、好友，见到农夫手里的肥兔子，你们会有一番怎样的对话？

（2）体会"因释其耒而守株，冀复得兔"的心理想法。

4. 建立联系，明白道理。

（1）借助板书，添加符号。

```
        得兔                          得兔
                                       ↙
触株折颈   笑?   释耒守株    ▶  触株折颈   笑?   释耒守株
        复得兔                        ↖
                                       复得兔
```

（2）想象补白，复现想法。

农夫的内心想法是：兔子撞死在树桩子上的事情不是偶然，而是必然的；不是特例，而是惯例，每天都会发生。因此就可以不用辛苦耕地，只要等待就可以了。

5. 拓展想象，交流道理。

（1）创设情境，想象内心变化。

看着田地日益荒芜，农夫……

看着农具变成糟朽，农夫……

（2）交流感受，明晰蕴含道理。

【设计意图：本环节的设计意图通过确定核心问题：为什么农夫被大家嘲笑？引导学生细读，同时借助课文言简义丰的特点，创设空间进行想象，丰富学生对于农夫内心世界的理解，复现想法，从而建立事情发展与行为变化的关联，在关联中感受道理。】

五、拓展链接，实践迁移

（一）阅读课后的补充材料《南辕北辙》，发现共同之处

预设：这位楚国的人与宋国的农夫同样是愚蠢的人。

（二）创设方法迁移，形成期待

引导学生可以利用本课的方法，看一看《南辕北辙》中的蠢人是如何说的，其背后的想法到底是什么，再去理解他错在哪里。

【设计意图：阅读链接的内容不仅在于拓展，更在于共性中的练习与发现，因此共同特点的发现有助于学生将本课学到的方法进行迁移，也让学生对后续学习有了期待。由一篇到多篇的实践，有助于学生理解"寓言"这一文体的特点。】

板书设计

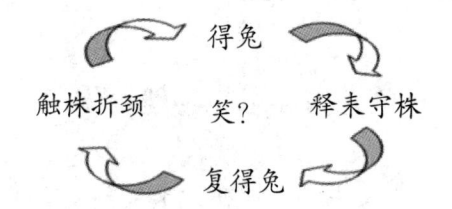

```
                得兔
            ↗       ↘
    触株折颈    笑？    释耒守株
            ↘       ↗
                复得兔
```

作业设计

必做：

1. 背诵《守株待兔》。
2. 把《守株待兔》的故事讲给家人听，听听他们的感受和意见。

选做：利用课堂学习的方法，想一想《南辕北辙》中，那个人愚蠢想法的根源。

教学反思与改进

语文要素的落实是学习的重点。一则故事背后的道理如果只是记忆复现，不会与学生的生活产生关联和影响。基于学情，本课设计了由主问题到细化问题的引领，通过剖析人物言行与故事发展之间的关系，从而理解其思考问题的逻辑基础，进而理解其可笑之处，真正明了故事蕴含的道理。层层剥笋的探究既提升了学生学习的主动性，又让学生在体验中，掌握隐藏在其中的学习方法。

（指导教师：北京市海淀区实验小学 王晓英）

第五册　第六单元《富饶的西沙群岛》

梁新

教学单元基本信息				
姓名	梁新	单位	北京市房山区五侯中心小学	
年级	三年级	单元	上册第六单元	
单元主题		游山川　颂情感		

单元指导思想与理论依据

"祖国河山"这一人文主题，旨在让学生领略祖国各地美丽的风光，激发学生热爱祖国大好河山的思想感情。这些文字展现了祖国山川壮美，气象万千，将学生带到一个个不同的地方去欣赏不同的美景，学生收获的是一份沉甸甸的自豪感，爱国之情也油然而生。正如《义务教育语文课程标准（2011年版）》所倡导的："语文课程应激发和培育学生热爱祖国语文的思想感情，在语文学习的过程中，培养爱国主义、集体主义、社会主义思想道德和健康的审美情趣。"因此，本单元适合采用人文主题统领式的整体设计，借助语言文字感受祖国山川的秀美。

单元教学内容及要素分析

1. 诗歌式人文导语，引发爱国情感。

三上第六单元以"祖国河山"为主题，主要编排了4篇精读课文：《富饶的西沙群岛》《美丽的小兴安岭》《海滨小城》和《古诗三首》，4篇课文在内容方面从不同角度向我们展现了祖国的大好河山，同时激发了学生热爱祖国的思想感情；在写法上条理清晰，语言优美，应注重引导学生体会课文在表达上的特点，学习课文的表达方法。"交流平台"提供的方法指导，突出了关键词句的重要性，让学生对关键词句有更深刻的认识；"词句段运用"中围绕一个句子说一段话，"习作"中围绕一个意思写，都是在"借助关键语句理解一段话的意思"的基础上设计的，所有的安排都为"由读到写"埋下伏笔。这一单元各项内容之间环环相扣，体现出整体性和综合性的单元布局特点，帮助学生在学中领悟方法，写中升华情感。

2. 依据语文要素，落实学段递进式学习。

本单元的语文阅读要素是"借助关键语句理解一段话的意思"，指向的是理解一段文字的重要方法，与之有关的阅读训练要素在统编教材中分布如下：

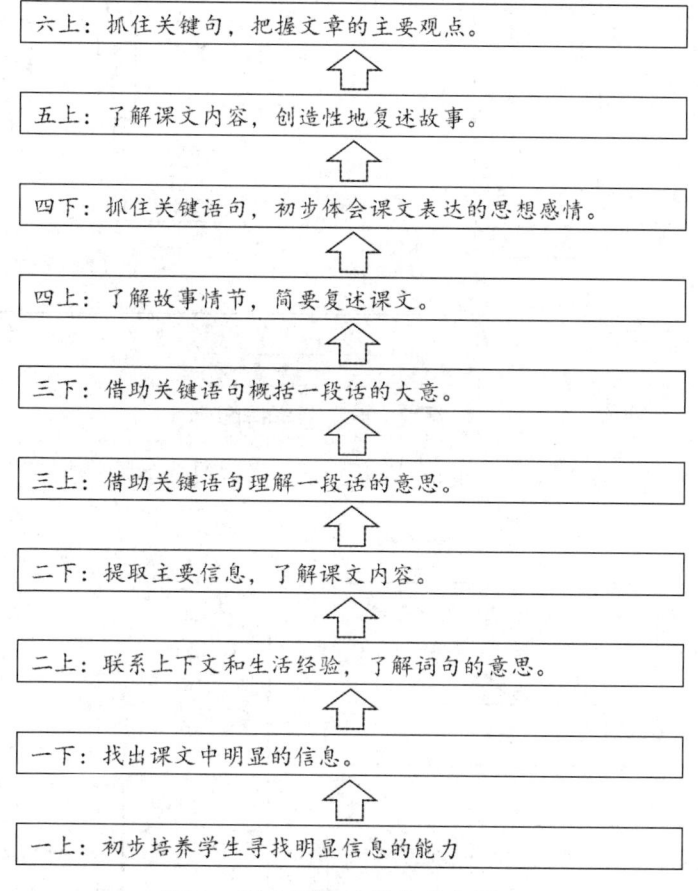

六上：抓住关键句，把握文章的主要观点。
↑
五上：了解课文内容，创造性地复述故事。
↑
四下：抓住关键语句，初步体会课文表达的思想感情。
↑
四上：了解故事情节，简要复述课文。
↑
三下：借助关键语句概括一段话的大意。
↑
三上：借助关键语句理解一段话的意思。
↑
二下：提取主要信息，了解课文内容。
↑
二上：联系上下文和生活经验，了解词句的意思。
↑
一下：找出课文中明显的信息。
↑
一上：初步培养学生寻找明显信息的能力。

图 1　语文要素的纵向分布图

从中发现，"抓关键词句"作为一种重要的阅读方法，体现在小学的各个阶段。三年级共安排了 3 次关于"抓关键语句"的语文要素，本单元是在二年级下学期学习提取重要信息，了解课文内容的基础上，又为后面学习"抓住关键语句"了解一段话的大意乃至复述课文内容的表达方法做铺垫。因此，段的训练学习起到了承重墙的作用。

回顾本单元的阅读训练要素，我对单元教学进行总体安排：

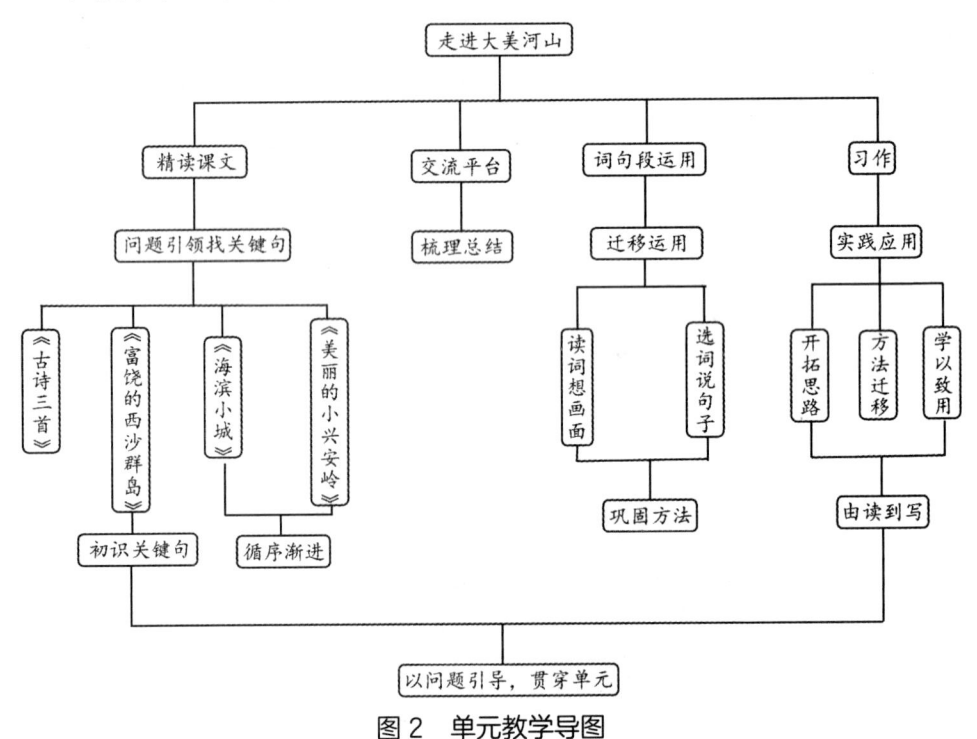

图2 单元教学导图

如图可见：在单元要素的落实过程中，"学习—运用—梳理"有层次地递进，形成如下梯度：

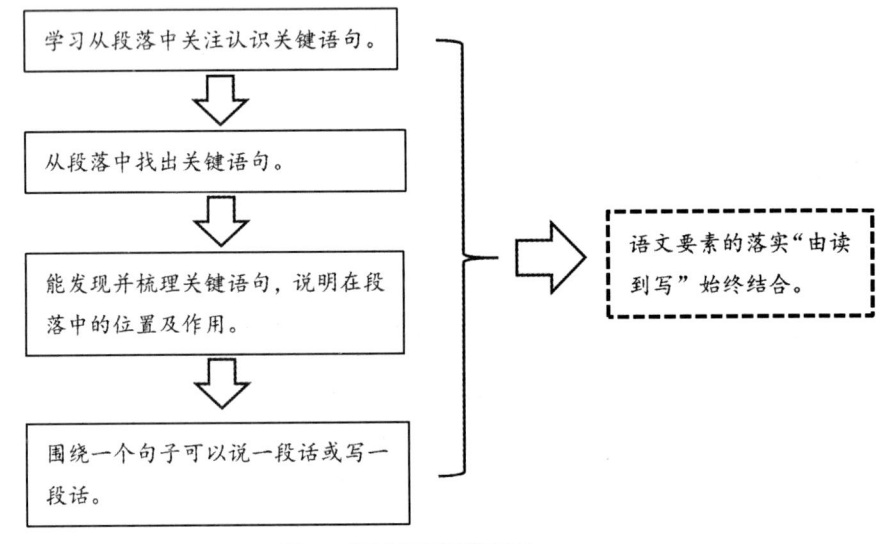

图3 语文要素梯度图

借助关键语句的梯度训练，可以帮助学生理解课文内容，逐步学习表达，做到层层递进。

单元教学目标

1. 认识生字，读准 6 个多音字，会写 52 个字，会写 46 个词语。

2. 能结合注释，想象古诗中描绘的景色，用自己的话说出诗句的意思，背诵 3 首古诗。默写《望天门山》。

3. 能用自己的话介绍文中的景物或场景。摘抄文中佳句，并与同学交流阅读体会。

4. 能借助关键语句理解一段话的意思。能仔细观察一处景物，围绕一个意思，用一段话写下来，并能主动运用平时积累的描写景物的词语。

5. 能自己改正错别字，并乐于和同伴分享观察到的美景。

单元教学结构

在进行本单元教学时，要做到省时高效就要由易到难，进行单元内的知识迁移、整合，让学生在课文学习中领悟方法。在口头表达、小练笔、习作中将课文典型段落的教学作为引路线索，使学生有例可依，循序渐进地掌握重点，如图：

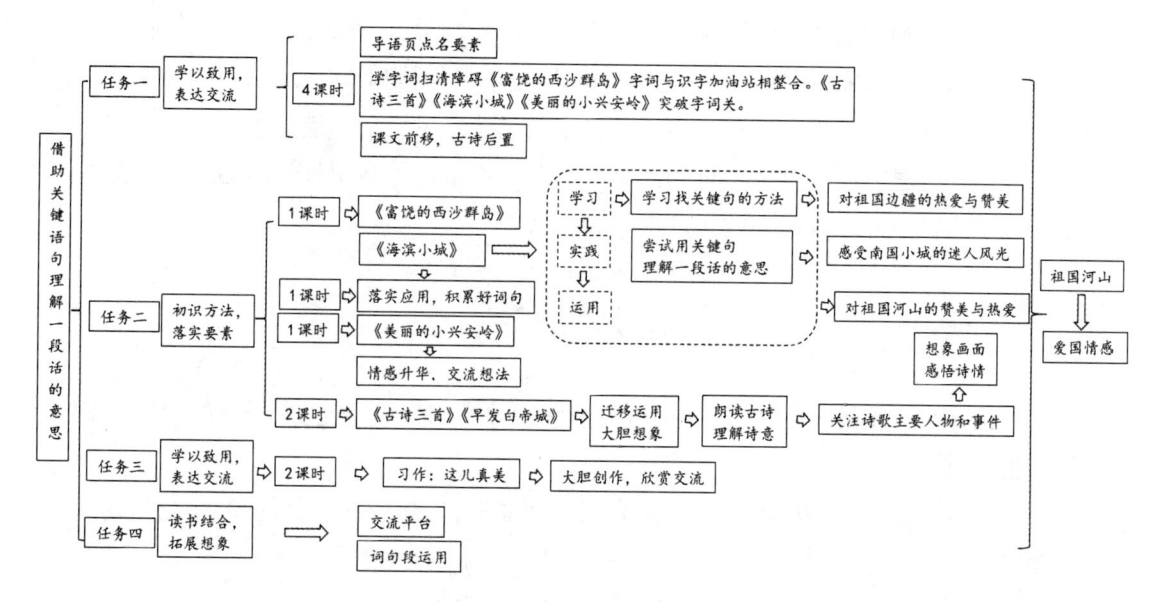

图 4　单元教学结构图

课题	18 富饶的西沙群岛
课时	第 2 课时
课型	新授课□　精读或略读指导☑　口语交际课□　专题复习课□ 习作指导或讲评□　学科实践活动课□　其他□

课时教学内容分析

《富饶的西沙群岛》是第六单元的第二课，是一篇精读课文。内容上，描写了西沙群岛的景色和物产，表达了作者对祖国边疆的热爱与赞美之情；结构上，行文清晰，分别从海水的颜色、海底生物的样子美和数量多、海岛上鸟的种类多三方面写出西沙群岛的美丽与富饶，运用总述—分述—总结的结构，首尾呼应，为学生掌握文章内容、调动情感提供了有力的依据；语言上，生动而富有儿童情趣，运用了比喻、排比等修辞手法和多种句式，把事物描绘得形象生动，激发了学生的学习兴趣，有助于学生语言的积累。

学习者分析

二年级学生能够结合上下文和生活实际了解课文中词句的意思，能够通过图文对照想象画面，初步体会画面带来的感受和想法，并乐于与人交流，但是受认知特点和生活经验的限制，在如下方面还需教师有针对性地引领帮扶：第一，根据文字和图画进行想象还不够丰富；第二，不能很好地运用阅读和生活中学到的词语丰富表达；第三在结合文本准确找好关键句、借助关键语句理解一段话的意思方面还存在一定的困难。因此，本节课重在引导学生通过知识的迁移学习，更好地掌握关键句，丰富表达。

课时教学目标

1.有感情地朗读课文，发现第五自然段的关键句"西沙群岛也是鸟的天下"。（教学重点）

2.选择自己喜欢的部分向别人介绍西沙群岛，表达对祖国海疆的热爱与赞美之情。

3.试着围绕一个意思用几句话描述图中的景象。（教学难点）

学习评价设计

课堂评价表的评定依据如下：

表1　课堂评价表

评价项目	评价维度	评价者		
		自己评定	他人评定	老师评定
目标为导向	1.是否能准确找出第五段的关键句			
	2.是否能把自己喜欢的部分介绍给别人			
	3.是否可以围绕一个意思用几句话介绍图中的景象			
倾听与表达	表达是否清晰、流畅			
	是否认真倾听			
书写	正确、端正、整洁			
	标点符号是否正确使用			

教学活动设计

一、回顾学法，复习导入

（一）听写词语

1.老师读词语"优美、交错、宝贵、数不清"，学生书写。

2.展示评价：评价依据为"正确、整洁、端正"。

（二）选择介绍

1.通过以上词语的复习并结合上节课的学习，你觉得西沙群岛给你留下了怎样的印象？

2.朗读课文，选择你喜欢的部分向别人介绍西沙群岛。

提示一：使用礼貌用语。

提示二：借助自然段中的关键词语。

【设计意图：导入环节以老师读词语、学生写词语的方式考查上节课的学习效果，让学生借助关键词语说说印象中的西沙群岛，不仅能帮助学生回忆课文内容，对第二课时精读也有一定的铺垫作用。】

二、紧扣关键词，深入品味

（一）品词品句，感受特点

1. 学习第 3 自然段，了解西沙群岛海底生物的特点。

（1）提出学习建议。

> 学习提示一：1. 自由朗读第 3 自然段。
> 2. 用"——"画出海底生物的名称，用"～～"画出它们的特点。
> 3. 同桌互相交流。

（2）交流反馈。

预设 1：珊瑚

①指名朗读句子。

②结合图片，引导学生想象：珊瑚还能像什么？用句式"有的……有的……""……像……"形容珊瑚的美丽，并交流。

③再次指名朗读，读出珊瑚的美丽。

预设 2：海参

①思考：海参有什么特点？引导学生抓关键词语"到处、都是、懒洋洋、蠕动"。

②换个词语说一说"蠕动"。（移动、爬动……，体会速度之慢）

③有语气地朗读句子。

预设 3：大龙虾

引导学生做动作，想象大龙虾威武的样子。请男生读一读。

过渡：作者笔下的珊瑚是多种多样的，海参懒洋洋地蠕动着，威武的大龙虾到处都是，那么西沙群岛的鱼在海底又是怎样生活的呢？

2. 学习第 4 自然段，了解西沙群岛的鱼。

（1）提出学习要求。

默读第 4 自然段。想一想西沙群岛的鱼有什么特点，用一个字或词做批注。

（2）交流反馈。

指名读课文。

预设 1：多

①引导学生抓关键词句"成群结队；各种各样；多得数不清；一半是水，一半是鱼……"体会鱼的数量多、种类多。做好批注。

②出示图片，学生给鱼的画面配音，体会鱼之多。

预设 2：美

引导学生读相关的句子。

③齐读第 4 自然段。

（二）认识关键句，感受作用

1.学习第 5 自然段，感受西沙群岛的鸟多。

（1）提出学习建议。

学习提示三：1. 自由朗读第 5 自然段。
　　　　　　2. 借助泡泡语，圈画出关键句。
　　　　　　3. 思考：围绕关键句写了几方面的内容？

（2）交流反馈。

预设：

①关键句：西沙群岛是鸟的天下。

②写了三方面的内容：树林多、鸟蛋多、海鸟多。

③男女生对读，体会关键句的作用。

【设计意图：引导学生通过抓关键字词、借助图片、想象画面等方式，体会海底生物的特点，借助泡泡图发现关键句，并通过男女生对读体会其作用，有效地落实了单元语文阅读要素。】

（三）学以致用，拓展能力

1.出示语文园地的"交流平台"，指读，说说自己知道了什么。

2.拓展练习：同桌小伙伴合作学习，找出关键句。

　　校园的东墙边，有一张乒乓球台，球台的四周围满了同学，不时传来喝彩声和欢笑声。乒乓小将们打得多认真啊！他们你推我挡，你来我往，一个球常常打了几十个回合还不分胜负。

　　池塘中央有许多碧绿的荷叶，像一个个碧绿的大圆盘。荷花都开了，一朵朵含苞待放，像一个个仙女。池塘里游着许多可爱的小鱼，这些小鱼就像一群调皮的小朋友，有的不时跃出水面，有的在水中窜来窜去，有的好像正在睡懒觉！多么美丽的池塘！

【设计意图：借助交流平台，加深对单元语文阅读要素的认知，为后续精读课文进一步抓关键语句的训练做铺垫。】

三、迁移运用，回顾全文

（一）迁移练笔

1. 出示课后小练笔。

2. 借助提示，选择一幅自己喜欢的图，围绕一个意思把图上的景物写清楚。

3. 评价反馈。

（二）升华情感，渗透写法

1. 默读全文，思考，首段和尾段有什么联系？想一想，作者这样写有什么好处？

2. 升华情感，抒发对祖国的赞美与深情。

【设计意图："围绕一个意思写"是本单元的习作要求，在读中学写，当堂练习，降低练笔难度。通过对首段和尾段的写法特点的引导，能有效帮助学生了解"围绕一个意思写"的含义，为"怎么写"提供方法。】

板书设计

18 富饶的西沙群岛

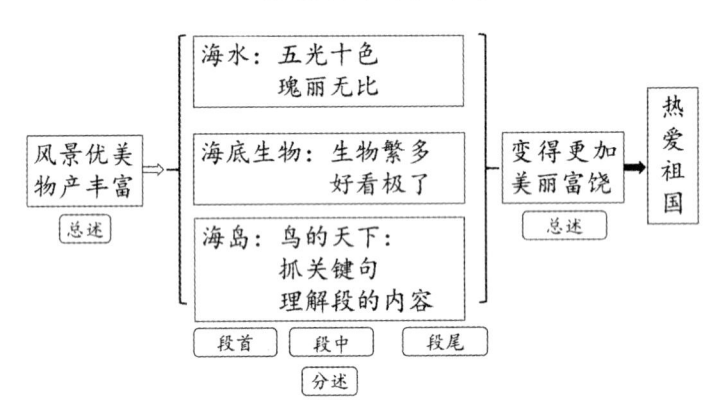

```
                   ┌─────────────────┐
                   │ 海水：五光十色   │
                   │       瑰丽无比   │
                   ├─────────────────┤
┌──────────┐      │ 海底生物：生物繁多│      ┌──────────┐    ┌────┐
│ 风景优美 │ →    │         好看极了 │  →   │ 变得更加 │ →  │热爱│
│ 物产丰富 │      ├─────────────────┤      │ 美丽富饶 │    │祖国│
└──────────┘      │ 海岛：鸟的天下： │      └──────────┘    └────┘
    总述          │       抓关键句   │          总述
                   │       理解段的内容│
                   └─────────────────┘
                   段首   段中   段尾
                         分述
```

作业设计

1. 选择你喜欢的部分向家人介绍西沙群岛。

2. 修改、完善自己的小练笔。

教学反思与改进

　　本节课我初步尝试了基于单元视角下的整体教学设计，在以后的教学中还需在策略上进一步努力，以凸显课时教学的关联性，提升整体效应。教学中我力争做到朗读贯穿始终，但在个性化朗读的指导上针对性不足。语文课上，还需要结合本班学生的实际情况，采用不同的方式激励学生充分读文、高质量阅读、有层次阅读。

（指导教师：北京市房山区五侯中心小学 王淑芳）

第五册　第七单元《大自然的声音》

胡云朋

教学单元基本信息			
姓名	胡云朋	单位	北京市平谷区大兴庄中心小学
年级	三年级	单元	上册第七单元
单元主题		我与自然	

单元指导思想与理论依据

《义务教育语文课程标准（2011年版）》在第二学段的阅读目标中指出，要"积累课文中的优美词语、精彩句段，以及在课外阅读和生活中获得的语言材料"。统编教材以单元为体系，兼顾文体特点，体现了目标的层次性和循序渐进的实现过程。因此，围绕教学目标设计以大任务统领的语文实践活动，能更好地统筹目标、内容、情境、任务、评价等诸多要素；能把语文学习融入主题活动中，打通学生和生活的联系，唤醒学生的学习主体意识，让语文学习拥有真实意义，从而提升学生的语文素养。

单元教学内容及要素分析

本单元以"我与自然"为人文主题编排了3篇课文，分别是《大自然的声音》《读不完的大书》和《父亲、树林和鸟》。这3篇课文均为散文，融情于景，蕴含着人与自然和谐相处的美好情感。"语文园地"引导学生梳理方法，积累语言。"口语交际"和"习作"引导学生留心生活，并有自己的想法和建议。在教学时要紧扣单元主题，遵循文体特点，引导学生品味并积累文本中生动活泼的语言。纵览整套教材，本单元的语文要素与前后关联度非常密切，对语言的学习，由关注到感受再到体会，螺旋上升。教学中用多种形式引导学生对优美生动的语言产生多种体验，并能够通过主动的、有方法的摘抄来积累语言。教学中关注语文要素与人文主题的有机融合，借助语文要素去理解人文主题，通过人文主题达到语文要素的落实。

三年级上册第一单元：关注有新鲜感的词语和句子。	三年级上册第七单元：感受课文生动的语言，积累喜欢的语句。	三年级下册第一单元：体会优美生动的语句。
关注	感受	体会

图1　语言积累要求进阶图

横向梳理本单元教学内容就会发现编者围绕"感受课文生动的语言，积累喜欢的语句"这一语文阅读要素编排3篇课文，落实各有侧重点。《大自然的声音》这篇课文的课后练习都是围绕感受"声音"展开的，引导学生感受、积累并尝试运用优美生动的语言。《读不完的大书》激发学生对大自然的感知力和观察力，发现大自然的乐趣，并尝试运用优美生动的语言表达自己的观察所得。《父亲、树林和鸟》则侧重于引导学生品味文字，从而产生自己的想法和看法。而后的"口语交际"和"习作"以口头表达和笔头表达两种形式落实"留心生活，把自己的想法记录下来"这一语文习作要素，前后关联紧密。对于"感受积累喜欢的语句"这一语文要素，单篇文本中分别从主动积累语言、归类摘抄和摘抄时记录感受等角度进行训练，在交流平台中集中梳理总结方法，层层递进。

单元梳理
- 感受课文生动的语言，积累喜欢的语句
  - 《大自然的声音》　归类摘抄描写声音的语句并尝试运用
  - 《读不完的大书》　发现大自然的乐趣，摘抄时写清感受，尝试仿写
  - 《父亲、树林和鸟》　体会人与自然和谐之美，摘抄时写清感受
- 留心生活，把自己的想法记录下来
  - 《读不完的大书》　发现+感受
  - 《父亲、树林和鸟》　发现+想法
  - 口语交际　现象+想法
  - 习作　现象+想法+建议

图2　单元教学内容梳理图

单元教学目标

1.运用多种方法，认识生字新词，正确、流利朗读课文，背诵指定段落。
2.通过朗读、想象、联系生活感受课文生动的语言，仿照文中多样的表达

方式，抒发对大自然的喜爱之情。

3. 能梳理总结摘抄的基本方法，形成主动积累语言、主动摘抄的意识。

4. 能简单讲述身边令人感到温暖或不文明的行为，并清楚地表达自己的看法。

5. 留心生活，能清楚地写下生活中的某种现象及自己对此的看法和建议。

单元教学结构

教学中围绕"大自然的礼物"主题活动，安排了 4 个学习任务。前两个任务随课文学习展开，通过多种形式朗读、想象，感受生动的语言。在此基础上，完成第 3 个任务，运用"交流平台"提示的方法积累语言，完成课后仿写题和词句段运用，描绘自己眼中的大自然。最后，通过"口语交际"和"习作"培养观察和表达能力。

活动主题：大自然的礼物

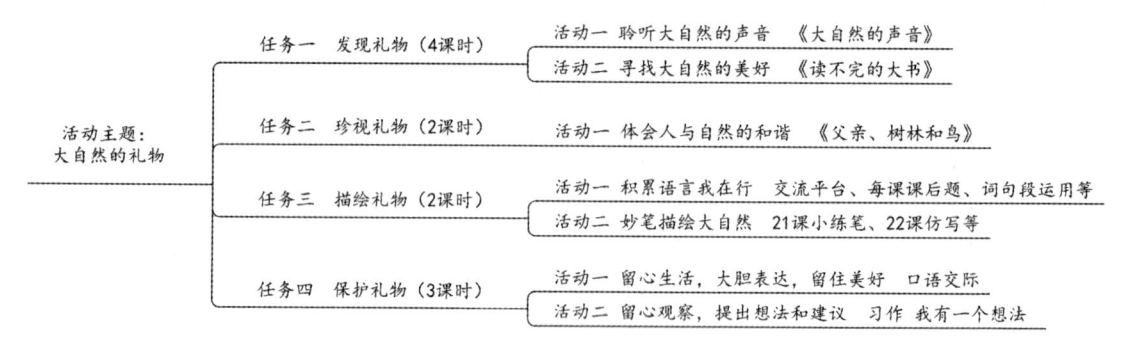

- 任务一 发现礼物（4课时）
  - 活动一 聆听大自然的声音 《大自然的声音》
  - 活动二 寻找大自然的美好 《读不完的大书》
- 任务二 珍视礼物（2课时）
  - 活动一 体会人与自然的和谐 《父亲、树林和鸟》
- 任务三 描绘礼物（2课时）
  - 活动一 积累语言我在行 交流平台、每课课后题、词句段运用等
  - 活动二 妙笔描绘大自然 21课小练笔、22课仿写等
- 任务四 保护礼物（3课时）
  - 活动一 留心生活，大胆表达，留住美好 口语交际
  - 活动二 留心观察，提出想法和建议 习作 我有一个想法

图 3 单元教学结构图

课题	21 大自然的声音
课时	第 1 课时
课型	新授课☑ 精读或略读指导☐ 口语交际课☐ 专题复习课☐ 习作指导或讲评☐ 学科实践活动课☐ 其他☐

课时教学内容分析

这是一篇散文，语言生动活泼，既能激发学生对大自然的热爱之情，又能提供丰富的语言表达形式，便于学生积累和运用。基于文本特点，本课教学重

点确定为运用多种方法感受课文生动的语言，尝试运用文中的表达方式抒发对大自然的喜爱之情。

学习者分析

通过之前的学习，学生会用多种方法理解难懂的词语，会借助关键语句理解一段话的意思，本节课将继续巩固习得的方法；学生已经尝试着积累有新鲜感的词句，但是还欠缺主动积累语言的意识和分类积累的方法；学生能够联系生活经验简单描绘大自然的声音，但是缺乏对生动语言的感知力，还需要通过深入的研读才能体会词句之美，以及通过模仿文中生动的表达来抒发对大自然的喜爱之情。

课时教学目标

1.随文认识"妙、奏"等9个生字，读准多音字"呢"，会写"敲、琴、奏"。

2.结合任务单，读懂课文写了大自然的哪些声音，初步感知课文总分的结构。（教学重难点）

3.通过联系生活和想象画面，感受生动的语言，并尝试仿写，抒发对大自然的喜爱之情。（教学重难点）

4.通过建立音乐家小档案，积累文中描写声音的语句。

学习评价设计

1.通过补全思维导图，了解学生是否做到借助关键语句理解段意，整体感知课文。

2.在夸一夸、找一找和建立音乐家小档案活动中考查学生的语言感知力和运用能力。

①用以下语句夸夸"风"这位音乐家。

演奏　微风拂过　呢喃细语　狂风吹起　雄伟的乐曲

②找一找动物歌手的歌声是什么样。

地点	歌手	歌声

③建立音乐家小档案。

音乐小档案

音乐家	生动的词语
风	
水	
动物	

教学活动设计

一、确定单元活动主题

（一）确定主题

1. 读单元导语，猜猜本单元的学习内容都和什么有关。
2. 浏览本单元的学习内容，验证猜想。
3. 确定单元活动主题为"大自然的礼物"。

（二）确定学习活动

讨论确定第一个学习活动为"聆听大自然的声音"。

板书：21 大自然的声音

二、发现大自然的声音

1. 自由读课文，思考：文中介绍了大自然的哪些美妙的声音？
2. 补全课后练习中的思维导图。

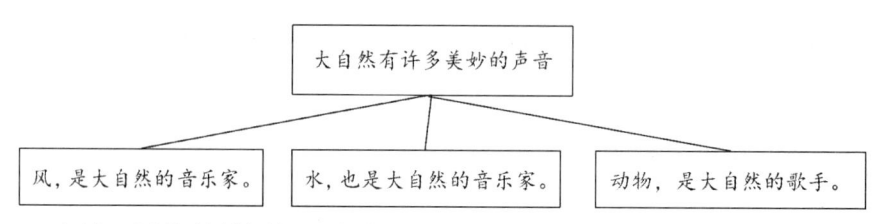

```
        大自然有许多美妙的声音
         /        |        \
风，是大自然的   水，也是大自然   动物，是大自然
   音乐家。       的音乐家。       的歌手。
```

3. 小结：抓住关键语句"大自然有许多美妙的声音"，能够帮助我们快速了解文章内容。

三、夸一夸风声的美妙

（一）圈画生动的语句

默读，思考：打开风之礼盒，你听到了怎样的声音？圈画出你觉得生动的词句。

（二）交流表达，朗读感悟

1. 朗读中感受风声的美妙。

他会在森林里演奏他的手风琴。当他翻动树叶，树叶便像歌手一样，唱出各种不同的歌曲。不一样的树叶，有不一样的声音；不一样的季节，有不一样的音乐。

（1）师生对读。

（2）写好"琴"和"奏"。

2. 利用多媒体，联系生活，感受风声的柔美动听和雄伟气势。

当微风拂过，那声音轻轻柔柔的，好像呢喃细语，让人感受到大自然的温柔。当狂风吹起，整座森林都激动起来，合奏出一首雄伟的乐曲，那声音充满力量，令人感受到大自然的威力。

（1）指导读准多音字"呢"。

交流理解"呢喃细语"的方法。

读出风声的柔美动听。

（2）听狂风怒号的声音。

说说这风声带给自己的感受。

（3）生生对读，感受风声的多变与美妙。

（三）夸一夸

1. 用以下语句夸夸"风"这位音乐家。

演奏　微风拂过　呢喃细语　狂风吹起　雄伟的乐曲

2. 小结：用心感受语言，我们发现风之礼盒真是太吸引人了，风真不愧是位杰出的音乐家。板书：感受语言

【设计意图：几个词语串联起整段内容，引导学生抓住关键信息。在表达中经历语言建构的过程，深化对语言的理解和作者写作思路的认识，从情感上抒发对"风"这位音乐家由衷的赞美。】

四、说一说水声的美妙

（一）圈画生动的语句

默读，思考："水"这位音乐家的乐曲是怎样的呢？圈画出你觉得生动的语句。

（二）想象水声的美妙，仿照课文说一说

1. 朗读体会。

水，也是大自然的音乐家。下雨的时候，他喜欢玩打击乐器。小雨滴敲敲打打，一场热闹的音乐会便开始了。滴滴答答……叮叮咚咚……所有的树林，树林里的每片树叶，所有的房子，房子的屋顶和窗户，都发出不同的声音。

2. 写好"敲"字。

3. 想象画面，尝试仿写。

思考：大雨点来了，会演奏出怎样美妙的音乐呢？

出示：大雨点敲敲打打，一场热闹的音乐会便开始了。（　　　　）……（　　　　）所有的（　　　），（　　　）；所有的（　　　），（　　　），都发出不同的声音。

【设计意图：加强语用实践，发挥想象力，模仿文中句式进行再创作，为下一课时小练笔做好铺垫。】

（三）品读语句，发现生动的语言形式

当小雨滴汇聚起来，他们便一起唱着歌：小溪淙淙，流向河流；河流潺潺，流向大海；大海哗哗，汹涌澎湃。从一首轻快的山中小曲，唱到波澜壮阔的海洋大合唱。

1. 师生配合读。

2. 说说对这段话的理解。

预设1：小溪汇聚成小河，然后又流入大海，水越来越多。

预设2：水声越来越大，由淙淙到潺潺，又到哗哗。

3. 带动作朗读，体会"水"这位音乐家富于变化的演奏。

4. 说说这段话为什么读起来朗朗上口，发现表达特点。

五、找一找动物歌手的歌声

走在公园里，听听树上叽叽喳喳的鸟叫；坐在一棵树下，听听唧哩哩唧哩哩的虫鸣；在水塘边散步，听听青蛙的歌唱。

1. 默读课文，填写任务单。

地点	歌手	歌声

2. 展示交流。

3. 小结：对照表格梳理发现，动物歌手真是随处可见，而且个个本领高强，能唱出独具特色的歌曲。

六、写一写，建立音乐家小档案

1. 把学到的描写声音的词语归类整理起来，向大自然做个学习汇报。

板书：积累语言

2. 小组合作，分工整理。

3. 把各组建立的音乐家小档案粘贴到黑板上。

音乐小档案	
音乐家	生动的词语
风	
水	
动物	

总结：本节课我们打开大自然送来的声音礼盒，在朗读、想象、交流中，从字里行间感受大自然声音的美妙动听，我们还归类积累了描写声音的语句，真是收获颇丰。

板书设计

21 大自然的声音

水　　感受语言 { 风　积累语言（粘贴学生作品）　动物 }

作业设计

1. 读读下面描写声音的词语，说说你在哪听到过这样的声音。

轻轻柔柔的呢喃细语　雄伟的乐曲　充满力量的声音

热闹的音乐会　轻快的山中小曲　波澜壮阔的海洋大合唱

2. 以《大自然的声音》为例，说说如何让语言生动鲜活。

教学反思与改进

  本单元3篇课文均为散文，语言优美生动，内容贴近生活，蕴含着人与自然和谐相处的美好情感。以往这类文体的教学，习惯从教师"教"的角度设计，学生被动地逐句品读语言，思维限于无序和浅表。此外，以往教学以单篇选文为中心，缺乏整体统筹。基于以上思考，确定以大单元教学设计展开，将学习内容整合到"大自然的礼物"这一主题当中。围绕主题将本课的任务设计为发现礼物，将学习活动设计为"聆听大自然的声音"。学生通过说一说、夸一夸、找一找活动，感受大自然声音的美妙，并尝试仿照文中的表达方式描述自己观察到的大雨点的声音。通过建立音乐家小档案活动，学生自主地分类积累文中生动的语句，落实了语文要素，深化了人文主题。

  写实性和自述性是散文的两大特征。本课描写的大自然的声音源于作者对生活细致的观察，教学中关注了学生与文本的对话，但是忽略了学生与作者的对话，应引导学生在作者叙述的字里行间感受作者对大自然的热爱之情。

（指导教师：北京市平谷区教育研修中心 李新会）

第六册　第三单元《蜜蜂》

刘岚

教学单元基本信息				
姓名	刘岚	单位	北京第二实验小学通州分校	
年级	三年级	单元	下册第四单元	
单元主题		学习概括　品味语言　留心观察　锤炼表达		

单元指导思想与理论依据

语文学科的核心素养是学生在学习的过程中逐渐提升的。具备核心素养不仅仅是学习的要求，更是当代学生适应社会的必然要求。概括能力是学生阅读、写作的基本功，是语文能力的基础，因而贯穿于整个小学阶段的语文教学。同样，观察能力也是在学生学习过程中得到发展的，同时又是完成学习任务的重要保证。

《义务教育语文课程标准（2011年版）》中指出："语文课程应使学生初步掌握学习语文的基本方法，提升学生综合素养，引导学生丰富语言积累，培养语感发展思维能力。"学生要初步把握文章的主要内容，结合语文学习，观察大自然，观察社会，并表达自己的观察所得。概括能力的训练，不仅能使学生的思维逐步周密、深刻，而且能使语言表达得更为准确、鲜明。

单元教学内容及要素分析

三下第四单元以"观察与发现"为主线，编排了《花钟》《蜜蜂》两篇精读课文，《小虾》一篇略读课文，以及"交流平台"和习作——"我做了一项小实验"。本单元的人文主题是培养学生留心观察的习惯和有序表达的能力；

需要集中落实的阅读要素是"借助关键语句，概括段落大意"。

1. 横向关联，读懂系统。

本单元编排颇具匠心，《花钟》梳理了概括自然段大意的两种方式。《小虾》和"交流平台"则是对概括方法的运用、梳理、总结。而《蜜蜂》一课在进一步提升概括能力的同时，引导学生借助表格中的关键词，理清作者的实验经过和实验中的发现，促进单元习作要素"观察事物的变化，把实验过程写清楚"的落地，将阅读与习作紧密相连。

2. 纵向把握，读出发展。

（1）概括能力进阶。

三下第四单元"借助关键语句，概括段落大意"是整个中年级"能初步把握文章的主要内容"这个能力点中的关键一环。这个阅读要素的落实又是建立在三上第六单元"借助关键语句理解一段话的意思"的基础上的。三下第七、八单元"了解课文是从哪几个方面把事情写清楚的、了解复述故事的主要内容"，着力从对"一段话意思的理解"向"一篇"内容的把握过渡，呈现组段成篇的隐性编排思路。到了高年级，阅读要素为"了解课文，创造性复述""体会文章是怎样围绕中心意思来写的"等。阅读要素的安排都是承上启下螺旋式上升的。因此，本单元的整体目标居于"理解段"的关键位置，打好坚实的基础才能发挥好"理解篇"的桥梁作用。

（2）观察能力进阶。

表1 与"观察"相关的语文要素进阶表

册次及单元	与"观察"相关的语文要素
三上第五单元	体会作者怎样留心观察事物。
三下第四单元	观察事物的变化，把实验过程写清楚。
四上第三单元	感受作者连续细致的观察。

统编教材从三年级开始有目的地编排了培养学生观察能力的3个单元。学生由初步体会观察，到观察事物的变化从中有所思考，接着体会到连续细致观察的好处，能力逐步上升。本单元处于观察能力培养的核心位置，是学生由会体会观察到会仔细连续观察之间的过渡。

单元教学目标

1. 认识27个生字，会写25个字，会写30个词语。

2. 知道借助关键语句或关键语句的提示概括一段话大意，把握关键语句的不同位置。

3. 能借助关键语句概括一段话大意，读懂课文，感受观察和发现带来的乐趣。引导学生做生活的有心人，养成认真观察，留心周围事物和勤于思考的习惯。

4. 能体会并积累课文中生动、准确的词句，借鉴课文的表达仿写句子。

5. 能借助图表记录自己做过的一项小实验，按照顺序将实验过程写清楚。

6. 知道细致观察可以让我们对事物有更多了解，进而感受观察的乐趣。

单元教学结构

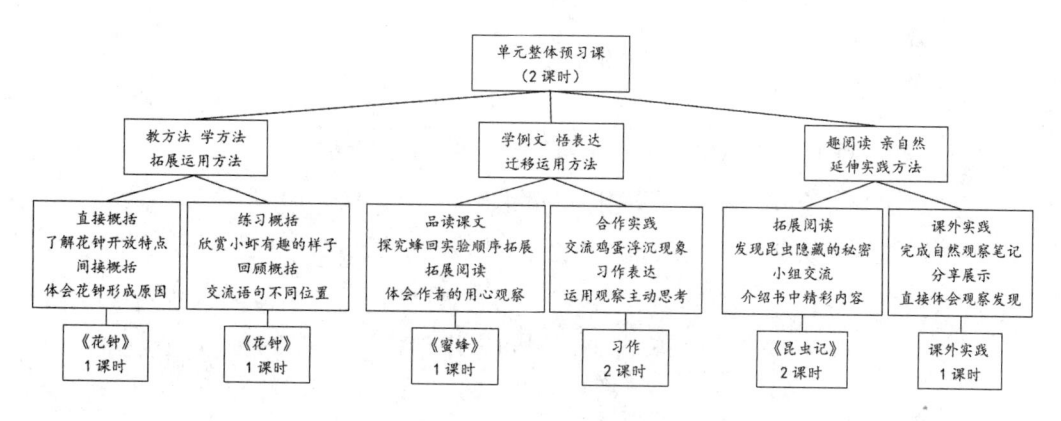

图1 单元教学结构图

打乱教材单元的固定编排，调整教学顺序，在主题引领下，打破传统的逐课教学模式，重新组合教学内容，进行结构板块的关联教学，把《花钟》与《小虾》列为一组，把《蜜蜂》与《习作》列为一组，从而加强了单元主题知识与能力的内在联系，提高了语文课堂教学效率。

课题	14 蜜蜂
课时	第2课时
课型	新授课☑　精读或略读指导☐　口语交际课☐　专题复习课☐ 习作指导或讲评☐　学科实践活动课☐　其他☐

课时教学内容分析

《蜜蜂》以第一人称写了法布尔为验证蜜蜂具有辨认方向的能力而做的一项实验,文章重点介绍了实验的经过,体现了法布尔善于思考、严谨求实的态度。

学习者分析

三年级的学生已能有意识地细致观察,能从多角度观察,但在将观察到的事物有序地表达清楚、写清楚上还存在困难。另外,三年级的学生已能初步把握文章的主要内容,但如何将理解的内容概括出来,还需要反复练习。

课时教学目标

1. 能梳理并按顺序说出法布尔的实验过程。(教学重点)
2. 运用多种方式,体会课文用词的准确。(教学难点)
3. 通过探究实验,感受法布尔严谨、求实的科学态度。(教学重点)

学习评价设计

通过"概括段落方法评价表""观察评价表""课外阅读评价表",采取自我评价、同伴评价、教师评价等多种方式,注重评价主体的多元与互动,使学生全面客观地认识自己在本单元学习中的进步与不足。

教学活动设计

一、复习导入,激发实验之兴趣
让我们跟随法布尔继续走进昆虫的世界。齐读课题
1. 出示词语复习,并用词语介绍实验目的以及结论。
2. 创设情境:"争当小小法布尔",引导学生探究。

二、细读课文,体悟过程之有序
1. 抓关键词,了解实验过程。
 (1)实验时法布尔做了哪些事?自读2—7自然段并圈画。

（2）交流3个步骤。

（3）引导学生抓住动词梳理填表，让概括更加简洁：

第一步：捉蜜蜂，放纸袋

第二步：走4公里，打开纸袋，做记号，放蜜蜂

第三步：查蜂窝，发现蜜蜂

总结：找到了表示实验过程的句子，抓住其中的动词，就概括出了实验的步骤。

【设计意图：为了训练学生的概括能力，教师尝试引导学生采用关注表示动作的关键词语的方法，帮助学生概括一段话的意思，梳理法布尔的实验过程。】

2.抓顺序词，说清实验过程。

（1）练习概括。

出示图表：

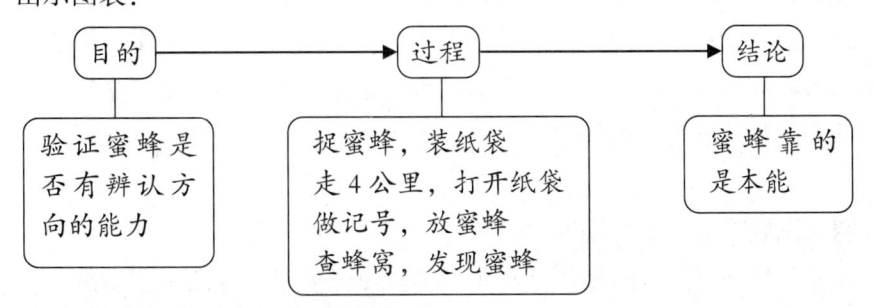

目的	过程	结论
验证蜜蜂是否有辨认方向的能力	捉蜜蜂，装纸袋 走4公里，打开纸袋 做记号，放蜜蜂 查蜂窝，发现蜜蜂	蜜蜂靠的是本能

（2）学生发言，介绍实验过程。

（3）用上"先……接着……然后……最后"再来概括。

（4）小结学习方法。

【设计意图：用上表示先后顺序的词语，完整复述实验过程，为学生今后做实验并根据实验记录表，说清自己实验的过程，进而在习作中有序表达做铺垫。】

三、品读语言文字，体悟实验之严谨

1.浏览2—7自然段，圈画表示时间的词语。

学生交流，师出示相关句子。

师：从时间词中你发现法布尔成功的秘诀是什么呢？

他不仅观察时间很长，还对不同时间观察到的现象都进行了详细的记录。

2.出示句子。

> 在对某个事物说"是"以前，我要观察、触摸，而且不是一次，是两三次，甚至没完没了，直到没有任何怀疑为止。

3.法布尔这样说,也是这样做的。默读第2自然段,想想:法布尔放飞蜜蜂后,观察到了什么,是怎么想的?用"＿＿＿"画出他观察到的情况,用"～～～"画出他内心的想法。

学生交流,师相机出示句子。

师生合作朗读,老师读的是法布尔观察的现象,大家读的是法布尔的思考。

师:法布尔能成为昆虫学家的秘诀还有什么呢?

他把自己观察到的和思考到的联系到了一起,不仅用心观察,还善于思考。

4.通过记录蜜蜂飞回来的时间和数量,他发现什么?

师出示相关句子,对比试验初期和有结论的句子。

男女生对比读,为什么有这么大不同呢?

师:在不同的实验阶段,用不同的词描述,法布尔的语言是如此准确,让我们感受到他严谨的态度。这不由得让我们又想到了他的话。

总结:无论从时间上,还是数量上,法布尔都在不断地尝试,用心观察,积极思考,详细记录,这就是他成为昆虫学家的秘诀。他对待科学研究态度严谨,求实的精神值得我们学习。

四、拓展文章,激发阅读之兴趣

1.课内拓展:除了蜜蜂,法布尔在《昆虫记》里还介绍了很多昆虫。请你阅读《红蚂蚁》,思考:法布尔通过什么实验发现了什么秘密呢?

学生阅读,圈画关键词,概括实验过程,交流。

2.课外拓展:法布尔通过观察、记录、思考,发现了蚂蚁的秘密,其实《昆虫记》里还有很多有趣、神奇的昆虫呢,感兴趣的同学可以课下去读一读《昆虫记》,深入了解昆虫世界。

3.师小结:同学们,我们这单元的习作,就是记录一项小实验。课下,你可以在家里继续做一些安全有益的实验,为本单元的习作做准备。

板书设计

　　　　　　　　实验目的　观察
　14.蜜蜂　　　实验过程　记录　　严谨 求实
　　　　　　　　实验结论　思考

作业设计

仿照课后的图表,亲手做一项自己感兴趣的小实验,记下操作的步骤,还可以把实验过程写下来。

教学反思与改进

  本课围绕"借助关键语句概括一段话的大意"这一阅读要素，在理清实验步骤的教学中，我巧借"表示动作的关键词语"，让学生迅速梳理出《蜜蜂》中法布尔的实验步骤。在拓展阅读《红蚂蚁》中，让学生及时运用习得的方法，提升学生的概括能力，从而落实阅读要素。课上采用"圈画、师生对读，对比阅读"等多种教学方式，引导学生发现作者用词的严谨，感受科学类文章语言在表达上的准确性。"观察事物的变化，将实验过程写清楚"是本单元的习作要求。在教学中，我关注到学生"将观察到的事物有序表达清楚有困难"这一学情，巧妙设计"抓关键词，了解实验过程；抓顺序词，说清实验过程"两个教学环节，分解难点，为学生写作中能"写清自己实验的过程"做铺垫，从而提升学生的思维能力。另外，在学生交流时，如果教师能够更及时给予准确的评价，课堂效果会更好。

（指导教师：北京第二实验小学通州分校 徐雪梅）

第六册　第六单元《剃头大师》

杨洪玉

教学单元基本信息			
姓名	杨洪玉	单位	北京市昌平第二实验小学
年级	三年级	单元	下册第六单元
单元主题		多彩童年	

单元指导思想与理论依据

《普通高中语文课程标准（2017年版）》针对高中年段提出了四大语文核心素养："语言建构与运用""思维发展与提升""审美鉴赏与创造""文化传承与理解"。语言应用的能力是在实践中逐步提升的。

《义务教育语文课程标准（2011年版）》（以下简称《课标》）中指出"语文课程必须根据学生身心发展和语文学习的特点，爱护学生的好奇心、求知欲，鼓励自主阅读、自由表达，充分激发他们的问题意识和进取精神，关注个体差异和不同的学习需求，积极倡导自主、合作、探究的学习方式。教学内容的确定，教学方法的选择，评价方式的设计，都应有助于这种学习方式的形成。"

《课标》指出："语文阅读教学应引导学生钻研文本，在主动积极的思维和情感活动中加深理解和体验，有所感悟和思考，受到情感熏陶，获得思想启迪，享受审美乐趣。"在三年级和四年级的学段目标中提出"能联系上下文，理解词句的意思，体会课文中关键词句表达情意的作用。能借助字典、词典和生活积累，理解生词的意义"。

综上，这些都对课堂教学提出了明确的方向：要求我们要积极创设切合学生实际的语言实践活动，并借助小组合作的形式，为学生营造一个学习语言、使用语言的良好环境，帮助学生提高听说读写的能力，逐步提升语文的核心素养。

单元教学内容及要素分析

这一单元以"多彩童年"为主题，编排了《童年的水墨画》《剃头大师》《肥皂泡》《我不能失信》四篇课文。《童年的水墨画》以诗歌的形式，呈现了乡村儿童生活的多姿多彩、自由自在；《剃头大师》折射出童年生活的纯真与有趣；《肥皂泡》写出了儿童丰富的想象和美好的憧憬；《我不能失信》讲述了宋庆龄小时候诚实守信的故事。四篇课文从不同的角度，呈现了多姿多彩的儿童生活，展现了童年生活的纯真和美好。以"童年生活"为主题的单元贯穿于整个小学阶段。下面是以"童年"为主题的单元内容在小学各个年级的纵向进阶。

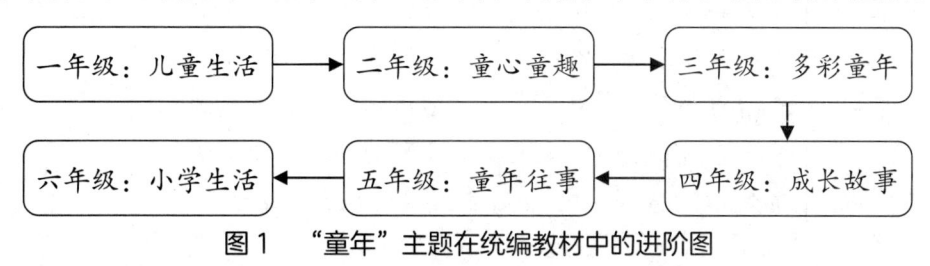

一年级：儿童生活 → 二年级：童心童趣 → 三年级：多彩童年
↓
六年级：小学生活 ← 五年级：童年往事 ← 四年级：成长故事

图1 "童年"主题在统编教材中的进阶图

本单元的语文要素中的阅读要素是"运用多种方法理解难懂的句子"。这一阅读要素是三上第二单元"运用多种方法理解难懂的词语"的深化。这一阅读要素同样贯穿于统编教材，包括古诗文的学习。本单元难懂的句子，有的是句子本身的意思难以理解，有的是句子的字面意思不难，但只有理解了它内在的含义，才算是真正读懂了这个句子。本单元的精读课文引导学生学习运用联系上下文、联系生活等方法来理解难懂的句子；略读课文引导学生自觉运用这些方法；"交流平台"对理解难懂的句子的方法进行了梳理、总结，进一步提升学生的认识。本单元的习作要素是"写一个身边的人，尝试写出他的特点"。通过本次习作，引导学生留心身边的人，发现身边人的特点，培养学生的观察能力，养成良好的观察习惯。

单元教学目标

1.读准字词、会写字词，读通课文。（语言建构与运用）

2.能运用多种方法理解难懂的句子。能理解课文的主要内容。（语言建构与运用）

3.能结合文本，说出课文以"剃头大师"作为题目的好处。（语言建构与

运用、思维发展与提升）

4.能体会文章丰富的想象，感受人物多变的形象。（思维发展与提升、审美鉴赏与评价）

5.写一个人，能写出他的特点，并给习作取一个表现人物特点的题目。（思维发展与提升、语言建构与运用）

6.能结合自己的阅读体验，总结理解难懂的句子的方法。（语言建构与运用）

单元教学结构

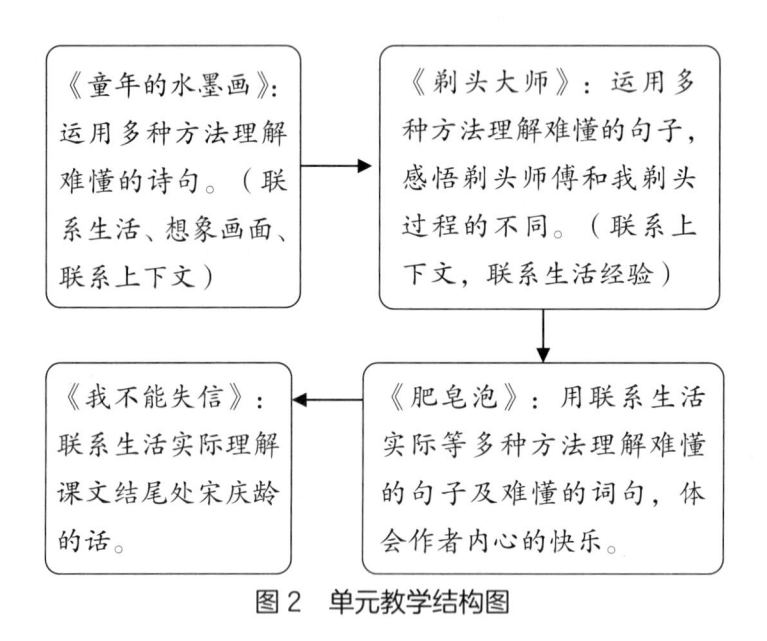

《童年的水墨画》：运用多种方法理解难懂的诗句。（联系生活、想象画面、联系上下文）

《剃头大师》：运用多种方法理解难懂的句子，感悟剃头师傅和我剃头过程的不同。（联系上下文，联系生活经验）

《我不能失信》：联系生活实际理解课文结尾处宋庆龄的话。

《肥皂泡》：用联系生活实际等多种方法理解难懂的句子及难懂的词句，体会作者内心的快乐。

图2　单元教学结构图

课题	19 剃头大师
课时	第2课时
课型	新授课☑　精读或略读指导☐　口语交际课☐　专题复习课☐ 习作指导或讲评☐　学科实践活动课☐　其他☐

课时教学内容分析

本文节选自秦文君的小说《开心男孩》。课文讲述了"我"给表弟小沙剃头的故事，展现了童年生活的纯真与趣味。课文以"剃头大师"为题，但"我"

剃头的水平与"大师"这一称号形成了强烈的反差，从而产生了戏剧性。本文语言风趣幽默，略带调侃的意味。但是因为是一种"高级幽默"，而且离孩子的生活年代较远，有些句子不是很好理解。作为本单元的第2篇精读课文，要引导学生联系上下文并结合生活经验，理解难懂的词句，深入理解课文内容，感受课文的幽默风趣。

学习者分析

基于以往的学习，到三年级下学期，学生已经初步具备了一定的阅读能力，能自觉运用联系生活实际、拆词、找近义词、联系上下文等方法理解难懂的词语，能抓住关键语句感悟人物的形象，并借助小组合作这种学习方式进行探究式学习，但在运用多种方法理解难懂的句子方面还存在一定困难。对于深入细致地品读词句、感悟人物形象，还需要老师加以引导。

课时教学目标

1. 默读课文，能抓住关键句，说出老剃头师傅和"我"剃头过程的不同。（教学重点）
2. 能运用多种方法理解难懂的句子。（教学难点）
3. 能说出课文以"剃头大师"为题目的理由。

学习评价设计

活动一：品读词句，感悟"害人精"的人物形象。结合课后第一题、第二题，抓住关键语句，感悟老师傅剃头的感受。（关联目标1、2）

评价内容：根据关键语句说出老师傅剃头的感受。

评价指标：能说出自己的理由。☆

能圈画相关词句，并简单说出自己的感受。☆☆

能圈画相关词句，并结合自己的生活实际和阅读经验，谈自己的感受。☆☆☆

评价方法：课堂师生互动补充

活动二：研读词句，感悟"剃头大师"的人物形象。结合课后题一、二、

三题，抓关键语句，小组合作感悟"我"剃头的感受。（关联目标1、2、3）

评价内容：根据关键语句说出"我"哪里像剃头大师，哪里不像剃头大师。

评价指标：能说出自己的感受。☆

能圈画相关词句，并简单说出"我"哪里像剃头大师，哪里不像。☆☆

能圈画相关词句，并结合自己的生活实际，说出"我"哪里像剃头大师，哪里不像。☆☆☆

评价方法：小组合作探究学习，课堂师生互动补充。

教学活动设计

一、复习导入

由生活中常见词语"胆小鬼""小书虫""热心肠""运动健将"导入，理解"剃头大师"的含义。

文中的剃头大师和害人精分别指的是谁呢？

【设计意图：和学生的生活相勾连，认识特定词语所指代的这一类人，领会"剃头大师"的含义。】

二、品读第一部分（1—6自然段），感悟"害人精"的人物形象

（一）为什么称呼老剃头师傅为"害人精"。

出示第5自然段，指名读。

（二）你从哪感受到让老师傅剃头是非常痛苦的

1. 预设。

从以下几个句子中体会到：

①一把老掉牙的推剪，它常常会咬住一绺头发不放，让小沙吃尽苦头。

抓住关键词"咬住"感悟小沙的痛苦。

②总把碎头发掉在小沙的脖子里，痒得小沙咴咴笑。

联系自己的生活实际感受小沙的痛苦。

③小沙每次都是被姑父押进理发店的，而且，姑父还得执一把木尺在一旁监督，否则，小沙准会夺门而逃。

抓住关键词"押进""执一把木尺""监督""夺门而逃"，想象当时的画面，感受小沙的痛苦。

④"付双倍的钱"。

2. 联系上下文理解"耿耿于怀"。

预设：一直记得，难忘记。

用联系上下文的方法理解词语"耿耿于怀"。

理解了这个词语，我们再来读读这段话，读出小沙的痛苦。

3. 小结：刚才我们通过联系自己的生活经验、联系上下文、想象画面这样的方法理解了一些难理解的词语和句子，并感受到了老剃头师傅给小沙剃头的痛苦，所以小沙才称呼他为"害人精"，可是头发长了又不得不理，怎么办呢？小沙请来了一位"剃头大师"，这位"剃头大师"的技术水平怎么样呢？让我们小组合作走进课文的第二部分，一起去感受一下。

【设计意图：抓住关键词句感受老剃头师傅给小沙剃头的痛苦，通过多种方法来理解难理解的词句。】

三、研读第二部分（7—18自然段），感悟"我"的形象

（一）出示小组合作学习提示

> 1. 默读课文7—18自然段。
> 2. 用波浪线画出"我"给小沙剃头过程的相关语句。
> 3. 小组内说一说，你从哪感受到"我"像剃头大师的？又从哪感受到我不像剃头大师？

（二）学生自学，教师巡视指导

（三）交流汇报

1. 从第10自然段看出我剃头的架势很像剃头大师。

抓住关键语句"我先把……再摆出……嚓嚓两剪刀，就剪下一堆头发。"

2. 阅读第12自然段，抓关键语句"头发纷纷飘落""这儿一剪刀，那儿一剪刀""上面落满了黑头发"，体会我的心情。

3. 从顾客小沙来看，我像不像剃头大师？

4. 阅读13、14自然段，从这两段可以看出我不像剃头大师。

5. 我知道自己闯了祸，也想赶紧补救，可是结果呢？

出示16自然段。

你们见过梯田吗？梯田是什么样子的？

拓展说话：这头发坑坑洼洼的，像＿＿＿＿＿＿＿＿＿＿＿＿＿＿

6. 我这个剃头大师装模作样、随意乱剪，对比之下，小沙这个顾客怎么样呢？

小结：从上文的这些句子中我们不难发现，小沙对剃头的要求很低，所以

作者才说"世界上再没有比他更优秀的顾客了"。

7.谁才是真正的剃头大师？

出示18自然段，齐读。

【设计意图：通过小组合作探究式学习，运用上一环节所学到的方法，感受我究竟是不是剃头大师。】

四、总结全文，拓展阅读

（一）总结提升：童真童趣

你觉得这篇课文哪里写得有意思呢？

预设：睡衣像熊皮。小沙的新头型。揭示"童真童趣"。

（二）理解课题

"我"明明不会剃头，课文为什么要用"剃头大师"作为题目呢？

一种自我调侃，一种自黑式的幽默。

（三）推荐阅读《调皮的日子》

出示目录，通过和课文相似的题目引起阅读兴趣，推动拓展阅读。

板书设计

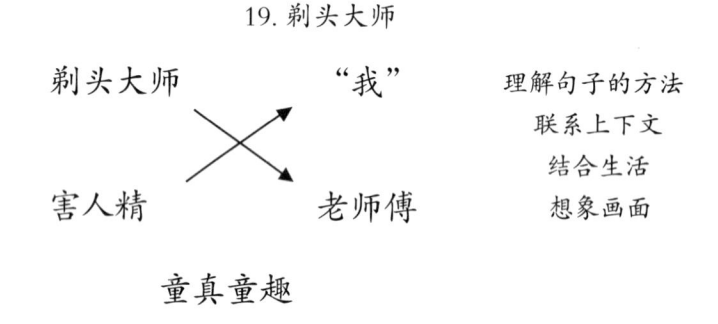

19.剃头大师

剃头大师　　　　"我"　　　　理解句子的方法
　　　　✕　　　　　　　　联系上下文
　　　　　　　　　　　　　结合生活
害人精　　　　老师傅　　　　想象画面

童真童趣

作业设计

继续阅读《调皮的日子》。

教学反思与改进

1.板块清晰，推动语文要素的落实。

这篇课文虽然很长，但是结构清晰。全文分两个部分——老师傅剃头和我给小沙剃头。通过课后习题"我和老师傅剃头有什么不同"串联品读全文，感受童年生活的有趣，并引导学生运用"联系上下文、结合生活、想象画面"这些方法来理解难理解的词句，将语文要素落到实处。

2.梯度清晰，推动学生的探究学习。

两个教学板块，第一板块的学习是"教扶"结合，第二板块的学习是"放"——小组合作探究学习。教扶放，有梯度渐进式学习，并能发挥学生的主动性，促使学习的真实发生。

3.一课一得，提升学生的语言运用能力。

从入课开始，借助理解生活中常见词语来过渡到理解"剃头大师"的人物特点，通过品读文字感悟文章塑造的3个个性鲜明的人物，富有趣味的故事，让孩子自觉积累语言方法和素材，并能运用到本单元的习作中去。

本课待改进的地方：要更大程度地放手，让孩子自主地去学习。所有的教学设计、教学策略都要围绕学生来做，更大发挥学生的主观能动性。

（指导教师：北京市昌平区教师进修学校 高春杰）

第六册　第七单元《我们奇妙的世界》

岳伶丽

教学单元基本信息			
姓名	岳伶丽	单位	北京市平谷区夏各庄中心小学
年级	三年级	单元	下册第七单元
单元主题		探寻奇妙的世界，助推语言和思维的发展	

单元指导思想与理论依据

随着课程改革不断深入，语文课堂不再紧紧围绕知识传授，还要关注学生核心素养的提升，指向学生的终生发展。语言的积累与运用、思维的发展与提升，是小学语文核心素养培养的重要任务。在本单元的教学中通过多种形式的读感受语言的优美和张力；在仿写中建构运用积累的语言，在习作中通过合理的想象、结合生活实际联想培养学生的创新思维和新奇的表达能力。具体体现在：3篇精读课文的教学按照"引导—巩固—运用"这几个方面来实现语文要素的应用，助推思维有序发展；引导对"一切都是有生命的"不同角度的理解和碰撞，助推思辨能力的发展；画"海底世界"思维导图助推思维的独特性发展；"整合信息，习作国宝大熊猫"助推思维逻辑性的发展。

单元教学内容及要素分析

本单元围绕"奇妙的世界"共安排了3篇课文。《我们奇妙的世界》从整体上介绍世界；《海底世界》和《火烧云》分别介绍海底和天空。本单元还安排了口语交际、习作和语文园地等板块，这些安排既聚焦语言文字的积累与运用，又是从不同角度，不同层面巩固"了解课文是从哪几个方面把事物写清楚的"这一语文要素。针对"写清楚"，一是指文章主要写"事物"的什么特点，二是了解文章从"事物"的哪几个方面去写的。

本单元语文要素属于"初步把握文章主要内容"范畴，把握文章主要内容分为3个层次：第一个层次，读懂文字和语句，包含三年级上册"关注有新鲜感的语句"和"运用多种方法理解难懂的词语"；第二个层次，形成对文意的理解，包含三年级上册第六单元"借助关键句了解一段话的意思"，第八单元"学习带着问题默读，理解课文的意思"，三年级下册第三单元"了解怎样围绕一个意思把一段话写清楚"，第四单元"借助关键句概括一段话的大意"和本单元"了解课文是从哪几个方面把事物写清楚的"；第三个层次，扩展丰富阅读认知，包含五年级上册"结合查找的资料体会文章的思想感情"和六年级上册"能从所读的内容想开去"。本单元的语文要素属于第二层次，是对本册第三单元"了解课文是怎么围绕一个意思把一段话写清楚"的深化，体现能力的进阶发展。

单元教学目标

1. 借助多种识字方法认识25个生字，读准3个多音字，会写35个字，会写39个词语。

2. 有感情地朗读课文，背诵指定段落。

3. 通过找关键句、重点词、总结概括、画思维导图等方法了解课文是从哪几个方面写清楚的。

4. 展开联想，体会课文语言表达的好处，借鉴课文的表达仿写句子。

5. 联系生活实际、图文结合理解课文的主要内容，感受大自然的神奇，产生观察、探索自然奥秘的兴趣。

单元教学结构

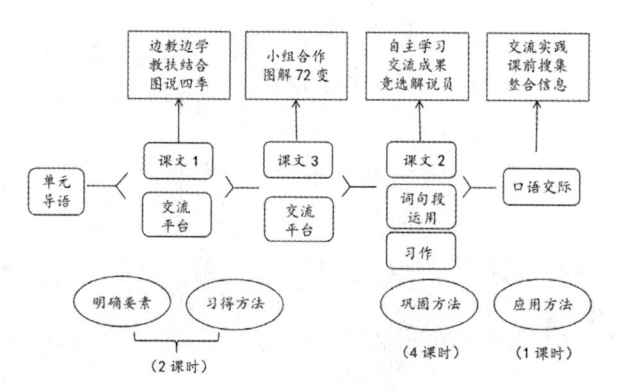

图1 单元教学结构图

根据单元内容和语文要素的学习需要进行 4 次整合：

1. 课文与课文整合：第一篇和第三篇在内容上有交集，虽然视角不同，但是表达上有相同之处，因此，我把第三篇课文放在第二篇前面讲。

2. 课文与交流平台整合：交流平台和课文内容有重合，因此我把交流平台整合在课文的学习中。

3. 课文与词句段运用整合：语文园地中的词句段运用是问句开头的写话，和《海底世界》写作方法上有交集，因此整合在一起讲。

4. 课文与习作整合：本单元的习作和《海底世界》都属于介绍性文本，内容和方式上有借鉴价值，因此，我把它们整合在一起。

课题	22 我们奇妙的世界
课时	第 2 课时
课型	新授课☑　精读或略读指导☐　口语交际课☐　专题复习课☐ 习作指导或讲评☐　学科实践活动课☐　其他☐

课时教学内容分析

《我们奇妙的世界》是单元的第一篇课文，课文篇幅较长，但是结构清晰，围绕关键句从天空和大地两个方面写出了世界的奇妙。因此，对于初次接触"了解课文是从哪几个方面写清楚"这个语文要素的孩子们，能够运用以前学过的提取文中明显信息的方法，找到课文描写的两个方面。课文写作顺序清晰，分别按照两种不同的时间顺序进行描写，抓住写作顺序能够对有序表达起到指导作用。课文语言优美富有诗意，抓住普通事物的特点展开想象和联想，画面感极强。围绕语言的感悟、仿写能够对如何写清楚有指导作用。通过本文的学习，学生能够对"了解课文是从哪几个方面写清楚的"这一语文要素有初步的理解。

学习者分析

针对本篇文章的特点，从人文主题和语文要素两个方面进行调研，发现学生对本册第三单元的语文要素"围绕一个意思把一段话写清楚"掌握得比较好，为本单元语文要素的学习打下了很好的基础。但是学生平时没有细心观察，表述正确但不生动不完整。

图 2—图 3　学情分析图

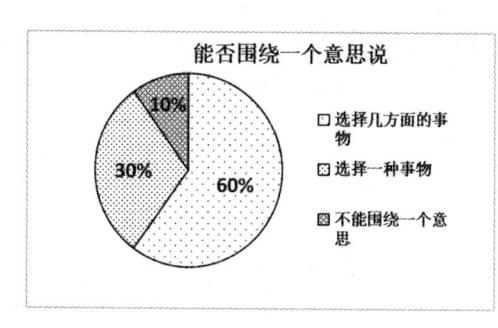

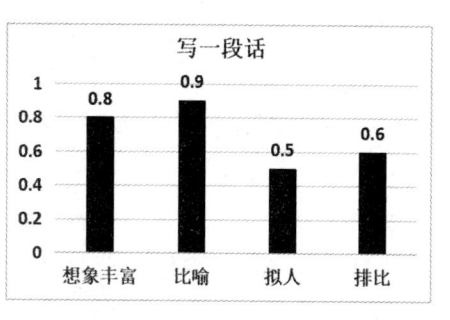

课时教学目标

1. 通过找关键词，画大地四季图，了解写作顺序，说出课文分别从哪些方面来写天空和大地的。（教学重点）

2. 能仿照例句，写自己发现的普通而美好的事物。

3. 结合生活经验理解"一切看上去都是有生命的"，产生探寻大自然奥秘的兴趣。（教学难点）

学习评价设计

本单元的学习评价紧扣学习目标进行设计，力图展现教学评一致性。评价方式有学生自评、生生互评、教师评价。

表1　星级评价表

评价项目	评价标准（星级评价）	评价结果		
		学生自评	生生互评	教师评价
朗读	正确、流利为1颗星； 正确、流利、有感情为2颗星； 正确、流利、有感情、读出自己独特的感受为3颗星。			
仿写	通顺、完整、写出事物特点为1颗星； 通顺、完整、写出事物特点、符合课文语言特点为2颗星； 通顺、完整、写出事物特点、符合课文语言特点，运用比喻、拟人为3颗星。			
语文要素	知道课文是从哪几个方面写为1颗星； 知道课文从哪几个方面写的，如何写具体为2颗星； 知道课文从哪几个方面写的，如何写具体，能够自己把事物说具体为3颗星。			

教学活动设计

一、复习交流，引出奇妙

1. 齐读课题。

2. 指名说课文从哪几个方面写的。

【设计意图：复习从哪几个方面写，温故知新，引入"奇妙"，用"奇妙"统领全文。】

二、精读感悟，品味奇妙

过渡：我们先来感受天空的奇妙，天空都珍藏了哪些事物呢？

（一）圈画事物，理清写作顺序

1. 教师按照学生说的顺序把词语贴到黑板上。

预设：学生圈画事物可能不全面或者不按顺序回答。

教师引导：用曲线画出表示时间的词语。

2. 按照时间顺序重新摆放词语。

（二）感悟太阳的奇妙，出示第3、7自然段

1. 思考：太阳奇妙在哪？从哪些词语看出来的？

感受颜色变化的奇妙

2. 小结提升：太阳因为颜色变化而奇妙，原来太阳是有生命的啊！

3. 指导朗读。

【设计意图：抓住表示颜色的词语，感悟到太阳是有生命的，学习抓住特点把事物写清楚的方法】

（三）感悟云彩的奇妙

1. 默读描写云彩的段落思考：哪些词语让你感受到云彩的奇妙？

2. 想象表达：云彩有的像（　　），告诉我们（　　）的故事。

3. 小结提升：云彩会变化各种形状，真是奇妙，云彩也是有生命的。

【设计意图：联系生活展开想象，感悟奇妙，发展思维，并通过固定句式表达感受形状的变化。】

（四）感悟雨点的奇妙

1. 汇报从哪感受到雨点的奇妙。

噼噼啪啪——声音的奇妙

2. 读出雨点的奇妙。

3. 小结提升：雨点的奇妙之处是声音，雨点也是有生命的。

4.展开想象,水洼还会映射出什么?

(五)感悟群星的奇妙

1.指名说奇妙在哪。

2.范读,引导想象群星闪烁,还像什么?

3.小结提升:群星因为闪烁而奇妙,群星也是有生命的。

【设计意图:在学习太阳、云彩的奇妙基础上逐步放手,让学生抓住重点词语、联系生活,展开想象,感悟奇妙,巩固抓住特点写清楚的方法。】

(六)总结回读

1.总结:天空中的日升日落、云卷云舒,都是如此地神奇,都是有生命的。

2.朗读指导:选择你感觉最奇妙的事物,读出你的理解。

3.总结方法:提取关键词语、展开想象、联系生活实际。

【设计意图:总结方法,为学生自主学习大地的珍藏提供学法的支撑。】

三、自主学习,研读奇妙

(一)小组学习

出示学习提示:默读9—16自然段

1.圈出大地珍藏了哪些事物,用横线画出哪些词语和句子写出了它们的神奇。

2.用喜欢的方式画大地四季图。

(二)交流汇报

1.展示大地四季图,交流汇报大地的珍藏。

种子生根、发芽、开花——植物生长的奇迹

水果颜色诱人

大树、光辉、蝴蝶、鸟儿……

2.感受冰柱和水滴的奇妙。

(1)展示冰柱、水滴图片,交流怎么写清楚的:抓住特点、运用比喻。

(2)展开想象:雪花还落在哪?像什么?

【设计意图:从扶到放,在自学、合作学、交流学中引导学生运用阅读方法,提高他们的阅读能力。】

(三)比较顺序的不同

天空和大地都是按照时间顺序来描述的,有什么不同?

【设计意图:在比较中知道不同的时间顺序,渗透写作中要有序表达。】

四、联系生活，书写奇妙

要求：学习课文的描写方式，用上积累的词语和句式，写一写图片上的事物。

五、总结回顾，蔓延奇妙

1. 比较首尾两段有什么相同点。这样写有什么好处？

交流总结：总分总结构 首尾呼应

2. 渗透环保意识。

【设计意图：把握语文教育的育人特点，培养良好的思想道德风尚。】

板书设计

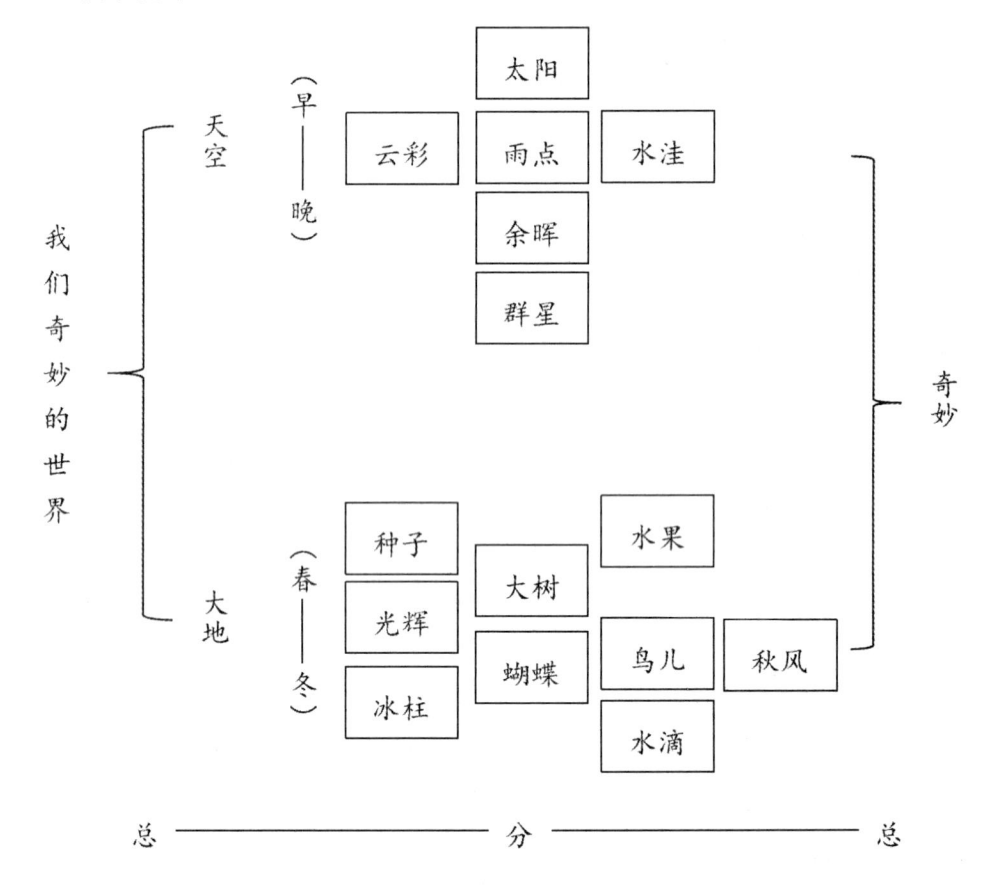

```
                         太阳
          （早——晚）  云彩  雨点  水洼
  天空                   余晖
                         群星
我们奇妙的世界                                    奇妙
                         种子       水果
          （春——冬）    光辉  大树
  大地                         蝴蝶  鸟儿  秋风
                         冰柱       水滴

    总 —————————— 分 —————————— 总
```

作业设计

1. 读描写"水洼、群星、大树"的句子，感受事物的普通而美好，仿照句子的写法，写一写你眼中普通的美。

2. 绘制大地四季图。

教学反思与改进

1. 以语文要素为圆心，开展单元整体教学。

在教学中我以语文要素为圆心，对教学内容有机整合，使整个单元层次更清晰，环节更紧密，更有利于学生理解语文要素，从而提升学科素养。

比如《我们奇妙的世界》语言优美简练，充满诗意和画面感，适于学生积累语言，学习表达。交流平台围绕如何在习作中用上平时积累的语言展开交流，引导学生把语言积累与运用结合起来。因此，我把交流平台与《我们奇妙的世界》进行整合。

2. 合作探究，凸显阅读教学扶放结合。

我重视扶放结合，给学生充足的自主学习、小组合作时间。《我们奇妙的世界》是本单元的第一篇课文，所以，我在学习天空的珍藏时采用带领学生去学习的教学方法，帮助学生习得方法，学习大地的珍藏时就放手让学生自主学习了。

3. 开展语文实践，提升学生语文素养。

针对课文的语言特点，我在教学中安排了多次仿说和仿写训练，目的是学习文中的表达方法，提升学生把事物写清楚的能力。这是对课文语言的延伸，也是学生表达的需要，加深对课文理解的同时提升了语文素养。

（指导教师：北京市平谷区教育研修中心 李新会）

第六册　第七单元《我们奇妙的世界》

刘淑丽

教学单元基本信息			
姓名	刘淑丽	单位	北京市平谷区第六小学
年级	三年级	单元	下册第七单元
单元主题			寻奥秘　善表达

单元指导思想与理论依据

建构主义认为，学习是建构内在的心理表征的过程，学习者并不是把知识从外界搬到记忆中，而是以已有的经验为基础，通过与外界的相互作用来建构新的理解。学习是一个学生通过自主活动主动构建知识意义的过程。学生是自己知识意义的构建者，在认知活动中具有主观能动性。生成性的语文课堂是在建构主义理论指导下的语文教学。

单元教学内容及要素分析

统编三年级语文下册第七单元以"寻找天地间奥秘"为人文主题，编排了《我们奇妙的世界》《海底世界》《火烧云》3篇课文。其中前两篇为科学小品文，最后一篇偏向于散文。课文带我们走进了奇妙的世界，潜入了神秘的海底世界，欣赏了绚丽多变的火烧云。这些世界上各种未知，无不吸引着我们不断地探索和发现，也呼应了本单元"寻奥秘善表达"的主题。

本单元的语文要素是"了解课文是从哪几个方面把事物写清楚的"。这是继三年级上册，学生学会把握文中的中心句，进而去理解文章的主要内容后，提出的更高的要求，学会把握文章是从哪几方面展开写的。精读课文的课后题和略读课文的学习提示，都是引导学生要学会思考分析文章由哪几方面组成的。

单元教学目标

1. 通过内容情节的学习，激发学生热爱自然的情感。
2. 通过结构形式的学习，了解文章是从哪几个方面把事物写清楚的。（总分结构）
3. 对各种信息进行提取，初步学习整合信息，从多方面介绍一种事物。
4. 感受自然之美和自然之奇，培养学生探索自然奥秘的精神。

单元教学结构

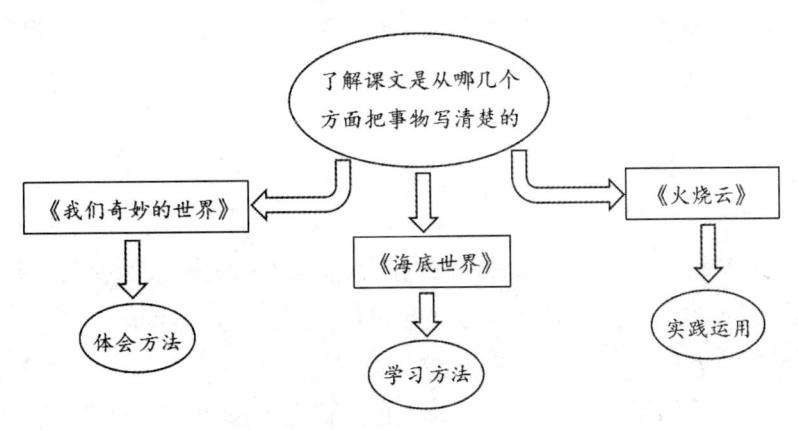

图 1　单元教学结构图

课题	22 我们奇妙的世界
课时	第 2 课时
课型	新授课☑　精读或略读指导□　口语交际课□　专题复习课□ 习作指导或讲评□　学科实践活动课□　其他□

课时教学内容分析

《我们奇妙的世界》是第七单元的第一篇文章，作者是英国的彼得·西摩。全文围绕"这是一个奇妙的世界，一切看上去都是有生命的"这个关键句，从天空和大地两个方面写出了这个世界很奇妙。两个部分既有相似之处，也有不同。相似之处是两部分都有一个总起句，都是按照时间顺序来写的，不同之处是一部分按照一天的时间来写，一部分按照四季的顺序来写。文章首尾呼应，使作者对大自然的热爱之情表达得更加强烈。本篇课文的最大特色是文章的语言，每一个自然段都很简短，大多数段落只有一句话，但是却充满诗意和画面感。

学习者分析

三年级学生对大自然的奥秘充满了探索的欲望，因而他们对本课内容比较感兴趣。教师通过生动有趣的课堂教学，引领学生走进课文，走进大自然，感知大自然，感知文意，体会情感。针对本班学生的学习特点，对于本文抓关键词感悟世界的奇妙，比较容易达成。但是在深入体会语句以及本文背后的情感仍有难度，因此需要教师加以启发，引领点拨。

课时教学目标

1. 有感情地朗读课文。理解课文内容，能说出课文是从哪些方面写出天空和大地的奇妙的，体会文章蕴含的思想感情。（教学重难点）
2. 学习作者按一定顺序抓住事物特点描写的方法。
3. 能结合生活经验，理解"一切看上去都是有生命的"。仿照例句，写一写自己发现的普通而美好的事物。（教学重难点）

学习评价设计

表2　学习效果评价表（自评和组内相互评价）

评价内容	评价标准（程度）				选项
	很好A（3分）	较好B（2分）	一般C（1分）	有待提高D(0分)	
兴趣	非常主动、积极地参与课堂学习，感到非常高兴。	能主动、积极地参与课堂学习，感到高兴。	能参与到课堂学习中。	在课堂学习中感到没有获得快乐。	
知识掌握	对本节课的知识能够完全掌握，对文章内容理解深刻。	能基本掌握本课知识，理解文章内容。	对本课知识掌握一部分，了解文章内容。	不能掌握所学知识，文章内容没有读懂。	

续表

评价内容	评价标准（程度）				选项
	很好A（3分）	较好B（2分）	一般C（1分）	有待提高D（0分）	
小组合作	积极参与小组活动，能在小组中充分发表见解。	能参与小组活动，能在小组中发表见解。	在其他小组其他同学的带动下发表见解。	在小组中不愿意发言或不能和伙伴友好相处。	
自信	学习的主动性、积极性非常高，非常有自信心。	学习的主动性、积极性比较高，比较有自信心。	学习的主动性、积极性一般，有自信心。	学习的主动性、积极性不高，自信心不足。	
满意度	完全达到自己的预期目标，获得了成功的体验。	达到了自己的预期目标，有一些成功的喜悦。	基本达到了自己预期的目标，有一些成功体验。	与自己的预期目标还有一定的差距。	
总分					

教学活动设计

一、读全文，谈印象，引奇妙

（一）相互交流，回顾全文

引导学生交流上节课所学的内容，发现课文中奇妙的世界是从天空和大地两部分来写的。教师板书：天空　大地

（二）朗读课文，引入奇妙

朗读课文，用自己的话说一说，文中的事物给你留下了什么印象。

【设计意图：通过回忆课文内容，加深学生对课文内容的理解，利用交流第一课时，让学生对世界有直观认识，唤起学生的情感体验，调动学生情绪。】

二、圈重点，理结构，品奇妙

（一）聚焦"一切"，圈出重点

抓住"一切"这个词语，课文中天空和大地珍藏的"一切"没有全部写进课文中，分别写了天空和大地上的哪些珍藏，圈出天空珍藏的事物。

【设计意图：圈画描写的事物，为理清写作顺序做准备。】

（二）思维导图，梳理顺序

1.利用学习单，聚焦奇妙景物。

（1）组内推荐一名代表朗读课文，其余成员认真倾听，边听边圈画描绘的景物，并填写学习单。

（2）小组内讨论，应该用上课文中的哪些要素绘制思维导图。

（3）讨论结束后，组长或组员代表完成思维导图，其他组员协助。

（4）小组内选派一名代表，进行展示汇报。

2. 小组合作学习，教师巡视。

3. 选择一个小组，结合思维导图汇报学习成果。

小组组长：展示小组画的思维导图（抓住了描写的主要景物；按照作者描写的顺序，发现了作者谋篇布局的秘密）。

4. 其他小组自我修改和完善。

通过交流明确："天空"部分按照一天从早到晚的顺序，"大地"部分按照四季的顺序。

【设计意图：在小组合作过程中，不仅理清了课文的顺序，也让学生的自主性得到充分的发挥，在培养学生语文学习能力的同时，又使他们感受到群体的力量和合作的快乐，从而将语文课堂真正地还给学生，使他们成为课堂的主人。】

（三）感悟提升，品味奇妙

1. 抓住"云彩"一词，创设情境。

出示云彩的图片，抓住事物的特点，感受云彩的绚丽多姿和变幻无穷。朗读体会。

2. 抓住词语"水洼"和"映射"，理解并体会。

投影：雨后，我们会看到……映射着我们的脸。

3. 抓住"群星"一词，形成画面。

作者把"群星闪烁"比作"极小的蜡烛在发光"，发现两者的相似之处，让学生体会这样比喻的好处。

4. 发现词语共同的特点，理解"变化"。

小结：色彩、形状等都在变，因为是在"变"，所以就像是有生命的一样。带着体会，尝试朗读。

三、巧合作，探方法，研奇妙

（一）小组合作，总结概括

1. 组内朗读课文第9—17自然段。

2. 思考：在大地这个奇妙的世界里，从哪里能感受到生命的力量，圈画出相应的词语或句子。

3. 组内交流圈画之处，互相补充，并由小组组长进行总结概括。

（二）自主学习，研读奇妙

1. 聚焦大地的"五彩缤纷"。

出示水果诱人的句子，仔细阅读，并谈谈自己的发现。教师拓展表示颜色多的四字词语。（五彩缤纷、五颜六色、色彩斑斓）

2. 聚焦大地的"形态万千"。

（1）冬天，我们看到了房檐上垂下的冰柱，很尖很亮。等到积雪融化，从房檐上落下的小水滴，亮亮的，圆圆的。

（2）课文原话：冬天，我们看到了房檐上垂下的冰柱，它们好像……

3. 自读，让学生思考并指出自己喜欢的句子，并想象眼前会看到的景物。

（看到了冰柱的锋利，看到了水珠的晶莹剔透）指导学生朗读好比喻句。

小结：我们先要有"美的发现"，然后再用美的方式来表达，我们可以从多个方面进行表达，事物就会写得更清楚，眼中奇妙的世界不知不觉就呈现在大家面前。

四、建联系，善表达，写奇妙

（一）联系生活，练习表达

1. 配乐播放一组表现美好事物的图片，让学生发现现实生活中事物的美妙。

2. 写出眼中的奇妙。

在我们生活的世界，许多看似普通的事物都很美，都很奇妙。苹果树上结了一个个红红的果实，就像给树挂上了小灯笼；天牛头顶着两个长触角，活像戏台上的武将……试着说一说生活中看到的奇妙事物，想一想它们的颜色、形态等。

（二）自主写话，集体展示

通过组内的交流，学生把眼中的奇妙事物写下来，进行全班展示。

1. 秋天的银杏叶，近看像一把把小扇子，秋风一吹，在空中像一只只飞舞的蝴蝶。

2. 荷叶上的颗颗小水珠，就像翡翠盘中的一粒粒珍珠，在阳光的照耀下，散发着耀眼的光芒。

（三）全班交流，互相评价

重点评价是否写出事物的美或趣，能用上比喻会更好。

【设计意图：培养学生能随时将观察到的事物写下来，使阅读教学和写作训练有机结合。】

五、明方法，重提升，延奇妙

（一）总结文中奇妙的事物以及学到的方法

（二）诗中发现奇妙事物

出示当代作家班马的诗歌：《我问大自然》，谈谈从诗中发现了什么奇妙的事物，生活中还有哪些奇妙的事物。

板书设计

22. 我们奇妙的世界

天空　　　　　大地

一天的时间　　四季的顺序

多方面　写清楚

作业设计

选择生活中自己觉得最奇妙的事物，写一写。

教学反思与改进

1. 展开自主、真实、开放的语文实践。

《我们奇妙的世界》这篇文章表达条理清晰，我围绕奇妙设计了圈画词语、想象说句子、放手自读、小组合作、仿写句子等学生自主、开放的学习活动，整个课堂在学生的主动探究、同伴的合作交流、自主写作实践中完成学习积累语言，感受语言的张力。但由于对时间的把控不足，前期的预设不到位，部分学生并没有表达充分，应和其他环节进行协调，给出学生更多的表达时间。

2. 构建"读——品——诵"相结合的语文课堂。

本课立足诵读，是基于核心素养的教学，因此我在教学中主要以"读"为主，从第一课时的初读，到第二课时的精读、品读，层层深入，逐步培养孩子们的想象能力和口语表达能力，体会作者热爱自然的情感。在读的过程中，借助图片，引导学生把握课文脉络，领悟作者按照时间顺序、抓住事物特点等的写作方法，然后对学生进行写作指导。

（指导教师：北京市平谷区教育研修中心 李新会）

第七册　第三单元《古诗三首》

靳桂香

教学单元基本信息			
姓名	靳桂香	单位	首都师范大学附属顺义实验小学
年级	四年级	单元	上册第三单元
单元主题		处处留心皆学问，生动准确做文章	

单元指导思想与理论依据

苏霍姆林斯基说："观察是智慧最重要的能源。"部编教材四年级上册第三单元"体会文章准确生动的表达，感受作者连续细致的观察"与之相契合。本设计以《义务教育语文课程标准（2011年版）》（以下简称《课标》）为依据，指导学生从文本出发，通过感受作者丰富的、多角度观察的方法，在阅读实践中体会基于细致持续观察的表达是生动和准确的，从而培养学生的观察意识和观察能力，实现《课标》提出的"观察周围世界，能不拘形式地写下自己的见闻、感受和想象"的习作教学目标。

单元教学内容及要素分析

本单元围绕"处处留心皆学问"这一人文主题，编排了《古诗三首》《爬山虎的脚》《蟋蟀的住宅》三篇精读课文。通过阅读会发现，这三篇精美的课文是基于对自然界动物、植物的认真细致持续的观察，通过作者生动准确的描写呈现出"皆学问"的意味。《古诗三首》是本单元首篇课文，通过三首古诗，学习者明确了观察的时间可以是持续动态的（《暮江吟》）、观察的角度可以是多方位的（《题西林壁》）、观察的对象是可参照可比较的（《雪梅》），为整个单元的学习明确了学习的重点和方向，此为编者匠心所在。《爬山虎的脚》一文不仅有细致的观察和准确形象的语言供学习者学习，还在课后"资料袋"给出观察记录工具——"图文结合法"和"表格记录法"，为本单元习作要素"进行连续观察，学写观察日记"的落实提供了抓手，同时也意味着"观察日记"长时作业需在此课布置。《蟋蟀的住宅》在延续以上学习要素的同时，通过"阅读链接"中燕子筑巢的过程可以和蟋蟀建造住宅形成关联阅读，给学习者提供了更加广泛的阅读空间和阅读视角，有目的地引导学生运用单元首课学到的多视角观察、比较观察等进一步落实阅读要素"体会文章准确生动的表达，感受作者连续细致的观察"。整个单元的课文与读写要素浑然一体，前后勾连，相辅相成。

本单元的阅读要素是"体会文章准确生动的表达，感受作者连续细致的观察"。经过梳理发现，第一学段二上第五单元有"感受和体会课文语言表达多样性"的要求；三上第五单元的要求为"感受课文生动的语言，积累喜欢的语句"；三下第一单元的要求为"一边读一边想象画面，体会优美生动的语句"。至此，在阅读中体会表达的要求就非常具体且逐渐聚焦于"生动、优美"了。至本单元，就循序渐进为"体会准确生动"的表达，且在高学段提出了更加具体的要求，就是学习动静结合的语言之美。

本单元的习作要素是"进行连续细致观察，学写观察日记"。在表达要素的进阶设置上，如下所示：

表1 "学会观察"要素进阶表

年级	三上（第五单元）	三下（第一单元）	三下（第四单元）	四上（第三单元）
话题	我们眼中的缤纷世界	我的植物朋友	我做了一项小实验	写观察日记
要素	仔细观察，把观察所得写下来。	试着把观察到的事物写清楚。	观察事物变化，把实验过程写清楚。	进行连续细致观察，学写观察日记。

由以上分析可见，本单元习作要求是递进式的："把观察所得写下来——把观察之物写清楚——把观察之物的变化和观察过程写清楚——连续细致观察并写下发现、想法和心情"，对学生写作能力的要求越来越具体。

单元教学目标

1.认识22个生字，读准2个多音字，会写38个字，会写32个词语。

2.通过有感情地朗读课文，感知作者笔下所写之物的特点，体会文章准确生动的表达，感受作者连续细致的观察。

3.能结合阅读体验，通过种植（养殖）连续细致观察事物，运用恰当的观察方法使用记录工具做好观察记录，养成连续细致观察的习惯，能够交流观察体会，会写观察日记。

4.通过亲子、师生共读《昆虫记》，展开阅读讨论，全面感受作者崇真求实的科学研究精神和丰富的观察视角与方法，促使学生养成主动观察、善于观察、热爱科学、热爱生活的习惯与品格。

单元教学结构

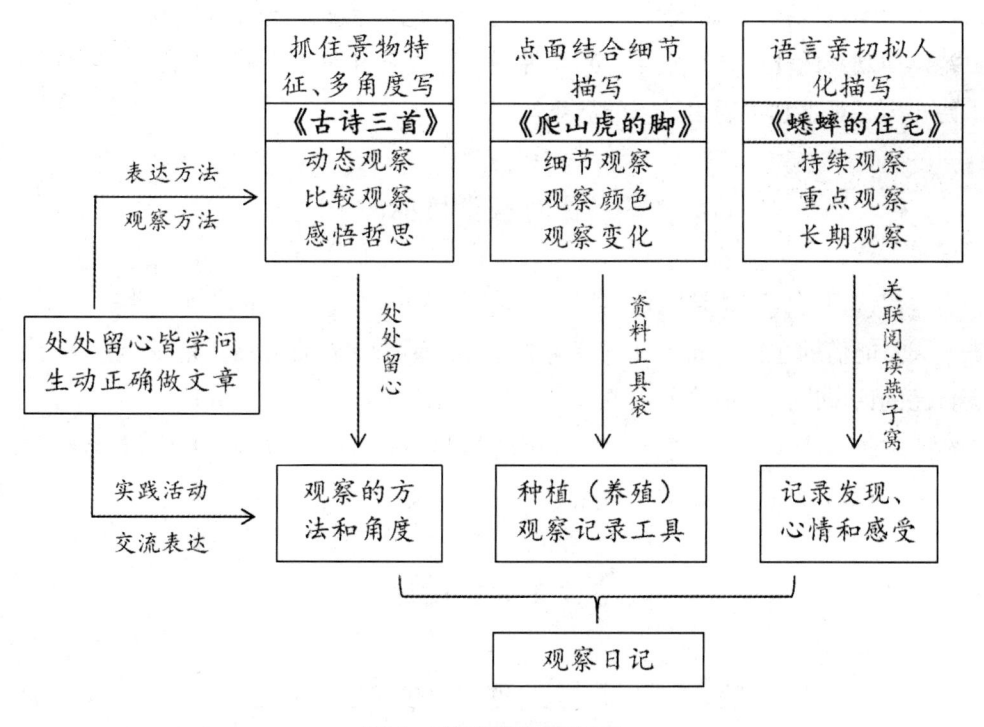

图1 单元教学结构图

课题	9 古诗三首
课时	第2课时
课型	新授课☑ 精读或略读指导☐ 口语交际课☐ 专题复习课☐ 习作指导或讲评☐ 学科实践活动课☐ 其他☐

课时教学内容分析

本单元中的三首古诗：白居易的《暮江吟》、苏轼的《题西林壁》和卢钺的《雪梅》。无论是景的描绘，还是理的揭示，都是作者细心观察和发现之所得。诗中的每一种景物，都是诗人观察到的；每一种景物美妙的情态，都是诗人发现的。从观察到发现，体现了诗人对美的敏感；从发现到写进诗句，是诗人创造的艺术之美。

学习者分析

学生已具备初步的学习古诗的能力，但是对事物缺乏有意识地仔细观察、持续地观察的体验，导致学生对本课古诗的理解和感悟不够充分，也难以把握诗句与"观察和生动表达"的联系。

课时教学目标

1. 认识"暮""瑟"等生字。有感情地朗诵古诗，背诵古诗，默写古诗。
2. 能借助注释、插图理解诗句的意思，感悟诗人的情感；能展开想象，用自己的话说出诗句描绘的景象。（教学重难点）
3. 领会诗人善于观察事物，从而感悟哲理的过程与方法，养成留心观察事物的意识与习惯。（教学重难点）

学习评价设计

表 2　古诗讲解评价表

古诗讲解评价表			
评价等级	自我评价	同学评价	教师评价
A. 能借助注释、插图讲解诗句的意思，能说出景物特征，有联想和想象，语言生动、优美、流畅。 B. 能借助注释、插图讲解诗句的意思，能说出景物特征，语言流畅。 C. 能借助注释、插图讲解诗句的意思，语言流畅。			
评语			

教学活动设计

一、导言引课，明确学习重点

（一）导言：古诗词不但能够带着我们领略古人眼中的大千世界，更展现了诗人观察自然的方法和情怀。就让我们走进本课古诗，继续跟着诗人学观察。

（二）朗读古诗，激励自主探究

1. 教师提问，细读古诗以后，结合本单元"处处留心皆学问"的人文主题，你有什么发现？

2. 学生合作学习，交流，对自然细致的、持续的、多角度的观察是诗人进行创作的基础。

【设计意图：结合人文主题对本单元学习重点理解与把握，明确学习重点。】

二、自主阅读，学习《暮江吟》

（一）品读诗歌解诗意

1. 自由朗读《暮江吟》，尤其要读准"暮"和"吟"。

2. 仔细默读每一句古诗，用笔圈画出描写景物的词，想一想：它们构成了一幅怎样的画面？

3. 指名朗读古诗，说一说：你从这首诗中发现了什么？

4. 教师以问题为导向引导学生边读边想象诗句画面，结合作者创作背景，组织学生在小组内用自己的话解读诗意并互评。

【设计意图：学生运用已知理解诗句意思。】

（二）跟着诗人学观察和表达

1. 教师提问：结合诗中的景物描写，说一说你和诗人一起欣赏到了哪些美景。

学生抓住诗中的"残阳""露""月"等景物描写，感受诗人观察的视角和连续描写的方法。

2. 教师提问：将诗中的"铺"改为"照"好不好？为什么？

结合"铺"发音的特点和具有"展开"的意思，突出了夕阳余晖铺展的画面感进行体会。

3. "一切景语皆情语"，诗人对自然景物有敏锐的观察力，你还能举出有关的诗词吗？

【设计意图：落实"细心观察"的阅读要素，引导学生学习观察的方法和

生动地表达，迁移运用，积累同题材古诗。】

三、运用已学，解读诗意

（一）聚焦难解之处，引导理解

《题西林壁》中的"题"揭示了诗人的创作背景，同学交流，同时了解题诗的风格特点；《雪梅》中"梅雪争春"的内涵可以理解为是争占春天的美景。

（二）合作学习，想象并描述

学生结成两人共学小组，使用古诗讲解评价表，互相讲解诗意并给予评价，运用所学，边想象画面边运用细致生动的语言，再推荐同伴进行全班分享。

【设计意图：回顾已学，同伴在互评当中解读诗意，增进同伴关系的同时鼓励学生大胆表达。】

四、跟着诗人学观察、学表达

（一）理解诗人观点

教师提问：细读诗歌，作者分别从什么角度写这两首诗的，你发现了吗？

引导学生抓住"不识庐山真面目""骚人阁笔费评章"等句，理解诗人表达了难以看到事物全貌和事物各有所长的观点。

（二）体会诗人观察的方法和表达的生动

1.教师指导学生画出表明诗人观察角度的词语。

预设：抓住诗中"横看""侧""远近高低""山中"等词感悟诗人写庐山的多方位视角，看到了不一样的庐山之美，体会诗歌跳出局部从整体看待事物的深刻哲理。

可相机引入成语故事"盲人摸象"作为学习支架助学生理解。

2.学生品读《雪梅》，表演"梅""雪"争春时的对话。

学生角色扮演，抓住梅逊色于雪的白，雪输于梅的香进行据理力争，说出作为雪或者梅的优势，以此来体会作者抓住事物不同特点进行生动描写的方法。

（三）学习拓展

1.教师出示王安石的《梅花》，韩愈的《春雪》作为拓展阅读，引导学生关联阅读，体会诗人抓住两个事物特征进行比较的写法，领悟多元灵活的观察视角和准确的表达。

2.学生合作交流，联系自己实际，写出生活中观察到的具有相似特征的两样事物。

如：花和蝴蝶、柳絮和雪等。

【设计意图：学习诗人善于观察有相似特征的事物，学习生动地表达。】

五、小结

教师结语：细心地观察生活能让我们拥有发现美的眼睛，发现美能让我们感受生活的诗意，一边读诗一边踏上寻美之旅。

板书设计

古诗三首

《暮江吟》：沉浸美景，持续观察 ⎫ 观察景物
《题西林壁》：身在庐山中，多角度观察 ⎬ 喻理于景
《雪梅》：各有所长，比较观察 ⎭ 生动表达

作业设计

1. 搜集体现细致观察的古诗两首，用正楷工整地写在书法纸上。
2. 观察生活中具有相似特点的事物，仿照学过的诗歌写一首现代诗。

教学反思与改进

在本课的教学中，引导学生抓住诗中景物特征借助想象感受诗歌意境美、画面美的同时落实单元阅读要素；合作交流诗歌意思并进行互评，引导学生通过口语表达不断体悟诗人的观察之精微、表达之生动，为后续学习做好铺垫。教学中虽然力求关注每位学生，试图体现多元评价，但评价方式仍有待丰富。评价量规的制定让学生有了练习表达的依据，学生表达的条理性、层次性、完整性都有所提升。今后应结合学生实际情况，让学生充分预学，了解诗人的创作背景并通过诗词积累小卡片等形式激活背景知识，加强对重点信息的筛选与整理，深化对诗词的理解和对作者感情的体会，再感受作者基于多角度多样的观察从而进行创作的思维过程与方法。

（指导教师：首都师范大学附属顺义实验小学 张杰）

第七册　　第四单元《盘古开天地》

王琦

教学单元基本信息			
姓名	王琦	单位	北京市京源学校
年级	四年级	单元	上册第四单元
单元主题	神话故事		

单元指导思想与理论依据

《义务教育语文课程标准（2011年版）》（以下简称《课标》）对第二学段的阅读要求之一是"能复述叙事性作品的大意，初步感受作品中生动的形象和优美的语言，关心作品中人物的命运和喜怒哀乐，与他人交流自己的阅读感受。"神话作品情节生动，人物形象鲜明，甚至富有传奇色彩，符合八九岁学生喜欢思考、喜欢挑战的年龄特点。在拥有了第一学段读童话寓言的经验后，学生通过神话的阅读，可以学会把握故事框架，用自己的语言将故事复述出来。此外，神话的讲述方式和语言特点还会影响学生的口语交际能力，教师可以采用不同的形式锻炼学生的语言表达能力。

单元教学内容及要素分析

本单元是教材第三次以文体组织单元。编排《盘古开天地》《精卫填海》《普罗米修斯》三篇精读课文，和《女娲补天》一篇略读课文，其中《精卫填海》是文言文。学生可以从这些经典作品中体会古代劳动人民对自然、对世界的独特理解和神奇想象，还能感受故事中鲜明的人物形象。

教材纵向分析：

本单元阅读要素是"了解故事的起因、经过、结果，学习把握文章的主要内容。""感受神话中神奇的想象和鲜明的人物形象。"基于单元整体教学的理念，现分析本课教学在整个教材体系以及本单元教学中所处的位置。

1. 纵向关联。

阅读要素一：了解故事的起因、经过、结果，学习把握文章的主要内容。

表1　关于"把握文章主要内容"的要素梳理表

册次	单元	语文要素
四上	第四单元	了解故事的起因、经过、结果，学习把握文章的主要内容
四上	第七单元	关注人物和事件，学习把握文章的主要内容
四下	第六单元	学习怎样把握长文章的主要内容
五上	第八单元	根据要求梳理信息，把握内容要点

这一阅读要素是在《课标》第二学段开始提出的，四上第四、第七单元，四下第六单元及五上第八单元，教给了学生不同的概括文章主要内容的方法。本单元的方法是其中最基础的方法，主要适用于篇幅不长且为一件事的叙事性作品，能够为四上第五单元按起因、经过、结果的顺序把一件事写清楚打下基础。

阅读要素二：感受神话中神奇的想象和鲜明的人物形象。

统编教材中设计的文体单元，引导学生了解基本文体特点，学生虽然在二年级下册就学过了《羿射九日》的故事，但是对于神话故事的特点并不是十分了解。本单元在教学过程中要引导学生从不同方面了解神话的特点。

2. 横向关联：明确单元板块要点。

表2　单元内课后思考题归纳表

课文	课后要求
《盘古开天地》	1. 边读边想象画面，说说你心中的盘古是什么样的。 2. 从课文中找出你认为神奇的地方，说说盘古开天地的过程。 选做：课后收集中国的神话故事读一读，然后讲给同学听。
《精卫填海》	1. 正确流利地朗读课文。背诵课文。 2. 结合注释，用自己的话讲讲精卫填海的故事。 3. 精卫给你留下了怎样的印象？和同学交流。
《普罗米修斯》	1. 朗读课文，注意读好众神的名字。 2. 按照起因、经过、结果的顺序，讲一讲普罗米修斯"盗"火的故事。 3. 故事中哪个情节触动了你？和同学交流。
《女娲补天》	默读课文，讲讲故事的起因、经过、结果。发挥自己的想象，试着把女娲从各地找来的五种颜色的石头的过程说清楚、说生动。

续表

课文	课后要求
习作	我们看过很多神话和童话，里面的人物有的本领高强、爱憎分明，你了解他们吗？喜欢他们吗？如果有机会和他们中的某一位过上一天，你会选择谁？你们会一起去哪里？会做些什么？会发生什么？
交流平台	交流对神话的认识。
词句段运用	积累"腾云驾雾"等8个词，并能联想到相关的人物或故事。读句子，能感受神奇的想象，并说出其他神话故事中神奇的地方。
日积月累	朗读背诵《嫦娥》。
快乐读书吧	阅读中国神话和世界神话。

本单元每个课后练习的设计都在为达成本单元的阅读要素的要求服务。4篇课文运用多种形式引导学生感受神话神奇的想象和鲜明的人物形象。"交流平台"引导学生总结、梳理神话特点，并在"语文园地"的"词句段运用"中予以强化。

习作与课文内容联结紧密。引导学生运用多种形式感受神话人物形象可为本次习作提供帮助。本单元还编排了"快乐读书吧"，引导学生进入更广阔的神话世界，进一步激发学生阅读神话的兴趣。

单元教学目标

1. 认识本单元30个生字，会写32个生字。理解"混沌、悲伤、精疲力竭"等词语。学习与"花"有关的8个词语，认识"皿"等10个生字。积累"腾云驾雾"等8个词语，能联想到相关的人物或故事。

2. 能正确流利地朗读课文。背诵《精卫填海》、古诗《嫦娥》。

3. 能了解故事的起因、经过、结果，把故事讲完整、讲具体、讲鲜活；抓住描写人物动作、环境等的关键词语感受神话中神奇的想象和鲜明的人物形象。

4. 能选择一个自己喜欢的神话或童话人物，围绕"我和（　　）过一天"展开想象，写一个故事，并能根据同学的意见修改习作，誊写清楚。

5. 能产生阅读中外神话故事的兴趣，了解故事内容，感受阅读神话故事的快乐，乐于与大家分享课外阅读的成果。

单元教学结构

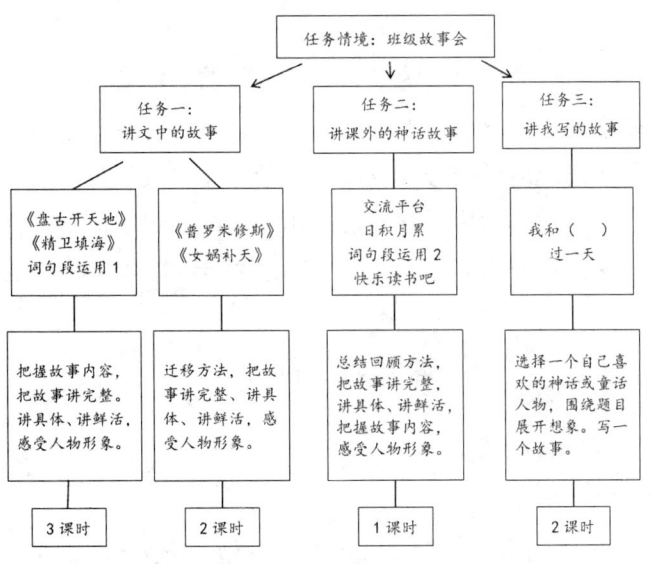

```
                    任务情境：班级故事会
         ↙                  ↓                  ↘
   任务一：            任务二：            任务三：
  讲文中的故事      讲课外的神话故事      讲我写的故事
    ↙    ↘               ↓                  ↓
《盘古开天地》  《普罗米修斯》   交流平台         我和（  ）
《精卫填海》    《女娲补天》    日积月累          过一天
词句段运用1                   词句段运用2
                              快乐读书吧
    ↓          ↓              ↓                ↓
把握故事内容， 迁移方法，把故  总结回顾方法，   选择一个自己喜
把故事讲完整。 事讲完整、讲具  讲故事、讲具    欢的神话或童话
讲具体、讲鲜活，体、讲鲜活，感  体、讲鲜活，把  人物，围绕题目
感受人物形象。 受人物形象。    握故事内容，    展开想象，写一
                              感受人物形象。   个故事。
    ↓          ↓              ↓                ↓
   3课时       2课时           1课时            2课时
```

图1 单元教学结构图

本单元的主题设计为"读神话讲故事"，将读故事、讲故事、写故事贯穿整个教学活动，以感受故事的神奇，写出神奇的情节为学习主线，循序渐进地提升学生能力，带领学生感受神话的文体特点。整个单元的教学以3个大活动贯穿，目的明确，将课内外阅读、习作有机地整合到一起。

课题	12 盘古开天地
课时	第2课时
课型	新授课☑ 精读或略读指导☐ 口语交际课☐ 专题复习课☐ 习作指导或讲评☐ 学科实践活动课☐ 其他☐

课时教学内容分析

《盘古开天地》这篇课文主要讲述了伟大的创世者盘古，用神奇的力量开辟了天地、将自己的身躯化成世间万物，最终创造出了生机勃勃的世界。课文"化身万物"这一部分，巧妙地利用语言文字和标点符号激发小读者的想象，既符合四年级学生的认知和理解水平，又形容得生动贴切。

本课为《盘古开天地》的第2课时，在第1课时中，学生在教师的引导下学习了生字词语，读通了课文，明白了插图和自然段的联系，初步读懂了每个自然段的内容。

学习者分析

四年级的小学生以形象思维为主,具有很强的模仿能力,对外界有着强烈的好奇心,还处于由形象思维向抽象思维发展,由模仿性想象向创造性想象发展的过程中,总体来说他们的心理发展还处于过渡阶段。神话中的虚构和幻想正好适合想象力丰富的小学生。学生在三年级已经学习了借助表格或关键词把故事讲完整的方法,对于如何把故事讲鲜活是本节课需要突破的难点。

课时教学目标

1. 认识"劈、浊"等7个生字,会写"翻、劈"等13个生字,会写"黑乎乎"等12个词语。
2. 通过想象朗读品味语言,初步感受神话故事的神奇魅力和故事叙述方式的独特魅力,激发对神话这一特殊文学样式的浓厚兴趣。(教学重点)
3. 能借助插图把握文章内容,在老师的引导下把故事讲完整、讲具体、讲鲜活。(教学重难点)
4. 交流对盘古的感受,体会盘古的伟大与无私。(教学难点)

学习评价设计

1. 默读课文,填写表格。

表3 故事内容学习单

盘古的身体	发生的变化	我的发现
气息		
声音		
眼睛		
肌肤		
四肢和躯干		
血液		
汗毛		
汗水		
……		

2. 盘古的身体还会变成什么？填写在空白表格中。

3. 同桌互相讲一讲《盘古开天地》的故事，让同桌评一评。

表 4 讲故事评价标准

声音很洪亮	是（　　）否（　　）
能把故事讲具体	是（　　）否（　　）
讲的故事内容令人感到神奇	是（　　）否（　　）

教学活动设计

一、复习字词，导入新课

（一）复习词语，引导朗读

出示词语：

fān shēn　　pī kāi　　chēng kāi　　lèi dǎo
翻身　　劈开　　撑开　　累倒

jīng pí lì jié　　sì zhī　　qū gàn　　xuè yè
精疲力竭　　四肢　　躯干　　血液

请同学们读一读这些词语，读准字音，认清字形。

（二）聚焦

今天，我们来讲一讲"盘古开天地"这个故事。

【设计意图：回顾词语，了解本课学习重点，有的放矢地学习。】

二、把故事讲完整

（一）列表题

读一读课文，找到与插图相应的段落，并给每幅插图起个名字。

学生尝试把文章内容与插图内容进行对应，根据盘古所做的事给插图取名字，比如沉睡、开天辟地、顶天立地、化身万物。

（二）讲故事

结合插图名字，按照顺序试着讲一讲这个故事。

学生结合插图的名字，借助书中表示时间顺序的词语——"很久很久以前、有一天、天和地分开后、又过了一万八千年、盘古倒下以后"，有序讲述故事。

【设计意图：借助插图，建立图文之间的联系，初步提炼完整信息。】

三、把故事讲具体

（一）图文关联把故事讲具体

再读课文，在文章中画出与插图相应的内容。

（二）抓重点词语想象画面，把故事讲具体

想象画面，把你认为最神奇之处说一说。学生阅读课文，找到认为神奇的地方，通过想象画面进一步感受神奇，与同学交流自己的感受。

（三）借助表格把故事讲具体

同学们，你能用文章讲一讲这些插图表示的故事吗？

1. 播放音频，提供范例。

学生听音频，模仿范例中讲故事的语气练习讲故事。

2. 出示表格，合理想象。

盘古的身体发生了哪些变化？想象远古先民们看到的是怎样的画面，借助表格来说一说。

盘古	世界
气息	
声音	
眼睛	
肌肤	
四肢和躯干	
血液	
汗毛	
汗水	
……	

3. 补白想象，把故事讲具体。

出示资料，丰富表达。

你们能不能发挥想象把这个故事讲得更具体呢？看看我们的先人是怎样想象的。

> 气成云，声为雷霆，左眼为日，右眼为月，四肢五体为四极五岳，血液为江河，筋脉为地理，肌肉为田土，发髭为星辰。皮毛为草木，齿骨为金石，精髓为珠玉，汗流为雨泽，身为诸虫，因风所感，化为黎甿。

【设计意图：在建立图文之间联系的基础上，理解语言，想象画面，进行语言的建构与运用，把故事讲具体。】

四、把故事讲鲜活

除了书上的这四幅插图，我们想象一下，在它们之间，还可以插入哪些画面让这个故事变得更加鲜活？学生添加插图，如盘古觉醒图、寻找工具图、风雨交加图、轰然倒下图等。加入这样的画面讲述故事，可让故事内容更鲜活。

五、评人物，识神话

（一）评人物

在讲故事的时候，你的心中是否已经有了盘古的形象？能和大家交流一下吗？

学生根据故事内容评价盘古给自己留下的印象，如力大无穷、神通广大、造福百姓、无私奉献、敢于开创等。

（二）识神话

1.猜一猜，最早讲这个故事的人是谁？他为什么要讲这个故事？学生猜想神话的起源。

2.找一找，下面的哪个神话与《盘古开天地》有相同之处？学生了解创世神话的特点。

出示PPT

《女娲造人》　　　　《神笔马良》

《夸父逐日》　　　　《八仙过海》

3.填写句子，了解神话起源。

出示PPT

面对高山大海、日月星辰，先人们用 ＿＿＿＿＿＿＿＿ 来解释这一切。

面对太阳的东沉西落，先人们用 ＿＿＿＿＿＿＿＿ 来解释这一现象。

面对我们人类自己，先人们用 ＿＿＿＿＿＿＿＿ 来解释人类的起源。

4.人们会在什么样的场景讲述神话呢？远古时代，宗教首领或者是部落首领，他们会静坐在神殿、议事厅等庄重而神圣的地方把神话故事讲给大家听。

【设计意图：在整体感知、理解、表达之后，对人物有了充分的认识，尝试进行评价人物。通过猜一猜、找一找，读写结合，渗透创世神话的特征，引导学生理解与传承中华传统文化。】

六、回顾总结

（一）总结

我们是怎样把这个故事讲完整、讲具体、讲鲜活的呢？学生借助课件回顾讲好神话故事的方法。学生总结方法，我们要借助书中的插图，借助书中语句和关键词，适当展开想象，把故事讲好。

（二）出示PPT

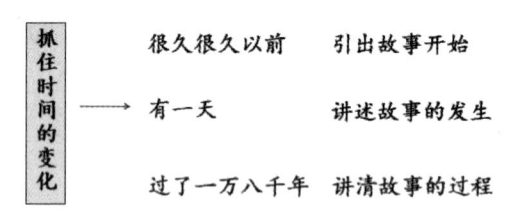

抓住时间的变化 ⟶ 很久很久以前　引出故事开始
　　　　　　　　　 有一天　　　　讲述故事的发生
　　　　　　　　　 过了一万八千年　讲清故事的过程

我们要按时间的变化讲清楚故事的开始、发生和过程。

【设计意图：反思重构知识，在整节课完成之后，引导学生反思提炼学习方法，形成能力。】

板书设计

盘古开天地

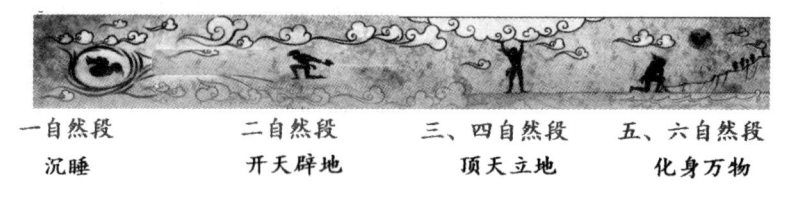

一自然段	二自然段	三、四自然段	五、六自然段
沉睡	开天辟地	顶天立地	化身万物

作业设计

1. 把《盘古开天地》这个故事讲给家人听。
2. 预习《精卫填海》。

教学反思与改进

1. 在潜移默化中培养"文化传承与理解"素养。

《盘古开天地》是一篇创世神话，在本节课的教学中渗透了创世神话的概念和特点。学生在教师营造的情境中感受神话的神圣与庄严，在品读中感受先人神奇的想象，与盘古这样一个开天辟地、坚持不懈的人物相遇，在潜移默化中培养"文化传承与理解"素养。

2. 在语言建构中不断提升思维品质。

教学时教师引导学生图文关联，借助插图及文中重点词语把故事讲完整。借助表格，学生提取相关信息，想象远古先民们看到的画面，把故事讲具体。通过插图补白，让这个故事变得更加细致鲜活；最后，在"猜测为什么讲这个故事"及"找一找与盘古开天地相似的神话故事"这两个活动中不断深化对神话的体验。在这几个环节中，活动难度逐渐增加，梯度明显，提高了学生的想象力、创造力及表达能力。学生在语言建构中逐渐提升思维品质。

（指导教师：北京教育学院石景山分院 杨红兵）

第七册　第四单元《普罗米修斯》

王金艳

教学单元基本信息				
姓名	王金艳	单位	北京市顺义区裕龙小学
年级	四年级	单元	上册第4单元
单元主题			神话故事

单元指导思想与理论依据

《义务教育语文课程标准（2011年版）》中提出的第二学段的阅读目标之一是："能复述叙事性作品的大意，初步感受作品中生动的形象和优美的语言，关心作品中人物的命运和喜怒哀乐，与他人交流自己的阅读感受。"神话是叙事文学的源头，对于神话这一类文本，学生应在把握文章主要内容的基础上感受神话中神奇的想象和鲜明的人物形象。

单元教学内容及要素分析

教学内容分析：

四年级上册第四单元以神话组织单元。这是继三年级上册童话单元、三年级下册寓言单元之后，第三次以文体组织单元。本单元编排了《盘古开天地》《精卫填海》《普罗米修斯》三篇精读课文和《女娲补天》一篇略读课文。这些神话是中国古代神话和古希腊神话中的经典，每个故事都富有丰富的人文内涵，可以引发学生多角度思考，体会古代劳动人民对自然、对世界的独特理解和神奇想象，感受故事中鲜明的人物形象。

整个单元在导语中点明要素，在课文中落实语文要素，贯穿方法指导，在"交流平台"梳理总结，进一步提炼方法，在"快乐读书吧"和习作"我和_____过一天"中实践运用。单元编排体现了语文学科的育人功能，注重提升学生的语文素养。

单元要素纵向进阶：

本单元阅读的两个阅读要素："了解故事的起因、经过、结果，学习文章的主要内容。""感受神话中神奇的想象和鲜明的人物形象。"

把握文章主要内容的梯度：

纵观统编版12本教材，有关于阅读要素"把握文章的主要内容"的训练共安排了这样的训练点：由低年级的"借助词句，了解课文内容"到中年级的"了解故事的起因、经过、结果""关注主要人物和事件"，再到高年级的"了解作品梗概，把握名著的主要内容"，循序渐进地引导学生根据不同的文本内容，运用不同的策略方法实现单篇到名著的篇章进阶和复述到评价的思维进阶。

想象的梯度：

关于对学生想象能力的培养，由三年级发挥想象写童话故事，到四年级的创编新故事，再到高年级的创编生活故事以及科幻故事。中年级鼓励学生大胆想象，激发写作兴趣，高年级要求学生合理想象，给学生一定的话题限制，从思维的发散进阶一步步地提升学生的综合性素养。

为了落实"把握文章内容"这一要素，教材这样安排：

《盘古开天地》
结合插图，讲盘古开天地的过程

《精卫填海》
结合注释，用自己的话讲精卫填海的故事

《普罗米修斯》
按起因、经过、结果的顺序讲普罗米修斯"盗"火的故事

《女娲补天》
发挥想象，讲女娲补天的故事

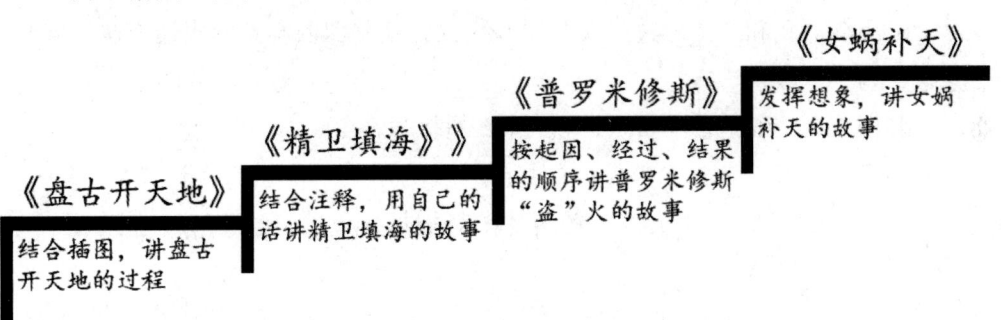

图1 单元课文"把握文章内容"

为了感受神话神奇的想象和鲜明的人物形象，4篇课文运用多种形式引导：

表2 单元课文"感受神奇的想象和鲜明的人物形象"

课文	感受神奇的想象和鲜明的人物形象
《盘古开天地》	边读边想象画面，交流故事中神奇的地方，感受盘古伟岸挺拔和无私奉献的形象。
《精卫填海》	结合注释用自己的话讲述故事，体会故事的神奇，感受精卫坚韧执着的个性。
《普罗米修斯》	交流故事中打动自己的情节，感受主人公为人类幸福不畏强暴、勇敢坚毅的美好品质。

续表

课文	感受神奇的想象和鲜明的人物形象
《女娲补天》	发挥想象讲述女娲从各地捡来五种颜色的石头的过程，感受女娲不怕困难、甘于奉献的品质。

从静态画面到动态情节再到迁移想象。每篇课文依据语文要素相互联系又各有突出。

单元教学目标

1. 认识41个生字，读准2个多音字，会写32个字，会写27个词语。能正确、流利地朗读课文，背诵《精卫填海》。

2. 通过本单元的学习，能了解故事的起因、经过、结果，学习把握文章的主要内容。

3. 感受神话中神奇的想象和鲜明的人物形象。

4. 借助教材的4篇文章，总结神话阅读的基本方法，并自主阅读其他神话故事，深化对神话故事和人物形象的认识。

5. 拓展阅读其他民间故事和神话传说，增强对祖国优秀文化的热爱之情。

6. 围绕"我和_____过一天"展开想象，迁移课内学到的表达方法，展开想象，写一个故事。

其中2、3、6是教学重点，4、5、6是教学难点。

单元教学结构

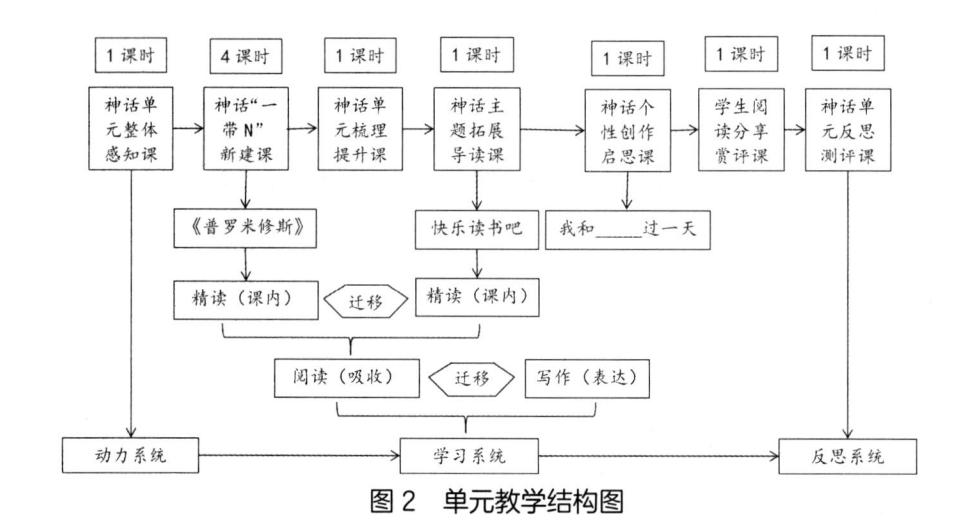

图2 单元教学结构图

课题	14 普罗米修斯
课时	第 2 课时
课型	新授课☑　精读或略读指导□　口语交际课□　专题复习课□ 习作指导或讲评□　学科实践活动课□　其他□

课时教学内容分析

《普罗米修斯》课文承载着通过起因、经过、结果讲述文章主要内容,结合感人情节体会人物品质,提供想象和创造空间训练表达和发展思维的教学任务。

学习者分析

学生对神话故事兴趣浓厚,并有较强的表达欲望。在本课第 1 课时的学习中,学生已经能够按起因、经过、结果的顺序,讲普罗米修斯"盗"火的故事。在这节课,将充分利用学生已有学习经验,让学生通过交流故事中打动自己的情节,感受主人公为人类幸福不畏强暴、勇敢坚毅的美好品格。

课时教学目标

1. 能按起因、经过、结果的顺序讲述故事。(教学重点)
2. 交流最触动自己的情节,感受神话中神奇的想象和鲜明的人物形象。(教学重点)
3. 对比东、西方神话故事,总结、梳理神话的特点。(教学难点)
4. 拓宽视野,感受古代劳动人民的美好愿望和神话的价值。(教学难点)

学习评价设计

表 3　评价表

评价内容	评价方式	评价量规 ★★★★★	评价量规 ★★★
普罗米修斯摇摇头,坚定地回答:"为人类造福有什么错?我可以忍受各种痛苦,但决不会承认错误,更不会归还火种!"这段话应该怎么读?	互评	朗读时能进入情境,体现普罗米修斯不屈不挠的坚定信念。	能正确流利地朗读,注意人物说话时的情境和语气。

续表

评价内容	评价方式	评价量规 ★★★★★	★★★
1. 想象说话：没有火的日子，人类面临怎样悲惨的生活？没有火，人类只能（　　） 2. 对比想象：自从有了火，人类从（　　）走向（　　）	师评	能结合课本内容以及生活经验进行对比想象写话。用生动形象的句子体现普罗米修斯为民造福，甘于奉献的品格。	能结合课本内容用上形象的形容词进行想象写话。
借助思维导图提示，讲一讲普罗米修斯"盗"火的故事	互评	根据思维导图的提示，按照起因、经过、结果的顺序，在重要情节中赋予恰当的表情和动作，讲故事讲述得生动具体。	根据思维图的提示，抓主要人物做的事，用简洁的词语概括，按照顺序说完整故事。

教学活动设计

一、立足整体，理结构

（一）说一说

试着抓住课文中的主要人物，简要说一说人物之间分别发生了什么事。

（二）讲一讲

请你用自己的话按照起因、经过、结果的顺序，讲一讲普罗米修斯"盗"火的故事。

（提示：抓主要人物做的事，用简洁的词语概括。）

【设计意图：复习巩固是学习的重要环节。学会抓住主要事件的起因、经过、结果进行提炼，概括课文主要内容的方法。】

二、品味想象，感神奇

> 学习提示：默读课文，用"____"画出故事中触动你的情节，想一想，普罗米修斯是一位怎样的天神？试着在文中做批注。

反馈分享：

（一）为民造福

学生可能会聚焦课文第1、2自然段谈感受。

在学生谈到人类没有火的悲惨情景时，引导学生想象：

1. 想象说话。

没有火的日子，人类面临怎样悲惨的生活？

没有火，人类只能（　　　　）。

2. 对比想象。

自从有了火，人类从（　　　　）走向（　　　　）。

接着让学生对比读书上的这两句：

通过朗读这两句话，你感受到什么？

从而让学生感受普罗米修斯为民造福，甘于奉献的品格。

（二）不屈不挠

学生可能抓住课文第6—8自然段谈普罗米修斯遭受的严厉惩罚，教师顺势引导。

1. 锁之牢（课文第6自然段）。

（1）交流体会。

引导抓住"戴着铁环、死死地锁、不能动弹、不能睡觉、风吹雨淋"体会锁身之痛。

（2）想象说话。

他既不能动弹，也不能睡觉，还不能 _____。

他日夜遭受的是 _____ 风，又是 _____ 雨。

适时出示《被缚的普罗米修斯》中这样的描述：

> 他被钉在飞鸟难越的万丈悬崖，烈日暴雨，四处黑暗、寒冷和死静，冰雪像枪一样刺心，锁链冷得咬进骨中，恶鬼利用山摇地震，使岩壁不断裂合，以此来撼动钉着普罗米修斯的钉，增加他的痛苦。

学生配乐朗读后，让学生谈感受。

尽管如此，普罗米修斯就是不向宙斯屈服，决意为民造福。

2. 啄之痛（课文第7自然段）。

当学生结合课文第7自然段词句，谈触动自己的情节时，教师随着学生的发言引导：

（1）联系生活。

你们都打过针、手指也可能被划破过，一定很疼吧！可你的疼痛与普罗米修斯被啄食肝脏的疼痛要相差多少倍？

（2）联系插图。

看课文上的啄食肝脏的画面。白天的时候你看到了什么？晚上你又看到什么？

（3）情感朗读。

这是一种怎样的痛苦呢？把你的感受通过朗读体现出来。

（4）对话小练笔。

学生充分谈理解后，教师引导：也许每次要啄食普罗米修斯的时候，鹫鹰都会恶狠狠地问他一些话……请拿起笔来写一写他们之间的对话。

鹫鹰：_____

普罗米修斯：_____

……

学生汇报交流后，当学生理解到普罗米修斯遭受种种痛苦之后，最后点明其目的就是为人类造福。

3. 情之坚。

学生也可能抓住课文第4—5自然段谈触动自己的情节，教师随着学生的发言引导。

当学生谈到课文第5自然段：

（1）带入情感，学生朗读。

教师引导学生读好"？"和"！"；"有什么错"要读出质问的语气，意思是"根本没有错"。"决不会……更不会……"，要读出坚决的语气。

创设情境，师生朗读。

◆在被铁链加身的时候响起："为人类造福，有什么错？我可以忍受各种痛苦，但决不会承认错误，更不会归还火种！"

◆在被风吹雨淋的痛苦中响起："为人类造福，有什么错？我可以忍受各种痛苦，但决不会承认错误，更不会归还火种！"

◆在被啄食肝脏生不如死的时候响起："为人类造福，有什么错？我可以忍受各种痛苦，但决不会承认错误，更不会归还火种！"

（2）引导学生思考：

普罗米修斯为什么这么坚定地不向宙斯认错，不归还火种？

学生在思考后意识到：是"为人类造福没有错"的坚定信念支撑着普罗米修斯不向宙斯屈服。

【设计意图：通过多种方式让学生在自主探究、品读语言和想象中，进一步感悟普罗米修斯的品质，激发对英雄普罗米修斯的崇敬之情，进而从人物身上汲取力量。】

三、拓展阅读，悟精神

当学生充分抓住关键词句谈触动自己的情节后，教师过渡：

普罗米修斯给人类带来了火种，人类世代享受文明的曙光。除了火种，你认为他还给我们留下了什么？以此启发学生思考，叩问"精神火种"。

（一）拓展阅读，领悟精神火种

1. 诗歌赞美神。

难怪许多诗人颂扬普罗米修斯的伟大英雄精神。

请学生诵读雪莱《普罗米修斯赞歌》。

普罗米修斯赞歌　雪莱

是谁？让漫漫黑夜跳跃希望的火苗？
是谁？让蛮荒时代沐浴文明的曙光？
是谁？甘愿触犯天条也要救人类于水火？
是谁？身受酷刑却无怨无悔？
啊！巨人，是你给人类带来火种，
送来光和热，
送来人类新的纪元！
尽管上天和你蓄意为敌——
高山险峻、铁链加身，
烈日如火、暴雨如注……
但沉重的铁链只能锁住你的躯体，
却怎能锁住那颗坦荡无私的心！
难道仅仅是物质的火种吗？
不，你给予我们的，
是生生不息的精神火种！
勇敢、坚强、博爱、无私，
这就是你——普罗米修斯！

2. 圣火纪念神。

在每届奥运会开幕前，都要举行声势浩大的圣火传递活动，并且火种要从希腊采集，这都是为了纪念普罗米修斯。

（二）对比阅读，感受中西异同

1. 对比阅读"阅读链接"中的《燧人钻木取火》的故事，感受故事中神奇的想象。

2. 这篇古希腊神话和本单元其他两篇神话有什么相同点和异同点？

（三）推荐阅读

推荐阅读《古希腊神话故事》《罗马神话故事》。

推荐语：同学们，要想更多地了解关于普罗米修斯及赫拉克勒斯的情况，课后读读《古希腊神话故事》《罗马神话故事》，它将会使你明白宙斯为何不肯给人类火种，最后宙斯又是如何甘心让赫拉克勒斯将普罗米修斯救走的。

【设计意图：通过课外拓展，学生进一步理解普罗米修斯带来的火种更是一种精神象征，由此搭建神话与现实之间的桥梁，更好地理解主旨。推荐好书，旨在激发学生阅读神话和了解西方文明的期待。】

板书设计

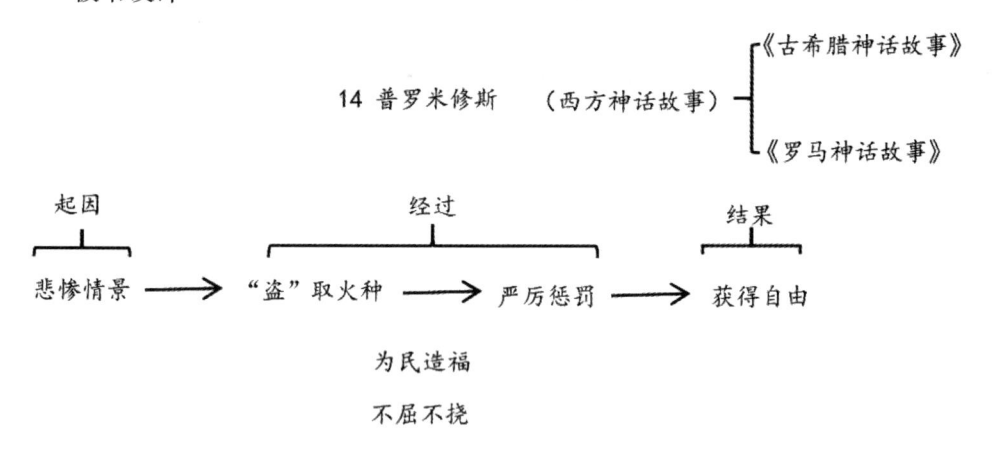

```
                                          ┌《古希腊神话故事》
        14 普罗米修斯  （西方神话故事）─┤
                                          └《罗马神话故事》

    起因              经过                    结果
  ┌──┐         ┌────┴────┐              ┌──┐
  悲惨情景 ──→ "盗"取火种 ──→ 严厉惩罚 ──→ 获得自由
                         为民造福
                         不屈不挠
```

作业设计

1.《普罗米修斯》讲述了西方神话中的天神普罗米修斯从宙斯处"盗"取火种带到人间的故事，《中国神话传说》中也有相似的故事《阏伯盗火》，但具体情节和人物的结局有所不同，同学们可以课下读一读。

2. 拓展阅读《古希腊神话故事》和《罗马神话故事》。

教学反思与改进

在本课中，引导学生通过了解故事的起因、经过、结果把握文章的主要内容；借助想象画面、对比想象、配乐诵读、联系生活、插图、对话练笔等方式感受神话中想象的神奇和人物形象鲜明的特点。课堂中引导学生体会古代劳动人民借用神的故事表达对世界的认识，对比中西方神话中神的不同特点扩大学生的视野，激发学生阅读世界神话故事与传说的兴趣。美中不足的是，由于时间有限，教授的内容略显宽泛，在今后的教学中，应依据学生的生长点适当删减，有效提升学生的知识水平。

（指导教师：北京市顺义区裕龙小学 张海飞）

第七册　第八单元《王戎不取道旁李》

闫继凡

教学单元基本信息				
姓名	闫继凡	单位	北京市通州区东方小学	
年级	四年级	单元	上册第八单元	
单元主题	历史传说故事			

单元指导思想与理论依据

指导思想：

《义务教育语文课程标准（2011年版）》第二学段阅读目标指出"能复述叙事性作品的大意，初步感受作品中生动的形象和优美的语言。"与此相对应的，统编版教材四年级上册第八单元的阅读要素是：了解故事情节，简要复述课文。简要复述有助于提升学生把握课文主要内容的能力，也有利于培养他们的概括能力。

理论依据：

根据学习进行的方式，美国心理学家奥苏伯尔将学习分为接受学习和发现学习。接受学习是指讲授者将学习内容以定论的形式教给学习者，学习者无需主动发现什么，只需将其接收和内化，以便今后可以提取出来进行运用；发现学习则需要学生自己去发现学习的内容并将其内化。根据奥苏伯尔的理论，在学习活动中要将接受学习和发现学习有效结合起来。本单元以学生的发现学习为主，利用认知矛盾，充分激发学生学习的主动性。

单元教学内容及要素分析

一、立足单元整体横向看关联

本单元以"历史传说故事"为主题，编排了《王戎不取道旁李》《西门豹治邺》《故事二则》3篇课文，既有文言文，也有根据古代经典改编的现代文。本单元的语文要素是"了解故事情节，简要复述课文"，习作要求是"写一件事，能写出自己的感受"，话题是"我的心儿怦怦跳"。

表1 单元内容梳理

课题	课后习题（要求）	相关知识点
《王戎不取道旁李》	结合注释，用自己的话讲讲这个故事。	用自己的话讲故事
《西门豹治邺》	根据提示，简要复述课文内容。	简要复述故事
《故事二则》	找出课文中表示故事发展先后顺序的词句，简要复述这两个故事。	按顺序复述故事
口语交际	用卡片提示讲述内容。使用恰当的语气和肢体语言，可以让讲述更生动。	把故事讲生动
习作	写清楚事情的经过和当时的感受。	写出与自己有关的故事

分析本单元各部分的内容不难发现，要素之间相互关联。教师可以通过逐步推动单元语文要素的落实，帮助学生提升复述能力。

二、立足统编教材纵向看递进

整套统编教材中，在不同阶段对学生的复述能力提出了不同的要求。

表2 统编教材中关于复述能力要求的梳理

册别	单元	题材	能力要求
二上	第一单元	大自然的秘密	借助图片，了解课文内容。
二上	第三单元	儿童生活	借助词句，尝试讲述课文内容。
二上	第六单元	伟人	借助词句，了解课文内容。
二上	第八单元	有趣的故事	借助提示，复述课文。
二下	第七单元	改变	借助提示讲故事。
三下	第八单元	有趣的故事	了解故事的主要内容，详细复述故事。
四上	第八单元	历史传说故事	了解故事情节，简要复述课文。
五上	第三单元	民间故事	了解课文内容，创造性地复述故事。

由表2可以看出，本单元的能力要求是在三年级下册详细复述基础上的提

升，要求简要复述课文，进一步提升学生的阅读理解能力，培养概括能力，为五年级所要求的"创造性复述"打好基础。

单元教学目标及教学结构

四上第八单元：历史传说故事

单元教学目标：
1. 认识21个生字，读准2个多音字，会写20个字，会写12个词语。
2. 能了解故事情节，简要复述课文；能通过描写人物言行的句子，感受人物形象。
3. 能借助卡片提示的重要信息，讲自己最喜欢的历史人物故事；能使用恰当的语气和肢体语言，把故事讲生动。
4. 能选取一件感受强烈的事，写清事情的经过和当时的感受。

| 学习课文 掌握方法（5课时） | 口语交际 讲好故事（1课时） | 写好故事 表达感受（2课时） | 总结回顾 有效提升（1课时） |

《王戎不取道旁李》、《西门豹治邺》、《故事二则》、交流平台、词句段运用 ｜ 口语交际：讲历史人物故事 ｜ 习作例文 习作指导 ｜ 语文园地

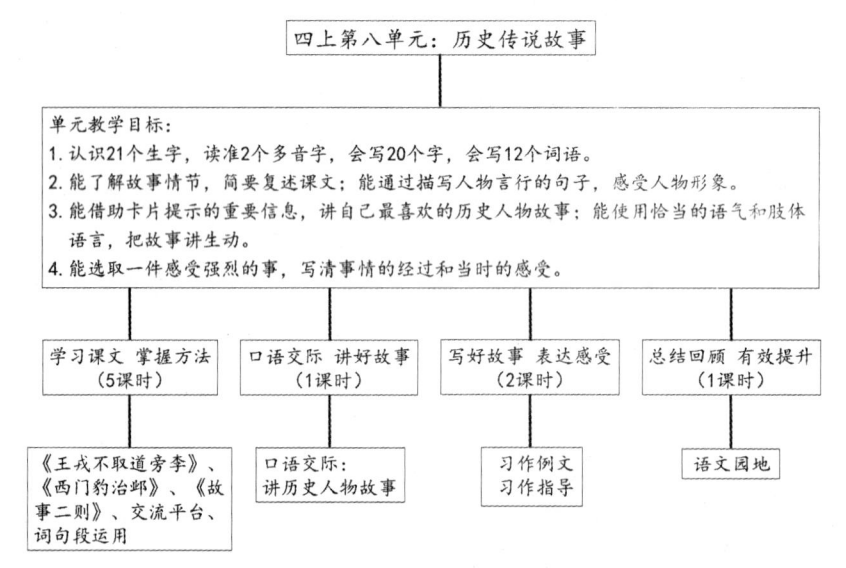

图1 单元教学目标及教学结构图

通过3篇课文和"语文园地"中部分内容的穿插学习，学生可以掌握简要复述的方法；通过口语交际的训练，学生将实践运用学到的复述方法；通过习作练习，学生的生活体验将被唤醒，助力其表达真实感受；最终通过语文园地总结回顾单元所学。

课题	25 王戎不取道旁李
课时	第1课时
课型	新授课☑ 精读或略读指导☐ 口语交际课☐ 专题复习课☐ 习作指导或讲评☐ 学科实践活动课☐ 其他☐

课时教学内容分析

《王戎不取道旁李》是统编语文教材四年级上册第八单元的首课，是一篇文言文。本课的相关历史人物是王戎，语文要素是"了解故事情节，简要复述课文"，对应于这一节课的要求是"用自己的话讲故事"，要求学生能够按

一定的顺序讲清楚课文内容，这也为达到后续几篇课文中更高的要求奠定了基础。

学习者分析

在三年级下学期，学生已学习过"详细复述"，此次对四年级一个班 46 名学生针对"如何复述课文"进行了前测，调研结果表明：67.2% 的学生认为复述课文就是把课文中的内容完整讲给别人；15.4% 的学生提到可以发挥自己的想象，把故事讲丰富；10.9% 的同学提到可以借助肢体语言讲故事；还有 6.5% 的同学存在不知如何作答的情况。由此提示教师在实际教学中，要处理好阅读理解与简要复述的关系，要帮助学生习得复述方法。

课时教学目标

1. 认识"戎、诸"等 4 个生字，会写"戎、尝"等 5 个字。
2. 能正确、流利地朗读课文。背诵课文。
3. 能结合注释理解课文内容，并用自己的话讲述故事。（教学重难点）
4. 能解释"树在道边而多子，此必苦李"的原因。（教学重难点）

学习评价设计

表 3　"讲故事"评价标准

评价标准	自评	他评	师评
用自己的语言，把故事讲完整			
发挥想象，把故事讲生动			
借助肢体语言，把故事讲有趣			

教学活动设计

一、结合历史，激趣导入

（一）聚焦单元主题

1.PPT 出示第八单元篇章页，全班齐读"时光如川浪淘沙,青史留名多俊杰"，学生交流对这句话的理解，引出人文主题"俊杰"。

2. 出示图片介绍"竹林七贤",并进行相关内容的补充展示,从而顺势引出课文主人公——王戎。

(二)出示课题,讲解生字

1. 全班齐读课题。

2. 结合板书讲解生字"戎"。

让学生找一找"戎"的偏旁"戈",并说明它是兵器,教师再补充讲解:左下角的一横一撇代表铠甲,合起来就是武器,与军事战争有关系,可以组词"戎马一生、弃笔从戎"等。

学生交流"戎"字的书写要点,教师小结:斜钩要写得挺拔舒展,两个撇画要写出区别,第一个是竖撇,第二个是横撇。

3. 学生和老师一起书写生字"戎"。(板书:戎)

【设计意图:从单元人文主题入手,顺势引导学生了解课文主人公,从而激发学生对本课的学习兴趣。】

二、反复朗读,读准读通

(一)练读课文,做到读得流利

1. 教师明确要求:读准、读通、读懂。学生自主练读课文。

2. 指名读课文,教师提示多音字"折"的字音。

(二)练读课文,做到读出韵味

1. 学生在读流利和读正确的基础上再次练读课文。

2. 全班分享,指名读课文,采用教师点评和生生互评相结合的方式,读出古文的停顿和韵味。

【设计意图:文言文的学习,首先要引导学生把课文读正确。做到读准字音、把握好语速、正确停顿。通过充分的朗读,让学生感受文言文的韵味。】

三、读懂课文,讲述故事

(一)自主质疑答疑,扫清学习障碍

1. 教师出示学习提示:自己默读全文,说说课文的意思,遇到不理解的字词标注出来。

2. 学生通过自主质疑、答疑的方式在全班进行交流分享。

点拨:教师重点引导学生理解"诸"字的意思,学生通过组词(诸位、诸侯)和联系下文("诸儿竞走取之")两种方式掌握"诸"的意思。(板书:

诸：许多，众。）

聚焦3个含有"之"字的句子，通过留白让学生补充的方式，引导学生得出："取之"中的"之"指的是李子；"人问之"中的"之"指的是王戎不去摘李子这件事。

（二）结合注释，疏通大意

1. 学生结合课下注释，用自己的话说一说课文的大意。

2. 出示"多子折枝"的图片，引导学生发挥想象描述：这是一棵怎样的李树？

3. 追问：面对这样的李树，王戎和诸儿的反应分别是怎样的？

（板书：王戎不动，诸儿竞走取之）

4. 发挥想象，描述一下"诸儿竞走取之，唯戎不动"的场景，可以加入动作、语言和神态描写等多种方法来丰富内容。

5. 追问：王戎为什么不去摘李子呢？

出示："人问之，答曰：'树在道边而多子，此必苦李。'"

引导学生思考：说这句话的王戎会有什么样的表情，会做怎样的动作？发挥想象，把场景描述具体。

（三）感悟人物特点

教师过渡点拨：课文中说"诸儿竞走取之，唯戎不动"，其实只有王戎动了，恰恰是诸儿未动，谁发现了：王戎什么动了？

预设：王戎动脑子了。

学生思考得出王戎具有善于观察、冷静思考的特点。

（板书：善于观察、思考 冷静推理）

（四）代入理解，朗读背诵

在理解课文大意后，引导学生熟读成诵。（去标点配乐读——挖空背诵——全文背诵）

（五）整合理解，讲述故事

1. 教师出示讲故事的要求：在原文内容的基础上加入自己的想象；按照原文的叙述顺序把故事讲清楚。

2.PPT出示"诸儿竞走取之，唯戎不动"的画面，学生根据教师提供的带有生动形象的图片，同桌合作练习讲故事。

3. 全班交流展示，学生互评。

【设计意图：通过学生自主学习，采用质疑答疑的方式完成对课文内容的

理解。通过对重点句的强化理解，引导学生发挥想象描述画面，从而为下一个环节"讲故事"埋下伏笔，落实单元语文要素。】

四、课内延伸，课外拓展

（一）延伸的成语和诗句介绍

成语：道边苦李。

诗句：又如道旁李，味苦不堪折。

（二）《世说新语》的介绍

介绍故事出处《世说新语》，并对其进行简单介绍，鼓励学生课下进行阅读。

（三）单元主题回顾

再次回顾单元首语页的语句，教师表达对学生的祝福，希望学生都能成为"俊杰"。

【设计意图：将课内所学延伸到课外，充分积累知识。】

板书设计

25. 王戎不取道旁李

诸儿：竞走取之

王戎：不动

善于观察

冷静思考

作业设计

1. 背诵课文。

2. 课本剧表演：《王戎不取道旁李》。

教学反思与改进

1. 把握教材，扎实落实语文要素。

作为单元首课，这一节课对应的教学任务是"用自己的话讲故事"。在整堂课中，教学环节的设计都是在为最后的讲故事做铺垫。在课堂的最后借助 6 张符合课文内容并且极具趣味性的图片，鼓励同学们积极发挥想象来讲好故事，从而落实语文要素。但是从学生的学习效果来看，第一组同学讲故事依旧停留在理解课文大意的阶段，这就表明此前教学环节的设计未能真正深入学生内心，这提示教师：每个环节的设计都应落在实处，最终才能达到水到渠成的效果。

2.倾听学生，关注课堂生成效果。

"诸"字作为本课生字，并且没有注释，而它对学生理解课文又有不小的影响。在课上，通过倾听学生发言，引导学生组词，例如借助"诸位""诸生"等这些词来理解字义；除此之外，学生还提出了结合下文来理解的方法。这样，在理解字义的基础上还增加了对学习文言文方法的总结提升，让课堂内容更加丰富了。

（指导教师：北京市通州区东方小学 宋庆捷）

第八册　　第一单元《乡下人家》

黄旭

教学单元基本信息			
姓名	黄旭	单位	北京市东城区史家小学分校
年级	四年级	单元	下册第一单元
单元主题		乡村田园	

单元指导思想与理论依据

《义务教育语文课程标准（2011年版）》（以下简称《课标》）指出，学生在第二学段阅读时，"应能联系上下文，理解词句的意思，体会课文中关键词句表达情意的作用"，"能初步把握文章的主要内容，体会文章表达的思想感情"。本单元的语文要素"抓住关键语句，初步体会课文表达的思想感情"正体现了《课标》的要求。为了落实这一语文要素，本单元的选文在内容上贴近学生的认知经验，情感表达比较明显，为学生"初步体会思想感情"做好了铺垫。本单元的教学应尊重学生的个性化阅读体验，运用多种教学策略，在实践中学生逐步增进对关键语句的理解，走进文本的情感世界，与作者的情感产生共鸣。

单元教学内容及要素分析

本单元围绕人文主题"乡村生活"编排了四篇课文，分别是《古诗词三首》、陈醉云的《乡下人家》、茅盾的《天窗》和刘湛秋的《三月桃花水》。选编这四篇课文，不仅是为了落实有关乡村生活的人文教育，同时也是为了落实具体的阅读训练要素，即"抓住关键语句，初步体会课文表达的思想感情"。

"抓住关键语句"是体会课文表达思想感情的一种具体方法和路径。三年级上学期第六单元学习过"借助关键语句理解一段话的意思",下学期第四单元学习过"借助关键语句概括一段话的意思",学生对如何判断文章中的哪些语句是"关键语句"已经积累了一定的经验和方法。判断关键语句,要在读懂每一个句子的基础上,发现句子意思间的联系,判断它们之间的关系,理清句子的不同"地位"和作用,才能达到"抓住关键语句"把握文章的主要内容或主要观点的目的,并"体会课文表达的思想感情"。

表1　阅读要素分配图

教材位置	阅读要素
三上第六单元	借助关键语句理解一段话的意思。
三下第四单元	借助关键语句概括一段话的意思。
四下第一单元	抓住关键语句,初步体会课文表达的思想感情。
六上第六单元	抓住关键句把握文章的主要观点。

单元教学目标

课文	1.认识20个生字,读准2个多音字,会写40个字,会写26个词语。 2.有感情地朗读课文,能背诵和默写指定的课文。 3.通过阅读思考,能够从文章中发现比较直接地表达作者情感和想法的语句,知道这样的语句是能帮助自己体会文章思想感情的关键语句。 4.在抓住关键语句的基础上,结合课文的具体描写,运用图像化、联系生活实际等方法,体会课文表达的思想感情。 5.积累本单元课文中生动形象的句子,能通过想象体会句中的画面和情境。
习作	1.回忆自己的生活乐园,借助表格提示,写清楚乐园的样子和乐园中的活动,表达自己快乐的感受。 2.根据要求与同学交流习作,分享习作表达的快乐。
语文园地	1.了解抓住关键语句,初步体会课文表达思想感情的方法。 2.联系语境,展开联想,选择词语说一说乡村或城市生活。 3.看图选择风景,仿照例句写一写。 4.朗读、背诵《卜算子·咏梅》。
口语交际	1.能认真倾听,记住别人的话语的要点,并准确转述。 2.能读懂书面通知要求,根据对象进行转述。

单元教学结构

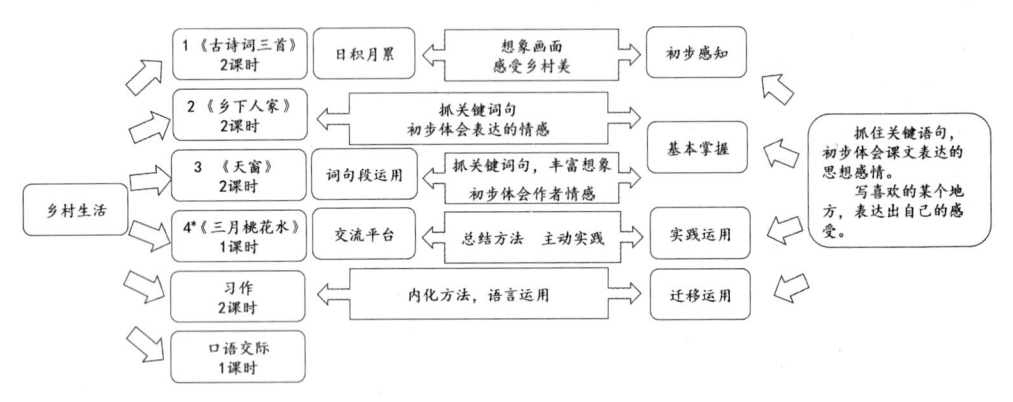

图1 单元教学结构图

课题	2 乡下人家
课时	第2课时
课型	新授课☐ 精读或略读指导☑ 口语交际课☐ 专题复习课☐ 习作指导或讲评☐ 学科实践活动课☐ 其他☐

课时教学内容分析

1.单元位置。

统编教材四年级下册第一单元以"乡村田园"为主题，选材多样，既有描写田园风景的散文，也有古诗，展现了一幅幅各具特色的田园画面。《乡下人家》是这个单元的第二篇课文，学习本课能够从整体上感受田园生活。单元中其他课文则从不同的角度进一步丰富对田园生活的了解。

2.课文表达特点。

作者选取了乡下人家最具特色的景物，通过朴素、自然的语言，描绘了一幅幅情、景、人交融的乡下生活画面，使读者感受到乡下人家独有的风情。在方法上，采用了时间、空间交叉描写的方式。

学习者分析

班中共有38名学生，其中32名同学有过乡下生活的体验。通过3年多的学习，学生拥有良好的预习习惯：能自学生字词、将课文读流利，查找相关背景资料。在第一课时，学生学习了生字词，梳理出了文章的脉络，并且为乡下人家的每一幅风景配上了名字，在朗读中，初步体会了关键词句在表达情感时的作用。课下，学生把自己喜欢的画面画了下来。

课时教学目标

1.了解课文内容，想象乡下人家的画面，有感情地朗读课文，积累文中的优美语句。（教学重点）

2.学习选取典型景物抒发情感的表达方法，体会作者对乡村生活由衷的热爱之情。（教学难点）

学习评价设计

表2 学习评价表

	想象画面	有感情朗读	说自己眼中的乡村景致
自我评价			
同学互评			
教师评价			

等级分为："太棒了""做得好""再努力"。

教学活动设计

一、回顾课文

（一）齐读课题

（二）复习旧知

引导学生读一读课文，边读边回忆上节课所学。上节课学生组内交流，为课文中出现的场景起了动听的名字：瓜藤攀爬、鲜花盛开、雨后春笋、鸡群觅食、鸭群戏水、门前晚餐、月下虫鸣。本节课学生在回忆的基础上对于自己创作的图画进行了排序，并回顾了这样的美景带给作者的感受——独特而迷人。

【设计意图：以图片的形式对《乡下人家》中描述的图画进行排序，既回顾了第一课时所学，同时激发兴趣，为本节课整合画面做好铺垫。】

二、细读课文，想象美

（一）默读自学

教师引导学生选择在乡下风景之中最感兴趣一处，出声读一读，边读边想象画面。

（二）师生交流

1. 瓜藤攀爬。

引导学生想象并感受一年四季门前的瓜藤各不相同，与高楼门前的石狮子的一成不变形成了鲜明的对比，这正是乡下人家独特迷人之处。学生在感悟后有感情地朗读课文。

2. 鲜花绽放、雨后春笋。

一个"探"字，学生感受到了拟人修辞的好处，将春笋生机勃勃的样子写得很生动。

3. 鸡群觅食。

学生想象画面，将母鸡像将军一样率领小鸡的情景描述得惟妙惟肖，在想象的基础上有感情地朗读。

4. 鸭群戏水。

想象人与动物之间和谐的情景。

5. 傍晚吃饭。

引用白居易的《闲坐》，引导学生感受作者的悠闲自在以及文中诗一般的优美语言。

6. 夜下虫鸣。

引用作者陈醉云的《蝉与萤》中的节选，体会作者对于这样生活的怀念与喜爱。之后学生想象画面有感情朗读。

【设计意图："抓住关键语句"，是体会课文表达的思想感情的一种具体方法和路径。这也是本单元的语文训练点。在这一环节，学生借助关键词语加以想象，从而体会到了作者眼中的"独特与迷人"，并以朗读的形式表达出来，突破了教学重点。】

三、明确顺序，整合美

一幅画面，在作者的眼中是一道独特而迷人的风景。引导学生再读课文，之后试着将这些图画组合成一幅完整的田园风光图，再伴随悠扬的音乐朗读。

【设计意图：上一环节，学生分别感受到了每一幅画面的独特与迷人，而乡下人家的独特迷人，是不能拆分开来的。学生借助文中表示方位顺序的词语将一幅幅美景进行串联，将7幅图画拼凑成一整幅乡村画卷，整体感知乡下人家真正的迷人之处。】

四、抄写语句，积累美

让学生选择最喜欢的语句，工工整整地抄写在积累本上。

【设计意图：这一环节，学生在感悟、朗读、整合的基础上进行积累，边抄写边积累，为本单元的习作——写一写"我的乐园"——做好铺垫。】

五、拓展思维，表达美

（一）照片拓思

教师出示乡村独特美景的图片，学生在看图片的过程中进行拓思。

（二）根据交流提示，练习表达

教师引导学生结合自己的生活所见，选择《乡下人家》中自己最感兴趣的一处景物，展开想象在组内说一说乡下人家的独特迷人。小组内交流之后，2名或3名学生走上讲台，与全班交流，并在生生互评之中加以改进。

（三）学生有感情地朗读最后一个自然段

【设计意图：这一环节，实现了从"学"到"用"。学生在互动中，将自己在乡下所见的独特迷人的风景表述出来。在积累之后，一些学生能够合理地运用课文中的优美语言。最后，再次朗读最后一个自然段时，这句话已经不仅仅是作者的感悟了，还是学生结合自己的所见，对乡下人家的由衷赞叹。】

六、借助资料，升华美

出示中国最美乡村照片，学生感悟它们只是千千万万乡下人家的美丽缩影。出示李子柒的照片，她是乡下人家的"代言人"。她将迷人的乡下风光和独特的乡村生活展现给了全世界，而这些都是我们中国引以为傲的传统文化。学生感受到：时代在变，但乡下人家的"独特迷人"不曾改变。此时，学生带着满满的喜爱和自豪，齐读最后一个自然段。

【设计意图：这一环节，学生感受到乡下人家不仅是一幅画，更是我们中国独有的，是传统文化中的珍宝。学生的自豪之情油然而生，再次回读最后一段，不仅加深了对于文本的理解，真正做到了与文本、与作者对话，同时提升了学生的民族自豪感，突破了教学难点。】

板书设计

19. 乡下人家

板画　　独特、迷人

（学生根据课文内容

自己创作的7幅图画）

作业设计

基础性作业：

1. 按照一定的顺序，给朋友或家长讲一讲乡下人家的独特迷人，可以用上文中你喜欢的语句。

2. 结合课上的讨论交流，用一段话写一写"我眼中的乡村景致"。

实践性作业：（可选）

走进乡下，体验乡村生活，用多种形式（图画、文字、录音……）记录乡间风景或乡下生活。

教学反思与改进

1. 抓散文特点，展开想象，形成感悟。

散文的创作离不开想象，在品读散文时同样也离不开想象。因此教学时通过不同的语文学习活动，引导学生把作者所写的乡村景物在想象的基础上，还原到眼前，形成文、画、人（作者、读者）、情的完整的阅读感悟。同时，深入理解课文的最后一个自然段，一步步体会作者对乡村生活的热爱之情。

2. 品散文语言，积累语言，助力表达。

散文语言是精粹的文学语言。本节课上，学生在丰富的语文学习活动中，多次品味课文朴素、简洁、富有诗意的语言特点，感知课文按时间、空间顺序交叉描写，为单元综合性学习表达自己眼中的乡村生活奠定基础。

（指导教师：北京市东城区史家小学分校 郝红梅）

第八册　第三单元《短诗三首》

张路

教学单元基本信息			
姓名	张路	单位	北京市平谷区第八小学
年级	四年级	单元	下册第三单元
单元主题			诗歌，让我们用美丽的眼睛看世界

单元指导思想与理论依据

诗歌是小学语文教学的重要内容之一，《语文新课程标准（2011年版）》针对第二学段的阅读要求之一是："诵读优秀诗文，注意在诵读过程中体验情感，展开想象，领悟诗文大意。"所以教学中要把握现代诗歌教学的度。统编教材对此的要求仅仅是"初步了解"，因此教师不要对诗歌中的意象过度解读，不要过多探究诗歌的表现手法，关于诗歌的知识也不要过度拓展，对独特的语言表达不要过多分析理解，不应出现过于学术化、成人化的讲解评析，要使教学贴近儿童的鉴赏水平。教学时，教师一方面要重视朗读，另一方面要重视想象，通过想象和反复朗读引导学生感受诗歌的韵味和语言表达的独特，体会诗歌蕴含的丰富情感。

单元教学内容及要素分析

本单元的单元主题是：诗歌，让我们用美丽的眼睛看世界。第一个阅读要素是初步了解现代诗特点，体会诗歌的情感。教材从整体上进行了设计，四篇课文以学生熟悉的"自然"为中心意象，展现了现代诗饱含情感、想象丰富、语言表达独特等特点。朗读是感受诗歌特点、体会诗歌情感的主要方式，本单元精读课文的"课后练习"和略读课文的"阅读提示"均设置了朗读诗歌的要求，以帮助学生通过朗读更好地体会诗歌情感。

　　本单元还有一个阅读要素是根据需要搜集资料，初步学习整理资料的方法；习作要素是合作编小诗集，举办诗歌朗诵会。这是对三年级下册综合性学习单元"收集传统节日的资料"的巩固和提升。本单元的综合性学习活动依托课文学习展开，与阅读教学相辅相成，分步推进：《短诗三首》课后的"活动提示"是本次综合性学习的启动阶段；《白桦》课后的"活动提示"是本次综合性学习的推进阶段；"综合性学习"是本次综合性学习的成果展示阶段，要求学生进一步根据需要整理资料，并通过合作编诗集办诗歌朗诵会等方式展示收集和整理资料的成果。

单元教学目标

1. 初步了解现代诗的一些特点，体会诗歌的情感。
2. 根据需要收集资料，初步学习整理资料的方法。
3. 合作编小诗集，举办诗歌朗诵会。

单元教学结构

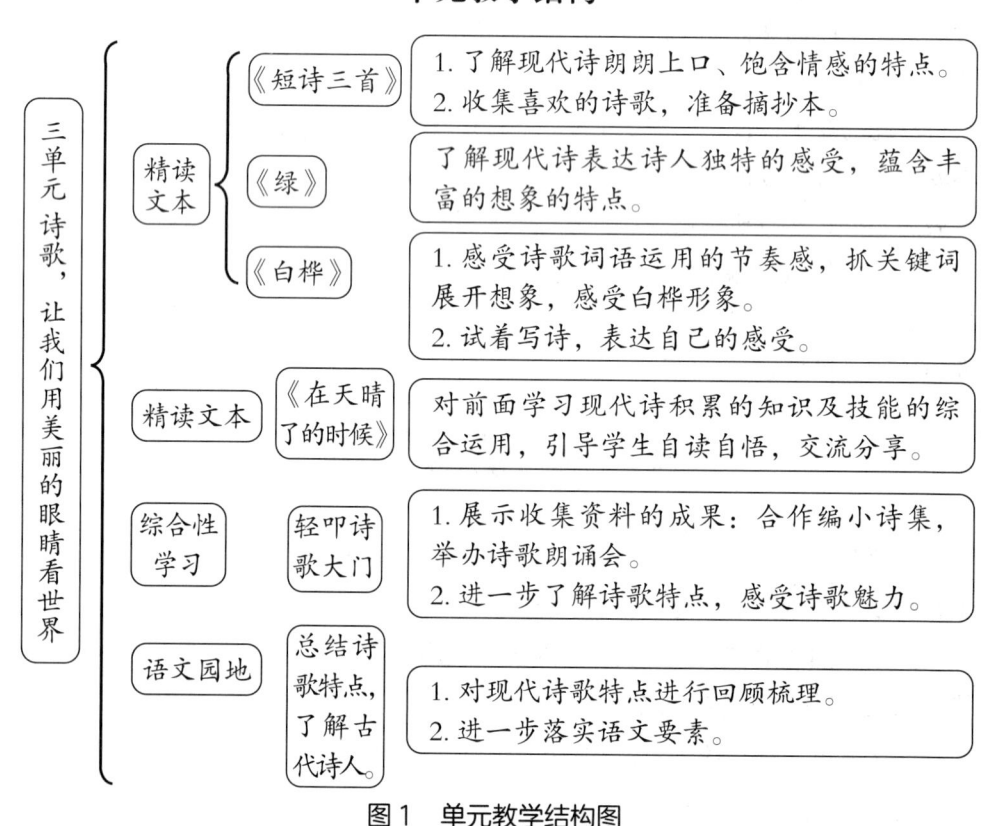

三单元：诗歌，让我们用美丽的眼睛看世界	精读文本	《短诗三首》	1. 了解现代诗朗朗上口、饱含情感的特点。 2. 收集喜欢的诗歌，准备摘抄本。
		《绿》	了解现代诗表达诗人独特的感受，蕴含丰富的想象的特点。
		《白桦》	1. 感受诗歌词语运用的节奏感，抓关键词展开想象，感受白桦形象。 2. 试着写诗，表达自己的感受。
	精读文本	《在天晴了的时候》	对前面学习现代诗积累的知识及技能的综合运用，引导学生自读自悟，交流分享。
	综合性学习	轻叩诗歌大门	1. 展示收集资料的成果：合作编小诗集，举办诗歌朗诵会。 2. 进一步了解诗歌特点，感受诗歌魅力。
	语文园地	总结诗歌特点，了解古代诗人	1. 对现代诗歌特点进行回顾梳理。 2. 进一步落实语文要素。

图 1　单元教学结构图

课题	9 繁星
课时	第 1 课时
课型	新授课☑　精读或略读指导☐　口语交际课☐　专题复习课☐ 习作指导或讲评☐　学科实践活动课☐　其他☐

课时教学内容分析

《繁星》是一部诗集，由 164 首组成，作者是冰心。冰心一生信奉"爱的哲学"，她认为"有了爱，便有了一切"。本课入选的三首小诗分别表达了对母亲和大海的深情，诗歌融情入景，情景交融。作为现代诗歌单元的第一篇精读课文，为了体现诗歌教学的特点，教学时可以先整体进入，在反复朗读中学习三首短诗。在朗读的过程中，应注意引导学生想象画面，体会诗歌的韵味及蕴含的情感，初步感受现代诗的语言特点。三首短诗的学习，可以不按照课文编排的顺序进行，依据学情进行调整。

学习者分析

通过课前访谈发现四年级学生在此前已经接触过现代诗，但是对现代诗特点了解相对模糊。课堂教学中教师应通过不同形式的反复朗读，发现现代诗歌朗朗上口、富有节奏的特点。对于诗歌中表达的情感，通过课前问卷调查发现有 83.2% 的学生能够感受到《繁星》中三首小诗分别表达的是对母亲和大海的爱，但由于四年级学生生活经验有限，对于诗歌感情的理解仅限于表层，教师课上还应通过情景创设、补白想象、补充资料、多种形式朗读等教学策略，引导学生深刻感受诗歌中饱含的真挚情感。

课时教学目标

1. 认识"漫、涛"2 个生字，读准"啊""膝"等音变和易误读音，会写易错生字，理解"漫灭""思潮"等词语。
2. 通过多种形式的朗读，体会诗歌韵味，熟读成诵。（教学重难点）
3. 初步了解现代诗的一些特点，体会诗歌中表达的情感。（教学重难点）
4. 根据需要收集资料，初步学习整理资料的方法。

学习评价设计

表1　朗读评价表

朗读评价：请你在做到的项目下打钩			
	正确、流利朗读	读出节奏	读出情感
自评			
同桌评			

教学活动设计

一、感受"美言"，引入课题

（一）谈"美"

生活中到处都有美，你觉得生活中什么是美的？用什么方式可以把美留住呢？

教师点拨：文字是一种常用的留住美的方式。

（二）感受"美"的语言

引入林升《长相思》、陆游《夏日六言》、巴金《繁星》、冰心《繁星一》等诗歌中描写繁星的诗句，让学生感受诗歌语言的美。

（三）引入课题

诗歌就是让我们用美丽的眼睛看世界（出示主题页）。这节课我们一起来学习冰心诗集《繁星》中的三首短诗。

（四）释义诗题

教师指导书写"繁"字，理解"繁"字字义，指星星多而密，引导学生想象满天繁星的画面，带着想象朗读诗题。

【设计意图：入课通过谈话引导学生感悟诗歌语言的美，激发学生学习诗歌的兴趣。指导书写难写字"繁"，带感情读好课题，为下面诗歌的学习创设情境。】

二、初读小诗，读准字音

指名通读三首小诗，强调易错读音。

【设计意图：读通三首小诗，强调不同语境下"啊"的读音变化，同时扫清识字障碍。】

三、深入感悟，读出韵味

（一）感受现代诗特点

通过古诗和现代诗的对比，初步感受现代诗和古诗的不同。

过渡：现代诗很多也有押韵，读起来朗朗上口，这三首诗哪一首诗押韵？——第二首。

（二）学习第二首

1. 一读：读出韵。

通过指名读、齐读等方式，指导学生读押"ang"韵的诗，要读得响亮，才能读出韵味来。（板书：韵）

2. 二读，读出朗朗上口。

引导学生发现这四句诗的共同点是都是疑问句，句式相仿，进而指导学生朗读时既要读出押韵的响亮又要读出疑问的语气。

小结：句式相仿，语气相同，末尾押韵，就使得这诗读起来朗朗上口，悦耳动听。板书：朗朗上口

3. 三读，读出思考，理解思潮。

（1）感受接读：当老师读完大海啊时，第一组接读第一句话，之后，第二组接第二句话，然后三四组依次接读。PPT 跟随出示。

点拨：作者在海边思考，她的一个一个问题，就像潮水一样涌过来，诗里面有一个词就是这个意思——思潮。

（2）感受连读：当老师读完大海啊，第一组读"哪一颗星没有光？"当第一组读完"哪一颗星"的时候，星字刚刚读出，第二组就读第二句，当第二组读到"花"的时候，第三组马上接着读"哪一次我的思潮里……"。

小结：你们看，思潮就是这样的，接连不断，奔涌而来。

4. 四读，读出情感。

（1）引导学生理解诗人对大海的感情，就像星星与星光，花儿与花香一样，是自然而然，始终如一的。

（2）配乐朗诵：轻轻地闭上眼，伴随着阵阵海浪声，一起读出对大海的深切热爱。

小结：此刻我们才真正读出了诗歌的韵味。

板书：味

【设计意图：学生通过接读、连读等形式反复诵读诗歌，并在读中理解"思潮"一词。通过补充资料了解诗人，读出诗歌的情感。】

（三）学习第三首

过渡：还有哪首诗也押韵？（第三首）他们押的是同字韵。

1. 一读：读准字音。

2. 二读：读出变化。

（1）引导学生感受两个风雨的不同含义,发现两个"风雨"朗读时有轻有重。

（2）指名读出轻重变化。

3. 三读：读出情感。

引入三段冰心作品中对于母爱的回忆,配乐引读,让学生入情入境,三次朗读小诗。随着朗读次数增多,第二次、第三次引读之后,让孩子们尝试跟随音乐背诵。

【设计意图：通过补充资料,让学生深刻理解冰心对母亲的深情,读出诗歌中蕴含的对母亲的爱和依恋。】

（四）学习第一首

过渡：第一首诗不押韵,怎么也读起来朗朗上口呢？读一读,有什么新的发现？

1. 一读：句式一样,感受诗歌朗朗上口特点。

2. 二读,读出回忆。

"永不漫灭的回忆",整首诗要读得慢一点。

3. 展开想象,写出回忆。

读着读着,你仿佛看到了什么？听到了什么？闻到了什么？

让我们跟着作者来想一想自己儿时的故事。仿照这首诗,来写一写你自己的"永不漫灭的回忆"。

【设计意图：学生通过单独读、齐读等形式朗读小诗,读出朗朗上口和回忆的味道,展开想象,仿写小诗,全班分享。】

四、回归整体，熟读成诵

伴随音乐,教师三次引读：

1. 第一次引读：在学生分享完小练笔《儿时的事》的基础上,教师引读。这些事,是你们永不漫灭的回忆……PPT出示第一首小诗第一句,学生尝试背诵。

2. 第二次引读：教师总结现代诗朗朗上口、悦耳动听的特点。PPT出示第二首小诗第一句,学生背诵。

3. 第三次引读：教师总结现代诗饱含深情的特点。PPT出示第三首小诗第一句,学生背诵。

【设计意图：在配乐朗诵中整体回顾三首小诗，通过教师引导语总结现代诗特点，并在最后整体回顾中达到熟读成诵的目标。】

板书设计

9 短诗三首
韵味
朗朗上口
饱含深情

作业设计

诗歌的海洋里有无数珍宝，让我们展开综合性学习，感受诗歌魅力。课下通过阅读报纸、杂志、书籍等方式收集两首自己喜欢的现代诗，抄写在摘抄本上，为诗歌朗诵会和编写诗集做准备。摘抄本设计小提示：

1. 制作封面和目录。

2. 尝试用书法或艺术字展示。

3. 配上插图。

教学反思与改进

1. 反复朗读，形式多样。

在本单元的教学中教师注重引导学生展开多种形式的朗读，单人读、齐读、对读、接读、连读等，同时也教给学生一些简单的朗读技巧，帮助学生读好现代诗，体会现代诗特点，感悟表达的情感。

2. 读中想象，感悟诗情。

现代诗语言精练，蕴含着丰富的想象。课上教师通过朗读与想象的有机融合，适时地为学生提供资料，补白想象，通过想象走进诗人，更好地体会诗人的感受，感受其独特表达。

3. 活动丰富，激发兴趣。

课上通过想象、仿写小诗、配乐读等形式让孩子入境入情。课下让孩子去搜集整理诗歌，并设计自己的诗集册，可以图文并茂，还通过举办诗歌朗诵会，评选小小诗人等活动，激发学习写诗的兴趣。

（指导教师：北京市平谷区教育研修中心 李新会）

第八册　第三单元《短诗三首》

孙阳

教学单元基本信息			
姓名	孙阳	单位	北京市顺义区西辛小学
年级	四年级	单元	下册第三单元
单元主题		轻叩诗歌大门	

单元指导思想与理论依据

统编语文教材双线组元，单元内部各板块围绕着"人文主题"和"语文要素"相互配合，形成合力，体现系统性，有利于开展单元整体教学。四年级下册第三单元围绕"用美丽的眼睛看世界"这一人文主题，将综合性学习和现代诗阅读同步推进，重在引导学生感受现代诗的独特表达，轻叩现代诗的大门。

单元教学内容及要素分析

本单元是统编教材中第一个集中编排现代诗的单元，选编了一组中外现代诗：冰心的三首短诗《繁星（七一）》《繁星（一三一）》《繁星（一五九）》、艾青的《绿》、苏联诗人叶赛宁的《白桦》和戴望舒的《在天晴了的时候》；安排了一次主题为"轻叩诗歌大门"的综合性学习活动；语文园地中回顾梳理了现代诗的特点，继续延伸诗歌学习。

现代诗的学习和综合性学习在内容和目标上存在交叉。冰心的三首短诗含蓄婉转，情感真挚；艾青对色彩极其敏感，现代诗《绿》是诗人对绿色独特感受的表达；叶赛宁使用充满画面感的词语，描绘了身边最熟悉的白桦，读起来朗朗上口，节奏感强；《在天晴了的时候》一诗中，诗人戴望舒以细致独特的观察视角，运用拟人、比喻的修辞手法，创造了悠闲愉悦的意境，文字灵动，意趣盎然。关注到每一首现代诗的独特之处就能初步把握现代诗的特点，体会诗歌表达的感情。与此同时，"合作编小诗集，举办诗歌朗诵会"是综合性学习活动的任务，与现代诗的学习相辅相成，可以将任务分解，与诗的学习进行融合设计，学生在一组现代诗的学习中逐步了解现代诗歌，感受现代诗的魅力。

《义务教育语文课程标准（2011年版）》指出，第二学段的阅读目标之一为：诵读优秀诗文，注意在诵读过程中体验情感，展开想象，领悟诗文大意。为了实现这一目标，教材从三年级开始就进行了有意的安排，如在阅读链接、略读课文中分散出现过现代诗，以让学生感知现代诗的特点。其中四上第三课《现代诗两首》的学习中，学生已经有过反复朗诵诗歌，体会诗中描绘的景物以及景物构成的画面的阅读经历。现代诗歌是诗人强烈情感的自然流露，但是与学生生活实际脱节，因此需要借助资料研习诗歌意蕴。

在此之前，学生已经有积累优美词句的经验，能够进行摘抄，但是需要规范摘抄格式；在学习三年级下册的综合性学习单元时，有收集传统节日资料的经验，具备一定的收集资料的能力。在此基础上，教师应指导学生根据理解诗歌内涵的需要进行材料的取舍和整合，初步学习整理资料的方法。在理解现代诗、创编现代诗的活动中落实语文要素，让学生在诵读、收集、鉴赏、创编等活动中丰富心灵，提升审美，培育诗心，提升语文核心素养。

单元教学目标

1. 认识"漫、涛"等43个生字，读准"啊""膝""绽"等音变和易误读字音，会写23个生字，理解"漫灭""徜徉"等词语。

2. 有感情地朗读课文，初步了解现代诗节奏感强、语言表达独特、饱含真挚情感、富有韵味的特点。

3. 抓住诗歌中的意象，体会诗歌表达的情感。

4. 能根据需要收集诗歌背景资料和现代诗，并分类整理。

5. 尝试创编现代诗，合作编写小诗集，在班级诗歌朗诵会中进行朗诵展示。

其中，有感情地朗读课文，初步了解现代诗有韵味、节奏感强、语言表达独特、饱含真挚情感的特点是教学重点；抓住诗歌中的意象，体会诗歌中的真挚情感是教学难点；综合性学习活动贯穿整个单元的学习过程。

单元教学结构

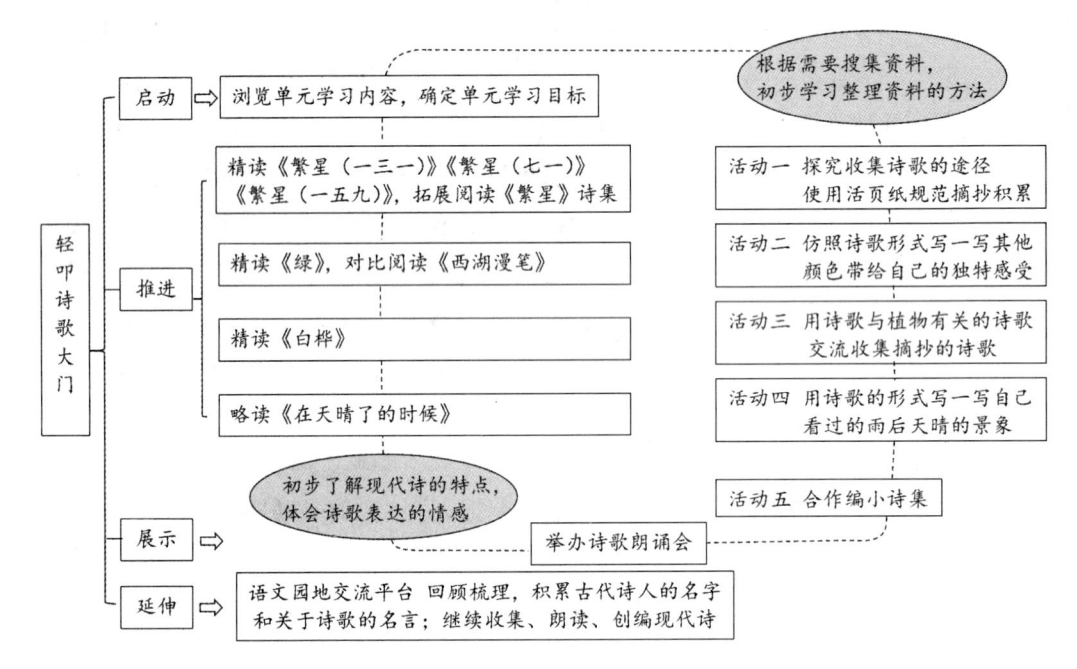

图 1 单元教学结构图

本单元围绕"轻叩诗歌大门"这一综合性学习活动，设计了启动、推进、展示、延伸四个板块。其中推进板块重在引导学生感受每一首现代诗的独特之处，"开展多种形式的诵读，体会真挚情感""抓住关键词句想象画面，发现独特的语言表达""关注停顿变化，感受押韵和节奏"，探究现代诗歌的特点；随着现代诗学习的需要，收集、积累、整理、创编现代诗，以小组合编诗集和举办班级朗诵会的方式交流分享，逐步了解现代诗，感受诗歌的魅力。

课题	9 短诗三首
课时	第 2 课时
课型	新授课☑　精读或略读指导□　口语交际课□　专题复习课□ 习作指导或讲评□　学科实践活动课□　其他□

课时教学内容分析

冰心在回顾《繁星》和《春水》的创作时说过："在三五行诗句的背后，往往有些和你有关的事情，看到这些事，使你想起些很亲切很真实的情景"。本课时的两首小诗画面感很强。《繁星（七一）》中，"月明的园中""藤萝的叶下""母亲的膝上"，三个再普通不过的场景捕捉了刹那间的美好；《繁星（一五九）》开首一声"母亲啊"，呼唤发自肺腑，以鸟儿躲进自己的安乐窝免受自然界风雨的侵袭，引出对母爱的赞颂。短小的篇章可以激发学生阅读现代诗歌的兴趣，促进学生对现代诗的节奏感、语言表达和真挚情感表达特点的感知。通过同一作者一组小诗的学习，指导学生收集现代诗歌的途径和按同一作者整理诗歌的方法，为后续创编诗歌、合编诗集做好准备。

学习者分析

学生初步建立了对现代诗歌体裁及语言的感知，能够在读诗时想象画面。在第一课时学生已经学习了《繁星（一三一）》，能够理解关键词句的含义来体会诗人表达的情感，通过朗读、观察文本发现现代诗一般不拘格式，韵律相对自由的特点。在本课时的学习中，学生需要继续通过反复朗读，体会诗歌的韵味和节奏，而对诗歌所表达的情感，则需要在想象画面、联系生活、联系背景资料的活动中进一步学习体会。

课时教学目标

1. 通过反复朗读课文，体会现代诗歌的韵味，背诵课文。（教学重点）
2. 联系背景资料理解关键词语和句子，想象画面，感受母爱的美好与深沉。（教学难点）
3. 建立对现代诗歌的初步印象，继续收集摘录现代诗，并按同一作者整理收集到的现代诗。

学习评价设计

1. 仿写练习：注意加点的部分，再仿照写一写。

这些事——　　　　　　　春天的早晨，
是永不漫灭的回忆：　　　怎样的可爱呢！
月明的园中，　　　　　　融冶的风，
藤萝的叶下，　　　　　　飘扬的衣袖，
母亲的膝上。　　　　　　静悄的心情

2. 冰心诗歌微型朗诵会，学生当堂背诵，课后录制朗诵三首短诗的小视频。

教学活动设计

一、朗诵预热，导入新课

单元第一课时已指导学生使用活页纸收集摘录现代诗。第二课时正式开课前先组织学生朗诵收集到的诗歌，交流搜集诗歌的途径，重点提示摘抄格式的规范要求。随后，导入新课：

上节课我们学习了《繁星（一三一）》，也了解到三首小诗都出自冰心的《繁星》诗集，并发现了《繁星（七一）》《繁星（一五九）》都有与母亲相关的内容，这节课将继续学习这两首短诗，了解现代诗歌的特点，轻叩诗歌大门。

【设计意图：收集诗歌，课堂上积极分享，落实诗歌诵读，创设诗歌学习的情境。】

二、抓关键语句，想象诗句画面

（一）读《繁星（七一）》：聚焦童年回忆，想象画面

1. 光影重现，想象回忆画面。

默读想象，在月明的园中、藤萝的叶下、母亲的膝上作者在做什么。

2. 互动交流，展开生活联想。

学生小组内交流读"月明的园中""藤萝的叶下""母亲的膝上"联想到的画面，将联想到的内容仿写成小诗：

这些事——
　　是 _____ 的回忆：
　　（　　　　）的（　　　　），

（　　　）的（　　　），
（　　　）的（　　　）。

3. 情景背诵。

教师引导学生想象情景背诵短诗。

（二）读《繁星（一五九）》：关注"母亲"意象，体会真挚情感

1. 朗读全诗，感受诗句间存在相似与联系。

出示两首诗，启发学生发现两首诗歌在结构、内容、情感方面的相似与不同。再读《繁星（一五九）》，体会诗句间的相似与联系。

2. 同伴对读，逐层深入体会情感。

同桌合作读诗，交流诗句中表达出了怎样的情感。

学生可能会从整体上感知到，这首小诗传递出孩子对母亲的依恋。在班级交流时，发现并理清学生读懂诗歌用到的方法，进一步启发学生觉察自己是怎么体会出来的。

预设学生可能会把"鸟儿""我""巢""怀抱"关联起来，发现其中的比喻：把"我"比喻成"鸟儿"，把妈妈的怀抱比喻成鸟巢。学生也可能通过"天上的风雨"理解"心中的风雨"，读懂"心中的风雨"指的是孩子遇到的困难或挫折，伤心和难过的时刻；还可能会联系生活实际，从整体上说一说孩子对母亲的感情。

相机引导学生结合自己的生活经验，想象诗人可能会遇到什么困难；然后补充背景资料，结合作者的经历理解"心中的风雨"。学生充分体会到诗歌所表达的对母亲的依恋和母爱的温馨。

【设计意图：学生联系生活经验让回忆的画面更丰富，通过想象画面，交流感受，理解"永不漫灭"的含义。通过同伴合作读诗讨论，学生们在读懂诗句意思的基础上，体会了诗句表达的情感。教师在班级交流中重点指导学生觉察自己读懂的过程：一方面通过探究两个"风雨"的不同，体会诗人由自然界中的"风雨"关联到现实中遭遇的困境与挫折的写法，感受诗歌借助具体意象把抽象的情感形象化的表达特点；另一方面及时梳理出读现代诗歌的方法。】

三、联系诗歌背景，建立现代诗初印象

（一）整体把握三首短诗的表达特点

课件出示名言和三首短诗的内容：

诗是强烈感情的自然流露，它源于宁静中回忆起来的情感。

——〔英国〕华兹华斯

请学生说说学完这三首短诗后对现代诗歌的印象。

（二）开展班级微型朗诵会

学生可以展示三首诗的朗诵，也可以展示第一阶段收集到的冰心写下的其他现代诗。指导学生学习本课按同一作者、同诗集收集作品的方式，整理自己收集到的诗。

【设计意图：总结提升，推进现代诗歌的收集，指导整理方法。】

板书设计

9 短诗三首

冰心

思念故乡　想象画面

繁星　回忆童年　体会情感

眷恋母亲

作业设计

结合生活体验，仿照本课读到的三首小诗，写一首小诗，放入自己的诗歌集中。

教学反思与改进

《繁星》诗集大致包括三方面的内容：一是对母爱与童真的歌颂与赞扬；二是对大自然的崇拜与赞颂；三是对人生的感悟和思考。冰心的诗大多含蓄婉转，饱含真挚的情感。《繁星（七一）》的教学中，通过设计"读诗句想画面""仿诗句联结生活"的活动触摸童年回忆，理解诗歌内涵；《繁星（一五九）》这首小诗中以对读探究两个"风雨"的不同，来体会作者把抽象的感情以事物作比将情感形象化的独特性。与此同时，学生通过本课时的学习和后续抓住关键语句想象，初步建立对现代诗歌这一文体的初步印象，为继续收集、阅读、鉴赏、创编等活动做准备。在今后的教学中应注意利用学生收集到的诗歌资源促进学习和理解，设计更有层次的学习活动。

（指导教师：北京市顺义区教育研究和教师研修中心　孔凡艳）

第八册　第七单元《挑山工》

祝春光

教学单元基本信息			
姓名	祝春光	单位	北京市通州区潞河中学附属学校
年级	四年级	单元	下册第七单元
单元主题		伟大品格	

单元指导思想与理论依据

《义务教育语文课程标准（2011年版）》（以下简称《课标》）指出："语文课程是一门学习语言文字运用的综合性、实践性课程。义务教育阶段的语文课程，应使学生初步学会运用祖国语言文字进行交流沟通，吸收古今中外优秀文化，提高思想文化修养，促进自身精神成长。"小学第二学段，对阅读的要求之一是"能初步把握文章的主要内容，体会文章表达的思想感情"。对习作的要求之一是"乐于书面表达，增强习作的自信心。愿意与他人分享习作的快乐"。第三学段对口语交际的要求是能根据对象和场合，稍作准备，作简单的发言。

《课标》倡导语文教学要与生活实际相结合。本单元学习的人物品质，要让学生在生活中养成，实现课内外衔接。在教学中，要注重学生阅读的独特感受、体验和理解；要重视习作教学与阅读教学、口语交际之间的联系；要善于将读写、说写有机结合，在融合中提高学生的语文学科核心素养。

单元教学内容及要素分析

本单元的人文主题是"人物品质"，旨在让学生体会不同人物身上表现出的高尚品质，将母语学习与思想教育结合在一起，立足文本语言文字，体现学科育人。

单元的四篇课文从不同方面展示了人的精神追求和高尚品格：《古诗三首》表现了诗人的精神追求及戍边将士的英勇威武；《"诺曼底号"遇难记》歌颂了哈尔威船长忠于职守、舍己救人的崇高品质；《黄继光》展现了抗美援朝特级英雄黄继光的英勇气概；《挑山工》表现了普通劳动者认准目标、脚踏实地、坚持不懈的精神。

从单元整体的角度分析发现：单元内四篇选文侧重通过人物描写体现人物品质。而随后的口语交际、习作并没有针对人物描写的方法提供明确的练习要求，而是降低难度，引导学生关注到自己的特点，从多方面来表现自己的特点。但是阅读理解（输入）与表达（输出）之间是存在联系的，所以在单元整体教学的框架构建中，将"画"人物形象——我的"自画像"这一主题实践活动作为落脚点。

纵观统编教材单元编排体系，本单元语文要素的前后关联性如下：

表1 统编教材"人物描写"要素进阶表

册次、单元	阅读训练要素
四上第六单元	通过人物的动作、语言、神态体会人物的心情。
四下第七单元	从语言、动作等的描写中感受人物的品质。（本单元）
五下第四单元	通过课文中的动作、语言、神态的描写，体会人物的内心。
六上第四单元	读小说，关注情节、环境，感受人物形象。
六下第四单元	阅读时，关注神态、言行的描写，体会人物品质。

由此看出，"写人"的文章阅读要素关注的是对所描述的人物精神品质的理解，这是阅读理解的核心。在训练梯度上，四年级从体会人物的心情到感受人物的品质；五、六年级因课文难度增加，又一次开启从体会人物的心情到感受人物品质的巩固性提高训练。而体会人物心情，感受人物品质的路径都是"通过课文的语言、动作、神态描写"来进行的。因此，本单元就要落实通过语言、动作、神态感受人物品质，提高学生的阅读能力。

单元教学目标

1. 通过自主识字，认识32个生字，会写23个，读准2个多音字，会写10个词语。

2. 通过关键句段的指导，能正确、流利、有感情地朗读课文，背诵默写有关课文。

3. 能借助注释，发挥想象，理解诗句的意思，感受诗句表现的精神品格。

4. 从语言、动作等的描写中感受人物的品质。

5. 从外貌、主要性格、爱好和特长等方面写出自己的特点，能根据对象和目的的不同，调整自我介绍的内容。主动与家人分享习作，再根据建议修改习作。

单元教学结构

```
悟人物品质，"画"人物形象
            ↓
初步感知品格，明确单元学习任务（1课时）
            ↓
    ┌───────┴───────┐
悟人物品质（6课时）    "画"人物形象（3课时）
    ↓                    ↓
```

| 精读课文，学写法（4课时）《古诗三首》《"诺曼底号"遇难记》 | 略读课文，练写法（2课时）《挑山工》《黄继光》 | 任务准备1（1课时）口语交际 | 任务准备2（1课时）习作指导 | 完成任务（1课时）习作讲评与展示 |

| 《古诗三首》：初步感悟精神品质。（2课时） | 《"诺曼底号"遇难记》：通过言行感受人物品质。（2课时） | 《挑山工》：阅读练习，落实语文要素。（1课时） | 《黄继光》：自主学习，应用语文要素。（1课时） | 学会自我介绍，能根据场景、对象和目的的不同，调整自我介绍的内容。（1课时） | 能从外貌、性格、爱好和特长等多个方面写出自己的特点，最好能用具体的事例。（1课时） | 能主动与同学、家人分享习作，根据他们的建议修改习作，完成"我的自画像"手抄报。（1课时） |

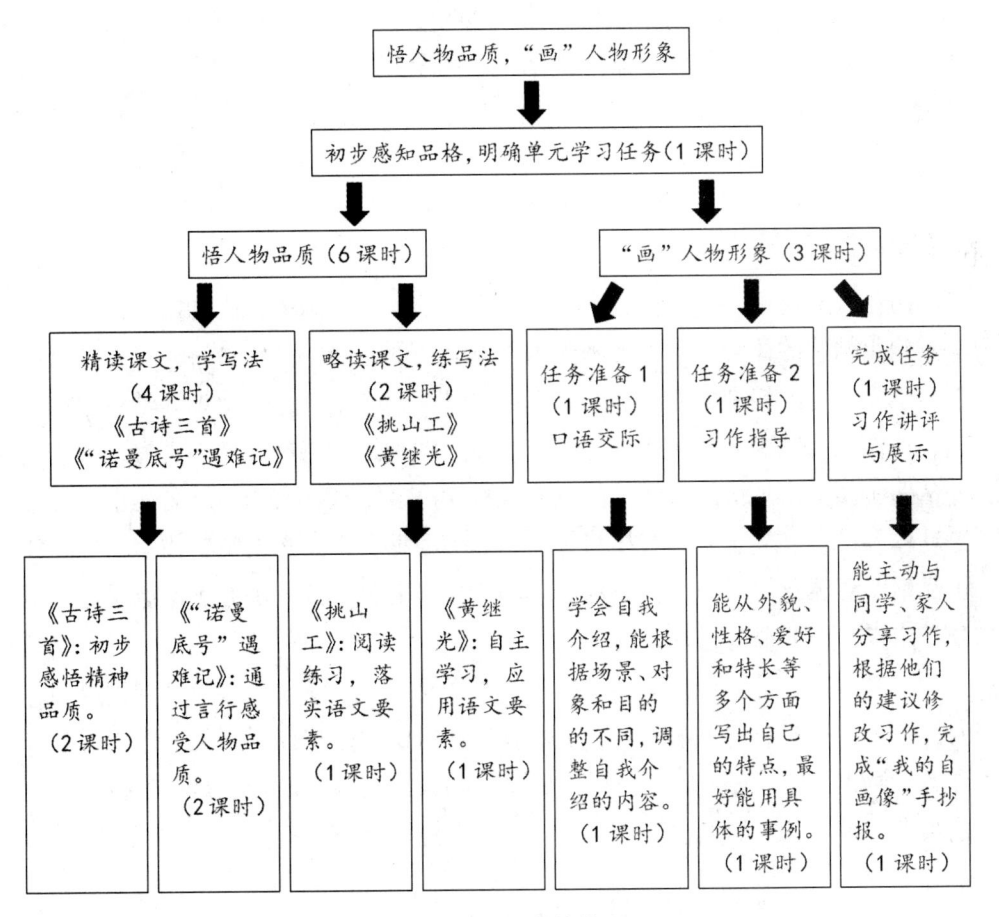

图1 单元教学结构图

课题	25 挑山工
课时	第1课时
课型	新授课☐ 精读或略读指导☑ 口语交际课☐ 专题复习课☐ 习作指导或讲评☐ 学科实践活动课☐ 其他☐

课时教学内容分析

　　《挑山工》是作家冯骥才写的登泰山见闻。作者登泰山时见到挑山工登山，走的路程比游人长，但速度并不比游人慢，从而悟出生活的道理：做事只要认定一个目标，并脚踏实地、坚持不懈地做下去，就能达到目的。

　　本课的教学安排在《"诺曼底号"遇难记》之后，作为本单元的第一篇略读课文，要求学生能够结合学习提示中的两个问题，运用前课学习的方法进行阅读。

学习者分析

　　四年级上册学习了"通过人物的动作、语言、神态体会人物的心情"的方法，侧重情感的体会，本单元则侧重人物品质的感受。学《古诗三首》，学生初步感受人物的精神品质；学《"诺曼底号"遇难记》，侧重训练学生通过语言、动作描写感受人物品质。通过前两课，特别是第二篇课文的学习，学生已经掌握了阅读、感悟的方法。前测发现在48人的班级中，有40名学生能够分辨动作、语言、神态、心理描写等，而如何根据文中人物的细节描写，把"伟大品格"具体化，对于绝大多数学生来说还是有困难的。因此本课教学着重引导学生抓住细节描写感受人物品质。

　　《挑山工》是一篇当代散文，语言通俗易懂，但学生大多没有到过泰山，对挑山工这种职业的了解不多，更没有见过挑山工是怎样登山的。学生对文章作者了解也很少。另外，将挑山工的精神与自己的生活对接也是小学生认知上的难点，需要老师的点拨。

课时教学目标

　　1. 默读课文，通过外貌描写感知挑山工朴素而平凡的人物形象。
　　2. 通过对比阅读，知道挑山工是怎样登山的。
　　3. 反复读挑山工的话，体会挑山工朴素的话语中所蕴含的道理。（教学重难点）

学习评价设计

表2 学习评价表

评价标准	自我评价	同伴评价	教师评价
能根据对挑山工的多种描写理解并感悟挑山工的品质。			

教学活动设计

一、导入

了解本文的作者及挑山工这种职业。看插图，读最后一段，引发学生思考。

（一）观察插图

谁能描述一下这幅画中画了什么？

（二）找出文字

找出课文哪一段描绘了这幅画。

（三）朗读质疑

齐读最后一段，提出你的疑问。（预设：作者为什么把这幅挑山工的画一直挂在自己的书桌前？）

（四）引导读文

让我们带着问题，来细细品味这篇文章的内容吧！

【设计意图：新课伊始，从课文插图入手，抓住散文的主旨句，从学生对这句话的质疑入手，使学习真实发生。】

二、初读课文，感受挑山工朴素而平凡的人物形象

（一）开展自主学习活动：初识挑山工

活动内容：默读课文，在文中找出写这个挑山工外貌的句子，用"_____"画出来。

想一想他给你留下什么印象。

（二）学生讨论交流

【设计意图：从发现挑山工的普通入手，让学生明白平凡的人也可以是伟大的，为全面理解伟大品格奠定基础。】

三、再读课文,感受挑山工的精神品格

(一)理解挑山工是怎样登山的

1.这么普通的一位山民,却能让大作家都心悦诚服。理解"心悦诚服"的含义。

2.找出挑山工说了什么话让大作家心悦诚服。

3.读挑山工的话,开展小组学习:走近挑山工。

活动内容:先默读,思考挑山工与游客登山有什么不同,从文中找出来,想想怎么说清楚。再小组交流,准备汇报。

活动规则:汇报时要有分工。其他小组补充。

4.学生汇报,理解挑山工是怎么登山的。

(二)理解挑山工的话里蕴含的哲理

1.挑山工的话里包蕴着什么哲理呢?聚焦挑山工的话,指名读。

(1)师带领大家理解:一步踩不实不行;不能耽误工夫;一个劲往前走。悟出其中的道理。

(2)理解哲理:挑山工登山是这个道理,做好其他事情也是这个道理,这就是哲理了。

2.感受挑山工身上伟大的品格。

(1)出示:一次登山是这样的,这一干就是20年。

(2)理解挑山工的话:他告诉我,他家住在山脚下,他天天挑货上山,干了近20年了,一年四季,一天一个来回。

教师提供资料,通过数据理解挑山工20年来所走的路程和所有的坚持。

【设计意图:此环节由词语"心悦诚服"直接引出对挑山工语言的描写。通过对语言的理解,既让学生明白了挑山工登山与游客登山的不同,又理解了挑山工话中的哲理。在此基础上,借助老师提供的资料,对挑山工的话进一步解读,更深刻地感受普通挑山工身上坚持不懈的精神品格。】

四、结合作者生平经历,感悟挑山工精神对他的鼓舞

(一)提供资料

冯骥才中学毕业后加入市篮球队,因为比赛受伤而退出体坛。后来从事一段时间的美术工作,最终他选择了当作家。虽然很累很辛苦,但在他不断地努力下,终于成了我国当代著名的作家。

（二）展开师生对话

感悟挑山工精神对作者的激励。

（三）解决问题

带着理解齐读最后一个自然段，解决学生的质疑。

【设计意图：从作者的生平经历入手，想象作者生活中可能遇到的困难，通过师生对话的形式感悟挑山工的"画"和"话"对作者的鼓舞。】

五、结合自己的生活，说说挑山工精神对自己的鼓舞

（一）学习提示

大作家需要挑山工的精神，你需要它吗？你在什么情况下需要它？请你拿出学习单，想一想，试着写一写。"当_____时候，我需要挑山工_____精神激励我。"

（二）完成学习单

学生独立填写学习单，全班交流

【设计意图：此环节将语文学习与学生的生活对接，促进自身精神成长。】

六、教师小结

读《挑山工》这篇课文，我们通过抓挑山工的外貌描写、动作描写、语言描写认识了这样一个外表普通却有着伟大品格的挑山工。他认准目标、脚踏实地、坚持不懈的攀登精神鼓舞了作者，也给了我们莫大的鼓舞。

【设计意图：此环节总结全课，回顾阅读理解文章的策略方法，促进自身精神成长。】

板书设计

25* 挑 山 工

外貌描写	认准目标	普通人
动作描写	脚踏实地	伟大品格
语言描写	坚持不懈	

作业设计

1. 填空。

"这幅画一直挂在我的书桌前，因为我需要它。"

这段文字中的"它"既指_____，又指_____。

2.回忆曾经给予你鼓舞的场景，试着描述下来。

教学反思与改进

1.立足学生学习实际，整节课的设计浑然一体。从插图切入引发学生思考，通过齐读最后一段，让学生提出疑问，老师带领学生抓住关键语句深入探讨，最终理解、释疑，让学生的学习真实发生。

2.对接学生生活。在理解道理的基础上，引导学生联系自己的生活实际，与学生生活紧密相连，读写结合，促学生精神成长。

3.挑山工话中蕴含的哲理是个难点，学生理解起来有困难，需要老师艺术性的引导，这一点还需要斟酌。

（指导教师：北京市通州区潞河中学附属学校 姜小梅）

第八册　第八单元《宝葫芦的秘密（节选）》

王蕊

教学单元基本信息			
姓名	王蕊	单位	北京市顺义区天竺第二小学
年级	四年级	单元	下册第八单元
单元主题			踏上奇妙之旅，遇见非凡人物

单元指导思想与理论依据

《义务教育语文课程标准（2011年版）》中指出：语文课程丰富的人文内涵对学生精神世界的影响是广泛而深刻的，学生对语文材料的感受和理解又往往是多元的。本单元的经典童话名篇中，丰富、奇妙的情节使学生体会人物形象时更容易加深对人文内涵的理解与认知，从而感受人物真善美的形象。本单元有多个创编故事的任务，需要多元化、发散性的想象，这也是学生对语文材料理解程度的最好反馈。

单元教学内容及要素分析

一、教学内容分析

本单元是部编教材四年级下册第八单元——中外经典童话单元。安排了单元导读、两篇精读课文、一篇略读课文、习作和语文园地。单元导读明确了本单元人文主题是"奇妙的童话，点燃缤纷的焰火，照亮我们五彩的梦"。阅读要素是：感受童话的奇妙，体会人物真善美的形象；习作要素是：按自己的想法新编故事。本单元的三篇童话类型不同，但都在塑造着特定的人物形象。第一篇常人体童话《宝葫芦的秘密》，文中的王葆幻想着自己有一个神奇的宝葫芦，想用其实现自己的愿望。故事塑造了可爱纯真的人物形象，用一个普通的小学生形象拉近学生和童话的距离。第二篇超人体童话《巨人的花园》，讲述了冷酷无情的巨人被温暖善良的小孩子感化，从而变得和蔼可亲的过程。此篇文章用生活中不真实存在的人物，丰满了学生的童话世界。最后一篇拟人体童话《海的女儿》，通过温馨奇妙的海底故事，刻画了古灵精怪的人鱼形象，让学生身临其境，徜徉在童话中。有魔力会说话的葫芦、不随季节变化的花园、海底与人间的对话……这些故事都在用奇妙而不可思议的情节或事物传递着何为真善美。课后习题的编排中既体现了阅读要素，也体现了习作要素，逐步引导孩子能创编出一个新故事。

二、语文要素分析

从教材的编排来看，体会人物形象相关的阅读要素第一次出现是在四年级。纵向梳理发现四年级是体会人物形象的基础阶段。教材编排了两种吸引孩子的文体（童话和神话），通过学习方法，为高年级"体会人物内心、品质"做好铺垫。关于习作要素，小学阶段共有11次关于"想象"的习作，其中以"写故事"作为小学阶段的训练重点。本次习作训练，也为五年级的缩写故事、根据情境编故事等训练做铺垫。

本单元之前，学生有了续写故事、编写童话、写清楚一件事的基础。再结合26课提供的"事件"编写训练、27课提供的"环境"描写、3篇课文共同提供的"人物"形象构成创编故事的三要素。最后结合原有情境和人物，改编经过或结局，把具体的情节写清楚。

单元教学目标

1. 认识49个生字，读准1个多音字，会写26个字，会写20个词语。

2. 通过朗读、默读课文，走进童话。结合场景和情节感受童话的奇妙；根据故事中的细节，如语言、心理、动作及环境描写等展开想象，体会人物真善美的形象。

3. 通过童话的奇妙、丰满的人物形象，激发阅读童话的兴趣，创编童话的欲望。

4. 积累有关勤学的名言警句；了解书签书写的格式，制作书签。

5.阅读不同国家的童话故事，尝试将童话所传达的真善美的理念，有意识地运用在自己的生活中。

单元教学结构

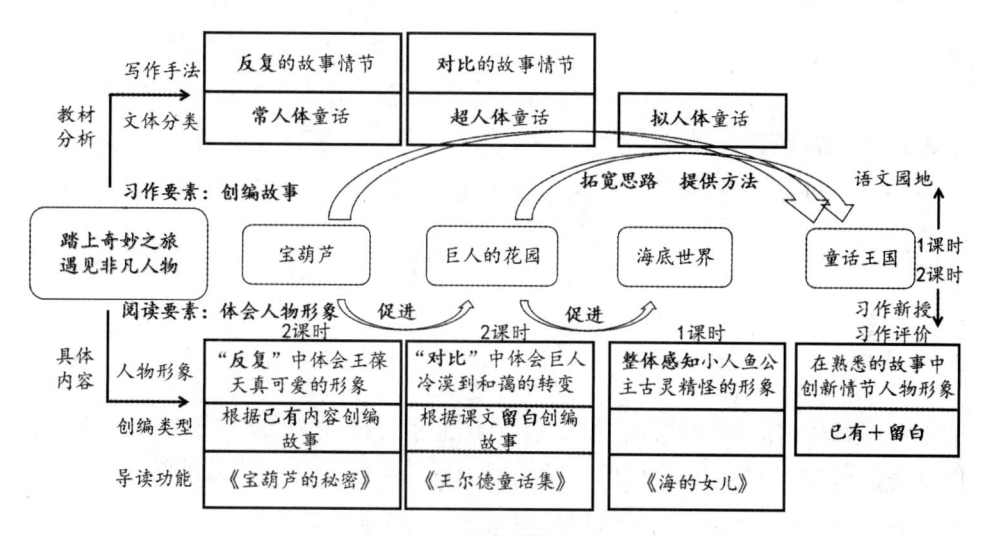

图1　单元教学结构图

本单元编排了三篇不同文体、不同写作手法的童话故事，丰富学生的认识和体验，交流平台中对童话特点加以总结。教师根据本单元人文主题及语文要素，创设"奇妙之旅"的学习情境，边"走"边学，边"游"边体验，孩子们最终到达属于自己的童话王国。在创编故事要素的落实中，精读课文从两个不同的方面为习作拓宽思路、提供方法。板块四"童话王国"巩固复习方法。其次在体会人物形象要素的落实中，四个板块呈递进式，起到逐层促进的作用。板块一"宝葫芦"主要从语言方面来感受人物形象，板块二"巨人的花园"则增加了动作、神态、环境，因此板块三"海底世界"自主阅读中才能对人物展开多元理解，习作过程中学生更容易创新情节和人物形象。其中"语文园地"中"词句段运用"特意回顾了环境描写，加强运用。

课题	25 宝葫芦的秘密（节选）
课时	第2课时
课型	新授课☐　精读或略读指导☑　口语交际课☐　专题复习课☐ 习作指导或讲评☐　学科实践活动课☐　其他☐

课时教学内容分析

《宝葫芦的秘密》是我国作家张天翼的作品，写了一个爱幻想的孩子王葆得到了梦想中的宝葫芦，这个宝葫芦给他的生活带来奇妙变化的故事。课文以第一人称叙述，人物出场时童真可爱的语言使得天真活泼的形象活灵活现。课文节选自原作开头部分。在此部分中宝葫芦还未正式出场，给学生留有一定的想象空间，后续可通过介绍原著目录充分调动学生阅读原著的兴趣。本篇是单元首篇精读课文，第一课时主要是带学生回顾童话文体，体会宝葫芦的神奇之处和王葆纯真可爱的人物形象；第二课时则引导学生大胆想象，体验创编乐趣。

学习者分析

根据教学前的调查统计，极少数学生读过《宝葫芦的秘密》，预设大多数同学会产生阅读整本书的欲望。在三年级童话单元中，绝大部分同学了解了童话充满丰富想象的特性。在本课第一课时大部分学生能理解"王葆为什么想得到一个宝葫芦"，初步感受到宝葫芦的神奇和童话的奇妙特性。在交流的基础上，大部分学生可以对王葆的三种幻想打开思路。

课时教学目标

1. 了解奶奶给王葆讲的故事，根据已有内容创编故事，讲给同学听。
2. 掌握创编故事的方法，感受童话的奇妙。（教学重难点）

学习评价设计

表1 创编故事评价表

姓名	标准	自我评价	同伴评价	教师评价
同桌相互交流自己创编的故事。	A.情节完整，想象合理，体现故事的奇妙。			
全班相互交流自己创编的故事。	B.情节完整，想象合理。 C.情节完整，前后有关联。 D.情节不太完整，需要再补充。			

教学活动设计

一、复习导入，回顾情节

这节课我们继续学习《宝葫芦的秘密》，奶奶总给王葆讲的宝葫芦的故事是什么样的？请你们读一读。

课件出示：

> 　　上次讲的是张三劈面撞见了一位神仙，得了一个宝葫芦。下次讲的是李四出去远足旅行，一游游到了龙宫，得到了一个宝葫芦。王五呢，他因为是一个好孩子，肯让奶奶给他换衣服，所以得到了一个宝葫芦。至于赵六得的一个宝葫芦——那是掘地掘来的。
> 　　不管张三也好，李四也好，一得到了这个宝葫芦，可幸福极了，要什么有什么。张三想："我要水蜜桃。"立刻就有一盘水蜜桃。李四希望有一条大花狗，马上就冒出了那么一条——冲着他摇尾巴，舔他的手。
> 　　后来呢？后来不用说，他们全都过上了好日子……

二、创编指导，丰满想象

（一）探寻规律，掌握方向

读了这四个故事你们有什么发现？（学生自己发现有困难时变色提示，例如：人物名字变红色、故事地点变绿色……）

预设：全都得到了宝葫芦、过上了好日子、要什么有什么；每个故事人物、得到宝葫芦的方式不同，想要的东西、故事发生的地点不同。

（通过学生回答不同点，总结出表头）

人物	地点	得到方式	得后愿望	……？	结果

【设计意图：引导学生总结故事的规律，为根据课文内容合理想象、创编故事做好铺垫。】

（二）梳理情节，丰满想象

选出一个你们最喜欢的故事，说出理由。

预设1：李四的故事

因为他去游龙宫，这个地方感觉很不寻常。我在《西游记》里看到过，应该很有趣。

师提问：关于这个故事你还想知道什么？

预设学生可能会提到以下问题：

①为什么李四得到宝葫芦后只要了一条大花狗？
②李四在龙宫发生了什么事就得到了宝葫芦？
③得到大花狗后又是怎样过上好日子的？

预设2：张三的故事

张三遇见了一个神仙，这太神奇了，我产生了好奇心。

关于这个故事你还想知道什么？（同上）

①张三在哪里遇见神仙的？
②张三除了水蜜桃还会不会要别的东西？
③为什么神仙能赐给张三宝葫芦？
④张三得到宝葫芦后过的好日子是什么样？

预设3：王五的故事

王五是个好孩子，我觉得他很听话。

关于这个故事你还想了解什么？

①王五在哪里得到的宝葫芦？
②王五得到宝葫芦后许了哪些愿望？
③王五的好日子是什么样子的？

预设4：赵六的故事

赵六还会掘地，他有我们不会的技能。

关于这个故事你还想知道什么？

①赵六得到宝葫芦后许了哪些愿望？
②赵六得到宝葫芦后发生了什么故事？

课件逐条出示（学生边读边出示）

人物	地点	得到方式	得后愿望	……？	结果
张三	?	神仙赐	水蜜桃	?	幸福 要什么有什么 过上好日子
李四	龙宫	游龙宫	大花狗	?	
王五	?	听话	?	?	
赵六	农地	掘地	?	?	

【设计意图：自主发现疑问，找到需要扩充的情节。】

（三）创编故事，展示个性

看来大家都找到了自己喜欢的故事，发现了可以创编的地方。先自己想一想，再和同桌交流。

（同桌讨论，教师进行指导。）

过渡：哪位同学愿意分享你的故事？请用奶奶给王葆讲故事的口吻试着讲一下吧！

在座的各位"小王葆"们，你们喜欢这个故事么？说说你的理由。

PPT出示评价标准：

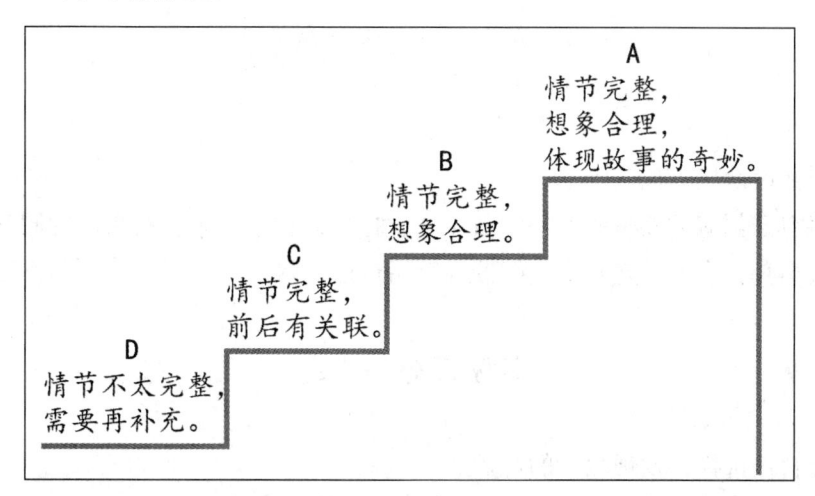

```
                                        A
                                   情节完整，
                                   想象合理，
                                   体现故事的奇妙。
                          B
                     情节完整，
                     想象合理。
                C
           情节完整，
           前后有关联。
      D
 情节不太完整，
 需要再补充。
```

预设1：结合故事的基本情节、该生的想象力等方面进行评价。

预设2：给该生补充，拓宽思路。

预设3：从故事的亮点展开评价，说说自己的听后感。

【设计意图：评价的维度从完整性、合理性、想象力、奇妙性几个方面展开，让学生清楚自己目前达到的程度和努力的方向。】

三、拓展延伸，激发兴趣

同学们，你们学完本篇课文还有什么想知道的问题么？

预设1：王葆和宝葫芦的后续故事情节。

预设2：王葆的结局，是否过上好日子了？

当王葆真的得到了一个宝葫芦，他逐渐认识到靠宝葫芦不劳而获，其实会有很多烦恼。具体是怎么回事呢，老师推荐感兴趣的同学可以读读《宝葫芦的秘密》这本书。

【设计意图：扩充资料，体会宝葫芦的神奇，促使学生打开思路。激发学生的课外阅读兴趣。】

结语：不论是宝葫芦的秘密，还是同学们创编的奶奶讲给王葆的故事，都让我们感受到了童话的奇妙。课下大家可以把这个奇妙的故事记录下来，让更多的人感受这份奇妙！

板书设计

26. 宝葫芦的秘密（节选）

　　　　　人？
　　地点？　　　　大胆想象
　　得到方式？　　合理创编
　　　　　？

作业设计

将自己创编的故事讲给同学或家人，也可以记录下来。有兴趣的同学可以编成故事集，和同学互相交换阅读，写写评语。

教学反思与改进

1. 自主选择，发现故事的奇妙。

课文提供了四个故事可供学生自主创编，在原情节中体会故事的奇妙，发现可幻想的空间，充分关注学生独特的感悟与体会。学生说出选择的原因和吸引自己的情节，是学生创编故事的动力和支点，促使其抒发真情实感，享受创编的乐趣。

2. 自主质疑，寻找创编的思路。

本课通过学生的自主质疑、交流总结得出表格，同时梳理了创编故事的思路和方法。通过横向比较发现每个故事的空白点都不相同，纵向比较每一个创编角度对应不同的故事都有合适的情节。教学生带入情景想象故事中的细节，这样就充分调动了学生的求异思维和发散思维。最后整合创编方法，渗透先设想结局再设想经过的整体布局，为接下来的单元习作做铺垫。

3. 自主阅读，激发阅读的兴趣。

本课在拓展延伸的过程中，以问题为支架设计了激励和引导学生阅读整本书的活动，但设计比较简单。今后的教学中，可以探索链接课后实践类作业或者阅读活动，一步步培养学生自主探究的能力，养成自主阅读的习惯。

（指导教师：北京市顺义区天竺第二小学 赵蕊）

第九册　第三单元《猎人海力布》

王淑阳

教学单元基本信息			
姓名	王淑阳	单位	北京市昌平区昌盛园小学
年级	五年级	单元	上册第三单元
单元主题	民间故事——口耳相传的经典，老百姓智慧的结晶		

单元指导思想与理论依据

《义务教育语文课程标准（2011年版）》（以下简称《课标》）实施建议中指出：语文教学应激发学生的学习兴趣，培养学生自主学习的意识和习惯，引导学生掌握语文学习的方法，为学生创造有利于自主、合作、探究学习的环境。应尊重学生的个体差异，鼓励学生选择适合自己的学习方式。基于《课标》理念，本教学设计以感受口口相传的民间文化、创造性复述民间故事为学习主线，以培养学生讲故事的兴趣，培养创新思维以及创造性表达能力为根本任务，采用自主、合作、探究的学习方式，在教师为主导、学生为主体的情景教学中开展语言实践活动。从而提高学生整体把握学习资源的能力、系统的思维能力，培养学生关联、整合、创新的思维品质以及与之相对应的创造性运用语言文字表情达意的能力。

单元教学内容及要素分析

"民间故事单元"位于统编教材五年级上册第三单元。选编了《猎人海力布》和《牛郎织女》两个故事。故事情节曲折，人物形象鲜明，表达了劳动人民对幸福生活的期盼。

单元阅读要素是"了解课文内容，创造性地复述故事"。课后题、语文园地"词句段运用"栏目中对接相关练习;"交流平台"总结了创造性复述故事的方法;"口语交际"和"习作"旨在将学到的方法进行实践运用;"快乐读书吧"引导学生在丰富的题材中感受阅读民间故事的乐趣。单元学习内容环环相扣,彼此关联。教师在教学时应遵循统编教材的编排思想,一课一得,将整个单元的教学目标系列化,教学任务合理化。

纵观统编教材,三年级安排了"中外童话"和"寓言故事""有趣的故事";四上安排了"神话故事""古代故事";四下安排了"童话之美"。本单元"民间故事"是小学阶段最后一次出现的以故事为主题的单元。学生在故事情节的感悟和人物特点的理解上已有一定基础,可引导学生迁移已有学习经验,自主阅读和表达。

单元教学目标

1. 认识"誓"等24个字,读准"落",会写"酬"等25个字,会写"猎物"等32个词。

2. 快速默读课文,把握主要内容,感知人物形象,感受民间故事对真、善、美的歌颂以及劳动人民对幸福美好生活的期盼与追求。

3. 学习创造性复述的方法,能以故事中人物的口吻讲述故事;能简要介绍故事;能丰富故事情节,把简略的地方讲具体,并配上相应的动作和表情。

4. 学习缩写故事的一般方法,能缩写民间故事。

5. 通过语文综合性学习,深入了解民间故事,产生对传统文化的热爱。

单元教学结构

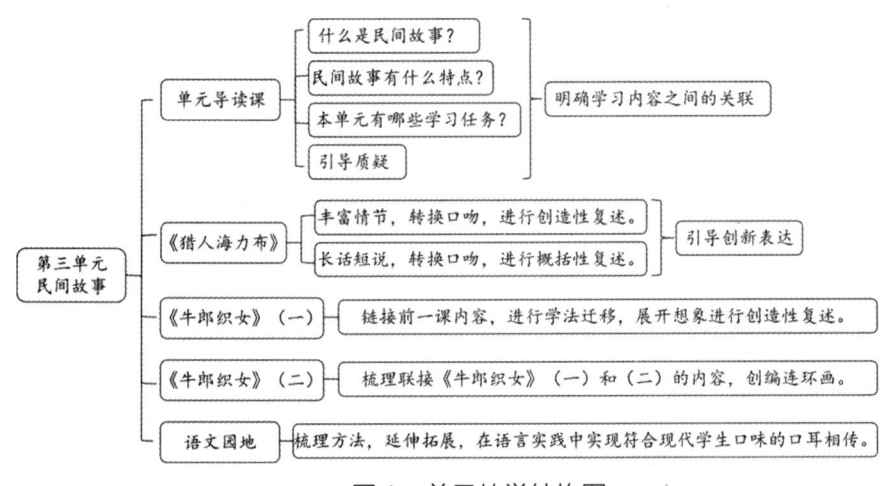

图1 单元教学结构图

课题	9 猎人海力布
课时	第 2 课时
课型	新授课☑　精读或略读指导□　口语交际课□　专题复习课□ 习作指导或讲评□　学科实践活动课□　其他□

课时教学内容分析

《猎人海力布》讲了海力布为救乡亲牺牲了自己，变成石头的故事。故事充满想象，情节环环相扣，塑造了一个为百姓敢于牺牲自己的英雄形象。教师在教学时，应着重"创造性复述故事"方法的指导和训练，重点完成"转换口吻"讲故事的训练内容，并通过丰富情节使学生讲的故事更有趣味性和创新性。

学习者分析

关于讲故事，五年级的学生已经有了一定的经验，但学习兴趣、学习能力、阅读积累、表达能力等方面发展不均衡。通过学前调查问卷获知：98.43%的同学喜欢读故事，情节和人物能够给他们留下深刻的印象；92.15%的同学表示掌握了基本的复述方法；部分同学实践过以不同的口吻讲故事，但对于创造性复述只有11.41%的同学有了解。因此，在教学时，教师要抓住学生已有的学习经验，通过自主学习完成故事情节的梳理，通过朗读体验加深对人物特点的感知，通过小组活动进行表达的碰撞。在此过程中，教师应参与讨论、适当点拨，突破学习难点。

课时教学目标

1.能快速默读课文，抓住主要人物之间的关系，把握故事主要情节，说出主要内容。

2.通过展开想象丰富故事情节。能转换角色，以海力布或乡亲们的口吻讲述海力布劝说乡亲们搬家的部分。（教学重难点）

3.能够根据主要情节，长话短说，简要介绍那块叫"海力布"的石头的来历。

学习评价设计

一、评价目标

1. 通过激励性评价激发学生创造性复述的兴趣。

2. 通过形成性评价对学生理解、表达、合作、创新、想象等能力进行持续培养。

3. 通过前测、后测问卷进行诊断性评价,了解学情,检测教学效果。

二、评价方式

1. 课堂互动式多元评价。2. 课堂观察式量规评价。3. 后测问卷式诊断评价。

三、评价内容及评价工具

表1 学习评价表

项目	学习兴趣		合作效果		课文理解		创意表达	
评价标准	对学习民间故事感兴趣	☆	积极参与小组合作	☆	能够了解课文主要内容	☆	能够展开丰富的想象丰富故事情节	☆
	愿意深入了解故事中的人物	☆	在合作中发表自己的意见	☆	对人物形象有自己丰富的理解	☆	能够采用不同的口吻讲故事	☆
	想把故事讲给别人听	☆	对他人观点提出自己的建议	☆	借助故事得到有价值的启示	☆	改变顺序后能够把故事讲清楚	☆
效果	自我评价（ ） 同学评价（ ） 教师评价（ ）		自我评价（ ） 同学评价（ ） 教师评价（ ）		自我评价（ ） 同学评价（ ） 教师评价（ ）		自我评价（ ） 同学评价（ ） 教师评价（ ）	

教学活动设计

一、复习导入,回忆主要内容

（一）揭示课题,导入新课

（二）梳理人物,整体感知

1. 故事中的主要人物都有谁呢？

2. 借助人物之间的关系，回忆这篇课文主要写了海力布的哪两件事。

3. 两个故事有什么联系呢？

4. 抓住关键"联系"，回顾"可怕的消息"，指名读。

出示：

> 有一天，他正在深山里打猎，忽然听见一群鸟在议论着什么。仔细一听，那只带头的鸟说："咱们赶快飞到别处去吧！今天晚上，这里的大山要崩塌，大地要被洪水淹没，不知道要淹死多少人呢！"

5. 齐读"可怕的消息"。

【设计意图：借助人物关系回顾主要内容，帮助学生建构情节之间的联系，将学生带入学习情境。】

二、体会人物心情，感受英雄形象

（一）回忆课前探究问题

出示：海力布劝说乡亲们搬家的时候是怎么说、怎么做的呢？

（二）全班交流课前预习，探究收获

提示：先读一读批画的句子，再说说自己的感受。

1. 预设一：海力布听到这个消息，大吃一惊。急忙跑回家对大家说："咱们赶快搬到别处去吧！这个地方不能住了！"

引导学生感受海力布担心乡亲们安危的情义。

2. 预设二：尽管海力布焦急地催促大家，可是谁也不相信他。海力布急得掉下了眼泪，说："我可以发誓，我说的话千真万确。相信我的话吧，赶快搬走！再晚就来不及了！"

引导学生感受海力布一心为乡亲们着想的浓浓亲情。

板书：焦急　　心急如焚

3. 预设三：他想到这里，就镇定地对大家说："今天晚上，这里的大山要崩塌，洪水要淹没大地。你们看，鸟都飞走了。"接着，他就把怎么得到宝石，怎么听见一群鸟议论避难，以及为什么不能把听来的消息告诉别人，都原原本本照实说了。

引导学生感受海力布宁可牺牲自己也要救乡亲们的决心。

（三）走进人物内心，感受英雄形象

1. 体会海力布心情的变化。

2. 在你心中，海力布是一个怎样的人？

【设计意图：通过语言、动作、心理活动走进人物内心，感知英雄形象。】

三、创造性地讲英雄故事

（一）初步讨论什么是"创造性复述"

（二）学生合作，分角色创造性复述第8自然段

1. 当时的场景中还有其他村民，会有谁呢？

2. 按要求分组创造性讲故事。

要求：一人讲旁白，一人讲海力布，一人讲老人。第四位同学可以选一个自己认为比较典型的人物，讲一讲他对海力布说了什么。

提示：

（1）讲的时候以海力布的心情为线索，随着故事发展讲出海力布心情的变化。

（2）展开想象要符合人物的特点。

3. 展示。

（1）指一组讲故事。

（2）评价。

（三）改变口吻，创造性复述第8自然段

1. 你就是海力布，现在要把这段经历讲给别人听，要怎么讲呢？

提示：

（1）改变人称。

（2）以海力布心情的变化为线索，讲出劝说时语气的变化。

（3）把小组合作讲故事中添油加醋的精彩内容加进来。

2. 自由练讲。

3. 展示评价。

4. 小结：同学们以海力布的口吻讲故事，故事听起来就那么亲切、自然，这也是创造性复述的一种方法。转变口吻讲故事时，一定要注意"变人称"。

板书：转变口吻（变人称）

【设计意图：通过小组合作表演再现故事情境，激发学生创新思维与合作意识。学生通过分角色表演感受情况的紧急，走进海力布的内心，把故事的情节讲丰满、讲生动。】

（四）转变口吻、调整顺序，讲述第9自然段

要求：用上转变口吻讲故事的方法，以海力布的口吻讲述。

提示：海力布原原本本照实说的内容，可以插入课文 3—7 自然段的内容进行讲述。但要注意用上四年级学过的简要复述的方法，长话短说。

1. 指名讲。
2. 全班评价。　　板书：调整顺序

四、总结板书，概写来历

1. 如果要简要介绍"石头"的来历，你会怎么写呢？
2. 教师指导：可以按照事情的起因、经过、结果的发展顺序抓住主要人物和主要情节写；也可以改变顺序，倒着写，设置悬念，可以让读的人更感兴趣。
3. 写后交流。

五、课堂小结

板书设计

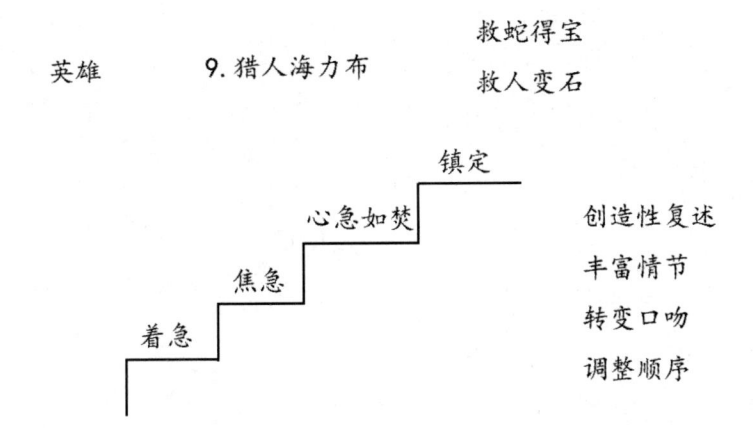

英雄　　　9. 猎人海力布　　救蛇得宝
　　　　　　　　　　　　　救人变石

```
                    镇定
              心急如焚    创造性复述
           焦急          丰富情节
        着急             转变口吻
                        调整顺序
```

作业设计

1. 以乡亲们的口吻把这个故事讲给爸爸妈妈听。
2. 推荐民间故事书。

教学反思与改进

1. 落实立德树人的育人目标，培育文化自信。

在创造性复述故事过程中，了解故事情节，感知海力布等人物形象，润泽学生心灵，培养学生正确的价值观和民族自豪感，增强民族文化自信。

2. 立足单元整体，培养创新思维。

在以学生为主体的情景教学中，教师应立足单元整体开展课内外语言实践活动，提高学生整体把握学习资源的能力、系统的思维能力，培养学生关联、整合、创新的思维品质。

3. 科学把握学情，要素递进提升。

引导学生在体验、探究和实践中对接以往的学习经验，抓重点段落，通过小组合作感知人物形象，展开丰富想象，进行创造性表达，实现单元语文要素螺旋式提升。

4. 应进一步关注学生思维的发展，给学生自由表达创造更多空间和时间。

（指导教师：北京市昌平区教师进修学校 欧凤云）

第九册　第四单元《古诗三首》

任丹丹

教学单元基本信息				
姓名	任丹丹	单位	北京市海淀区中关村第二小学	
年级	五年级	单元	上册第四单元	
单元主题		爱国情怀		

单元指导思想与理论依据

《义务教育语文课程标准（2011年版）》中指出：在学习语文的过程中，培养爱国主义情感、社会主义道德品质，逐步形成积极的人生态度和正确的价值观。本组课文以"爱国情怀"为主题，很适合引导学生初步形成个人与国家关系的思考和认识，树立积极向上的人生理想，增强为民族振兴而努力的使命感和社会责任感。

单元教学内容及要素分析

本单元以"爱国情怀"为主题，阅读要素为：结合资料，体会课文表达的思想感情。学习列提纲，分段叙述。为了更好地规划单元学习，聚焦单元主题，笔者将统编教材中"爱国情怀"主题单元的课文进行了纵向梳理，如图1所示：

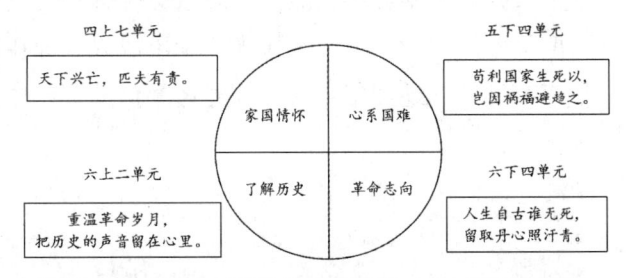

图1　统编教材关于爱国情怀的人文主题梳理图

三个年级四个单元涉及了"爱国情怀"的主题，但是侧重点各有不同。如图 2 所示，本单元的几篇课文所涉及的年代、人物、事件各异，贯穿其中的都是中国人代代相传的爱国情怀。其承接四上的内容，通过"国家不振""落后挨打""少年责任""默默奉献"几个小主题，进一步加强学生责任感和使命感的教育。

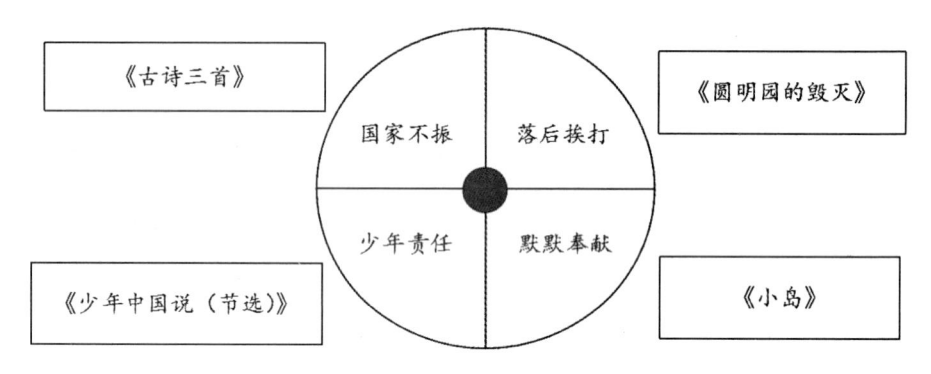

图 2　单元主题梳理图

本单元阅读要素为"结合资料，体会课文表达的思想感情。"纵向梳理"查找、运用资料"在统编教材中的安排如表 1 所示：

表 1　"查找、运用"资料在统编教材中的编排

册次	单元	内容
三下	三	收集传统节日的资料，交流节日的风俗习惯，写一个过节的过程。
三下	六	梳理难懂的句子，可以查查资料，或者向别人请教。
四下	二	查资料可以帮助我们理解不懂的问题。
四下	三	根据需要收集资料，初步学习整理资料的方法。
五上	四	结合资料，体会课文表达的思想感情。
五下	三	学习搜集资料的基本方法。
六上	八	借助相关资料，理解课文主要内容。

由上表可知，学生查找资料的能力是在边学边用、学用结合的过程中不断提高和习得的。学生查找和运用资料的能力呈现出交替螺旋式上升的特点。

本单元学生在搜集资料的能力上，承接中段学习成果，即在简单收集资料的基础上，学习如何有针对性地搜集资料，同时还要借助资料体会课文表达的思想感情。如图 3 所示：

《古诗三首》
1. 抓住古诗文体的特点。
2. 明确查资料的角度、种类。
3. 选择重点资料，体会诗人情感。

《圆明园的毁灭》
1. 初步运用所学方法。
2. 学习借助多种形式的资料，抓住关键信息，体会痛惜之情。

《少年中国说（节选）》
抓住文言文的特点，初步运用所学方法，有针对性地搜集和运用资料，体会作者的强国之梦。

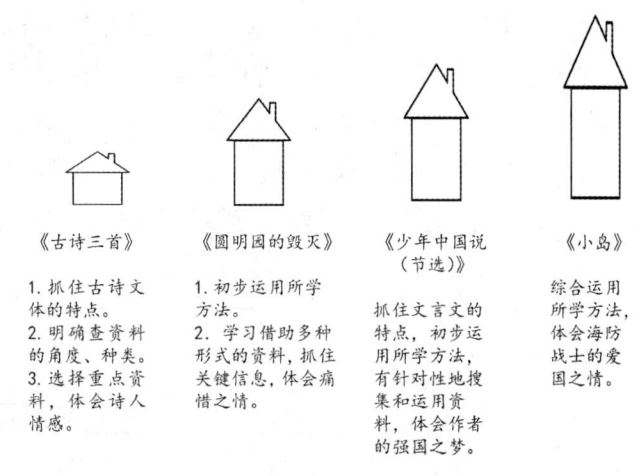

《小岛》
综合运用所学方法，体会海防战士的爱国之情。

图3　学习方法示意图

由此可以看出，本单元的阅读教学以资料贯穿学习的始终。通过借助资料读懂课文，了解背景，丰富学生对课文内容的理解，最终突破"体会作者情感"的难点。

单元教学目标

1.认识32个生字，读准1个多音字，会写30个字，会写"毁灭"等24个词语。结合上下文和生活实际理解"众星捧月""举世闻名"等词语的意思。

2.有感情地朗读课文。背诵《古诗三首》和《少年中国说（节选）》。默写《示儿》。

3.能借助题目、注释和相关资料，了解课文大意，体会课文表达的思想感情。

4.大胆想象，能列习作提纲，在习作中分段叙述，把重点部分具体写。

5.引导学生结合资料，更深入地理解课文内容，体会课文的思想感情。（教学重点）

6.能通过朗读表达课文蕴含的情感。（教学重点）

7.引导学生结合资料，更深入地理解课文内容，体会课文的思想感情。（教学难点）

单元教学结构

学生通过《古诗三首》的学习，掌握了通过查找作者生平、作品创作的时代背景以及作家的相关作品来理解课文的方法，为后面的学习打下了坚实的基础。学习《圆明园的毁灭》一课，学生能够尝试查找圆明园的历史、文化价值等资料感受作者的痛惜之情，结合资料，其体会情感的能力得到了进一步锻炼。学习《少年中国说（节选）》一课，学生能够在前两篇课文学习的基础上借助资料理解文意，同时借助资料了解创作背景，激发发愤图强的爱国热忱。

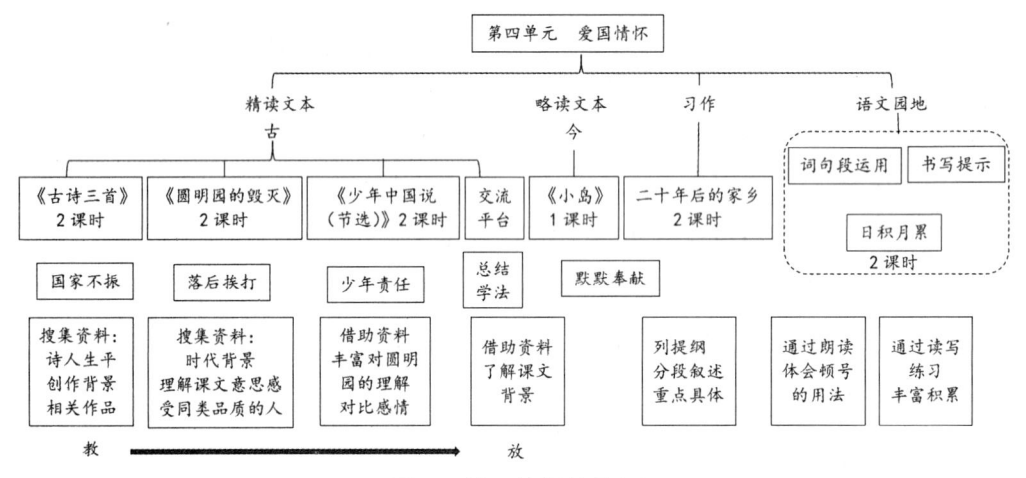

图 4　单元教学结构图

课题	12 古诗三首
课时	第 2 课时
课型	新授课☑　精读或略读指导☐　口语交际课☐　专题复习课☐ 习作指导或讲评☐　学科实践活动课☐　其他☐

课时教学内容分析

　　《古诗三首》是五年级上册第四单元第一篇课文。本组教材以"浓浓的家国情"为专题编排教学内容。宋代陆游的《示儿》，林升的《题临安邸》以及清代龚自珍《己亥杂诗》中的一首。前两首古诗都是南宋诗人的作品，反映的是相同时代背景下的社会生活情况，但是两首诗所反映的社会角度又是不一样的。《示儿》表达了诗人对南宋统治者屈辱求和、苟且偷安的无比愤慨，对收复失地统一祖国的无比渴望。《题临安邸》表现了南宋的统治者在南逃至临安后，终日沉湎于酒色中的种种丑态。三首古诗，都体现了诗人满满的爱国情怀。

学习者分析

　　五年级学生已经初步具备了自学古诗的能力。借助注释理解古诗的大意对五年级的学生来说并不难，也能够借助注释及搜集的背景资料理解古诗内容。但三首古诗所处的时代与学生的生活较远，需要学生提前收集有关作者、写作背景的相关资料。

　　通过初读古诗，全班 90.48% 的同学都能明白三首古诗表达的是爱国主义情感。

　　关于三首古诗学生存在的疑问，主要涉及以下几个方面，梳理情况如下：

表 2　学情分析表

	重点字词理解	历史背景	作者生平	相关作品
《示儿》	28.57%	47.62%	19.05%	4.76%
《题临安邸》	38.89%	38.89%	19.84%	7.94%
《己亥杂诗》	50%	19.05%	7.14%	4.76%

　　不难发现学生对三首古诗最想了解的两方面就是重点字词的理解和相关历史背景的介绍。因此，学生对重点字词存在的疑问，就成了第一课时的教学重点。对于作者生平和相关作品只有少部分学生能够关注，这成了第二课时需要重点补充的内容，从而突破借助资料体会诗人感情的难点。

课时教学目标

　　1. 认识"乃、熏"等 5 个生字，会写"祭、乃"等 8 个字。
　　2. 有感情地朗读古诗。背诵古诗。默写《示儿》。（教学重点）
　　3. 能借助题目、注释和相关资料，理解古诗内容，体会诗人表达的情感。（教学难点）

学习评价设计

课后评价：

表 3　学习评价表

收集资料的能力	搜集资料 ★★★	搜集的资料不全 ★★	没有搜集资料 ★

续表

整理资料的能力	结合资料批画相关语句，批注自己的感受 ★★★	能够在资料中进行批画 ★★	很难在材料中找到重要信息 ★
小组学习的能力	能够将自己的感受与小组同学分享，并及时完善自己的笔记 ★★★	能够参与小组讨论，能够简单分享自己的观点 ★★	能够参与小组讨论，没有分享自己的观点 ★

教学活动设计

一、复习导入，明确单元目标

（一）回顾第一课时，复习背诵古诗

要求带着理解背诵三首古诗。

（二）回顾单元目标，确定学习重点

回顾单元主题页，明确语文学习的要素是借助资料理解作者表达的情感。确定本节课学习的目标是借助资料体会诗人表达的情感。

【设计意图：学生通过第一课时的学习，已经借助注释理解了古诗的大意，并熟练地背诵了三首古诗。复背三首古诗，在落实背诵目标的基础上，为接下来深入体会做足准备。】

二、深入学文，了解资料查找的角度

（一）学习《示儿》，了解资料查找的角度

聚焦"悲"，结合诗句和材料体会情感。教师出示《示儿》，学生回顾诗句大意，思考诗中最能体现作者感受的是哪个字。结合资料体会诗人的"悲"。

1.学生结合诗句，理解诗人面对九州没有统一感到悲伤。

2.学生结合时代背景，理解诗人面对宋统治者的妥协求和、昏庸无能感到悲愤的心情。

3.学生结合陆游的生平，理解其一生都在积极抗金，但报国无门，感到无奈又悲哀。

学生带着感受和理解读好"但悲不见九州同"。

（二）读中体会诗人悲中有盼。

师生接读：王师北定中原日，家祭无忘告乃翁。

诗人一生都在痴痴地等，他在等——（男生读）；苦苦地盼，他在盼——（女生读）。

陆游仍然坚信——指名读；期待——指名读。

（三）借助诗人相关作品，体会陆游一生忠贞的爱国心。

教师出示诗人不同时期的作品，创设情境，引导学生体会陆游的赤子之心。

【设计意图：学生通过历史背景、诗人生平等方面的资料，理解诗人悲的心情。通过对诗人爱国诗句的品读，升华对陆游一生忧国忧民的爱国主义情怀的理解，突破教学的难点。】

三、对比学习，丰富资料种类

（一）抓住"醉"，体会诗人气愤的心情。

学生自读古诗，思考诗中最能体现当权者的丑态的是哪一个字。在诗句中圈一圈他们醉在了什么里。学生结合诗句，体会他们醉在了美丽的西湖风景里，豪华的亭台楼阁里，没有休止的歌舞里，温暖和煦的春风里，苟且偷安的生活里。

（二）出示视频资料，创造对话。

教师播放金人统治之下百姓们的生活的视频，创设时空对话：像陆游这样的爱国诗人如果能够和这些权贵们对话，你认为他会对这些权贵们说些什么呢？引导学生体会诗人的讽刺、不满、愤恨的心情。再有感情地朗读诗句。

（三）对比异同，拓展提升。

教师引导学生从写法、内容、表达的情感三个方面对比两首诗的异同。配乐朗诵，升华学生的理解。同时由两首诗走进宋朝，补充宋代不同时期的爱国诗句，延伸学生对爱国情感的深入体会。

【设计意图：通过图片资料、视频资料的补充，丰富学生资料查询的种类。借助说话练习，引导学生将两首诗联系起来，体会不同诗人的不同表达方式。】

四、自学诗文，尝试运用资料

（一）小组合作学习，借助资料悟诗情

学生运用前面所学的方法，结合资料，小组合作学习《己亥杂诗》，体会龚自珍的爱国情感。

1. 结合时代背景，体会"九州无生气""万马齐喑"。
2. 结合诗人生平，体会诗人对"风雷""天公""人才"的渴求。

（二）拓展不同朝代的爱国诗句

由宋、清两个朝代，走进中华民族的历史长河。教师出示不同朝代的爱国诗句，引导学生读中体会根植于华夏儿女骨子里的爱国情。

【设计意图：学生学以致用，结合所查找的相关资料促进学生对诗人情感的理解。通过诗句的补充为学生打开了家国情怀的大门，升华了情感，也为学生提供了更宏大的视野。】

板书设计

古诗三首

背景　　示儿　题临安邸　己亥杂诗

生平　　悲　　醉　　　　哀

作品

作业设计

必做：背诵三首古诗，默写《示儿》。

选做：

1. 搜集陆游的作品，制作陆游档案。
2. 搜集各个朝代的爱国主义诗人及其作品，制作名人录。

教学反思与改进

1. 资料引入的时机和目的应更明确。

通过前测发现学生对诗人的生平及其相关作品少有关注，因此在课堂上引入了两部分的资料。但是在课堂中，资料出现的时机还可以再斟酌，层次再清楚一些。如先从诗句中体会，学生体会不到了，再引出资料，把握好资料出示的时机。

2. 丰富资料的种类，拓宽学生查找资料的角度。

查找文字材料对学生来说是比较擅长的。对于五年级学生来说，应该能够借助多种类型的材料去理解情感。因此在课堂教学中还插入了地图图片、北宋人民悲苦的生活状况的视频资料。启发学生除了搜集文字资料外，还可以通过一些直观的材料丰富理解。

3. 深耕厚植，为学生创造生长型课堂。

本节课的三首古诗，尤其是第一首诗，很多学生从小就会背了！如何让课堂变成学生感兴趣的、生长性的课堂？需要教师的视野从一首古诗向多首转换，同时打开学生探寻爱国主义情怀的窗口。因此，作为年轻教师，应该多读书，多积累，不断丰盈自己，也不断丰厚自己的课堂。

（指导教师：北京市海淀区中关村第二小学 付雪婷）

第九册　第四单元《少年中国说（节选）》

李惠

教学单元基本信息			
姓名	李惠	单位	府学胡同小学
年级	五年级	单元	上册第四单元
单元主题	爱国情怀		

单元指导思想与理论依据

《义务教育语文课程标准（2011年版）》中指出：语文课程致力于培养学生的语言文字运用能力，提升学生的综合素养，为学好其他课程打下基础；为学生形成正确的世界观、人生观、价值观，以及良好个性和健全人格打下基础；为学生的全面发展和终身发展打下基础。语文课程对继承和弘扬中华民族优秀文化传统和革命传统，增强民族文化认同感，增强民族凝聚力和创造力，具有不可替代的优势。

本单元的主题是"爱国情怀"，选编的篇目字里行间都蕴含着强烈的爱国之情。这样的单元学习，不仅可以让学生感受到文中浓厚的爱国情怀，增强振兴中华的责任感和使命感，以及民族文化认同感，更能帮助学生形成正确的世界观、人生观、价值观。为此，教师要将学生作为学习的主体，积极倡导自主、合作、探究的学习方式，努力营造开放而有活力的语文课堂，为学生创设交互式学习平台，精心组织学生的学习活动，使学生能在宽松、和谐、愉悦的氛围内积极参与到课堂学习之中，自主学习，积极探究，在语文实践活动中，获取知识，发展思维，陶冶情操。

单元教学内容及要素分析

本单元的主题是"爱国情怀"。教材编排了精读课文《古诗三首》《少年中国说（节选）》《圆明园的毁灭》及略读课文《小岛》。四篇课文所涉及的年代、人物、事件各异，贯穿其中的是中国人代代相传的爱国情怀。每每诵读，那饱含深情的文字深切地叩击着我们的心灵——天下兴亡，匹夫有责！因此，应引导学生理解课文内容，激发其热爱祖国、振兴中华的责任感、使命感。

本单元阅读要素是"结合资料，体会课文表达的思想感情"。学生在中年级，就已经初步学习了搜集、整理资料的基本方法，已具备搜集和初步整理信息的能力。要落实本单元的语文要素，教学中应该引导学生结合学习的需要，有目的地筛选出能够帮助认识文本内容的资料，实现学生、文本、作者的对话。这样"点对点对接"地筛选、使用资料，能更深入地理解课文内容，体会课文的思想感情。

本单元的习作要素是"学习列提纲，分段叙述"。"提纲"就是习作的"设计图"，是由构思通向习作的桥梁。学习列提纲，既使得习作整体思路清晰，又确保了作文结构合理。对于这一点，统编教材中编排了比较清晰有序的训练点。例如，三年级下册第八单元就有借助表格、示意图等梳理故事内容，按顺序复述课文内容的练习；四年级上册的习作单元，目标就是按一定的顺序把事情写清楚，引导学生先梳理事情起因、经过、结果，再有条理地叙述；四年级下册第四单元也是在渗透列提纲的构思策略。本单元，学生在阅读资料、筛选资料、运用资料中理解内容、体会情感，也是在运用"列提纲"式的思维方式在学习。

此外，本单元习作是想象"二十年后的家乡"。想象的内容和情感基础与本单元课文浓浓的爱国情怀紧密关联。教学中，要善于利用阅读教学来推动和激发学生想象和表达的热情。

单元教学目标

1. 认识32个生字，读准1个多音字，会写30个字，会写24个词语。
2. 有感情地朗读课文。背诵《古诗三首》和《少年中国说（节选）》。默写《示儿》。
3. 能借助题目、注释和相关资料，了解诗句的大意，体会诗人表达的情感。

4. 结合相关资料，了解课文的大意，体会课文表达的思想感情。
5. 能以《小岛》中将军的口吻讲述故事。
6. 根据习作要求，大胆想象，把"二十年后的家乡"写生动。
7. 能列提纲，在习作中分段叙述，把重点部分写具体，并修改习作。

单元教学结构

为达成单元教学目标，围绕本单元四个核心问题，设计了四个核心任务。在这四个大任务的引领下，开展本单元的教学，具体结构如下：

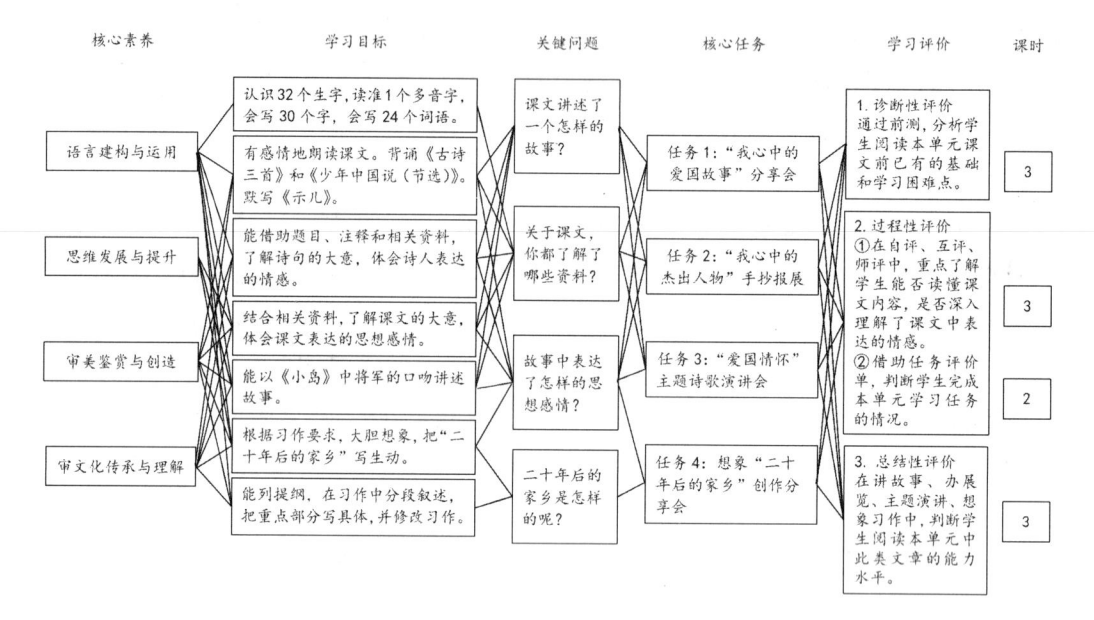

图1 单元教学结构图

课题	14 少年中国说（节选）
课时	第2课时
课型	新授课☑ 精读或略读指导☐ 口语交际课☐ 专题复习课☐ 习作指导或讲评☐ 学科实践活动课☐ 其他☐

课时教学内容分析

《少年中国说（节选）》是统编教材五年级上册第四单元以"爱国情怀"为主题的第二篇课文。《少年中国说》是梁启超先生于1900年发表在《清议报》

上的一篇文章。当时，八国联军阴谋瓜分中国，污蔑中国是"老大帝国""东亚病夫""一盘散沙"。在国内，一些卖国求荣者也叫嚣"任何列强三日内就可以灭亡中国"。为了驳斥帝国主义的野蛮行径和卑劣阴谋，纠正国内一些人自暴自弃、甘为亡国奴的心理，激起全国人民的爱国热情，梁启超先生适时写了这篇《少年中国说》。

全文逻辑严密，语言气势磅礴，感情充沛。课文节选了其中结尾的一部分，共三个自然段。以整齐的句式向读者阐明了建设少年中国之责任在中国少年，亦向读者描绘了少年中国的光辉前程。全文每一字、每一句都满怀着爱国情怀，铿锵有力地激励中国少年一定要发愤图强，勇挑建设少年中国的历史重任，表现了作者对祖国繁荣富强的热切期盼。

本单元的教学重点是引导学生结合资料，更深入地理解课文内容，体会课文的思想感情。其中，《少年中国说（节选）》这篇课文重在引导学生结合资料了解写作背景，理解课文的意思，并通过查找资料，了解百年来为国家富强而奋斗的杰出人物故事，了解中国人的强国梦想。

学习者分析

对于这样一篇年代久远、半文半白的散文，孩子想要完全读懂文章的意思，确实有一定困难。特别是课文描绘的"少年中国的光辉前程"这一部分的学习，学生需要了解课文的时代背景、写作背景，更需要借助资料、插图，去想象、深入理解作者为什么这样去描绘中国的未来。这是一个难点，也是重点。学生只有借助自己查找的资料想象、体会，反复朗读，才能去深入理解课文的内容，进而感受作者字里行间想要表达的对少年中国光辉前程的热烈赞颂和无限向往。与此同时，也要让学生体会少年中国和中国少年的命运紧紧相依的关系。学生也可以通过本节课的学习和查找资料，去触摸作为一名中国人"天下兴亡，匹夫有责"的责任感和使命感。

课时教学目标

1.借助资料，进一步理解课文内容，感受"中国少年"和"少年中国"的联系（教学重点），体会"少年中国"的含义。（教学难点）

2.结合资料，体会文章情感，读出文章的气势，背诵课文，积累语言。

学习评价设计

表1 课堂学习效果评价

评价等级 达成目标	非常好	好	一般	自评	他评
能结合资料，体会文章情感，读出文章气势。	能结合背景、人物、原文等多方面资料，体会文中浓郁的爱国情感，有气势地展开朗读。	能结合背景、人物等两三个方面的资料，体会文中浓郁的爱国情感，有气势地展开朗读。	能结合一定资料，体会文中浓郁的爱国情感，有感情地展开朗读。		
能说出"少年中国"的含义。	能深入理解并结合多方面资料说清楚"少年中国"的含义。	能理解并结合资料说清楚"少年中国"的含义。	能理解并简单说出"少年中国"的含义。		

教学活动设计

一、回顾全文，复习导入

（一）回顾课文内容

（二）学生谈感受

【设计意图：朗读、回顾全文，进而畅谈读后的感受。这既是帮助学生整体回顾课文内容，更为学生在深入学习课文，触摸文本前奠定感情基调。】

二、结合资料，深入体会"少年中国"的含义

（一）引发学生质疑

我们再来读这篇课文的时候，你们心中有什么疑问吗？

预设：为什么梁启超用这样的事物来比作少年中国呢？

（二）学生默读思考

（三）小组交流讨论

（四）小组汇报展示

> 预设：文化意象的角度

预设：文化意象的角度

1.预设学生汇报："黄河"等文化意象的含义。

2. 教师点评，引发思考。

3. 指名朗读。

4. 教师小结。

预设补充：文化意象的角度

1. 预设：干将的故事。

2. 教师小结。

预设：背景资料的角度

1. 预设：当时国家背景。

2. 教师点评，引导朗读。

①指名朗读。

②自由朗读。

3. 教师小结。

预设：引用原文的角度

1. 预设学生汇报：原文资料。

2. 教师引导朗读。

①指名朗读。

②全班齐读。

3. 教师小结。

（五）有感情地朗读，读出期盼

【设计意图：本环节从学生学习的难点出发，自主质疑、学习、探究。引导学生结合不同角度的资料去触摸文本的内容，去深入理解"少年中国"的含义，体会作者字里行间表达出的浓厚的爱国情怀和对少年中国必然繁荣富强的热切期盼，同时也感受到"中国少年"和"少年中国"的关系。学习过程中，教师引导学生通过反复朗读，读出自己的理解和感受。】

三、教师引读，学生诵读

四、拓展知识，激发情感

1. 历史杰出人物。

> 风华正茂就投身革命的少年毛泽东
> "为中华之崛起而读书"的少年周恩来
> 成功设计中国原子弹和氢弹的物理学家邓稼先
> 学成后毅然回国效力的"中国现代数学之父"华罗庚
> 为中国找到丰富石油的地质学家李四光
> 成功解决亿万人吃饭问题的"世界杂交水稻之父"袁隆平

2. 抗疫英雄。

> 84岁高龄还坚守在一线的钟南山院士，带领团队研发疫苗的陈薇院士

3. 观看陈薇院士视频，谈感受。
4. 教师小结。
5. 学生仿写。

> 红日初升，其道大光。　　仿写：_____，_____。

【设计意图：此环节的设计是将阅读的情感向课外拓展、延伸。补充了历史上做出杰出贡献的人物的典型事迹，给学生打开了一扇窗，让学生走进更多的人物故事中，感受那份浓厚的爱国情怀！同时，学生可以结合当下疫情，联系现实生活，进一步感受"天下兴亡，匹夫有责"那份厚重的责任感和使命感，更好地理解"中国少年"和"少年中国"的紧密联系。在感受那份文字力量的同时，学生也将关注作者的表达，尝试仿写。】

五、积累背诵，布置作业

1. 积累背诵。
2. 布置作业。

板书设计

13 少年中国说

富强　　繁荣　　强盛

作业设计

1. 基础性作业：有感情地朗读并背诵《少年中国说（节选）》。
2. 拓展性作业：完成一份"为新中国做出贡献的历史杰出人物"的手抄报。

教学反思与改进

1. 在自主学习中,结合不同角度的资料,深入理解文本。

整节课,学生在自主学习、自主探究的过程中度过。学生结合自己查阅的不同角度的资料,深入理解文本内容,体会情感,反复诵读。由最初的"读文字",到后面的"悟情感",最后到"读内心",学生的朗读经历了一个由"表象"走向"心声"的过程。学生把作者的心声透过这些文字所表达的情感通过朗读又传递了出来,真正完成了一个"发现"的过程。

2. 在"组合阅读"中,结合现实生活,拓展延伸。

为了延伸情感,课堂中选取了中国百年来做出突出贡献的杰出人物的典型事迹,引发学生对课文内容的深入思考,真正感受到"天下兴亡,匹夫有责"那份厚重的责任感和使命感,更深刻理解"中国少年"和"少年中国"的紧密联系。

(指导教师:北京市东城区府学胡同小学 屠静)

第九册　第六单元《慈母情深》

张乃清

教学单元基本信息		
姓名	张乃清	单位	北京市通州区教师研修中心实验学校
年级	五年级	单元	上册第六单元
单元主题		舐犊之情，流淌在血液里的爱和温暖

单元指导思想与理论依据

《义务教育语文课程标准（2011年版）》指出：阅读教学是学生、教师、文本之间对话的过程。语文教学就是要采用以"情"为经，以"言"为纬，通过朗读、对话等途径，紧扣文本语言，引领学生入情、悟情、融情，走进文本，从情节的"高空"潜入语言的"底部"，感受文字背后作者真情的流淌，让学生在情感与语言的和谐共生中感悟生命的呼吸和记忆的心跳。

单元教学内容及要素分析

1. 立足单元整体，透过课后习题横向看关联。

《慈母情深》是统编教材五年级上册第六单元中的第一篇课文。本单元以"舐犊之情，流淌在血液里的爱和温暖"为主题，编排了两篇精读课文《慈母情深》《父爱之舟》与一篇略读课文《"精彩极了"和"糟糕透了"》。这三篇课文都通过具体的事例，从不同的方面来表达父母对孩子的爱。"口语交际""习作""语文园地""交流平台"等的内容都与单元主题密切相关，紧紧围绕本单元课文的训练重点进行设计，旨在让学生联系生活实际，正确认识父母的爱。让学生通过交流，了解作者是怎样运用场景描写和细节描写抒发感情的，体会这种写作方法的妙处，恰当运用于写作中。

2. 立足统编教材，纵向看递进。

本单元的语文素养有两个：一是体会作者描写的场景、细节中蕴含的感情；二是用恰当的语言表达自己的看法和感受。阅读素养指向对课文内容的理解，体会作品的感情；习作素养指向对文本语言表达方式的体悟，并学以致用。

统编教材针对"体会感情"这一语文要素进行多角度、多层次的训练，形成了相互联系的有机整体。学生在之前的学习中开始"关注人物、关键句，体会思想感情"。到了高年级要读出"蕴含在细节描写中的情感"，要求更高。由人物细节描写体会心情，到感受人物品质，再到从场景和细节描写中体会蕴含的感情，并用恰当的语言表达看法和感受，由心情到品质再到感情，并有了学生的个性体验和表达能力的训练，可以感受到语文要素对学生能力提升的要求呈螺旋式上升的态势。

本单元，依照教材给出的导语提示，可以明确本单元是从场景和细节描写中体会思想感情，读懂场景和细节描写与人物的关系，从而推测人物内心的想法和情感态度。

单元教学目标

1. 学会本单元要求掌握的会写、会认的字，掌握本单元要求掌握的词语。

2. 运用批注的方法体会场景中的细节，感受父母之爱。

3. 体会三篇文章在写法与表达上的异同。通过具体的事件来表达情感，学习用恰当的语言表达自己的看法和感受。

4. 能够对父母不同方式的爱给予评价，并选择恰当的材料支持自己的观点，敢于发表自己的见解，能够通过交流，理解什么是真正的父母之爱。

5. 联系自己的生活实际，把想对父母说的话写下来，用恰当的语言表达自己的真情实感，通过习作加强与父母的沟通交流，形成良好的家庭氛围。

6. 运用批注的方法体会场景中的细节，感受父母之爱。（教学重点）

7. 学习用恰当的语言表达自己的看法和感受。（教学难点）

感悟舐犊之情 表达赤诚心声			
知晓场景 前后关联 《慈母情深》	梳理场景 聚焦体悟 《父爱之舟》	画情感线 串联情感 《"精彩极了"和"糟糕透了"》	创设情境充分表达 口语交际 习作

单元教学结构

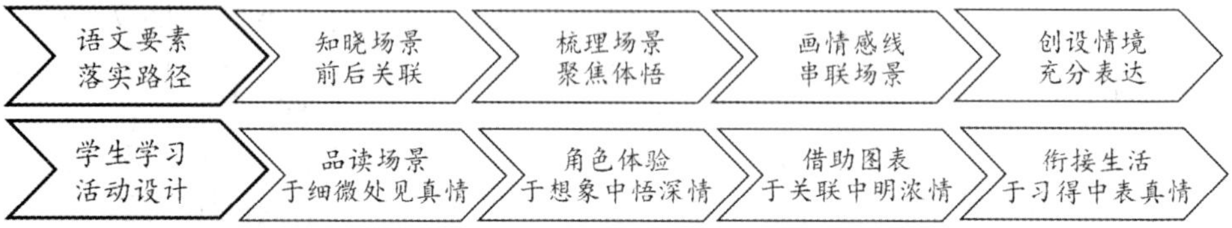

图 1　单元教学结构图

课题	18 慈母情深
课时	第 2 课时
课型	新授课☑　精读或略读指导☐　口语交际课☐　专题复习课☐ 习作指导或讲评☐　学科实践活动课☐　其他☐

课时教学内容分析

《慈母情深》主要讲述了"我"想买一本长篇小说《青年近卫军》，于是去母亲工作的厂里向她要钱，母亲在极端贫困的情况下毫不犹豫地给"我"钱的故事。作者通过外貌、神态、动作、环境描写等，刻画了一个贫困、艰辛而又伟大的母亲形象，用简练精准的语言和反复的手法，将感情蕴含在场景和细节中，给人以视觉和心灵上的冲击。

学习者分析

五年级的学生已经初步具备了通过默读理解关键词句含义，抓人物的语言、行动、神态、心理描写体会人物情感的能力；对文本能够结合上下文和生活实际提出自己独特的感受和理解。但是对文章的时代背景了解较少，会影响对人物情感的理解；还有就是对于本篇文章中大量运用反复修辞手法所起到的作用，学生还比较陌生，对反复出现的词句所表达的思想情感把握起来有一定的难度。

课时教学目标

1. 朗读课文，体会场景、细节描写中的"慈母情深"。（教学重点）
2. 通过朗读和感悟，体会反复对塑造人物、表达情感的作用，并练习运用。（教学难点）

学习评价设计

"以评促学，以学论教"，利用"阅读评价表""表达评价表"，采用学生自我评价、生生互评、教师评价等多种方式，让学生在参与评价与接收评价中学会发现自我，提升自我，从而完成自我激励与调控。

表1　阅读评价表

还需努力☆	合格☆☆	棒极了☆☆☆	互评	自评
没有意识、不能找到相关信息。	信息提取较完整。	能够从文中准确地寻找到相关场景和细节的描写片段。		
句意、文意把握不准确。	相关语句和段落的大意能够说出一些。	能够准确理解相关语句和段落的大意，整体把握文意。		
文章的思想感情和人物的内心情感理解有错误。	能够大致说出文章的思想感情和人物的内心情感。	能够准确地体会出文章的思想感情和人物的内心情感。		

表2　表达评价表

还需努力☆	合格☆☆	棒极了☆☆☆	互评	自评
语句不通。	语句基本通顺。	语句通顺连贯，逻辑清晰。		
不能通过描写场景和细节来表达自己的感受和看法。	有意识地描写场景和细节来表达自己的感受和看法，但场景和细节描写不够具体、细致、准确。	有意识地描写场景和细节来表达自己的感受和看法，场景和细节描写不够具体、细致、准确。		
不能写出反复的语句。	能够结合人物情感，恰当地运用反复方法写出一两句。	能够结合人物情感，恰当地运用反复方法写出三句以上。		

教学活动设计

一、复习导入，整体感知慈母情深
（一）读课题，初步体会情感
（二）复习生字，回顾课文内容，完成学习单

二、品读句段，深刻感悟慈母深情
自学提示：默读课文，边读边想象课文中的场景，用"～～～"画出能够体现"慈母情深"的语句，简单批注自己的体会。

（一）数字反复，强调环境恶劣，烘托慈母情深

结合学生汇报重点指导品读描写母亲工作环境的句段。引导学生谈谈自己的体会，说说反复出现的数字——"七八十"所起到的作用。

小结：这个数字的反复出现就是为了强调环境恶劣，母亲工作的环境被描写得越恶劣就越能烘托母亲对子女的奉献。

（二）呼唤反复，强调内心变化，衬托慈母情深

结合学生汇报，重点指导品读描写母亲神态的句段。说说这个句段的表达方式有什么特殊之处，有什么体会。自己试着朗读这段话，看看怎样才能读出画面感，读出作者的内心变化。

小结：慈母的深情就藏在反复和倒装句呈现的慢镜头中，就藏在反复出现的"我的母亲"这一声声呼唤中。

（三）时间反复，强调动作迅速，表现慈母情深

重点指导品读描写母亲动作的句段。说说自己朗读的体会。
师生对话，补白人物内心
出示：母亲这样对我说：_____

（四）自由表达，补充慈母情深

说说自己还从哪些地方感受到了"慈母情深"。
学生自由表达，交流感受。

小结：好的作品就是这样，文章处处为表现中心而服务。场景烘托，细节刻画，慈母的深情就融在这些描写中，慈母的深情就藏在反复的强调中。

三、整体回读，深化慈母形象
补充资料，出示插图，有感情地回读找到的重点语句。

四、拓展慈母情深，领会反复语言

播放阎维文演唱的歌曲《母亲》，品味歌词反复的修辞方法。

五、写法仿写，真情表达

成年后的梁晓声，每每回忆起这样的情形，内心一定感慨万千、情不自禁，他喃喃地在内心里对母亲说：_____

学生动笔补白，推荐使用反复的修辞方法。

六、总结升华慈母深情

带着这份回忆和感受再读课题。

板书设计

<pre>
                16 慈母情深
        场景 烘托   倒装
                反复 强调
        细节 刻画
</pre>

作业设计

学完了课文，你是不是又不由自主地想到了自己的慈母？回忆起母亲让你感动的场景，试着写一写。

教学反思与改进

通过三处反复，三个定格镜头的教学，既能丰盈学生心灵，使学生与文本情感产生共鸣，进而理解文章立意；又能丰富学生语言表达，使学生初步理解和习得文本语言表达方式，进而在今后的学习中，学会使用这些规律性的语言、动作等细节描写。这是文本的教学价值所在，也是编者的编写意图所在。

（指导教师：北京市通州区教师研修中心 张立娟）

第九册　第六单元《慈母情深》

朱爱云

教学单元基本信息			
姓名	朱爱云	单位	延庆区第二小学
年级	五年级	单元	上册第六单元
单元主题	父母之爱		

单元指导思想与理论依据

《义务教育语文课程标准（2011年版）》（以下简称《课标》）指出："语文课程是一门学习语言文字运用的综合性、实践性课程。"单元整体教学充分体现综合性和实践性的特点。本单元教学的主旨是通过"父母之爱"这个大情境的创设，引导学生在单元整体学习的过程中由单篇文章的学习走向实际问题的解决，拓宽学生的思维空间，促使学生要在真实的情境中涵养语文要素，符合深度学习的特点。

单元教学内容及要素分析

一、单元教材分析

横向分析：本单元以"舐犊情深"为主题，围绕着语文要素"体会作者描写的场景、细节中蕴含的感情。用恰当的语言表达自己的看法和感受"编排了两篇精读课文《慈母情深》《父爱之舟》，一篇略读课文《"精彩极了"和"糟糕透了"》。这些课文对故事中的场景、人物言行举止中的细节都有具体的描述，学生通过品读交流印象深刻的场景、细节，可以更深入地把握内容，更细致地体会蕴含在其中的人物情感。

纵向分析：在阅读要素方面，四下第一单元是"抓住关键语句体会课文表达的思想感情"，五上第一单元是"初步了解课文借助具体事物抒发感情的方法"，第四单元是"结合查找的资料，体会课文表达的思想感情"。本单元是"体会作者描写的场景、细节中蕴含的感情"。从知识序列的纵向来看，"体会到感情"这一阅读要素是从"通过什么体会"和"体会到什么程度"两方面来安排的。在"通过什么体会"方面，从四年级下册的"抓住关键语句"到五年级上册的"借助具体事物""结合资料""场景、细节"再到五年级下册的"体会到课文表达的思想感情"，策略梯度明显提升。在"体会到什么程度"方面，从"初步体会"到"初步了解"再到"体会"，体会情感的要求也在不断提升。

二、语文要素分析

表1　中高年级相关阅读要素梳理表

册数	单元	阅读要素
四年级下册	第一单元	抓住关键词句，初步体会课文表达的思想感情。
五年级上册	第一单元	初步了解课文借助具体事物抒发感情的方法。
	第四单元	结合查找的资料，体会课文表达的思想感情。
	第六单元	注意体会作者描写的场景、细节中蕴含的感情。
五年级下册	第一单元	体会课文表达的思想感情。
六年级下册	第三单元	体会文章是怎样表达情感的。

习作方面，在情感表达上，也从四年级开始就安排了有目的的训练。先从不同的角度、不同的文体学习表达情感的方法，如：四年级的写一件事，写出自己的感受，写自己喜爱的地方，表达感受；五年级第一单元写对一种事物的感受；六年级还要学习通过写一个人，表达自己的感受。本单元学习"用恰当的语言表达自己的看法和感受"更侧重表达时的内容和方式、表达时的措辞和语气。

表2　中高年级习作要素梳理表

教材	单元	习作要素（情感表达）	人文主题
四上	八单元	写一件事，写出自己的感受。	古代故事
四下	一单元	写自己喜爱的地方，表达感受。	自然之美
五上	一单元	写自己对一种事物的感受。	万物有灵
	六单元	用恰当的语言表达自己的看法和感受。	舐犊情深
六上	八单元	通过事情写一个人，表达自己的情感。	走进鲁迅
六下	三单元	选择合适的内容写出真情实感。	表达真情实感

单元教学目标

1. 认识 31 个生字，读准 1 个多音字，会写 26 个字，会写"连续、广播"等 37 个词语。背诵有关勤俭节约的名句。

2. 默读课文，想象画面，能通过文章描写的场景、细节，体会其中蕴含的情感，体会场景描写在课文中的作用。感受父母和子女之间的爱，并能联系生活实际，正确理解爱的不同方式。

3. 通过交流，总结"体会作者表达的感情"的方法。能联系课文，通过对比，体会不同结尾的特点。

4. 能联系生活实际，结合恰当的材料说明自己的观点，同时能尊重别人的观点，对别人的发言给予积极回应。

5. 能借助讨论，通过阅读书信等方式，明确书信的语言特点，并通过书信表达情感。

单元教学结构

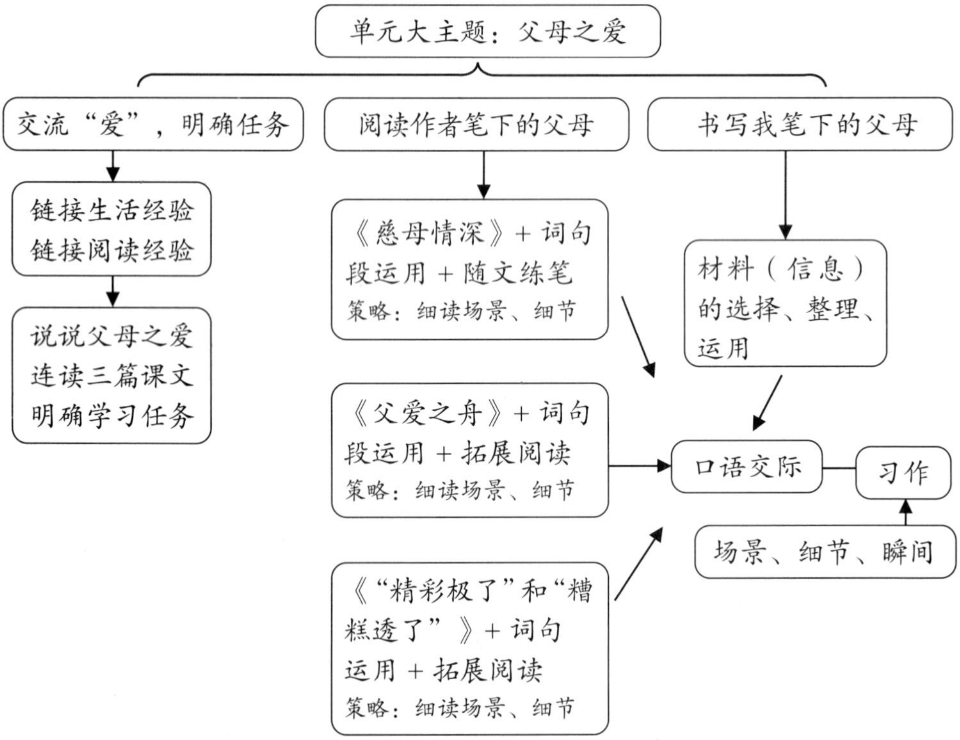

图1 单元教学结构图

课题	16 慈母情深
课时	第 2 课时
课型	新授课☑　精读或略读指导☐　口语交际课☐　专题复习课☐ 习作指导或讲评☐　学科实践活动课☐　其他☐

课时教学内容分析

本课选自著名作家梁晓声的小说《母亲》。作者以要钱买书为线索，选取了"初到厂房""寻找母亲""向母亲要钱""母亲塞钱给我"四个场景，记叙了母亲在极其艰难的生活条件下，省吃俭用，支持和鼓励"我"读课外书的往事。文中关于母亲的细节刻画融入了作者的浓浓深情，也带给读者更大的心灵震撼。同人教版选编的《慈母情深》相比，"初到厂房"当中描写母亲工作的场景为新添加的内容。这部分内容为读者思想变化提供了空间，并为情节发展埋下了伏笔，起到了非常重要的助推作用。《课标》强调本学段要引导学生联系上下文和生活积累推测课文中重点词语的意思，辨别感情色彩，体会其表达效果。因此，教学中紧扣教材，运用联系比较法，引导学生深入理解课文意旨；运用拓展延伸，引导学生反思自身的生活世界，领悟学习和生活的真谛。

学习者分析

文章内容在第一课时已经梳理出来，对于五年级的学生来说，体会课文场景、细节不算太难。但这篇课文写作年代较久远，学生通过文中场景、细节的描写体会到的情感易停留在表面。通过前期调研，发现学生对母爱的认识，还是比较浅显，鼻子一酸的情况难以捕捉。所以这节课要求学生能够体会场景、细节中蕴含的感情，尤其是细节描写，并回忆生活中鼻子一酸的经历，迁移运用到写作中，写出真情实感。

课时教学目标

1.通过边读边想象，体会课文中场景、细节描写中蕴含的伟大而无私的母爱。（教学重难点）

2. 通过细读品悟，体会文中反复出现的词语的表达效果。

3. 通过学习文章的描写方法，从刻画人物的细节和描写事件的场景入手，能联系生活实际，写出自己"鼻子一酸"的经历。（教学重难点）

学习评价设计

表3　学习评价表

评价维度	评价要素	自评	互评	师评
知识	能概括文章主要内容	☆☆☆☆☆	☆☆☆☆☆	☆☆☆☆☆
能力	能运用抓重点词句感受文章的情感	☆☆☆☆☆	☆☆☆☆☆	☆☆☆☆☆
情感	能独立思考，喜欢与同学合作交流	☆☆☆☆☆	☆☆☆☆☆	☆☆☆☆☆

教学活动设计

一、回顾"场景"，启发思考

（一）夯实基础，复习词语

（二）回顾情节，提出核心问题

从第一课时我们知道，作者拥有第一本长篇小说十分不易。说说为什么"我"拿到钱时"鼻子一酸"？你还记得是哪几个场景吗？

【设计意图：由复习入手，能让学生回顾重点词汇及场景，也为学好本课做好感情铺垫。】

二、聚焦场景，感受母爱

（一）学生自学

自学提示：从哪些描写中你感受到了"慈母情深"？　默读课文，边读边想象这几个场景，勾画出触动你内心的词句并简单批注。小组内交流，并试着把你的感受读出来。

方法：读课文——抓关键——品细节——悟情感

（二）交流展学、互助评学

1. 品读"初到厂房"，感受母亲的隐忍与坚强。

（1）抓住低矮、潮湿、光线阴暗、身在蒸笼等词语感受环境的恶劣。

（2）聚焦反复出现的"七八十"，感受母亲的工作艰辛。

教师引导：写文章不是要讲究语言干净、简洁吗？作者为什么把一个数字重复这么多次？

（3）聚焦数字，感受生活艰难，体会慈母情深。

教师引导：找一找，课文中还出现了哪几个数字，读读句子，你又感受到了什么？

（4）指名有感情地朗读。

2. 品读"寻找母亲"，感受母亲的疲惫与辛苦。

（1）聚焦："背直起来了，我的母亲。转过身来了，我的母亲。褐色的口罩上方，一对眼神疲惫的眼睛吃惊地望着我，我的母亲的眼睛……"

用心读一读这一段话，你发现了什么？

提出疑问：这到底是不是排比？那么排比和反复有什么区别呢？

让我们跟随着作者的眼睛看看劳作中的母亲。指名读这一部分内容。

（2）聚焦动词，体会一连串动作刻画后，作者内心的惊讶与痛苦。

让我们放慢镜头，再次感受此时此刻作者看到的母亲。师范读，采访：你感受到了什么？

3. 品读"塞钱给我"，感受母亲对儿子的支持与理解。

（1）聚焦细节"龟裂的手指""揉皱的毛票"。

补充梁晓声当时家庭情况，感受1元5角的重要。

（2）对比两位母亲的对话，感受母亲的深明大义。

引入梁晓声在《朗读者》的采访对话，说明母亲对我看书的支持。

（3）关联小说原文中有关读书的片段，进一步体会母亲的伟大。

4. 感受"鼻子一酸，攥着钱跑了出去……"的心情。

如果你是梁晓声，你攥着钱跑出去的瞬间，会想些什么？

5. 回顾文本内容，梳理情节曲线。

【设计意图：紧紧围绕着场景和细节，抓住几处反复描写，通过朗读品味这种表达方式所产生的效果。学生间的交流补充进一步促使学生从自身感受出发，切身体会母爱的伟大。教师引导学生对两位母亲的对话作对比，让学生从两位母亲的不同态度，从母亲对自己的节俭和对儿子的大方中，加深对文章主题的理解。】

三、对比拓展，升华感悟

1. 出示图片，揭示《本草纲目·禽部》载："慈乌：此鸟初生，母哺六十日，长则反哺六十日。"从"乌鸦反哺"到"羊羔跪乳"中感受感恩。

2. 拓展阅读冰心的《纸船》，感受孩子对母亲的感激、赞美。

四、搭建支架，迁移运用

1. 父母对我们的爱常常体现在一些生活细节中。回忆一下，说一说。

2. 说一说鼻子一酸的经历，写一写。

3. 推荐阅读：梁晓声《母亲》。

【设计意图：我手写我心，我言表我志。在学生情到浓处进行随文练笔，迁移运用作者表达情感的方法，学以致用。】

板书设计

16. 慈母情深

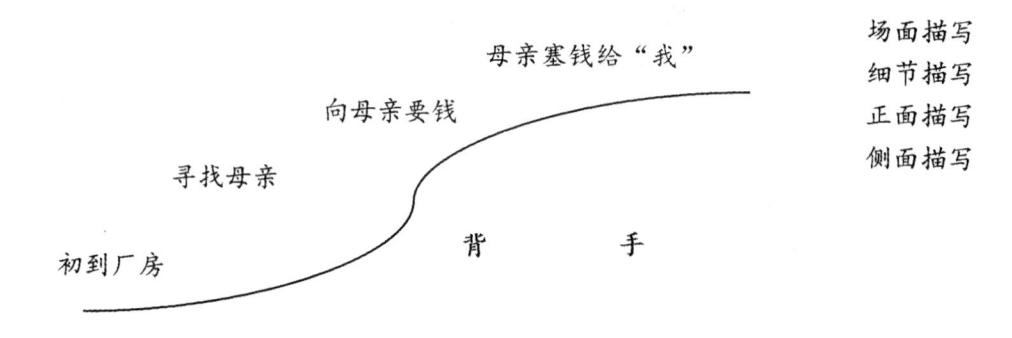

母亲塞钱给"我"　　　场面描写
向母亲要钱　　　　　细节描写
寻找母亲　　　　　　正面描写
　　　　　背　手　　侧面描写
初到厂房

作业设计

1. 推荐阅读：梁晓声《母亲》。

2. 习作练笔：你有过课文中"鼻子一酸"的经历吗？如果有，请你试着写一写。

教学反思与改进

1. 以任务驱动的方式，强化小组合作团队学习的过程，调动学生学习的主动性、积极性。紧扣课文中选取的四个场景和细节刻画，让学生带着任务充分读书、交流、讨论，既调动积极性，又在参与中相互启发，从而达到提升的目的。

2. 多方关联。教学中把文中的数字、母亲前后的动作、文中出现的两位母亲的语言、原文中母亲对"我"看书的看法等进行多方关联，引领学生真正沉浸在课文的情感中，全方位感受母亲的伟大，感受作者的心痛与感恩。

3. 让学生在不同形式的朗读中丰富情感和认识。边读边想象、读好画面、配乐引读抒发情感、关联对比读，这都是教师教学中用到的形式。

（指导教师：北京市延庆区教育科学研究中心　袁红娥）

第九册　第七单元《古诗词三首》

梁文松

教学单元基本信息			
姓名	梁文松	单位	北京市东城区地坛小学
年级	五年级	单元	上册第七单元
单元主题			自然之趣

单元指导思想与理论依据

《义务教育语文课程标准（2011年版）》（以下简称《课标》）指出：阅读教学是学生、教师、文本之间对话的过程。有效的对话能创造精彩的课堂。教学时应让学生在主动积极的思维和情感活动中，加深理解和体验，有所感悟和思考，受到情感熏陶，获得思想启迪，享受审美乐趣。阅读教学的重点是培养学生具有感受、理解、欣赏和评价的能力。

为了增强阅读教学的实效性，激发学生的主观能动性，切实提升语文学科核心素养，《课标》还指出：语文教学要注重语言的积累、感悟和运用，注重基本技能训练，让学生打好扎实的语文基础。尤其要注意激发学生的好奇心、求知欲，拓展学生的思维，培养想象力，开发创造潜能，提高学生发现、分析和解决问题的能力，提高语文综合应用能力。

单元教学内容及要素分析

本单元围绕"自然之趣"这一主题，编排了精读课文《古诗词三首》《四季之美》《鸟的天堂》以及略读课文《月迹》。四篇课文从不同角度描写了不同时间、不同地点的景物，通过具体生动的描写，表现出了景致的情趣。教学应引导学生在品味语言的过程中，透过语言文字，寻找四季的美，感受四季带来的情趣。

本单元阅读要素是"初步体会课文中的静态描写和动态描写"。这是教材第一次以单元编排的形式对学生进行专门的文学品鉴能力的培养。学生在中年级已经具备了一边读一边想象画面的能力。本单元则侧重静态描写和动态描写的结合，两者对比构成了一种情趣，使情节波澜起伏，更加引人入胜。要落实这一语文要素，教学中应引导学生关注动静的对比，体会景物中的美是如何生动地体现出来的。

本单元习作要素是"学习描写景物的变化"。对学生来说，描写景物的变化并不陌生。例如，三年级上册第五单元中《金色的草地》的课后题提示学生，稍加留意就会发现事物是变化的；四年级上册第三单元就有连续观察，学写观察日记的内容；四年级下册第五单元，语文要素是学习按游览的顺序写景物。可见，学生已经具备了观察景物变化、按照一定顺序写出景物特点等基本能力。本单元，学生需要在品味作者生动语言的同时，学习如何写出景物在短时间内的动态变化。

单元教学目标

1. 认识17个生字，读准3个多音字，会写25个字，会写23个词语。
2. 有感情地朗读课文。背诵《古诗词三首》《四季之美》。默写《枫桥夜泊》。
3. 借助注释，联系上下文，想象课文中所描绘的景象，初步体会课文中的静态描写和动态描写。
4. 品味、积累课文中的静态描写和动态描写的语句。
5. 根据习作要求，认真观察景物的动态变化，完成《_____即景》。

单元教学结构

为达成单元教学目标，围绕本单元四个关键问题，设计了四个核心任务。在这四个大任务的引领下，开展本单元的教学，具体结构如下：

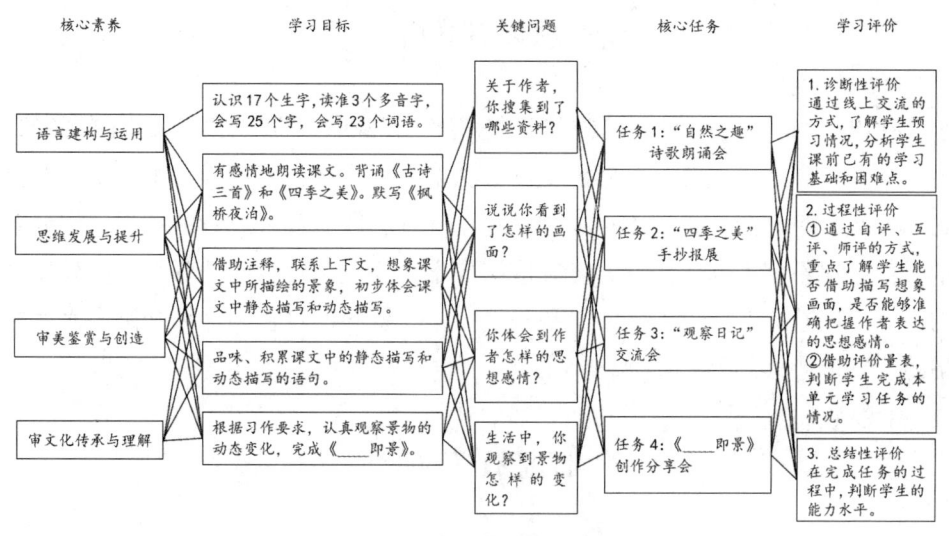

图1 单元教学结构图

核心素养	学习目标	关键问题	核心任务	学习评价
语言建构与运用	认识17个生字,读准3个多音字,会写25个字,会写23个词语。	关于作者,你搜集到了哪些资料?	任务1:"自然之趣"诗歌朗诵会	1.诊断性评价 通过线上交流的方式,了解学生预习情况,分析学生课前已有的学习基础和困难点。
思维发展与提升	有感情地朗读课文。背诵《古诗三首》和《四季之美》。默写《枫桥夜泊》。	说说你看到了怎样的画面?	任务2:"四季之美"手抄报展	2.过程性评价 ①通过自评、互评、师评的方式,重点了解学生能否借助描写想象画面,是否能够准确把握作者表达的思想感情。 ②借助评价量表,判断学生完成本单元学习任务的情况。
审美鉴赏与创造	借助注释,联系上下文,想象课文中所描绘的景象,初步体会课文中静态描写和动态描写。 品味、积累课文中的静态描写和动态描写的语句。	你体会到作者怎样的思想感情?	任务3:"观察日记"交流会	
审文化传承与理解	根据习作要求,认真观察景物的动态变化,完成《___即景》。	生活中,你观察到了景物怎样的变化?	任务4:《___即景》创作分享会	3.总结性评价 在完成任务的过程中,判断学生的能力水平。

课题	21 古诗词三首
课时	第1课时
课型	新授课☑ 精读或略读指导☐ 口语交际课☐ 专题复习课☐ 习作指导或讲评☐ 学科实践活动课☐ 其他☐

课时教学内容分析

《山居秋暝》是统编教材五年级上册第七单元以"自然之趣"为主题的第一课《古诗词三首》中的第一首古诗。作者王维年少时状元及第,历官右拾遗、监察御史、河西节度使判官。安史之乱时,王维被迫授伪职,后因对唐王朝失去信心,选择过起了半官半隐的生活。《山居秋暝》是王维晚年隐居终南山时所写。

《山居秋暝》是一首五言律诗,描绘了初秋薄暮、雨后初晴的山中图景。前三联诗对清泉、竹子、莲叶等景致进行了动态描写,衬托了山间傍晚的幽静,描绘出美好的景色。尾联两句由写景转为抒情,表达了他对归隐生活的向往。王维透过文字将眼中景与心中情紧紧联系在一起,体现了与自然融为一体的境界。

本单元的教学重点是初步体会课文中的静态描写和动态描写,感受大自然带来的情趣。其中,《山居秋暝》的学习重在捕捉诗句中的意象,边读边想象画面,透过意象感悟意境,体会诗人表达的思想感情。

学习者分析

在以往的学习中,学生已经掌握在朗读、想象的过程中抓住诗句里的意象,结合资料体会诗人表达的情感的基本方法。但在具体古诗的学习中,学生对资料的搜集、整理能力仍然不足,缺乏将不同资料联系起来思考的意识,导致对情感体会得不够准确。因此,教师应引导学生建立起资料间的联系,实现思维的提升。同时,在朗读诗句、想象画面、结合资料的过程中,体会诗人表达的情感,走进诗人的内心。

课时教学目标

1. 借助诗句中的意象展开想象,体会诗人表达的情感。(教学重点)
2. 结合资料,读懂古诗的意境,走进诗人内心。(教学难点)

学习评价设计

表1 学习效果评价表

评价等级 达成目标	★★★	★★	★	自评	他评
能借助诗句中的意象展开想象,体会诗人表达的情感。	能关注到整句诗中的意象,想象整幅画面,准确把握诗人表达的情感。	能借助诗句中的1-2个意象展开想象,准确把握诗人表达的情感。	能借助诗句中的1-2个意象展开想象,基本体会诗人表达的情感。		
能结合资料,读懂古诗的意境,走进诗人内心。	能结合搜集到的资料,读懂古诗的意境,体会诗人眼中之景即是心中之情。	能结合搜集到的资料,大致读懂古诗的意境,体会诗人眼中之景即是心中之情。	能结合搜集到的资料,体会诗人眼中之景即是心中之情。		

教学活动设计

一、关注单元整体

自读单元导语页。

1. 关注人文主题。

结合目录,了解本单元课文内容。

2. 关注语文要素。

你读懂了什么？

预设：学生能将人文主题和语文要素相结合，了解到本单元的课文都是通过静态描写和动态描写来表现不同季节的情趣的。

二、读好古诗内容

（一）初读古诗

1. 这节课我们来学习第21课《古诗词三首》中的第一首诗——《山居秋暝》，作者是王维。

2. 初识诗人。

（1）你认识王维吗？

预设：学生简要介绍王维的基本信息，并回顾以往学习过的王维写的诗。

（2）你是如何认识他的？

3. 通过题目，了解《山居秋暝》和人文主题间的联系。

4. 初读古诗。

（1）学生自读古诗。

（2）学生朗读反馈。

预设：学生能够正确、流利地朗读古诗。

（二）读好古诗

1. 指名朗读。

（1）发现朗读中的不同。

（2）理解朗读中产生不同的原因。

①介绍课前收集到的资料。

预设：学生介绍《山居秋暝》的写作背景，以及王维少年得志高中状元之后，在安史之乱中受到牵连，晚年对官场心灰意冷归隐山林等主要生平经历。

②结合资料，了解王维当时的心情。

【设计意图：引导学生关注诗人的生平和写作背景，体会其晚年归隐时的心境，进而帮助学生初步体会诗句所表达的情感。】

2. 再读古诗，感受朗读中的变化，说明变化的原因。

【设计意图：引导学生树立资料、朗读、情感相联系的意识，提升思维水平，并将思考的过程用语言进行外化。】

三、读出诗中意境

（一）自主学诗

出示自学提示：自读古诗，圈画出诗中的景物，想象画面，说说它们表达了诗人怎样的内心感受。

预设1：空山新雨后，天气晚来秋。

（1）想象空山雨后的景象，体会环境的静谧。

（2）结合生活，想象新雨过后的清爽，体会诗人心中的清静。

预设2：明月松间照，清泉石上流。

（1）想象月光透过青松的画面，体会山中的幽静。

（2）想象清泉流淌的声音，体会自然之美与诗人的惬意。

（3）引导学生关注明月、青松、清泉构成的画面，感受诗人内心的宁静。

预设3：竹喧归浣女，莲动下渔舟。

（1）通过想象古代女子温柔娴静的美好形象，体会这一意象的美好，感受诗人心中对淳朴生活的向往。

（2）想象莲叶摇动的状态，感受其轻柔，体会诗人的心也在随之轻摇。

【设计意图：在通过资料初步感知的基础上，引导学生关注诗句中的意象，结合画面，感悟诗中意境，体会文字中蕴含的情感，走近诗人内心。】

（二）感受情景交融

1.说说王维为什么选择这些景物来写。

预设1：景物本身的美好。

预设2：与王维心境的契合。（板书：境）

【设计意图：使学生懂得一切景语皆情语，作者眼中之景即是心中之情，引导学生感悟诗人此时的心境。】

2.此时的王维身在何处？

预设1：王维身在山中。

预设2：王维身在自然中，已成为自然的一部分。

评价预设：眼中景和心中情融为一体，才有了这雨后的清爽，才有了这月下的清幽，才有了这浣女的清丽，才有了这直抒胸臆的感慨。

3.再读古诗，读好尾联。

四、回顾拓展

1.回顾本节课学习的收获。

2.拓展运用。

（1）自读王维的《酬张少府》。

（2）结合资料和本节课的收获，谈谈对这首诗的理解。

【设计意图：《酬张少府》也是王维的作品，创作的背景与《山居秋暝》相近，并且同样使用了松、月等意象。引入这首诗，由学生自读，旨在帮助学生巩固本节课中习得的学习方法，并在运用的过程中培养阅读古诗的兴趣。】

板书设计

山居秋暝
王维
景　境

作业设计

1. 基础性作业：背诵《山居秋暝》。

2. 拓展性作业：运用课上学习的收获，继续阅读更多王维的诗。

教学反思与改进

1. 借助意象，展开想象，体会诗人情感。

在本节课中，学生在自读理解诗意的基础上，抓住诗中意象，读出不同的体会。紧接着，学生借助这些意象展开想象。在这一过程中，学生没有机械地将静态描写和动态描写割裂开，而是将简单的诗句丰富为一幅幅美好的画面，在通过文字感受景致的情趣的同时，体会诗人对山中秋日黄昏景色的喜爱。

2. 结合资料，读懂意境，走进诗人内心。

在《山居秋暝》的学习过程中，学生首先结合搜集到的资料对诗句进行理解，将自己的体会融入朗读中。随着学习的深入，学生不断运用资料，体会诗人对眼前美景的喜爱。知人论世是学习古诗的重要途径和方法。通过对诗人生平的了解，学生逐渐读懂诗中的意境，读懂了诗人眼中之景即是他心中之情，由此一步步走进诗人的内心。

（指导教师：北京市东城区地坛小学 刘晖）

第九册　第七单元《鸟的天堂》

刘悦

教学单元基本信息			
姓名	刘悦	单位	北京市东城区景泰小学
年级	五年级	单元	上册第七单元
单元主题		自然之趣	

单元指导思想与理论依据

《义务教育语文课程标准（2011年版）》中指出："语文是一门学习语言文字运用的综合性、实践性的课程。"《语用学与基础教育语文课程改革》一文中也提出："语文教学从语形教学、语义教学进入到语用教学，是基础教育语文课程改革的必然趋势。"可见，从语用出发，引领学生理解语言、感悟语言、习得语言，是达到工具性与人文性的统一的一种方式。

单元教学内容及要素分析

本单元的阅读要素是"初步体会课文中的静态描写和动态描写"，这是教材第一次以单元编排的方式对学生进行专门的文学品鉴能力的培养。本单元选编的几篇课文，均有静态描写和动态描写。如，《山居秋暝》中对清泉、竹子、莲叶等景致进行了动态描写，衬托了山间傍晚的幽静；《四季之美》描写了春天黎明天空颜色的变化，夏夜萤火虫翩翩飞舞，秋天黄昏时归鸦回巢、大雁比翼而飞等景致，凸显了景物的动态美；《鸟的天堂》中傍晚的大榕树是静谧的，早晨的大榕树则是热闹的，一静一动，特色鲜明；《月迹》一文，既有对月亮爬竹帘格儿的动态描写，也有对满院子玉玉的、银银的月光的静态描写，充满了情趣。语文园地中的"交流平台"，引导学生关注静态描写和动态描写的句子，并进行品味和积累；"词句段运用"第二题引导学生在仿写中进一步体会动态描写和静态描写的作用。

本单元的习作要素是"学习描写景物的变化"。这次习作在"初步体会课文中的静态描写和动态描写"的基础上，进行由学到用、由读到写的训练。学生在四年级下册已学习过"按照一定的顺序写景物"，能够较有条理地观察并描写景物，本单元进一步提出写出景物变化的要求。

单元教学目标

1.认识17个生字，读准3个多音字，会写25个字，会写23个词语。

2.借助注释、联系上下文想象课文中所描绘的景象，初步体会课文中的静态描写和动态描写，品味、积累课文中的静态描写和动态描写的语句。

3.通过文章具体生动的描写，感受精致的情趣。

单元教学结构

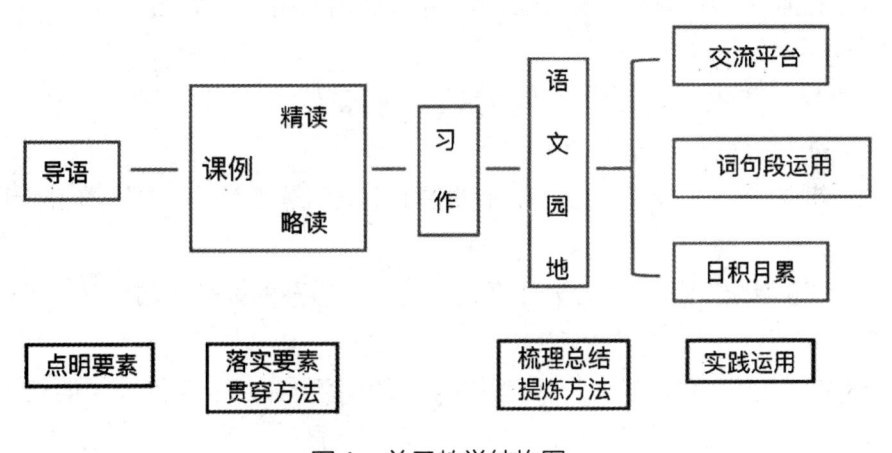

图1 单元教学结构图

课题	23 鸟的天堂
课时	第2课时
课型	新授课☑ 精读或略读指导☐ 口语交际课☐ 专题复习课☐ 习作指导或讲评☐ 学科实践活动课☐ 其他☐

课时教学内容分析

《鸟的天堂》是统编教材五年级上册第七单元中，围绕"自然之趣"这一主题进行编排的一篇课文。本文通过记叙作者和朋友两次经过"鸟的天堂"时见到的不同景象，分别描写了傍晚静谧的大榕树和早晨榕树上群鸟活动时热闹的情景，一静一动，展现了一派美丽动人的南国风光，表达了对自然和生命的热爱与赞美。

文章结构严谨，开篇从灿烂的晚霞、宽阔的河流、几个朋友晚饭后划船出游写起，描绘了一幅轻松、快乐的画面，奠定了文章闲适快乐的基调，接着对大榕树进行静态描写，为后文遇到大榕树做铺垫。

学习者分析

五年级的学生，已经具备了通过联系上下文和自己的积累，推想课文中有关词句的意思的能力，并对感兴趣的人物和事件有自己的感受和看法。但是，根据静态描写和动态描写想象出具体、丰富的画面还有一些难度。

课时教学目标

1. 读准多音字"数"的读音，能联系上下文理解"不可计数""应接不暇"的意思。
2. 朗读课文，懂得作者为什么说"鸟的天堂"的确是鸟的天堂。（教学重难点）
3. 初步感受静态描写、动态描写，使用不同的节奏和语气朗读相关段落。

学习评价设计

初步感受静态描写、动态描写，使用不同的节奏和语气朗读相关段落。

教学活动设计

一、谈话导入，聚焦"鸟的天堂"

（一）谈话导入

（二）引出课题

（三）利用表格回忆课文主要内容

【设计意图：谈话导入新课，激发学生学习兴趣，利用表格回忆课文主要内容，检查上节课的学习情况，同时，也为本节课所学做铺垫。】

二、默读课文，进入"鸟的天堂"

（一）一读"鸟的天堂"

1. 浏览课文，说一说作者去过鸟的天堂后有什么样的感慨。

2. 出示：昨天是我的眼睛骗了我，那"鸟的天堂"的确是鸟的天堂啊！

（二）再读课文，感受榕树特点

1. 默读课文 5—8 自然段，想一想大榕树有什么特点，画出相关语句，圈出关键字词，批注它的特点。

2. 指生汇报。

预设 1：

我们的船渐渐逼近榕树了。我有机会看清他的真面目，真是一株大树，枝干的数目不可计数。枝上又生根，有许多根直垂到地上，伸进泥土里。一部分树枝垂到水面，从远处看，就像一株大树卧在水面上。

①联系上下文理解"不可计数"。

②出示图片感受榕树的大。

③利用书上插图，教师补充资料感受"这美丽的南国的树！"

④有感情地朗读。

【设计意图：联系上下文理解"不可计数"，帮助学生更好地理解文章内容。通过图片、书中插图，直观地感受到榕树的枝繁叶茂，为理解后文"那'鸟的天堂'的确是鸟的天堂啊！"做铺垫。】

预设 2：

榕树正值茂盛时期，好像把它的全部生命力展示给我们看。那么多的绿叶，一簇堆在另一簇上面，不留一点儿缝隙。

①理解"堆"。

②理解"展示"。

③通过两个关键词，感受榕树的茂盛。

④有感情地朗读。

预设3：

那翠绿的颜色，明亮地照耀着我们的眼睛，似乎每一片绿叶上都有一个新的生命在颤动。

①"明亮、闪耀"表现出颜色很绿，绿得发亮，绿得让人觉得耀眼。

②你怎么理解"新的生命在颤动"这句话？

③指两名学生读7、8自然段，感受大榕树能成为鸟的天堂的原因。

（三）二读"鸟的天堂"

夕阳西下，落日的余晖洒满天际，桨声悠悠，如动听的乐曲，作者在这里尽情享受着这株南国的树所展示的静谧的美，看到这美丽的南国的树，作者不由发出感叹：

"那'鸟的天堂'的确是鸟的天堂啊！"

（四）感受鸟的特点

1. 默读课文，思考：作者从哪几个方面把鸟的画面写活的？

①通过关键字词，感受鸟的多和自由，通过画眉鸟的叫声感受鸟的快乐。

②联系上下文理解"应接不暇"。

③有感情地朗读。

2. 理解写法。

①这时的大榕树带给你什么样的感受？

②作者为什么既要写安静又要写热闹呢？

（五）动静结合，读出美

1. 师生配合。

配乐朗读。

2. 三读"鸟的天堂"。

不同形式感受"鸟的天堂"的确是鸟的天堂。

【设计意图：这一部分充分发挥学生的主体性，放手让学生利用刚才的学习方法进行自主学习。通过不通形式的读，帮助学生理解文章内容。】

三、再读课文，明确原因

提出问题：为什么作者说"鸟的天堂"的确是鸟的天堂？

四、阅读链接，感受生命

出示资料：

1. 教师有感情地读资料。

2. 感受作者对大自然、对生命的热爱和赞美。

【设计意图：突出语文学习的整体性和综合性，借助阅读链接，帮助学生深入学习文本，进一步体会作者对大自然、对生命的热爱与赞美之情。】

板书设计

23. 鸟的天堂

榕树		鸟
茂盛　大　自由自在		数量多
生命力　快乐		种类多
		姿态多
		颜色多
静		动

作业设计

1. 用不同的语气和节奏读课文。

2. 有能力的同学，相互说一说自己对保护环境的意见或建议。

教学反思与改进

1. 体现统编教材"双线结构"的特色，围绕单元主题"自然之趣"，努力落实语文要素。

《鸟的天堂》是本单元的第三篇课文，本单元的训练重点是：在理解课文内容的基础上，引导学生领悟作者的表达方法。本课时在第一课时的基础上，重点引导学生带着"作者是怎样写出景物的特点的，哪些句子写得好，为什么好"这一主要问题，细细品读课文，以读为主，边读边想象画面，边体会情感。通过设计读—评—再读有层次地推进，学生体验和感悟作者的言语、情感的能力也随之提高。

2. 重视方法指导，促进能力提升，围绕语文要素，贯穿方法的学习与运用。

在本课的教学设计中还注意了读与写的结合，进行了两次迁移训练。学生可以学习作者的写法，口头描述自己喜欢的花草树木，也可以用"有……有……"的句式进行练习。

本课的拓展练习，虽然只有一项，却体现了多元化的原则：学生可以从环保的角度谈认识，也可用上本节积累的语言，也可学习本课的表达方式，因此呈现出开放的、多元化的结果。

（指导教师：北京市东城区景泰小学 李小蕾）

第九册　第八单元《忆读书》

王雨楠

教学单元基本信息

姓名	王雨楠	单位	北京小学丰台万年花城分校
年级	五年级	单元	上册第八单元
单元主题			读书明智

单元指导思想与理论依据

《中国学生发展核心素养》从文化基础、社会参与和自主发展三个方面，确立了六个素养，提出了十八个基本要点。它为教学指明了方向，提出教学要培养学生具有适应终身发展和社会发展需要的必备品格与关键能力。基于此，设计单元教学活动时更加注重整合运用信息、理性思维、敢于探究能力的培养。

《义务教育语文课程标准（2011年版）》在语文课程的四个基本理念中，提到了语文课应积极倡导自主、合作、探究的学习方式。在第三学段的阅读部分明确提出：高年级学生在阅读中要做到了解文章的表达顺序，体会作者的思想感情，初步领悟文章的基本表达方法，在交流和讨论中，敢于提出看法，做出自己的判断。因此，本单元设计学习活动时以学生为主体，在关注他们的好奇心、求知欲的基础上，鼓励他们在自主阅读时通过圈画关键词句、列提纲、画表格、思维导图等方式，梳理信息，在合作探究中自主表达，互相交流，形成自己的理解，把握文章的内容和要点。

单元教学内容及要素分析

本单元以"读书明智"为主题，编排了三篇课文，分别从不同角度介绍了从古至今人们读书的态度、方法、经历与感悟。本单元的阅读要素是"根据要求梳理信息，把握内容要点"。引导学生借助圈画关键词句、列提纲、画表格或结构图等形式，根据需要整理、把握主要内容。

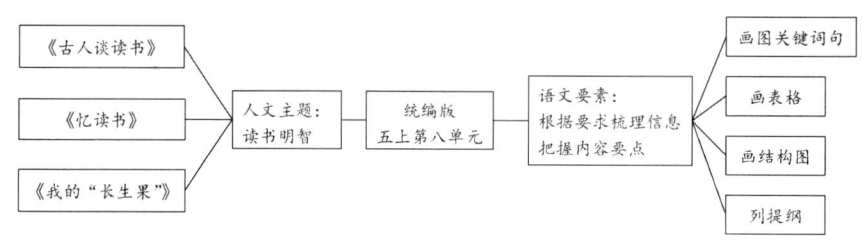

图1 单元教学内容分析

单元教学目标

1. 认识32个生字，读准6个多音字，会写18个字，会写16个词语。

2. 根据要求梳理信息，把握内容要点。在阅读实践中，借助圈画关键词句、列提纲、画表格或结构图等形式，根据需要对提取的信息进行归纳、整理，把握主要内容。

3. 根据表达的需要，分段表述，突出重点。习作时根据要求选择材料，有条理、有重点地表述，把重要的内容写具体。

4. 梳理、总结读书经验，开展读书活动，体会读书的好处，养成阅读习惯。

单元教学结构

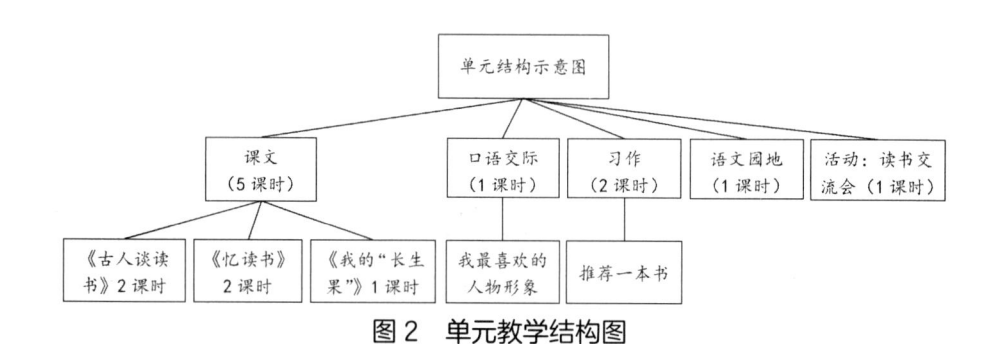

图2 单元教学结构图

课题	26 忆读书
课时	第2课时
课型	新授课☑ 精读或略读指导□ 口语交际课□ 专题复习课□ 习作指导或讲评□ 学科实践活动课□ 其他□

课时教学内容分析

《忆读书》是一篇叙事散文。作者冰心按时间顺序，回忆自己的读书经历、多年的读书经验、选书的标准以及读书的方法，表达了"读书是我生命中最大的快乐""读书好，多读书，读好书"等感悟。

学习者分析

学生有了第五单元的学习基础，已经具备"从课文中获得有价值的信息并分条写下来"的能力。但是在"根据要求把握内容要点"以及"梳理方法"上还有欠缺，需要进行方法指导。经过第1课时的学习，学生已经初步具备这些能力。因此，在第2课时的教学中，把重点放在引导学生"梳理作者的读书经历具体有哪些""作者认为读书有什么好处"以及"作者认为什么样的书才是好书"这三个问题上。

课时教学目标

1.默读课文，梳理出作者读书的经历，说出作者对于"好书"的看法。（教学重难点）

2.结合自己的经历，谈谈对作者"读书感悟"的体会。

学习评价设计

表1　学习评价设计

	评价项目	评价等级
自评	1.对本节课内容更感兴趣	☆☆☆
	2.本节课能独立思考、合作学习	☆☆☆
	3.梳理的"好书标准"符合要求	☆☆☆
	4.能结合自己的经历，体会作者的话	☆☆☆
	5.能对作者的读书方法，做出点评	☆☆☆
互评	1.本节课发言次数	☆☆☆
	2.质量	☆☆☆

教学活动设计

一、认读词语,整体感知

(一)认读词语,说发现

出示课件:

厌烦　　荒唐　　质朴　　辛酸
津津有味　　栩栩如生　　索然无味　　心动神移

师:想想《忆读书》这篇课文的内容,再看看这些词,你有什么发现吗?

(二)浏览课文,回顾大意

师:上节课我们已经初步学习了课文,请你浏览课文,借这段文字说说课文大意。

出示课件:

> 本文是一篇叙事散文,作者(　　)按照(　　)顺序,回忆了自己童年时期的(　　)经历、读书经验、选书标准以及读书的方法,并且认为读书是生命中(　　)。作者在某一年六一国际儿童节时,对下一代提出了殷切的希望:(　　),(　　),(　　)。

【设计意图:结合课文内容,引导学生发现词语都是与"读书感受"相关,为后续梳理作者的读书感受作铺垫。】

二、梳理作者读书的经历,了解好书的标准

主问题:用较快的速度默读课文,用适当的方法梳理作者的读书经历,说说冰心先生认为什么样的书才是好书。

(一)根据主问题自主梳理,把握要点

导学要点:引导学生用不同的符号在书中圈画关键信息;用自己喜欢的方法梳理信息。

(二)全班交流

1.学生抓住"时间""书名"两个要点梳理冰心读书的经历。

用实物投影呈现学生梳理信息的表格:

时间	书名
七岁	《三国演义》《水浒传》《荡寇志》
十二三岁	《红楼梦》
1980年后	书刊、《西游记》、《封神榜》、现代文艺作品

导学要点：对有争议的信息进行讨论：读《三国演义》《水浒传》《荡寇志》的时间没有明确写出来，可能是冰心在七岁到十二三岁期间读过的。读《红楼梦》有两个时间段，一是十二三岁时，二是中年以后。

借助实物投影呈现交流、修改后的表格：

时间	书名
七岁至十二三岁	《三国演义》《水浒传》《荡寇志》
十二三岁 中年以后	《红楼梦》
1980年后	书刊、《西游记》、《封神榜》、现代文艺作品

2. 从"读书感受"的角度补充介绍冰心读书的经历。

师：要介绍冰心先生读书的经历，除了梳理读书的不同阶段、所读的书的名字这些信息，还可以从哪些角度来介绍？

导学要点：引导学生从冰心读书的感受或对书的评价的角度提取、梳理信息，介绍冰心读书的经历。

出示课件：

> 《红楼梦》是我在十二三岁时看的，起初我对它的兴趣并不大，贾宝玉的女声女气、林黛玉的哭哭啼啼都使我厌烦。还是到了中年以后再拿起这部书看时，才尝到"满纸荒唐言，一把辛酸泪"所包含的一个朝代和家庭兴亡盛衰的滋味。

师：读一读课文第7自然段，冰心先生在谈自己的读书经历时还谈到了什么？

导学要点：引导学生提取不同时期，作者读书的感受：十二三岁时兴趣不大，中年以后尝到滋味。

师：请大家再默读课文，梳理出冰心读书时的感受和对书的评价。可以把它们补充到表格中，这样我们可以更好地了解冰心先生读书的经历。

出示课件：

时间	书名	读书的感受或评价
七岁至十二三岁	《三国演义》《水浒传》《荡寇志》	
十二三岁 中年以后	《红楼梦》	
1980年后	书刊、《西游记》、《封神榜》、现代文艺作品	

导学要点：引导学生在读书、交流、互相补充的过程中将零散的信息梳理完整。

出示课件：

时间	书名	读书的感受或评价
七岁至十二三岁	《三国演义》《水浒传》《荡寇志》	津津有味、引起兴趣；人物描写得栩栩如生；没有人物个性、索然无味
十二三岁 中年以后	《红楼梦》	兴趣不大、厌烦 尝到滋味
1980年后	书刊、《西游记》、《封神榜》、现代文艺作品	扩大视野、增长知识 精彩 烦琐 有的堆砌华丽词语、无病呻吟，有的真情实感、质朴浅显，令人心动神移。

师：通过大家的交流，我们借助表格，梳理出冰心先生读书的感受和对书的评价。通过这些内容，你能总结出冰心先生认为好书的标准是什么吗？可以再读读课文，梳理一下。

预设1：故事情节精彩，不烦琐的书是好书。

预设2：能够让人开阔视野、增长知识的书是好书。

预设3：能够引起阅读兴趣的书是好书。

预设4：人物形象生动、个性鲜明、栩栩如生，这样的书是好书。

预设5：有真情实感、内容质朴浅显的书是好书。

师：《红楼梦》作者十二三岁读、中年以后读，带给她的感受是不一样的，这样的书是好书吗？

预设6：能让人反复读的书更耐人寻味，是好书。

学生边交流，教师边在课件上补充，呈现交流后的内容。出示课件：

时间	书名	读书的感受或评价	好书的标准
七岁至十二三岁	《三国演义》《水浒传》《荡寇志》	津津有味、引起兴趣 人物描写得栩栩如生 没有人物个性、索然无味	引起阅读兴趣 人物形象生动、个性鲜明、栩栩如生
十二三岁 中年以后	《红楼梦》	兴趣不大、厌烦 尝到滋味	反复读、耐人寻味
1980年后	书刊、《西游记》、《封神榜》、现代文艺作品	扩大视野、增长知识 精彩、烦琐 有的堆砌华丽词语、无病呻吟，有的真情实感、质朴浅显，令人心动神移	开阔视野、增长知识、情节精彩、不烦琐 有真情实感、质朴浅显

3.借助表格，说说冰心先生读书的经历，把她认为的好书的标准说清楚。

导学要点：引导学生结合课文内容，借助表格梳理的关键信息，有序表达。

【设计意图：借助问题引导学生在自主学习、合作交流的过程中，从不同角度提取信息，借助圈画关键词、画表格的形式，把握主要内容，梳理读书的经历，总结好书的标准。】

三、结合读书经历，感悟读书的好处

（一）浏览课文，说说作者觉得读书有哪些好处

预设1：读书是生命中最大的快乐。

预设2：读书可以学到做人处世要独立思考的大道理。

预设3：读书可以知道许多事情，认识许多人物。

师：读书有这么多的好处，在课文的结尾，冰心先生也对少年儿童提出了读书的期望，读一读，说说你的理解。

出示课件：

> 读书好，多读书，读好书。

预设：读书好，开卷有益；多读书，博览群书；读好书，择善从之。

（二）结合自己的读书经历，谈谈你对"我永远感到读书是我生命中最大的快乐！"这句话的体会

导学要点：引导学生回忆自己读书时的情感体验，在介绍自己喜欢读什么书，喜欢的原因的过程中，感受读书的快乐，从而激发学生读书的兴趣。

【设计意图：将文本内容与学生读书经历相关联，了解读书的好处，感受读书的快乐。】

四、总结全文，交流梳理信息的方法

出示课件：

时间	书名	读书的感受或评价	好书的标准
七岁至十二三岁	《三国演义》《水浒传》《荡寇志》	津津有味、引起兴趣 人物描写栩栩如生 没有人物个性、索然无味	引起阅读兴趣 人物形象生动、个性鲜明、栩栩如生
十二三岁中年以后	《红楼梦》	兴趣不大、厌烦 尝到滋味	反复读、耐人寻味
1980年后	书刊、《西游记》、《封神榜》、现代文艺作品	扩大视野、增长知识 精彩、烦琐 有的堆砌华丽词语、无病呻吟，有的真情实感、质朴浅显、令人心动神移	开阔视野、增长知识 情节精彩、不烦琐 有真情实感、质朴浅显

师：这节课，借助表格的方式梳理了信息。回忆学习的过程，我们都用到了哪些方法？

预设1：用各种符号在书中分别圈画出时间、书名、感受等。

预设2：借助表格整理了信息。

师：在整理信息时，除了用表格，还可以用到什么方法？

预设1：可以用"时间轴"梳理信息，也很清楚。

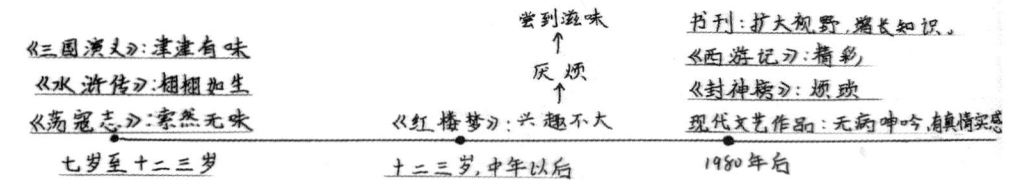

```
《三国演义》：津津有味          尝到滋味              书刊：扩大视野，增长知识
《水浒传》：栩栩如生              ↑                  《西游记》：精彩
《荡寇志》：索然无味             厌烦                 《封神榜》：烦琐
                            ↑                    现代文艺作品：无病呻吟，有真情实感
                       《红楼梦》：兴趣不大
七岁至十二三岁              十二三岁、中年以后           1980年后
```

预设2：还可以使用思维导图梳理。

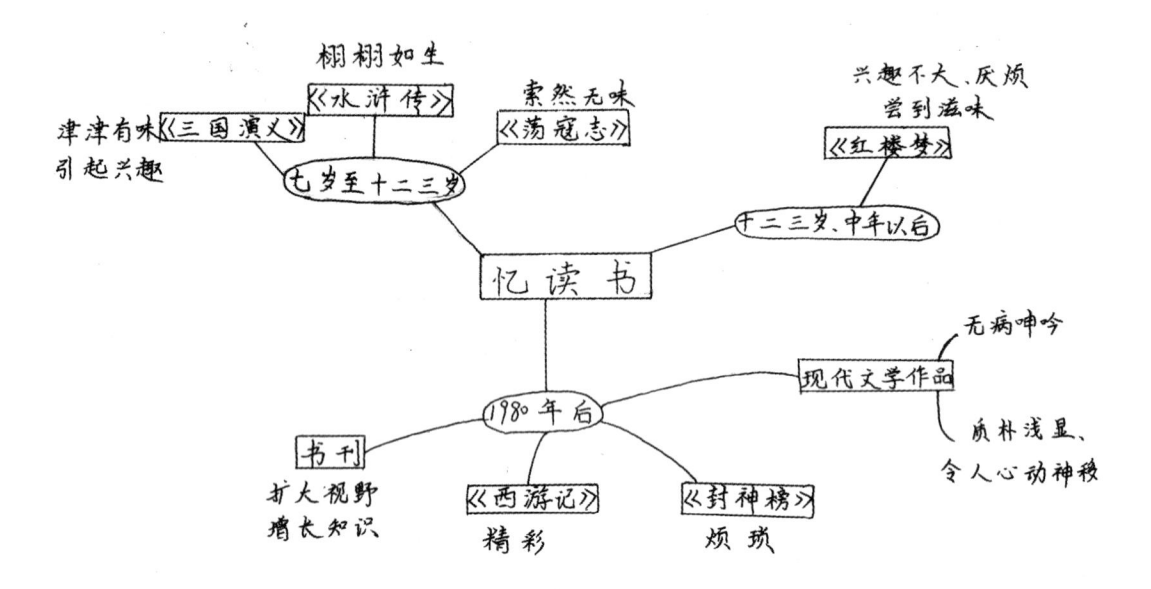

```
                    栩栩如生                          兴趣不大、厌烦
                   《水浒传》      索然无味             尝到滋味
     津津有味《三国演义》        《荡寇志》            《红楼梦》
     引起兴趣         七岁至十二三岁
                              \        /
                               \      /十二三岁、中年以后
                                忆读书
                                 |
                              1980年后                      无病呻吟
                         /        |      \              /
                       书刊              现代文学作品
                      扩大视野                         \
                      增长知识    《西游记》 《封神榜》      质朴浅显、
                                   精彩      烦琐        令人心动神移
```

师：根据要求有目的地阅读，可以提取出很多有用的信息，再用自己喜欢的方法梳理信息，帮助理解课文内容，体会情感，是好的学习方法。

导学要点：通过总结，帮助学生掌握梳理信息的多种方法，根据阅读的需要、自己的习惯，有选择地使用以帮助学习。

【设计意图：让学生回顾学习过程，交流、总结梳理信息的方法，引导学生根据需要有选择地运用以服务阅读。】

板书设计

26　忆读书

方法 { 时间　书名　感受和评价　好书的标准

圈画　列表格　时间轴　画导图……

读书好　多读书　读好书

作业设计

自主梳理自己的读书方法，列成提纲，和同学交流分享。

教学反思与改进

1. 紧扣单元目标，落实语文要素。

在教学中，没有设计过多的拓展环节，抓住"忆"这条主线，设计了四个板块，重点突出根据要求提取信息并进行梳理。

2. 运用自主、合作、探究的学习方式。

在学习方式上，充分放手，给学生大量的时间自主学习，之后合作学习，在探究后，板书也是由学生自主生成的，充分尊重了学生的学习规律。

（指导教师：北京小学丰台万年花城分校 孙宏慧）

第九册　第八单元《忆读书》

杨晓洁

教学单元基本信息			
姓名	杨晓洁	单位	北京市平谷区黄松峪中心小学
年级	五年级	单元	上册第八单元
单元主题		读书明智	

单元指导思想与理论依据

《义务教育语文课程标准（2011年版）》（以下简称《课标》）提出：要注重培养学生的创新能力和实践能力，积极倡导自主、合作、探究的学习方式，加强语言文字运用，加强语文和生活联系，致力于构建开放的、富有活力的语文课程，全面提高学生的语文素养。本单元教学，将引导学生选择喜欢的梳理信息的方法，在阅读实践中借助圈画关键句、列提纲、画表格或结构图等形式，根据需要对提取的信息进行归纳整理，把握主要内容。激发学生的积极性和创造性，在参与的过程中真正提高能力。在学生汇报交流的过程中，教师适时点拨学生联系自己的生活实际进行体会和感悟，拉近学生与文本的距离，把教科书"这本小书"与生活"这本大书"融为一体。建构开放的语文课堂，使学生真正产生爱读书的愿望，并能在实践的道路上"读书明智"。

单元教学内容及要素分析

本单元以"读书明智"为主题进行编排，选编了《古人谈读书》《忆读书》《我的"长生果"》三篇课文。《古人谈读书》选编了孔子、朱熹对读书的理解和要求。《忆读书》写出了冰心总结的她多年的读书经验，旨在引导学生懂得"读书好，多读书，读好书"的道理。《我的"长生果"》作者叶文玲回忆了少年时代的读书生活，阐明了读书的特有感受以及读书对她生活的影响，作者在读写的实践中，逐渐悟出了读写间的关系。

本单元的阅读要素为：根据要求梳理信息，把握内容要点。要素在三篇课文中并列分布。《古人谈读书》介绍了古代先贤对读书的理解，可梳理读书态度和方法。《忆读书》梳理作者的读书经历，选好书的标准。《我的"长生果"》梳理作者读书的类型和从读书、作文中悟出的道理。此要素在四、六年级也有呈现。四年级下册第六单元为：学习把握长文章的主要内容；六年级上册第六单元为：抓住关键句，把握文章的主要观点。贯穿起来要求学生学会把握文章主要内容的方法——标题串联法、抓关键句法、梳理信息法。

单元教学目标

1. 熟读背诵《古人谈读书》《观书有感》。
2. 能借助注释，理解课文大意。
3. 了解读书求学的态度和方法，能联系自己的读书体会，说出课文中读书方法带来的启发，从而更加喜欢读书。
4. 掌握梳理信息的方法，能梳理出作者的读书经历，说出作者对"好书"的看法，体会作者从读书、作文中悟出的道理。
5. 能梳理、总结如何找书读的方法和心得。

单元教学结构

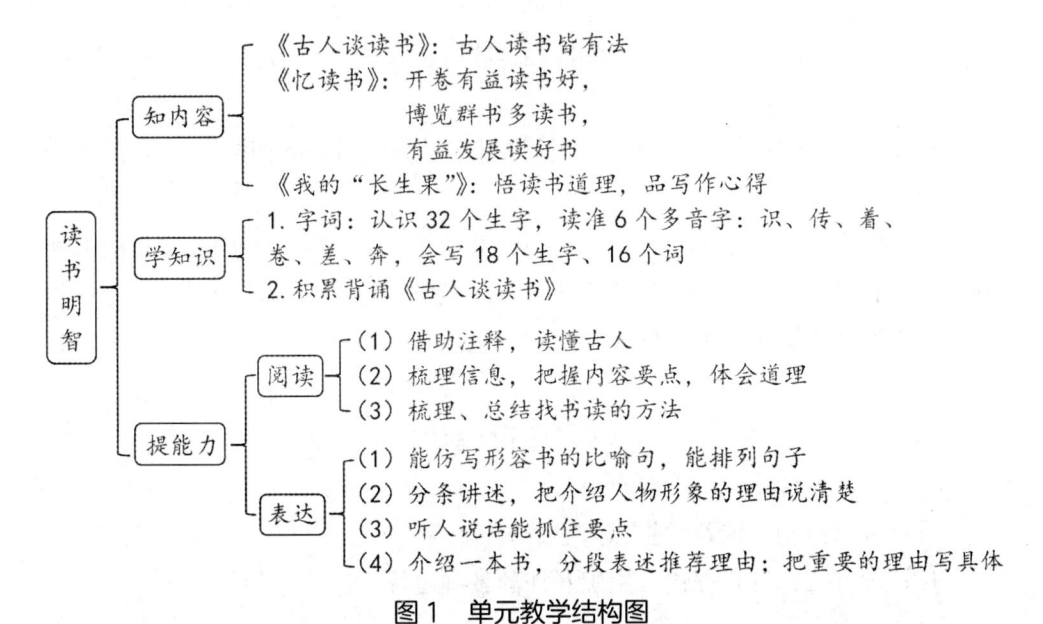

读书明智
- 知内容
  - 《古人谈读书》：古人读书皆有法
  - 《忆读书》：开卷有益读书好，
           博览群书多读书，
           有益发展读好书
  - 《我的"长生果"》：悟读书道理，品写作心得
- 学知识
  1. 字词：认识32个生字，读准6个多音字：识、传、着、卷、差、奔，会写18个生字，16个词
  2. 积累背诵《古人谈读书》
- 提能力
  - 阅读
    - （1）借助注释，读懂古人
    - （2）梳理信息，把握内容要点，体会道理
    - （3）梳理、总结找书读的方法
  - 表达
    - （1）能仿写形容书的比喻句，能排列句子
    - （2）分条讲述，把介绍人物形象的理由说清楚
    - （3）听人说话能抓住要点
    - （4）介绍一本书，分段表述推荐理由；把重要的理由写具体

图1 单元教学结构图

课题	26 忆读书
课时	第 2 课时
课型	新授课☑ 精读或略读指导☐ 口语交际课☐ 专题复习课☐ 习作指导或讲评☐ 学科实践活动课☐ 其他☐

课时教学内容分析

《忆读书》一文中，作者按时间顺序回忆自己童年时期的读书经历、多年的读书经验、选书的标准以及读书的方法，表达"读书是我生命中最大的快乐""读书好，多读书，读好书"等感悟。本课内容多，信息量大，教学重点是让学生借助对课文信息的梳理，把握课文内容，能对作者的读书感悟和读书方法发表自己的看法，从而更加喜欢读书。

学习者分析

学生有一定的读书经历和感悟，掌握了一些基本的读书方法，比如重复读、边读边想象、猜读、读完表达自己的感受等。学生能够一边读书一边标注、批画，能够就感悟较深的句子发表自己的看法和主张。但是，他们加工整理信息的能力稍弱。

课时教学目标

1.用较快的速度默读课文，并能梳理出作者的读书方法和读书的好处。（教学重点）

2.能结合自己的读书经历，交流对"我永远感到读书是我生命中最大的快乐"这句话的体会，从而更加喜欢读书。（教学难点）

3.能对作者的读书方法发表自己的看法。

学习评价设计

设计读书活动：推荐学生感兴趣的阅读内容。
1.评价方式：自我评价、生生互评和教师总评。

2. 评价量规：

（1）能根据自己的情况制定合理的阅读计划，并主动参与阅读。★

（2）能根据教师设计的问题，梳理出文中的有用信息。★★

（3）读书后能结合阅读内容谈收获。★★★

教学活动设计

一、回顾课文，梳理方法

（一）引导学生回顾课文

1. 学生默读课文，回忆这篇课文主要讲了哪些内容。

2. 引导：上节课，围绕"忆"梳理出了作者不同时期读书的经历以及好书的标准。你是运用了哪些方法梳理出文中信息的？

（二）学生交流梳理信息的方法

预设：

1. 用各种符号在书中圈画信息。

2. 分条列出信息。

3. 借助图表梳理信息。

4. 列时间轴整理信息。

【设计意图：回顾课文内容，交流梳理信息的四种方法，引导学生说一说每种方法的优缺点，这样便于学生灵活采用合理的方法来梳理信息。】

二、梳理作者读书方法，讨论交流

（一）引导学生梳理作者的读书方法

1. 学生读文标画，提取信息，选择喜欢的方法梳理作者的读书方法。

2. 小组交流，展示汇报。

在学生汇报时，教师适时梳理信息概况要点。

预设：作者在七岁时读《三国演义》，是一知半解地读；读《水浒》《荡寇志》是比较着读；读《红楼梦》在十二三岁读过，到中年又读，是反复读；1980年后读"万卷书"是挑选、比较读。

教师适时追问：什么是一知半解地读、比较着读、反复读、挑选读？

【设计意图：引导学生采用喜欢的方法梳理作者的读书方法，体会选择方法的好处。通过梳理，学生可以理清作者不同阶段的读书方法。】

（二）讨论交流对"一知半解"读书方法的看法

1. 我们一起来了解一下老舍先生《谈读书》时的观点，请同学快速阅读。

PPT 呈现：

我有个很大的毛病：读书不求甚解。

从前看过的书，十之八九都不记得，我每每归过于记忆力不强，其实是因为阅读时马马虎虎，自然随看随忘。这叫我吃了亏——光翻动了书页，而没吸收到应得的营养，好似把好食品用凉水冲下去，没有细细咀嚼。因此有人问我读过某部好书没有，我虽读过，也不敢点头。怕人家追问下去，无辞以答，这是个毛病，应当矫正！丢脸倒是小事，白费了时光实在是可惜！

2. 组织全班交流：你对"一知半解"读书方法持什么看法？说明理由。

学生自主交流，发表看法。

3. 小结：读书的方法有很多，不同的人可以根据自己的习惯和阅读的目的选择适合自己的读书方法。

【设计意图：快速阅读是学生应掌握的阅读策略，通过交流，使学生进一步明确阅读速度与阅读理解之间的关系。阅读目的决定阅读方法的选择。】

（三）引导学生根据生活经验分享其他读书方法

1. 作者在文中列举了几种读书方法，这些方法你们尝试过吗？你们有没有其他的读书方法分享给大家？

2. 学生结合自己的读书经历分享交流。

【设计意图：针对问题鼓励学生积极发表自己的看法，阐述自己的观点。在交流的过程中使学生明确读书的方法有很多，不同的人可以根据自己的习惯和阅读的目的来选择适合自己的读书方法。分享读书方法，能拉近学生与文本的距离，使学生与作者产生共鸣。】

三、梳理读书的好处，说出体会

（一）引导学生思考作者认为的读书的好处有哪些

1. 学生读文，圈画相关信息，交流汇报。

2. 总结读书的好处：懂得道理 增长知识 收获快乐

（二）引导学生交流读书还有哪些好处

学生结合生活经验自主交流，分享感悟。

（三）品味重点语句：我永远感到读书是我生命中最大的快乐

1. 引导学生结合作者的读书经历谈一谈对这句话的理解。

2.引导学生联系自己的读书经历谈感受：读书给自己带来了哪些快乐？

【设计意图：引导学生梳理出读书的好处。在理解课文内容的同时，使学生结合自己的读书经历分享交流，深层次的体会读书确实是生命中最大的快乐！】

四、总结全文，升华情感

（一）思考关键语句"读书好、多读书、读好书"的含义谈体会

学生反复阅读，结合自己的生活经历交流体会。

（二）总结升华

读书好，腹有诗书气自华。读书好、多读书、读好书！让我们记住冰心奶奶寄予我们少年儿童的期望，积极行动起来。

【设计意图：再次感受，冰心给予少年儿童的期望：读书好，多读书，读好书。升华情感，激发学生的读书热情。】

五、制定读书计划，阅读实践

组织学生根据自己的现状制定读书计划。

预设：1.每天进行30分钟阅读。2.坚持写读书笔记。……

【设计意图：引导学生针对自己读书现状列计划单，使学生真正走上爱读书的道路。】

板书设计

忆读书 ｛ 七岁时　　一知半解、比较着读
　　　　十二三岁
　　　　中年　　　反复读
　　　　1980年后　挑选、比较读 ｝ 懂得道理
增长知识
收获快乐

读书好、多读书、读好书

作业设计

读名著故事《草船借箭》，并利用梳理信息的方法梳理文中主要人物及其性格特点。

教学反思与改进

1. 长文短读，梳理方法。

《课标》指出："学会使用常用的语文工具书。初步具备搜集和处理信息的能力，积极尝试使用新技术和多种媒体学习语文。"教师通过复习第一课时所学内容引出常见的梳理信息的方法，引导学生选择自己喜欢的方法梳理作者的读书方法及读书的好处，内化运用，形成技能。通过梳理，学生能快速通过关键信息，领会文章重点内容，体会作者情感，把握文章整体。

2. 联系生活，交流方法。

这节课通过梳理作者的读书方法，引导学生表达对"一知半解"读书方法的看法，之后组织分享自己的读书方法，从而让学生明白，读书的方法有很多，每个人可以根据习惯和阅读目的来选择适合自己的读书方法。

3. 梳理交流，说出体会。

教师引导学生思考作者认为读书的好处有哪些。在理解课文内容的同时，使学生结合自己的读书经历分享交流，深层次体会读书确实是生命中最大的快乐。

4. 学以致用，阅读实践。

通过交流读书的好处以及冰心先生寄予少年儿童的期望，让学生针对自己的读书现状列出读书计划，督促学生运用所学方法进行阅读，从而感受读书是生命中最大的快乐。

（指导教师：北京市平谷区教育研修中心 李新会）

第十册　第六单元《跳水》

李凯旋

教学单元基本信息			
姓名	李凯旋	单位	北京市顺义区马坡第二小学
年级	五年级	单元	下册第六单元
单元主题	思维的火花跨越时空，照亮昨天、今天和明天		

单元指导思想与理论依据

《义务教育语文课程标准（2011年版）》总目标指出，语文课程要"在发展语言能力的同时，发展思维能力"。思维能力是提高学生语文能力和获得知识的中心环节。

本单元教学，在引导学生"了解人物思维过程，加深对课文内容的理解"中，通过创设情境、自主探究、合作分享等方式，学会认识和分析文本中人物的思维，从而提升思维能力和思维品质，并将学到的思维方式运用到自己的生活中来，学以致用。

单元教学内容及要素分析

本单元以"思维的火花"为主题，编排了三篇涉及古今中外的文章，分别是《自相矛盾》《田忌赛马》《跳水》。此外，还安排了想象类习作"神奇的探险之旅"以及语文园地。

本单元的语文阅读训练要素是"了解人物思维过程，加深对课文内容的理解"，引导学生在把握课文内容的基础上，进一步了解文中人物解决问题的过程，从而培养学生对文章的整体把握能力和根据具体情况思考问题、解决问题的意识。

落实本单元阅读训练要素，教师要重视指导学生文本中描写人物言行、描述客观条件的相关语句，重点分析这些语句并得出关键信息，作为推测人物思维过程的依据，并概括出思考的过程。

单元教学目标

1. 了解人物的思维过程，学习思考问题的方法，并学以致用解决生活中的问题。

2. 能够在把握课文内容的基础上，联系文中描写人物言行、描述客观条件的相关语句，合理推想人物思维过程，加深对课文内容的理解。

3. 通过自主阅读，梳理故事的起因、经过、结果，能用自己的话讲述故事内容。

单元教学结构

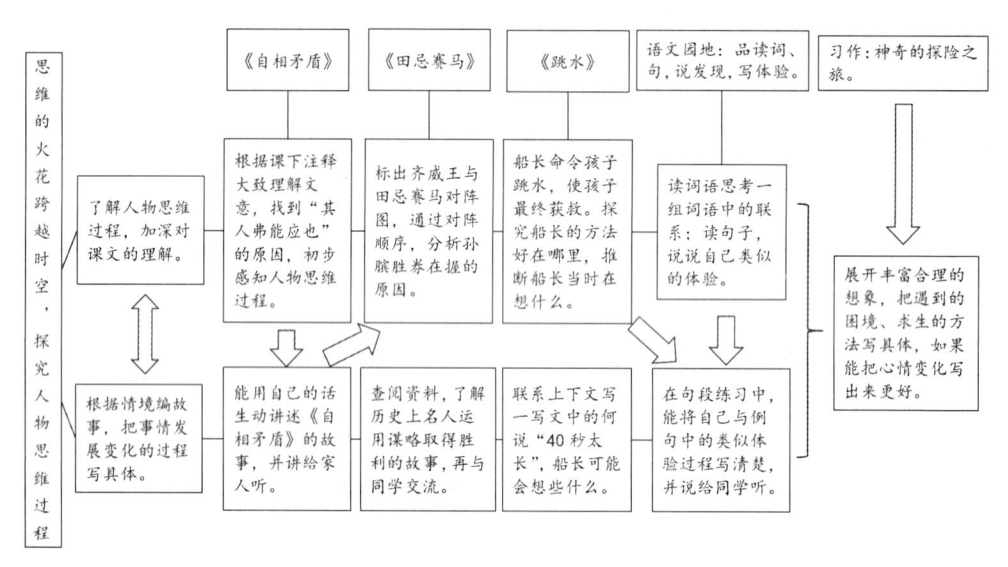

图1 单元教学结构图

课题	17 跳水
课时	第2课时
课型	新授课☐　精读或略读指导☑　口语交际课☐　专题复习课☐ 习作指导或讲评☐　学科实践活动课☐　其他☐

课时教学内容分析

《跳水》是俄国著名作家列夫·托尔斯泰的一篇短篇小说。文章按照起因、经过、结果讲述了一群水手拿猴子取乐，猴子逗孩子导致孩子遇险，船长逼孩子跳水最终获救的故事。课文内容简单易懂，故事生动，扣人心弦。通过对船长动作行为的描写，体现了船长机智、果断的处事方式，同时也展现了一个父亲对孩子的爱护之心。

学习者分析

五年级学生已具备独立阅读的能力，能够根据故事的起因、经过、结果说出课文主要内容，提取关键语句，简单分析人物性格。但对水手在整个事件中起到的重要作用以及船长冷静、机智、果敢拯救孩子的思维过程理解得不够深入，需要学生继续探索。可以通过自主阅读、创设情境、合作探究等方式，引导学生在把握课文内容的基础上，联系实际情形，合理推想人物思维过程。

课时教学目标

1. 能从文中找到描写水手们"笑"的相关语句，体会水手们的笑对置孩子于险境起到了推波助澜的作用。
2. 能结合上下文说出船长的办法好在哪里，体会作为船长的果断、镇静。（教学重难点）
3. 能正确、流利、有感情地朗读课文。

学习评价设计

表1　教学评价设计表

方法	评价内容	☆☆☆	☆☆	☆
自评	找到相关语句，体会"笑"起推波助澜的作用。	准确找到"笑"的语句，并能说清楚"笑"对置孩子于险境起到了推波助澜的作用。	准确找到语句，感知水手"笑"的同时，孩子的情绪也在随之变化。	找到直接描写水手们笑的语句，初步感知"笑"是导致孩子爬上桅杆的原因。

续表

方法	评价内容	☆☆☆	☆☆	☆
互评	能结合上下文说出船长的办法好在哪里，体会作为船长的果断、镇静。	能画出相关语句，并结合上下文体会船长经验丰富、沉着冷静、做事果断。	能画出相关语句，体会船长的机智、沉着冷静。	能画出相关语句，体会船长很机智。
师评	能联系上下文体会这是一位经验丰富、沉着冷静、做事果断且充满父爱的船长。	在体会"机智""沉着冷静"的基础上，还能从"立刻"一词体会到船长做事果断。作为既是船长也是孩子的父亲，体会船长对孩子深深的爱。	从相关语句体会船长"机智"的性格，在水手和孩子手足无措时，船长能下达命令，体会船长的沉着冷静。	从船长做出正确决定救了孩子的命，分析出船长机智的性格，能推测出船长的思维过程。

教学活动设计

一、回顾内容 理清人物

过渡：上节课我们一起学习了17课，谁还记得课文讲了一件什么事？

【设计意图：复习回顾，既是归纳概括能力的培养，又能建立一、二课时的联系。】

过渡：孩子为什么跳水，水手和船长又是怎样做的？这节课我们继续学习。

二、感受绝境 找到原因

（一）体会"绝境"

孩子为什么要跳水？朗读课文，找到原因。

预设：

孩子此时身处险境之中，不跳水就会丧命。

孩子爬到了帆船桅杆的顶端，只有跳水能活命。

追问：文中是怎样描述这一险境的？

> 孩子只要一失足，直摔到甲板上就没命了。即使他走到横木那头拿到了帽子，也难以回转身来。

补充资料：当时这条船最高的横木与甲板的距离是17米，相当于5层教室那么高，最高的那根横木只有20厘米宽。

（二）为什么会陷入这样的绝境

过渡：这不只是险境，更是绝境。孩子为什么会走到桅杆顶端？（用文中

的话回答）

追问：水手拿猴子取乐，猴子逗孩子，孩子追猴子，猴子上桅杆，孩子也上桅杆。在这过程中，水手们的反应如何？

预设：水手在笑，看热闹。

出示自学提示：

> 课文多次描写水手们的"笑"，把相关的语句找出来，说说这几次"笑"与故事情节发展的联系。

相机出示：

1. 一只猴子在人群里钻来钻去，模仿人的动作，惹得大家哈哈大笑。
2. 水手们又大笑起来，只有那个孩子哭笑不得，眼巴巴地望着猴子坐在桅杆的第一根横木上，摘下帽子来用牙齿咬，用爪子撕，好像故意逗他生气。
3. 水手们笑得更欢了，孩子却气得脸都红了。

1. 学生独立完成。
2. 小组合作交流。
3. 集体交流并板书。

（学生补充板书： 水手：哈哈大笑——又大笑起来——笑得更欢了
　　　　　　　　孩子：笑得开心——哭笑不得——脸都气红了

提问：从"哭笑不得"和"眼巴巴"这两个词语你体会到了什么？

预设：

孩子感到非常尴尬，很没面子；孩子此时的无助和无奈。

追问：水手们的哄笑极大地伤害了孩子的自尊心。如果你是他，此时此刻，你心里会在想什么呢？

预设：我一定要抓住猴子，拿到我的帽子；我要立刻抓住猴子，拿回帽子，无论如何！立刻！……

三、抓住情节 走近船长

过渡：愤怒使孩子完全失去了理智！在这千钧一发之际，船长出现了。

1. 出示学习提示。

默读课文第5自然段，想想在这危急关头，船长是怎样说和怎样做的呢？请你画出相关语句。从中你感受到船长是一个怎样的人？批注在句子旁边。

2. 汇报交流，体会品质。

出示：

> 正在这时候，船长从船舱里出来，手里拿着一支枪。他本来是想打海鸥的，看见儿子在桅杆顶端的横木上，就立刻瞄准儿子，喊道："向海里跳！快！不跳我就开枪了！"孩子心惊胆战，站在横木上摇摇晃晃的，没听明白他爸爸的话。船长又喊："向海里跳！不然我就开枪了！一！二！"刚喊出"三"，孩子纵身从横木上跳了下来。

（1）从父亲"立刻瞄准""两次命令孩子跳水"体会船长的机智果断、沉着冷静。

预设：学生能体会到船长反应迅速，孩子最终获救，这是机智。但很难理解他的果断。引导学生关注"立刻"一词，和原文对比阅读，体会船长做决定时的果断。

> 船长从船舱里出来，手里拿着一支枪。他看见儿子在桅杆的横木上，就立刻向他瞄准……
>
> 船长从船舱里出来，手里拿着一支枪。他看见儿子在桅杆的横木上，就向他瞄准……

通过对比读，学生感受到，船长在短时间内，快速做出正确的决定，瞬间处理复杂的事情，毫不犹豫，就是果断。

学生将水手们、孩子的表现与此刻快速做出决断的船长作对比，可以感知船长的沉着冷静。

追问：船长为什么敢让孩子往水里跳？（联系上下文）

预设：课文第一段"风平浪静""水手们都在甲板上"交代了跳水的有利条件，孩子的父亲是一名船长，他常陪着父亲航海，有很好的水性。所以船长敢让孩子跳水。

（2）从父亲的角度来感受他对孩子深深的爱。

> "向海里跳！快！不跳我就开枪了！"
> "向海里跳！不然我就开枪了！一！二！"

①自由读，谈感想。
②指名读，指导读。
③两句话对比读。你发现了什么？

预设：意思相同，但是第二句中的"一！二！"感觉船长即将开枪。态度也比前一句更坚决，语气更强烈，更让人害怕，也体现出父亲镇定的外表下的焦急，而这强硬的语气下其实就是对孩子深深的父爱。

过渡：随着船长的一声令下，孩子扑通一声落入水中，请大家齐读最后一段。

3.插入想象，体会父爱。

出示：40秒的时间很短，为什么大家已经觉得时间太长了？联系上下文想一想，这个时候，船长会怎样做？怎么想呢？

【设计意图：引导学生联系上下文想象，走进船长的内心，在这样一副冷静的面容下，是深深的父爱。】

四、升华情感 发散思维

过渡：40秒后，孩子浮上来了，他得救了。本文是一个真实的故事，原文的结尾是这样的。

出示原文结尾升华情感：

> 船长看到这个情景，忽然大吼一声，好像被什么东西堵住了嗓子似的，接着就跑回舱房去了，免得让人看见他哭。

读一读这段话，与你之前看到的父亲有什么不一样？你又体会出什么？

预设：学生可以抓住父亲"大吼一声"，是因为孩子终于被救上来了，父亲把心中的紧张不安都发泄出来了，实际上更是父亲对孩子的爱。也可以抓住"跑回舱去""哭"等来谈，不想让人看见他对孩子的安危非常担心。

【设计意图：走进原著，对比阅读，感受人物，升华情感。】

板书设计

17 跳水

孩子 两腿发抖

恼羞成怒　笑得更欢了　经验丰富
哭笑不得　大笑起来　　机智果断
开心　　　哈哈大笑　　沉着冷静
孩子　　　水手 吓呆了　船长
　　　　　得救

作业设计

阅读短文《地震中的父与子》，再一次感受深沉的父爱。

教学反思与改进

1. 精心设计问题，引导学生联系生活实际体会绝境，引导学生感受绝境。

2. 聚焦水手的"笑"，引导学生探寻孩子心情变化的原因，理解水手的"笑"在推动情节发展中的作用，将学生思维引向深处。

3. 抓住情节，联系具体情况，走近船长，帮助学生把握人物思维过程。如孩子命悬一线时，水手们都手足无措，在这危急关头，"船长是怎么说的？怎么做的？他又是怎么想的呢？"引导学生提炼关键信息，梳理船长的做法，揣摩船长做出决定时的想法，由此梳理出船长根据实际情况思考问题和做出判断的过程，进而说出船长所用办法的好处，不但增进了学生对课文内容的理解，更使学生懂得了遇到问题要先分析具体情况，再选择适合的办法解决的道理。在今后课堂中，还应加强学生语言训练，培养表达能力。

（指导教师：北京市顺义区马坡第二小学 张淑玲）

第十册　第七单元《牧场之国》

杨辰

教学单元基本信息		
姓名	杨辰	单位	北京市海淀区培星小学
年级	五年级	单元	下册第七单元
单元主题		世界各地

单元指导思想与理论依据

　　语文课程是一门学习语言文字运用的综合性、实践性课程。可见语言文字的运用实践是语文课程的基本要求。同时叶圣陶先生认为文学欣赏的目的是"接受美感的经验，得到人生的受用"。在小学阶段的语文教学中，我们也应当培养学生对语言文字的良好兴趣，感受其中精准、妥帖的美。本单元既有对动静之美的欣赏，又有实践表达的需要，综合性强、内容丰富，体现了语文学科的本质属性，与生活实践有着紧密的联系。在本单元的学习中，将感受动静之美与学生生活实际对接，突出自主性，让学生在开放多元的环境中综合运用语言文字知识进行表达。

单元教学内容及要素分析

　　本单元围绕"世界各地"安排了《威尼斯的小艇》《牧场之国》《金字塔》三篇介绍异域风光的文章，以及习作、口语交际和语文园地。《威尼斯的小艇》从多个角度描绘出了小艇的重要，与人们的生活息息相关；《牧场之国》刻画出了一个宁静、悠闲美丽的牧场；《金字塔》从特定角度描绘出了夕阳下的金字塔，古诗《乡村四月》描写了乡村特定季节的独特风光。

本单元阅读要素为"体会静态描写和动态描写的表达效果"。编者在五年级上册第七单元就提出了"初步体会课文中静态描写和动态描写"的要求，教师要指导学生在学习中初步体会动静结合的美。本单元与上册第七单元有紧密联系，进一步帮助学生体会动静描写在不同视角下的不同表达效果。《威尼斯的小艇》引导学生体会动静描写；《牧场之国》突显了荷兰牧场的宁静之美。学生在阅读过程中要学习教材中的观察、选材、表达方法，感受到恰当地运用静动描写能够呈现景物独特的魅力。

本单元的习作要素是"搜集资料，介绍一个地方"，即写一处中国的世界文化遗产。本次习作着力培养学生根据目的搜集、整理资料，并运用所学的动静描写等表达方法清楚、生动地介绍事物的能力。

单元教学目标

1. 通过归类识字、对比识字等形式，认识"艄、毡"等26个生字，会写"尼、仪"等30个生字，通过阅读教学，联系上下文理解"操纵自如、悠然自得"等28个词语在文中的意思。

2. 能正确、流利地朗读课文，品悟优美的词句，感受美丽的异域风情，激发热爱自然、热爱生活的兴趣。（重点）

3. 通过朗读、对比和资料补充等方式，品读和理解文本，学习动静结合的写景手法以及体会景物的静态描写和动态描写的表达效果。（重点）

4. 结合习得的写景方法，搜集资料，写一处感兴趣的中国的世界文化遗产。

5. 结合本单元学习的课文、习作以及自己搜集的资料，选择一处景观或古迹练习讲解，在班内开展"和我一起去旅行"的口语交际活动。（难点）

单元教学结构

基于对单元内容和作用的认识，我们创设了"和我一起去旅行"的单元情境。结合后疫情时代学生的心理特点和社会特征，展开线上云游会，通过"云旅行"的真实任务驱动学生主动学习介绍景物的语言技能，学习生动讲解的方法，最终达成丰富的语言实践活动。

动静相宜悟美景 读用结合习表达

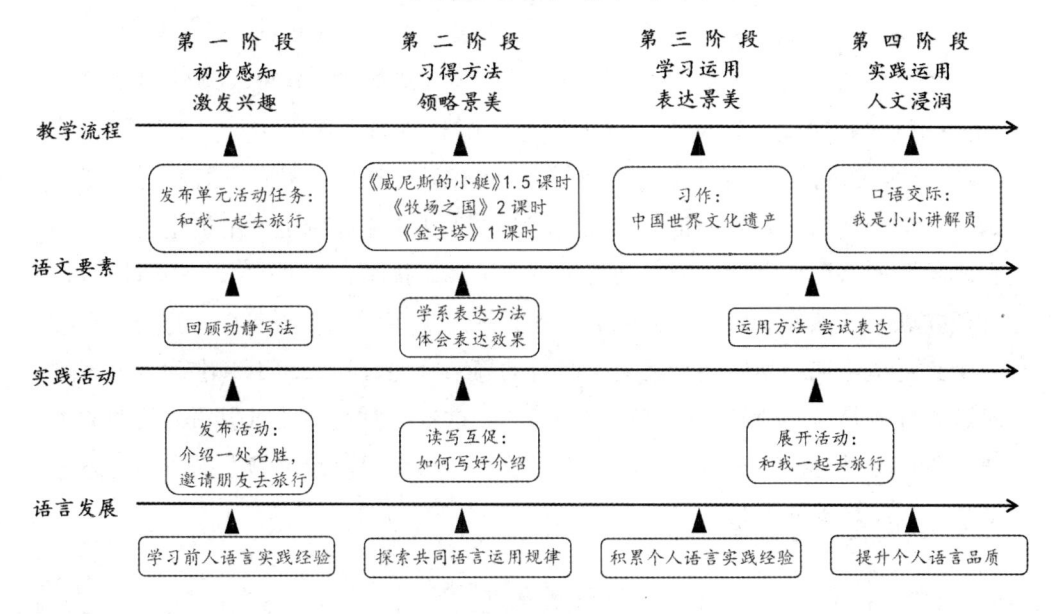

图1 单元教学结构图

课题	19 牧场之国
课时	第2课时
课型	新授课☑　精读或略读指导☐　口语交际课☐　专题复习课☐ 习作指导或讲评☐　学科实践活动课☐　其他☐

课时教学内容分析

《牧场之国》是本单元的第二篇精读课文，是一篇情景交融的散文。文章描写了荷兰美丽、幽静的牧场风光。展现了荷兰自然和谐的景观，表达了作者对荷兰人与自然和谐相处的赞美之情。

课文的静态描写手法高妙。第二段将静寂、安闲、和平写到了极致。第五自然段以动衬静，将一幅田园劳动风光画展现在我们面前。

这篇文章，学生能够感受荷兰牧场的田园风光，体会动物、人、环境和谐统一的美好意境；同时在深化单元主题的基础上习得方法，体会动态和静态描写的表达效果。

学习者分析

经过前测,我们发现 96% 的学生对课文内容有着大致的了解,对这篇文章的阅读兴趣很高,这从他们深入思考的困惑梳理中得以一见。对于前测第 3 题,21% 的同学认为这是动作描写,55% 的同学认为这是动态描写,还有 24% 的同学认为这是侧面描写。描写的好处多集中于笼统的"更加生动""加深印象",这反映出学生能够理解和辨认出动态描写,但对动态、静态描写怎样建立联系,从而呈现出不同的表达效果还不是很清晰。也有 7% 的同学能够意识到这里体现出动静结合之美,但对动静结合的目的表述不够准确。语言的理解与建构是在不断的阅读实践中提升的,这就需要教师加以引领,帮助学生进一步体会动态描写和静态描写的表达效果,从而习得通过静态描写和动态描写表达景物之美的策略。

《牧场之国》第二课时 前测

1. 上节课我们将荷兰牧场的风光概括成了这样四幅图,你对哪一幅图印象最为深刻?为什么呢?

   - 黑白花牛 姿态各异
   - 辽阔原野 骏马飞驰
   - 牧场之国
   - 多种家畜 悠然自得
   - 忙碌有序 和谐相处

   _____

2. 经过上节课的学习,你对《牧场之国》这篇文章还有哪些疑虑吗?请你写在下面的横线上,下节课我们将继续探讨。

   _____

3. 到了傍晚,才看见有人驾着小船过来,坐上小板凳,给严肃沉默的奶牛挤奶。金色的晚霞铺在天西,远处偶尔传来汽笛声,接着又是一片寂静。

   画线的句子运用了_____描写手法。请你说说这样写的好处。

   _____

图 2 《牧场之国》第二课时前测

课时教学目标

1. 通过品读语言、想象画面、补充资料等方式了解牧场之国的美,有感情地朗读课文。

2. 体会静态描写所表现的荷兰牧场的宁静之美,感受课文反复强调"这就

是真正的荷兰"的表达效果。（重点）

3.体会动静之美，用自己的话把牧场之国的美景讲给同伴听。（重点、难点）

学习评价设计

1.课中评价。

课中请同学们选择《牧场之国》中自己喜欢的画面进行介绍，邀请同伴去旅行。在进行邀请的过程中，依据"邀请评价标准"进行准备、完成语言实践活动。被邀请的同伴依据"评价标准"对邀请词进行评价并提出建议，引导学生尝试进行介绍。

2.课后评价。

同学们在课中介绍时对评价标准和评价单进行修改和补充，根据修订的"评价标准"完善邀请词，为"和我一起去旅行"主题活动做准备。（课后评价单及评价标准见"教学过程"四：依据邀请实践，精表达。）

教学活动设计

一、回顾单元活动，知"介绍"

回顾"和我一起去旅行"的单元情境，结合本课所描绘的美景，尝试介绍景色，邀请同伴旅行，为"云旅行"活动做准备。

教师出示在第一课时中集体定制的邀请评价单，熟悉介绍的方式。

评价标准：1.讲清楚——品读语言，了解内容
　　　　　2.讲生动——想象画面，讲出美感

"和我一起去旅行"邀请评价单			
	☆☆	☆☆☆	☆☆☆☆☆
讲清楚			
讲生动			
被邀请人的评价：			

【设计意图：整体感知是对课文的整体领悟及对阅读材料宏观的理解和概括。此环节让学生整体回顾，初步理解主旨，为后面介绍牧场之美做铺垫。】

二、感受动静之美，备"介绍"

（一）品读课文，感受动静之美

1. 学生阅读课文，圈画批注。解决第一课时学生的质疑：作者眼中"真正的荷兰"是怎样的？为什么反复强调"这就是真正的荷兰"？

2. 组织小组讨论，分享观点。

预设1：花牛安闲

学生通过批注和圈画关键词，感受"真正的荷兰"是安静舒适的。通过探究学生提出的问题："这么一大群牛，为什么都能吃得如此专注呢？"感受作者通过对奶牛状态的描写，突出牧场宁静、舒适的特点。随后情随景入，朗读课文，感受荷兰牧场如画般的静态美。

预设2：牲畜自由

学生圈画"它们是这个自由王国的主人和公爵""属于它们自己的王国"。批注：自在安闲。

小组交流，结合语句，感受牧场上的牲畜的自由。首先从数量角度，感知牧场上家畜之多。再从身份角度，感知到动物们的自在。自由读文，再次感受牲畜的安闲状态。

预设3：夜晚静谧

（1）分享阅读第五自然段的感受：从傍晚到夜晚，越来越宁静。

（2）由小组讨论批注，引发思考：虽然描写了活动的场景，但给人的感觉还是宁静的、悠闲的，这是怎么回事呢？

全班讨论，解决质疑，引导学生学习"以动衬静"来表现牧场宁静和谐的特点的方法。

（3）配乐读文，感受夜晚更加静谧的特点。

（二）感受结构特点，理解介绍的内容

1. 通读全文，尝试解答第一课时的质疑：作者眼中"真正的荷兰"是怎样的？体会牧场宁静和谐的特点。

2. 体会"这就是真正的荷兰"反复出现的作用：突出"真正的荷兰"的特点。

【设计意图：这一环节在自读自悟、质疑解疑中展开。在指导朗读时，引导学生合理想象画面和品读语言，领略"牧场的静谧祥和之美"，体会作者对荷兰的赞美之情。此处水到渠成地突破了教学重难点，也为介绍美景打下了基础。】

三、选择牧场之景，试邀请

（一）选择牧场之景，邀请同伴

结合单元学习情境"邀请伙伴一起去旅行"，选择本课的一幅画面，邀请他/她和你一起走进牧场之国。

（二）被邀请同学进行评价

依据前期集体制定的评价标准和评价单对同学的邀请进行评价。教师巡视，引导同学注意交流时的语气和方式。

四、依据邀请实践，精表达

教师引导同学通过本课的学习和邀请评价，以组为单位进行评价单的完善。

预设讨论结果：1.增加对静态美和动态美的关注。2.补充相关资料，让介绍更丰富。

完善后的评价标准及评价单：

评价标准：1. 讲清楚——品读语言，了解内容

2. 讲生动——表现静态美或动态美

3. 讲丰富——补充资料，丰富讲解

"和我一起去旅行"邀请评价单			
	☆☆	☆☆☆	☆☆☆☆☆
讲清楚			
讲生动（静态美或动态美）			
讲丰富（查找资料）			
你愿意和我一起去旅行吗？（画"√"）	特别愿意 马上出发 （ ）	我不确定 需要考虑 （ ）	非常感谢 我未动心 （ ）

【设计意图：这两个环节联系紧密，通过依据标准进行评价、课中介绍美景邀请同学的练习，使学生了解了介绍景物最基本的要求。同时通过自评、互评，形成修改意见完善评价单，引导学生关注所学，并将所学用于语言实践活动中。】

板书设计

和我一起去旅行

目的地：牧场之国

特点：花牛安闲　　　　　　邀请：1. 清楚

　　　牲畜自由　　　　　　　　　　2. 生动——画面美（动静之美）

　　　夜晚静谧（以动衬静）　　　　3. 丰富——补充资料

作业设计

1. 有感情地朗读课文，再次体会荷兰牧场风光的动、静之美。

2. 根据修改后的评价标准，查找资料，完善邀请词，为"和我一起去旅行"主题活动做准备。

教学反思与改进

本课紧扣阅读要素，落实本单元"体会静态描写和静态描写的表达效果"的语文要素，理解动静结合、以动衬静等描写方法的表达效果。

同时基于情境进行策略达成的实践活动。单元是一个大情境，课时是一个小情境，邀请同伴一起去旅行，邀请时介绍清楚准确、生动优美，能够吸引同伴。将动静态描写转化为邀请词，这样在真实的情境中激发学的兴趣、提高学习能力、提升思维品质和表达能力，最终实现学生核心素养的培养与发展。

教学设计的内容比较丰富，但如何在教学环节中把握好时间，在保证教学重点落实的前提下，给予学生充分的语言实践机会，是我需要进一步反思和学习的地方。

（指导教师：海淀教师进修学校　柏春庆；北京市海淀区培星小学　窦飞）

第十一册　第四单元《桥》

吴娟

教学单元基本信息			
姓名	吴娟	单位	北京市丰台区第五小学
年级	六年级	单元	上册第四单元
单元主题		小说主题阅读	

单元指导思想与理论依据

《课标》实施建议指出：阅读要珍视学生独特的感受、体验和理解，形成文体意识，更好地帮助学生阅读、写作和表达交际。学生第一次接触小说单元，区别于以往的叙事性作品，本单元需培养学生的"文体"意识，着力引导学生关注情节、环境，来感受人物形象，体会情节推进和环境描写对塑造人物形象的作用，对小说中的人物产生独特的感受，对人物形象有更立体的认识，使学生爱读小说，学会读小说。

单元教学内容及要素分析

一、语文要素

本单元的阅读要素是"读小说，关注情节、环境，感受人物形象"；习作要素是"发挥想象，创编生活故事"。从小说阅读，到自主创编故事，让学生经历由阅读到表达的过程，既加深学生对小说基本特点的理解，又发展学生的语言和思维。

二、课文特点

本单元选编了中外不同作家各具特色的三篇小说《桥》《穷人》《金色的

鱼钩》。小说特点鲜明，通过情节推进和环境描写塑造人物形象，刻画了普通人物在面临困境时闪现的人性光辉。有在山洪暴发时舍己为人、不徇私情的老支书；有在自身生活困难的情况下，仍本能地向别人伸出援手的穷人夫妇；有忠于革命、不惜牺牲自己生命也要照顾同事走出草地的老班长。

单元教学目标

1. 初步感受了解小说的基本特点，理解情节推进、环境描写对塑造人物形象的作用。

2. 习得小说阅读的基本方法：紧扣情节、抓住环境，感受人物形象。激发阅读小说的兴趣，迁移运用课内阅读学到的方法，养成自主阅读的好习惯。

3. 能围绕主要人物展开丰富的想象，创编生活故事。故事情节完整，情节尽可能吸引人，能试着写出故事发生的环境和人物的心理。

4. 感受普通人物在面临困境时所闪现的人性光辉。

单元教学结构

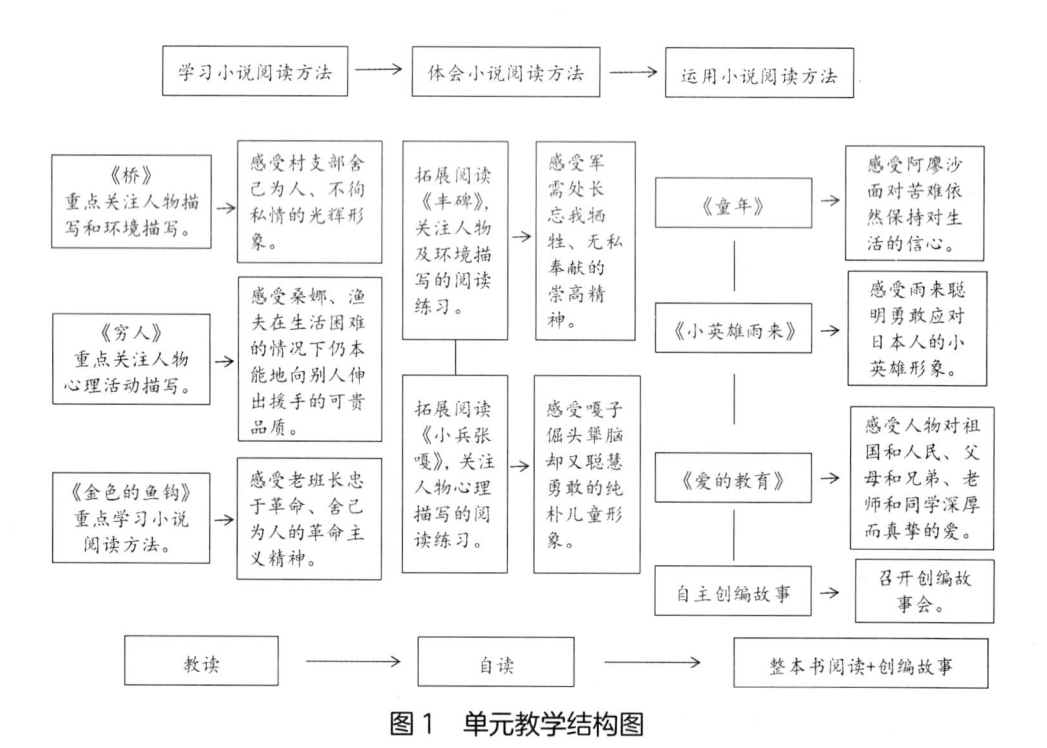

图1 单元教学结构图

课题	12 桥
课时	第 2 课时
课型	新授课□　精读或略读指导☑　口语交际课□　专题复习课□ 习作指导或讲评□　学科实践活动课□　其他□

课时教学内容分析

一、课文内容简介

《桥》叙述了一位党支部书记面对暴发的山洪，以自己的威信、忠于职守的信念和沉稳果决的指挥，将村民们送上跨越死亡的生命桥。在党性面前，他一视同仁，要求同是党员的儿子把生的希望让给别人；在人性面前，他又推着儿子先走，把死的危险留给自己。他用一位共产党员的信念和一个父亲的爱筑起了一座不朽的桥梁。小说塑造了这位党支部书记在山洪暴发时舍己为人、不徇私情的光辉形象。

二、多角度感受人物形象

（一）课文在情节叙述上的特点

小说情节跌宕起伏，冲突不断。最大的冲突，并不是在危险面前自己如何抉择生与死，而是当亲人和群众的生命摆在面前时，党性的天平向谁倾斜。

（二）课文在语言形式上的特点

一是短句多，自然段简短，形成急促、紧张的节奏。

二是环境的描写推动了情节的发展，暗示着人物的命运。

学习者分析

通过五年来的学习，学生已经掌握通过语言、动作、心理来理解人物形象的方法，这一点可以放手由学生自读感悟，并由此过渡到本课阅读教学的生长点：感受小说的环境描写以及情节的推动对刻画人物的作用。由此，引领学生开始小说的学习。

课时教学目标

1.通过老支书的神态、语言、动作,走进其内心,感受人物形象。(教学难点)
2.能结合环境描写的句子,初步体会这些描写对表现人物形象的作用。(教学重点)
3.感受党支部书记舍己为人、不徇私情的光辉形象。

学习评价设计

表1 学习评价表

学习评价表			姓名:
课题	《桥》		
评价类别	朗读	能体会课文中环境描写对表现人物形象的作用	能通过人物描写及环境描写体会阅读材料中的人物形象
自我评价	朗读时能感动自己□ 朗读时想象到画面□ 朗读时自然流畅□	能表达环境描写的作用□ 能朗读出环境的变化□ 能找到环境描写的语句□	能体会人物的形象□ 能朗读出自己对人物的理解□ 能找到人物、环境描写的语句□
小组评价	朗读时受到感动□ 朗读时激发想象□ 朗读时语句通顺□	环境描写的作用表达清晰□ 朗读出环境的变化□ 能找到环境描写的语句□	人物形象把握比较准确□ 能朗读出对人物的理解□ 能找到人物、环境描写的语句□
挑战评价	请你为小说中的老支书撰写墓志铭,表达深深的敬意。		
自我评价	语句通顺、简练□ 表达深深的敬意□		
教师评价			

本评价设计关注对学生初步鉴赏文学作品的评估,包含学习过程中学生学习表现方面清晰、合理的标准。同时以自评、互评、教师评相结合的方式使学生对自己的学习进行评估,以此促进更好地达成学习目标。

教学活动设计

一、回顾小说内容,回忆人物初步认识

12 桥
- 洪水肆虐,形势危急
- 临危不乱,指挥过桥
- 献出生命,洪水退去

预设：老支书是一个舍己为人、沉着镇定、大公无私的人。

二、走进人物内心，感悟人物形象

（一）通过言行神态描写进行联想，对人物形象产生新认识

1. 自主学习：请默读课文第二部分，画下描写老支书的语句，记录你联想到了什么，思考你对老支书产生了哪些新的认识。

2. 阅读分享：请分享自己的阅读收获。

预设：

表2　课堂学习单

老支书	语句中的关键词	学生的联想	产生的新认识
语言	①党员排在后边！ ②可以退党，到我这儿报名。 ②你还算是个党员吗？ ③少废话，快走。	文中说老汉受全村人拥戴，人们"望"着老汉，停止拥挤，联想到平时在全村人心中老汉是一位深得人心的好支书，凡事能处处为群众考虑，所以大家才这么信任他。	时刻为群众着想、率先垂范的好党员。
动作	①站 ②冲 ③揪 ④吼 ⑤推	联想到老汉在洪水肆虐的环境下的样子，老汉得知洪水来袭，早已想好如何帮助大家摆脱困境，站在木桥前等待全村人。	想群众所想、急群众所急。在亲人与群众面前铁面无私，但也爱子心切。
神态	③清瘦的脸上淌着雨水 ④盯 ⑤凶得像只豹子	老汉在雨中已经等候多时，盯着全村人民，像一座山，可以联想到他是全村人的主心骨，平时是，面对洪水时更是。 对待自己的儿子毫无私心。	沉着镇定 铁面无私

【设计意图：学生由已有知识经验出发，揣摩人物言行神态的描写，通过联想老汉的心理，从而走进他的内心，感悟他的光辉形象。】

（二）深入理解"吼"，走进人物内心，初步感知环境描写对表现人物的作用

1. 适时提问：老汉对小伙子有两次"吼"，当时的情况有什么不一样？你从中体会到了什么？请你再次默读第二部分思考。

2. 朗读两次"吼"：再次体会人物形象。第一次要有责备和命令的语气，停顿要有力；第二次要读出急切和关心。

3. 小结及过渡：老支书的形象，就是在不断变化的环境中得到了彰显啊！除了这两处环境描写，课文还有许多环境描写等待着大家去发现，去体会。

【设计意图：引导学生结合当时的环境，感受环境描写衬托人物形象的作用。】

（三）课后题引导深入阅读，体会环境描写对刻画人物的作用以及对情节发展的推动作用

1. 课后题引导：请同学们再读一读第一、二部分描写雨、洪水、桥的句子，联系老支书的表现，思考这些描写对表现老支书又有什么作用。

预设：

抓关键词句：突然、像泼、像倒、咆哮、狂奔而来、跳舞、狞笑，体会暴雨、山洪的突如其来，形势危急，老支书却沉着镇定、铁面无私，又真切地关心着儿子。

2. 课文插图与朗诵相结合感受形势危急：画中狂风暴雨，洪水肆虐，村民们扶老携幼，走在一座没入洪水中的小桥上。朗读时，注意语气的轻重和语速的快慢。

【设计意图：通过环境描写的串联，使学生感受到环境描写将整个故事串联起来，初步了解小说的基本特点，理解环境描写对塑造人物形象的作用。】

（四）体会情节设计的精妙，再次走进人物内心

1. 课后题引导：通过对人物言行神态的揣摩以及对描写雨、洪水、桥这些环境描写的句子，我们逐渐地走进了老支书内心，可小说最后才点明老支书和小伙子的关系，你觉得这样写好吗？为什么？

2. 学生自读感悟后小组内交流讨论，再进行全班研讨。

预设：如果在第二部分就交代了小伙子是老支书的儿子，读者就不会因为一个"瞪"字对二者的关系产生多角度猜测。正是因为前面留下悬疑，最后揭示谜底，才在收尾处带给读者强烈的情感冲击，让读者在震撼中再度体悟英雄的崇高境界。

3. 朗读夯实感悟。

三、小结阅读小说的基本方法，学以致用

（一）课堂小结

导语：这节课同学们收获了哪些阅读小说的方法呢？

（二）课堂练习

1. 自主阅读画批，体会《丰碑》中的人物形象。

2. 分享优秀画批，把握《丰碑》中的人物形象。

（三）学习反馈

填写表1，自评、互评学习情况。

四、布置自愿挑战作业，尊重独特体验

请你为小说中的老支书撰写墓志铭，表达深深的敬意。师生依据表1进行评价。

板书设计

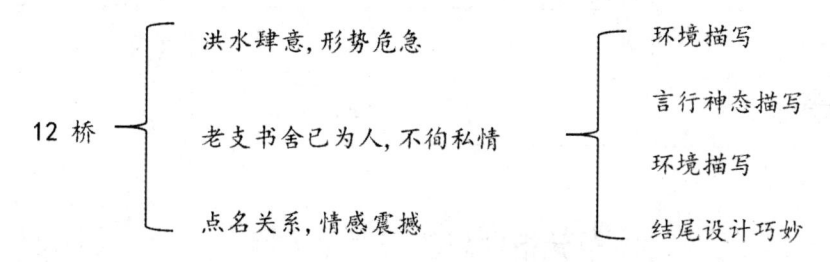

12 桥
- 洪水肆意，形势危急 —— 环境描写
- 老支书舍己为人，不徇私情 —— 言行神态描写 / 环境描写
- 点名关系，情感震撼 —— 结尾设计巧妙

作业设计

请你为小说中的老支书撰写墓志铭，表达深深的敬意。

教学反思与改进

1. 本设计关注学生生长点。本单元为学生小学阶段第一次以单元的形式接触小说，本课又是单元初始课。所以本设计以学生已有的感受人物形象的知识水平为基础，以联想为支架，引导学生走进人物内心。

2. 本设计关注学生个性化阅读。加强对学生阅读的指导，问题引领阅读层层深入。主要体现在引导学生抓住关键词句，串联全文环境描写，先自读感悟，再小组协同，最后全班交流。

3. 本设计关注对学生初步鉴赏文学作品的评价。以自评、互评、教师评相结合的方式使学生对自己的学习进行评估，从而更好地达成学习目标。

（指导教师：北京教育学院丰台分院小学教研室 张东岭）

第十一册　　第六单元《青山不老》

张宇

教学单元基本信息		
姓名	张宇	单位	北京市朝阳师范学校附属小学
年级	六年级	单元	上册第六单元
单元主题		保护环境

单元指导思想与理论依据

新课程标准以全面提高学生的语文素养为目标，强调要体现人文性、实践性的特点，积极倡导自主、合作、探究式的学习方式，努力建设开放而具有活力的语文课程。我将此作为自己教学的指导思想，并贯穿渗透在教学中，以学习方式变革为主，引导学生在实践中理解，在实践中感悟，进而培养学生阅读能力，提高语文学习质量。

单元教学内容及要素分析

本单元的人文主题是"保护环境"。随着社会的发展，人与环境的关系日益紧张，对多数处在城市中的学生来说，自然环境与他们的距离比较遥远，在这一背景下设计这样的人文主题，可以唤醒学生在思想上与大自然的精神交互，感受到人与自然相互依存的关系，激发他们爱护环境、珍爱地球的人文情感。

本单元编排了四篇课文，分别是《古诗三首》（刘禹锡《浪淘沙》、杜牧《江南春》、王安石《书湖阴先生壁》），李剑波、蔡士魁的《只有一个地球》，苏金伞的《三黑和土地》和梁衡的《青山不老》。选编这四篇课文，不仅仅是为了落实有关保护环境的人文教育，更重要的是为了落实具体的阅读训练要素，即"抓住关键句,把握文章的主要观点"。重点在于训练学生两方面的阅读能力:一是能够"抓住关键句";二是能够"把握文章的主要观点"。而"抓住关键句"是"把握文章主要观点"的具体阅读方法。关键句一般能够概括文章中心意思或表现文章中心思想,把握好关键句,才能够把握文章的主要观点。六年级下册的要求,是在此基础上,训练学生能够准确找到篇幅较长文本的关键句。

单元教学目标

1. 通过阅读以保护环境为主题的诗文,感受人与自然相互依存的关系,激发出爱护环境、珍爱地球的人文情感。

2. 通过关注主题,整体感知,提取信息,找出文中的关键句,从而把握文章的主要观点。

3. 借助注释,通过想象,结合掌握的传统文化知识理解诗词大意,感受中华语言之美。

4. 品读文章,能够抓住关键句子表达文章的观点。

单元教学结构

《只有一个地球》:找出文中的关键句,把握主要观点,并体会课文是怎样一步一步得出最后的结论的。

⬇

《青山不老》:关注课后题,思考为什么课文说"青山不老"。

⬇

《三黑和土地》:结合诗句,把握农民看待土地的态度。

⬇

语文园地 词句段段运用:通过具体例子进一步体会应如何抓住关键句,把握一段话的主要观点。

图1 单元教学结构图

课题	19 青山不老
课时	第1课时
课型	新授课☑　精读或略读指导□　口语交际课□　专题复习课□ 习作指导或讲评□　学科实践活动课□　其他□

课时教学内容分析

课文用清新的笔触向我们描绘了一位山野老农面对自然条件的恶劣和生活条件的艰辛，义无反顾地投身到植树造林工作中，用15年的时间在晋西北奇迹般地创造了一片绿洲，实现了自己的人生价值，造福于后代的事迹。

文章层次井然，内容清晰。课文先描写了院子外面绿意浓浓的山林景观，展示了一幅山林绕家园的喜人画卷，喻示老人绿化山林、改造山沟所取得的成绩；接着作者从两方面补充介绍了山林改造的背景状况：通过山沟的大环境（即自然条件）的恶劣险峻，来衬托改造山林的艰难困苦；通过老农生活条件的简陋艰辛，突出老农植树造林的难度之大、态度之坚决；通过村干部的补充介绍、老农的陪同参观，展现了老人植树造林、绿化家园、造福后代的成绩；最后以作者自身的心灵感触提升全文，点出文章的中心。

学习者分析

六年级学生已经初步具备了一定的阅读素养，对于说明方法的学习和运用在前期的学习中也学过，但因为接触到的说明文并不多，所以，在理解运用时还有难度。同时，本单元要求"抓住关键句，把握文章的主要观点"。这对于学生来说，抓关键句从三年级开始就已经学习，但要把握好观点，对学生来说比较难。

课时教学目标

1. 正确流利有感情地朗读课文。

2. 抓住关键句，把握文章的主要观点。（教学重点）

3. 感受老人创造的奇迹，体会作者通过课文题目"青山不老"所要表达的思想感情。（教学难点）

学习评价设计

1. 能说出课文的主要内容。

【优秀：全面准确简洁说出事件 良好：全面准确说出事件 合格：基本能够说出事件】

2. 这是一位（　　　　　　　　）的老人。

【优秀：能用三到四个恰当词语 良好：能用两三个恰当词语 合格：能用一两个恰当词语】

教学活动设计

一、复习导入新课

借助人物信息卡片的学习形式，引导学生提取文中与老人相关的重要信息，把握主要内容。

问题一：课文讲了一件什么事

1. 过渡语：在祖国的晋西北，有这样一位老人，他用自己的方式深深地珍爱着他生活的那方水土。现在我们跟随记者梁衡走访一位晋西北的农民，在课文《青山不老》中了解他的故事。

2. 课文讲述了晋西北的一位山野老人为了守护一方水土，植树造林十五年，创造了一片青山的事迹。

3. 小结：这篇文章可以采用"人物＋事件"的方式来概括主要内容。

二、感悟"奇迹"

问题二：默读课文，想一想这位老人创造了怎样的奇迹

1. 学习方法：（1）默读课文。

（2）圈画出描写青山特点的词语。

（3）有感情地朗读相关的句子。

（4）联系上下文和生活实际说出老人创造的奇迹。

2. 学习时间：6分钟。

3. 学习方法预设。

（1）个别同学在画相应句子的时候，画得不准确或者画整段话。

评：有的同学能够把关键句子画出来，你可以用同样的方法试试。

（2）学生找不到"奇迹"。

评：大家可以通过找寻文中出现的"奇迹"这个词语来找到答案。

反馈方式：个体汇报

4. 反馈预设。

（1）窗外是参天的杨柳。院子在山沟里，山上全是树。我们盘腿坐在土炕上，就像坐在船上，四周全是绿色的波浪，风一吹，树梢卷过涛声，叶间闪着粼粼的波光。

读着这样的句子，我的眼前仿佛都是绿色的山，置身于天然的氧吧中，大家可以和我读一读。

（2）十五年啊，绿化了八条沟，造了七条防风林带、三千七百亩林网，这是多么了不起的奇迹。

我从这句话中的数字可以看出这是了不起的奇迹。（生交流数字）这一连串的数字背后是老人十五年的艰苦岁月，这一连串的数字面前却是漫山遍野的绿。让我们用朗读感受这种奇迹吧！

（3）杨树、柳树，如臂如股，劲挺在山洼、山腰。看不见它们的根，山洪涌下的泥埋住了树的下半截，树却勇敢地顶住了它的凶猛。这山已失去了原来的坡形，依着一层层的树形成一层层的梯。老人说："这树下的淤泥有两米厚，都是好土啊！"

我通过"如臂如股""劲挺""树却勇敢地顶住了它的凶猛"，体会到了树的勇敢与坚强；通过"这树下的淤泥有两米厚，都是好土啊！"感受到了老人对植树造林的坚守与奉献。

问题三：老人是在什么情况下创造的奇迹

1. 学习方法。

（1）默读课文2—3段。

（2）圈画出描写老人所处环境的关键词，可以用"○"圈画出来，也可以用词语概括出来，批注在书旁。

（3）同桌交流。

2. 学习时间：5分钟。

3. 方法预设。

（1）有一部分同学画了一句话甚至一段话。

评：有的同学只画了几个词语就可以概括出来，真厉害。

（2）一些学生读完问题后没有从指定段落圈画。

评：老师看到有的同学很快就锁定了圈画的范围，是认真的学生，不错！

4. 反馈方式：个体汇报。

5. 预设答案。

（1）读懂大环境的险恶。抓住关键句"我知道这条山沟所处的大环境"……

首先要关注地理环境，如"这是中国的晋西北""怪物盘踞之地"等；其次要关注历史记载，如"风大作时，能逆吹牛马使倒行，或擎之高二三丈而坠"。

（2）读懂小环境的艰苦。抓住关键句"我还知道这个院子里的小环境"……

首先关注每天"日出而作，日落而息"的俭朴、单调的生活；其次关注三个典型事例，即"五位老汉离世""老伴静静过世""女儿三番五次接他遭拒"。

三、理解题目含义

问题四：联系课文内容，想一想课文为什么以"青山不老"为题

1. 学习方法。

（1）默读课文。

（2）用"＿＿＿"画出这座山之前的样子，用"﹏﹏﹏"画出这座山现在的样子。

（1）小组讨论。

2. 学习时间：3分钟。

3. 方法预设。

（1）个别同学不动脑筋不思考，只想着听别人的答案。

评：有的同学能够将文章内容与自己生活实际相结合，这是一种好方法。

（2）一些学生读完问题后什么也没记住，在小组讨论时，只听着不参与到其中去。

评：老师看到有的小组讨论得非常全面，每位同学都发表意见，真棒！

4. 反馈方式：个体汇报。

5. 预设答案。

（1）今日之青山：是一片绿意盎然、翠色欲滴、郁郁葱葱的山。

（2）昔日之青山：是一片寸草不生、风沙肆虐的地方。

（3）经过刚才对"青山不老"的对比学习，我觉得不老的是青山，那片绿将是永恒的，代代留传的。

（4）不老的是老人的精神，老人无私奉献、造福后代的精神将是永存的。

四、拓展运用

问题五：采访中，如果作者给老人留了影，那会是一张怎样的照片呢？

1. 学习方法。

（1）默读课文。

（2）抓关键句，联系上下文思考。

（3）小组讨论。

2. 学习时间：2分钟。

3. 方法预设。

个别同学不动脑筋不思考，只想着听别人的答案。

评：有的同学能够将板书内容融入自己的思考中，这是一种好方法。

4. 反馈方式：个体汇报。

5. 预设答案。

我会选择一张老人面朝着青山的背影照片，虽然看不到照片中的老人的面目表情，但是从那站姿中就能感受到老人对于保护青山的坚定，他永远爱着属于他的那片山！

小结：你们的想法真的很独特，老人用一生守护大山，创下了了不起的奇迹，相信你们也能传承老人的精神，用接下来的几十年创造出属于你们的了不起的奇迹！

板书设计

20.青山不老

大环境：自然条件险恶

奇迹　　　　　精神永存

小环境：老人生活艰苦

作业设计

寻找身边默默无闻地保护环境的榜样，与同学们交流。

教学反思与改进

整个课堂围绕阅读三个提示问题展开，并且层层深入，感受老人的精神。

教学过程清晰、流畅，重点突出。课堂上引导学生通过默读走进文本，思考问题，通过有感情地读、悟，领会老人不屈的精神，以及保护家园、造福他人的无私情怀。学生在老师的引导下，积极完成了学习任务。学法上，是让学生在充分阅读课文的基础上，抓住关键词句，用自己的话进行理解概括，这样既训练了学生的概括能力，又体现了语文的工具性。

（指导教师：北京市朝阳师范学校附属小学 张京娜）

第十一册　第八单元《少年闰土》

杨旭

教学单元基本信息				
姓名	杨旭	单位	北京市顺义区牛栏山第三小学	
年级	六年级	单元	上册第八单元	
单元主题		从文到人，走近鲁迅		

单元指导思想与理论依据

《义务教育语文课程标准（2011年版）》指出："阅读叙事性作品，了解事件梗概，能简单描述自己印象最深的场景、人物、细节，说出自己的喜爱、憎恶、崇敬、向往、同情等感受。""懂得写作是为了自我表达和与人交流。"要让学生"初步了解查找资料、运用资料的基本方法"。以文会人的教学，要把握从陌生到亲近，从课文到原文，从单篇到群文，这样的延展性阅读，才能真正开启学生从文到人的阅读旅程。

单元教学内容及要素分析

单元主题为"走近鲁迅"，涉及两篇精读课文——鲁迅的作品《少年闰土》和《好的故事》，两篇略读课文——别人写鲁迅的作品《我的伯父鲁迅先生》和《有的人》。本单元选用一组与鲁迅相关的文章，旨在通过不同的视角、不同的表现手法，多角度展现鲁迅的形象。

本单元阅读要素是"借助相关资料，理解课文主要内容"。学生在四年级下册第三单元，已经学会根据需要收集资料，初步学习了整理资料的方法；五年级上册第四单元，学生能够结合资料，体会课文表达的思想感情；五年级下册第三单元，学生学会了学习搜集资料的基本方法。本单元因为鲁迅生活的年代离学生较远，语言表达也与现在有差异，必须借助资料，才能真正深入理解课文。

本单元的习作要素是"通过事情写一个人，表达出自己的情感"。对于写人的文章，六年级学生并不陌生。三年级下学期，学生开始接触写身边的人，并尝试写出他的特点。在此基础上，四年级上学期，学生能把一个人印象最深的地方写出来。下学期，学生能够从多个方面写出人物的特点。五年级下学期，学生能够运用描写人物的基本方法，具体地表现一个人的特点。本次习作借助"有你，真好"这个话题，引导学生回忆自己的生活经历，用第二人称，表达出对这个人的情感。

单元教学目标

1. 能正确、流利、有感情地朗读课文，学会本单元"羞、削"等25个生字，会写"伶俐、骤然"等29个词语。

2. 能借助相关资料理解课文内容，初步感受鲁迅的人物形象。

3. 能对印象深刻的场景进行描述，把事情写具体，运用第二人称表达自己对一个人的真情实感。

4. 能在文本学习与拓展阅读中，对鲁迅这一人物形象及他的作品产生探究的兴趣，了解其文学成就，感知其性格特点，体会其精神世界。

学习重点：

能借助相关资料理解课文内容，初步感受鲁迅的人物形象。

学习难点：

能对印象深刻的场景进行描述，把事情写具体，运用第二人称表达自己对一个人的真情实感。

单元教学结构

```
              从文到人 走进鲁迅
                    │
    ┌──────────┬────────────┬──────────────┬────────────┬──────────────┐
单元整体感知课   新知建构课    主题拓展自读课   单元梳理提升课   习作指导赏评课
 (1课时)      (6课时)      (阅读课)       (1课时)       (1课时)
```

| 学习生字新词 | 正确、流利、有感情地朗读课文 | 《少年闰土》2课时 | 《好的故事》2课时 | 《我的伯父鲁迅先生》1课时 | 《有的人》1课时 | 日积月累 | 鲁迅相关文学作品以及影视作品 | 交流平台 | 词句段运用 | 拓展阅读 | 习作指导（1课时） | 习作赏评（1课时） |

初步了解课文主要内容，整体感知鲁迅的人物形象。 → 在精读中初识人物形象，在略读中深化人物形象，从而在后续的主题拓展自读中"丰富"人物形象。 → 通过课内外阅读鲁迅的作品或文章，比较全面、深刻地了解鲁迅。 → 梳理并掌握理解课文主要内容的方法，总结文章写法。通过拓展阅读能够亲近鲁迅，通过表达加深对鲁迅的认识。 → 能通过对印象深刻场景的描写，把事情写具体，运用第二人称表达自己对一个人的真情实感。

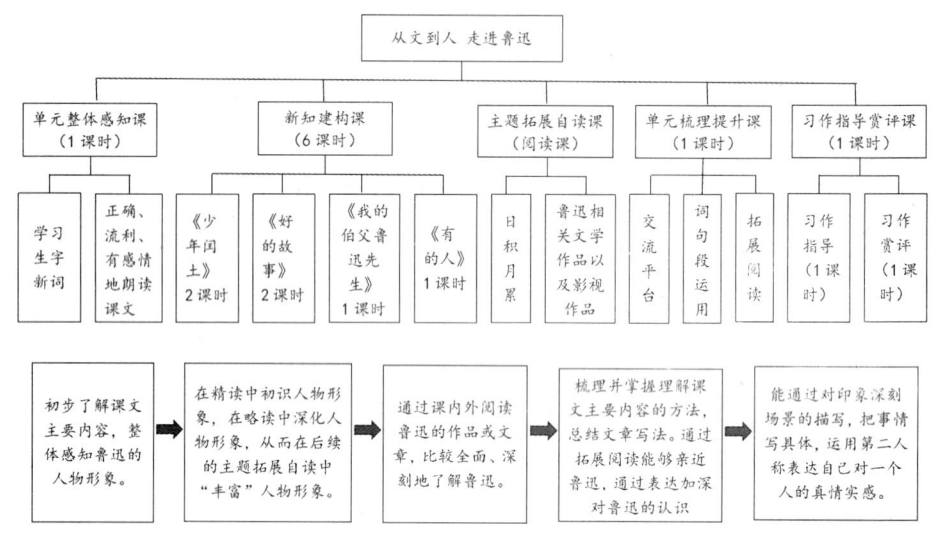

图 1 单元教学结构图

课题	24 少年闰土
课时	第 2 课时
课型	新授课☑ 精读或略读指导☐ 口语交际课☐ 专题复习课☐ 习作指导或讲评☐ 学科实践活动课☐ 其他☐

课时教学内容分析

《少年闰土》选自鲁迅的短篇小说《故乡》。课文通过"我"的回忆，刻画了一个机智勇敢、聪明能干、见多识广的农村少年闰土的形象，反映了"我"与他儿时短暂又真挚的友谊以及对他的怀念之情。本篇课文是单元首篇，学生需借助资料读懂课文内容，这对语文要素的落实具有重要意义。

学习者分析

六年级学生已经初步形成自主学习和合作学习文本的能力，对人物描写已有了初步了解。但由于这篇课文写作的时间在 20 世纪初，学习的内容与学生的实际生活相距甚远，学生在理解课文的内容上有一定的困难。因此在教学时要从整体着眼，以"疑"为主线，通过读思、研讨相结合的方法，抓住重点句，深入分析，体会作者所要表达的思想感情，从而突破重难点。

课时教学目标

1. 有感情地朗读课文，了解少年闰土的特点，体会"我"与闰土之间深厚的友情。（教学重点）
2. 借助相关资料，理解含义深刻的句子，体会作者的内心世界。（教学难点）
3. 理解课文内容，学习作者抓住人物外貌、动作、语言等描写人物特点和内心世界的方法。

学习评价设计

1. 结合课上资料分享，说说自己体会到了作者怎样的内心世界。
①怀念童年生活、珍视童年友谊 ☆☆☆
②能结合资料，初步感受作者怀念童年时光的心情 ☆☆☆
③能结合资料，走进人物内心 ☆☆☆
2. 小练笔：从你的照片中选一张，仿照第1自然段写一写。
　　①优秀：能通过照片中的环境、人物的动作等呈现照片瞬间，体现写法迁移。
　　②良好：能将照片中自己的动作、神态等基本描述清楚。
　　③待发展：能直白描述照片内容。

教学活动设计

一、温故知新，导入新课

（一）回顾上节课的学习内容，概括闰土的外貌有什么特点

他有着一张_____（紫色的圆脸）、头上戴着_____（小毡帽）、脖子上套着一个_____（银项圈）

（二）闰土给你留下了怎样的印象？预设：一个健康可爱的农村少年

（三）口语表达，进行仿练

给学生思考时间，用几句话描写班上一位同学的外貌，让其他同学猜一猜

这个人是谁。

二、研读课文，重点探究

（一）整体感知，梳理情节

学生默读课文，用小标题的形式概括闰土讲了几件事。提示：在什么地方干什么。

（二）教师引导，共学"雪地捕鸟"

1. 文中描写雪地捕鸟的过程时，使用了哪些词语，圈画出来。

预设：学生会抓住动作描写，如"扫、支、撒、拉、罩"。

2. 文中的闰土给你留下了怎样的印象？从哪里可以看出来？

预设：从只能在下雪天捕鸟，说明闰土有经验；

从捕鸟的方法可以看出他很聪明；

从他能叫出各种鸟的名字，说明他知识丰富。

3. 朗读指导：读出趣味，体会闰土的自豪感。

（三）小组合作，学习"看瓜刺猹"

1. 发挥想象，描述闰土"看瓜刺猹"的场景。

2. 各小组赛读：朗读闰土与"我"的对话，大家共同讨论该怎么读。

3. "看瓜刺猹"在闰土讲的四件事中最为详细，为什么？

预设：①从中可以感受到闰土勇敢、聪明、能干的少年形象。

②作者对这件事印象深刻

（四）自学"海边拾贝"和"看跳鱼儿"

自学提示：

①默读"海边拾贝"和"看跳鱼儿"两件事，画出你觉得有趣的语句，做简单批注。

②从中你看到了怎样的闰土，感受闰土的生活环境。尝试用词语概括，做批注。

学生通过交流会发现这两件事只是几笔带过，非常简略。但也折射出了闰土生活的丰富多彩，显示了他的见多识广。

三、关联资料，体悟情感

出示课文第 18 自然段：

（一）读句子，思考问题

1. 通过"无穷无尽的希奇的事"看出闰土知道的事情不只有这四件，还有许多。

2.走进鲁迅的童年生活。

对比"心里有无穷无尽的希奇的事"的闰土,"我"的生活又是怎样的呢?结合课文内容或查阅的资料说一说。

预设:

①抓住"闰土的心里有无穷无尽的希奇的事,都是我往常的朋友所不知道的。他们不知道一些事,闰土在海边时,他们都和我一样,只看见院子里高墙上的四角的天空。"理解 "他们"是指和"我"一样的有钱人家的少爷。"我们"只能看见"院子里高墙上的四角的天空",生活不像闰土那样多彩。教师出示相关图片,辅助理解。

②结合鲁迅的身世背景资料,感受鲁迅的童年生活,在鲜明的对比中感受作者的向往、羡慕之情。

(二)师生合作复述,说说闰土和"我"生活的不同

当闰土在(雪地里捕鸟)时,"我"只看见院子里高墙上的四角的天空,不知道(下大雪时可以支起竹匾捕捉各种鸟儿)。

当闰土在(海边捡贝壳)时,"我"只看见院子里高墙上的四角的天空,不知道(海边有如许五色的贝壳)。

当闰土在(瓜田里刺猹)时,"我"只看见院子里高墙上的四角的天空,不知道(西瓜有这样危险的经历)。

当闰土在(看跳鱼儿)时,"我"只看见院子里高墙上的四角的天空,不知道(有些鱼儿有青蛙似的两个脚)。

通过一次次的对比,学生能感受到文中的"我"对闰土丰富多彩生活的向往,对自己枯燥生活的不满,对自由的向往。

(三)再读18自然段,读出其中的羡慕、遗憾和渴望

四、拓展阅读,赏析名段名篇

过渡:少年闰土见多识广、知识丰富,作者把他看作是难得的朋友。他们虽相处的时间不长,却建立了深厚、真挚的友谊。他们这一别,就是三十年,你们想知道作者和闰土再次见面的情景吗?大家可以读一读鲁迅的小说《故乡》。今天展示其中的一个小片段,看这场相聚和大家想象的有什么不同。

出示《故乡》片段,交流想法。

板书设计

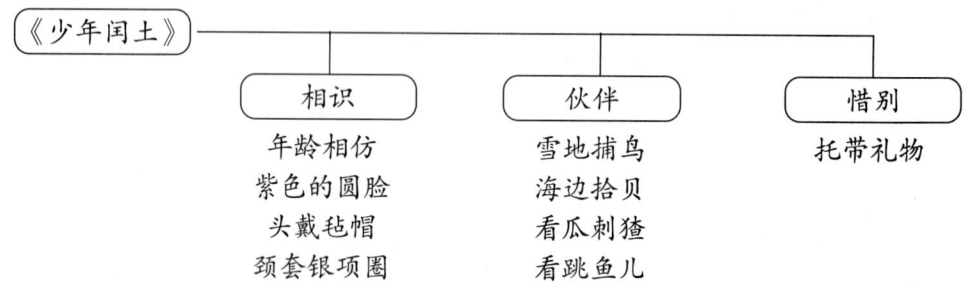

```
《少年闰土》┬── 相识 ── 年龄相仿
           │         紫色的圆脸
           │         头戴毡帽
           │         颈套银项圈
           ├── 伙伴 ── 雪地捕鸟
           │         海边拾贝
           │         看瓜刺猹
           │         看跳鱼儿
           └── 惜别 ── 托带礼物
```

作业设计

1. 小练笔：从你的照片中挑一张，仿照第1自然段写一写。
2. 整本书阅读：阅读鲁迅的小说《故乡》及其他相关作品。

教学反思与改进

1. 重视借助资料。

本单元阅读要素是"借助相关资料，理解课文主要内容"。因为鲁迅生活的年代离学生较远，语言表达也与现在有差异，必须借助资料，才能真正深入理解课文。有序利用好资料，让学生对课文形成真正的整体感知，引导学生结合本单元人文主题和语文要素找到探究学习的重点。

2. 由扶到放。

在重点探究闰土给"我"讲的四件事时，经历了教师导学——小组学习——自主学习的过程，遵循学生的认知发展，让学生学会了有目的地去学习，多种形式突破了文章的重难点。

（指导教师：北京市顺义区教育研究和教师研修中心 孔凡艳）

第十二册　第二单元《骑鹅旅行记（节选）》

吴瑞

教学单元基本信息				
姓名	吴瑞	单位	北京市顺义区李桥中心小学校
年级	六年级	单元	下册第二单元
单元主题			名著阅读拓视野，梯度落实学梗概

单元指导思想与理论依据

《义务教育语文课程标准（2011年版）》中强调："语文课程是一门学习语言文字运用的综合性、实践性课程。"语文教学应以能力培养为关键，通过教师的引导，学生之间相互交流、讨论、补充等形式，帮助学生潜心触摸文字，走进文本，深入对话，产生共鸣；同时，尊重学生认知规律，切实提高学生的语文综合素养。本单元的学习活动，均基于教材的编排特点和学生的发展需要而设计。关注学生原始学情，梯度落实教学目标。

单元教学内容及要素分析

本单元指向阅读的要素为"借助作品梗概，了解名著的主要内容""就印象深刻的人物和情节交流感受"，指向写作的要素为"学习写作品梗概"。

统观本单元，可以感受到各板块横向关联，环环相扣。从本单元的学习难点"学习写作品梗概"来看，《鲁滨逊漂流记（节选）》是本单元的核心课，提供了完整的梗概，把它作为教学的样板，可以知道什么是梗概、如何写梗概。可以说它提供了了解梗概、学习梗概的范例。

统观语文教材，可以感受到语文要素的纵向深入，层层递进。以本单元的难点"学写作品梗概"为例，梗概是作品内容的浓缩和概括，前面的学习均为六下的作品梗概铺垫了概括能力的基础。详情见表1：

表1 相关语文要素列表

册序	单元	语文要素
四上	第四单元	了解故事的起因、经过、结果，把握文章的主要内容。
四上	第七单元	关注主要人物和事件，学习把握文章的主要内容。
四下	第六单元	学习把握长文章的主要内容。
六下	第二单元	借助作品梗概，了解原著的主要内容。

单元教学目标

1. 会写15个字，会写20个词语。

2. 能借助作品梗概，了解名著的主要内容。

3. 能就印象深刻的情节和人物交流感受，对人物做出简单的评价。

4. 能引用原文说明观点，让观点更有说服力，并能分辨别人的观点是否有道理。

5. 能选择自己读过的一本书写作品梗概，并积极主动地与同学互相分享习作，根据同学的意见和反馈，对没写清楚的地方进行修改完善。

6. 通过阅读外国文学名著，感受各国的风土人情。跟随主人公一起成长，体验阅读的快乐，产生阅读原著的兴趣，养成自主规划阅读的习惯。

单元教学结构

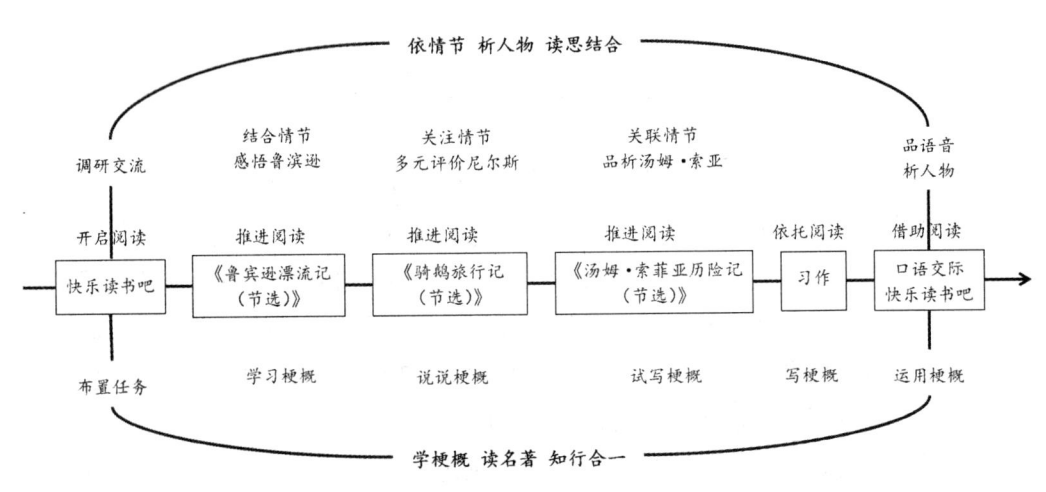

依情节 析人物 读思结合

调研交流	结合情节 感悟鲁滨逊	关注情节 多元评价尼尔斯	关联情节 品析汤姆·索亚		品语言 析人物
开启阅读	推进阅读	推进阅读	推进阅读	依托阅读	借助阅读
快乐读书吧	《鲁滨逊漂流记 （节选）》	《骑鹅旅行记 （节选）》	《汤姆·索菲亚历险记 （节选）》	习作	口语交际 快乐读书吧
布置任务	学习梗概	说说梗概	试写梗概	写梗概	运用梗概

学梗概 读名著 知行合一

图1 单元教学结构图

课题	6 骑鹅旅行记（节选）
课时	第 1 课时
课型	新授课□　精读或略读指导☑　口语交际课□　专题复习课□ 习作指导或讲评□　学科实践活动课□　其他□

课时教学内容分析

教材节选部分是整个《骑鹅旅行记》故事的开始，也是主人公尼尔斯形象发生转折的开始。作者运用充满想象力的变形方式，令人物陷入反转和冲突之中，性格的多元化得到充分体现，易于激发学生阅读整本书的兴趣以及感知人物多元的性格。本文在引导学生走进外国名著，激发学生阅读整本书的兴趣以及落实"就印象深刻的人物和情节交流感受"发挥着重要作用。此外，对于落实"学习写作品梗概"这一语文要素，本文承载着由学梗概到练习"说"梗概的重要任务。

学习者分析

学生已经积累了一些阅读名著的经验和方法。可以结合故事的情节、环境感受人物形象。此外还具备了有一定速度的默读、借助目录和资料阅读、有根据地预测等阅读策略。

因本篇节选篇幅长、情节杂、人物多、信息大，内容难以说清，对于学生阅读学习是个难点。为突破难点，通过课前自读预习、课上默读、浏览等方法提高阅读的速度，整体、大块读书，了解故事内容，并通过交流印象深刻的情节和感受等方法，实现学习目标。此外，评价人物方面学生也容易顾此失彼，不够全面，课上则通过思维导图引导学生多角度思考。

课时教学目标

1. 了解尼尔斯变成小狐仙后世界发生的变化，并能以梗概形式说清节选部分内容。（教学重点）

2. 能多角度评价作品中的人物，感受尼尔斯调皮、爱搞恶作剧、善于反思、体谅父母的多面形象。（教学难点）

3. 借助原著目录猜测故事情节，产生阅读原著的兴趣。

学习评价设计

表2 学习过程评价表

1.尼尔斯变成小狐仙后，他的世界发生了怎样的变化？默读课文后用思维导图来表示。		
梳理内容全面	☆☆☆	
事件顺序与作品一致	☆☆☆	
整合、分类梳理	☆☆☆	
2.再读课文，关注描写人物语言、动作、神态、心理的语句，你对尼尔斯的形象有哪些新的发现？圈画批注相关语句，并借助思维导图梳理。		
能在原文中找到依据	☆☆☆	体会人物形象 → 对尼尔斯印象1 → 依据1、依据2 → 对尼尔斯印象2 → ……
从多角度对尼尔斯展开评价	☆☆☆	
能联系多个情节找依据	☆☆☆	

教学活动设计

一、交流预学，梳理变化

（一）交流预学，梳理变化

1.同桌间交流课前梳理的尼尔斯的变化的思维导图。

2.教师引导学生将尼尔斯发生的变化按照情节发展的顺序梳理整合、分类。

出示：

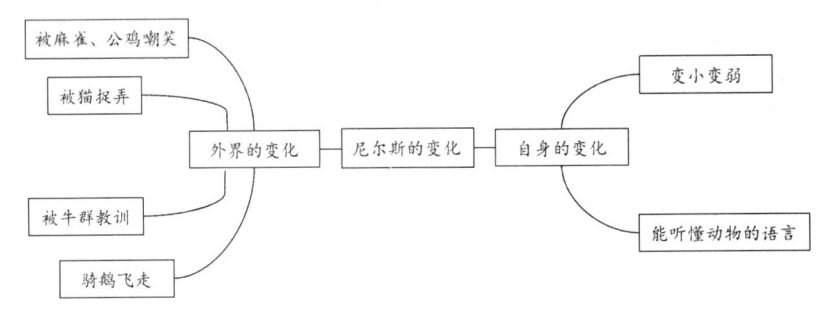

```
被麻雀、公鸡嘲笑 ┐
被猫捉弄         ├ 外界的变化 ── 尼尔斯的变化 ── 自身的变化 ┬ 变小变弱
被牛群教训       │                                          └ 能听懂动物的语言
骑鹅飞走         ┘
```

（二）梳理情节，试"说"梗概

1.默读课文，试着用小标题的形式把尼尔斯变化的经历梳理概括出来。

结合学生梳理成果，相机概括并板书：

变成小人儿→被麻雀和公鸡嘲笑→被猫捉弄→被牛教训→骑鹅离家

2. 试"说"节选梗概。

借助梳理的主要事件，构思节选的梗概，然后和你的同桌说一说。

3. 请学生用"口述"的形式叙述节选梗概。

当学生概括出现困难时，相机引导学生查看学习锦囊。

学习锦囊：

方法	例子	
	梗概	原文
去掉细节描写，用简洁叙述的语言概括。	尼尔斯和猫进行了一场激烈的搏斗，并以失败告终。	10—22自然段

其他学生对口述的同学做点评。

【设计意图：借助学习资料，激发学生阅读原著的兴趣。结合学生的预学成果，引导学生观察比较，渗透整合、分类的思维方式。引导学生概括要有条理，力求全面，有效提高学生整理信息、归纳概括的能力。梳理故事情节，把握节选要点，用梗概的形式对节选片段整体感知，进一步引导学生对梗概的认识。】

二、聚焦精彩情节，多重策略体会

（一）结合个性感受，品读精彩情节

1. 尼尔斯变成小狐仙后，他的世界发生了那么多变化，哪些情节让你印象深刻？请你浏览课文，一会儿我们结合文章的内容具体交流。

2. 学生结合印象深刻的情节展开交流。

（二）铺展多重策略，交流精彩情节

学生交流自己印象深刻的情节，当交流到以下情节，学生没有交流充分时教师相机点拨：

1. 引导深入，助力联想。

出示：

◆公鸡叫道，"他活该，咯咯里咕，他扯过我的鸡冠！"
◆那些鸡没完没了地叫着："他活该！他活该……"
◆整群鸡都跑到他身边，站在他周围叫着："咕咕咕，你活该！咕咕咕，你活该！"

启思：只有一只公鸡抱怨扯过它的鸡冠，为什么整个鸡群都在叫喊"你活该！你活该！"想象一下，尼尔斯对鸡群的其他成员都做过什么？

教师选择几名同学随机采访："这只小鸡，尼尔斯对你做过什么，让你这样愤怒呢？"

预设：学生结合阅读体会，可能想到"追逐鸡群跑、揪鸡的尾巴、打翻它们的食物……"

带着这样的体会，再来读一读这部分内容。

2. 表演"决斗"，再现场景。

同学们，读一读尼尔斯和猫"决斗"的部分，和你的同桌演一演猫是怎样击败尼尔斯的。

结合学生的表演随机出示：

◆这时猫突然一跃，径直朝他扑了过去，把他摔倒在地，跳到他身上，前爪按住他的胸口，对着他的咽喉张开了大嘴。

◆男孩感觉到猫的爪子穿过它的背心和衬衣，刺进了他的皮肤，锋利的犬牙触到了他的咽喉。

预设：学生会关注"跃、扑、摔、按、张开大嘴、穿过、刺进"等动词，这些词表现了猫的愤怒。

3. 趣读"吼声"，加深体会。

出示：

◆"你过来，我给你一蹄子，让你永远不能忘记！"
◆"你过来，我要让你在我的角上跳舞。"
◆"你过来，我也叫你尝尝去年夏天你经常用木鞋打我的滋味！"
◆"你过来，你曾经把马蜂放进我的耳朵，现在我要报仇！"
◆"你过来，你做的事都应该遭报应了。"

四人一小组，带着自己的理解和感受，三位同学读三头牛的话，一人读旁白。

学生读完后，请其中一组展示朗读。

引导深入：想一想，当尼尔斯走进牛棚时，三头牛是不是按顺序来教训他的？

预设：学生会有所顿悟，三头牛一定是迫不及待、异口同声地教训尼尔斯。

带着这样的理解，在小组内再来读一读这个场景的内容。读完这些情节，你有什么感受？你觉得尼尔斯是个怎样的孩子？

预设：学生会感受到动物们对尼尔斯的痛恨，以及他们的愤怒，发现尼尔斯是个调皮、爱捉弄小动物的孩子。

【设计意图：尊重学生的阅读兴趣，遵循阅读规律。首先引导学生对自己

印象深刻的情节交流感受。接着，引导学生用不同形式感受情节，让学生获得更多的读文悟情的方法和策略。】

三、多元评价，感受人物形象

（一）链接"平台"，引导多角度评价人物

出示交流平台：每个人都是立体的、多面的，评价人物时角度不能太单一。结合以往的阅读经验，说一说你对这句话的理解。

（二）提供支架，感受人物形象

再读课文，关注描写人物语言、动作、神态、心理的语句，你对尼尔斯的形象有哪些新的发现？圈画批注相关语句，并借助思维导图梳理。

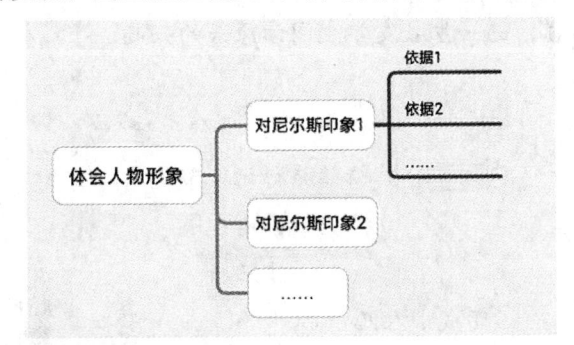

```
                               ┌── 依据1
              ┌── 对尼尔斯印象1 ──┤── 依据2
              │                └── ……
体会人物形象 ──┤
              ├── 对尼尔斯印象2
              │
              └── ……
```

1. 完成后，小组内交流补充。
2. 全班展示交流。

引导学生重点交流，需联系多个自然段体会尼尔斯的人物形象，如"善于反思""体谅父母"。

当小组交流尼尔斯善于反思时，引导学生关注尼尔斯心态变化的语句，从文中的关键词找到主人公的心情变化线。

【设计意图：通过个体学习和小组合作探究，体会人物的新形象。依托思维导图这个学习支架，将小组的思维成果可视化呈现出来，引导学生在相互交流分享中有依据、多角度地评价人物，提升学生读情节、品人物的能力。】

四、猜想故事，激发阅读兴趣

（一）借助目录，发现位置

出示《骑鹅旅行记》原著目录：

结合节选片段的内容，没读过原著的同学，猜一猜节选出现在哪一节内容中。

请读过原著的同学帮忙验证。

（二）结合题目，猜想情节

出示阅读提示：

1.作品中还有许多有趣的故事，如"鹤之舞表演大会""大海中的白银"，猜猜它们又将讲述怎样的神奇。

2.请读过的同学，对这两部分内容做简要介绍。

相信大家都迫不及待地想开启这段奇幻之旅了，让我们课后去阅读或者再次品味《骑鹅旅行记》这本书，跟随外国名著的脚步去发现更广阔的世界。

3.了解作者及本书的阅读价值。

【设计意图：引导学生找到节选片段在目录中的位置，发现标题的特点。通过标题猜测内容，进一步激发学生阅读原著的兴趣。】

板书设计

6* 骑鹅旅行记（节选）

情节：

一波三折

变成小人儿　　　　　骑鹅离家

被麻雀和公鸡嘲笑

被猫捉弄

被牛教训

人物（尼尔斯）：淘气　聪明　体谅父母　善于反思

作业设计

阅读《骑鹅旅行记（节选）》这本书，选择自己感兴趣的故事情节和同学分享，并请同学对自己的分享进行评价。

教学反思与改进

1.立足单元整体，设计有效活动。

在《骑鹅旅行记（节选）》这节课中，学生在把握文本脉络的基础上，引导学生用口述的形式试说节选的梗概。此活动除了是对前面所学知识的巩固和复习，更是为后面学写作品梗概做铺垫。为了突出学习活动的实效性，基于学情,巧妙设置学习锦囊,为学生迁移知识、清晰说出梗概提供有效支架。

2. 多重策略并行,感受精彩情节。

在教学中,当学生在交流"让自己印象深刻的情节"表现出策略单一的情况时,教师适时引导学生结合不同场景的文本特点,采取不同方式去感受精彩情节。

(指导教师:北京市顺义区教育研究和教师研修中心 孔凡艳)

阅读策略教学板块

第二册 第六单元《古诗二首》

赵墨

教学单元基本信息			
姓名	赵墨	单位	北京市西城区宏庙小学
年级	一年级	单元	下册第六单元
单元主题	夏天		

单元指导思想与理论依据

《义务教育语文课程标准（2011年版）》对第一学段诗歌教学提出明确的要求："诵读儿歌、儿童诗和浅近的古诗，展开想象，获得初步的情感体验，感受语言的优美。""结合上下文和生活实际了解课文中词句的意思，在阅读中积累词语。借助读物中的图画阅读。"由此，我们可以提炼出两个方法：联系上下文和结合生活实际。这两种方法是学生理解词语重要的策略和关键能力，在整个小学阶段的理解词句方法中占重要地位。

因此，教师要在低年级阅读教学中渗透联系上下文了解词语的方法，帮助学生了解词语的情境意义，进而走进文本的情境，感悟文本的内涵情感。同时渗透联系生活实际了解词语的方法，巧妙地引导学生依托丰富多彩的生活与文中词语对接，将抽象的词语转化为可视、可感的画面，进而帮助学生理解词句的意思，走进文本内容，感悟文本情感。

单元教学内容及要素分析

统编一年级下册第六单元以"夏天"为主题编排了《古诗二首》《荷叶圆圆》《要下雨了》三篇课文。《古诗二首》中的两首古诗描绘了夏天的美景；《荷叶圆圆》以散文诗的形式表达了夏天的情趣；《要下雨了》以童话的方式说明了夏天的气象常识。

　　本单元的语文要素是联系生活实际了解词语的意思。在《荷叶圆圆》一课中，教师要引导学生学习运用"联系生活了解词语"的方法了解词语的意思；在《要下雨了》一课中，学生要自主尝试运用这种方法。因此《古诗二首》作为本单元的起始课，教师在授课过程中要有意识地渗透联系生活实际了解词语的方法，为后两课做铺垫，并把这种方法贯穿整个单元的教学之中。

单元教学目标

　　1. 认识本单元37个生字和1个偏旁，读准1个多音字，会写21个生字。

　　2. 通过不同的朗读方法，引导学生能正确朗读课文，读准字音，读好带有"呢、呀、吧"的问句和感叹句，在朗读中感受夏天的美好。

　　3. 能运用联系生活、结合图片等方式理解"摇篮、潮湿"等词语的意思，学习用多种方法了解词语的意思；学习"荷叶绿绿的、圆圆的"这类句子的多样表达，并积累文中的比喻句，感受夏天的趣味。

　　4. 通过朗诵、吟唱等方法读出古诗的节奏和儿童诗的韵味；能分角色读好文中的对话；尝试依据课文句式相近、段落反复的结构特点背诵课文。

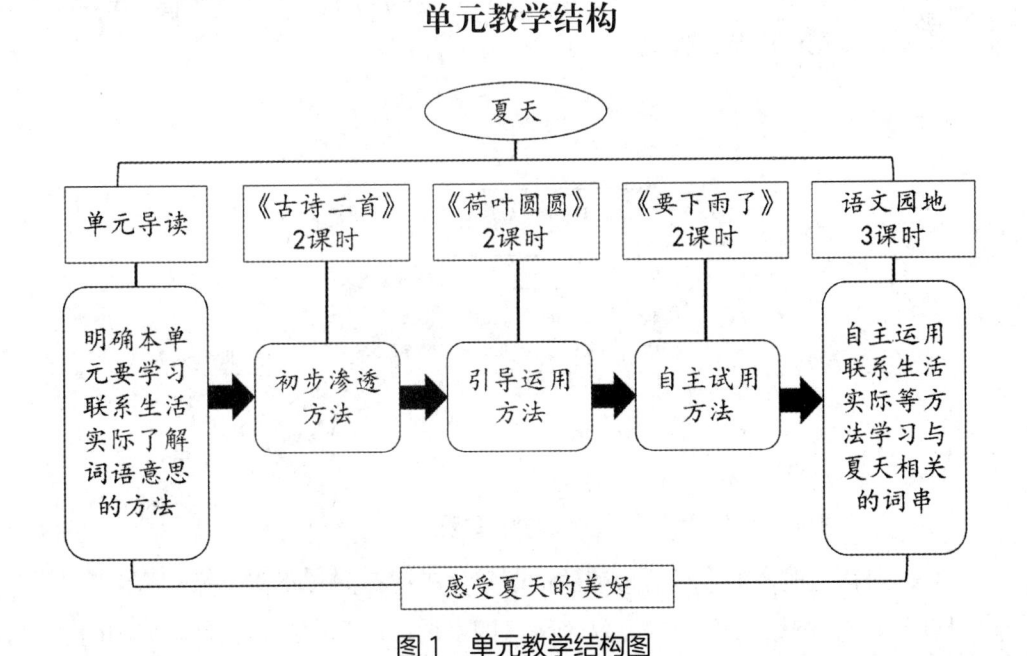

单元教学结构

图1　单元教学结构图

课题	12 古诗二首
课时	第 2 课时
课型	新授课☑　　精读或略读指导☐　　口语交际课☐　　专题复习课☐ 习作指导或讲评☐　　学科实践活动课☐　　其他☐

课时教学内容分析

《古诗二首》为描写夏日之景的古诗。《池上》描绘了夏日里，小娃在池塘中偷采白莲的情景。他不知藏匿踪迹的纯真与顽皮，让人忍俊不禁。《小池》展现了池塘边美丽的自然之景：活水相通、绿荫相护、小荷出水、蜻蜓有情，极富画面感。两首诗尽显"夏趣浓厚"和"字浅意深"的特点。

细细品读这两首古诗，诗中有很多词语与学生的生活经验紧密相连，学生有过相似体验。如：小娃、小艇、白莲等。再次回顾本单元语文要素，我们可以借助重点词语渗透联系生活实际了解词语的方法，进而使学生真正走进古诗的意境，感受夏日之趣。

学习者分析

针对低年级学生年龄小、识字量少的特点，我设计了简单的问卷，用以了解学生对古诗词语的掌握情况。

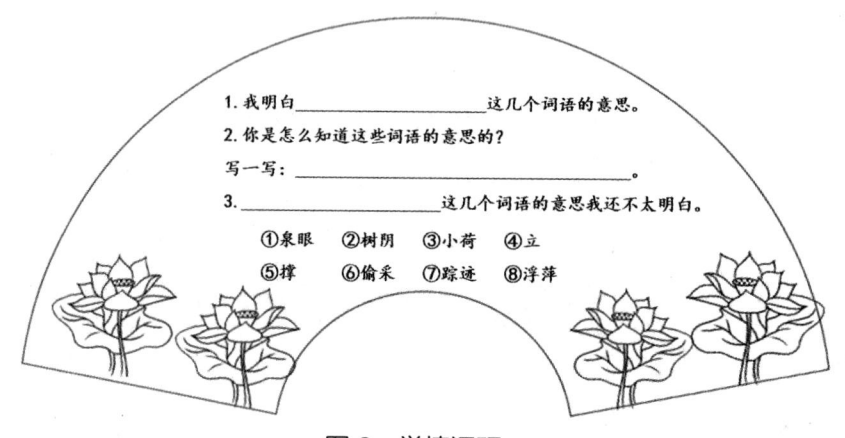

图 2　学情调研

通过问卷发现，学生不易理解的词语集中于"树阴、小荷、撑、偷采"四个词语。对"树阴、小荷、撑、偷采"这四个词语的已有认知，是不够准确且浮于表面的。这些恰好和学生的生活经验形成有效对接。教师可借助这些词语渗透联系生活实际了解词语的方法，帮助学生提升对词语的认知，进而走进诗境，感悟诗趣。

课时教学目标

1.复习巩固"首、踪"等12个生字；能规范、端正、整洁地书写"采、尖"2个生字。

2.借助插图、动作表演、微课视频、联系上下文、联系生活等方法，了解"泉眼、小荷、撑"等词语的意思，感悟语言的优美。（教学难点）

3.通过读诗绘画、读诗讲故事，想象古诗所描绘的画面和情景，获得初步的情感体验。（教学重点）

4.诵读古诗，感受语言的优美，体会夏天的情趣，产生热爱大自然、热爱生活的情感。

学习评价设计

表1　学习评价方案

评价项目	☺☺☺	☺☺	☺
我能了解古诗中难懂的词语。	1.我能通过联系生活实际等多种方法较准确地了解古诗中词语的意思。	2.我能通过联系生活实际等个别方法了解古诗中词语的意思。	3.我能通过联系生活实际等个别方法模糊地了解故事中词语的意思。
我能感受到诗中的夏日趣味。	1.我能在了解古诗的词语的基础上，结合自己的生活经验感受到古诗中的夏日趣味。	2.我能在了解古诗词语的基础上，感受到古诗中的夏日趣味。	3.我能在了解部分诗中词语的基础上，感受到这是描写夏日的故事。

教学活动设计

一、回顾古诗内容

（一）引入古诗

夏天是个美丽的季节，许许多多文人墨客都在夏日创作了他们的作品。夏天，不仅有美不胜收的风景，还有趣味十足的故事呢！

（二）配乐诵读

快让我们读一读这两首诗，读出它们的节奏。

（三）把握联系

读完两首古诗，想想，它们之间有什么联系呢？

（四）呈现任务

今天，我们要认真读读这两首古诗，不仅要感受夏天优美的景色，还要给夏天配一幅画，讲一个夏天的故事！

二、感悟古诗趣味

《小池》部分

（一）给夏天画一幅画

我们读《小池》，为夏天画一幅画，你想画什么呢？

（二）学生读诗、交流

1. 是这样的水流吗？学生读诗思考。

2. 总结，指导朗读。

【设计意图：借助音像，对比生活中景物画面与声音差异，使学生了解细流无声的安静美，进而感知小池风景的优美。】

3. 是这样的树吗？一片茂盛的树木遮挡了太阳，形成了凉爽的树荫。

4. 假如你就是这棵茂盛的小树，正在池水边照镜子呢，你想对小池说什么？

5. 总结，指导朗读。

【设计意图：借助图片对比、引入生活所见、角色转换等方法，引导学生感悟树荫浓郁与"爱晴柔"。】

6.我们来画画小荷与蜻蜓。

7.借助小荷和蜻蜓的教具演示，引导学生理解诗句意思。

8.假如你就是在荷叶上休息的小蜻蜓，此时此刻的你会是什么心情呢？

9.总结，指导朗读。

【设计意图：通过角色转换，使学生感悟蜻蜓为池塘景色带来的生机。借助教具，使学生联系生活实景，准确了解"小荷"的意思，感悟"立"的意境，进而感知小池塘富有生机的美感。】

（三）展示读诗绘画作品

1.引导学生由远及近地欣赏绘画，优美地朗读古诗。

2.出示微课视频，引导学生跟随画面的变化，背诵《小池》。

【设计意图：运用微课指导背诵。有声有色活动的画面进一步让学生感悟到夏日古诗的美好。】

《池上》部分

就在这美丽的夏日池塘中，还发生了一件有趣的事呢！让我们快来读读《池上》，讲一个有趣的故事吧！

（一）自己讲故事，同桌互相交流

（二）全班交流讲故事

（三）指名讲故事，教师抓生成

1. 学生动作表演，感受"撑"之乐趣。引导：你是怎么知道"撑"这个动作的？学生结合生活所见，做出撑的动作。

2. 引导学生关联自己偷偷做事的经历，谈心情。

3. 指导朗读。

【设计意图：通过动作表演、角色互换，引导学生关联生活，提升对"撑、偷采"的原有认知，体会小娃复杂的心情，感悟古诗趣味。】

4. 谁能把这个故事补充完整？

5. 借助板书的移动，呈现"浮萍一道开"的景象，帮助学生理解诗句内涵。

6. 原来小娃的踪迹早就被我们发现了，可他自己却不知道！多有趣呀！快让我们再读读这句诗。

【设计意图：借助移动板书，展现诗境。使学生感悟小娃暴露踪迹的童趣。】

（四）多种方式，学习古诗

1. 让我们回忆着这个有趣的故事，再读读这首诗吧！（配乐朗读）

2. 你们想唱唱《池上》这首诗吗？（配乐吟唱）

【设计意图：运用多种方式学习古诗，通过读诗绘画、读诗讲故事和吟唱的方法激发学习古诗的兴趣。】

（五）感悟情趣，深化主题

今天，我们画了一幅美丽的荷塘图，还编了一个有趣的小故事，感受到了两首古诗的夏天趣味。夏天真是个既美丽又有趣的季节！之后，我们还会和夏日池塘中的荷叶打打招呼！还要和夏天的雨点儿问个好呢！请你带着这份期待，欢迎夏天的到来吧！

三、品味汉字韵味

（一）运用象形会意的构字规律，感受汉字文化

1. 出示甲骨文，猜猜是诗中的哪个字，说理由。

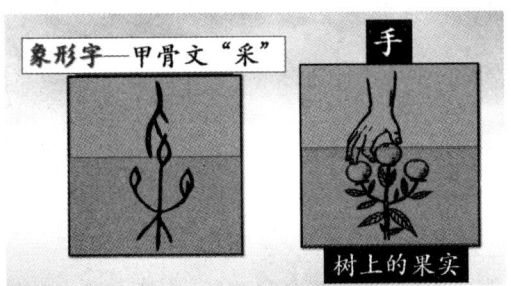

2. 读字谜，猜猜是诗中的哪个字，说理由。"上小下大——打一字"。

（二）规范端正书写汉字，培养良好书写习惯。

1.请你仔细观察"采"和"尖"这两个字，它们有什么相同点？

2.学生书写，提示纠正书写姿势。

【设计意图：上学期学习了象形字、会意字的构字规律。本环节，借用猜字说理由的方法，引导学生迁移运用识字方法，了解汉字。】

四、自主运用方法拓展

清代诗人袁枚，也写了一首描写夏天的名诗——《所见》。课后，大家可以读读这首诗，也试着讲一个有趣的故事，我们下节课继续交流。

【设计意图：引导学生在读诗讲故事中巩固方法，再品趣味。】

板书设计

作业设计

清代诗人袁枚，也写了一首描写夏天的名诗——《所见》。课后，大家可以读读这首诗，也试着讲一个有趣的故事。

所见
[清] 袁 枚

牧童骑黄牛，歌声振林樾。
意欲捕鸣蝉，忽然闭口立。

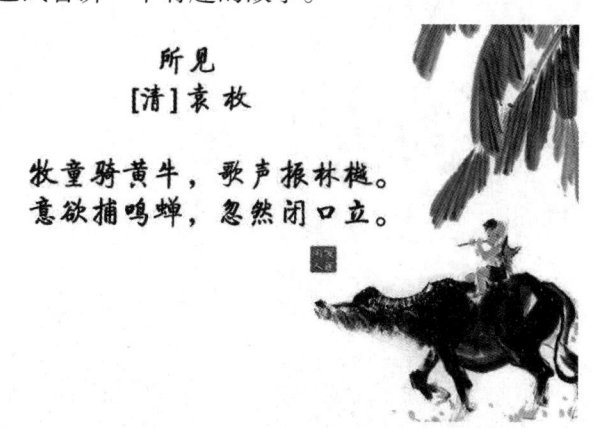

教学反思与改进

　　本课，教师采用课例研修的方法，从一课一诗到发现两首古诗之间的密切联系，尝试将两首古诗的学习整体推进。在第一课时读正确、读出节奏，初步了解大意，完成识字、写字任务的基础上，第二课时给予学生更大学习空间，在任务驱动的情境中，引导学生学方法，用方法，走入诗境，体会趣味。

　　　　　　　　　　（指导教师：北京市西城区教育研修学院 杨伟宁）

第三册　第一单元《我是什么》

王凤红

教学单元基本信息			
姓名	王凤红	单位	北京市西城区教育研修学院
年级	二年级	单元	上册第一单元
单元主题			探寻自然之谜，品味语言魅力

单元指导思想与理论依据

《义务教育语文课程标准（2011年版）》指出，语文教学的目的是指导学生"正确理解和运用祖国的语言文字，丰富语言的积累"。"求木之长者，必固其根本；欲流之远者，必浚其泉源"，正确理解和运用祖国语言文字的"根本"和"泉源"就是丰富学生的语言积累。语文教学中要引导学生收集语言素材，积淀语感经验。这是吸收，是输入，是学生运用语言的基石。当学生的语言积累到一定程度的时候，教师应该帮助学生用儿童的语言来表达儿童的生活和情感。

语文学科核心素养，为本单元教学设计指明了方向。"语言的建构与运用"是语文素养整体结构的根基。"思维发展与提升""审美鉴赏与创造""文化传承与理解"均以"语言的建构与运用"为基础。综上，则以"探寻自然之谜，品味语言魅力"为总目标，对二年级上册第一单元进行单元整合教学。

单元教学内容及要素分析

统编小学语文二年级上册第一单元围绕"大自然的秘密"，以"积累并运用表示动作的词语"为语文阅读要素编排了三篇课文。《小蝌蚪找妈妈》在图文对照中展示了小蝌蚪寻找妈妈的过程，有序地呈现了青蛙的生长变化过程；《我是什么》采用拟人手法，以第一人称"我"的方式来讲述"水"的变化过程；《植物妈妈有办法》用富有韵律感的诗歌介绍了蒲公英、苍耳、豌豆传播种子的方法。"口语交际"聚焦"有趣的动物"话题，"语文园地"中"我爱阅读"板块安排了童话故事《企鹅寄冰》。

单元整组课文内容丰富，图文并茂，学生从阅读中能够了解有趣的科学知识，丰富语言积累；在仿说训练、拓展表达中，能够产生对大自然的热爱和探索的兴趣。

本单元语文要素落实的序列如表1所示：

表1　单元语文要素梯度序列表

课题	课文中表示动作的词语分布	课后习题要求	语文要素的梯度序列
《小蝌蚪找妈妈》	出现"甩、迎、追……"等多个动词。	读一读，用"披、鼓、露、甩"说句子。	在比较中了解表示动作词语的意思。
《我是什么》	"水"在变化过程中出现动词。	读一读，体会"落、打、飘"的意思，再用它们各说一句话。	在读中感受动词的表达效果，仿照说句子。
《植物妈妈有办法》	介绍植物传播种子的方法中出现动词。	在了解植物传播种子的方法中，体会"乘着、挂住、炸开"用词的准确性，尝试运用。	在体会动词运用准确的基础上拓展延伸，联系生活创意表达。

单元语文要素"积累和运用表示动作的词语"贯穿了整个单元的教学过程。课文《小蝌蚪找妈妈》中用"甩、游""蹬、跳、蹦"等两组动词写出了蝌蚪与青蛙不同的动作特点，学生可以在比较中了解动词的意思；《我是什么》提出了运用动词仿说句子的学习要求，学生要在朗读的基础上感受动词的表达效果，进行仿说句子的练习；《植物妈妈有办法》一课，引导学生感受和运用文章中的表达句式，发展和建构学生的语言。

单元教学目标

1. 认识41个生字，读准4个多音字。学习书写30个字。写好左右结构的字，注意有的字左窄右宽，有的字左宽右窄，养成良好的写字习惯。

2. 书写27个词语。积累并运用表示动作的词语。通过多种方式，体会动词运用的准确。

3. 仿照例句，用加点的词语练习表达。

4. 正确、流利地朗读课文，分角色朗读《小蝌蚪找妈妈》，背诵《植物妈妈有办法》。积累古诗《梅花》，阅读童话故事《企鹅寄冰》。

5. 借助图片或关键词，了解课文内容，用自己的话讲故事或自然界的现象。

6. 学习阅读中，产生热爱大自然的情感和探索大自然中科学奥秘的兴趣。

7. 联系生活经验，清楚地介绍一种动物，讲出有趣之处。

单元教学结构

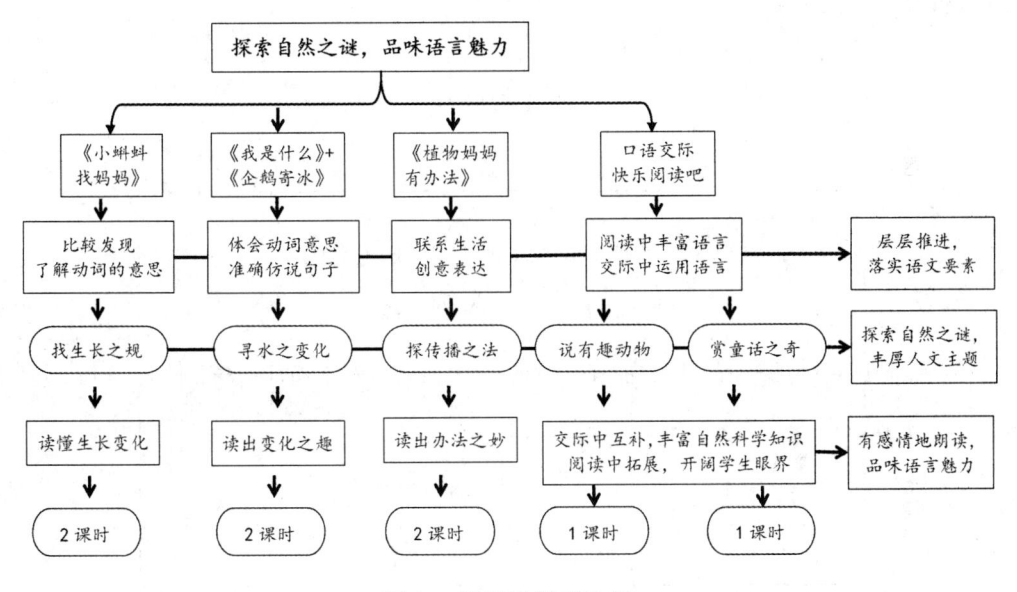

图 1　单元教学结构图

课题	2 我是什么
课时	第 2 课时
课型	新授课☑　精读或略读指导☐　口语交际课☐　专题复习课☐ 习作指导或讲评☐　学科实践活动课☐　其他☐

课时教学内容分析

《我是什么》这篇科普短文，以第一人称"我"的方式描述了自然界中水的各种变化、形态以及给人类带来的利与害。文中始终没有告诉读者"我"是什么，而是让读者去猜去探究，增添了文章神秘感。

课后安排了三道练习题。第一题"朗读课文。说说'我'是什么,'我'会变成些什么"是引导学生在朗读过程中依据问题提取关键信息,并用自己的话说一说。帮助学生提高阅读理解能力和口头表达能力。第二题"读一读,体会加点词的意思,再用它们各说一句话"是引导学生在朗读的过程中体会"落、打、飘"的意思,并能联系生活,运用动词说句子。依据学生的实际情况,教学中采用"换位对比,读中体会用词准确""联系生活,使用动词学习表达"等教学环节,为单元的后续学习奠定基础,引导学生把阅读中积累的词语与生活情境建立联系,在运用中发展语言能力与思维能力。第三题是"读一读,记一记",帮助学生养成日常积累的习惯。

学习者分析

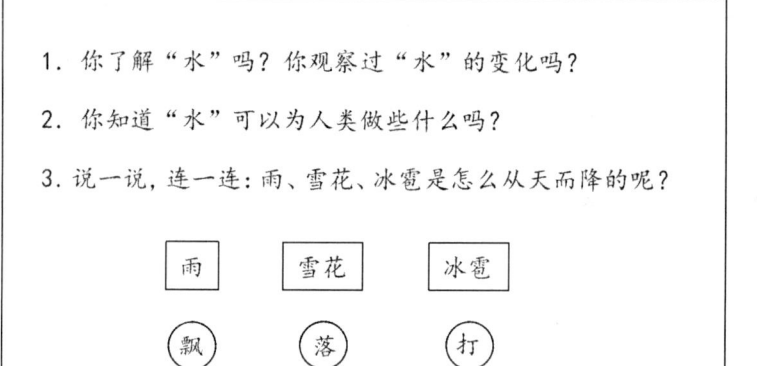

1. 你了解"水"吗?你观察过"水"的变化吗?

2. 你知道"水"可以为人类做些什么吗?

3. 说一说,连一连:雨、雪花、冰雹是怎么从天而降的呢?

雨　　雪花　　冰雹

飘　　落　　打

图 2　学情调研

通过调查发现:

1.学生知道"水",但对"水"的了解并不多,对于"水"的变化更是知之甚少。他们很少观察水在自然界中的变化,而这些知识就藏在课文的字里行间。

2.学生们都知道生活中离不开水,水是生命的源泉。但"水"具体能为人类做些什么,学生表达不清楚。"灌溉农田、发动机器……"等离学生的生活较远,因此教学中借助图片、视频等多种形式,帮助学生了解词语的意思并要求他们记下来,养成良好的积累习惯。

3.大多数学生都知道雪花是从空中飘落下来。59%的学生在选择与"雨、冰雹"关联的动词时出现错误。体会"落、打、飘"的准确应用,可以边读边结合生活去理解,以此落实本单元的语文要素。

课时教学目标

1. 在语境中巩固识记所学生字，学习书写"变"等生字。

2. 自主学习，互动交流，了解水的变化，知道水既能给人们带来好处，也能给人们带来灾害。（教学重难点）

3. 在阅读中体会"落、打、飘"用词的准确，并能仿照说句子。（教学重难点）

学习评价设计

表2 评价标准

评价内容	评价标准	星级
积累与运用表示动作的词语	体会"落、打、飘"的意思，感受动词的表达效果。	☆☆☆
	联系生活，准确运用"落、打、飘"仿说表达。	☆☆☆
评价方式	自评或他评	

教学活动设计

一、书写"变"字，了解水的特点

这个阶段的学习过程：书写"变"字，了解水的特点；联系课题，梳理问题。

（一）齐读课题，指导朗读

教师出示句子："我会变。"指导学生读出"我"的特点，加重"变"字的语气。

（二）书写"变"字，反馈评价

利用小口诀指导学生书写"变"字：从上到下，一点一横。两短竖在中间，左点右点在两边，又字在下扁而宽，上窄下宽真美观。

书写后从"正确、规范、美观"等方面进行评价。

（三）联系课题，梳理质疑

联系课题，梳理第一课时学生围绕"变"字提出的问题：我变成了什么？怎么变的呢？我到底指的是什么呢？带着这些疑问，一起走进文章寻找答案。

【设计意图：教学中紧紧抓住文中的重点句"我会变"展开教学，指导学生读中生疑、解疑，在自主探究的过程中不断激发学生阅读的兴趣。利用小口诀指导书写"变"字，帮助学生掌握书写汉字的规律，通过反馈与评价不断提

高学生的写字能力。】

二、学习第1—2自然段，寻找"我是什么"

（一）自主学习，读文寻答案

教师出示学习提示，学生自主学习：

> 1.读一读，圈一圈："我"变成什么了？
> 2.读一读，说一说："我"是怎么变的？

（二）互动交流，读文解疑惑

1.互动交流"我变成了什么"。随着学生的发言，教师指导朗读课文。在文中描述"云"在不同天气和时间里的不同状态时，教师引导学生联系生活想象白云、乌云、朝霞和晚霞出现时的画面。

2.了解"我"的变化过程。

教师提出问题：雨、冰雹和雪，它们是怎么从天而降的呢？学生读文寻找答案。伴随着学生的发言和朗读，师生共同提炼出"落、打、飘"等表示动作的词语。

（三）体会加点词"落、打、飘"的意思

1.换位对比，朗读中体会。

教师先后两次调换"落、打、飘"的位置，指导学生在朗读中体会对比，了解这些动词准确地写出了雨、冰雹、雪从空中降下时的不同力度，感受动词的表达效果。

2.联系生活展开想象，创作中运用动词。

> 联系生活，展开想象，说一说：
> 小水滴落在_____，_____。
> 冰雹打在_____，_____。

教师引导学生想象：小雨滴都落在了哪里？会怎么样呢？学生边想象边表达：小水滴有的落在森林里，树木喝饱了水，长得更加茂盛了；有的落在房顶上，坐着滑梯从高空落下来……学生在表达中再一次体会使用动词的感受。

【设计意图：教学紧紧围绕学习目标组织学习活动。在朗读中提取文章的关键信息，用自己的话进行概括，提升学生的理解能力和表达能力；联系生活，品词析句，体会动词的生动、准确与严谨；最后在情境中展开想象，在运用中提升学生的语言思维能力。】

三、学习第三、四自然段，了解"我"与人类的密切关系

指名学生朗读第三、四自然段，思考：平常"我"都在哪儿？有时候"我"又怎么样呢？在帮助学生梳理"好事"和"坏事"时，指导学生积累灌溉田地、发动机器、淹没庄稼、冲毁房屋等动宾短语，并利用图片和视频帮助学生理解词语意思。

【设计意图：利用图片和短视频帮助学生建构画面，理解词语意思，加深对文本的理解，养成积累词语的习惯。】

四、揭晓答案，阅读拓展

借助文中的最后一句话来揭晓课题的答案后，拓展阅读童话故事《企鹅寄冰》，指导学生读题生疑：企鹅把冰寄给谁了？收到了吗？为什么要寄冰呢？让孩子们带着这些问题走进童话故事。

【设计意图：文本内容与"我爱阅读"板块中的童话故事内容有关联。课堂上教师推荐给学生阅读，可以引导学生在阅读中继续探寻自然之谜。】

板书设计

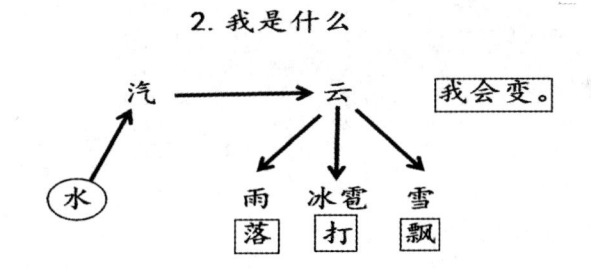

```
            2. 我是什么

        汽 ——→ 云      我会变。
       ↗      ↙ ↓ ↘
     (水)    雨  冰雹  雪
             落   打   飘
```

作业设计
给身边的小伙伴讲一讲"水"的变化过程。

教学反思与改进

1. 立足单元，助力语言的建构与运用。

本单元的教学采用了不同的策略，引导学生拾级而上。《我是什么》一课采用"读中体会、比较发现；联系生活、练习表达"的教学策略帮助学生感受动词的表达效果，引导积累并鼓励学生准确运用动词进行表达。在层层推进的

单元整合教学中，实现了语言的积累，又使语言运用能力得到提升。

2.学以致用，必须持续关注。

课堂上，学生积累语言并在教师的帮助下尝试运用。但还没有养成良好的收集与运用语言素材的习惯，需要教师进一步努力与实践。

教学中会持续引导学生积累运用语言，重视语言文字运用的实践，从而促进本单元语文要素的落实。

第四册　第六单元《要是你在野外迷了路》

刘雅楠

教学单元基本信息				
姓名	刘雅楠	单位	北京市顺义区光明小学	
年级	二年级	单元	下册第六单元	
单元主题	大自然的秘密			

单元指导思想与理论依据

著名特级教师于永正说过，提取信息的能力是阅读能力高低的重要标志。学生提取信息能力的习得，主要是引导学生在文本阅读中提取、整合、分析、概括信息。

本单元的教学设计，我将通过"学——练——用"的教学策略，逐步引导学生学会提取主要信息，了解课文内容，从而提升学生的阅读能力，帮助学生更好理解文本，形成良好的语文素养。

单元教学内容及要素分析

本单元围绕人文主题"大自然的秘密"和语文要素"提取主要信息，了解课文内容"，编排了《古诗二首》《雷雨》《要是你在野外迷了路》《太空生活趣事多》四篇课文和一个语文园地。这些课文语言生动，内容有趣，展示了大自然的无穷魅力。

从纵向看，本册第六单元的阅读教学中着重练习"提取主要信息，了解课文内容"这一语文要素，在延续一年级下册第二单元的"提取文中明显信息"和第七单元的"根据课文信息作出推断"的基础上，对阅读理解方面的要求有了进一步深化，为中高年级形成对文本内容的整体感知，以及初步概括的能力打下良好基础。

从横向看，针对"提取主要信息，了解课文内容"这一要求，本组课文的课后习题都有所涉及：

表1　语文要素在课后练习中的体现

课文	语文要素	课后练习题
《雷雨》	提取主要信息，了解课文内容	说说雷雨前、雷雨中、雷雨后景色的变化。
《要是你在野外迷了路》		课文里写了哪几种"天然的指南针"，它们是怎样帮助人们辨别方向的。
《太空生活趣事多》		说说太空生活有哪些有趣的事情。

单元教学目标

1. 会写34个生字，提高自主识字的能力，培养认真书写的习惯。

2. 读课文，能提取主要信息，说出雷雨前后的变化、"天然的指南针"怎样帮助人们辨别方向和在太空中的趣事。

3. 在阅读中感受自然现象的奇特，产生探索自然科学的兴趣和热爱大自然的情感。

单元教学结构

基于以上教学理论，根据本单元的语文要素及教学重点，本单元教学结构如图1：

图1 单元教学结构图

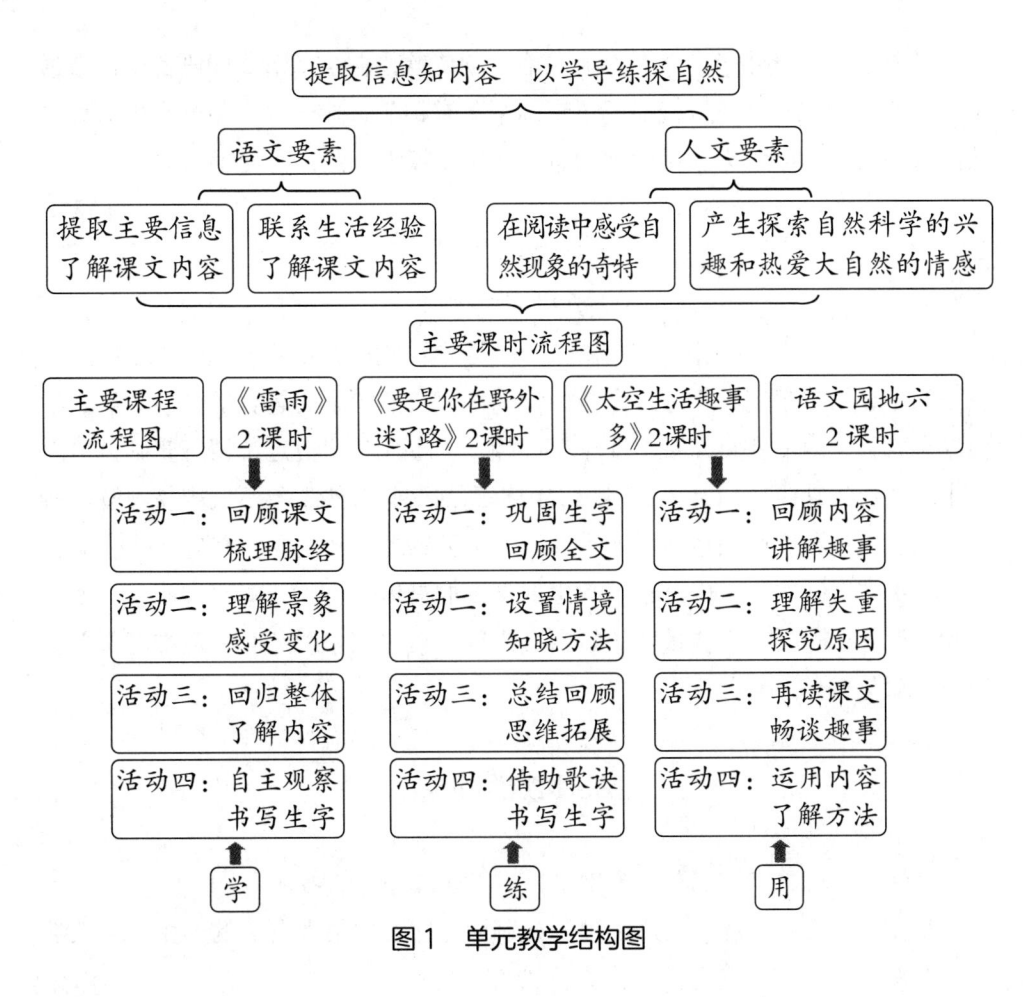

```
                    提取信息知内容   以学导练探自然
                    ┌──────────┴──────────┐
                  语文要素              人文要素
              ┌──────┴──────┐       ┌──────┴──────┐
           提取主要信息  联系生活经验  在阅读中感受自  产生探索自然科学的兴
           了解课文内容  了解课文内容  然现象的奇特   趣和热爱大自然的情感

                         主要课时流程图
```

主要课程流程图	《雷雨》2课时	《要是你在野外迷了路》2课时	《太空生活趣事多》2课时	语文园地六 2课时
	活动一：回顾课文 梳理脉络	活动一：巩固生字 回顾全文	活动一：回顾内容 讲解趣事	
	活动二：理解景象 感受变化	活动二：设置情境 知晓方法	活动二：理解失重 探究原因	
	活动三：回归整体 了解内容	活动三：总结回顾 思维拓展	活动三：再读课文 畅谈趣事	
	活动四：自主观察 书写生字	活动四：借助歌诀 书写生字	活动四：运用内容 了解方法	
	学	练	用	

图 1　单元教学结构图

课题	17 要是你在野外迷了路
课时	第 2 课时
课型	新授课☑　精读或略读指导☐　口语交际课☐　专题复习课☐ 习作指导或讲评☐　学科实践活动课☐　其他☐

课时教学内容分析

从单元整体的视角看，《要是你在野外迷了路》是本单元学习的一首儿童诗。本诗以自然科学为题材，向学生介绍了四种天然指南针。"野外"是学生陌生且感兴趣的一个场景，"迷路"是学生所熟悉的一种生活情况。课文把"要是你在野外迷了路"作为一种假设情况，将学生带入具体的情境，符合学生心理，激发学生兴趣。

《要是你在野外迷了路》作为一篇儿童诗歌，在生动形象的语言中，渗透了自然科学知识。文章以浅显的语言描绘了有趣的自然现象，激起学生对大自然的兴趣，让学生学会利用学到的自然知识，探索自然，方便生活。

学习者分析

二年级第二学期的学生，已接触过一些以自然科学为题材的文本，加之学生好奇心强，对一些自然现象非常感兴趣，为本课学习奠定了情感基础。但因学生年龄小，缺少生活常识，对本文中提到的一些自然现象不大容易理解。所以，在教学过程中应联系生活实际，让学生去感受自然现象，有自己的体验。

学生在以往的学习中已经能找出课文中的具体信息，并能整合信息，做出判断，但是通过提取主要信息了解课文内容，对他们来说还有一定难度，需要进一步深化指导。

课时教学目标

1. 会写"特、碰、积"三个生字，培养认真书写的习惯。
2. 能提取主要信息，运用多种方式辨别方向，感悟大自然的奥秘。（教学重难点）
3. 引导学生留心观察周围事物，发现大自然的奥秘，仿照课文创编小儿歌，促进语言与思维的发展。

学习评价设计

方法	评价内容	★★★	★★	★
自评	1.我能用：能用表格学习法提取书中介绍的大自然的指南针。	独立制作表格、提取信息准确。	有用表格学习法学习的意识，简单画出表格。	用圈画的方式提取信息。
互评	2.我能说：用自己的话说说大自然的指南针有哪些，它们是怎样帮助人们辨别方向的。	能简洁、清楚、完整、流畅地表达。	能比较简洁、清楚、流畅地表达。	能用自己的话简单表达。
师评	3.我能用：用自己课前搜集的素材（大自然的指南针）练习一小节的仿写。	格式正确、语句通顺、有趣味性。	格式正确、语句通顺、表达清楚。	语句通顺。

教学活动设计

一、巩固生字，回顾前文

（一）复习词语

出示：

指南针	野外	积雪	向导
帮助	碰上	特别	永远

生先自读词语，然后开火车读。

（二）回顾所学

在上节课的学习中，我们得知"少年探险团"在野外探险的时候迷了路，聪明的柯南告诉大家——要是你在野外迷了路，千万别慌张。大自然有很多天然的指南针，会帮助你辨别方向。（出示句子并齐读）

1. 大自然中有哪些天然的指南针，你还记得吗？（预设：学生结合第一课时会谈到"太阳、北极星……"）

教师随机板书：太阳、北极星、大树、积雪

2. 上节课，聪明的柯南告诉我们太阳和北极星是怎么指明方向的，让我们一起来读一读课文的第2、3小节吧！（师生合作读）

【设计意图：复习生字词语，回顾课文内容，并通过朗读激发学生的兴趣，为学习新知做好了准备。】

二、再入情境，知晓方法

创设情境：小朋友们，跟随"少年探险团"的脚步，我们知道了白天可以靠太阳、晚上可以靠北极星辨别方向。这次他们在探险中又碰上了阴雨天，这可怎么办呢？让聪明的柯南快来帮帮他们吧！

（一）学习第4小节

1. 朗读思考：请你仔细读一读第4小节，圈画出阴雨天怎么辨别方向，然后和同桌交流一下。

2. 集体交流，了解阴雨天辨别方向的办法。

聪明的柯南有什么好办法？

（1）学生读课文并回答问题。（预设：学生借助圈画的主要信息，知道利用大树辨别方向）

（2）借助图片，联系上下文，理解"稠"和"稀"。

看，这是一棵大树，你能分辨哪面是枝叶稠的一面，哪面是枝叶稀的一面吗？（预设：学生观察图片会发现枝叶多而密就是"稠"，枝叶少就是"稀"）

大家通过观察发现了枝叶的"稠"和"稀"，看着图片来读一读这小节。

其实关注课本旁边的泡泡图，也能帮助我们理解"稠"和"稀"。（预设：学生会发现它们是一对反义词）

小结："稠"就是浓密，"稀"就是稀疏的。利用这一"稠"、一"稀"就能辨别方向了。指名读句子：枝叶稠的一面是南方，枝叶稀的一面是北方。

（3）判断南北，辨别方向。

教师引导学生思考：既然判断出了哪面稠哪面稀，你可以通过枝叶的稠稀判断出南方和北方吗？（预设：学生容易回答稠的是南方，稀的是北方；对于其中的原因学生可能表述不清，在教学中会引导学生观看视频）

随机播放视频，解释原因：因为南面接受太阳照射的时间长，受到的光照多，所以南面的枝叶长得稠；而北面受到的光照少，所以枝叶长得就稀了。

小结：如果遇到了阴雨天，太阳藏了起来，大树会来帮我们的忙，用枝叶告诉我们南方和北方。

3. 让我们好好读读这一小节，向柯南表示感谢吧！自由朗读、加入动作读等。

（二）学习第5小节

教师再次创设情境："少年探险团"又犯难了，树叶落光的冬天，又该如何辨别方向？

1. 自由读一读课文，画出柯南帮助他们的办法，在小组中讨论，柯南是如何帮助他们辨别方向的。

2. 共议交流。

预设：生可能会说利用沟渠中的积雪辨方向，顺势结合图片认识沟渠；还可能根据沟渠的雪化得快慢来辨别方向；学生不易理解为什么雪化得快的是北方，化得慢的是南方。

顺势出示板画观察，感悟沟渠南面因有遮挡，阳光照射时间比北面少，所以沟渠南面的雪化得慢些。这种分辨南北的好方法你们记住了吗？

3. 感悟"分辨、辨别"的意思，再读第5节。

【设计意图：本环节运用图片、板画、联系学生生活等生动直观的方式，帮助他们理解课文，激发他们对大自然的热爱和好奇。】

三、总结回顾，思维拓展

（一）总结回顾

小朋友们，在柯南的帮助下，"少年探险团"终于找到了原来的路。所以说要是你在……学生顺势读第6小节。

1. 填一填，要是你在野外迷了路，可千万别（　　　），应该＿＿＿＿＿＿＿。（随机板书）

2. 通过这一次野外迷路，大家也学到了很多在野外辨别方向的方法。让我们再来读一读全文吧！

3. 小朋友们，你们还知道大自然有哪些天然的指南针能帮助我们辨别方向吗？

预设：树桩年轮、大雁……

随机出示图片（图1：一个大树桩上有疏或密的年轮；图2：一群大雁往南飞）

（二）思维拓展

你们都是善于观察的小柯南，让我们也来告诉一下"少年探险团"吧！试着填一填。

秋天（大雁）会写字，
空中来写"人"和"一"，
排队往（南）去过冬，
春天回来在一起。
大树桩也是方向标，
圈圈（年轮）指方向。
间隔（宽）些是（南）面，
间隔（密）的是（北）方。

【设计意图：本环节由课内延伸到课外，拓展学生思维，在语言模仿中，实现在思维碰撞中感悟大自然的奥秘。】

四、借助歌诀，书写生字

1. 利用熟字加偏旁、扩词识记等方法，识记"特、碰、积"。

2. 重点指导。

"碰"强调右半部分笔画，先中间后两边。"特"字右半部分三横的长短。

3. 独立书写。

4. 同桌互评。

我来评一评"☆"	正确	整洁	美观

【设计意图：二年级的学生在书写上已经掌握了一定的方法和技巧，因此要将生字进行归类，凸显一类生字的共同特点，提升识字教学的效率，加强对字的间架结构的教学，培养学生的书写能力。】

板书设计

17 要是你在野外迷了路

```
            太阳    北极星                    细细观察
阴雨天  大树    枝叶稠（南）    稀（北）    多多去想
冬 天   积雪    化得快（北）    化得慢（南）
```

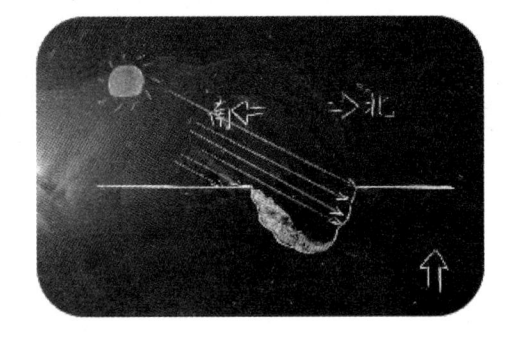

作业设计

1. 请你观察图片，和爸爸妈妈交流。

（1）秋天的时候大雁往南飞，春天的时候大雁往（　　）飞。

（2）早晨，向日葵面向（　　）方；傍晚，向日葵面向西方。

2. 将你知道的"天然的指南针"，告诉身边的人。

3. 推荐阅读《少年儿童百科全书》了解更多大自然的奥秘，感受大自然的神奇。

教学反思与改进

1. 设置具体情境，引发学生思考。

课堂上我设置了同学们喜欢的"探险"情境，激发学生探索自然的兴趣，让学生在情境中联系生活实际，提取主要信息，整合信息，并用自己的语言表达出来，让学生的语文核心素养在课堂上落到实处。

2.画原理图，突破难点。

低年级学生以直观形象思维为主，沟渠的积雪怎么指点方向，对于学生来说比较难理解，于是我通过现场画原理图，帮助学生突破认知难点。

3.巧妙延伸，拓展思维。

为了培养学生仔细观察大自然的学习意识，在第三板块，我引导学生积极思考，除了文中的方法外，你还知道大自然有哪些"天然的指南针"，并借助创编小儿歌，使语言与思维同步发展。

（指导教师：北京市顺义区教育研究和教师研修中心 孔凡艳）

第五册　第四单元《胡萝卜先生的长胡子》

张颖

教学单元基本信息			
姓名	张颖	单位	北京市中关村第三小学
年级	三年级	单元	上册第四单元
单元主题		策略单元——预测	

单元指导思想与理论依据

《义务教育语文课程标准(2011年版)》提出：学生要具有独立阅读的能力，学会运用多种阅读方法。阅读素养作为理解和使用信息的主要技能，在个人发展、人际交往等过程中都起着重要作用。阅读策略的教学有助于阅读素养的形成。

预测，是一种内在的心理活动，是在事物未出现或未发生时，对可能出现的状况的预期。作为一种重要的阅读策略，预测能够促进学生进行积极深入的思考。三年级学生处于从形象思维到抽象思维转变的阶段，预测单元出现在三年级上册第四单元，先于其他阅读策略单元，这一编排暗示了预测阅读策略的基础性。该策略的习得和运用，能够成为学习和运用其他阅读策略甚至表达策略的支撑性条件。

单元教学内容及要素分析

本单元是阅读策略单元，是本套教材首次以阅读策略为主线组织的单元内容，旨在引导学生学习并掌握基本的阅读策略，形成运用阅读策略的意识，从无意识的阅读者成为积极的阅读者。围绕"预测"这一主题，本单元做了有层次、有梯度的安排。学习预测—练习预测—独立预测，三篇课文作为一个整体呈现，训练目标层层递进，希望学生在不断预测中，逐渐掌握"预测"这一阅读策略，从而更好地理解文章的意思，提升阅读能力。

横向关联统编教材，第三单元是童话单元，符合三年级孩子的思维特点。教学中可以结合他们喜欢读故事、创编童话的特点，使他们在天马行空的想象、创作中感受童话的乐趣。学生通过四篇不同风格的中外童话的学习，已经体会了童话想象丰富而奇特的特点。本单元则继续承接上一单元，在学生感悟童话故事想象丰富的特点后，从天马行空的想象逐渐转变为合理的、有意识的想象，从而引导学生从无意识的阅读转变为意识的阅读（见图1）。

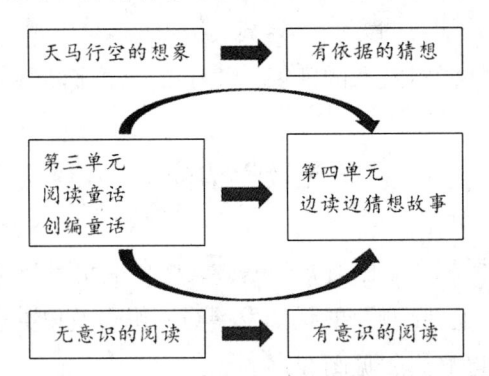

图1 统编三年级语文上册第三单元和第四单元的横向进阶梳理

纵向关联统编教材，从二年级开始，学生们就已经开始结合课文内容和生活经验，展开想象续编故事，如二年级上册《雪孩子》一课中黄泡泡的提示："看着雪孩子变成了白云，小白兔心里会想些什么呢？"这些其实已经在引导学生能结合图片、生活等展开合理想象。作为阅读策略单元的起始单元，本单元意在培养学生有意识地阅读的习惯，激发学生的阅读期待和兴趣，随着中高年级阅读策略的不断学习，预测能力将为后续中高年级阅读能力的渐次提升做好铺垫。（见图2）

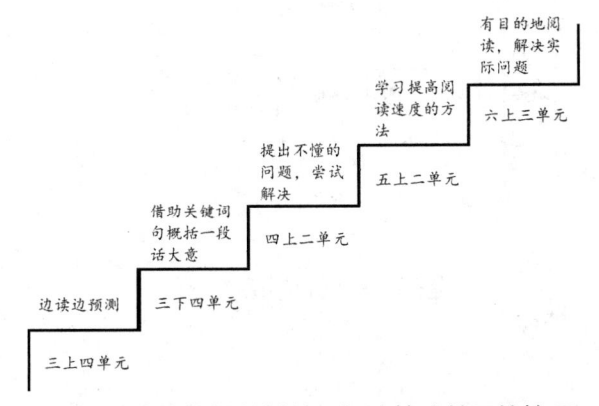

图2 中高年级教材关于阅读策略单元的梳理

单元教学目标

1. 认识"暴、萝、讨"等生字，会写"洞、准"等生字。正确读写"词语表"中的词语，并理解它们在文中的意思。

2. 学习《总也倒不了的老屋》《胡萝卜先生的长胡子》《小狗学叫》三篇课文，能有感情地朗读课文。边读边想象画面，读懂童话故事内容，了解故事背后蕴藏的道理。

3. 一边读一边预测，顺着故事情节去猜想。学习预测的一些基本方法。

4. 综合运用本单元学习的方法，尝试续编故事。

5. 通过猜测，能加深对文章的理解，关注文章更多的细节。

单元教学结构

根据单元教学目标和学生已有知识基础，整个单元围绕"预测"，按照"学习预测—练习预测—独立预测"的认知发展线，由表及里共设置8课时，推动学生的语文素养逐步提升。（见图3）

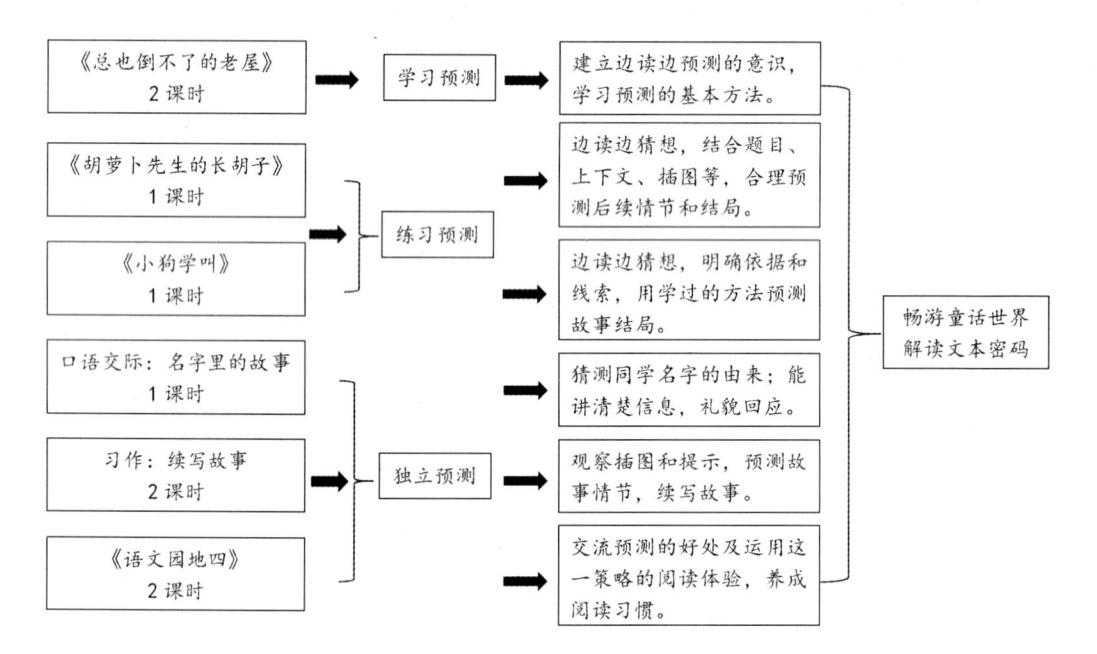

课文	类别	目标	总目标
《总也倒不了的老屋》2课时	学习预测	建立边读边预测的意识，学习预测的基本方法。	畅游童话世界 解读文本密码
《胡萝卜先生的长胡子》1课时	练习预测	边读边猜想，结合题目、上下文、插图等，合理预测后续情节和结局。	
《小狗学叫》1课时	练习预测	边读边猜想，明确依据和线索，用学过的方法预测故事结局。	
口语交际：名字里的故事 1课时	独立预测	猜测同学名字的由来；能讲清楚信息，礼貌回应。	
习作：续写故事 2课时	独立预测	观察插图和提示，预测故事情节，续写故事。	
《语文园地四》2课时	独立预测	交流预测的好处及运用这一策略的阅读体验，养成阅读习惯。	

图3　单元教学结构图

课题	13 胡萝卜先生的长胡子
课时	第 1 课时
课型	新授课☑　精读或略读指导□　口语交际课□　专题复习课□ 习作指导或讲评□　学科实践活动课□　其他□

课时教学内容分析

本篇课文是一篇没有结尾的童话故事，虽然呈现的是一个不完整的文本，但是故事内容却十分新颖，读起来趣味十足。胡萝卜先生的胡子因为沾上了果酱而不断变长，被小男孩剪了一段放风筝，还可能会被鸟太太当作晾尿布的绳子。学生既可以预测鸟太太的做法，也可以预测胡萝卜先生还会遇到谁，他用长胡子做什么事等，增强了预测的开放性。

作为本单元第二篇课文，这是一篇略读课文，起到"用方法"的作用，需要学生运用上一课学习的预测的方法，通过看插图、看题目、结合上下文、联系生活等，预测故事情节，感受边读边预测的乐趣，并且能根据故事实际内容修正想法。因此，在设计学习活动时，需要先帮助学生回忆上一课的学习内容，巩固边读边预测的方法，在此基础上继续展开猜想，出示原文后，修正猜想，夯实方法。

学习者分析

"预测"的概念虽然是三年级首次提出的，但从学生的学习经历来看，我们班的学生已经具备了相关的学习基础。在二年级，学生已经开始结合课文内容和生活经验，展开想象续编故事，逐步学习了如何通过想象体会人物心理，感受事物特点等。在本单元的学习中，学生已经在前一篇课文的阅读中把握了一些预测的基本方法，初步建立了选择和调节预测方法的意识。

为了更准确地了解学生的已有知识储备，我通过问卷和做学习单的方式进行了调查分析：

问卷调查

问卷内容：在本节课之前，你读过课文《胡萝卜先生的长胡子》吗？

通过调查问卷数据分析可以看出，班级 82% 的学生其实已经在本节课之前阅读过课文内容，如再将教学重点放在预测课文内容上，未免多此一举。因此，这节课其实是引导学生回忆在第一遍读课文时的猜测，在探寻、发现结果中继续阅读，通过不断阅读，发现细节，加强对文章的理解。

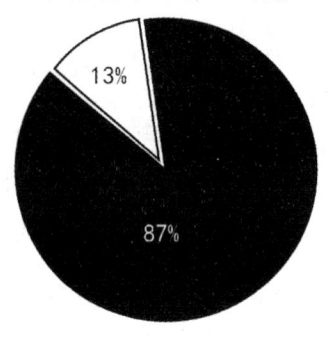

图 4　学情调研分析

学习单反馈

从《总也倒不了的老屋》一课的学习单"如果你认为故事能继续发展，请仿照上面的内容写一写"这一题的答案反馈看，班级中绝大部分学生能展开合理猜想，能感知到童话情节反复的特点，并能结合上文，继续编写其他小动物前来的故事，如毛毛虫、小鸟前来和老屋对话，说自己需要"生毛毛虫宝宝的地方""安心筑巢的地方"等。由此可以看出，经过前一课的学习，学生们基本掌握了预测的方法，能结合生活和文章内容有依据地猜想。这为本节课学生能继续猜想故事进行了铺垫。

课时教学目标

1. 认识"萝、卜"等生字。

2. 能一边读一边预测故事的内容，感受边读边预测的乐趣；能根据故事的实际内容修正自己的想法。（教学重点）

3. 能迁移运用学过的方法继续预测故事内容。（教学重点、难点）

学习评价设计

【学习活动】学生展示，互动交流。

我能大胆猜想，顺着课文内容往下说。

胡萝卜先生的胡子刚好在风里飘动着。"_____。"

鸟太太说完就_____胡子，她确定_____，就剪了一段用来_____。

【评价量规】

表1 学习评价量规

内容标准	评价等级		
	☆☆☆	☆☆	☆
我能边读故事边预测	能边读故事边预测，感受预测的乐趣。	能边读故事边预测。	能完整地读故事。
我能对故事的发展和结局进行预测	1.能根据题目、插图进行预测。2.能结合上下文、联系生活经验进行预测。	能抓住个别线索，对故事的发展和结局有依据地预测。	能把故事补充完整，简单说出对故事发展和结局的预测。

教学活动设计

一、整体概述，猜想故事

1.谈话导入，学习生字"萝、卜"。

2.引导猜测故事内容，明确学习任务。

（1）看到这个题目，你能猜猜这个故事写了些什么内容吗？

出示自学提示：

自己读课文，一边读一边想：接下来可能会发生什么事情？你可以借助学习伙伴的语言来表达。

（2）总结学生发言，巩固上节课学习的预测方法。

3.引导学生读第2自然段，为猜故事做铺垫。

【设计意图：借助语言支架，引导学生回忆在第一遍读课文时的猜测，再次整体感知文章内容，在探寻中继续阅读，发现细节，为下文情节做铺垫。】

二、聚焦省略号，预测故事发展

（一）聚焦：鸟太太和长胡子之间可能会发生什么故事呢

1. 学生猜想省略号代表的内容，预测鸟太太的做法。

（1）联系上文，猜一猜鸟太太会怎么做呢？

（2）学生交流，总结方法。

2. 借助表格梳理课文情节，引导学生把猜想讲清楚。

提问：怎么才能把猜想讲清楚呢？

读课文 4—8 自然段，你发现了什么？试着完成这个表格。

走到哪里	遇到了谁	发生了什么事

3. 学生汇报。

总结：胡萝卜先生先走到了哪里，遇到了谁，发生了什么事。

4. 学生排练。

5. 学生展示。

6. 教师评价，学生评价。

（二）聚焦省略号，继续猜想故事

1. 引导继续猜想胡萝卜先生会遇到谁，发生什么故事。

提问：胡萝卜先生遇到了鸟太太以后，他继续往前走。他还会遇到谁，发生什么故事呢？

2. 学生排练，准备展示。

3. 引导学生互评。

【设计意图：聚焦结尾的省略号，让学生直接猜想长胡子和鸟太太之间会发生什么。通过表格梳理故事发展的线索，知晓"走到哪里—遇到谁—发生了什么事"的情节特点，引导学生把猜想讲清楚，为继续预测故事提供依据。】

三、对照原文，感受精妙构思

1. 教师播放故事结局录音，引导学生思考作者写的结局和自己的猜想是否一样。

2. 师生交流。

3. 提示学生再读课文，寻找依据：因为胡萝卜先生是个近视眼。

4.引导学生谈读故事的感受。

【设计意图：承接上一环节，当学生欣喜于自己的预测时，会产生更大的阅读期待。这时出示原文结尾，与学生的预测产生对比，给予强大的思维冲击，学生再去文章中寻找行文依据，发现"近视眼"这一细节，体会作者的精妙构思。】

四、预测题目，拓展实践

1.组织学生根据题目进行猜想。

《躲猫猫大王》 《夏洛的网》 《帽子的秘密》

《柔软的阳光》 《团圆》 《小灵通漫游未来》

2.组织学生交流猜想。

3.教师总结，布置作业。

【设计意图：通过出示不同题目，让学生关注题目中的关键词，鼓励学生运用本节课使用的预测方法，继续预测故事情节。】

板书设计

作业设计

1.选择课后习题中的书或文章读，读的时候也可以用上边读边猜的方法。

2.阅读拓展篇目《木偶奇遇记》，用上边读边猜的方法，读完后和原文进行比照。

教学反思与改进

1.本单元是统编教材中第一个阅读策略单元，与传统的阅读教学有很大区别。主要目的是利用"预测"这一策略训练学生将无意识的阅读转变为积极的阅读，这是整个单元教学的核心和重点。在教学中发现，学生在不断地预测中，加深了对文本的理解，尤其是关注到了细节，这是在预测之中习得的新技能。

2.学生在开学初拿到语文书后已经读了课文，在大部分学生已经知道故事内容的时候，如何能让学生继续预测、产生阅读兴趣是一个难点。因此，本节课试图引导学生回忆在第一次读文章时的预测过程，以此为切入点，通过学习伙伴的语言表达，加深对文本的理解。

（指导教师：北京市中关村第三小学 王冬娣）

第五册　第四单元《小狗学叫》

袁丽华

教学单元基本信息		
姓名	袁丽华	单位　首都师范大学附属小学
年级	三年级	单元　上册第四单元
单元主题		争当小小预测家 制作策略小锦囊

单元指导思想与理论依据

《义务教育语文课程标准（2011年版）》（简称《课标》）指出，要"逐步培养学生探究性阅读和创造性阅读的能力，提倡多角度的、有创意的阅读，利用阅读期待、阅读反思和批判等环节，拓展思维空间，提高阅读质量"。阅读策略单元对于夯实语文基础至关重要。《课标》在总目标中还指出："在发展语言能力的同时，发展思维能力，学习科学的思想方法。""具有独立阅读的能力，学会运用多种阅读方法。"这些都是本单元教学的理论依据。

第七版《现代汉语词典》对"策略"一词的解释是："根据形势发展而制定的行动方针和斗争方式。"它具有三个特点：一是具有明确目的；二是有具体行动的安排；三是行动随情况的变化而调整。阅读策略对阅读方法起着指导和调控作用，阅读策略的使用具有整合性、选择性和灵活性。

本单元的阅读策略是预测，在学习本单元时，应该从预测策略的学习入手，因为预测不仅是掌握知识的一个目标，还是学习知识的一条途径，一种能力，一项素养。关注预测方法的同时，关注突出预测策略使用的多维性。因此，对本单元的学习内容进行了有层次、有梯度的安排。

本单元是阅读策略单元，将以单元教学内容为载体，以单元教学方法为手段，创设"争当小小预测家　制作策略小锦囊"的情境任务，引发学生的"探究之趣"，满足学生的"成长之需"。设计情境任务驱动，使学生在完成情境任务中获得语言、思维、审美等的同步发展。

单元教学内容及要素分析

本单元是统编教材中首次出现的阅读策略单元，是以预测为主要阅读策略组织安排的。在三至六年级的上册均安排了阅读策略单元。三年级的阅读策略单元是"预测"，四年级是"提问"，五年级是"提高阅读速度"，六年级是"有目的地阅读"。难度逐渐提升，能力的培养也是层层递进的。

单元导语点明语文要素是预测。《总也倒不了的老屋》正式提出了预测的概念，学生要有预测的意识，学会在题目、插图、文本内容旁边做旁批，进行预测。《胡萝卜先生的长胡子》，学生不仅要边读边预测，还要思考这样预测的原因，在阅读过程中不断修正自己的预测。《小狗学叫》，借助反复的手法和故事结局的走向，预测本篇课文的结局，体会预测的多样性。通过自选课外故事预测，培养学生运用预测策略阅读课外书的能力和意识。

单元教学目标

1. 认识23个生字，读准5个多音字，会写13个字，会写14个词语，并积累成语。

2. 能一边阅读，一边预测，知道预测的不同角度，说出预测的好处和乐趣。

3. 借助课文插图、题目、联系上文、联系生活等方法预测故事的发展和结局。

4. 能将自己的预测与实际内容进行比较，修正自己的想法。

5. 能结合阅读经验，交流总结运用预测策略的好处，知道在课外阅读中要自觉运用预测策略。

6. 根据插图和提示使用不同的句式续写故事，把故事写完整，并掌握修改符号。

单元教学结构

本单元以大情境大任务引领，以制作小锦囊的环节贯穿始终。在《总也倒不了的老屋》的学习中让"预测方法进锦囊"，帮助积累预测方法；在《胡萝卜先生的长胡子》中创设了"运用方法我最行"的情境任务，激发学生在阅读中运用预测方法，不断调整修正预测；在《小狗学叫》中创设了"预测结尾我最棒"的情境任务，促使学生掌握依据内容、线索、情节预测多种结局的方法；在"交流平台"中开展"我是预测分享小行家"的任务，旨在让学生总结预测方法，分享运用预测策略阅读的体验，感受阅读的乐趣。

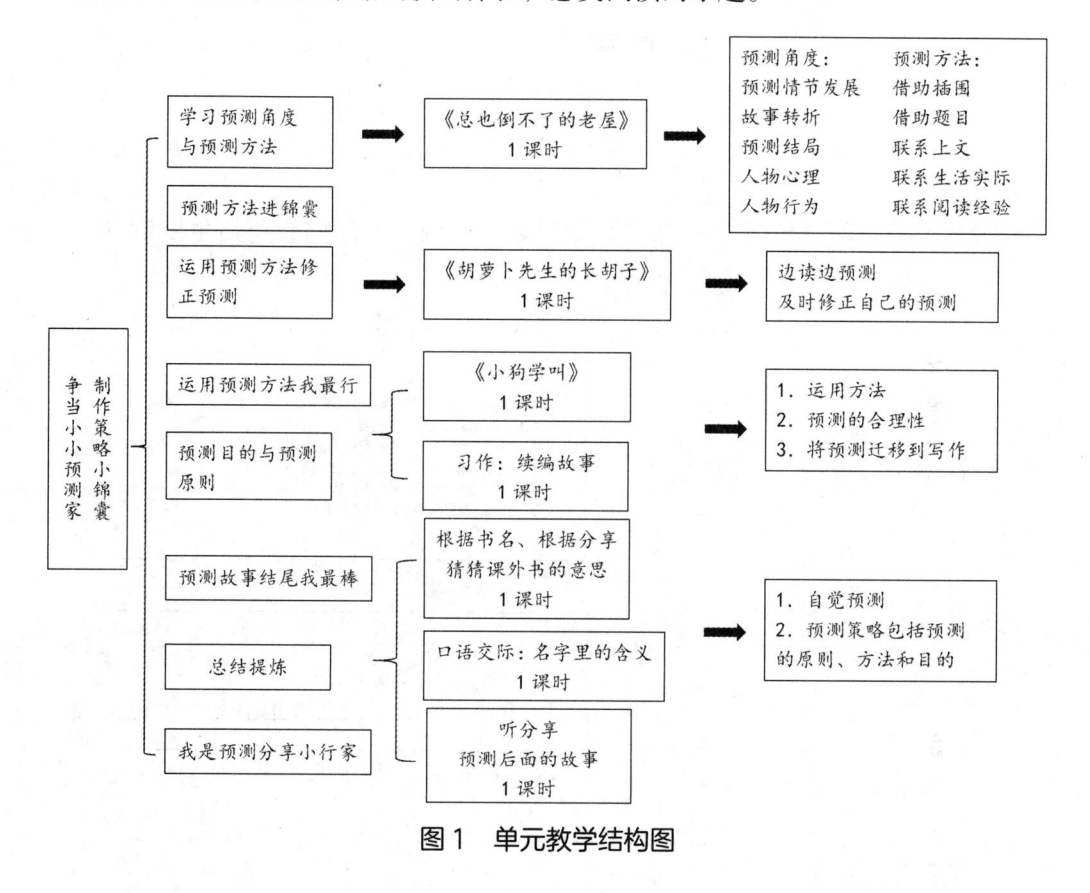

图1 单元教学结构图

课题	14 小狗学叫
课时	第1课时
课型	新授课☑ 精读或略读指导☐ 口语交际课☐ 专题复习课☐ 习作指导或讲评☐ 学科实践活动课☐ 其他☐

课时教学内容分析

本课是一篇童话故事，讲述了一条小狗的奇特经历，故事情节曲折。小狗不会叫，先后向小公鸡、杜鹃学习叫，遭遇了挫折，最终给出三种结局，让学生去预测。本文运用了童话三段式的反复手法。教师可以引导学生寻找故事内容中的线索，关注故事情节发展，落实预测的策略、依据等。课文已经提供了三种结局，非常开放。教师可以适度引导学生可以根据三种结局的提示去预测。第一种结局学生预测小狗向小母牛学叫的过程；第二种结局学生还要预测故事中的人物对话和情节发展；第三种学生可以加入对周围环境的描写。这三种结局设置有梯度，让学生的预测能力螺旋式提升。

学习者分析

为了了解学生的学习情况，设计了如下前测。前测内容包括生字读音、预测方法以及读故事后进行预测。

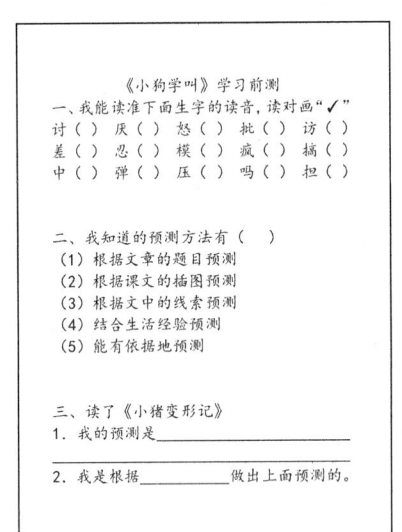

```
《小狗学叫》学习前测
一、我能读准下面生字的读音，读对画"✓"
讨（ ） 厌（ ） 怒（ ） 批（ ） 访（ ）
差（ ） 忍（ ） 模（ ） 疯（ ） 搞（ ）
中（ ） 弹（ ） 压（ ） 吗（ ） 担（ ）

二、我知道的预测方法有（　　）
（1）根据文章的题目预测
（2）根据课文的插图预测
（3）根据文中的线索预测
（4）结合生活经验预测
（5）能有依据地预测

三、读了《小猪变形记》
1. 我的预测是_____
_____
2. 我是根据_____做出上面预测的。
```

```
二、我知道的预测方法有（ (1)(2)(4) ）
（1）根据文章的题目预测
（2）根据课文的插图预测
（3）根据文中的线索预测
（4）结合生活经验预测
（5）能有依据地预测

三、读了《小猪变形记》
1. 我的预测是   小猪的外形变来变去
2. 我是根据   文章的题目   做出上面预测的。
```

前测结果如下：

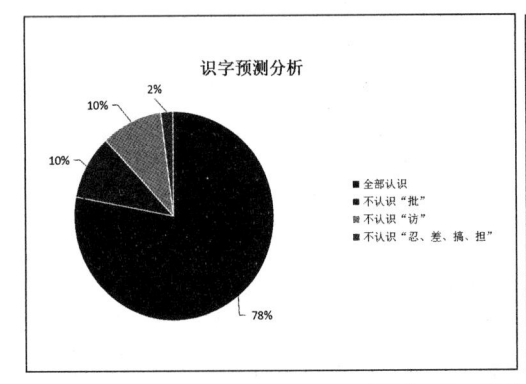

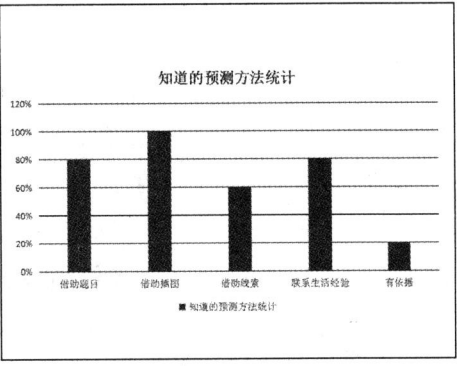

图 2-5　学生前测情况

1. 识字写字方面：

本课的生字大部分学生都认识，没有阅读障碍。所以，将识字放在第二课时，并不会影响学生的学习效果。

2. 课文内容理解方面：

本课运用预测方法进行学习，课前不让学生提前预习。本文语言文字简单，故事情节符合三段式童话特点，通过第一次读课文，学生就能够知道文章的主要内容。

3. 预测阅读策略方面：

在对阅读策略的认知方面，98%的学生都知道三种及三种以上的预测方法。33.8%的学生能够借助课文题目去预测，47.6%的学生能联系上文进行预测，9.5%的学生能利用故事中的插图去预测，还有9.5%的学生不会运用预测方法。上述结果表明，教师在课堂中应关注学生是否能用其他方法预测，能否找出依据去预测，体现出预测的丰富性。

课时教学目标

1. 借助题目、插图等方法，预测出故事的结局。（教学重点）

2. 根据课文内容，说出不同的预测内容，感知预测的丰富性和合理性。（教学难点）

3. 通过读课文，预测故事内容，懂得以不迷失自我为基础，这样的人生才是精彩的。

学习评价设计

学习评价单

一、我学会的预测方法有（　　　　）

（1）根据文章的题目预测 （2）根据课文的插图预测 （3）根据文中的线索预测（4）结合生活经验和常识预测（5）能有依据地预测

二、读一读故事《萝卜回来了》（节选前10个自然段），填一填。

1. 我预测的结局是：_____

2. 我是根据_____做出上面预测的。

表1 学习评价标准

评价维度	5星	3星	1星	自我评价	小组评价	教师评价
预测方法的使用	能说出并使用3种预测方法。	能说出并使用2种预测方法。	能说出并使用1种预测方法。			
预测课文情况	流利地说出预测内容,并能说出依据。	流利地说出预测内容,不够关注依据。	能够说出预测内容,但不太流利。			

教学活动设计

一、出示题目,回顾方法

1. 导入:看到《小狗学叫》这个题目,你想到了什么?

2. 引导思考:大家都用到了借助题目预测的方法,说到预测,你们还记得哪些预测的方法呢?预设:借助图片预测,借助课文插图预测,借助文中的线索预测,结合生活经验和常识预测。

【设计意图:从题目入手,激发学生的学习兴趣,同时利用学生已知的预测方法,引导学生回顾预测方法。通过回顾,让学生熟知自己能利用的方法和策略,调动预测思维,为运用预测方法搭好支架,做好铺垫。】

二、运用方法,预测内容

(一)预测第一张学习单的内容

1. 边听录音边看故事,预测第一张学习单的内容。

预设:我是借助联系生活实际的方法预测的,小狗不会叫,被别人嘲笑,我觉得它会垂头丧气,没有勇气做事。

2. 与故事内容对比,是否一致。

(二)预测第二张学习单的内容

1. 边听录音边看故事,预测第二张学习单的内容。

预设:我是借助插图的方法去预测的,我看到小狗和小公鸡学叫很开心,所以我觉得小狗学会了叫会很高兴。

2. 与故事内容对比,看是否一致。不一致的时候,修正。

预设:我的预测和课文中的不一样,我的预测是小狗学会了鸡叫,但是我没想到小狗会遇到狐狸。

3.将自己的预测方法记录在学习单上。

（三）预测第三张学习单的内容

1.听老师读，预测第三张学习单的内容。

2.同桌两个人互相说一说。请一组学生进行分享。

预设：我的两次预测差别有些大，在第二次预测的时候，我联系阅读经验和上文，预测出了小狗学杜鹃叫会遇到麻烦。

3.将自己的预测方法记录在学习单上。

（四）预测第四张学习单的内容

1.看视频，预测第四张学习单的内容。

2.对照第五张学习单，对比自己的预测与故事内容是否一致，不一样的时候修正。

【设计意图：通过听录音、听老师读、看视频等多种方式预测故事情节，激发学生的预测兴趣，引导猜想接下来可能发生的事情或情节。在每一部分的学习中，通过对比自己的预测与故事内容是否一致，不仅让学生感受到预测的多样性，还引导学生找到依据去预测，落实对预测方法的运用。】

三、关注情节，理清结构

1.默读课文，思考课文讲了一件什么事。

2.学习课文的结构。

教师总结：作者就是这样，先写出了小狗跟谁学叫，小狗是怎样学的，最后的结果是怎样的。我们在预测故事结局的时候，也要按照这样的结构去预测。

【设计意图：课文用反复手法推进故事情节的发展，这是童话三段式的结构特点。因此，首先抓住故事的结构特点以及故事情节反复的特点展开学习。接着，引导学生用所学的方法和已有的经验，预测故事的结局。】

四、合作学习，运用预测

（一）预测第一种结局

1.指名读，预测故事的结局，并说说你的理由。

预设：小狗向老牛学叫，最后也遇到了困难。

2.其他同学认真倾听，说说自己最欣赏的部分。

（二）预测第二种结局

小组合作学习，预测第二种结局，预测故事中的人物对话和情节发展。预设：第一位同学发言：我用了联系上文的方法。小狗碰上了一个农民，农民收养了它。学生补充。

第二位同学发言：题目是小狗学叫，我预测小狗一直在学习叫。农民想办法教小狗学叫。

第三位同学发言：我用的是联系阅读经验的方法。每当遇到困难，总会有人来帮助。农民帮助了小狗，最后让小狗找到信心。

总结：小组同学运用了几种不同的预测方法，有的顺着故事内容延续，有的提出了出乎意料的结局，预测了多种结局，阅读中预测多么有趣啊！

（三）预测第三种结局

预测第三种结局，加入对周围环境的描写。预设：运用了预测方法，小狗找到了小狗朋友，学会了像同类一样叫。

（四）回顾方法，写进锦囊

回顾这节课学到的新方法，并把这些方法装进预测小锦囊！

（五）教师总结

课后请在三个结局中选择你最感兴趣的，写出你的预测，下节课分享。在此基础上续编故事，看看谁是小小预言家，谁是优秀的故事大王。

【设计意图：本课中，教师不仅关注预测方法的运用，还关注了预测的原则、依据，使预测更具有科学性和合理性。方法、原则、依据三方面相互融合，引导学生学习预测阅读策略，同时提升阅读能力和思维能力。】

板书设计

14 小狗学叫

向谁学　怎样学　学会怎样　　借助题目

借助插图

根据课文内容

联系生活

作业设计

1.在三个结局中，选择你最喜欢的一个结局，把结局续写完整。

2.选择一本同学不熟悉的故事书，读给他们听。读的时候，在某些地方停下来，让他们猜猜后面可能会发生什么。

教学反思与改进

本节课教学中,教师把教学重点放在学生的实践上。将前两课已经学会的方法,转化到自己的交流中。同时,预测是一种阅读策略,而阅读策略不仅仅指方法,还包括原则和依据。本课在运用方法的同时,还要让学生清楚预测的原则和依据。同时,教师启发学生多种思维与想象。在阅读预测中,落实学生思维的发展与提升。

预测策略在后续自主阅读中如何落实,我们需要进一步探讨与反思。

(指导教师:首都师范大学附属小学 史春义)

第五册　第四单元《胡萝卜先生的长胡子》

李响

教学单元基本信息			
姓名	李响	单位	首都师范大学实验小学
年级	三年级	单元	上册第四单元
单元主题	创设趣味阅读重方法 凸显语言运用练思维		

单元指导思想与理论依据

本课的教学设计立足于《义务教育语文课程标准（2011年版）》（以下简称《课标》）。《课标》指出：语文课程是一门学习语言文字运用的综合性、实践性课程。工具性与人文性的统一，是语文课程的基本特点。语文教学要培养学生能主动进行探究性学习，激发想象力和创造潜能，在实践中学习和运用语文；学会运用多种阅读方法，具有独立阅读的能力。在教学设计时，我们以语文核心素养为出发点，指向深度学习，引发学生积极的语言实践活动和思维的发展提升，最终落实语文学科学习运用语言文字综合性、实践性的本质特点。

单元教学内容及要素分析

一、单元学习价值分析

本单元是阅读策略单元，围绕"预测"这一阅读策略进行编排，是本套教材首次以阅读策略为主线组织单元内容。通过对单元梳理发现，本单元从"预测的方法""预测的依据""预测的运用价值"三个维度培养学生的预测能力。

（一）纵向关联

本单元是统编小学语文三年级上册第四单元，以"阅读策略"为主题。纵观小学语文十二册教材，共编排了四个阅读策略单元。

表1　统编小学语文教材阅读策略单元梳理

年级/单元	阅读策略	语文要素	能力进阶
三上 第四单元	预测	1. 边阅读边预测，顺着故事情节去猜想。 2. 学习预测的基本方法。	学会猜想
四上 第二单元	提问	阅读时，尝试从不同的角度去思考，尝试提出自己的问题。	学会思考
五上 第二单元	提高阅读速度	学习提高阅读速度的方法。	学习阅读方法
六上 第三单元	有目的地阅读	根据不同阅读目的，选择适当的阅读方法。	根据目的运用阅读策略

纵观全套教材，从三上到六上，每个年级都有针对性地发展学生的阅读策略能力，从学会猜想，学会思考，再到学会阅读的方法，最后能够根据不同的阅读目的选择策略去阅读，能力层面是层层推进，环环相扣的。本单元是统编语文教材全册第一个策略单元，此类单元不以双线结构的方式编排，而是完全以阅读策略为主线进行编排，旨在引导学生学习并掌握阅读的基本策略，形成运用阅读策略的意识，成为积极的阅读者，也为之后四年级学会对课文内容进行思考打下基础。

（二）横向关联

聚焦本单元学习预测之法，大致分为三个环节，即学习预测、运用预测、表达预测。为更好地引导学生学习预测的基本方法，感受阅读乐趣，本单元整体学习活动是创编"神奇故事集"。主要分为三个学习活动：预测课本故事，预测名字里的故事，续写故事。整个单元教学环节既为学生提供输入的学习平台也为学生提供输出的学习活动。

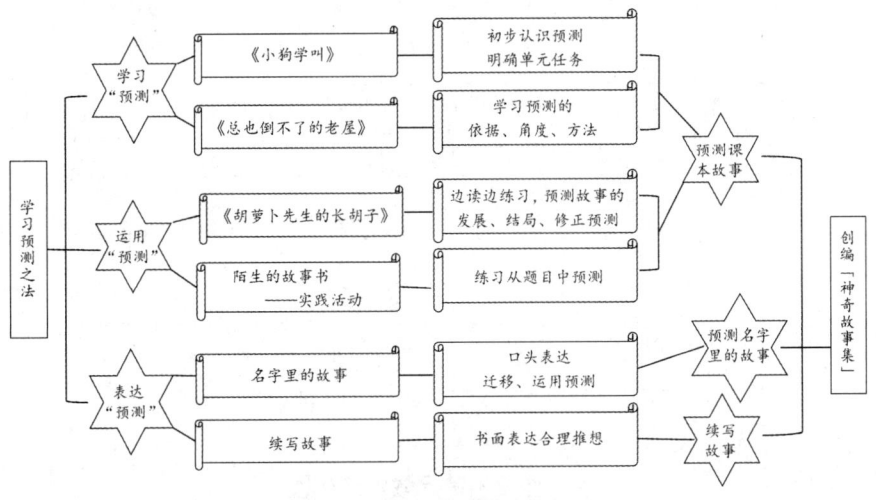

图1　单元教学环节图

单元教学目标

1. 识字写字：学会本组课文中的生字新词，在阅读中运用多种方法理解词语意思。

2. 语文要素：

・一边读一边预测，顺着故事情节去猜想：在阅读中运用预测这一策略，能够一边读一边预测，主动将自己的预测和实际内容进行比较，修正自己的想法。

・学习预测的一些基本方法：尝试根据题目、插图、故事内容中的一些线索和生活常识进行预测，掌握基本的预测阅读策略并形成运用阅读策略的意识。

・尝试续编故事：根据原文情节发展，发挥想象进行有依据的预测，大胆预测，尝试续编故事结局。

3. 人文内涵：感受"预测"给阅读带来的乐趣，在预测的过程中不仅要成为阅读的积极参与者，还要成为阅读的发现者和创造者。

单元教学结构

单元整体教学思路：

基于以上分析，本单元的单元大概念为：创设趣味阅读重方法，凸显语言运用练思维。

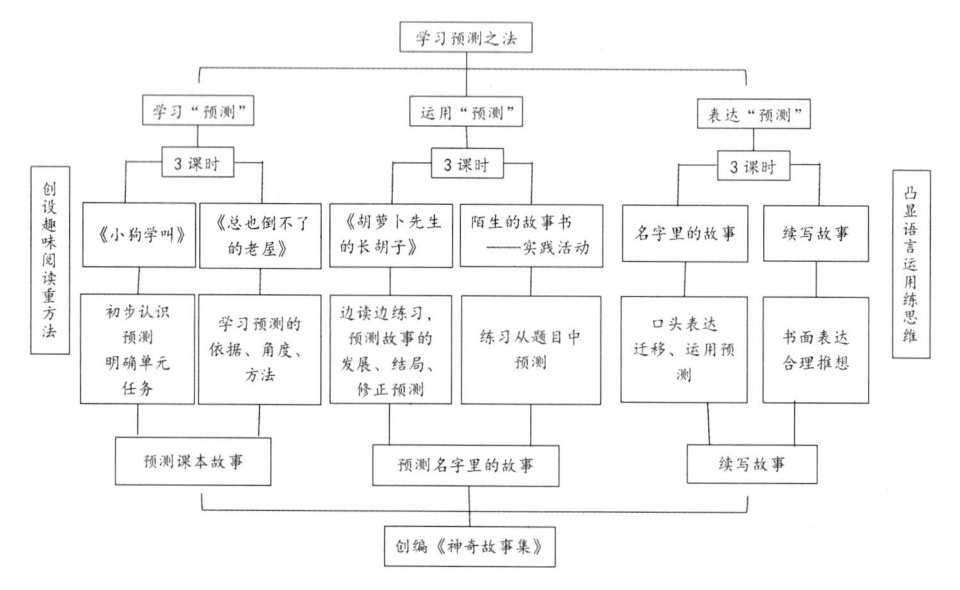

图2 单元教学结构图

本单元对预测的学习做了有层次、有梯度的安排。从单元导语入手，开启单元整体学习，明确单元学习的重点；前三篇课文的学习，让学生开始试着一边读一边预测，借助旁批等，学习根据一些线索进行预测，培养学生预测的意识；两篇略读课文继续引导学生边读边预测故事情节的发展；"交流平台"总结了预测的意义，提示学生在课外阅读中自觉运用预测这一策略。

课题	13 胡萝卜先生的长胡子
课时	第 2 课时
课型	新授课☑ 精读或略读指导☐ 口语交际课☐ 专题复习课☐ 习作指导或讲评☐ 学科实践活动课☐ 其他☐

课时教学内容分析

不完整的文本：教材呈现的是一个不完整的文本。学生不仅可以一边读一边预测，还可以就故事后续的发展展开丰富的想象，增强了预测的开放性。

课后提升：课后第一题为学生提示了交流思路，以及语言表达的方式，并引导学生明确预测方法。课后第二题培养学生在课外阅读时主动预测的习惯，收获更多的阅读乐趣。

童趣盎然，充满想象：因胡萝卜先生的一根长胡子引发了许多有意思的故事，情节不断变化让读者出乎意料。课文插图引发读者无限想象。

学习者分析

针对本课的学习，我设计了如下三道前测题，以发现学生学习的个性问题。

第一题：学习完《总也倒不了的老屋》，请你预测下老屋接下来会发生什么。

表 2　第一道前测题学生情况汇总

预测标准	前测反馈
预测有依据	共性问题：不重视预测方法的运用，忘记预测情节要有依据。
讲清楚	共性问题：绝大多数讲不清楚，且用语不规范，不能说完整。比如有的续说"小蚂蚁给老屋讲故事"与之前情节重复。
大胆想象	共性问题：想象有局限。

学生在回答问题时出现了一些共性问题（如表1所示）。本课应引导学生学会运用预测方法做有依据的预测并边读边预测，以更好地落实单元语文要素。这也是本节课的学习重点。

第二题：<u>当知道预测的内容跟故事的实际内容不一样时，你会怎么样？</u>

汇总全班42名学生情况（如图3所示），结合学生特点，设计了相关教学活动，让学生了解只要预测是有依据的，当预测与故事内容不一致时，应修正想法，继续进行预测，还可以尝试编故事。据此设立本节课难点。

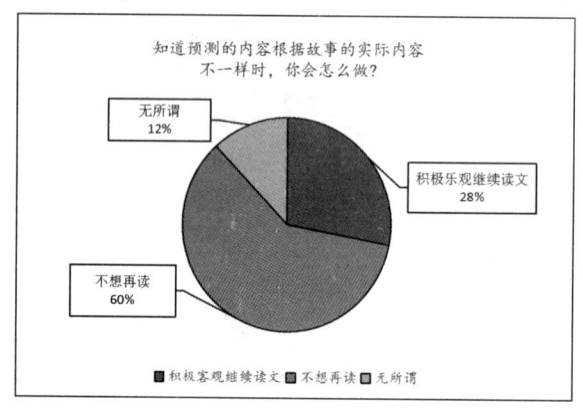

图3 第二道前测题学生情况汇总

第三题：读了下面的题目，猜猜里边可能写了些什么，把自己预测到的写在"＿＿"上。

图4 第三道前测题学生问题展示

结果显示，学生预测方法掌握情况不理想，并存在不理解预测含义、无法独立预测的问题。因此本节课将设立相关教学环节：根据文章或书的题目预测故事主要内容。

课时教学目标

1. 在语境中准确认读"萝、卜"等5个生字，理解词语的意思。
2. 能试着边读边预测，尝试根据题目、插图、故事内容中的一些线索和生

活常识进行预测，感受边读边预测的乐趣。（教学重点）

3.知道预测的内容跟故事的实际内容可能一样，也可能不一样，当预测与故事内容不一致时，修正想法，继续进行预测并尝试编故事。（教学难点）

学习评价设计

本课的学习评价，紧扣学习目标进行设计，力图体现教、学、评的一致。

表3　预测故事内容

	水平描述
水平3★★★	（1）能有依据地预测出情节，并根据故事发展调整预测。 （2）表述过程中，"说"能做到有条理，讲清楚；"听"能做到认真听、不插话，能根据其他人的回答形成自己的见解。
水平2★★	（1）能有依据地预测出情节。 （2）表述过程中，"说"能做到有条理，讲清楚；"听"能做到认真听、不插话。
水平1★	（1）能有依据地预测出部分情节。 （2）表述过程中，"说"基本能做到有条理，讲清楚；"听"基本能做到认真听、不插话。

表4　预测故事结局

	水平描述
水平3★★★	（1）能有依据、有条理、有情感地讲清楚自己续编的故事。 （2）想象力非常丰富。
水平2★★	（1）能有依据讲清楚自己续编的故事。 （2）想象力丰富。
水平1★	（1）能基本找到依据讲清楚自己创编的故事。 （2）有一定想象力。

教学活动设计

一、开启故事之旅，落实单元目标

（一）展示"神奇故事集"

让学生表达前期对"神奇故事集"的创编感受。

【设计意图：通过单元任务完成进度介绍，引发学生对预测课本故事，继续走进神奇故事集创编活动的浓厚兴趣，进而激发学生的阅读兴趣。】

二、预测故事题目，落实预测能力

（一）回顾预测方法

回忆在单元学习开始中已经学习的预测方法。

（二）激趣导入课题

1. 趣味引入"长胡子"，引发学生预测，让学生结合生活经验猜想波浪线是什么，并引出课题《胡萝卜先生的长胡子》。

2. 强调重点词：萝、卜、愁。学习本课生字。

（三）一用预测

1. 根据题目预测文章会是一个怎样的故事。学生运用预测方法尝试根据题目、文章情节猜想故事内容。

2. 思考浓密的胡子可能会给胡萝卜先生带来什么麻烦？体会"浓密""发愁"，预测故事下边结局，通过重点词进行故事发展预测。

3. 教师带学第一段，初步感受运用预测方法阅读。

【设计意图：借助课前导入，复习阅读策略，发挥双重作用：一是巩固旧知，回忆预测方法，为本课学习做铺垫；二是关注单元人文主题和语文要素，再次了解单元学习目的。初步体会一边读一边预测下文的情节，感受阅读的趣味性。】

三、预测故事内容，落实语文要素

（一）二用预测：初读课文

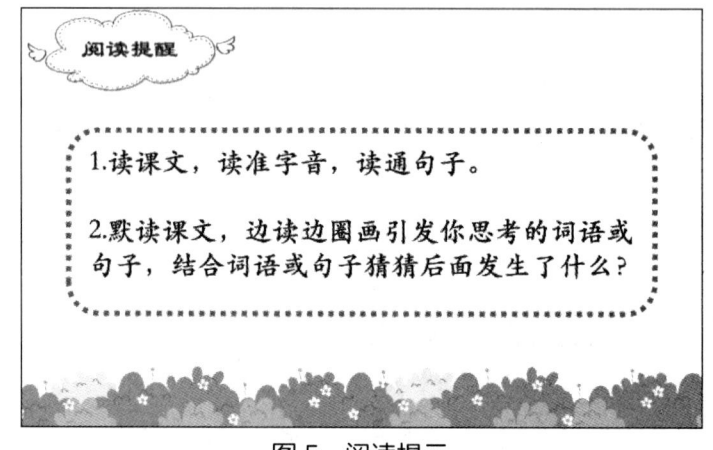

> **阅读提醒**
>
> 1. 读课文，读准字音，读通句子。
> 2. 默读课文，边读边圈画引发你思考的词语或句子，结合词语或句子猜猜后面发生了什么？

图 5　阅读提示

小组讨论，根据阅读提示交流感受。

1. 自主学习：初步读文，感受边读边预测给阅读带来的乐趣，并根据思考及时调整预测。

预设一：根据题目、插图、故事内容中的一些线索和生活常识进行合理预测，预测有依据——教师巡视适时鼓励。

预设二：无根据预测——教师巡视相机指导。

2. 小组汇报。

预设一：果酱、营养——长胡子。

预设二：小男孩的风筝线。

预设三：鸟太太的晾衣绳。

（二）揭秘结局，调整预测，再读再思考

1. 学生再读文、再思考、再谈感受。

2. 教师小结：边读边预测，预测过程中根据原文及时调整自己的预测，再读再思考，又有了新发现，丰富阅读体验。

【设计意图：根据本课语文要素，不仅要让学生预测"接下来故事会怎样"，说出预测依据，还要引导其在阅读的过程中不断修正自己的新想法，在后续的阅读中将自己的预测与故事的实际内容进行对比，调整自己的想法，继续阅读，感受阅读的快乐。】

四、预测故事结局，落实人文主题

（一）三用预测，尝试续编故事

1. 运用预测，尝试续编故事。对话作者，感受预测带来的阅读趣味。

（1）自由思考，创编故事题目。根据预测内容进行二度创作。

（2）把任务卡贴在黑板上。

2. 教师小结：预测有根据就有可能发生，同学们的预测让大家听到了这么丰富的有趣的故事，阅读真的变得特别有意思。

【设计意图：预测的目的是让学生学会阅读方法，学生在阅读中边读边预测，充分感受阅读带来的乐趣。在阅读过程中，与作者产生对话，调动起学生阅读兴趣，让学生成为一个主动积极的阅读者。】

五、深入理解，有学有思

（一）聚焦预测，说感受

谈谈你对边读边预测的感受，回顾预测方法，体会预测给阅读带来的乐趣。体会边读边预测的好处。

【设计意图：明确预测的目的是拥有更好的阅读体验，体会边读边预测可

以使我们成为一个更聪明的、更好的、更投入的读者，同时，增加了阅读的乐趣。】

板书设计

13. 胡萝卜先生的长胡子

浓密 —— 小男孩的风筝线 —— 鸟太太的晾衣绳 —— ……（展示学生故事题目）

作业设计

1. 巩固性作业：（必做）

继续完成任务卡续写故事，并进行评价。（10—15分钟）

我会预测	自我评价	小组评价	教师评价
★预测依据 ★讲清楚 ★大胆想象	☆☆☆	☆☆☆	☆☆☆

2. 拓展性作业：（选作）

选取课后题中你感兴趣的书目，边读边预测，看一看自己的预测跟文章有什么不同。

教学反思与改进

本课立足学情，有针对性地设计学习活动，搭设学习路径，让学生经历真实的语言学习过程，获得语文素养的提升。

1. 立足单元整体，以单元项目学习成果"神奇故事集"为依托，搭建趣味阅读平台。

聚焦本单元学习预测之法。为更好地引导学生学习预测的基本方法，感受阅读的乐趣，本单元整体学习活动是创编"神奇故事集"，在此过程中，学生将通过不同活动层面学习预测之法，并在阅读实践中学会运用。整个单元教学为学生提供输入的学习平台，也为学生提供了输出的学习活动，最终实现学生能力进阶。

2.巧借预测支架，培养学生阅读时主动运用预测策略意识，引发学生积极的语言实践活动，获得思维的发展。

通过反馈，我们可以发现本节课的设计有利于呵护并激发学生的阅读的初始期待，让学生体验到阅读的趣味和快乐，体会边读边预测可以使我们成为一个更好的、更投入的读者，同时极大地增强了学生阅读的乐趣。

（指导教师：首都师范大学实验小学 王韬）

第五册　第四单元《总也倒不了的老屋》

吕敏

教学单元基本信息				
姓名	吕敏	单位	北京市通州区中山街小学
年级	三年级	单元	上册第四单元
单元主题		猜测与推想，使我们的阅读之旅充满了乐趣	

单元指导思想与理论依据

《义务教育语文课程标准（2011年版）》指出："语文课程是实践性课程，应着重培养学生语文实践能力，而培养这种能力的主要途径也应是语文实践。"

小学语文课堂，就要引导学生充分进行语言文字运用实践，在言语实践中提高语文素养。本单元阅读策略的学习，不仅是知识、方法的学习，更是实践运用的能力培养、阅读习惯的养成。因此教师要有意识地引导学生在阅读实践中体会阅读策略的积极价值。教师可以精心设计和安排学习任务，以言语活动为引领，用实践来驱动，促进学生积极融到问题探究中，成为课堂的主体和学习的主人，使学生在思考和分析中获得言语知识，了解语言应用，实现学生语文综合素质的提高。

单元教学内容及要素分析

统编小学语文三年级上册第四单元是统编教材中的特殊单元——阅读策略单元。统编教科书从三年级开始，每年级上册教材中编排一个阅读策略单元。分别是：预测、提问、阅读与速度、有目的地阅读。阅读策略的发展变化呈现出螺旋上升趋势，旨在逐步提高学生的阅读能力。本单元是小学阶段学习阅读策略的起点，教师要找准教学的支点，精准定位学习目标。

本单元的人文主题是"猜测与推想，使我们的阅读之旅充满了乐趣。"语文要素是："一边读一边预测，顺着故事情节去猜想。""学习预测的一些基本方法。""尝试续编故事。"人文主题和语文要素共同指向"预测"。

基于此单元主题，本单元编排了一篇精读课文《总也倒不了的老屋》，两篇略读课文《胡萝卜先生的长胡子》《小狗学叫》以及口语交际"名字里的故事"、习作"续写故事"和"语文园地"。《总也倒不了的老屋》的学习让学生知道如何运用预测策略去主动阅读，在单元学习中起到示范学习的作用；两篇略读课文，意在引导学生运用从第一篇课文中学到的方法边读边预测，在实践中巩固策略。"语文园地"利用"交流平台"进一步总结预测策略。"口语交际""习作"都是对预测策略的具体运用。从课文到"语文园地"，单元内容前后关联，相互承接，是一个"学习—练习—运用"体系。

单元教学目标

1. 认识23个生字，读准5个多音字，会写13个字、会写14个词语。

2. 能运用查字典的方法自主认识"轴、基"等7个生字。能结合语境读准"假、几"等多音字的读音。能说出"百发百中、四面八方、七上八下"等成语构词的特点并说出其他类似的成语。能了解引用人物所说的话可以有三种不同的形式，并能仿照其中一种形式写句子。朗读、背诵与团结合作有关的俗语。

3. 能一边阅读一边预测，知道预测有不同的角度，预测的内容跟实际内容可能一样，也可能不一样，初步感受预测的好处和乐趣。能将自己的预测与实际内容进行比较，修正自己的想法。能预测故事的发展和结局。

4. 能结合阅读体验，交流、总结运用预测策略的好处，知道在课外阅读中要自觉运用预测策略。尝试在课外阅读中运用预测，进一步体验预测的乐趣。

5. 能了解自己或他人名字的含义或来历，把了解到的信息讲清楚。听别人讲话的时候，能有礼貌地回应。

6. 能根据插图和提示续写故事，把故事写完整。能运用改正、增补、删除的修改符号，修改有明显错误的内容。

7. 感受故事中人物善良、富有同情心、乐于助人的品质，以及人与人之间的真情。

单元教学结构

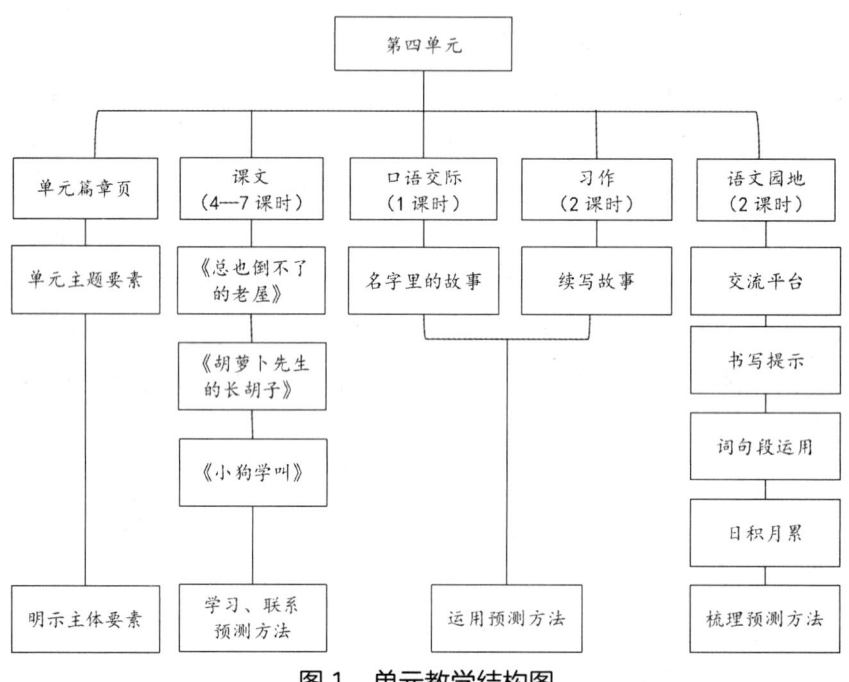

```
                        第四单元
         ┌────────┬──────────┬──────────┬──────────┐
      单元篇章页    课文       口语交际      习作      语文园地
              (4—7课时)    (1课时)    (2课时)    (2课时)

    单元主题要素  《总也倒不了  名字里的故事  续写故事   交流平台
                 的老屋》
                 《胡萝卜先生                        书写提示
                 的长胡子》
                 《小狗学叫》                        词句段运用

                                                    日积月累

    明示主体要素  学习、联系              运用预测方法  梳理预测方法
                 预测方法
```

图1 单元教学结构图

单元导语页明确了单元主题及要素。一篇精读课文唤醒学生预测意识，学习预测方法，两篇略读课文用掌握的方法进行预测，不断提高预测能力，感受预测的快乐。口语交际、习作是对预测策略的具体运用，进一步巩固预测方法。

课题	12 总也倒不了的老屋
课时	第2课时
课型	新授课□　精读或略读指导☑　口语交际课□　专题复习课□ 习作指导或讲评□　学科实践活动课□　其他□

课时教学内容分析

精读课文《总也倒不了的老屋》是本单元学习预测的首篇课文，也是本单元唯一一篇精读课文。这篇课文有较为详细的旁批，意在帮助学生了解预测的策略，课后习题则通过学习小伙伴对话的形式展现预测的思维过程，让学生更好地知道如何运用预测策略去主动阅读。因此，本篇课文教学定位在激发学生预测兴趣，进行有意义的预测阅读活动，学习预测阅读的方法。

学习者分析

关于预测,学生在此之前已有所接触。二年级上册《雪孩子》文后问题:"看着雪孩子变成了白云,小白兔心里会想些什么呢?"二年级下册《蜘蛛开店》的思考练习题:"接下来会发生什么事?展开想象,续编故事,讲给大家听。"引导学生尝试在阅读中运用预测的阅读方法。而且,三年级学生有了一定的阅读经历,大多数学生能够在阅读中无意识地运用预测这一阅读策略。这些都为预测策略的学习奠定了良好的基础。

课前谈话发现,在学习本课之前,已有绝大多数学生读过课文,如果课堂上再进行预测,很难保证学习的有效性和保持阅读文本的积极性。因此需要改变教学策略。

课时教学目标

1. 初步了解预测,试着根据题目、插图和故事内容中的一些线索,联系生活经验,一边读一边预测。(教学重难点)
2. 初步感受预测的好处和乐趣。
3. 感受故事中老屋善良、富有同情心、乐于助人的品质。

学习评价设计

表1 评价量规

评价内容	评价标准
我能预测故事的结局	☆☆☆
在听结局的过程中,我能边听边预测	☆☆☆
我喜欢边读书边预测	☆☆☆

教学活动设计

一、词语导入,揭示预测阅读

教师出示本课词语,请同学开火车读。老师根据词语猜测到故事中的人物,请同学判断:老师猜得对不对。思考:老师怎么猜对的?导入本课学习。

二、研读"旁批",探寻预测依据

（一）发现"旁批",共读第一处预测

1. 学生浏览课文,通过与其他课文相比,发现旁批的作用。

2. 集体研读第一处批注。

学生自己读第一处批注,边读边思考：读到什么才有这样的预测。为什么会这样预测？根据学生发言小结：从题目可以预测,可以根据阅读经验预测。

（二）自主探究其他几处预测,梳理预测依据

1. 出示自学提示,学生按要求完成。

自学提示：

（1）请同学们读一读课文,再读一读其他六处批注,想一想,这个小同学读到哪产生了想法？他为什么会这样预测？

（2）同桌交流

同桌交流一下各自的想法,可以用老师给的提示说一说。

读到_____,他预测_____,因为_____。

【设计意图：在师生共同分析第一处旁批后,学生自主探究其他六处旁批的预测依据。充分发挥主观能动性,使学生将学习到的方法内化。】

2. 集体交流。

学生用"读到_____,他预测_____,因为_____。"这样的句式汇报自己的自学结果。

教师相机小结：看插图、看内容可以帮助预测,联系生活实际、联系上文可以预测。预测的结果不一定和课文的内容一样。

在学生交流过程中,相机完成以下两个学习活动。

活动一：抓关键词句,感受老屋的"老",体会老屋"想倒下去"的心情。

（1）学生数一数老屋几次说："好了,我到了倒下的时候了！"

（2）学生思考：老屋为什么反复这样说？从哪能感受到老屋"老"。

【设计意图：引导学生体会关键词语和句子,理解课文内容,感受老屋自己"想倒"的心情,和故事的结局中"不想倒"做对比,为感悟老屋的优秀品质做铺垫。】

活动二：利用表格,预测创编故事。

（1）找规律。

教师先出示空白表格,布置填写任务,然后填写一列、一行,给学生填写提示。

老屋的话	求助的小动物	遇到的困难	需要的时间	老屋的表现	感谢
好了，我到了倒下的时候了！	小猫	我找不到一个安心睡觉的地方。	一个晚上	把老花的眼睛使劲往前凑。	喵喵，谢谢！
好了，我到了倒下的时候了！					
好了，我到了倒下的时候了！					

（2）学生自读课文填表，然后交流汇报。

（3）创编故事。

学生同桌练习根据课文内容的规律创编故事，然后展示，互相评价。

三、预测结局，共读故事结局

1. 预测结局。

学生预测：老屋最后有没有倒下？说说预测依据。

2. 解释故事结局。

PPT 分三部分出示故事结局。

又过了许多年，老屋更破旧了，看起来像一堆破烂的木头，身上落满阳光和灰尘。房梁和窗框都静悄悄的，杂草已经长得很高了。老屋说："好了，我总算可以休息了。"

它停下来听了听，这次没有人请它再等一等，屋外一片安静。鸟儿和虫子仿佛都飞到很远的地方去了。它整整等了一天，下定决心，明早一定要倒下去。朝阳落在房梁上，很暖和。老屋醒来，清清嗓子："好了，我到了倒下的时候了！"

说完，它认真地竖起了耳朵。等等吧，再等等吧。

学生一边听故事，一边预测。

3. 师生讨论："等等吧，再等等吧。"在等什么？为什么要等？此时，老屋不倒的原因是什么？

4. 学生将作者的结局与自己预测的结局对比。

【设计意图：课文的结尾留下了很大的想象空间，没有交代老屋到底倒没倒，因此，本设计将揭示故事的结尾变成一次预测练习，让学生初步运用预测阅读策略，感受预测阅读的乐趣。同时，又能将老屋的品质升华，可谓一举多得。】

四、主题升华，认识老屋品质

1. 学生互相交流：读了课文，你认为这是一座什么样的老屋？

2. 总结升华。

【设计意图：让学生进一步感知文章主题，深入了解老屋，品味作者的情感，使学生的情感得到升华。】

板书设计

    12 总也倒不了的老屋   预测
    （热心助人、善良、有爱心……）
                题目 阅读经验
    好了，我到了倒下的时候了！   插图 生活经验
                内容 联系上文
    等等吧，再等等吧。

作业设计

猜一猜：《胡萝卜先生的长胡子》和《小狗学叫》是什么故事？

（出示题目和插图）任选一个，大胆预测，将预测的内容讲给同学或家人听。

教学反思与改进

1. 言语实践充分。在任务驱动下，学生以言语实践活动为主要任务，改变了以听为主的学习状态，使学生主动建构探究、实践、思考、运用、解决问题的学习体系，能够真正掌握预测方法并运用。

2. 训练特点明显。策略单元的课文教学有别于其他阅读课文的处理，删减掉对词句段的细碎理解，专注阅读策略的学习与训练，充分挖掘了特殊单元的语用价值。

（指导教师：北京市通州区中山街小学 李彩艳）

第五册　第四单元《总也倒不了的老屋》

赵丽

教学单元基本信息			
姓名	赵丽	单位	北京市顺义区后沙峪中心小学校
年级	三年级	单元	上册第四单元
单元主题		学习预测	

单元指导思想与理论依据

《义务教育语文课程标准（2011年版）》要求语文教学"在发展语言能力的同时，发展思维能力，激发想象力和创造潜能"。预测是人对文章内容的发展、结局或者人物性格等进行的推测，是学生思维能力的表现。本单元的教学旨在将学生无意识使用的预测策略转变为有意识的运用，帮助学生更好地理解文本，形成对自身意义的构建。

教师教学时要将自己预测时的思考向学生展现出来，通过有步骤的单元练习，逐步提升学生预测的能力。策略的掌握需要长期练习与感悟，因此单元教学的最终目的，是希望学生在今后的阅读中都能自觉运用这种策略进行思考。

单元教学内容及要素分析

本单元的教学内容是进行猜测与推想。语文要素是边读边预测，顺着情节去猜想，并学习预测的一些基本方法，尝试续编故事。

小学语文部编教材共安排四次阅读策略教学单元：

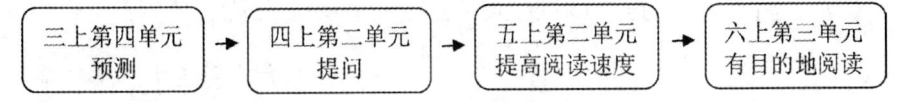

三上第四单元 预测 → 四上第二单元 提问 → 五上第二单元 提高阅读速度 → 六上第三单元 有目的地阅读

这四种策略是学生经常使用的能帮助理解内容的阅读策略。阅读策略虽然安排在四个独立单元中学习,但是在单元前后的教材课后题中也安排了嵌入式的练习。例如,二年级下册第20课《蜘蛛开店》的课后题"接下来会发生什么事?展开想象,续编故事,讲给大家听"就是在进行预测。

从横向角度看,本单元针对学习预测策略做了有层次、有梯度的安排:

本单元共三篇课文,均为童话,内容充满想象,对故事的发生和结局提供很大的预测空间。三篇课文的作用不同:《总也倒不了的老屋》是唯一的一篇精读课文,旨在指导学生学习预测的方法,从题目、插图和文本内容中寻找线索进行推测。略读课文《胡萝卜先生的长胡子》与《总也倒不了的老屋》相似,情节反复,学生可以运用习得的方法练习预测。略读课文《小狗学叫》旨在让学生多角度预测。此外,口语交际"名字里的故事",学生在倾听别人对名字的解读时,脑中也有预测和验证的过程。习作"续写故事",学生根据三幅图了解故事起因,接着推想故事如何发展,结果是什么。交流平台,安排了学生总结预测的方法,思考预测对理解文本的意义,将策略的学习转化为自身的需要。

单元教学目标

1. 认识24个生字,读准5个多音字,会写13个字,会写13个词语。

2. 能边阅读边预测,知道预测有不同的角度,预测的内容跟实际内容可能一样,也可能不一样,初步感受预测的好处和乐趣。

3. 能将自己的预测与实际内容进行比较,修正自己的想法。能预测故事的发展和结局。

4. 能了解自己或他人名字的含义或来历,把了解到的信息讲清楚。

5. 能根据插图和提示续写故事,把故事写完整。

6. 能结合阅读体验,交流、总结运用预测策略的好处,在课外阅读中能自觉运用预测策略。

单元教学结构

本单元采用"教—扶—放"三个步骤展开教学:

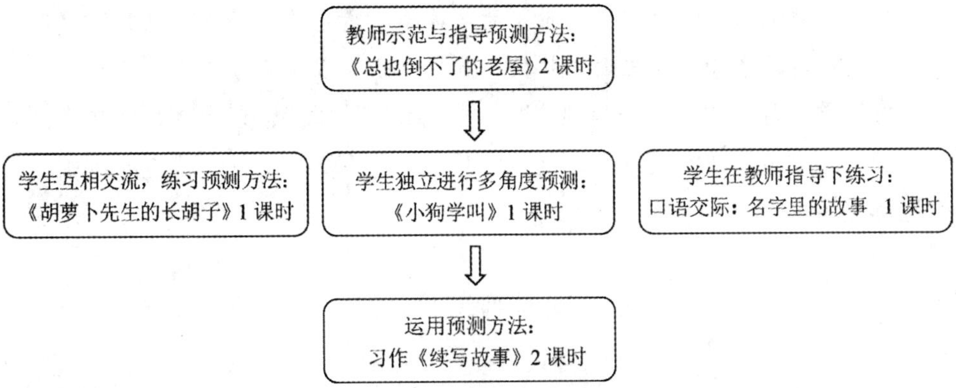

```
                 ┌─────────────────────────┐
                 │ 教师示范与指导预测方法：│
                 │《总也倒不了的老屋》2课时│
                 └───────────┬─────────────┘
                             ⇩
┌─────────────────────┐ ┌─────────────────────┐ ┌─────────────────────┐
│学生互相交流，练习预测方法：│ │学生独立进行多角度预测：│ │学生在教师指导下练习：│
│《胡萝卜先生的长胡子》1课时│ │《小狗学叫》1课时     │ │口语交际：名字里的故事 1课时│
└─────────────────────┘ └───────────┬─────────┘ └─────────────────────┘
                                    ⇩
                        ┌─────────────────────┐
                        │ 运用预测方法：       │
                        │ 习作《续写故事》2课时│
                        └─────────────────────┘
```

图 1 单元教学结构图

课题	12 总也倒不了的老屋
课时	第 1 课时
课型	新授课☑ 精读或略读指导☐ 口语交际课☐ 专题复习课☐ 习作指导或讲评☐ 学科实践活动课☐ 其他☐

课时教学内容分析

　　《总也倒不了的老屋》是一篇童话，讲述了老屋为了帮助小猫、老母鸡、小蜘蛛满足心愿，一直没有倒下的故事，赞扬了老屋善良、乐于助人的品质。故事情节反复，充满想象，给学生提供预测的空间。课文通过旁批的方式，提示学生可以从题目、插图、文章内容里寻找线索。课后题总结了预测的依据与角度，并提示要处理好预测与文本实际内容的关系。

　　本课旨在唤醒学生预测的意识，习得方法。教师的示范作用极其重要，要让学生真正听到，当老师在预测时脑中都在想什么，学生才能反观自己预测时可以怎样思考。本课不安排学生预习，在教学中根据需要分片段陆续展示课文内容。

学习者分析

　　我设计了这样的问题：当你来到书店、图书馆，面对许多书籍，你如何决定读哪一本？根据学生们交流发言的内容，总结出大致四种答案：

1. 如果图书封面上的图片或书里的插图有意思，我愿意读。
2. 书的题目吸引我。

3. 我会翻翻书中的序言、目录、故事梗概，看自己是否喜欢里面的故事。

4. 我会看故事开头或里面的片段，如果喜欢就继续阅读。

每位学生普遍能说出一两种情况。可以看出，学生们已具有预测故事内容的意识，这是本课教学的起点；但从未想过预测有哪些方法，需要教师引导学生进行总结。

课时教学目标

1. 通过教师示范，了解什么是预测，知道预测时可以从题目、插图、文章内容等寻找线索。（教学重点）

2. 在教师指导下一边阅读一边预测，尝试预测故事的发展和结局。（教学难点）

3. 知道预测的内容跟实际内容可能一样，也可能不一样，初步感受预测的好处和乐趣。

学习评价设计

表1 评价量规

评价项目	★★★	★★	★
我能说出预测是什么，预测的线索有哪些。	1. 知道预测的线索有题目、插图、故事内容。 2. 知道预测是对故事发展与结局等的推测。	1. 知道预测的部分线索。 2. 知道预测是对文章后面内容的推测。	能说出预测是一种猜测或推想。
我能试着对故事发展和结局进行预测。	1. 能在题目、插图、文章内容中细心发现，寻找线索。 2. 结合知识或经验进行预测。 3. 能对故事发展、结局或人物性格进行预测。	1. 能试着在故事中寻找个别线索。 2. 有依据地对故事发展和结局进行预测。	我能简单说出自己对故事发展和结局的预测。

教学活动设计

一、回顾前测内容，引出主题

（一）结合单元导读，了解主题

阅读第四单元导读页，说一说本单元我们要学习什么。

（二）对比以往所学，理解阅读策略的不同

预测是一种阅读策略，一种思考方法，和以前学习的内容不同。什么是预测？预测时我们在想什么？通过本单元的学习，了解一下吧。

【设计意图：联系生活，引出学生无意识运用预测的经验。与以往的学习经验作对比，了解策略学习的不同之处。】

二、揭示文章题目，唤醒意识

出示题目：总也倒不了的老屋。看到题目，你在想什么？

预设：我在想，老屋为什么倒不了呢？老屋挺神奇的。这是什么样子的老屋呢？我想知道故事讲了什么。

小结：我们从题目中会不自觉地推测故事的内容是什么，这就是在预测。

【设计意图：教师引导学生质疑课题，学生也会无意识根据题目进行猜想，本环节旨在让学生意识到自己这样的思考就是预测。】

三、插图中找线索，了解预测

（一）教师示范，展示自己预测时的想法

我们看看文章的内容能不能解开你们的疑惑。出示文章第1至3自然段，教师朗读。随着朗读，教师向学生展示自己的思考：

1.当读到"老屋已经活了一百多岁了。他的窗户变成了黑窟窿，门板也破了洞。它很久很久没人住了"，教师分享自己的想法：老屋已经很破旧，我猜想应该支撑不了多久了。长时间没人住，它也觉得很孤单吧。

2.当读到"'好了，我到了倒下的时候了！'他自言自语着，准备往旁边倒去"时，教师分享自己的想法：老屋真的能倒下吗？文章的题目是《总也倒不了的老屋》，我推测老屋不会倒下，后面一定发生了一些事情。

3.当读到小猫寻求老屋帮助的内容时，教师分享自己的想法：老屋会答应小猫的请求吗？接下来会发生什么呢？

【设计意图：通过教师亲身示范，让学生真切地听到预测时思考的过程，引导学生明白什么是预测。】

（二）观察插图的细节，交流预测时的想法

1.出示文中插图，你看到了什么？

2.看到这些细节，你想到了什么，或者你想知道什么？

预设：

（1）老屋满脸皱纹，像个慈祥善良的老爷爷，应该会答应小猫的要求。

教师点评：这是根据生活经验得出的结论。板书：理由 生活经验

（2）我猜老屋不会答应小猫的要求，它的门板都破洞了，窗户也变成黑窟窿了，身体支撑不住了，它应该想休息了。

教师点评：这位同学的想法很全面。能根据文本内容、已有知识，还有个人生活情感上推测出角色的内心想法。板书：已有知识 文本内容 预测 角色想法

（3）我想老屋帮助了小猫以后就会倒下了，因为它太老了。

教师点评：这是对故事后续如何发展的预测。板书：发展

3. 老屋会满足小猫的愿望吗？出示课文第4至6自然段，指名朗读。

【设计意图：教师的点评不仅是对学生发言的鼓励，更是对发言的剖析，辅助学生发现自己在预测什么，根据什么而预测。】

四、文本中找线索，习得方法

（一）学生结合线索，交流预测想法

老屋满足了小猫的愿望。接下来会发生什么呢？我们接着预测。

出示课文第7自然段，指名朗读。请学生分享自己预测的想法。

预设：

1. 老屋很善良，肯定不忍心看到老母鸡不能孵出小鸡，它会帮忙的。教师提示：这是根据什么预测？生活经验。

2. 老屋已经很老了，它肯定想休息一下，总是被打扰会不耐烦吧。我觉得它不想帮忙，它想倒下。教师提示：这是根据什么预测？也是生活经验。

（二）了解预测的想法会与实际内容不同

1. 出示课文第8至10自然段，指名朗读。

2. 预测的结果有时会与实际内容不同，因为每个人的想法不同。我们可以调整预测结果，继续阅读，继续预测。

【设计意图：本环节让学生听到更多有关预测的想法，也知道了预测结果与实际内容可能不同。学生也在教师提示下剖析自己预测时的依据和看法。】

五、尝试运用预测，反思所得

（一）梳理总结，反思所得

1. 结合板书，梳理所学。

本节课我们从题目、插图和文本内容寻找线索，预测了文章的发展、角色想法，后续会预测结局。预测时，我们会说"看到……后，我推想/我猜测……"

这样的句式。预测不是随便地猜测，是我们结合线索根据生活经验、已有知识或文本内容有依据地预测。

2.我们为什么要学习预测？简单说说，随着后续的学习，你的认识会更加深入。

（二）布置作业，让思考看得见

默读课文第11至17自然段，完成下面的表格：

预测策略学习单

班级：	姓名：		
当我读到……	我脑中出现了什么问题？	我猜测……/我推想……	因为……

【设计意图：学习策略的目的是运用，反思预测在阅读中的意义，才能让学生主动地思考和学习。】

板书设计

12 总也倒不了的老屋

题目　　　　　　　　　　　　　　我推想……
插图　　线索　　　　　猜想　　　我猜测……
文本
　　　　　　　预测时，我们
　　　　　　　在想什么？
发展
结局　　问题　　　　　理由　　　生活经验
角色想法　　　　　　　　　　　　已有知识
　　　　　　　　　　　　　　　　文本内容

作业设计

见教学过程"布置作业"环节。

教学反思与改进

（一）教学特点

1.教师示范与引导，展示和剖析预测过程。

本节课，采用"教—扶—放"的方式。教师首先充当"旁批"的角色，有声化地展示自己的预测方法，并有层次地剖析思考过程，接着让学生在教师指导下运用预测方法，课后布置独立预测的作业，进而了解预测的含义，习得方法。

2. 细化预测的过程，让思考变得有声有形。

预测是发生在阅读过程中的思考，不易被察觉。因此，教学设计的各个环节都充满了预测的声音。教师在示范环节，向学生展示了自己阅读时的预测过程。在学生交流环节，互相表达预测的结果；教师及时的反馈，让学生反观自己的预测，将思考过程细化。最后安排学习单，让学生把预测时的想法写下来，将其可视化、有形化。这些设计的最终目的，都是让看不见的预测，变得可以被学生察觉到，这是教学能产生效果的前提。

（二）教学反思与改进

学生学习并运用预测策略是一个循序渐进的过程，在课上教师示范、学生交流的时间不太充裕，尤其是剖析预测的思考过程这部分，可以再进一步研究和改进。

（指导教师：北京市顺义区教育研究和教师研修中心 孔凡艳）

第五册　第四单元《胡萝卜先生的长胡子》

刘晓群

教学单元基本信息			
姓名	刘晓群	单位	北京市石景山区古城第二小学
年级	三年级	单元	上册第四单元
单元主题		猜测与推想，使我们的阅读之旅充满了乐趣	

单元指导思想与理论依据

语文学科核心素养包括语言的建构与运用、思维的发展与提升、审美的鉴赏与创造、文化的理解与传承。那么，在核心素养引领下的小学语文课堂该如何更好地培养学生的阅读能力？《义务教育语文课程标准（2011年版）》指出，语文教学应"逐步培养学生探究性阅读和创造性阅读的能力，提倡多角度地、有创意地阅读，利用阅读期待、阅读反思和批判等环节，拓展思维空间，提高阅读质量"。"阅读策略单元"的独立设置，是统编小学语文教科书的一大创新。与具体的阅读方法相比，阅读策略更强调对阅读方法的综合运用。

三年级上册"预测"单元旨在学习阅读策略。该单元的语文学习要素是：一边读一边预测，顺着故事情节去猜想；学习预测的一些基本方法；尝试续编故事。在本单元教学中，教师要紧紧围绕语文要素引导学生学习并运用边读边预测的阅读方法，培养学生阅读能力，激发学生阅读兴趣。

单元教学内容及要素分析

本单元围绕"预测"这一阅读策略进行编排，是本套教材首次以阅读策略为主线组织单元内容。

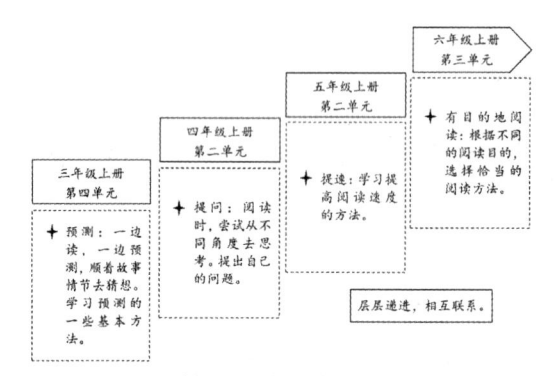

图1 策略训练要素的提升序列

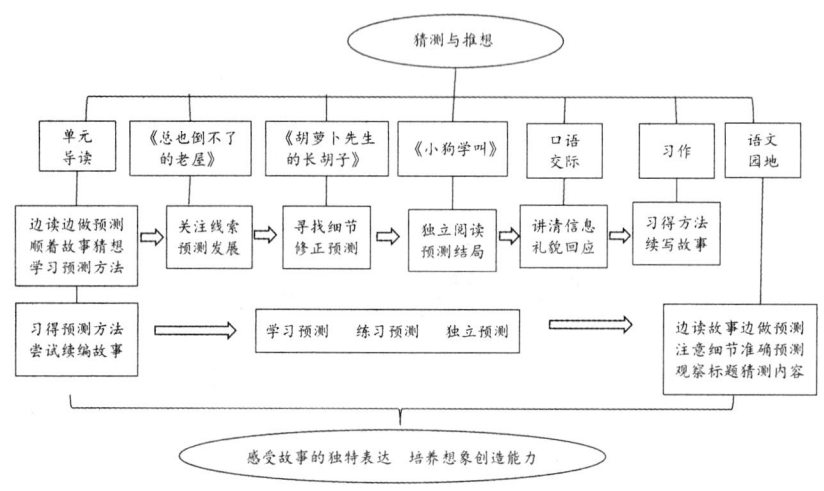

图2 语文要素横向关联

精读课文是完整文本，引导学生学习预测策略；后两篇略读课文是非完整文本，出示故事部分情节，引导学生实践和运用预测策略。本单元还穿插安排了一系列阅读活动，提供了丰富的实践机会。"交流平台"板块旨在引导学生结合本单元的学习体会，交流一边读一边预测带来的阅读新体验，梳理总结运用预测策略的好处，能在课外阅读中自觉运用。

单元教学目标

1. 能一边阅读一边预测，可以结合文章题目、插图，文章中的一些线索，以及自己的生活经验等预测，感受预测的乐趣。

2. 能将自己的预测与实际内容进行比较，及时修正自己的想法。

3. 能结合阅读体验，交流、总结运用预测策略的好处，指导在课外阅读中要自觉运用阅读策略。

单元教学结构

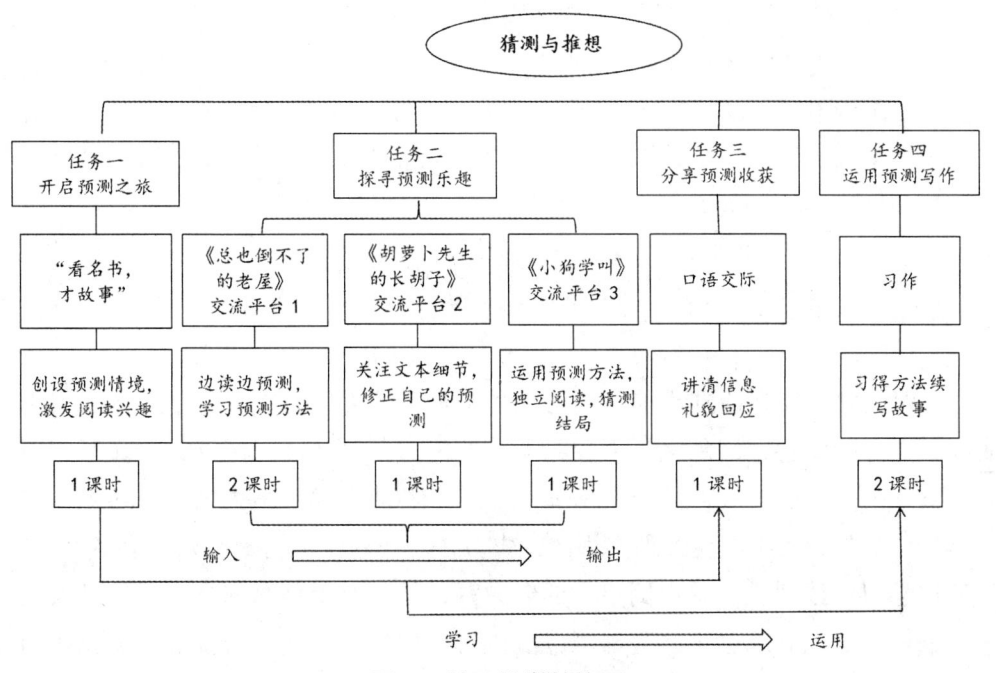

```
                        猜测与推想
        ┌──────────────┬─────────────┬──────────────┐
      任务一          任务二         任务三         任务四
    开启预测之旅    探寻预测乐趣   分享预测收获   运用预测写作
        │         ┌─────┼─────┐       │             │
    "看名书，  《总也倒不了 《胡萝卜先生 《小狗学叫》 口语交际       习作
     才故事"   的老屋》    的长胡子》   交流平台3
              交流平台1    交流平台2
        │         │         │         │             │             │
    创设预测情境， 边读边预测， 关注文本细节， 运用预测方法， 讲清信息   习得方法续
    激发阅读兴趣  学习预测方法 修正自己的预测 独立阅读，猜测 礼貌回应   写故事
                                      结局
        │         │         │         │             │             │
      1课时      2课时      1课时      1课时         1课时         2课时
                  输入 ─────────────→ 输出

                        学习 ─────────────→ 运用
```

图 3 单元教学结构图

课题	13 胡萝卜先生的长胡子
课时	第 1 课时
课型	新授课☑　精读或略读指导☐　口语交际课☐　专题复习课☐ 习作指导或讲评☐　学科实践活动课☐　其他☐

课时教学内容分析

1. 课文特点。

《胡萝卜先生的长胡子》是一篇童话故事。故事讲述了胡萝卜先生有一根不断变长的胡子，胡子被吹到了身体后面，被小男孩当作风筝线，被鸟太太当作晾衣绳。胡萝卜先生还会遇到哪些小动物？胡子又会被如何处置？这种"反复结构"的篇章布局，给了学生无限的想象空间和续编童话故事的空间。

课文为故事节选，并未完整呈现故事全貌。结尾部分的省略号也给学生留足了预测的空间。教师可随机引入资料，将原故事结尾提供给学生，进一步激发学生的阅读兴趣。

2.本文位置。

统编语文三年级上册第四单元是阅读策略单元。本文是一篇略读课文，是继《总也倒不了的老屋》之后，一篇未讲完的童话故事，在本单元起到运用方法练习预测的作用，也可以使学生进一步感受阅读的快乐，为第三篇略读课文的预测做好方法上的准备。

学习者分析

温儒敏教授在谈到当前我国语文教学最大的弊病时说："学生读书很少停下来，想一想，这怎么形成独立阅读的能力，怎么深入阅读，语文素养怎么真正提升上去？我们的语文课要改一改，不能满足于精读精讲，还要在精读精讲之外，教给学生各种实用的读书方法。"本单元就属于阅读策略单元，通过学习精读课文《总也倒不了的老屋》，学生对于预测的方法，已经大概了解。但是很好地运用这些预测方法，对他们来说还是一个挑战，需要在阅读中充分地去实践，从而积累阅读经验，提升阅读预测能力。

课时教学目标

1.运用预测的基本方法，练习一边读一边根据故事题目、插图、故事内容、生活经验等有依据地预测故事后来可能会发生的事情，并与同学交流自己的预测依据。（教学重点）

2.对照故事资料，比较自己的预测与原文的异同，对预测的故事产生继续阅读的兴趣。（教学难点）

3.根据课后提示提供的文章或书的题目进行内容的预测，与同学交流，感受猜测与推想带来的快乐。

学习评价设计

1.课堂评价。

（1）语言评价：课堂中，采用激励性语言，及时鼓励、表扬、肯定学生。

（2）星级评价：

表1　课堂学习效果评价

课堂学习效果评价				
标准		星级		
^	^	自评	互评	师评
朗读故事 体会情感	正确★ 流利★ 有感情★	☆☆☆	☆☆☆	☆☆☆
探究学习	参与活动★ 主动发言★ 汇报成果★	☆☆☆	☆☆☆	☆☆☆

2.课后评价。

表2　课后学习效果评价

课后学习效果评价				
标准		星级		
^	^	自评	互评	师评
续编故事	合情合理★ 表达清楚★ 想象大胆★	☆☆☆	☆☆☆	☆☆☆

教学活动设计

一、猜测故事题目，引发阅读期待

1. 师生谈话：交流喜欢童话故事的原因。
2. 阅读故事题目：《帽子的秘密》《躲猫猫大王》，交流感兴趣之处。
3. 出示题目《胡萝卜先生的长胡子》，交流对什么感兴趣。

教师随机板书"猜测卡"

【设计意图：学生很喜欢阅读童话故事，而故事的题目就能够引发他们质疑与猜测。于是教师抓住学生的学习兴趣点，高效地将学生带到课堂学习中，更有助于培养学生边读边思考边猜测的阅读习惯。教师随着学生的发言，提取关键信息写在猜测卡上，一方面帮助学生回忆猜测的方法，另一方面通过教师的示范也为学生自主阅读、猜测做方法上的准备。】

二、运用猜测方法，尝试自主猜测

1. 自主阅读：边读边猜测，尝试把猜测的内容用简单的词语记录在"猜测卡"上。

2. 教师巡视：及时发现学生有价值的猜测，做上标记。

【设计意图：这是本单元的第二篇课文，学生已经学习了观察插图、联系生活实际、联系故事内容、依据题目等多种预测方法。在本节课的教学过程中，为学生留足自主阅读时间，鼓励学生边读边提问边猜测，有助于学生形成自己的独特阅读感受，激发学生的自主阅读愿望，培养阅读兴趣。】

三、分享交流猜测，感受阅读乐趣

（一）第一次猜测——胡子越长越长

1. 分享猜测：同学们的猜测特别有意思，老师给谁的猜测卡上画上了"☆"，请你跟大家交流一下自己的想法。

预设：读到第一自然段进行猜测：胡萝卜先生有一根胡子，而且会越长越长。

2. 分享交流：推测的理由。

预设：依据题目、观察插图、依据故事内容进行推测。

3. 验证猜测：你们有这么多的方法来进行预测，是像你们猜测的那样吗？

（1）自由读读第一、二自然段。

（2）读后交流新的想法。

预设1："因为他近视，就没有发现漏刮了一根胡子。"说明胡萝卜先生现在就剩下一根胡子。

预设2："这根胡子长在下巴的右边，胡萝卜先生吃果酱面包的时候，胡子沾到了甜甜的果酱。对一根胡子来说，果酱是多么好的营养品啊！"这根胡子沾上果酱后，一定会越长越好，越来越长的。

4. 回读第一、二自然段。

【设计意图：教师在学生自主阅读、思考、猜测过程中注意发现有价值的推想，给学生交流展示的时间，通过生生、师生的互动将自己的猜测结果和猜测依据与大家分享，并在交流互动中验证阅读猜测，学生的交流能力和口语表达能力得到锻炼与提升。】

（二）第二次猜测——胡子的长度

1. 分享猜测：胡萝卜先生的长胡子到底有多长，老师给谁的猜测卡上画上了"△"，请与大家交流猜测结果。

预设：根据第三自然段猜想到，这胡子可以长到任何地方。

2. 交流想象：想象胡萝卜先生昂首挺胸地走在大街上的样子，分享感受。

3. 回读第三、四自然段。

【设计意图：生生互动，不断预测、验证，学生与故事、学生与人物直接

对话,激发学生的阅读兴趣,促进学生养成边阅读边思考、边预测的阅读习惯。】

(三)第三次猜测——胡子能做什么

1. 分享猜测:故事还在往后延续着,有的同学读到第四自然段的时候,又有了新的想法,做出了大胆猜测,谁的猜测卡上被老师画上了"○",请你与大家交流。

预设:胡子特别特别长,能干些什么呢?

2. 补充想法:学生自主完善猜测卡上的内容。

3. 验证猜测。

(1)故事中把长胡子当作了什么呢?

(2)刚刚我们想到了那么多的答案,为什么课文中出现的是男孩把它当作风筝线,鸟太太把它当作晾衣绳?再读读这部分内容,想一想。

预设:长、牢固。

(3)联系生活实际鉴定自己猜测的合理性。

4. 尝试讲故事:结合你的预测,想象一个有趣的故事情节,用简单的几句话试着讲一讲。

(1)指名讲故事,相互评价。

(1)学生随机板书

【设计意图:学生在阅读中能够运用多种预测方法进行合理猜想,并不断地分享、验证,让阅读体验更加充满趣味与快乐,为日后学生自主阅读奠定方法基础。】

四、推想故事结局,大胆发散思考

1. 揭示课文最后部分:省略的是什么?

> 胡萝卜先生的胡子刚好在风里飘动着。
> ……

2. 阅读原著故事结局(节选时稍有改动)。

> 一天,胡萝卜先生走进一家眼镜店,他的胡子也就不再发疯似的长了,就挂在他的肩膀上,胡萝卜先生开始掏钱为他的近视眼买眼镜。
>
> 眼镜店的白菜小姐是个非常机灵的女孩,她一边给胡萝卜先生戴上眼镜,一边说:"如果你怕不小心把眼镜摔了,那么就在眼镜框上系一根绳子,然后挂在脖子上。"白菜小姐说这些话的时候,用那根胡子系住了眼镜。
>
> 当胡萝卜先生的眼镜不小心从鼻子上滑落下来的时候,他的胡子系住了眼镜。胡萝卜先生说:"我的胡子真是太棒了。"

3.交流读后感受。

【设计意图：课文最后一个自然段的省略号留给学生无限的想象空间，通过与原著的碰撞，感受故事结尾的出乎意料与耐人寻味，有助于培养学生的创新思维，为本单元的习作"续写故事"奠定基础。】

五、借助目录猜测，拓宽阅读空间

1.简介作者。
2.阅读《胡萝卜先生的长胡子》这本书的目录。
3.根据目录猜测故事内容，尝试用几句简单的话讲一讲这个故事。
4.课后继续阅读，到书中寻找答案。
【设计意图：通过引导学生浏览故事书的目录，使得学生找到阅读兴趣点，激发学生主动阅读整本书的愿望，增加学生阅读量。】

板书设计

13 胡萝卜先生的长胡子

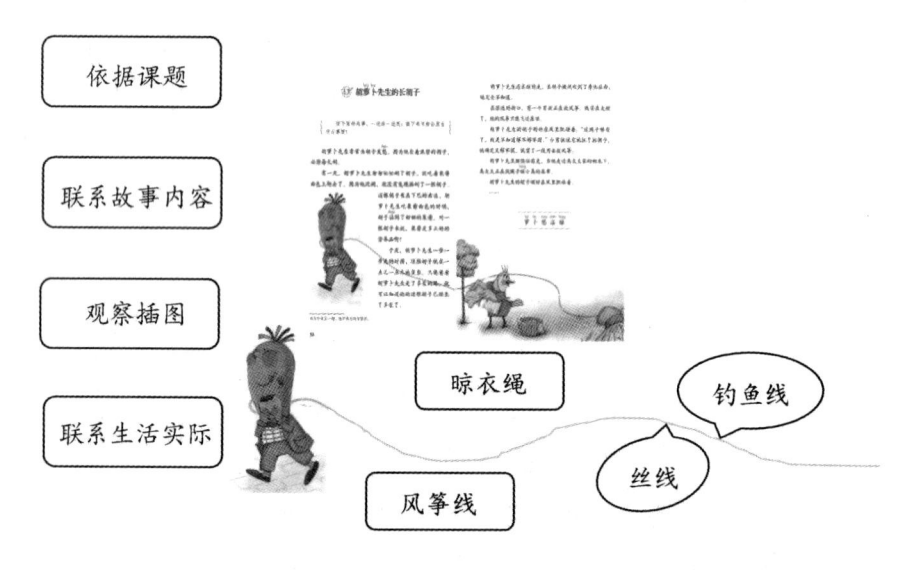

依据课题

联系故事内容

观察插图

联系生活实际

晾衣绳

钓鱼线

丝线

风筝线

作业设计

1.基础性作业：口头续编《胡萝卜先生的长胡子》讲给家人或伙伴听。
2.拓展性作业：阅读整本书《胡萝卜先生的长胡子》（王一梅著），根据题目自主选择一到两个故事进行预测，并阅读原著进行验证。

教学反思与改进

1. 留给学生阅读空间，激发学生阅读兴趣。

本篇是略读课文，非常适宜学生边读边预测。所以教师在课堂伊始依据题目进行猜测时就教给学生使用"猜测卡"，并放手让学生尝试自主阅读，通过边阅读边猜测并用关键词将猜测内容记录在"猜测卡"上，鼓励学生在自主阅读中逐步养成边阅读边猜测的阅读方法，进一步激发学生的阅读兴趣。

2. 抓住典型预测内容，巩固运用预测方法。

在学生进行自主阅读的时候，教师行间巡视，抓住学生有代表性的预测内容做下记号，再通过汇报交流，促进学生练习运用预测方法，理清故事的发展脉络，激发学生的阅读兴趣。

3. 借助书籍目录猜测，拓展课外阅读空间。

课堂学习的结尾处向学生介绍《胡萝卜先生的长胡子》这本书的作者和目录，再次引导学生依据故事题目大胆猜测故事内容，在鼓励学生合理预测的同时激发学生课外阅读的兴趣与创作的欲望。

（指导教师：北京教科院基础教育研究中心 闫勇）

第七册　第二单元《一个豆荚里的五粒豆》

杜延

教学单元基本信息			
姓名	杜延	单位	北京市昌平区城北中心小学
年级	四年级	单元	上册第二单元
单元主题			提问策略单元

单元指导思想与理论依据

《义务教育语文课程标准（2011年版）》指出，学生应"能对课文中不理解的地方提出疑问，能提出学习和生活中的问题，有目的地搜集资料，共同讨论。在家庭生活、学校生活中，尝试运用语文知识和能力解决简单问题"。研究表明，阅读理解水平高的学生往往掌握一定的阅读策略，因此如何引导学生掌握一定的阅读策略是提高阅读能力的关键。

单元教学内容及要素分析

本单元是围绕"提问"编排的阅读策略单元，运用提问策略进行阅读，有助于改变学生的阅读状态，培养学生积极思考的习惯，提高阅读能力。本单元的语文要素是"阅读时尝试从不同角度去思考，提出自己的问题"，习作要素为"写一个人，注意把印象最深的地方写出来"。围绕提问策略，本单元编排了三篇精读课文和一篇略读课文。《一个豆荚里的五粒豆》是安徒生写的童话，讲述了豆荚成熟裂开后，五粒豆不同的经历和生活，引导学生针对课文局部和整体进行提问；《蝙蝠和雷达》是说明文，讲述了科学家通过反复研究，揭开蝙蝠夜间飞行的秘密，以及蝙蝠与雷达间的关系，引导学生从不同的角度进行提问；《呼风唤雨的世纪》通过简洁凝练的语言，介绍二十世纪一百年间的科学技术发展给人类生活带来的变化，引导学生筛选出对课文最有帮助的问题；《蝴蝶的家》是一篇散文，讲述了"我"为雨中的蝴蝶担忧，不断寻找蝴蝶的家未果的故事，引导学生运用前面学到的提问方法，给问题分类，筛选出有价值的问题。

单元教学目标

1. 认识49个生字，会写41个生字，读准2个多音字，会写46个词语。
2. 阅读时，运用提问策略进行阅读，能够从不同角度提出问题，筛选对课文有帮助的问题，并尝试解决提出的问题。
3. 能够抓住家人与动物的相似之处，写出家人的特点。

单元教学结构

基于以上分析，本单元的单元大概念为：勤思善提问，运用促提升。

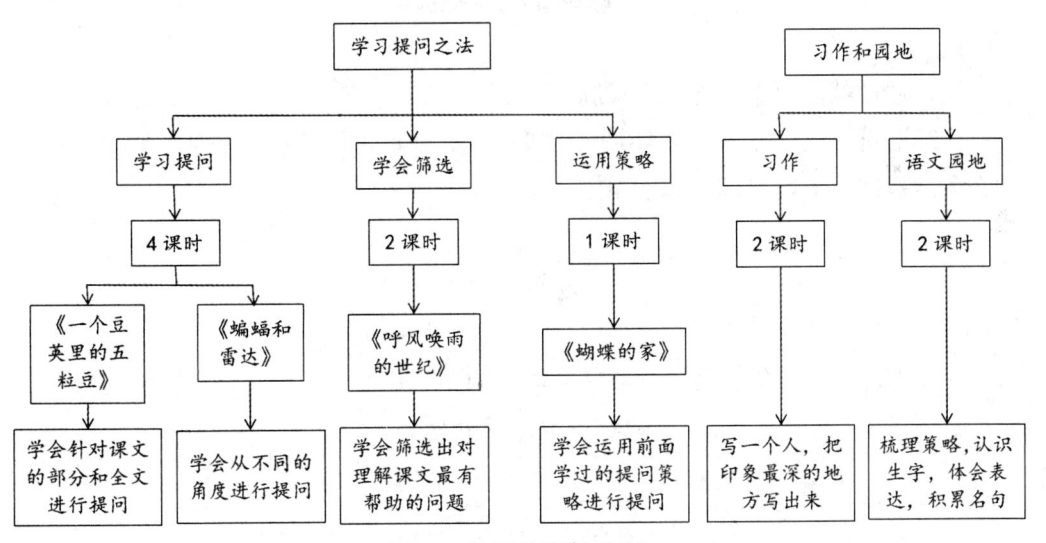

图1 单元教学结构图

课题	15 一个豆荚里的五粒豆
课时	第1课时
课型	新授课☑　精读或略读指导☐　口语交际课☐　专题复习课☐ 习作指导或讲评☐　学科实践活动课☐　其他☐

课时教学内容分析

童话故事《一个豆荚里的五粒豆》讲述了豆荚成熟裂开后,五粒豌豆到广阔世界中所经历的不同生活。课文重点描写第五粒豆的神奇经历,它落进顶楼窗子下一个长满青苔的裂缝里,慢慢发芽,开花,带给病床上的小女孩儿生机和活力。

学习者分析

每一位学生都是有差异的个体,有不同的学习起点。了解学生的学情使得教学提问策略具有针对性。通过课前预学,发现提问对学生来说并不是零起点。但是对提问不陌生,并不代表着学生知道提问的方法,大部分学生都能提出与课文内容相关的问题,但是也存在表述不恰当,提问过于简单的问题。

课时教学目标

1. 通过默读课文,理清文章脉络。
2. 通过小组合作,学会合并、归纳问题,知道可以从课文的部分和全文两个角度提问,能够梳理问题清单。(教学重难点)

学习评价设计

本课的学习评价,紧扣学习目标进行设计,力图体现教、学、评的一致性。

表1 学习评价设计

	水平描述
水平3 ★★★	(1)阅读时,能从课文的部分和全文两个角度提问。 (2)可以说清楚豌豆成长与小女孩病的关系,并深刻体会顽强的生活态度。
水平2 ★★	(1)阅读时,能从课文的部分进行提问,尝试针对全文提问。 (2)可以大致说清楚豌豆成长与小女孩病的关系,大致体会顽强的生活态度。
水平1 ★	(1)阅读时,能从课文的部分进行提问。 (2)可以大致说清楚豌豆成长与小女孩病的关系。

教学活动设计

一、直入主题，明确任务

（一）揭示单元主题

1. 阅读单元导语，明确学习任务。

2. 小结：第二单元的学习主题就是提问，正像宋代陆九渊所说："为学患无疑，疑则有进。"看来带着问题读书会有一定的收获。

【设计意图：本单元是"学会提问"阅读策略单元，从单元导读入手，有利于学生明确本单元学习目标，使学生知道提问的重要性。】

二、预学反馈，扣题质疑

（一）随文指导

指导"荚"字的读音。

（二）扣题质疑，教师梳理

预设：1. 这五粒豆都有什么结局？

2. 在这五粒豆身上都发生了什么事情？

（三）反馈预学单

三、静心读文，梳理脉络

（一）梳理课文脉络

1. 了解五粒豆的经历和结局。

出示学习提示：默读课文，边读边想边批画，想想，这五粒豆都有什么想法？结局又是怎样的呢？

2. 学生交流。

	想法	结局
第一粒豌豆	飞到广阔世界里去	落到水笕，被鸽子吃掉
第二粒豌豆	飞进太阳里去	落到水沟，涨得很大
接下来的两粒豌豆	飞得最远	被鸽子吃掉
最后一粒豌豆	该怎么样就怎么样	努力生长，变成花园

过渡：看来带着问题读书，可以让我们很快理清文章脉络。

【设计意图：本单元教学重点是"学会提问"。但是，纠正易错读音、理解课文内容、梳理文章脉络仍是阅读教学的基础性教学目标。】

四、探究合作，整理问题

（一）结合疑问，初步梳理

同学们，课前我们还结合课文内容提出了自己的问题，现在我们就以小组合作的形式来梳理一下这些问题。

1. 小组合作

出示学习提示：

（1）把相同或相似的问题合并。

（2）再将剩下的问题整理好，贴在问题清单上。

2. 小组交流。

预设：（1）为什么豌豆认为整个世界都是绿的？

（2）水笕是什么意思？

（3）掉在水沟里的豌豆真的是最了不起的吗？

（4）到底哪粒豌豆最了不起？

3. 教师随机指导，提供解决问题的方法。

（1）遇到不理解的词语，可以查字典、问老师等。

（2）有些浅显的问题，可以多读几遍课文，或者小组交流解决。

4. 小组展示。

教师巡视：如果小组问题清单中还有需要合并的问题，帮助这个小组合并。

最终通过组内或者组与组之间问题的对比观察，归纳出这五粒豆谁最了不起。

5. 再度整理问题清单。

小结：刚才我们将课前提出的问题进行了梳理，我们先将相同或相似的问题合并，然后通过对比观察又对问题进行了归纳，最后梳理出我们小组最终的问题清单。

【设计意图：在鼓励学生大胆质疑的基础上，运用小组交流的方式让学生感悟到问题的价值，可以通过合并、归纳筛选问题。】

（二）依托习题，了解提问角度

1. 自读课后习题，引导学生发现规律。

习题：小组交流，仿照下面的问题清单整理大家提出的问题，说说你有什么发现。

发现：有些问题是针对课文部分提出的，有些问题是针对全文提出的。

2. 学生交流提问角度。

（1）可以针对课文部分进行提问。

（2）可以针对全文进行提问。

3. 回顾本组问题清单，拓宽提问角度。

（1）学生交流本组针对全文提的问题。

预设：这五粒豆到底谁最伟大？

（2）引导学生尝试针对全文提问。

【设计意图：从学习课后范例，到整理本组问题，让学生知道可以从课文的部分和全文两个角度提问，为进一步学习运用提问策略进行阅读打下基础。】

五、小结铺垫

你们提出的问题中，老师发现很多问题都是围绕小女孩和第五粒豆进行提问的。那小女孩的病和第五粒豆有怎样的关系？第五粒豆又对小女孩有怎样的影响？下节课我们就围绕这些问题进行重点学习。

板书设计

5. 一个豆荚里的五粒豆

提问 ｛ 部分　　删去
　　　　　合并
　　　全文　　梳理

作业设计

再次默读课文，思考课后第三题，看看你有什么发现和收获。

教学反思与改进

本节课的教学有以下突出特点：

1. 以质疑为主线贯穿全文，主线清晰。

从课始针对课题质疑，到课中交流课前提出的问题，以及到最后寻找发现规律，质疑贯穿整课，这样更加增强学生学习的主动性，改变被动的学习情况。

2. 在合作探究中发现规律，学习策略。

几次的合作探究，促进了学生积极思考，激发了他们的好奇心，同时提升了他们的思维能力，加深了他们对文章的理解，也为本单元后面课程的学习奠定了坚实的基础。

3. 尊重多元。

让每个孩子经历思维的过程，真实地经历学习的过程，通过小组合作深入探究问题清单，进行有效的学习。

在课堂的最后，应该将全班交流小组梳理出来的问题进行汇总，形成班级问题清单，顺势把本节课梳理的重点问题罗列出来，让学生了解哪些问题是下节课重点解决的问题，也为下节课的学习做好铺垫。

（指导教师：北京市昌平区城北中心小学 李凤欣）

第八册　第二单元《千年梦圆在今朝》

张颖

教学单元基本信息			
姓名	张颖	单位	北京市东城区灯市口小学
年级	四年级	单元	下册第二单元
单元主题	科普知识		

单元指导思想与理论依据

《义务教育语文课程标准（2011年版）》中提出：学生是学习的主体；积极倡导自主、合作、探究的学习方式来帮助学生提升语文学习能力。因此教学时教师要有意识地运用"查找课外资料""联系上下文提供的信息"等方法帮助学生明确中国航天事业发展的艰辛历程以及每一位航天人身上所秉承的团结协作、默默奉献、锲而不舍的科学精神，从而提升学生的整体认识，增强学生的实际获得。

单元教学内容及要素分析

本单元语文要素为"阅读时能提出不懂的问题，并试着解决"以及"展开奇思妙想，写一写自己想发明的东西"。编排了《琥珀》《飞向蓝天的恐龙》《纳米技术就在我们身边》《千年梦圆在今朝》四篇阅读课文，口语交际"说新闻"，习作"我的奇思妙想"和语文园地，以及快乐读书吧"十万个为什么"。四篇课文联系紧密，作为一个整体呈现，承接四上"提问策略"训练目标。前三篇讲读课文围绕"提出问题，自己试着解决"，按照"可以联系上下文""可以结合生活经验""可以查资料""和别人交流"几个层面，逐步引导学生学习自问自答的策略，并通过本单元最后一篇略读课文及语文园地中的"交流平台"，引导学生综合运用"解决问题的方式"自主阅读。教学时把重点放在遇到不懂的问题，应该怎样解决的感悟和习得上，课堂上给予学生充分的时间默读思考，自主提问并尝试解决，在解决问题的示范、指导及课后练习的研讨中学会迁移运用。

单元教学目标

1. 正确认读本单元43个生字，读准3个多音字，会写45个生字，会写46个词语，能理解并说出课文的主要内容。能讲述一则新闻，准确表达信息。发挥想象，写出想要发明的事物。

2. 能提出问题，并尝试通过不同的方式解决问题。能把新闻说得清楚、连贯，并发表自己的看法，能借助图示清楚地介绍自己要发明的东西。能够根据别人的建议修改习作。

3. 通过本单元的学习，使学生热爱科学，关注科技发展。产生阅读科普作品的兴趣，能提出不懂的问题，并运用多种方法解决。

单元教学结构

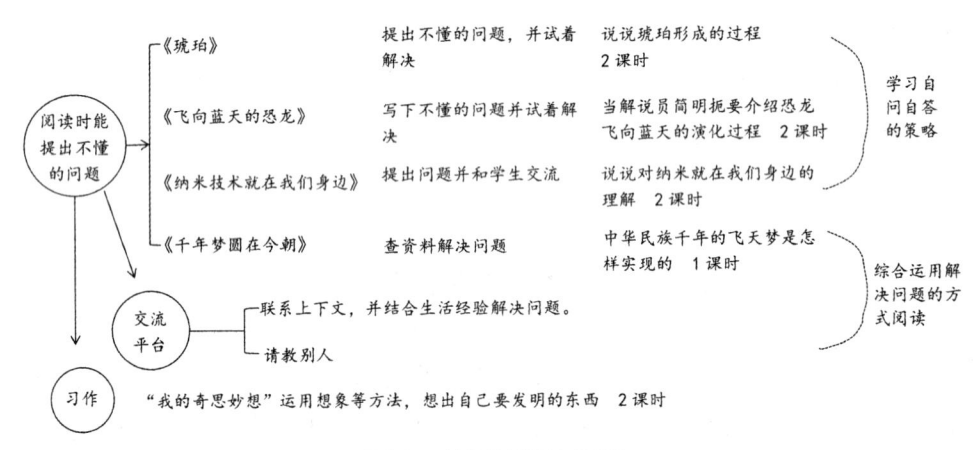

图1 单元教学结构图

课题	8 千年梦圆在今朝
课时	第1课时
课型	新授课☑　精读或略读指导☐　口语交际课☐　专题复习课☐ 习作指导或讲评☐　学科实践活动课☐　其他☐

课时教学内容分析

课文以纪实的笔触和宏大的视角，展现了中国航天事业的伟大成就，记录了这一风雨历程，赞扬了航天人为实现中华民族飞天梦想而默默奉献的品质和锲而不舍的科学探索精神。

本文在写法上的突出特点是按照时间发展讲述了从遨游太空的美好梦想到最终实现首次载人航天飞行成功的经过。因此教师在教学时，应以文章的整体时间发展为线索，通过"填写时间及重大事件表格"来帮助学生理解"千年梦圆"的经过；通过"观察表格""解读表格"等教学环节来帮助学生理解能够"千年梦圆"的原因。过程中有意识地使用"查找课外资料""联系上下文提供的信息"等方法帮助学生整体提升认识。指导学生学习中国首次载人航天飞行成功的经过时通过重点语句的理解、课外资料的引入、指导朗读等方法，体会到中国航天工作人员团结合作、默默奉献、勇于探索、锲而不舍的科学精神。

学习者分析

课前对学生进行了前测，由于本篇课文在内容表述上学生理解起来难度不大，学生能够理清课文的写作顺序，并把握文章的主要内容，但对于"千年飞天梦究竟是如何圆的"以及"为什么这个'千年飞天梦'能够在今天得以实现"不太了解。因为课文对航天发展的介绍相对简略，留下了一些空白，所以学生在阅读过程中自然会产生一些疑问，针对这两个问题教师设计了以表格为载体，课文内容与课外资料相补充的方法来帮助学生解决疑问，深入理解课文。

课时教学目标

1. 认识本课的生字，了解我国航天科技的发展历程。

2. 借助文本间的事件关联，理解千年梦今朝圆的原因，体会中国航天人团结合作、默默奉献、勇于探索、锲而不舍的科学精神。（教学重难点）

3. 能结合资料，了解我国航天领域的最新成就，感受科技的精彩。（教学重难点）

学习评价设计

1.学习了今天的课文,你认为我们的中国梦应该靠什么来实现呢?

考察点:阅读理解——实际运用

评价标准:

①贴合本节课所讲授的文章思想。

②符合十九大所提出"立德树人"的整体要求。

2.中国在航天领域不断取得新成就,这在全世界范围内引起了广泛关注,甚至有外媒预测中国载人登陆月球指日可待。对于这一现象,你有什么看法或感受?

考查点:阅读理解——形成解释

评价标准:

①能够结合文章内容和课上所提供的课外资料对本节课所学具体事例有合乎文意的理解。

②语句通顺,语言表达清晰。

教学活动设计

一、单元回顾,释疑解题

(一)读课题,回顾学习任务

回顾本单元的学习重点及解决问题的方法。

(二)借助预习,提出问题

1.通过交流,了解课前预习情况,请学生思考:有哪些不懂的问题,怎么解决的?

要点:回忆前面学过的解决问题的方法——联系上下文、结合生活经验、查资料、请教他人等,并尝试着自己独立思考解决。

2.读题目,说说自己的理解。

【设计意图:让学生在预习的基础上提出不懂的问题,并尝试通过读课文了解题目的意思,不仅让学生对文章内容有了初步的了解与把握,同时也是对后面的教学环节的有力铺垫,为后面学生深入理解"千年梦圆"打下基础。】

二、填写表格，感悟"千年梦圆"

（一）默读课文，感受中华民族千年的飞天梦想逐步实现的过程

1. 检查预习，读准词语。

先驱 实施 实践 不懈 宛若 里程碑 嫦娥奔月 载人航天（"奔"和"载"为多音字。）

2. 梳理内容，提取信息。

（1）为了实现飞天梦，历代中国人在不断尝试。浏览课文，找出课文中都讲了哪些航天事件，完成下列表格。

时间	航天事件	事件意义

（2）小组讨论：观察表格，发现了什么？

预设1：按时间的顺序从古至今写，经历了很长时间，并且时间间隔越来越短，祖国在航天方面的研究能力越来越强大。

预设2：飞天梦我们从古至今没有放弃过，一直在努力。

【设计意图：在学生把握文章主要内容的基础上，让学生填写表格，帮助学生明确文章的表达顺序。同时通过时间和事件的梳理帮助学生明确我们的飞天梦从未中断，我们的祖国正在日益强大。】

三、结合资料，探究梦圆原因

（一）结合资料，探究飞天梦能在今朝实现的原因

1. 默读课文4—9自然段，想一想，为什么千年的"梦"能圆在今朝？画出相关语句，并在旁边做简单批注。

2. 学生画批后，小组讨论、交流。

预设1：1992年9月21日，党中央决定实施载人航天工程，110多个单位直接承担了研制、建设和发射任务。经过广大科技人员、工人和解放军官兵十余年的不懈努力，我国自行研制的"神舟五号"飞船被送上太空。学生应体会到，这不是一个人、一个单位就能完成的，需要各行各业的人，需要多个单位共同协作完成。

资料1：实验的精细与艰难，要求广大科技人员、工人、解放军官兵夜以继日地苦战攻关。有的人为了工作的及时、方便，将铺盖搬到了工厂车间；有的人积劳成疾，几次住进医院；有的青年人虽风华正茂却华发早生；有的人甚

至为此付出了全部心血与生命,未能等到成功的那一天便猝然长逝……

资料2:为了保证"神舟五号"的成功发射,科学家们共设计了20种救生方案保证航天员安全,针对飞船系统的故障对策有139个;8位科学家未见飞天身先死,这些科学家有的是倒在出差的火车上,有的牺牲在实验室里,有的则是倒在了回家的路上。他们努力了数十年却没能看到飞天成功的壮丽场景。

借助资料,联系课文内容,体会到航天人默默奉献、忘我工作、勇于探索的精神。

预设2:航天员杨利伟在着陆场即将登机返回北京的时候,用三句话概括了他21小时的太空旅行:"飞船飞行正常。自我感觉良好。我为祖国感到骄傲。"(这也是对无数参与航天工程建设人的最高评价。)

(二)有感情朗读,升华情感

中华民族几千年的梦想从未中断,几代人的执着追求,以及数十年的坚持不懈、锲而不舍的奋斗,才让这千年的梦在今天变成了现实,带着那份崇敬、那份骄傲、那份自豪,再读第六自然段。

【设计意图:通过对重点语句的理解、课外资料的补充、指导朗读等,让学生明确了飞天梦实现的原因是航天人的团结协作、勇于探索、默默奉献。】

四、续写表格,了解航天新成就

1. 2019年1月3日之后,我国航天科技又取得了哪些新成就?结合自己查阅的资料继续填写表格。

时间	航天事件	事件意义
明代	万户试验利用火箭上天,失败。	成为人类飞行探索的先驱
1970年4月24日	"东方红"一号卫星发射成功	第五个能发射卫星的国家
2003年10月16日	"神州五号"飞船环绕地球十四圈后成功返回着陆场。	中国成为第三个独立掌握载人航天技术的国家
2007年10月24日	"嫦娥一号"月球探测卫星发射成功	世界上第四个掌握月球探测技术的国家
2019年1月3日	"嫦娥四号"探测器月球背面着陆成功	首次月球背面软着陆
……	……	……

2. 学生借助航天科技动态表格按时间、事件、影响的思路交流最新成就。

3. 根据下面的资料提供的信息,推测一下,不久的将来还会有哪些新的成就能载入我国的航天史册呢?

"嫦娥四号"之后，下一步就是我国探月工程三步走"绕、落、回"的"回"。我国的"嫦娥五号"从月球返回地表，并从月球带回岩石、土壤等样品，这也将意味着我国载人登月任务提上日程……

总结：祖国在航天领域所取得的辉煌业绩还远不止这些，希望同学继续关注中国的航天事业的发展，也希望你们中今后也能涌现出中国航天人。

【设计意图：学生结合课前所查资料梳理中国航天的最新成就，激发学生的科学兴趣，增强民族自豪感和自信心。】

板书设计

     8 千年梦圆在今朝

明代

1970 坚定执着

2003 团结协作 默默奉献

2007 默默奉献 忘我工作

2019

……

作业设计

查阅资料，梳理截至现在的航天事件，把你的发现、感受和同学、家人交流。

教学反思与改进

巧用表格，在比较与分析中提升学生思维水平。

由于课文对航天发展的介绍相对简略，利用文中留下的空白，通过"补充课外资料""联系上下文提供的信息"等方法帮助学生通过材料与材料之间的比较与分析，进一步理解"千年梦圆在今朝"的原因，从而深切体会到中国航天人勇于探索、执着追求的精神，最终提升学生的思维水平与认识深度。

（指导教师：北京市东城区教育科学研究院 付红）

第九册　第二单元《将相和》

赵晨芳

教学单元基本信息			
姓名	赵晨芳	单位	北京市顺义区东风小学
年级	五年级	单元	上册第二单元
单元主题	阅读要有一定的速度		

单元指导思想与理论依据

《义务教育语文课程标准（2011年版）》（以下简称《课标》）要求学生具有独立阅读的能力，学会运用多种阅读方法。本单元通过学习"集中注意力，不停顿、不回读；连词成句；借助关键词句；带着问题读"等多种阅读策略，提高学生阅读速度，以达到《课标》中第三学段"默读要有一定的速度，默读一般读物每分钟不少于300字"的基本要求。

单元教学内容及要素分析

1. 梳理教材中的阅读策略单元。

表1　教材中阅读策略单元梳理表

单元	语文要素	人文主题	阅读策略
三上第四单元	一边读一边预测，顺着故事情节去猜想；学习预测的一些基本方法。	猜测与推想，使我们的阅读之旅充满了乐趣。	预测
四上第二单元	阅读时尝试从不同角度去思考，提出自己的问题。	为学患无疑，疑则有进。——〔宋〕陆九渊	提问
五上第二单元	学习提高阅读速度的方法。	阅读要有一定的速度。	提高阅读速度
六上第三单元	根据阅读目的，选择恰当的阅读方法。	读书好比串门儿——隐身的串门儿。——杨绛	有目的地阅读

通过上面的梳理我们发现，统编教材聚焦的这四个阅读策略，在阅读中也是比较常用的。从预测、提问、提高阅读速度，到有目的地阅读，阅读的策略是依次深入，由学习阅读策略到自主选择阅读方法，逐步提高学生的阅读能力。

2.围绕语文要素，教材做了有层次、有梯度的安排。

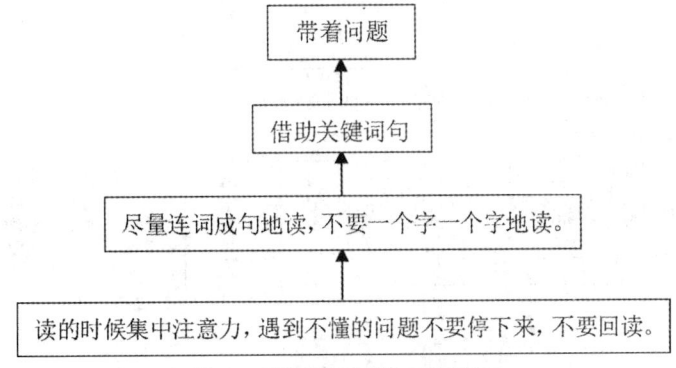

```
                带着问题
                   ↑
              借助关键词句
                   ↑
         尽量连词成句地读，不要一个字一个字地读。
                   ↑
      读的时候集中注意力，遇到不懂的问题不要停下来，不要回读。
```

图1　阅读策略学习进阶图

《搭石》作为本单元开篇，引导学生养成集中注意力的阅读习惯，做到"不停顿、不回读"，这是学生提高阅读速度的基础和起点。《将相和》学习扩大视域的方法，引导学生尽可能连词成句地读，从而提高阅读速度。这两种方法，都与学生的专注力有关系，专注力提高了，才能保证阅读的速度。《什么比猎豹的速度更快》引导学生理清篇章结构特点，借助关键语句迅速提取关键信息。《冀中的地道战》主要引领学生带着问题读，做积极的阅读者，从而提高阅读速度。

单元教学目标

1.认识"绰、袍"等36个汉字，读准"间、强、划、削、冠、任"6个多音字，会写"召、俯"等43个汉字，会写"汛期、山洪"等57个词语。

2.学习"集中注意力，不停顿、不回读""连词成句地读""借助关键词句""带着问题读"等提高阅读速度的方法，了解课文的主要内容，感受人物形象。

3.通过交流平台，总结梳理提高阅读速度的方法。能用简单的语句概括一段话的意思。了解成语的意思并用具体的情景表现出来。

4.能抓住人物外貌、性格、喜好等方面的突出特点，选择一两件具体事例描写自己的老师。

单元教学结构

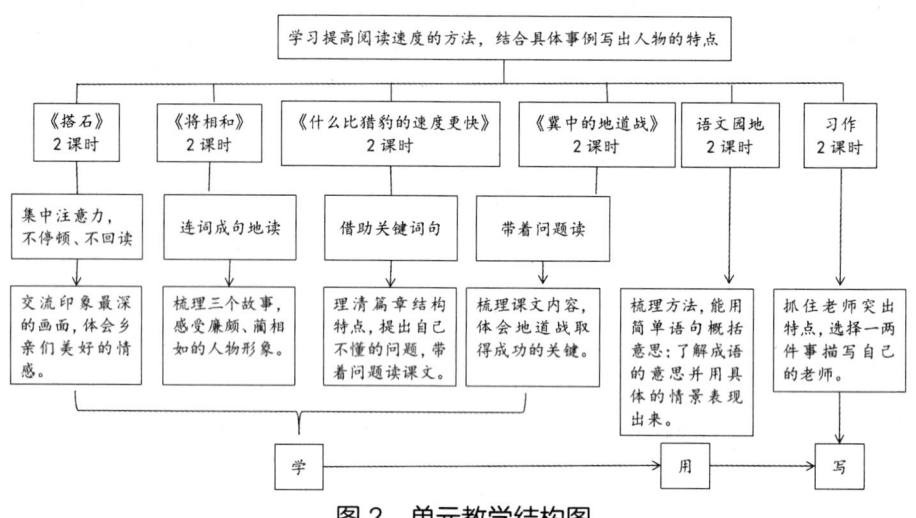

图 2　单元教学结构图

本单元是阅读策略单元，单元中的每篇文章都要求学生掌握一种提高阅读速度的方法。这四种提高阅读速度的方法是逐步聚焦，逐级深入的。所以在授课时应按照教材安排的顺序，带领学生先学习基础的提高阅读的方法，再学习自主积极阅读的方法。习作要求把描写廉颇、蔺相如语言、动作的方法运用到小文中，真正做到学以致用。

课题	6 将相和
课时	第 1 课时
课型	新授课☑　精读或略读指导☐　口语交际课☐　专题复习课☐ 习作指导或讲评☐　学科实践活动课☐　其他☐

课时教学内容分析

提高阅读速度的方法是尽可能连词成句地读，扩大阅读视域。此方法是前一课阅读策略的进一步深入，为后面学习其他提高阅读速度的方法奠定了坚实的基础。《将相和》为本单元的第二篇课文。课文以秦赵两国的矛盾为背景，通过三个既相对独立，又联系紧密的小故事，借助语言、动作描写等，赞扬了蔺相如勇敢机智、不畏强暴，顾大局、识大体的可贵品质，也赞扬了廉颇勇于改过的精神，以及他们二人以国家利益为重的情怀。

学习者分析

　　学生对于故事类作品的学习已经有了一定的基础。对于这类作品，学生爱读、乐读，读后能够把握故事的主要内容。本课是根据《史记》改写的历史故事。学生在四年级学过的《西门豹治邺》也同样选自《史记》，可以说，他们对《史记》以及历史故事的特点有了大概的了解。

　　另外，学生在三、四年级时分别学习了预测和提问的阅读策略。本单元学习的阅读策略是改进阅读的方法，通过提高阅读速度，更快地把握故事的主要内容，提取重要信息，这是学生之前没有接触过的。

课时教学目标

　　1. 认识"璧、臣"等13个生字，读准"强、划、削"3个多音字，会写"召、臣"等13个字，会写"无价之宝、召集"等16个词语。

　　2. 能尽量连词成句地读课文，提高阅读速度，进一步感受阅读速度与阅读理解的关系。（教学难点）

　　3. 能概括"完璧归赵""渑池会面""负荆请罪"三个故事的内容，用自己的话说一说课文的主要内容。（教学重点）

学习评价设计

表2　学习评价标准

评价对象	评价标准	评价方式
字词掌握	能否准确写出13个汉字和16个词语，并能选择正确读音。	看拼音写词语和选择正确读音。
策略运用	能否在概括主要内容时运用策略。	交流分享时的生生互评和师生评价。
内容理解	能否全面、准确地概括故事的主要内容。	交流时的反馈。

教学活动设计

一、了解背景，助力阅读提速

　　导语：同学们，今天我们学习一个历史故事《将相和》，大家通过预习，对故事的背景有所了解吗？学生交流时，教师适时出示当时的地图并介绍故事背景。

【设计意图：故事背景、地图的引入，辅助学生能够将历史故事读明白并助力阅读提速。】

二、自主交流，学习生字新词

导语：刚才我们了解了故事的背景，下面学习本课要求会写的生字，以同学们自主交流为主。

| 召 臣 议 缺 宫 献 诺 典 抄 罪 怯 拒 荆 |

1. 交流误读音和多音字。引导学生知道，多音字要"据意定音"。学生通过查找工具书、联系上下文等方法，理解词语意思，明确准确读音。

2. 交流字形，总结识字方法。

教师引导学生回忆学过的识字方法，重点交流"臣、典、拒"的笔顺，"诺、荆"的结构，用字源识字法交流"典、荆"。

（1）典字的演变

甲骨文的字形是两只手捧着"册"，表示这是重要的文献或书籍。《尚书》："有典有则，贻厥子孙。"引申为"准则""制度""法则"等义。后经过金文、小篆、隶书、楷书的不断演变，形成了现在的"典"字。

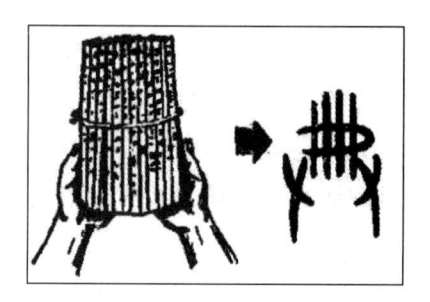

（2）荆字的演变

字形像一般荆条，在其柔枝上有×形的指事符号，表示这是可用的部分。后来荆条形讹变为"刀"；又加"井"等以表音义。

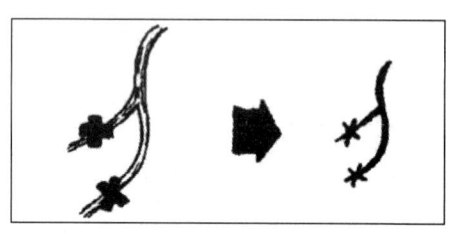

【设计意图：教师引导学生回顾识字方法，自主交流，教师适时点拨。充分体现高年级学生识字的特点。】

三、体会方法，扩大阅读视域

导语：本单元，我们已经学习了"集中注意力，不停顿、不回读"的阅读策略，今天再学习一种新的提高阅读速度的方法。出示《将相和》的阅读提示。

过渡：如何做到连词成句地读呢？请大家先阅读一段话：

> 秦国的国君历来不守信用，我怕有负赵王所托，已经让人把和氏璧送回赵国了。如果您有诚意，先把十五座城交给我国，我国马上派人把璧送来。我们怎么敢为了一块璧而得罪强大的秦国呢？

学生阅读后交流，读完这段话你一眼看到了什么内容？学生自由发言。让看到更多内容的同学说一说，你是怎样一眼就看到了这么多内容呢？

小结：看到更多内容的同学，视域就是宽的。我们在阅读时，要扩大自己的视域。一眼尽可能多地看到词语或者句子，不要一个字一个字地读。

【设计意图：对于连词成句地读，学生有了一个初步的认识，为后面深入学习连词成句地读奠定了基础。】

四、运用方法，初步感知内容

过渡：下面我们就运用连词成句地读的方法，继续学习这篇课文。

1. 初读感知内容。

出示阅读提示，读完后完成练习题。强调做题时，不能再回读课文。

> 阅读提示：用较快的速度默读课文，尽量连词成句地读，不要一个字一个字地读，扩大自己的视域。并记下读完整篇课文所用的时间。读完后完成练习。（温馨提示：所用时间是指读懂课文的时间，而不是目光扫过文字的时间。）

2. 反馈阅读效果。

请班上阅读用时最短的同学说一说答案。提示学生阅读不能只追求速度，还要保证阅读的质量，边阅读边理解内容才可以。

3. 交流阅读方法。

过渡：同学们回忆一下，刚才是用什么方法来阅读这篇课文的？引导学生回答。

【设计意图：几个小题的检测，一方面是学生阅读效果的反馈，另一方面是让学生了解阅读一篇课文不仅要理解内容，还要关注题目、出处及作者，突破教学难点。】

五、实践方法，整体感知内容

过渡：刚才我们初步了解了课文的内容，现在我们再读一读课文。出示阅读提示：

> 阅读提示：再读课文，思考文中写了哪三个故事？把课文分三部分，说一说每部分写了什么。记录阅读的时间，看看你的阅读速度是否提高了。读的过程中要有意识地用学过的方法提高阅读速度。

1. 梳理三个故事。

三个故事分别是"完璧归赵""渑池会面""负荆请罪"。

2. 实践方法，概括故事主要内容。

（1）第一部分：第1—9自然段　完璧归赵

概括内容时，首先引导学生一眼看到关键的词句，例如"无价之宝""用城换璧""怒发冲冠""回赵国"等；然后用这些词语说成完整的话，例如：赵国有一块无价之宝和氏璧。再把这些话连成一段话概括故事内容。

（2）第二部分：第10—14自然段　渑池会面

交流后引导学生连词成句地读，先看到这个故事的开头"渑池会面"和结尾"职位比廉颇还高"；再看中间部分，寻找关键词句，例如"秦王要赵王鼓瑟""秦王侮辱赵王""蔺相如怒目圆睁"等内容；最后把这些内容连起来概括故事内容。

（3）第三部分：第15—17自然段　负荆请罪

引导学生用上述的概括方法，自己试着概括第三个故事的内容。

3. 串联故事，概括课文主要内容。

把三个故事的主要内容串联起来，概括这篇课文的主要内容。

【设计意图：给学生提供概括故事内容的支架，突出教学重点，让学生实践连词成句地读。】

六、再读课文，提出不懂的问题

导语：同学们再次默读课文，边读边思考，还有什么问题吗？

预设：1. 在廉颇心中，蔺相如全凭一张嘴吗？

2. 蔺相如和廉颇是怎样的人？

3. 将相怎样由"不和"到"和"的？

……

板书设计

6. 将相和

连词成句地读（扩大视域、阅读理解）　　集中注意力

　　　　　　　　　　　　　　　　　　　　不停顿

　　　完璧归赵　渑池会面　负荆请罪　　　不回读

作业设计

1.用学过的提高阅读速度的方法，阅读《史记》中《毛遂自荐》这个故事。

2.想一想同学们提出的问题，下节课一起交流分享。

教学反思与改进

本课完成了单元阅读任务，突出阅读策略学习，从体会、运用到实践，"连词成句地读"始终贯穿整堂课。学生在由词到句，由句到段，连词成句讲述的过程中，提高了提取信息的能力和表达能力。同时，他们很好地运用了上一课的阅读策略，并为下一课的学习做好了铺垫。但对于阅读策略，有些学生不能灵活使用，在选择上也有一定的困难。

（指导教师：北京市顺义区东风小学 穆丽平）

第九册　第二单元《什么比猎豹的速度更快》

陆宇晨

教学单元基本信息		
姓名	陆宇晨	单位	北京市顺义区石园小学
年级	五年级	单元	上册第二单元
单元主题		阅读策略-提高阅读速度

单元指导思想与理论依据

《义务教育语文课程标准（2022版）》（以下简称《课标》）要求：默读有一定的速度，默读一般读物每分钟不少于300字。学习浏览，扩大知识面，根据需要搜集信息。此外，心理学研究表明，生命个体在接受新信息时总是会表现出鲜明的选择性。因此，阅读速度的提升主要取决于阅读者对文本的发现与习惯的养成。本单元教学应着力于阅读习惯与方法，发展阅读思维，提高阅读速度。

单元教学内容及要素分析

本单元阅读要素是"学习提高阅读速度的方法"。《课标》在小学阶段有关默读方法的层级安排是二年级开始学习默读，三年级要求默读时尽量做到不出声、不指读，带着问题默读。五年级要求默读有一定速度，对阅读方法和效率有更高要求。

本单元共有四篇精读课文：《搭石》练习集中注意力，不回读，可以跳读，同时掌握文本内容；《将相和》练习连读，扩大视域，还要注意感受人物形象；《什么比猎豹的速度更快》借助关键词句提高阅读速度，属于鉴别式阅读；《冀中的地道战》练习带着问题阅读，同时要进一步把握课文内涵。习作要素"结合具体事例写出人物特点"可与《将相和》一课相联系,将描写廉颇、蔺相如人物形象的写法迁移运用。

单元教学目标

1. 认识 30 个生字,读准 6 个多音字,会写 42 个字,会写 57 个词语。
2. 能通过"集中注意力""不回读""连词成句地读""抓住关键词句""带着问题读"等方法和习惯提高阅读速度,并概览课文主要内容。
3. 能通过印象深刻的画面或具体的事例感受人物特点与品质。
4. 能抓住人物的主要特点,用具体事例来描写自己的老师。
5. 能评价、修改同学与自己的习作。

单元教学结构

表1 单元教学结构安排

阅读教学				
篇目	《搭石》	《将相和》	《什么比猎豹的速度更快》	《冀中的地道战》
导入活动	游戏导入 集中注意力	游戏导入 了解作者	速读文段 引出课题	回顾方法
课中活动	速读第一段 了解文本背景	关联资料 铺垫快速阅读	速读PK（一） 感知文本内容	自主提问 阅读全文
	速读整篇 感知内容	阅读全文 关联评价人物	速读PK（二） 发现篇章结构	组内解决 总结方法
巩固阅读	《写作搭石的前后》 了解文本意图	《史记故事》 由单篇走向整本	《还有什么比象龟更老》	《地雷战》 提出问题
语文园地				
课中活动	梳理提高阅读速度的方法	用简单的语句概括整段话的内容	结合具体情境 表达成语的意思	
习作表达				
课中活动	回忆师生趣事 联系《将相和》写法		评议习作 敬赠老师	

课题	7 什么比猎豹的速度更快
课时	第 1 课时
课型	新授课☑　精读或略读指导☐　口语交际课☐　专题复习课☐ 习作指导或讲评☐　学科实践活动课☐　其他☐

课时教学内容分析

《什么比猎豹的速度更快》的作者是美国的罗伯特·E.威尔斯。本文是一篇介绍事物运动速度的说明文，文章以题目为问题导向，叙述事物速度逐渐提升，从而形成了有规律的篇章结构。文中以人类奔跑速度为起点，再到动物的速度，又到飞机、火箭、流星体和光速等事物的速度，通过列数字、作比较等说明方法清晰明了地介绍了世间万物的速度。课后练习中还要求学生能够"提出自己感兴趣的或不懂的问题，带着问题再读课文，和同学讨论"。引导读者关注阅读的目的与方向，为下一课的学习打下基础。

本课既要承接单元前两篇课文提到的阅读方法，还要重点引导学生在阅读中体验通过关键词句推想段意、厘清篇章架构，从而提高阅读速度的方法，同时引导学生勤思好问，为后续学习做铺垫。

学习者分析

在学习本课前，学生已经明晰了本单元的"提高阅读速度"的目标导向，并初步体验和掌握了不回读、连词成句读等方法。对于"关键词句"，学生将其理解为是"课文（或段落）最重要的那句话"，且认为这句话往往是段首句或总结句。但为什么能通过关键词句提高阅读速度？又如何在快速阅读中发展思维？这些是学生有待学习的地方。

课时教学目标

1.能通过"借助关键词句"的方法提高阅读速度，发现段落特点，并在关联阅读中迁移运用。（教学重难点）

2. 能理解课文主要内容，初步体会说明文简洁、严谨的表达特点。
3. 能提出自己的问题，培养探索自然科学奥秘的兴趣。

学习评价设计

1. 在"速读 PK"后记录阅读时间，回答下面问题并与同学核对。

> 1. 这篇课文的题目是_____
> 2. 课文的作者是_____
> 3. 与同桌说说课文的主要内容。
> 4. "还有比流星体运动速度快得多的东西，而且它就在我们身边。只要我们按下手电筒的开关，立刻就会出现一束光柱。"文中这句话的意思是什么？

2. 画出文中帮助你提高阅读速度的关键词句，并结合全文说一说你的阅读方法。

优秀：能找准关键词句并推想段落大意，从而发现全文的段落层次与表达规律。

良好：能基本找全关键词句并推想段落大意，但没能发现全文的表达规律。

有待学习：找错关键词句。

3. 根据课文内容，提出不懂的问题并在课后尝试查询解决。

优秀：勤思好问，能提出知识性、写法、探索性等多个层面的问题。

良好：聚焦某一方面提出问题。

有待提升：缺少探索兴趣，没有提出问题。

教学活动设计

一、聚焦要素，建立学法联系

（一）单元回顾，梳理方法

引导学生回顾本单元内已经学到的提高阅读速度的方法，并由学生相机板书：集中注意力，不停顿、不回读；连词成句地读。

（二）游戏导入，体验速读

教师出示课文中的一段话，学生用 10 秒钟快速默读。

之后，学生通过比对数字信息（24 千米 < 72 千米）、记住关键句（这个

速度跟鸵鸟比起来差远了）等方法，读懂了"鸵鸟比人速度快"的本段大意。教师顺势板书。

> 人在奋力奔跑的时候，最大速度能够达到 24 千米每小时。这个速度跟鸵鸟比起来差远了——鸵鸟奔跑的最大速度约 72 千米每小时。在两条腿的动物里面，鸵鸟应该算是奔跑的世界冠军。

【设计意图：以"速读游戏"导入本课，建立单元课文联系，延续快速阅读方法，初步感受"一句话引领一段话"的片段特点。】

二、初读 PK，感知全文内容

（一）初读课文，记录时间

首先，学生自读本课导语，明晰本课阅读方法——借助关键词句，并初步谈谈自己对于"关键词句"的理解。之后根据提示，完成自读：

> 自读提示：
> 用较快的速度默读全文。注意文中关键词句，看看你能读懂什么。
> 读后先记录阅读时间，再合上书，完成学习单（一）。

（二）速读 PK，交流反馈

1. 了解速读学情。

教师对不同时段内读完全文的情况做整体了解，并指出本文共计 700 余字，高年级的默读速度是每分钟至少 300 字，在 3 分钟内阅读完毕是合格的；用更短时间读完，更了不起！不过，是不是读得越快就越好呢？

2. 反馈速读效果。

由用时最少的学生分享学习单情况，生生交流、订正，或翻书求证。由于是"速度 PK"，学生往往只顾速度，忽略内容。因此教师根据学习单反馈情况，适时强调"阅读时要有一定速度，但不能忽视要读懂内容"。

3. 分享速读经验。

相机采访：如何在阅读速度和内容理解上做到二者兼得？学生反馈因为已经熟练掌握了之前的方法（注意力集中，不停顿、不回读等），另有学生反馈说不清原因，教师相机总结"阅读是一种习惯，这是日常阅读积累的成果"。

【设计意图：关注阅读效果。明晰"阅读速度"和"内容理解"要两者兼顾的基本要求。】

三、再读 PK，领悟阅读方法

（一）再读 PK，速度排序

1. 自读全文，排列顺序。

学生对首次"速读 PK"时只顾速度而感到遗憾，教师提供二次 PK：先读一读课后第二题"根据课文内容，按运动速度的快慢给下面的事物排序"，再回过头来默读全文，争取读得又快又准。

2. 组内交流，共议方法。

组织学生在小组内交流核对，评议快速阅读的方法。

（二）聚焦关键词句，领悟速读方法

学生交流，分享快速阅读的方法：

方法一：带着课后问题阅读，提高阅读速度。

方法二：借助关键词（数字信息）阅读。文中会准确指出不同事物的运动速度（24 千米、72 千米、110 千米等），借此就可以提高阅读速度。

方法三：通过关键句（或有取舍、有重点地读），能够快速推测出段落大意，进而准确说出文中游隼、鸵鸟、飞机等的运动速度。

总结："通过某一句推断出整个段落大意，这是推想。"之后，鼓励学生再去其他段落找寻关键句、体验推想。

【设计意图：基于初读时的盲目求快，建立"二次 PK"平台。以真实阅读体验为分享内容，感受通过关键词句提高阅读实效的过程。】

（三）联系关键词句，认知篇章特点

引导学生将各段关键句联系起来，发现文章在写法上的规律或特点。

发现一：段内架构相似。以"提出事物—列举数值—解释说明"这样的架构呈现。

发现二：篇章结构清晰。都是写这种事物比上一种事物的速度要快。

发现三：说明方法明显。用数字和对比佐证观点，清晰明了。

总结：顺序明显、结构清晰的文章，适合我们通过关键词句去快速读懂内容，提高阅读效率。

【设计意图：从阅读技巧走向文章脉络，在联系中探寻写法特点和篇章架构，明晰速度的提升在对篇章整体的把握，从而建立学生初次阅读时的整体性思维。】

四、读法迁移，自主提问解疑

（一）自主提问，生生解疑

围绕课文内容提问，相机记录，激发求知和探索精神。

（二）关联阅读，读法迁移

计时阅读《微小动物的速度PK》，感受通过关键词句提高阅读速度，发现过渡句也能作为关键词句的特点。

【设计意图：提出问题，为学习做铺垫；关联阅读，在阅读中迁移、比对，在"速度"领域开阔视野。】

板书设计

<pre>
              7 什么比猎豹的速度更快

                                        不停顿、不回读
    篇章层次 ←—借关键词句—→ 段落大意   连词成句
   （比鸵鸟跑得更快的……）（猎豹比鸵鸟快）
   （但是游隼向下……） （游隼比猎豹快）
</pre>

作业设计

1. 查询课堂问题，下节课共同分享。
2. 阅读《还有什么比象龟更老》，并按寿命长短给事物排序。

教学反思与改进

1. 基于真实体验，达成要素落实。

本课以两次"速读PK"作为言语实践活动，学生在阅读体验中积极参与、外显阅读成果、重构阅读经验，感受阅读速度和内容理解的二者兼得，落实单元要素。

2. 发展推想思维，提高阅读实效。

阅读速度的提升源于良好的习惯与敏捷的思维。本课不满足于辨析关键词句，更引导学生从关键词句走向篇章架构，在阅读中有效推想文意，感受表达特点，达成语言与思维的并生。

（指导教师：北京市顺义区教育研究和教师研修中心 闫兴河）

第十一册　第三单元《竹节人》

崔玉莲

教学单元基本信息				
姓名	崔玉莲	单位	北京市平谷区第一小学	
年级	六年级	单元	上册第三单元	
单元主题		阅读策略单元——有目的地阅读		

单元指导思想与理论依据

《义务教育语文课程标准（2011年版）》指出："小学语文课程要培养学生具有独立阅读的能力，学会运用多种阅读方法。"对高年级阅读提出的要求是："学习浏览，扩大知识面，根据需要搜集信息。""阅读简单的非连续性文本，能从图文等组合材料中找出有价值的信息。""在理解课文的基础上，提倡多角度、有创意的阅读。教师应加强对阅读方法的指导，让学生学会精读、略读和浏览。"阅读作为学生获取知识的重要手段，随着学习内容篇幅的逐渐增多，把握文章的主要内容，感受作者表达情感，从中获取关键信息，需要多种阅读策略的助力，就像本单元导语所说："读书好比串门儿——隐身的串门儿。"意在通过本单元的教学，使学生明确同读一篇文章，为了完成不同阅读任务，所关注的内容和选择的阅读方法也是不同的。阅读策略的习得需要教师帮助学生整合头脑中已有的方法，需要学生在实践体验中总结梳理提升方法，不断提高自身的阅读效率。

单元教学内容及要素分析

这一单元围绕"有目的地阅读"这个策略进行编排，一共安排了三篇文章。学生之前已经学过预测、提问、提高阅读速度这三种阅读策略，在本单元教学中，需要在运用之前所学策略的基础上再提升，通过讨论、交流和比较等活动，浏览阅读材料时要有一定速度筛选文本中相关信息，细读课文时根据情节进行预测，适时提出问题，结合上下文，从字里行间体会文章思想感情等方法实现阅读目标，并通过系统地梳理总结形成阅读策略并养成在生活实践中运用的习惯。《竹节人》安排的三个阅读任务，使学生初步感受阅读同一篇文章，由于目的不同，重点关注的段落是不同的，所采用的阅读方法也是不同的。《宇宙生命之谜》引导学生运用前一篇课文中所学的阅读方法，再结合课文批注与课后练习进行梳理，完成运用多种方法进行阅读：浏览全文法、圈画关键词法、提取关键信息法、查找资料法等，并用新问题引导学生开展新的阅读活动。《故宫博物院》作为一篇非连续性文本的略读课文，将学生在前两篇课文中学到的阅读方法进行迁移，尝试自主进行"有目的地阅读"活动。"交流平台"中对如何根据阅读的目的，选择合适的阅读材料、运用恰当的阅读方法进行了梳理和总结，提示学生在之后的阅读中自觉养成"有目的地阅读"的习惯。

本单元几篇课文对于达成"有目的地阅读"这一教学策略，三篇课文及交流平台所承担的任务如下：

学习体会方法→梳理阅读方法→实际运用方法→回顾总结方法→自觉养成习惯

课文的学习是落实阅读策略形成的凭借，但学生要想真正具有"有目的地阅读"这一能力，需要教师在之后的课文学习中引导他们不断应用这一策略阅读文章、解决问题，在实际应用中巩固这一策略，并在阅读中养成自觉运用策略的良好习惯，不断提高自己的阅读能力。

单元教学目标

1. 在习得"有目的地阅读"这一策略的过程中，学生能够不断唤醒自己已有的阅读方法与能力，根据目的选取内容完成阅读任务。

2. 在带着阅读目的解决问题的过程中，反复、多次阅读课文，结合课后习题中的提示与亲身实践，总结有目的地阅读的方法，并将它延伸到之后的学习中，成为习惯。

3. 在不同文体的学习中，使学生对传统玩具、宇宙生命、古代建筑产生喜爱、探索、向往、赞美的感情。

单元教学结构

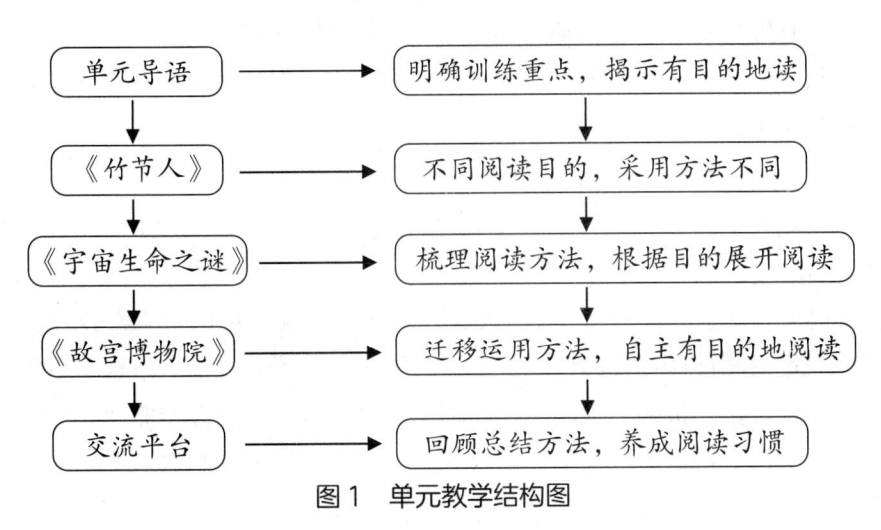

```
单元导语 ──────→ 明确训练重点，揭示有目的地读
   │                    │
   ▼                    ▼
《竹节人》 ────→ 不同阅读目的，采用方法不同
   │                    │
   ▼                    ▼
《宇宙生命之谜》─→ 梳理阅读方法，根据目的展开阅读
   │                    │
   ▼                    ▼
《故宫博物院》 ──→ 迁移运用方法，自主有目的地阅读
   │                    │
   ▼                    ▼
交流平台 ─────→ 回顾总结方法，养成阅读习惯
```

图1 单元教学结构图

本单元的教学围绕"有目的地阅读"这一策略展开，通过"单元导语"明确本单元要学习根据阅读目的，选用恰当的阅读方法；《竹节人》一课引导学生体会阅读同一篇文章目的不同，关注的内容、采用的阅读方法也会不同；《宇宙生命之谜》交流开展有目的阅读运用的具体方法；《故宫博物院》迁移运用方法，实现自主阅读；"交流平台"梳理总结方法。每个板块每篇课文横向承载的任务不同，由教到放，层层深入，目标是让学生习得"有目的地阅读"这一策略。

课题	10 竹节人
课时	第1课时
课型	新授课☑ 精读或略读指导☐ 口语交际课☐ 专题复习课☐ 习作指导或讲评☐ 学科实践活动课☐ 其他☐

课时教学内容分析

作者在这篇文章中回忆了童年时代做竹节人、沉迷于斗竹节人、课堂上被老师没收竹节人却发现老师也偷偷玩竹节人的情景，表现了风行于20世纪70年代的手工自制玩具给儿童带来的喜悦和满足，同时也写出了老师对竹节人这一玩具的喜爱之情。文章字里行间透露出简易的儿时玩具所带来的心灵快乐。本篇课文是本单元的第一篇精读课文，在导语中设置了三项阅读任务。不同的任务需要学生将课文分别当作说明文、散文、记叙文来阅读，注重实用、体验和叙事。在实际学习中，教师由教到放，通过提取信息、细读想象、旧知迁移的方法使学生在完成不同任务的过程中，递进学习根据阅读目的不同选择不同内容和方法的阅读策略。

学习者分析

学生通过之前的学习已经具备根据不同的需要，采用不同阅读方法的意识，但带着一定的阅读任务去阅读，本节课是第一次练习。在教学过程中教师需要提取学生已掌握的预测、提问、提高阅读速度的策略及细读、略读、速读、浏览等多种阅读方法，尝试根据阅读的不同目的，关注不同内容、采用不同方法来完成阅读任务，逐渐学会"有目的地阅读"这一策略。

课时教学目标

1. 在学习中知道阅读目的的不同，选取的文本内容和运用的阅读方法是不同的，初步学习"有目的地阅读"策略。

2. 用浏览全文的方法找到与阅读目的相应的段落，通过提炼重点、整合步骤、梳理内容等方法学习写竹节人制作说明书，并和同学进行交流。（教学重难点）

3. 运用已有阅读方法品味语言，体会传统玩具给人们带来的乐趣，让学生对传统玩具产生喜爱、向往之情。

学习评价设计

1. 能根据不同的阅读目的选取不同阅读内容和方法。
2. 能写出玩具制作指南，并教别人玩这种玩具。
3. 能运用想象场景、细读品味语言的方法，体会玩竹节人的乐趣。
达成以上三个目标为优秀，两个为良好，一个为合格。

教学活动设计

一、感知全文，揭示"有目的地阅读"策略

（一）揭示课题，交流提升

学生齐读课题，从题目感知课文所要写的主要内容。结合课前预习交流对竹节人的认识，激活认知。

（二）通读全文，整体感知

学生自由读文，了解整篇课文是围绕竹节人从迷上、制作、玩和没收这四个部分展开写的，初步感受竹节人给作者带来的乐趣。

（三）找出不同，揭示策略

1. 寻找不同之处。

学生观察本篇文章结构，找到与之前学习的课文不同之处是在题目的下方有三个任务，并指出同一篇文章，阅读的目的不同，关注的内容、采用的阅读方法也会有所不同，知道这是阅读策略单元。

2. 揭示阅读策略。

学生回想自己三年级学过阅读策略是"预测"，四年级学过的阅读策略是"提问"，重点复习五年级"提高阅读速度"的策略。明确本课要借助《竹节人》这篇文章学习新的阅读策略——"有目的地阅读"。

【设计意图：充分了解学生的课前预习情况，了解整篇课文的大致内容，唤起已习得的阅读策略，引出要学习的新策略。】

二、出示任务，学习"有目的地阅读"策略

（一）学习"有目的地阅读"策略

1. 依阅读目的选内容。

学生自主读一读"阅读任务一"，小组讨论：完成这项任务应该选择哪些内容？引导学生重点阅读第三自然段内容。

2. 依阅读目的选方法。

学生分组讨论总结出阅读方法：需要通过圈画表示动作的重点词语"锯""钻""锯""穿"来找出关键步骤，还需要写清制作前准备的材料和制作时注意的事项，梳理出按做前准备、做中步骤、做时注意几部分来写。

3. 自主完成制作指南。

学生自主完成制作指南，生生交流指南，鼓励用上先后顺序词、表格等多种形式完成任务的方法。

4. 教别人玩这种玩具。

学生运用刚才所学方法找到相关段落第8—9自然段，提取关键词"嵌""拉""一松一紧"，小组同学交流、展示。

（二）总结梳理，运用"有目的地阅读"策略的方法

交流完成阅读任务首先要速读找到相关内容，接着细读找到制作、玩的步骤，再把制作指南写清楚，将玩法讲清楚。

【设计意图：学生在主动依据阅读目的选择内容与方法的过程中，调取原有批注的阅读方法、抓住关键词句进行总结的表达方法，生生交流使说写层次提升，初步运用有目的地阅读策略。】

三、依法品读，运用策略完成任务

（一）明确完成任务的方法

读"任务二"，知道完成这项任务需关注第8—19自然段，结合课后习题中的方法知道根据阅读目的要在品读语言、想象场景的基础上进行学习。

（二）生生交流感受乐趣

自主阅读后小组同学交流，从偷做、玩耍、装饰等方面感受其中的乐趣，并通过朗读的方式表达出来。

【设计意图：充分利用书本资源提示学生有目的地阅读，在交流中感悟通过装饰、起名等方法可以增加玩竹节人的乐趣。】

四、拓展延伸，运用"有目的地阅读"的方法

（一）总结提升

指名总结有目的地阅读的方法是先快速浏览全文找到相关内容，确定阅读方法，梳理相关信息，交流完成任务。结合单元导语"读书好比串门儿——隐身的串门儿"理解阅读每本书就好比是串门儿的过程。同读一篇文章，串门儿的目的也可能不同。

（二）拓展练习

阅读四年级上册第20课《陀螺》，阅读相关内容，完成"陀螺"制作指南，并教别人玩这种玩具。

【设计意图：学以致用。选取学过的文章激起学生找一找类似文章的愿望，并在真正的有目的地阅读实践中运用这一阅读策略。】

板书设计

<pre>
            10 竹节人
           （有目的地阅读）
     目的   内容   方法
   制作指南   第3段   圈画关键词、用说明性语言
   体会乐趣   第8—19段   展开想象、读中品味语言
</pre>

作业设计

阅读四年级上册第20课《陀螺》，有目的地阅读相关内容，完成"陀螺"制作指南，并教别人玩这种玩具。

教学反思与改进

1. 边学策略边应用。将任务逐一分解，先写制作指南，找到相关段落学习写法，再将此方法运用到教别人玩的任务中，相同策略在运用中巩固，再回顾有目的地阅读策略，迁移到任务二，除了选择相关内容，再将它作为文学作品进行品读感受乐趣。

2. 边交流边提升。有了任务后，注重挖掘学生的资源完善制作指南，感悟玩中乐趣，在生生交流中不断修改自己的制作方法，感悟"斗""装饰""起名字"中的玩耍乐趣。

3. 边习法边巩固。实现阅读策略文本上的迁移，发挥作业的诊断巩固功能，大致相同的阅读任务，不同的文本，实现学生阅读策略的应用由课内走向课外。

（指导教师：北京市平谷区教育研修中心 李新会）

习作教学板块

第五册　第五单元　我们眼中的缤纷世界

卢笑莹

教学单元基本信息			
姓名	卢笑莹	单位	北京市西城区厂桥小学
年级	三年级	单元	上册第五单元
单元主题		留心观察	

单元指导思想与理论依据

《义务教育语文课程标准（2011年版）》（以下简称《课标》）在总目标中提出："在发展语言能力的同时，发展思维能力……"针对第二学段的习作，《课标》提出了"乐于书面表达"和"观察周围世界，能不拘形式地写下自己的见闻、感受和想象"等要求。语言和思维是相互依存的，而观察又是提升语言表达能力的途径之一。三年级上册第五单元作为统编教材中首次出现的习作单元，将观察作为习作的关键能力。因此在本单元中应以指导观察为主要途径，提升学生语言表达能力的同时促进思维发展。

单元教学内容及要素分析

本单元主题为"留心观察"。语文要素是"体会作者是怎样留心观察周围事物的"，习作要求是"仔细观察，把观察所得写下来"。纵观本套教材中的习作单元（表1），本单元是第一次在本套教材中出现的习作单元。可见，教材将"观察"作为习作的关键能力。

表1 统编小学语文习作单元编排体系

年级	单元	语文素养	精读课文	习作例文	习作训练
三上	五	体会作者是怎样留心观察周围事物的；仔细观察，把观察所得写下来。	《搭船的鸟》《金色的草地》	《我家的小狗》《我爱故乡的杨梅》	我们眼中的缤纷世界
三下	五	走进想象的世界，感受想象的神奇；发挥想象写故事，创造自己的想象世界。	《宇宙的另一边》《我变成了一棵树》	《一支铅笔的梦想》《尾巴它有一只猫》	奇妙的想象
四上	五	了解作者是怎样把事情写清楚的；写一件事，把事情写清楚。	《麻雀》《爬天都峰》	《我家的杏熟了》《小木船》	生活万花筒
四下	五	了解课文按一定顺序写景物的方法；学习按游览的顺序写景物。	《海上日出》《记金华的双龙洞》	《颐和园》《七月的天山》	游____
五上	五	阅读简单的说明性文章，了解基本的说明方法，收集资料。用恰当的说明方法，把某一种事物介绍清楚。	《太阳》《松鼠》	《鲸》《风向袋的制作》	介绍一种事物
五下	五	学习描写人物的基本方法。初步运用描写人物的基本方法，具体表现一个人的特点。	《人物描写一组》《刷子李》	《我的朋友容容》《小守门员和她的观众们》	形形色色的人
六上	五	体会文章是怎样围绕中心思想写的；从不同方面或选取不同的事例，表达中心意思。	《夏天里的成长》《盼》	《爸爸的计划》《小站》	围绕中心意思写
六下	三	体会文章是怎样表达情感的；选择合适的内容写出真情实感。	《匆匆》《那个星期天》	《别了，语文课》《阳光的两种用法》	让真情自然流露

在第二学段中，本套教材安排了四次与观察有关的习作内容，本单元处于本学段观察习作的起点。从表达训练要素来看（见图1），第二学段体现了从"写下来"到"写清楚"的培养过程。在本单元的教学中，要在"写下来"的基础上，为之后的"写清楚"做铺垫。

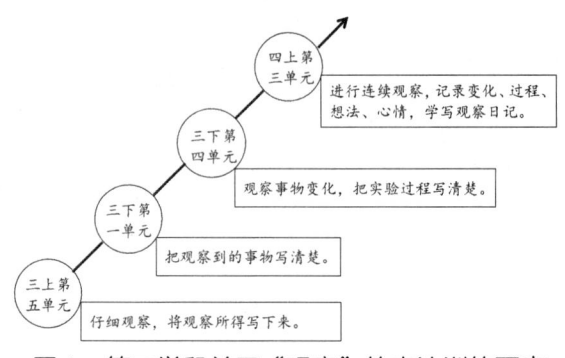

三上第五单元：仔细观察，将观察所得写下来。
三下第一单元：把观察到的事物写清楚。
三下第四单元：观察事物变化，把实验过程写清楚。
四上第三单元：进行连续观察，记录变化、过程、想法、心情，学写观察日记。

图1 第二学段关于"观察"的表达训练要素

根据以上两方面，我们可以确定，本单元同时作为三至六年级观察和表达训练的开端，对培养学生语文关键能力起到至关重要的作用。

单元教学目标

1. 认识10个生字，读准1个多音字，会写26个字，会写25个词语。
2. 了解作者是怎样观察的，感受作者观察的细致，体会留心观察的好处。
3. 初步了解调动多种感官，持续进行观察可以对事物有更多更深的了解。
4. 能和同学交流自己观察到的动物、植物或场景及其变化过程。
5. 能结合课文内容，进一步体会作者观察的细致，梳理总结留心观察的好处。
6. 通过学习课文与习作例文的写法，结合多种观察方法，能够把自己观察到的一种事物或一处景物写下来，并通过观察丰富想象，尝试将观察所得写清楚。

单元教学结构

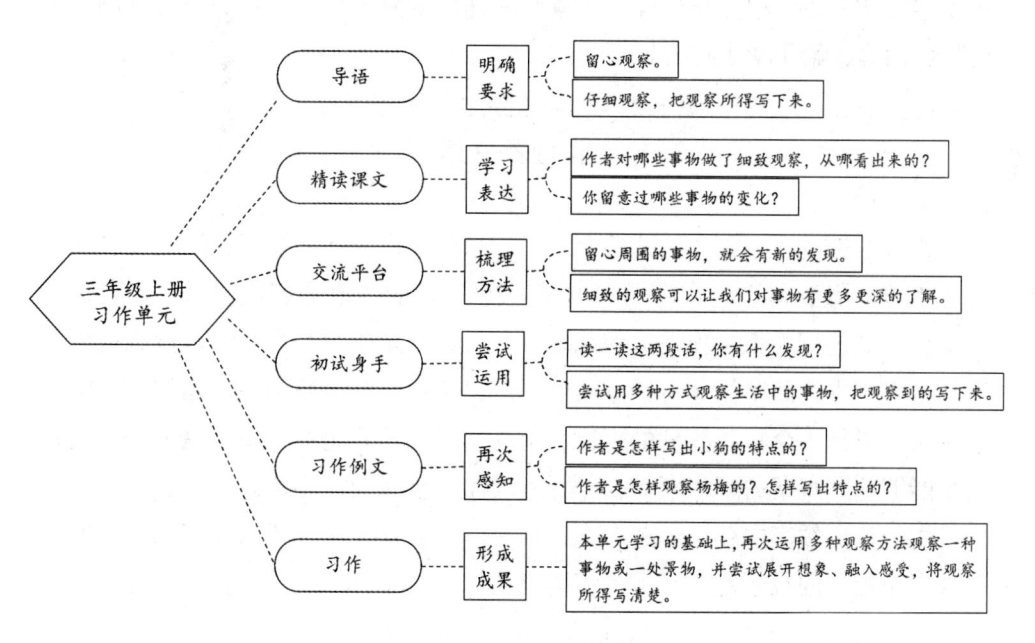

图2 单元教学结构图

如图2所示，习作单元自成体系，单元整体的编排从一而终，聚焦表达。其中"初试身手"与最后的习作中的表达训练要求，体现梯度。

课题	我们眼中的缤纷世界
课时	第1课时
课型	新授课☑　精读或略读指导□　口语交际课□　专题复习课□ 习作指导或讲评□　学科实践活动课□　其他□

课时教学内容分析

　　本次习作指导课"我们眼中的缤纷世界"是统编语文三年级上册第五单元（习作单元）的最后一部分内容，意在帮助学生通过学习本单元的导语、精读课文、"交流平台""初试身手"以及"习作例文"后，能够运用已学知识形成学习成果。本次的习作指导，应基于解决此前学生在观察与表达上暴露出的问题，根据学生在本单元学习过程中的难点，有针对性地进行指导。

　　另外，本单元中"初试身手""习作例文"与习作指导课不必拘泥于课时的先后顺序，而是要适时整合，因此，本节课从"初试身手"中尝试运用的多种观察方法入手，根据学生课上观察与表达的实际情况，相机勾连习作例文中的相关内容，给予学生启发。

学习者分析

　　我将本年级学生在"初试身手"中的小练笔作为前测依据，发现超过90%的学生能够做到留心观察生活。但是只有37%的练笔能够体现出小作者运用了多种方式进行观察，而在这些练笔中，大部分学生只是将自己观察到的内容罗列出来或进行简单描述。暴露出的问题是大部分学生不会主动运用已学的观察方法，或是不会将观察到的事物转化为丰富的语言进行表达。这就需要选择学生能够共同观察的某一事物，进行一次面向整体的习作指导。

　　由于各班教室中普遍种植多肉，许多学生也都对多肉进行过观察。因此将本次习作指导的观察对象确定为多肉植物。

课时教学目标

1.在实践中能够迁移运用多种观察方法，多角度细致观察事物，进一步体会留心、细致观察的好处。

2.能够把自己观察到的一种事物或一处景物写下来（教学重点），并通过观察丰富想象，尝试从不同角度将观察所得写清楚。（教学难点）

学习评价设计

表2 学生评价表

评价内容	评价星级
能通过看、摸、闻、尝、听等多种方式进行观察。	
能关注观察对象的变化	
评价内容	评价星级
能在观察中加入自己的想法（想象、猜测……）	
（学生可补充评价内容）	

教学活动设计

一、创设情境，激趣导入

（一）明确习作主题

同学们，经过这个单元的学习，大家都成了生活中的小小观察员。你们观察的场景或事物，或美妙或奇趣……构成了"我们眼中的缤纷世界"。

（二）聚焦观察多肉

老师了解到有不少同学都对教室中各式各样的多肉植物情有独钟。课前每个人都选择了一株最喜欢的多肉进行观察，并设计了名片。这节课就请你为自己选择的这株多肉代言，参加"最美多肉"的评选。看看你观察的多肉在你的介绍下，能否取得"最美"之称！

【设计意图：明确学习任务，营造良好氛围，激发学生表达的兴趣。】

二、多角度观察，丰富表达

讲台上这株多肉植物名叫"乙女心"，它也想参加评选，请大家帮它设计一张参赛名片。

（一）多方式观察，设计名片

1.梳理名片内容，找准观察方向。

名片中加入哪些内容能够让人们清楚地了解它?

【板书:颜色 形状 触感 气味】

2.多角度观察,完善名片内容。

请几位学生上台观察,同时出示该植物近景、远景的图片。

(1)适时引导多方式观察:同学们快看,他用手……他用鼻子……他在看……

(2)采访上台学生:通过亲身观察,你有什么发现?

采访台下学生:小观察员是怎样观察的?

相机点评,鼓励学生调动多种感官进行观察:

【板书👁】是呀,走近一看,我们看得更清楚。

【板书✋】通过触摸,能够观察到多肉叶片的温度、触感……真是个观察的好方法!

【板书👃】用鼻子去闻一闻味道也是个好方式!真会观察!

3.出示观察成果——名片。

【设计意图:课上创造条件,让学生在实践中观察。全班同学在这些"小观察员"的带领下,巩固运用观察方法。】

(二)借助名片展开想象,丰富表达

1.借助名片内容,描述观察所得。

请学生作为代言人,借助名片介绍"乙女心"。

2.激发想象,丰富表达。

(1)分别出示两段介绍,学生对比两段范文,发现表达时可以融入自己的想象。

(2)出示多组与其相似的多肉植物图片,帮助学生展开想象,丰富语言表达。

借助图片，谁来说说你的发现？

将多肉植物比作和它有相同特点的美好的事物，一定会更加吸引人！谁能展开想象，【板书：想象】再试着介绍"乙女心"？

你喜欢这样的介绍吗？为什么？

3. 点评总结写法。

【设计意图：在多角度观察的基础上，在对比范文和欣赏图片的过程中，让学生尝试展开想象，丰富语言表达。】

三、融入感受，书写观察所得

（一）启发学生在观察时融入感受

当你带着对它的感受，再次观察的时候，一定会有新的收获。【板书：感受】

师将讲台上的"乙女心"拿起，走近学生："当你看到那一簇簇像婴儿肉乎乎的小手一样的叶片时，你会想什么？当你……你会感到……"

（二）书写观察所得，介绍多肉

就请你为自己所观察的那株多肉代言！请大家借助屏幕上的评选要求和自己设计的名片，用一段话介绍它。可以根据需要，走到你选的那株多肉旁，进行更加细致的观察。

【设计意图：通过一系列启发性的语言让学生尝试融入自己的感受；学生运用所学方法，再次多角度观察多肉植物，把观察训练落到实处。】

四、参考例文，点拨方法

（一）分享、互评、推选、交流

小组内分享、互评，推选出一位写得最好的学生，再请每组推选出的学生在全班进行交流。

（二）借助例文，适时点拨

针对学生练笔中不足的地方，结合精读课文和习作例文中相关方面进行点拨。

预设：长时间观察可以关注事物变化，参考《我爱故乡的杨梅》《金色的草地》。

预设:可以边观察边思考,参考《搭船的鸟》《我家的小狗》。

【设计意图:在单元整体教学的背景下,充分发挥已学精读课文和习作例文的作用。】

五、总结要点,扩充选题

(一)回顾总结

总结细致观察的要点:充分利用感官,多方式观察;根据观察展开想象,融入自己的感受;长期观察,关注变化。

(二)扩充选题

除了多肉植物,生活中还有许多给我们带来美好感受的事物或场景也构成了我们眼中的缤纷世界。请你选择以下一种方式完成本次习作:

1.结合多种观察方式,参考习作例文中的写法,给课上的练笔补充上一些内容,用一篇文章将你观察的"最美多肉"写下来。

2.结合多种观察方式,参考习作例文中的写法,尝试从不同角度把你最近观察时印象最深的一种事物或一处场景写清楚。

板书设计

我们眼中的缤纷世界
——最美多肉评选大赛

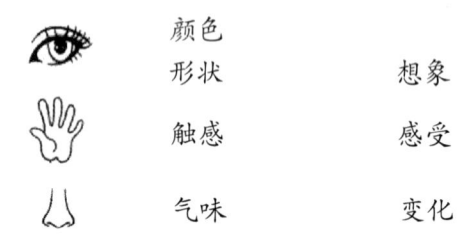

👁	颜色	
	形状	想象
✋	触感	感受
👃	气味	变化

作业设计

选择其中一项完成习作:

1.结合多种观察方式,参考习作例文中的写法,延续课上的练笔,写一篇介绍多肉植物的习作。

2.结合多种观察方式,参考习作例文中的写法,尝试从不同角度把你最近观察时印象最深的一种事物或一处场景写清楚。

教学反思与改进

　　本节课的特点是学生能充分调动感官去观察多肉植物。从学生课上的练笔情况来看，大部分学生能够从"初试身手"时的简单描述事物，提升为通过多方面来写事物特点；还有一部分学生能够有意识地融入自己的想象与感受去观察事物，并把自己的发现多角度表达出来；更难得的是有小部分学生还写出了事物的变化。

　　但从最后呈现的习作中发现，一些学生在篇章结构上出现层次不够清晰的问题。今后的教学可以在最后成文之前，再次带着学生读一读习作例文，学习例文是怎样布局谋篇的。

（指导教师：北京市西城区厂桥小学 谷利新）

第五册　第五单元《搭船的鸟》《我家的小狗》

李艳红

教学单元基本信息			
姓名	李艳红	单位	北京市平谷区教育研修中心
年级	三年级	单元	上册第五单元
单元主题		观照单元整体，发现缤纷世界的美	

单元指导思想与理论依据

统编教材以单元为体系，以人文主题和语文要素为双线组元。从单元内部看，各板块相互联系、相互作用，各有侧重；从小学阶段的12册教材整体上看，不同年级、不同单元之间核心能力呈阶梯式发展。每一个单元都是完整的语文知识和能力体系中的一环，只有掌握好"其中的一环"，"瞻前顾后"，才能形成小学阶段的整个链条。因此，用大单元思想设计教学目标，把单元看成一个单位"1"，是为了更好地整合资源，落实关键知识和必备能力，让链条中的每一环目标更聚焦。

一直以来，教学设计习惯从教师"教"的角度思考，整篇教案都是教师的教学活动，整节课都是教师主动地教，学生被动地学，"学生是课堂学习的主人"变成了一句空话。因此，由"教"走向"学"迫在眉睫。在这种背景下，以任务驱动、深度学习设计学生的学习活动，把现有教学内容打破顺序，重新组合，在具体情境中落实语文要素，发展学生的语文素养。

单元教学内容及要素分析

三年级上册第五单元是习作单元，这一单元比较特殊，它是统编教材首次呈现的，学生上小学以来首次学习的习作单元。本单元不同于常规单元，它是专门指向习作的。这单元的主题是"留心观察"，用法国艺术家罗丹的名言引出：生活中并不缺少美，而是缺少发现美的眼睛。本单元的语文要素是"体会作者是怎样观察周围事物的"，习作要求是"仔细观察，把观察所得写下来"。

围绕"留心观察"这一主题，本单元安排了两篇精读课文，分别是《搭船的鸟》和《金色的草地》；安排了两篇"习作例文"《我家的小狗》和《我爱故乡的杨梅》；一个"交流平台"，即对本单元的习作方法、要求进行梳理和归纳；一个"初试身手"，观察小蜗牛过马路和妈妈买的杧果；一篇习作"我眼中的缤纷世界"。如果把这些内容分类，我们不难发现，这一单元所呈现的样例包括：动物（翠鸟、小狗、小蜗牛）、植物（蒲公英）、水果（杧果、杨梅），这些内容就是缤纷世界的一部分。

从"留心观察"这个主题看，留心观察就是在积累素材，是一切习作的源泉；"细致观察"，则是要选择素材，抓住事物的特点，看出事物的变化，要相对长时间连续地观察；从语文要素"体会作者是怎样观察周围事物的"这个角度看，是在提示观察的方法，即多种感官参与；从习作要求"仔细观察，把观察所得写下来"这个角度看，是在告诉我们把观察所得写下来就要注意表达方法。

单元教学目标

1. 认识10个生字，读准1个多音字，会写26个字，会写25个词语。

2. 学习《搭船的鸟》《我家的小狗》，感受作者细致观察动物的方法，体会留心观察的好处。

3. 学习《金色的草地》《我爱故乡的杨梅》，知道细致观察要抓住事物的变化，要长时间观察一种事物，多种感官参与其中。

4. 设计观察记录卡，养成随时把自己的观察所得记录的习惯。

5. 能够根据观察卡完成"我眼中的缤纷世界"习作。

单元教学结构

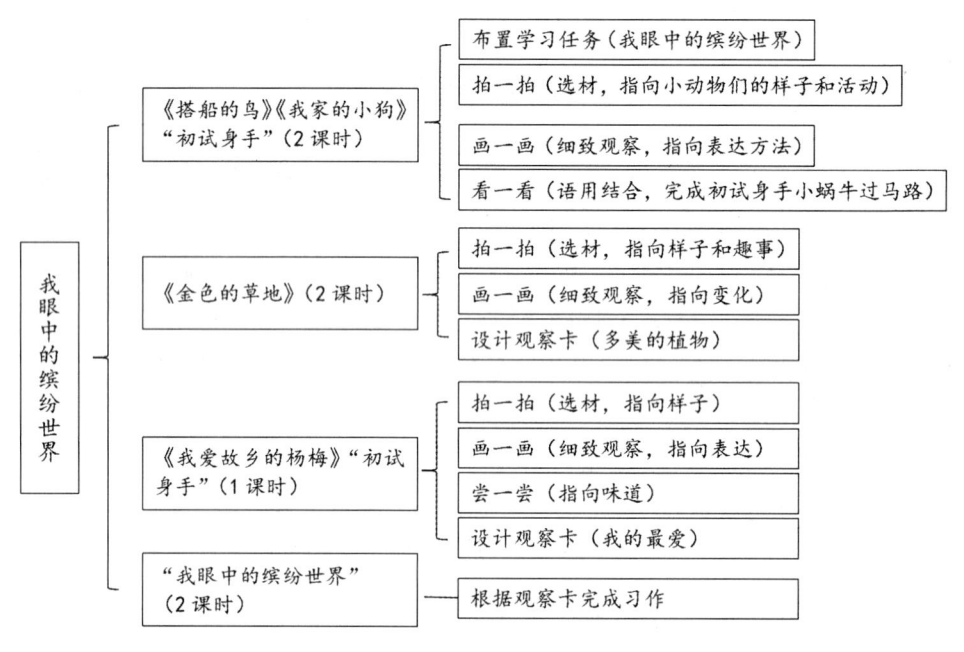

图 1 单元教学结构图

课题	15 搭船的鸟 习作例文：我家的小狗
课时	第 1 课时
课型	新授课☑　精读或略读指导☐　口语交际课☐　专题复习课☐ 习作指导或讲评☐　学科实践活动课☐　其他☐

课时教学内容分析

本课时主要学习《搭船的鸟》和习作例文《我家的小狗》。两篇文章都是写小动物的，在写作方法上既有相同之处，也有不同之处。相同点之一，两篇文章都写了小动物的样子，但没有像一般描写那样，把身体的各部位一一介绍清楚，而是抓住了外形的特点来写的。《搭船的鸟》主要写了身体各部分的颜色以突出它是一只彩色的鸟；《我家的小狗》则是抓住了它的毛色，用一句话就交代完毕。相同点之二，两篇文章在观察的时候都是动用了多种感官，而且边观察边加入了自己的感受和看法；相同点之三，两篇文章都采用了动静结合的写作方法。抓住这些相同点，就能对描写缤纷世界中可爱的动物起到指导作用。

学习者分析

　　针对本单元的习作，经过前期调查，我发现全班41名同学，有19人想写小动物，有17人要写植物，有6名同学要写人或事。而在写动物的同学中，学生知道写动物各部分的样子，但是说出的样子千篇一律，观察缺少方法，选材单一。

课时教学目标

　　1. 了解本单元的习作任务。
　　2. 通过读描写"翠鸟""小狗"的语句，知道描写动物可以写外形和活动情况，体会留心观察的好处。（教学重难点）
　　3. 通过两篇文章，学习表达方法，感受作者观察的细致。（教学重难点）

学习评价设计

　　让学生设计、填写观察记录单。

表1　观察记录单

观察对象	
观察时间	
观察地点	
观察所得（用关键词记录动物的外形、动作）	

表2　学习评价单

	★★	★★★	★★★★★
能设计出比较实用的记录单			
能用关键词记录观察所得			
能连续观察、连续记录			

教学活动设计

一、找一找我眼中的缤纷世界

展示课前学生拍到的图片，明确单元习作任务。

（一）观看图片，明确选材

课前把学生拍到的图片做成PPT展示，让同学们发现眼中的缤纷世界，然后对这些内容进行分类，既有动物、植物、风景，也有人和事的场景。

（二）看习作要求，厘清任务

1. 出示本单元的习作要求，让学生读一读。

习作要求：把观察时印象最深的一种事物或一处场景写下来。

2. 厘清习作任务。

通过课文和习作例文的学习，我们要学习留心观察周围的动物、植物、景物或是人物，看看你有什么新发现。给大家一周的时间，选择一种事物观察，把所得随时写在你的记录卡上。这单元学过之后，我们要把这些发现写成一篇文章和同学们分享。

【设计意图：把单元习作任务前置，就是为了让学生有目的地观察、学习，让阅读教学为习作服务。】

二、看一看作者眼中的缤纷世界

1. 对比发现习作单元结构特点。

通过看第五单元的目录，让学生发现这一单元和其他单元有什么不同。通过同学们的发现，总结认识：习作单元和其他阅读单元结构不同，习作单元有习作例文，没有语文园地。

2. 看单元内容发现习作样例。

再看本单元课文和"习作例文"，在同学们的发现中总结：作者留心观察的内容有动物、植物和水果，这些内容是我们缤纷世界的一部分。

三、拍一拍我眼中的动物

（一）读课题，找关联点

教师板书两篇文章的题目《搭船的鸟》《我家的小狗》，学生齐读课题，明确这两篇文章都是描写小动物的。

（二）拍一拍，填写任务单

1. 自由读两篇课文想一想，如果用相机拍一拍这两种动物，你会拍什么？
2. 填写任务单。

翠鸟 {☐ ☐}   狗 {☐ ☐}

3. 汇报交流。

通过交流明确：如果给翠鸟拍照，会拍它的样子和捕鱼时的情景；如果给我家的小狗拍照，会拍它的样子、上课及追火车时的情景。

【设计意图：学习活动"拍一拍"，目的是聚焦课文的关键段落，聚焦两种动物细致描写的重点部分，为后面学生自己习作打下选材的基础。】

四、画一画作者眼中的动物

1. 画一画。

默读两篇课文，想一想：如果用语言来画一画这两种动物，每种动物你会画几幅画？每幅画什么样？

2. 说一说。

预设：

（1）翠鸟的样子画一幅。让学生说一说画什么样。

分四步走：

第一步，看翠鸟的样子，即羽毛翠绿，翅膀带着一些蓝色，红色的长嘴。出示书中的文字读一读。

第二步，感知"先概括后具体"的段式结构，即用书中的一句话说翠鸟的样子。

第三步，对比描述。出示翠鸟图，首先用自己的话说说翠鸟的样子。

第四步：抓住事物特点，感受留心观察的好处。思考：作者为什么不写"它的嘴长长的，眼睛圆圆的，脚尖尖的"，而要说它各部位的颜色呢？从而得出结论：因为作者进行了细致观察，所以看到了翠鸟各部位不同的颜色，直观感受到了它的美丽。这就是留心观察的好处。

（2）翠鸟捕鱼，画三幅：第一幅，画"冲"进水里；第二幅，画"飞"起来，"衔"着一条小鱼；第三幅，画"吞"下去。

教师首先带领学生边读边做动作想象画面；接着用换词的方式体会作者准确的表达；最后聚焦"一下子""没一会儿""一口"这些时间词，感受翠鸟动作快，作者观察细致。

（3）画一幅我家小狗的样子。即：我们村里长得最花、毛色最漂亮的一只狗。明确小狗外形的描写也是抓住了它的特点来写的。

（4）小狗上课画一幅，追火车画一幅。抓住"叫得最欢""汪地叫一声，晃一晃脑袋""汪地叫一声，朝铁路边跑""追不上火车汪汪叫几声"。了解不同写法的叫，表达的意思是不同的。再次感受细致观察的好处。

3. 比一比。

（1）观察：两位作者在写两种小动物时有什么相同之处？

①都抓住特点写出了两种小动物的样子。②都用一系列的动词写出了活动情况。

（2）总结：动静结合，长时间的细致观察，让文中的小动物变得活灵活现。

【设计意图："画一画"这个环节，一是学习作者的观察方法，除了多种感官参与，还要观察出动物的特点、变化以及一系列的动作；二是学习作者的表达方法；三是感受细致观察的好处。这些都是为学生后面自主习作提供写作方法的支撑。】

4. 总结：看来我们要把生活中的美记录下来方法有很多，可以用相机，也可以用语言文字，像两位作者一样，既观察到了静态的美，也能留意到动态的精彩瞬间。相信你也可以用语言文字把你之前拍的美好的人或事物记录下来。

板书设计

搭船的鸟　　　　　　　　我家的小狗

　　样子（先概括后具体）　样子　　　静（特点）

拍一拍　　　　　　　　　上课

画一画　捕鱼　　　　　　追火车　　动（一连串的动词）

作业设计

1. 仿照《搭船的鸟》和《我家的小狗》两篇课文的学习，设计观察记录单。
2. 观察喜欢的一种动物，把观察所得写在记录单上。

教学反思与改进

1. 大单元理念下的习作教学目标更明确，方法更突出，导向更明确。

把单元整合后，在习得的方法上更有借鉴意义。学生能够通过课文、例文的学习，知道写小动物的文章该如何选材、如何细致观察、如何准确表达，为写"我眼中的缤纷世界之小动物"提供了有力的支撑。

2. 任务驱动的学生活动，更能体现以学生为主体的课堂教学。

把教学任务变成学习任务，把学习任务变成学习活动，学生真正成了学习的主人，能够更主动地学习，从而提高学习力。

3. 持续观察、准确记录和表达的能力还需要进一步培养。

本课时结束后，要让学生自己设计记录单、确定观察对象、长时间细致观察填写记录单，这是一种能力，也是一种习惯，需要教师在实际操作中适当帮助、传授方法。

（指导教师：北京市平谷区教育研修中心 李新会）

第六册　第五单元《宇宙的另一边》

胡京南

教学单元基本信息			
姓名	胡京南	单位	首都师范大学附属房山小学
年级	三年级	单元	下册第五单元
单元主题		走进想象岛，提升多角度思维	

单元指导思想与理论依据

想象是人在头脑里对已储存的表象进行加工改造形成新形象的心理过程。想象可以分为无意想象和有意想象两种。现阶段学生的想象，主要是无意想象，随着年龄的发展有意想象也逐渐由零碎向完整发展。本单元就是引导学生由无意想象向有意想象转化。

单元教学内容及要素分析

（一）人文主题凸出，激发兴趣

三下第五单元的人文主题是："想象比知识更重要。"主要编排了两篇精读课文《宇宙的另一边》和《我变成了一棵树》，两篇课文从不同角度展开了奇妙有趣的想象。"交流平台"总结了想象的趣味，"初试身手"让学生通过有趣的实践活动继续展开想象。两篇习作例文拓宽了学生想象的思维路径。所有板块都为最终的单元习作打下了基础。

（二）语文要素递进，落实能力

本单元的语文要素是"走进想象的世界，感受想象的神奇"，习作要素是"发挥想象写故事，创造自己的想象世界"。在习作单元中，这两个要素相互关联，通过阅读课文打开想象的思路，让阅读服务单元习作。

纵向来看，二上到六下习作都有发挥想象编故事的要求，循序渐进地指导学生展开想象写作。如图1所示：

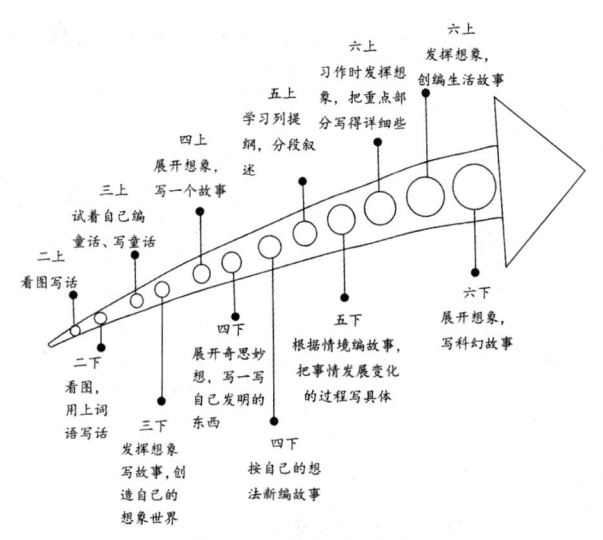

图1　习作要素内容进阶图

可以看出从三上开始关于想象的习作主题越来越明确具体，这也反映出教材开始对学生进行有意想象的培养。而"大胆神奇"的想象贯穿整套教材，是学生能够奇思妙想的基础。

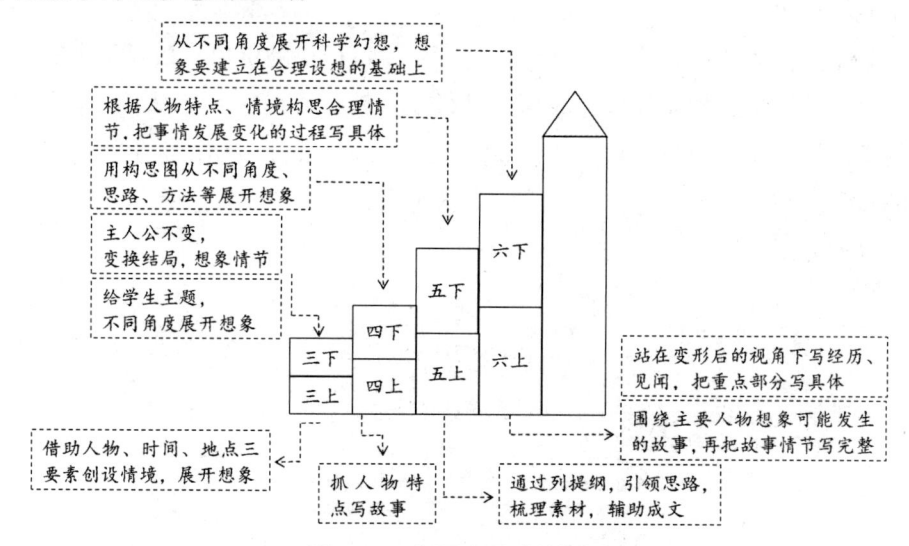

图2　习作要素要求进阶图

在写法上每一次习作都在循序渐进地给学生搭支架。在想象方面，这10次习作都从不同角度、方法上拓宽学生想象的思路，把无意想象转化成具体的有意想象。因此三年级下册让学生站在不同角度大胆想象，为把故事写得新奇、有趣提供了初次体验，为今后的学习奠定基础。

图3 单元横向板块图

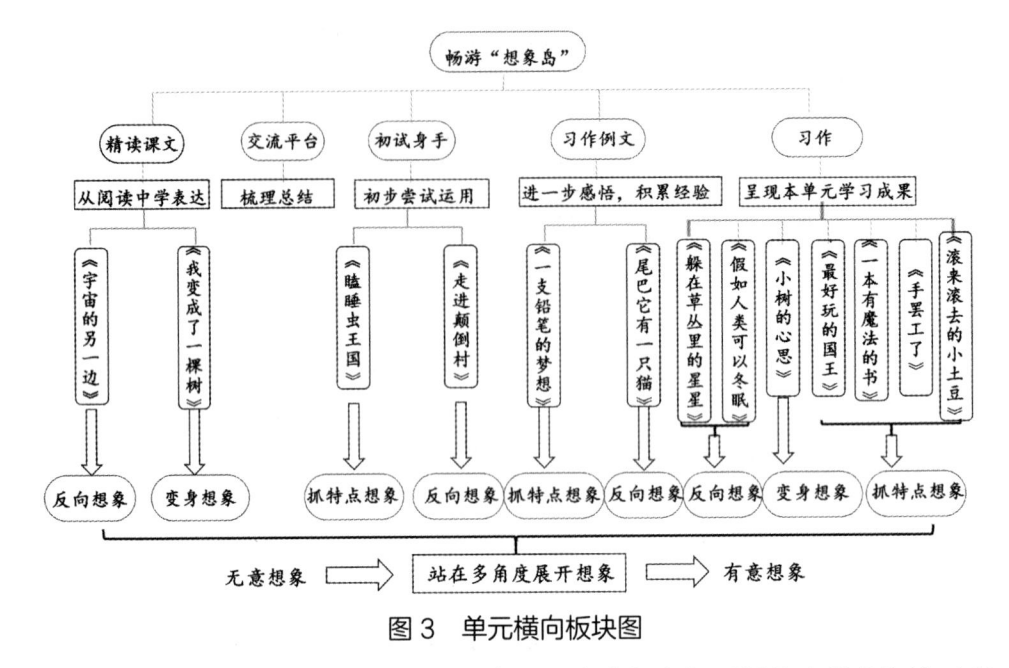

由图3可知，本单元从"反向想象""变身想象""抓特点想象"这三个角度引导学生进行大胆神奇的想象，以拓宽学生想象的思路。让学生从无意的零碎分散想象过渡到有方向有角度的想象。整个单元各板块环环相扣，最终都为单元习作服务。

基于这样的认识，为了更好地实现本单元各板块的价值，激发学生的学习兴趣，我将以畅游想象岛作为大情境进行单元教学。在这个过程中以学生"进入想象岛""游历想象岛""装饰想象岛"为线索展开活动，学生经过从读到写的过程，在读中感受想象、在练中尝试想象、在写中发挥想象。

框架如图4所示：

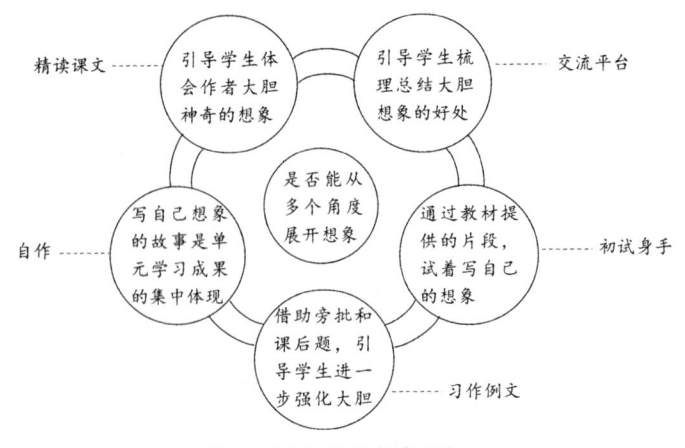

图4 习作单元框架图

单元教学目标

1. 能认识本单元13个生字，会写24个字，会写26个词语。
2. 能通过朗读课文、习作例文，小组交流讨论说出课文内容，并说出文中大胆和神奇想象之处。
3. 能够通过学习课文、习作例文、了解"反向想象""变身想象""抓特点想象"，并能站在这三种不同角度展开想象，打开想象思路。
4. 能画出想象中的事物并进行评价；能展开想象根据开头接龙编写故事。
5. 能选择一个合适的主题大胆想象，能站在三种不同想象角度不拘形式地写一个想象故事。
6. 能分享、评价、修改自己与同伴的习作。

单元教学安排

表1　单元教学安排

任务	内容	课时
词语闯关赢门票	整合两篇精读课文的生字词；整体感知两篇课文；	1课时
探秘"颠倒王国"	整合《宇宙的另一边》和《走进颠倒村》，在精读课文中学习"反向想象"，在初试身手的练笔中尝试运用。	4课时
探秘"变形基地"	整合《我变成了一棵树》和《手指画》，在精读课文中学习"变身想象"，在初试身手的手指画中进行强化。	
探秘"特点小站"	整合《一只铅笔的梦想》和《瞌睡虫王国》，在习作例文中学习"抓特点想象"，在初试身手的练笔中运用。	
"想象岛"茶话会	展示评价修改《走进颠倒村》；在习作例文《尾巴它有一只猫》中强化反向想象。	
想象大比拼，完成"想象岛"代言词	利用交流平台梳理总结；进行习作指导，并完成写作。	3课时
"想象岛"代言词展示	习作评价、修改	
我是"想象岛"小导游	习作评习作分享，评选小导游，在"想象岛"中张贴导游词。	

课题	16 宇宙的另一边
课时	第 2 课时
课型	新授课☑　精读或略读指导□　口语交际课□　专题复习课□ 习作指导或讲评□　学科实践活动课□　其他□

课时教学内容分析

《宇宙的另一边》是第五单元的第一课，是一篇精读课文。

从内容上看这是一个充满奇妙想象的故事。天马行空的想象、独特的体验，使整个故事充满了感染力。从结构上看，课文运用了"现实——想象——现实"的结构，结合生活实际呈现了想象的基本框架，为学生单元习作提供了写作思路。从语言上看，文章用 12 个连续的问句，从"我"的生活、自然界的现象等方面进行了大胆想象，呈现了很多与现实生活相反的样子。这样的语言本身就激发了学生思考，引发学生无限想象。

第五单元是习作单元，其中每一个板块的作用都指向单元习作，精读课文指向学生的习作，让学生从阅读中学表达。《宇宙的另一边》为单元习作提供了一个想象角度，那就是"反向想象"。而"初试身手"中的小练笔"走进颠倒村"也是"反向想象"。结构到内容有共同点，所以我这两部分进行了整合。从文本中学习"反向想象"，然后走出文本当堂就尝试写"颠倒村"，让学生试着展开反向想象。课后进行小练笔，强化"反向想象"。总之，这篇课文无论从写作思路上还是文章结构上都给学生一定的启发，为单元习作奠定了基础。

学习者分析

关于想象学生并不陌生，在之前的学习中无论阅读方面还是习作方面都有所学习。经过前期单元学情分析可知，学生还不能够进行反向想象。学生的想象不够大胆，不能站在多角度展开想象，写出的故事没有趣味。因此通过学习，学生在写作思路、想象角度、写作框架上都能受到启发。通过单元教学内容的分析可知，这一课重在让学生通过"反向想象"感受文中想象的奇特，也是引导学生走向有意想象的起点。

课时教学目标

1. 能通过朗读、小组交流、借助支架等梳理文中的内容，并说出文中的大胆和神奇想象之处。（教学重难点）

2. 能展开想象，与同学交流，说出宇宙的另一边还会有哪些秘密，体验大胆想象的乐趣。

3. 能根据"颠倒村"的开头，接龙编故事。

学习评价设计

表2　课堂学习效果评价表

评定项目	评定维度	个人评定	同学评定	教师评定
是否进行大胆想象	能否从"反向想象"的角度进行大胆想象			
小组合作学习能力	参与度			
	有无明确分工			
书写	书写是否规范整洁			
倾听表达能力	是否有效倾听			
	是否有效表达			
	讲述是否准确、流畅			
学生自评	1.在此次活动中，我最满意的地方？ 2.在下次活动中，我需要在以下方面改进：			
教师评语				
综合评定				

教学活动设计

一、走进想象世界，感受想象神奇

（一）默读课文，填写表格，回答问题

1. 自主学习，用"_____"画出相关语句，填表格。

边读边思考，宇宙的另一边有哪些秘密？

2. 同桌交流、分享并进行小组汇报。

预设：同桌间一人读宇宙这一边，一人读宇宙另一边，然后全班推荐一个小组进行汇报。

3.思考交流：宇宙这一边和另一边有什么发现？

预设：宇宙的这一边和另一边是相反的。

总结：这样反着想就叫反向想象

4.师生对读，感受反向想象的奇妙。

和老师对读，边读边思考这种反向想象给自己带来什么感受？

预设：这种反向想象很大胆、神奇。

神奇的秘密	
宇宙的这一边	宇宙的另一边
从书包里拿出作业本	把作业本放回书包
爬楼梯	正下楼去
雪是在冬天下的	雪是在夏天下的
太阳从东边升起	太阳从西边升起
石头没有生命	石头像花朵一样开放，或者像人一样走路
出门向左走	出门向右走
第一节是语文课	第一节是数学课

（二）学习课文，发挥想象，展开想象

1.学习加法课堂，感受反向想象的神奇。

（1）指名读课文，其他同学边听边想象画面。

教师引导：听了他的朗读，你的脑海里浮现出怎样的一幅画面？

预设1：我想象到到处都是白茫茫的雪。

预设2：我想象到有很多小朋友在打雪仗、玩雪。

预设3：我仿佛听见了他们的笑声。

宇宙这一边的加法课堂	宇宙另一边的加法课堂
在宇宙的这一边，加法是这样的：236加上574等于810，相同数位对齐，从个位加起。	在宇宙的另一边，加法是这样的：大地万物加上一场大雪等于一片白茫茫，那时，无数的孩子会从家里冲出来，打雪仗、堆雪人、滑雪……这样，大地万物加上一场大雪又等于无数孩子的节日。

（2）思考，宇宙另一边的加法课堂与我们这一边的有什么不同？

预设：我们这边的加法课堂就是算数，而宇宙另一边的加法课堂却在户外玩雪，更像是户外课。

（3）齐读，感受反向想象的神奇。

（4）思考，这样的反向想象给你带来什么感受？

预设：反向想象既大胆又神奇，把我们带入了一个冰雪世界，同时让我们觉得很有趣。

2.学习乘法课堂，感受运用反向想象。

（1）教师读课文，学生想象画面。

（2）交流反馈，乘法课堂让你眼前浮现怎样的画面？

预设1：我仿佛看见了小草是绿的，柳叶发出了绿芽，到处都是生机勃勃的。

> 乘法是这样的："早春二月"乘"竹外桃花三两枝"，再乘"春雨贵如油"，等于"春风又绿江南岸"，又等于"碧玉妆成一树高，万条垂下绿丝绦"，最后等于"儿童散学归来早，忙趁东风放纸鸢"。

（3）欣赏画面，读乘法课堂。

（4）欣赏画面，说感受。

预设：数学课里面居然有古诗的内容，真神奇！好像在上语文课！

【设计意图：回顾上节课，借助表格发现宇宙另一边的秘密。通过学生自主探究与填写秘密感受作者想象的大胆神奇，从而引出作者对于加法和乘法的想象，让学生深度体会作者的大胆想象，感受想象世界的神奇、有趣。从而加深学生的感受，激发学生的想象力，为环节二作铺垫。】

二、走出文本，尝试想象，再次感受想象的神奇

（一）走出文本，展开想象说数学课堂

1. 联系生活，展开想象，说说除法课堂是什么样的。

预设1：到了秋天，一片树林除以一阵秋风等于满天飞舞的树叶。

预设2：到了秋天，一片树林除以一阵秋风等于一场美妙的音乐会。

2. 联系生活展开想象，说一个数学算式。

（1）小组交流讨论数学算式。

（2）交流分享汇报。

预设1：电闪雷鸣加狂风呼啸等于一场倾盆大雨。

预设2：一阵秋风乘无尽的田野等于丰收的果实。

（二）拓展练习，运用反向想象

1. 小组合作探索，宇宙的另一边还有什么秘密？

（1）先自己想一想，试着写一条，填在表中。

（2）再和你的小组成员说一说你想象到的秘密。

（3）接着借助老师给你的评价表评一评谁的想象更加大胆神奇。

（4）最后每组推荐一名代表上台展示。

【设计意图：能展开想象，说出课文以外的数学课堂。并能清晰地说出"宇宙的另一边"还会有哪些秘密，体验大胆想象的乐趣。在小组合作的过程中，通过说一说，评一评，让学生感受他人想象的大胆神奇，再次激发学生的想象空间。】

宇宙另一边的秘密	
宇宙的这一边	宇宙的另一边

三、带入情境，复习巩固，拓展延伸

（一）走进颠倒村，接龙编故事

教师引导：其实宇宙的另一边远不止这么好玩，还有一个好玩的颠倒村呢，它会是什么样呢？闭上眼睛，让我们一起去吧！请大家接龙说说你看到了什么！

预设1：走进颠倒村我发现这里的一切都是反着的，比如马路上的车不在公路上开，而是在天上开。

预设2：走进森林，我发现老虎不再是山大王，它变得异常胆小，而老鼠却神气活现地当上了森林之王。

（二）小组交流讨论，汇报本节课收获

预设1：这节课我学会了反向想象。

预设2：这节课我感受到了反向想象真是既大胆又神奇，我以后也要尝试站在这个角度想象。

【设计意图：把"初试身手"中的"颠倒村"故事整合在其中，再次训练学生反向想象。总结提升本课的结构特点，鼓励学生模仿这样的结构尝试写作。】

板书设计

16 宇宙的另一边

反向想象

大胆

神奇

作业设计

拓展性作业：

1. 运用本课所学的"反向想象"和"现实——想象——现实"这样的结构续写"颠倒村"的故事。

2. 在微信群中和同学互讲"颠倒村"的故事。

教学反思与改进

　　本单元的最大的教学特色，一是情境创设贯穿单元教学始终，巧选"畅游想象岛"这一大情境，让学习充满乐趣。二是任务驱动落实核心素养，在这八个大任务的驱动下完成学习目标，释放了学生的活动空间、思维空间、表达空间，学习由被动变为主动，充分挖掘了学生善学的特点。本课是这一单元的首篇，在这一课中充分调动了学生的学习兴趣，让他们展开了大胆神奇的想象。拓宽了"反向想象"这一想象角度，提升了学生多角度思维能力。

　　但本课教学仍有不足之处，一是学生虽然进行了丰富的想象，但是对于习作单元如何把丰富的想象落实到笔头上转化为学生的习作还需要继续研究。二是学生自主评价后如何依据评价进行再次想象，并进行反思再评价仍然做不到位，需要再进行精心设计，达到提升习作能力的目的。

（指导教师：北京市房山区教师进修学校 谷凤霞）

第六册　第五单元《我变成了一棵树》

任媛

教学单元基本信息			
姓名	任媛	单位	北京市宣武回民小学
年级	三年级	单元	下册第五单元
单元主题		习作单元——大胆想象	

单元指导思想与理论依据

《义务教育语文课程标准（2011年版）》（以下简称《课标》）在课程总目标中指出，语文教学应在发展语言能力的同时，发展思维能力，激发学生的想象力和创造潜能，在实践中学习和运用语文知识。想象力是创造性思维的重要特征，培养学生的想象力首先要激发学生想象的欲望，因此，课堂教学中要结合学习内容，创造机会，引领学生走进想象的世界，感受想象的奇特，敢于大胆想象。

同时，《课标》在第二学段习作目标中强调：能不拘形式地写下自己的想象，注意把自己觉得新奇有趣的内容写清楚。写作教学也要鼓励写想象中的事物。所以教学应力图通过课文和习作例文引导学生感受丰富、奇特的想象，鼓励他们展开想象、拓宽思路，写出属于自己的想象故事。

单元教学内容及要素分析

一、本单元的横向关联

《我变成了一棵树》是统编教材三年级下册第五单元的第二篇课文。第五单元是一个习作单元，单元主题是"大胆想象"，语文要素是"走进想象的世界，感受想象的神奇；发挥想象写故事，创造自己的想象世界"。本单元旨在培养学生大胆想象的意识和习惯,在发展想象力中促进创造性思维的发展。

本单元安排了《宇宙的另一边》《我变成了一棵树》两篇精读课文,《一支铅笔的梦想》《尾巴它有一只猫》两篇习作例文,以及"交流平台""初试身手"和习作等学习内容。

单元内容的设计环环相扣、层层推进:精读课文引导学生从阅读中感受想象、走进想象世界;"交流平台"对如何大胆想象进行梳理总结;"初试身手"引导学生展开大胆奇特的想象,培养想象能力;"习作例文"以旁批和课后思考题的形式,提示学生展开想象的一些思路。习作是对本单元所学的最终运用。

二、"想象"要素的进阶

统编教材第二学段关于"想象"也做出了有梯度的能力培养(见表1)。本单元是学生继三年级上册习作"我来编童话故事"后,以单元整组专题进行的想象习作学习。在此基础上,本册第八单元继续鼓励学生打开思路、大胆想象,选择动物想象特征变化带来的生活变化,编出内容完整、情节有趣的童话故事,同时也为四年级的想象习作打好基础。

表1 统编教材关于"想象"能力培养进阶表

教材	三上	三下	四下	四下
习作	我来编童话	奇妙的想象 这样想象真有趣	我和___过一天	我的奇思妙想 故事新编
要求	1. 根据词语发挥想象编故事。 2. 写出故事发生的时间、地点、人物、事件。 3. 给故事加题目。	奇妙的想象 1. 写一个想象故事。 2. 大胆想象,创造出属于自己的想象世界。 这样想象真有趣 1. 选一种动物作为主角,大胆想象编一个童话故事。 2. 用修改符号修改习作。	1. 选择一个神话或童话中自己喜欢的人物,想象和他过一天的情景。 2. 写出一起去的地方以及做的事情。	我的奇思妙想 1. 把想发明的东西描述清楚。 故事新编 1. 选择一个故事进行创编。 2. 想象新的故事情节。 3. 可以配插图。

单元教学目标

本单元的教学目标如表2所示:

表2　单元教学目标

教学内容	教学目标
精读课文： 《宇宙的另一边》 《我变成了一棵树》 交流平台、初试身手 习作例文： 《一支铅笔的梦想》 《尾巴它有一只猫》 单元习作：奇妙的想象	1. 认识13个生字，会写24个字、26个词。 2. 了解课文和例文的内容，感受作者大胆和神奇的想象。 3. 能和同学交流课文的想象故事和自己的想象内容，感受大胆想象的乐趣。 4. 能画出想象中的事物，能根据故事开头接龙写故事。 5. 大胆想象，写一个想象故事。并和同伴相互欣赏、提出修改建议。

单元教学结构

习作单元应体现阅读铺路、由读到写的学习过程。因此，我设计了以"大胆想象感受奇妙"为主题，以创编自己的想象故事为任务的单元活动：

大胆想象，感受奇妙

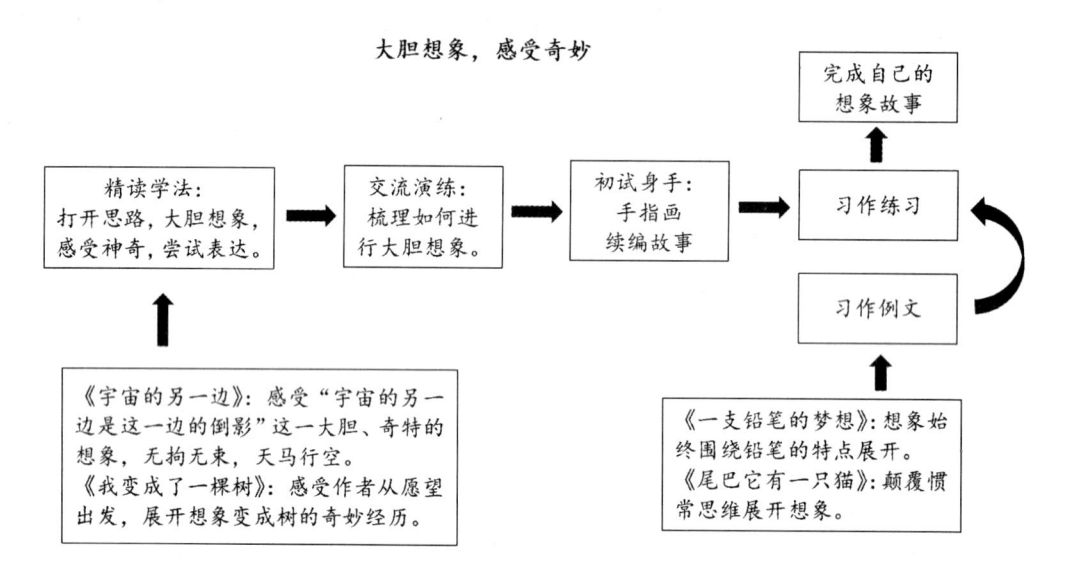

精读学法：打开思路，大胆想象，感受神奇，尝试表达。→ 交流演练：梳理如何进行大胆想象。→ 初试身手：手指画 续编故事 → 习作练习 → 完成自己的想象故事

习作例文

《宇宙的另一边》：感受"宇宙的另一边是这一边的倒影"这一大胆、奇特的想象，无拘无束，天马行空。
《我变成了一棵树》：感受作者从愿望出发，展开想象变成树的奇妙经历。

《一支铅笔的梦想》：想象始终围绕铅笔的特点展开。
《尾巴它有一只猫》：颠覆惯常思维展开想象。

图1　单元教学结构图

课题	17 我变成了一棵树
课时	第2课时
课型	新授课☑　精读或略读指导☐　口语交际课☐　专题复习课☐ 习作指导或讲评☐　学科实践活动课☐　其他☐

课时教学内容分析

《我变成了一棵树》这篇课文从"我"的愿望出发，通过大胆想象，讲述了"我"变成一棵树之后发生的一连串奇妙的事情。作者善于想象，使得"我"在想象的世界里实现了现实生活中难以达成的愿望，拥有了一段特别的经历。

课后练习紧紧围绕单元语文要素设置。第一题重在引导学生关注"我"变成了一棵树后发生了哪些有意思的事情，目的是让学生在交流中感受文中神奇丰富的想象；第二题是让学生从自己的愿望出发，借鉴课文的思路，展开大胆想象，表达自己的奇思妙想。

本文是这一单元的第二篇精读课文，是在前一篇《宇宙的另一边》的基础上，继续感受作者大胆、神奇的想象，提供了与前文不一样的想象方式；另一方面，也帮助学生在后面的"初试身手"中打开思路。

学习者分析

三年级学生喜欢想象，脑海中经常会有各种新奇的想法，也非常喜欢想象故事。

在本册第二单元习作"看图画，写一写"中，学生通过学习，具备了一定的看图想象、续编故事的能力。在本单元第一课学习中，学生大胆想象与现实生活成倒影的宇宙的另一边，初步感受到了大胆想象的神奇和魅力，为本课学习奠定了基础。

但是，学生对于自己独立想象故事内容，还缺乏方法，导致想象得不够大胆、不够有意思，说明学生的想象思维能力还需要培养，这是本节课需要初步解决的问题。

课时教学目标

1.通过阅读、交流"我"变成一棵树之后的奇妙经历，感受课文神奇的想象。（教学重点）

2.学习课文的想象，从愿望出发，大胆想象自己会变成什么，以及之后会发生什么神奇的事。（教学难点）

3.乐于分享自己的想象，感受想象带来的愉悦。

学习评价设计

通过师生评价和生生互评，以及课堂交流和学习单的完成情况，关注学生是否大胆想象、乐于分享，形成水滴评价，课下录入学生过程性评价。

表3 学习评价表

水滴数量	课堂想象	学习习惯	课后任务
三滴	能够大胆想象，想象的事物很有新意，交流的故事内容奇特，令人耳目一新。	主动思考、积极回答问题。自信大方，声音洪亮，乐于分享交流。	所写故事充满想象力，自己的变化奇特，故事情节新奇，吸引读者。写后乐于与同学分享。
两滴	能够主动想象，所想事物与内容比较大胆，有新意，与他人重复较少。	主动思考、积极回答问题，展现出听讲、读书的好习惯。	所写故事想象比较大胆，但想象中变成的事物与他人所写有雷同，变化之后的故事内容缺乏新意。
一滴	能够根据课堂学习进行主动想象，所想事物与内容欠缺新意，不够大胆，雷同较多。	在老师和同学的帮助下，参与课堂学习，逐步养成听讲、读书的好习惯。	所写故事想象不够大胆，想象中变成的事物不具新意，变化之后的故事内容与想象故事关系不大。

教学活动设计

一、情境导入 引入新课

请同学欣赏一幅在美术课上完成的画作——《我想象的一棵树》。小作者简要介绍自己的画面内容，其他同学边听边思考如何把画面变成有意思的想象故事，介绍得更加吸引人，带着问题来学习。

【设计意图：和美术学科相结合，激发兴趣，任务驱动，引入新课。】

二、围绕课题 回顾内容

齐读课题《我变成了一棵树》，回忆题目中的"我"是谁，她为什么想变成一棵树。朗读第1自然段。

交流分享在英英变成树的过程中，哪些想象特别有意思。带着神奇的感受再次朗读。

【设计意图：围绕课题，感受课文的想象是从英英的愿望出发，回顾了她变成一棵树的奇妙过程，初步体会想象的神奇和大胆。】

三、走进课文 感受神奇

（一）根据提示，整体感知

英英变成树之后，又发生了哪些有意思的事情呢？出示学习提示，学生自学：

1. 默读课文，用"_____"画出你觉得有意思的想象。

2. 同桌读一读、说一说。

（二）分享画面，感受想象

教师根据学生的发言，出示相应内容，组织交流。

1. 交流第5、6自然段。

（1）关注鸟窝形状的神奇。出示照片，认识生活中的鸟窝，感受课文想象中鸟窝形状的神奇，学生展开想象：还会有哪些形状的鸟窝？交流后，学生把鸟窝（教师提前准备的贴纸）贴到黑板画好的大树上，如果有同学说到了教师没有准备的其他形状鸟窝，就请他把想象的鸟窝画到黑板上。这一环节，主要是带领学生走进课文想象的情境。朗读第5、6自然段，感受课文神奇的想象。

（2）关注鸟窝"跳舞"的神奇。师生一起做动作朗读，感受在课文的想象世界里，可以改变树的特点，也可以改变鸟窝的样子。再读第5、6自然段，感受想象的神奇。

2. 交流第7、8自然段。

（1）感受小动物能住进鸟窝的神奇。对比生活中小动物住的地方与课文中的有什么不同。请学生把小动物贴到树上的鸟窝里，再次走进课文想象的情境，带着神奇的感受朗读体会课文内容。学生感受到在大胆想象的世界中，大树竟然可以长出各种形状的鸟窝，陆地和水里的动物居然都能住在树上的鸟窝里，通过改变事物的特点来想象多有意思呀！

（2）感受住进鸟窝方式的神奇。请学生把自己当作一棵树，读一读、演一演、说一说，在情境中感受故事的有趣。

3. 交流第15—20自然段。

（1）感受小动物们对话的有趣。先分角色读，再说说觉得有意思的地方。预设学生会认为把水珠想成牛奶、虫子尿等事物的想象有趣、好玩。

（2）教师启发学生深入思考：小动物为什么会把口水想象成这些事物？预设学生发现都是从水珠的样子想到其他事物，顺着事物的特点来想象也很有意思！

（3）继续大胆想象并交流：还可以把英英的口水想象成什么呢？

4.学生发现故事情节的联系。

学生借助板书回顾英英变成树的奇妙经历，发现故事情节是有联系的：故事由愿望开始，先是英英变成了一棵树长出了鸟窝，然后鸟窝里又住进了各种小动物，小动物们在一起分享零食，连大树都馋得直流口水等。

【设计意图：通过学习交流，体会作者的想象方法和思路，感受大胆想象的神奇和乐趣。】

四、回归情境 试讲故事

再次出示课堂开始时交流的画作，请学生尝试运用学到的想象方法把这幅画讲成一个有意思的故事。

【设计意图：结合情境，鼓励学生运用所学方法，完成课前任务，通过想象，把简单的画面介绍上升到讲出有意思的想象故事。】

五、大胆想象 分享交流

（一）大胆想象

鼓励学生从愿望出发，想象如果自己会变，想变成什么？

（二）独立创作

接着想下去，变成这个事物之后，会发生什么奇妙的事呢？请学生拿出学习单，用上今天学习的方法写一写。

（三）同桌交流

同桌说说自己的故事，互评哪里神奇、有意思，哪里可以再写清楚些？

（四）学生分享

分享创作，生生、师生评价，比一比谁的故事更精彩。在交流的过程中，教师通过评价，鼓励学生打开思路，指导学生个性化地表达。

【设计意图：指导学生在积极的语言环境和语言运用实践中大胆想象并交流。】

六、课堂回顾 总结提升

总结收获：这节课，我们走进想象世界，和英英经历了变成树的奇妙旅程，还学习了许多想象方法并尝试运用。在后面的学习中，我们还会继续走进想象的世界，学习更多想象方法。

【设计意图：回顾本课所学，感受想象的神奇与美好。鼓励学生结合课上

所学，更积极、大胆地想象。】

板书设计

作业设计
朗读课文，感受想象故事的大胆有趣，完善自己的想象故事。

教学反思与改进

1. 关注想象能力和创新思维，鼓励学生大胆想象。

想象力是创造性思维的重要特征，培养学生的想象力首先要激发学生想象的欲望，因此，我在教学中引导学生走进课文想象的世界，通过朗读、默读、分角色读等多种方式，和学生一起跟着课文体验一段奇异的经历，感受了想象的奇特和美妙，激发了学生想象的欲望。

在课堂教学中，鼓励每个学生大胆想象，有对课文内容的补充想象，也有从自己愿望出发，想自己变成什么和发生的事，力争让每个学生能够乐于想象、大胆交流，为创新思维和想象能力的持续培养奠定基础。

2. 落实单元语文要素，重视提升习作能力。

本单元是习作单元，语文要素是"走进想象的世界，感受想象的神奇；发挥想象写故事，创造自己的想象世界"。所以这篇课文的教学任务就是指向习作能力的提升。我牢牢把握单元要素，结合课后学习提示，引导学生运用在课堂上学到的方法创编想象故事并乐于分享，让学生在体验想象乐趣、发展创造性思维的同时，为写好单元习作打下基础。

3.努力创设实践情境，在实践中提升素养。

教师为学生创设了一个真实的实践情境：如何把画面变成有意思的想象故事，介绍得更吸引听众。力图让学生通过课文的学习主动找到解决这个问题的办法。学生运用课堂学到的方法，如改变事物特点想象、顺着事物特点想象等，由一开始简单的对画面内容介绍，到在自主创编中创作出奇特、美妙的故事，写作和语言表达的能力得以提升。

（指导教师：北京市宣武回民小学 楼晓）

第七册　第五单元　习作：生活万花筒

李珺然

教学单元基本信息			
姓名	李珺然	单位	北京市顺义区建新小学
年级	四年级	单元	上册第五单元
单元主题	"故事屋"中学写事		

单元指导思想与理论依据

阅读与写作密不可分，叶圣陶先生在《阅读是写作的基础》中指出"善读必易于达到善写"。习作单元编排是统编教材强化言语实践理念的体现。习作单元将阅读与写作有机整合，各板块功能明确又相互关联：精读课文提供方法，"交流平台"梳理方法，"习作例文"强化方法，"初试身手""习作"运用方法，各司其职又通力协作，旨在阅读中感受和学习写作，在写作实践中迁移运用阅读习得，最终达成"语言建构与运用"融合发展的目标。

本设计紧扣"故事屋中学写事"这一主题，充分利用教材安排的习作助学系统，重组单元内容，进行整体设计、板块式推进：以学生喜闻乐见的"故事屋"言语实践活动为主线，设计"读、写、评、改"一体的教学实践活动，将言语实践贯穿始终，以实现"习文悟法——迁移强化——实践表达"三级推进，从而形成指向"怎样把一件事情写清楚"的多层级训练体系，提升学生习作能力及综合素养。

单元教学内容及要素分析

本单元围绕人文主题"我手写我心，彩笔绘生活"编排了两篇精读课文《麻雀》和《爬天都峰》，两篇习作例文《我家的杏熟了》《小木船》，以及交流平台、初试身手、单元习作"生活万花筒"五个板块的内容。五个板块以习得叙事方法为主线，各司其职又密切关联。

单元地位及目标：统编教材从三年级开始，以学生习作能力发展为主线，共编排了八个特殊的习作单元（见图1），形成了习作训练系列，既能使每次训练的重点突出，又使学生的习作能力得到循序渐进的提升和发展。本单元位于四年级上册，以培养学生"学写一件事"的能力为核心指向。

		六上	六下
		围绕中心意思写	表达真情实感
	五上	五下	
	运用说明方法介绍一种事物	学习描写人物的方法	
四上	四下		
把一件事写清楚	按一定顺序写景物		
三上	三下		
留心观察	展开大胆想象		

图1　统编教材习作单元内容梳理

本单元的阅读要素是"了解作者是怎样把事情写清楚的"，习作要素是"写一件事，把事情写清楚"，二者紧密相连，由读悟写、读写结合。审视语文要素可知，本单元的核心任务是"学写一件事"，评价标准是"写清楚"。

对于"写一件事"，学生并不陌生，学生在之前的学习中也做过一些叙事的相关练笔（见表1），并能基本做到完整有序：

表1　统编教材三年级叙事类习作内容及相关要求

册别	单元	习作内容及要求	习作要素指向
三上	三	内容：我来编童话 要求：写之前想一想：故事里有哪些角色？事情发生在什么时间？是在哪里发生的？他们在那里做什么？他们之间发生了什么故事？	渗透了叙事要写清六要素的基本要求
三上	四	内容：续写故事 要求：下面的图讲了什么事情？接下来可能会发生什么？请你接着把故事写完。	"预测"讲故事的前因后果串成线，渗透了叙事要注意事情发展的前后关联的要求。
三上	八	内容：那次玩得真高兴 要求：回忆一下，你当时是怎么玩的？把你玩的过程像放电影一样在脑海里回想一遍，然后写下来。	抓住"玩得特别开心、印象特别深刻"的过程写，暗含写清楚过程，抓住重点过程写清"所见、所闻、所感"的练习意图。

续表

册别	单元	习作内容及要求	习作要素指向
三下	二	内容：看图画（放风筝），写一写 要求：写之前，先仔细观察图画，想一想：图画上有哪些人？他们在干什么？他们的动作是怎样的？可能说了哪些话？写的时候，要把自己看到的、想要的写清楚。	涉及把看到的、听到的写清楚的练习目标
	四	内容：我做了一项实验 要求：写的时候，可以用上"先……接着……然后……最后……"这样的句式，把做小实验的经过写清楚；还可以写一写自己做实验时的心情、实验中的有趣发现等。	涉及对事情经过的描写，尝试写清楚看到的、想到的。

对于"写清楚"的要求，教材也不是第一次提出。《义务教育语文课程标准（2011版）》第二学段目标强调，学生要"观察周围世界，能不拘形式地写下自己的见闻、感受和想象，注意把自己觉得新奇有趣或印象最深、最受感动的内容写清楚"。可见，本次"写清楚"的内涵就是要写清楚自己的见闻感受，能把自己印象深刻或感受最深的内容真实记录下来。而这也正是本单元教学的重点与难点所在。

单元教学目标

1. 认识11个生词，读准1个多音字，会写22个字，会写31个词语。

2. 学习《麻雀》，体会老麻雀身上爱的力量；学习《爬天都峰》，感受"从别人身上汲取力量"的重要性，培养积极面对困难的精神。

3. 按照一定的顺序把事情写清楚。学习作者通过把"看到的、听到的、想到的""怎么想、怎么说、怎么做"写下来，清楚展现事情发展过程中的重要内容。

4. 借助交流平台，利用故事屋、表格、思维导图等方法，梳理、总结把事情写清楚的方法。

5. 学习习作例文，进一步体会按一定顺序写事，把事情发展过程中的重要内容写清楚。

6. 选择印象深刻的事例，综合运用本单元把一件事写清楚的方法，按一定顺序把这件事写清楚。

7. 留心观察生活，发现生活的丰富多彩，感受生活的细节之美。

单元教学结构

本单元设计整合了课内外学习资源,以关键问题引领,聚焦核心任务,通过精心设计系列言语实践活动,实现"习文悟法""迁移强化""实践表达",凸显了习作单元特征,助力了单元目标达成及学生语文核心素养的提升。

核心素养 | **学习目标** | **关键问题** | **核心任务** | **课时** | **课型**

语言的构建与运用

1. 认识11个生词,读准1个多音字,会写22个字,会写31个词语。

2. 学习《麻雀》,体会老麻雀身上爱的力量;学习《爬天都峰》,感受"从别人身上汲取力量"的重要性,培养积极面对困难的精神。

思维的发展与提升

3. 按照一定的顺序把事情写清楚。学习作者通过把"看到的、听到的、想到的""怎么想、怎么说、怎么做"写下来,清楚展现事情发展过程中重要内容的方法。

审美的鉴赏与创作

4. 借助交流平台,利用故事屋、表格、思维导图等方法,梳理、总结把事情写清楚的方法。

5. 学习习作例文,进一步体会按一定顺序写事,把事情发展过程中的重要内容写清楚。

文化的理解与传承

6. 选择印象深刻的事例,综合运用本单元把一件事写清楚的方法,按一定顺序把这件事写清楚。

7. 留心观察生活,发现生活的丰富多彩,感受生活的细节之美。

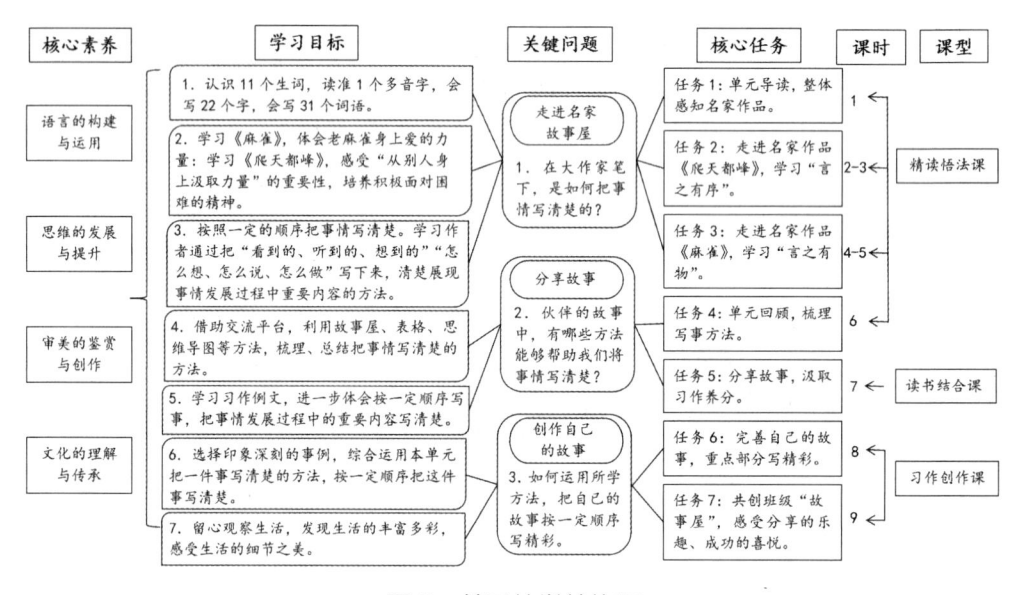

关键问题:

走进名家故事屋
1. 在大作家笔下,是如何把事情写清楚的?

分享故事
2. 伙伴的故事中,有哪些方法能够帮助我们将事情写清楚?

创作自己的故事
3. 如何运用所学方法,把自己的故事按一定顺序写精彩。

核心任务:

任务1:单元导读,整体感知名家作品。 —— 1 —— 精读悟法课

任务2:走进名家作品《爬天都峰》,学习"言之有序"。 —— 2-3

任务3:走进名家作品《麻雀》,学习"言之有物"。 —— 4-5

任务4:单元回顾,梳理写事方法。 —— 6

任务5:分享故事,汲取习作养分。 —— 7 —— 读书结合课

任务6:完善自己的故事,重点部分写精彩。 —— 8 —— 习作创作课

任务7:共创班级"故事屋",感受分享的乐趣、成功的喜悦。 —— 9

图3 单元教学结构图

课题	习作:生活万花筒
课时	第8课时
课型	新授课□ 精读或略读指导□ 口语交际课□ 专题复习课□ 习作指导或讲评☑ 学科实践活动课□ 其他□

课时教学内容分析

本课时教学以学生"预作"作品为重要学习资源,通过梳理本单元精读课文和习作例文中所学的方法,引导学生进行第一次"预作"作品的完善。之后对习作例文《小木船》的再读再悟使学生发现把一件事情写精彩的方法。第二次完善"预作"作品,使学生在"读悟评改"的过程中不断体验成功,在伙伴的评价与建议中获得源源不断的写作热情,为学生真正做到"我手写我心,彩

笔绘生活"服务，直接指向学生"语言的建构与运用"素养的形成以及良好习作习惯的培养。

学习者分析

在前期学习中，学生对于"言之有序""言之有物"的表达方法有了深刻的认知与初步的实践，完成了"生活万花筒"的预作并从"习作例文"中汲取营养、学以致用，解决了"印象深刻部分要重点写"的难题，这为本课学习活动的展开奠定了基础。

但通览全班"预作"以及进行个别访谈后发现，学生的"预作"中仍存在着"刻意""造假"等现象；同时，学生虽然对事件发展过程中人物的内心活动、情感变化等感兴趣，但自己的作文中却明显缺失、偏少或"失真"，这就需要师生充分利用作品资源、再读名家作品、伙伴习作，进行此方面"写作秘诀"的再发掘、再发现并学以致用。因此，这也是本课时教学的难点所在。

课时教学目标

1. 通过再读名家作品及同伴习作，进一步发现领悟并交流"把一件事写清楚"的写作方法，并能运用这些写作方法评价和修改自己（同伴）的习作片段，能运用"叙事融入心情"等方法将事情的重点部分写清楚、写精彩。（教学重难点）

2. 能在自评自改、他评互改的过程中体验分享故事之乐、评改习作之乐，初步养成修改习作的习惯，增强习作的自信心。

学习评价设计

表2 学习评价表

评价内容		评价标准	评价主体		
			自评	他评	师评
读	1. 读单元故事	能说出故事中的写作秘诀——作者是如何写清楚故事的。			
	2. 读自己或同伴的故事	能发现同伴习作的优点，并委婉提出修改意见或建议。			
	3. 再读习作例文的重点段落	有新发现，能说出陈明和"我"的内心活动（情感变化）及相应的写作方法。			

续表

评价内容		评价标准	评价主体		
			自评	他评	师评
悟	4. 领悟故事中的写作方法	能交流故事中的写作秘诀；能说出同伴故事所用的写作方法。			
评	5. 共评共改	★能使用修改符号，对错别字、标点等进行简单修改。 ★★能使用修改符号，修改习作中不恰当、不明确的地方。			
改	6. 自评自改	★★★能使用正确的修改符号，结合同伴意见修改习作，让重点部分更清楚。			
习	7. 综合素养	乐于与他人分享、修改自己的习作。			
		能积极参与讨论，并与他人协商，提出自己的想法或意见。			
		能倾听别人的意见，给予恰当回应。			

教学活动设计

一、故事分享，成功"初体验"

（一）分享素材，重温主题

1. 出示学生"预作"中精选的部分题目，指名小作者读一读。

2. 展示学生生活照片，揭示主题。

（二）回顾"故事屋"中的故事，获得成功初体验

1. 出示部分学生的故事框架，欣赏故事脉络图，肯定"有序"表达。

2. 出示《人泉之战》题目，并由小作者朗读展示。

3. 小结：通过这一单元的学习和练习，借助故事屋和思维导图，大家都能做到有条理地将故事梳理出来，也能够将印象深刻的部分基本写清楚。

【设计意图：上课伊始，教师通过展示源自学生的有趣题目、特色故事脉络图，分享共同感兴趣的作品内容满足学生的内心期待，能让不同层次的学生获得相同的成功体验，继而以更加饱满的精神状态投入到后续学习之中。】

二、比照学"例"，成功"再体验"

（一）回顾单元学习内容，梳理所学的"写清楚一件事"的方法

教师小结：写事的时候，加上动作让人物动起来，添上语言让人物会说话，

都是写清楚事情的好办法。

（二）比照所学，小组评改习作片段，成功再体验

1. 小组合作，评改习作片段。

温馨提示：

> 借助"交流平台"及所学课文中的方法，发现优点，给出建议。

教师巡视，并相机参与每个小组的评改情况。鼓励赏识为主，平等协商，也可给同伴提出相应的建议。

2. 共议交流，教师适时参与评价与指导，并建议学生先肯定优点，再给出修改意见。

3. 引导过渡：结合学生对同伴作文的建议，相机聚焦人物心理活动描写。

【设计意图：梳理本单元习作方法后，比照已有作品，在自我评价、同伴互评中，发现优点，能让学生再次体验到被肯定、被关注、被赏识等成功的喜悦；而在赏优的同时给出修改意见，平等协商的态度让被评价者更易接受，同时增强了小作者的责任感，有了自我实现的心理需求和前进动力。】

三、以"例"补缺，成功"添愉悦"

（一）出示自学提示，指名读后组织学生自学，并提示：可对比自己的故事想一想

> 学习提示：默读《小木船》第3、4自然段中能感受到"我"和陈明心情的语句；对比自己的习作想一想，你得到了哪些新的启示。

1. 自主交流。

2. 相机点拨：同样是写生气，对比读读描写"我"和陈明言行的语句，体会不同，并说说给自己写作文方面的启示。

> 他一看，急了，哭着要我赔。他生气地说："谁叫你不小心，非赔不可！"还用力推了我一下。
>
> 这一下，陈明更生气了。他拿起我的小木船，使劲摔在地上，用脚踩了两下，一把抓起书包，头也不回地走了。
>
> 看着被他踩坏的小木船，我气得说不出话来。

3. 师生小结：借助语言、动作描写把当时人物的内心活动展现出来，能让人物更生动，故事更真实。

（二）迁移运用，修改自己习作中的重点部分

1. 自主修改习作，教师巡视并提供帮助。
2. 指名学生交流自己较满意的修改之处，组织其他学生倾听、评价。

【设计意图：教师针对学生作品反映出来的问题，巧妙地以评价导入"再读再用'例文'"环节，让"因需学习"悄然落地，使学生在"展示评价——因需学习——学以致用、迁移实践——再展示评价"的过程中，不断感知自己的进步与成功，带给学生更加愉悦的内心体验，让学生爱上写作、爱上评改。】

四、拓展活动，成功"得延续"

1. 师生总结本节课收获。
2. 布置作业。
（1）修改"生活万花筒"习作全文。
（2）和同学（家人）分享自己的故事。
3. 课堂任务延伸，延续成功体验。

【设计意图：让课堂留有余味是本环节设计的特点，之所以这样设计是因为对于持续地激发和培养学生的创作兴趣和欲望，并不能随着一节课的结束而中断或终结。"四（2）班故事屋"真实实践活动的预告，让学生产生并保持了持久的学习热情。】

板书设计

作业设计

1. 修改"生活万花筒"习作全文。
2. 和同学（家人）分享自己的故事。

教学反思与改进

　　本课时教学遵循了"成功是成功之母"的教学理念,实现了多样教学资源的多次发掘和使用,展现了学生个体不断体验成功、主动自我建构的学习过程。但因为前期学习成果梳理提炼得不够扎实,学生综合运用,尤其是因需择用仍存在一定困难,另外,对学生个体差异性产生的生成性学习资源及运用关注不够等问题,也是后续展示评价环节应解决的重点及难点所在。

（指导教师：北京市顺义区教育研究和教师研修中心 魏淑媛）

第七册　第六单元　记一次游戏

马青翠

教学单元基本信息			
姓名	马青翠	单位	北京市海淀区西苑小学
年级	四年级	单元	上册第六单元
单元主题		成长故事	

单元指导思想与理论依据

《义务教育语文课程标准（2011年版）》第二学段关于习作的要求：乐于书面表达，增强习作的自信心。愿与他人分享习作的快乐。观察周围事物，能不拘形式地写下自己的见闻、感受和想象，注意把自己觉得新奇有趣或印象最深、最受感动的内容写清楚。本单元的习作要求是"记一次游戏，把游戏过程写清楚"。因此，在教学中教师应注意引导学生回忆自己的游戏经历，体验游戏的过程，把游戏的过程写清楚，同时写出想法和感受。

单元教学内容及要素分析

本单元以"成长故事"为人文主题，以"学习用批注的方法阅读"和"通过人物的动作、语言、神态描写，体会人物的心情变化"为语文要素，以"记一次游戏，把游戏过程写清楚"为单元习作要素，编排了《牛和鹅》《一只窝囊的大老虎》《陀螺》三篇精读课文，以及口语交际、习作和语文园地。

这是统编教材继三年级下册第六单元之后，第二次编排与"童年生活"有关的主题单元。本单元不仅有童年的欢乐，也有烦恼与挫折中的成长。本单元的阅读要素与习作要素互为关联。学生在阅读时学习了通过人物的动作、语言、神态体会人物心情的写作方法，并学会通过批注的方法来阅读。在习作时将此方法进行运用，习作后通过学生自主批注和同学互相批注的形式来修改习作，从而巩固对批注方法的运用，实现学、读、写的一体化。

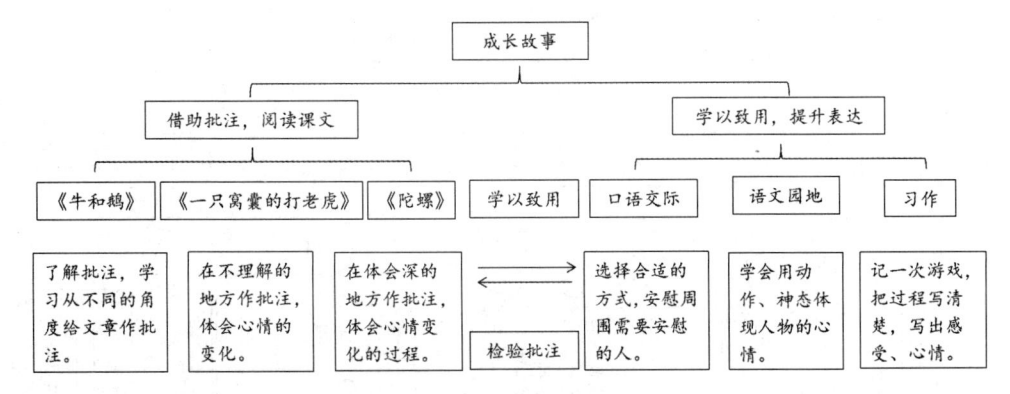

图1 单元教学内容框架图

单元教学目标

1.认识28个生字，读准7个多音字，会写43个字，会写47个词语，积累成语等。

2.正确、流利、有感情地读别人的成长故事，内化课文语言，积累言语经验。

3.学习用批注的方法阅读，通过"圈点批画""抓关键词句"等学习策略，从不同角度批注，在不理解的地方批注，在文章的精彩处批注，获得独特阅读体验与收获，懂得成长的深刻内涵。

4.抓住"人物的动作、语言、神态"，借助批注来体会人物的感情，感受童年生活的烦恼与欢乐，以及成长故事带给我们的启示。

5.读写结合，引导学生关注自己童年生活中的成长故事，记录自己的成长故事，有序地介绍童年有趣的游戏，并加入自己的思考和感受。

6.交流传阅习作成果，阅读伙伴的成长故事，借助批注，互相批改习作，培养用批注阅读的意识。

单元教学结构

本单元以"学习批注，感悟成长"为单元学习主题。用编写班级"成长的足迹"纪念册作为本单元学习任务驱动。通过"阅读成长故事、品味成长故事、记录成长故事、修改成长故事"四个大活动，用9课时来达成单元教学目标，落实语文要素。

```
                    学习批注，感悟成长
                           │
                 编写班级"成长的足迹"纪念册
         ┌─────────┬──────────┬──────────┐
    阅读成长故事 → 品读成长故事 → 记录成长故事 → 修改成长故事
         │                    │
    在阅读中学习批注         在习作中运用批注
    ┌──┬──┬──┐       ┌──┬──┬──┬──┐
```

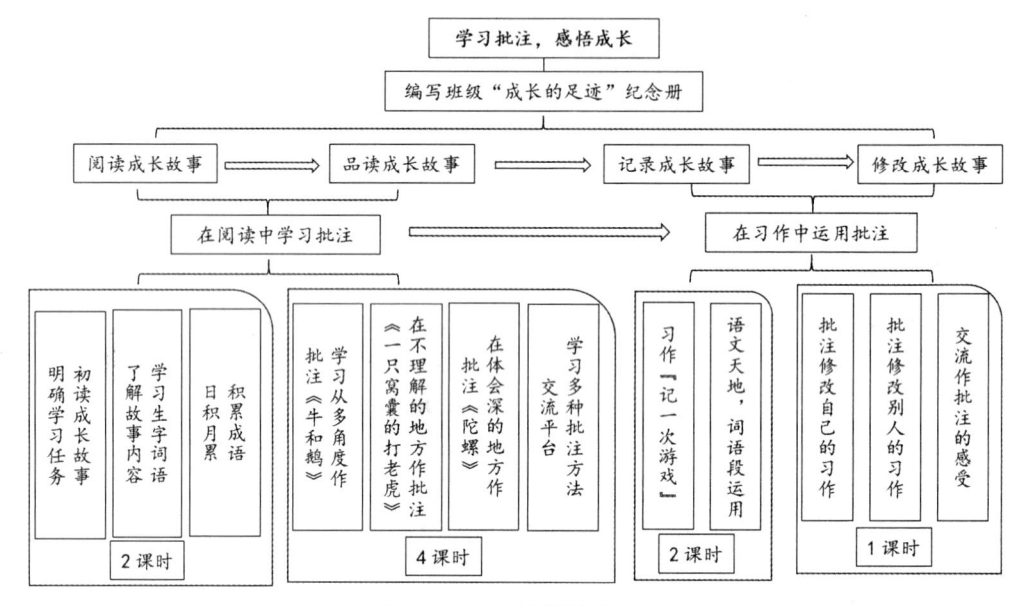

- 初读成长故事明确学习任务
- 学习生字词语了解故事内容
- 积累成语日积月累

2课时

- 学习从多角度作批注《牛和鹅》
- 在不理解的地方作批注《一只窝囊的打老虎》
- 在体会深的地方作批注《陀螺》
- 学习多种批注方法交流平台

4课时

- 习作《记一次游戏》
- 语文天地，词语段运用

2课时

- 批注修改自己的习作
- 批注修改别人的习作
- 交流作批注的感受

1课时

图2　单元教学结构图

课题	记一次游戏
课时	第1课时
课型	新授课☐　精读或略读指导☐　口语交际课☐　专题复习课☐ 习作指导或讲评☑　学科实践活动课☐　其他☐

课时教学内容分析

本次习作的话题是"记一次游戏"，要求学生写一次游戏，把游戏的过程及印象比较深的地方写清楚，写出自己的想法和感受。

教材第一部分通过列举"丢沙包、抢椅子、跳长绳"等游戏引出本次习作的话题，点明了玩游戏的价值、意义。第二部分针对玩游戏和写游戏作了提示。在玩游戏方面，要求集体玩一个游戏，并对所玩游戏的类型、场地作了提示。在写游戏方面，提示可以写本次共玩的游戏，也可以写自己以前和其他人玩过的游戏。教材的第三部分对如何写游戏作了具体的指导。教材最后提出了本次习作的具体要求：把游戏写清楚，还可以写写当时的心情，给习作拟一个题目，最好能反映自己的感受等。

学习者分析

从学生的已知来看，本次习作内容贴近学生生活，易激发学生的表达欲望。学生在三年级上册习作八单元"那次玩得真高兴"及四年级上册五单元"生活万花筒"的写作中练习过按顺序写清楚事情的过程。这次习作，学生能比较容易地把游戏的过程写清楚。

课前，教师通过问卷调查和访谈调研了学生喜爱并体验过的游戏。从调研的结果发现在游戏内容的选择上：班中90%的同学选择的是活动体验类游戏，10%的同学选择电动游戏。在游戏玩法的表述上：班中有85%的同学能将玩法说明白。在游戏过程的叙述方面：班中有85%的同学能将游戏过程讲出来，但只有45%的同学在表达时能够加入人物的神态、语言、动作和自己的心理感受。

课时教学目标

1. 带领学生体验"贴鼻子"游戏，学生能按照游戏前、游戏中、游戏后的顺序把游戏的过程写清楚。（教学重点）

2. 引导学生在游戏体验中注意观察人物的神态、语言、动作和自己的心理感受，在参与游戏体验后，能够写出自己的想法和感受。（教学难点）

3. 学生能自己修改习作，并把习作誊写清楚。

学习评价设计

小练笔：同学们，请你把游戏中印象最深的一个场景写下来，注意写出自己的想法和感受。

表1 小练笔评价标准

评价要点	达标成绩	评价结果
能选择游戏中印象最深的一个场景来写。	★	★★★★★　（　　）
能将体验中观察到的人物的神态、语言写出来。	★	★★★★　（　　）
能将体验中观察到的人物的动作写出来。	★	★★★　（　　）
能将自己参与游戏体验的想法和感受写出来。	★	★★　（　　）
格式正确、书写规范，能正确使用标点符号。		

课堂小练笔基于本课的学习目标而设计，评价标准中评价要点简单明确，评价方式采用五星评价，学生易于理解把握，能够有效促进写作方法的内化。

教学活动设计

一、交流游戏，激发兴趣

（一）谈话导入，交流游戏

1. 教师引出游戏话题。

教师投影呈现学生在学校玩游戏的图片，和学生一起交流他们和同学、伙伴玩过的游戏名称，将学生带入习作主题。学生跟随图片回忆自己玩游戏的经历，说出游戏名称。

2. 交流喜爱的游戏。

教师投影呈现学生的习作选材表，请学生选择一个最喜欢且玩过的游戏与大家分享游戏名称及喜爱的理由。教师注意引导学生把游戏名称说准确，将喜爱的原因说清楚。

（二）观察道具，猜测游戏

1. 看道具，猜游戏。

教师向学生宣布，今天习作课上要共同体验一个有趣的游戏，并依次出示游戏道具眼罩、塑料鼻子、简笔画头像。学生跟随老师依次呈现的道具认真观察、大胆猜测课上即将体验的游戏——贴鼻子。

2. 说玩法，讲规则。

贴鼻子的游戏大多数学生比较熟悉，教师请玩过的学生与大家分享游戏的玩法，以及在玩这个游戏过程中需要遵守的规则。

【设计意图：此环节教师引导学生在交流中选择好玩、有趣又有益的游戏。旨在激发学生的好奇心，调动学生全身心参与课堂，对游戏体验充满期待。】

二、体验游戏，梳理写法

（一）体验前，引导观察

1. 发现体验的角色。

教师引导学生结合贴鼻子游戏思考，班中的同学在游戏中将分别扮演哪种角色。学生交流后发现是游戏体验者和观察者。

2. 分析观察的角度。

教师采访学生作为游戏体验者和游戏观察者应该分别从哪些角度进行观

察。学生联系单元阅读学习和生活实际发现可以从人物的动作、语言、神态、心理这四个角度进行观察,教师提示学生还要注意观察游戏过程中人物细节的变化。

(二)体验中,梳理写法

1. 教师组织学生体验游戏。

教师请学生到讲台前体验游戏,在其体验的每一个环节请坐在座位上的学生注意观察他的神态、动作、语言。

2. 游戏体验者分享体会。

教师在学生参与游戏体验后,请他按照顺序抓住自己"拿、摸、走、贴、打开、看"等的动作讲清楚体验过程,并交流感受。其他学生在聆听的过程中学习写法。

3. 游戏观察者分享发现。

教师请学生回忆游戏过程中同学们作为观察者的表现,学生交流教室里同学观看游戏的场面,引导学生描述情景,如:哈哈大笑、前仰后翻、捧腹大笑、笑出眼泪、眼睛眯成一条线等。

(三)体验后,交流感悟

教师在学生体验游戏后,组织学生交流参与游戏体验的感悟。参与者感受到盲人生活不易,要关爱盲人,更要保护好眼睛。观察者感觉贴鼻子的游戏好玩有趣,同学们参与时气氛热烈,乐趣无限。

【设计意图:老师组织学生参与游戏体验,并在体验中引导学生观察人物的动作、语言、神态和心理变化,旨在让学生在体验中感悟写法,表达感受。】

三、选择场景,动笔练习

(一)出示小练笔,明确写作要求

教师在组织学生体验游戏,梳理写法后,出示小练笔的要求。学生结合要求思考游戏体验中印象最深的一个场景,明确练笔内容。

小练笔:同学们,请你把游戏中印象最深的一个场景写下来。

(二)明确评价标准,强化写作方法

教师出示小练笔的评价标准,学生阅读理解评价要点和评价方式,强化写作方法。

(三)选择场景,进行练笔

学生在明确写作内容和评价标准后进行小练笔,教师巡视指导,答疑。

【设计意图：这一环节教师带领学生明确练笔内容和评价标准，是在帮助学生巩固学到的写作方法，并在小练笔中尝试运用，真正达到写法内化，学以致用的目的。】

四、赏评修改，提升能力

（一）集体赏评典型片段

教师在学生练笔后选择不同类型的学生作品带领全班学生进行赏评。学生结合评价标准给出成绩，在赏评的过程中先发现同学作品的优点，再结合问题提出修改建议。

（二）借助批注修改片段

学生在集体赏评同学的典型片段后，小组合作借助批注互相评改，之后学生动笔修改自己的作品，教师巡视指导。

【设计意图：此环节选取三个典型片段进行赏评修改，旨在引导学生在作品的修改中发现问题，巩固写法，提升写作能力。】

板书设计

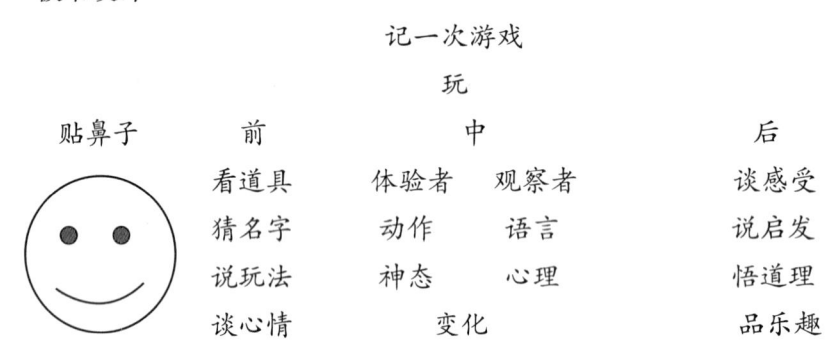

记一次游戏

玩

贴鼻子	前	中		后
	看道具	体验者	观察者	谈感受
	猜名字	动作	语言	说启发
	说玩法	神态	心理	悟道理
	谈心情	变化		品乐趣

作业设计

同学们，我们在学习完本单元后将编写班级"成长的足迹"纪念册，内容就是我们成长过程中的一次游戏体验。你可以运用本单元学到的写作方法写我们共玩的游戏"贴鼻子"，也可以写自己和其他人玩过的游戏。注意把游戏过程写清楚，加入语言、动作、神态、心理活动的细节描写，写出自己的想法和感受。

教学反思与改进

本节课采用体验式作文教学的方式带领学生玩"贴鼻子"的游戏，学生在参与体验的过程中感悟写法。通过阅读学生的习作，可以看出本节课取得了良好的教学效果：班中有95%的同学能将游戏过程写具体；有90%的同学能够在描写中加入语言、动作、神态和心理的描写，表达生动。

本节课只针对"贴鼻子"这一个游戏的体验过程进行了写法指导，大部分学生都选择这个游戏来写，所以学生的选材不够丰富。今后的教学中，还应结合学生的选材表进行分类迁移，这样更有助于学生深入理解和内化写作方法。

（指导教师：北京市海淀区西苑小学 谈兵）

第八册　第四单元　我的动物朋友

润艳艳

教学单元基本信息				
姓名	润艳艳	单位	北京市西城区复兴门外第一小学
年级	四年级	单元	下册第四单元
单元主题		作家笔下的动物	

单元指导思想与理论依据

《义务教育语文课程标准（2011年版）》（以下简称《课标》）指出：语文综合性学习，有利于学生在感兴趣的自主活动中全面提高语文素养，是培养学生主动探究、团结合作、勇于创新精神的重要途径。而单元整体教学是以单元为整体设计教学。把综合性学习和单元整体教学整合起来，就会沟通课堂内外，拓宽学生的学习空间，在发展学生语言能力的同时，发展思维能力，激发想象力和创造潜能。笔者将四年级下册第四单元"作家笔下的动物"整体教学设计成综合性学习，正是基于这一理念。

单元教学内容及要素分析

四年级下册第四单元的内容如下：

表1　单元教学内容分析表

人文主题：作家笔下的动物			语文要素
课文	题目	作者	体会作家是如何表达对动物的情感的
	《猫》	老舍	^
	《母鸡》		
	《白鹅》	丰子恺	
习作	我的动物朋友		写自己喜欢的动物，试着写出特点

统编语文四年级下册第四单元围绕"作家笔下的动物"这个人文主题编排了两位作家的三篇文章,从两个语文要素来看,第一项是在阅读中感悟写法,第二项是在习作实践中运用所学完成表达。把两项语文要素连起来看,就形成了一个完整的读写链条。基于这样的考虑,教师将单元内容整合在一起,整体推进,更有助于学生的学习。

表2　语文要素纵向梳理表

语文要素一	体会作家是如何表达对动物的情感的。	四下第一单元	初步体会课文表达的思想感情。
		四下第四单元	体会作家是如何表达对动物的情感的。
		五上第一单元	初步了解课文借助具体事物抒发情感的方法。
语文要素二	写自己喜欢的动物,试着写出特点。	三下第一单元	试着把观察到的事物写清楚。 习作:我的植物朋友
		四下第四单元	写自己喜欢的动物,试着写出特点。 习作:我的动物朋友
		五上第一单元	写出自己对一种事物的感受。 习作:我的心爱之物

通过表格可以看出这两项语文要素在整套教材中的呈现也是前后勾连、循序渐进的。从单元整体教学出发,依托综合性学习,利用阅读课文范例,揣摩作家的写法,学习作家如何抒发喜爱之情;借助观察记录,了解小动物的生长特点;在习作中运用所学,完成对小动物的外形描写;最终实现综合性成果——"我的动物朋友"口袋书。教师通过这样的环节,一步步把语文要素落到实处。

单元教学目标

1. 认识27个生字,读准4个多音字,会写45个字,会写36个词语。
2. 正确、流利、有感情地朗读课文,了解动物的特点。
3. 体会作家是如何表达对动物的情感的,感受语言的趣味。
4. 认真观察生活中自己喜爱的小动物,能发现它们在外形、吃食、玩耍等方面的特点。
5. 激发学生对动物的兴趣,写出动物的特点,抒发自己的喜爱之情。
6. 能和同学互相交流、评议习作,能修改自己的习作。

单元教学结构

表3 单元教学结构安排

课时分配	学习内容	课时目标	主要学习方式	学生任务与成果
第1、2课时	对单元内容有初步了解,学习生字。	知道单元人文主题、语文要素。单元整体识字。	自主识字,互相交流,小组汇报。	单元整体识字,扫清阅读障碍。
第3、4课时	学习对动物外形的描写方法。观察小动物外形并完成练笔。	学习其他作家对动物外形描写的方法。练笔"我的动物朋友"外形描写	搜集其他作家对动物外形描写的段落,交流、讨论,学习、总结写法,完成练笔。	把"我的动物朋友"肖像描写配图并展览。
第5-8课时	体会作家笔下的动物特点和所要表达的情感。	揣摩作家是如何抓住动物特点进行描写的,又是如何抒发情感的。	小组交流、讨论,教师引导,总结方法。	学习写法,能力迁移。
第9课时	习作"我的动物朋友"指导	运用学到的方法说说自己喜爱的小动物。	教师引导、小组交流。	利用自己带的照片、视频,说说自己喜爱的小动物,进行交流。
第10课时	讲评习作"我的动物朋友",制作口袋书。	评议、交流习作。制作口袋书,准备誊抄作文。	小组交流、评议自己的习作。制作口袋书。	学会评议作文,为小组同学的习作提出有效的修改建议
第11课时	展示成果——口袋书。	交流、展示口袋书。	集体交流、展示,推选优秀作品。	口袋书"我的动物朋友"完成

课题	"我的动物朋友"习作讲评
课时	第1课时
课型	新授课□ 精读或略读指导□ 口语交际课□ 专题复习课□ 习作指导或讲评☑ 学科实践活动课□ 其他□

课时教学内容分析

习作讲评"我的动物朋友"是一节习作交流课。习作完成后,在师生的评议、交流中,学生逐步认识到自己习作中的不足,会修改自己的习作。这节课可以说是单元整体教学的成果完善课,从前期对动物的观察到中期运用学到的方法写作,最后利用口袋书进行展示,一步步调动学生的阅读、习作兴趣,激发他们的想象力和创造性,培养语言运用与建构的能力。

学习者分析

根据课前调查，班里大约有四分之一的学生家里有宠物，可以随时观察；有约四分之一的学生在亲戚家或小区里可以经常接触到小动物；那些没有机会接触小动物的学生在本单元学习中也得到了家长或老师的帮助，例如：有的家长为孩子购买了体型小的动物，小鱼、小乌龟等，有的学生利用科学课上发放的蚕卵进行喂养、观察。因此，对于学生来讲，观察动物是比较方便的。在观察技能上，学生曾经学过观察植物的方法，即利用表格、文字等方式进行记录，因此有一定的观察经验的积累，知道可以从哪些方面进行观察。在习作表现方面，学生经过三年的写话、习作训练，树立了习作自信心，有了一定的习作兴趣，能够在习作中把感兴趣的地方写得具体一些。而对于修改自己的习作，学生水平参差不齐，还需要一些量化的评价标准。

课时教学目标

1.通过伙伴交流、小组交流和师生评议等活动，达到互相学习，取长补短。让学生初步学会修改自己的习作，从而提高习作能力。（教学重难点）

2.通过制作口袋书，设计、誊抄自己的习作，提高学生的习作兴趣，培养他们团结协作、勇于创新的精神。

3.通过学习活动，让学生更加热爱小动物。教育学生保护动物，培养与动物和谐相处的意识。

学习评价设计

利用量化的评价标准（见表4）互相评议，对于自己习作上存在的问题知道修改的目的、方向。

教学活动设计

一、小组活动：交流习作，互相评议

（一）明确任务

同学们在第四单元的学习中，从老舍先生和丰子恺先生的文章中，学到了写好动物的方法，在其他的文章中学到了有顺序地描写动物外形。前期我们写

了"我的动物朋友"的外形,又在描写外形的基础上,加上对动物在吃食、玩耍等方面特点的描写,写了"我的动物朋友",今天我们就来看一看自己的这篇习作还有什么问题需要修改。

（二）小组交流

小组根据学习提示来交流习作中的问题

> 学习提示：
> 小组成员互换习作,根据评价标准评议、打分,打分中可以互相交流。

表4 习作评价标准

	外形	吃食	玩耍	喜爱之情
好 每项6—7分	从整体到部分或从部分到整体,对特点鲜明的部位运用生动词句进行描写。	能用三个及以上动词,把吃食的一系列动作描写具体,甚至有神情描写,语言通顺、流畅。	能用三个及以上动词,把玩耍的一系列动作描写具体,甚至有神情描写,语言通顺、流畅。	有明显抒发喜爱之情的句子或在字里行间能体会到对动物的喜爱之情。
一般 每项4—5分	比较有顺序,没有对特点鲜明的部分加以描写。	能用两三个动词把吃食部分描写得比较具体,语言比较通顺。	能用两三个动词把玩耍部分描写得比较具体,语言比较通顺。	基本能体会到对动物的喜爱之情。
需改进 每项3—4分	顺序混乱,描写缺少生动的词句。	只有一两个动词,吃食部分写得简单甚至不太清楚、不明白。	只有一两个动词,玩耍部分写得简单甚至不太清楚、不明白。	基本体会不到喜爱之情。

书写2分：书写认真,两个及以内错字得2分,五个以内错字得1分,书写不认真不得分。

（三）教师巡视,相机指导

【设计意图：小组交流活动的目的有二：一是通过同学间评议、打分,让每个人认识到自己习作中的问题；二是通过小组学习,取长补短,培养学生团结协作的精神。通过这两方面提高他们的习作水平。】

二、班级展示：小组汇报,师生评议

选出两个组,每组推选一篇习作进行全班交流、展示,师生共同评议。

在评议中,学生根据标准先进行初步评议,教师再做总结性评议。评议以鼓励为主,肯定优点,指出修改方向。

【设计意图：这是对评价标准的再次明确,让学生知道怎样才算达到了标准,从而反思自己评价得是否合理、准确。同时,学生也在教师的引导下对自

己的习作有了进一步的整体把握，为后面的修改习作打下基础，有利于提高自己的修改水平。】

三、观看视频：教做口袋书

（一）激发兴趣

这次习作修改后，我们利用一种新的形式展示出来，是什么有趣的形式呢？请大家看视频。

（二）观看制作口袋书的视频

【设计意图：激发学生兴趣，让学生认识到习作也可以用有趣的方式呈现，在快乐中写作。】

四、制作口袋书

（一）小组合作：拿出准备好的A4纸，在视频的指导下，在老师、同学的帮助下折叠口袋书

（二）设计图画，准备修改、誊抄自己的习作

【设计意图：学生在小组合作中，在动手折叠中，增加了乐趣，提升了思维，也展示了绘画的才能，这一切让学生感到快乐，快乐会迁移，习作自然在心情愉悦中完成。】

板书设计：

$\qquad$我的动物朋友

$\qquad$外形：有顺序、特点鲜明

$\qquad$吃食：动作具体

$\qquad$玩耍：趣味

$\qquad$喜爱

作业设计

制作口袋书，修改、誊抄写作。

教学反思与改进

（一）教学特色

1.抓住学生的兴趣点，提高语文素养，发展综合能力。

本节课从习作评议到习作展示的口袋书制作，都是在学生的兴趣点上做文

章，努力提高学生语言的建构。尤其是口袋书的制作，让学生兴趣盎然，既锻炼了他们的动手能力，又展示了他们的绘画才能，这是美术、劳动、语文等学科的有效融合，也是对学生综合能力的培养。

2.培养学生自主、合作、探究的精神，打造高效的语文课堂。

《课标》倡导合作、自主、探究的学习方式，这种方式有利于提高学生核心素养。这节课努力让学生在小组合作、评议中提高习作水平，在探究中知道如何修改习作，如何制作口袋书，如何把习作用口袋书的形式呈现，在自主学习中提高课堂效率。

（二）教学反思

这次单元的整体教学设计让我对《课标》有了进一步的认识和理解，提高学生的语文核心素养，要对《课标》深入解读，要在学科课程中敢于实践、探索，创建有活力的语文课堂。只有这样，学生的语文素养才能提高！

（指导教师：北京市西城区复兴门外第一小学 德秀齐）

第八册　第五单元《海上日出》

朱卫华

教学单元基本信息			
姓名	朱卫华	单位	北京市朝阳区垂杨柳中心小学劲松分校
年级	四年级	单元	下册第五单元
单元主题		学习按游览的顺序写景物	

单元指导思想与理论依据

《义务教育语文课程标准（2011年版）》指出，第二学段的习作目标是在观察的基础上，让学生自由地表达自己的所见、所思、所感，同时做到"把内容写清楚"，这也是这一学段的习作重点。四年级下册第五单元就是在学段目标"把内容写清楚"的基础上，更详细、具体地提出了本次习作的训练重点，即"学习按游览的顺序写景物"这一语文要素，为教师的习作教学提供了明确具体的"靶心"。

单元教学内容及要素分析

统编小学语文教材习作单元的编排体系体现为明显的横向序列和纵向序列。从横向来看，习作单元的内容横跨三至六年级八册教材，每个单元包括单元导语、精读课文等六部分的内容；从纵向来看，习作单元的内容是根据学生必须掌握的习作要素编写的。如四年级下册第五单元的编排，就指向了一个终极目标——有序地描写景物，写清楚景物特点。这契合了本单元语文要素"了解课文按一定顺序写景物的方法"和习作要求"学习按游览的顺序写景物"。对于写景的习作内容、要求及重点，从三年级上册开始到五年级上册都有涉及。具体见表1：

表1　统编教材关于写景要素梳理

册次	单元及题目	习作要求	习作重点
三年级上册	第六单元 这儿真美	1.介绍一处美景； 2.运用从课文中学到的方法，围绕一个意思写。	围绕一个意思把一处景物写清楚。
四年级上册	第一单元 推荐一个好地方	1.把地方介绍清楚； 2.推荐理由写充分。	选择一个好地方，从不同角度写清楚推荐的理由。
四年级下册	第五单元 游_____	1.按照游览顺序写； 2.把游览过程写清楚； 3.印象深刻的景物重点写，写出特点。	按照游览顺序写一个地方，能够写出重点景物的特点。
五年级上册	第七单元 即景	1.按一定顺序描写景物； 2.写出景物的动态变化。	按照一定顺序，迁移运用动态描写，写出景物变化。

由上面习作要素序列可以看出，统编教材对学生习作能力的要求是逐渐提高的，习作教学的难度也是逐步提升的。

从单元编排看，习作单元以语文要素贯穿始终，但更以学习表达方法、提高表达能力为主。学生通过一个习作单元的学习，能在习作表达上有扎扎实实的"一得"。"以读促写"的目的更明显，更强调习作方法的落实，强调实践运用。如果说普通单元是线性结构，那么习作单元更像球形结构，所有的单元学习内容合力作用于习作表达。既然如此，习作单元的教学的终极落脚点就是运用精读、例文中的方法有质量地完成单元习作。

单元教学目标

1. 认识9个生字，读准1个多音字，会写24个生字，会写24个词语。
2. 了解作者描写景物的顺序，体会是怎么抓住景物的特点写清楚的。
3. 能结合课文内容，梳理、交流按照游览顺序和景物变化顺序写景物的方法。
4. 能按照顺序说出游览路线；能按顺序介绍一处景物并写下来。

单元教学结构

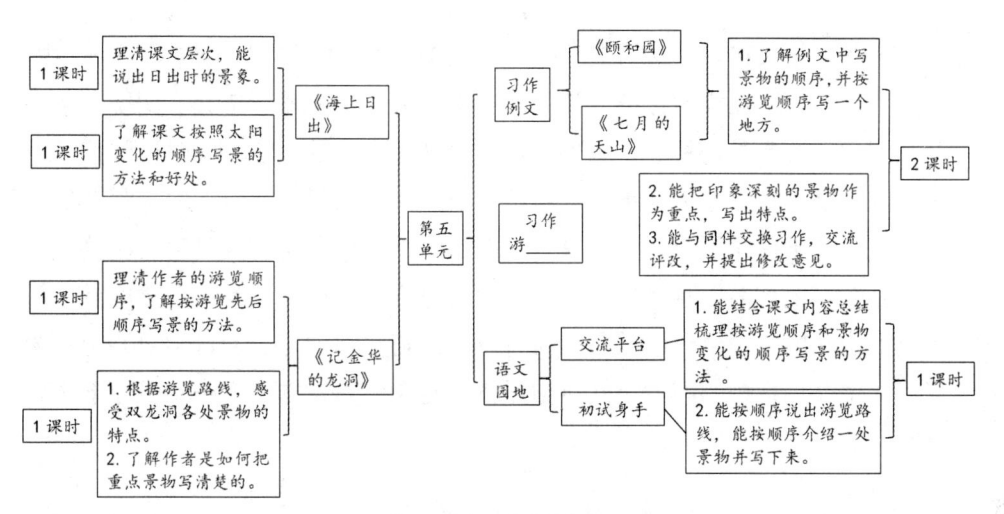

图1 单元教学结构图

课题	7 海上日出
课时	第2课时
课型	新授课☑ 精读或略读指导☐ 口语交际课☐ 专题复习课☐ 习作指导或讲评☐ 学科实践活动课☐ 其他☐

课时教学内容分析

《海上日出》是一篇经典课文，行文方式与遣词造句都独具特点。语文要素提到的"按一定顺序"体现在文章表达的多个方面，有表示时间的写作顺序，也有日出动态变化的顺序。抓住日出时所独有的颜色、亮光、位置的变化，描绘了日出过程中不同的画面。而在第2、3自然段与第4、5自然段的衔接上，作者巧妙地运用了两个"有时"，将"晴天""多云""黑云"三种天气的日出景象有序地连接在一起。作为单元中的第一篇精读课文，它承担了落实学习方法的教学任务。通过本课的教学，学生要初步了解如何按照变化的顺序写景，同时要为下一课了解如何把重点景物写清楚做好准备，习得表达方法。

学习者分析

　　学生在三年级和四年级的上学期，已经初步学习了通过观察描写一处景物，介绍一个景点。不仅积累了感受景物之美的经验，也积累了诸如"围绕一个意思写""如何写清景物特点，阐述推荐理由"等表达的方法，同时也阅读了不同文体的写景文章。这为本单元学习按游览的顺序写景物，有顺序地写多处景物这一学习进阶搭建了支架。但是，按照游览的顺序写景物则是第一次接触，它强调有顺序地写多处景物，这对学生而言是新的挑战。从另一个角度看，从三年级上册开始，学生开始学习如何将景物的特点写清楚。通过学习游记，继续培养学生描写景物的能力，同时学习按一定顺序写景物的方法，引导学生观察自然，留心身边的美。

课时教学目标

　　1. 认识"扩、刹"等3个生字，读准多音字"荷"，会写"扩、范"等9个字，会写"清静、扩大"等9个词语。
　　2. 默读课文，能说出日出时的景象，体会景物的变化。（教学重点）
　　3. 了解课文按太阳变化的顺序写景的方法和好处。（教学重点、难点）

学习评价设计

表2　习作评价标准

评价内容	评价标准	评价结果
按照变化的顺序写清楚景物	能用表示时间的词语有序地介绍	☆☆☆
	能把事物的特点写清楚	☆☆☆
	能写出景物的动态变化	☆☆☆

教学活动设计

一、创境引入，感受变化

（一）教师导语

海上日出奇在哪里呢？原来奇在景象的变化。

（二）出示图片，引发思考

出示三种情况的日出美景图。提问：你觉得哪一种变化最多，变化最美，变化最奇？

预设：天气晴朗时的日出最美，变化最多、最奇。

【设计意图：从"奇"入手，从"写了什么"的角度引导学生理解内容。】

二、依文作画，研读顺序，体会晴天日出时的写法

（一）教师引导

课文的第2、3自然段写了晴天时日出的景象。作者巴金先生为了看日出，天天早起，把看到的景象一一记录下来。如果让你把作者笔下海上日出过程中不断变化的景象画出来，你想怎么画呢？

（二）依据文本进行创作

1. 出示活动要求。

①默读第2—3自然段，边读边思考：如果让你把日出的变化呈现出来，你想画几幅图？每幅图画什么？

②把画的内容在文中圈画出来。

③依据文本内容创作画作。

2. 学生默读、思考、圈画词句、作画。

（三）组织交流画作，感受变化，学习表达

教师导语：下面，请大家借助文中的依据来交流一下你们的画作吧！

1. 指名交流，适时点拨，梳理颜色、光亮变化的顺序，学习表达。

（1）出示画作，结合课文内容进行介绍。

通过学生介绍画作，能了解他们是否通过抓关键词句读懂日出的变化。

（2）教师点拨，发现变化，梳理表达方法。

①把同学介绍的这三幅图画的内容进行摘录。

出示课件：

一片浅蓝　颜色很浅　一道红霞　真红　红得非常可爱　深红

没有亮光　一刹那间　发出了夺目的亮光　有了光彩

②教师导语：请你们看看图画，再读读这些词句，从中发现了什么？

预设1：我发现了，是太阳的颜色在不断变化！原来作者是按照太阳颜色由浅到深的变化顺序来写日出的！

预设2：我们仔细读文就会发现作者也写清楚了光亮的变化，从"没有亮光""一刹那间，发出夺目的亮光"这些词语中就能感受到光芒由弱到强的神奇和美丽。

2. 指名交流，感受太阳位置的变化，学习表达。

（1）教师导语：除了颜色、光亮的变化，其实还有一种变化就藏在字里行间。请你们回想刚才发现的过程，再读第2、3自然段，结合自己的画来说说吧。

（2）学生交流画作，感受位置变化，学习表达。

预设：学生在交流中把对文字的理解变成几幅画作来展示，又在表述中感受到日出是一种动态的过程，就像看动画片一样！

(3)再读相关语句，感受表达效果。

①出示课件：

太阳好像负着重荷似的一步一步，慢慢地努力上升，到了最后，终于冲破了云霞，完全跳出了海面，颜色红得非常可爱。

一边读，一边注意加点字的部分，想想，这样写有什么好处？

抓住关键语句，感悟景象变化，体会写法。

②朗读指导：把体会放进朗读中，自己练读，合作读。

提示：想象画面，读好关键词，体会语气，要读得自然，像说话一样。

（四）关联词句，想象画面，读出变化

1. 教师导语：出示圈画的关键语句，前后关联起来梳理一下，你发现了什么？可以和同桌交流交流。

（1）出示课件　　（2）学生思考　　（3）同桌交流

2. 全班交流。

预设1：这些词句，让我们感受到日出时颜色、光亮、位置都不断发生了变化，这样描绘，画面感很强。

预设2：我们发现，作者是抓住早晨太阳变化的顺序来写日出的，我们也可以在写其他事物时进行借鉴。

预设3：是这样的，如果景物发生了变化，可以按照变化的顺序来写，文章就会非常生动、真实，引人遐想，充满画面感。

3. 感情朗读，再读第2、3自然段。

（1）自己练读

（2）同桌合作读

（3）配乐指生读

（4）齐读

【设计意图：单元的语文要素是了解课文按一定顺序写景物的方法。围绕语文要素，教师引导学生在层层推进的创作、描述画作的实践活动中，明晰作者按太阳变化的顺序描写海上日出的景象的习作写法，使抽象的思维过程可视化，这样学生便可知道在"写什么"的基础上怎么写好一篇作文。】

三、体会多云、黑云天气日出的景象的写法

（一）默读思考

默读课文第4、5自然段，圈画关键语句，想想作者是怎么写出变化的。

（二）抓关键句，体会写法

引导学生抓关键语句，感悟景象变化，体会写法。

四、回顾全文，品悟写法

（一）品悟写法

问：同是海上日出，不同的天气情况下，日出的景象是不同的，作者是怎么把这景象写得如此精彩？

1. 作者在定点观察时，抓住了特点。

2. 运用了表示顺序、变化过程的关键词，按日出变化顺序来写景。

3. 展开了丰富的想象，写出了海上日出的壮观美景。

（二）实践巩固

有兴趣的同学可以利用节假日去看看日出、日落、月亮、星辰，写一写身边的自然美景。巴金《海行杂记》中还收录了一篇散文《海上生明月》，我们也可以和大作家比一比，看谁写出的景色变化顺序更清晰，语言表达更生动！

【设计意图：回顾学习不同天气情况下的日出景象，再次巩固本单元语文要素"按顺序来写清楚景物变化"的方法。】

五、拓展练习，迁移写法

1. 假如请你写一写海边日落景象，你会怎样写呢？

2. 请你按照太阳变化的顺序，写一写视频中日落的过程。刚才听写的表示时间变化的词语，大家可以有选择地运用。

板书设计

海上日出 { 晴朗 / 多云 / 黑云 } { 位置 / 光亮 / 颜色 } 变化

作业设计

找到刘白羽所写的散文《日出》读一读，感受作者笔下壮美的景象。再说一说这篇文章和《海上日出》的异同。还可以读一读巴金《海行杂记》中的散文《海上生明月》，感受同一作者所写的两篇散文的异同。

教学反思与改进

本节课，教师紧紧围绕语文要素展开教学，设计了根据文本创作、表达画作等多个教学活动，引导学生理解、品读、感悟文本语言，读懂景物变化的顺序，体现了"以学定教、顺学而导"。通过教学强化学生对写作顺序和语言表达特点的认识。最后的迁移写作，以读写结合的方式实现了以读促写的目的，使学生将学习方法进行内化。

（指导教师：北京市朝阳区教育科学研究院 马妍 林秀平）

第八册　第五单元《记金华的双龙洞》

尹盼盼

教学单元基本信息			
姓名	尹盼盼	单位	中国人民大学附属中学实验小学
年级	四年级	单元	下册第五单元
单元主题		品读美景奇观，乐写心中之美	

单元指导思想与理论依据

《全日制义务教育语文课程标准（2011年版）》（以下简称《课标》）在第二学段针对"习作"提出这样的要求：观察周围世界，能不拘形式地写下自己的见闻、感受和想象，注意把自己觉得新奇有趣或印象最深、最受感动的内容写清楚。本单元通过学写游记，留心身边的美，做生活的有心人，养成认真观察、留心周围事物和勤于思考的好习惯，最终落实"语言的建构和运用、思维的发展和提升"这两个语文素养。

单元教学内容及要素分析

一、单元教材分析

（一）本单元的横向关联

1. 本单元编排体例。

本单元是习作单元。在阅读方面的语文要素是"了解课文按一定顺序写景物的方法"，即关注写景物的顺序；写作要素"学习按游览的顺序写景物"，与阅读联系密切，取法于其中。习作单元的体例与普通单元有所不同，每一个内容都指向学生习作能力的培养，也就是说本单元内五个板块形成一个以读写要素为核心的组织架构状态。

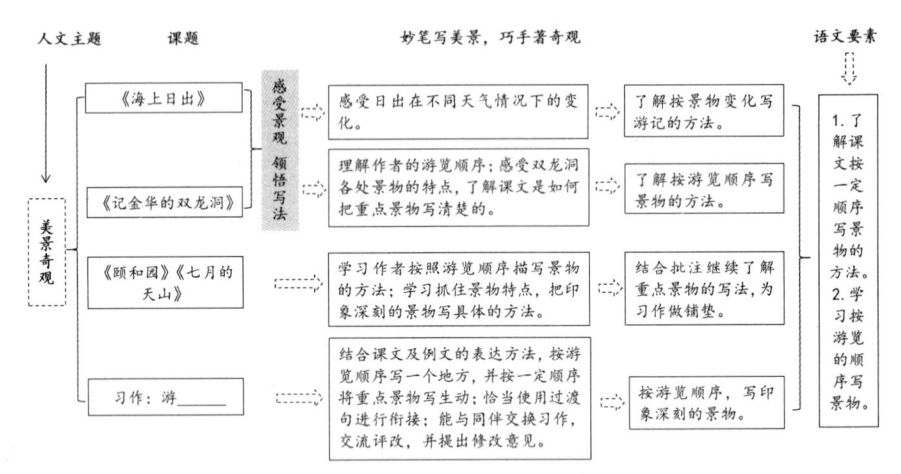

图1 本单元双线编排体例

单元内的两篇主体课文主题丰富，皆是名篇佳作。巴金的《海上日出》按照早晨太阳变化的顺序，描绘了海上日出的壮观景象。叶圣陶的《记金华的双龙洞》按照游览的顺序，依次介绍了洞口、外洞、孔隙、内洞，并抓住个人感受着力描写孔隙狭小的特点。

★"交流平台"对写游记的表达方法进行了梳理和归纳；

★"初试身手"，引导学生尝试按一定顺序介绍景物或写下来，使阅读成果向写作迁移；

★两篇习作例文对"按一定顺序写景物"的方法进行了印证和补充，夯实写作方法；

★单元习作"游____"，运用前面所学到的方法进行习作实践，体现整个单元的学习成果。

可见，本单元通过这几个板块的梯度设计，形成了习作单元的完整结构，旨在帮助学生学会写游记，并激发学生习作兴趣。

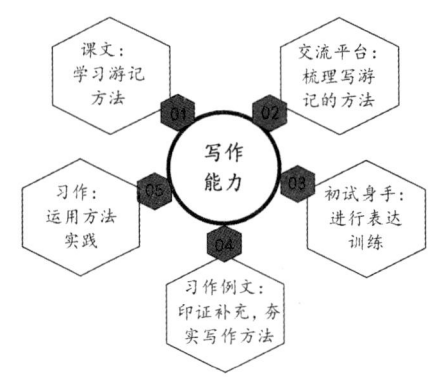

图2 本单元编排意图

2.语文要素的衔接。

表1　本单元课后思考题的梳理及说明

课文	课后思考题	说明
《海上日出》	1.默读课文，说说海上日出的景象。 2.读句子注意加点的部分，想想这样写有什么好处？ 3.选做：有兴趣的同学可以去看看日出，结合自己的体会，说说课文描写日出的精彩之处。	1.关注作者是怎样抓住景物的变化来展开描写的。 2.引导学生抓住关键词，揣摩"按顺序写景物"的表达效果，体会拟人修辞手法的使用可以使景物更生动形象。 3.结合自己的体会去验证作者的描写。
《记金华的双龙洞》	1.默读课文，理清作者游双龙洞的顺序，再把下面的路线图补充完整。 2.读从外洞进内洞的部分，体会作者是怎样把孔隙的狭小和自己的感受写清楚的。	1.从整体上梳理文章的线索，理清游览顺序。 2.聚焦重点段落学习表达的方法。
《颐和园》	默读课文，画出起过渡作用的句子，体会作者是怎样把游览顺序写清楚的，再把下面的路线图补充完整。	从整体上梳理文章的线索，理清游览顺序。
《七月的天山》	默读课文，说说作者是按怎样的顺序写天山的，你是从哪些语句看出来的？	从整体上梳理文章的线索，理清游览顺序。

⬇ 语文要素的衔接

通过对课后思考题的梳理，发现每一篇都旨在梳理文章线索，学习按游览顺序写景的方法。两篇主题课文写作顺序不同，《海上日出》聚焦景物的变化顺序，《记金华的双龙洞》侧重于学习游览顺序并学习把景物特点及自己的感受写清楚。

（二）单元册次间纵向关联

各学段的写景文选编情况具体如表2所示：

表2　统编教材写景文选编情况梳理

册序单元	人文主题	课文	阅读训练要素	表达训练要素
二上第四单元	家乡	《登鹳雀楼》《望庐山瀑布》《黄山奇石》《日月潭》《葡萄沟》	联系上下文和生活经验，了解词语的意思。	学习课文的语言表达方法，积累语言。
三上第六单元	祖国河山	《古诗三首》《富饶的西沙群岛》《海滨小城》《美丽的小兴安岭》	借助关键语句理解一段话的意思。	习作的时候，围绕一个意思写。
三下第七单元	奇妙的世界	《我们奇妙的世界》《海底世界》《火烧云》	了解课文是从哪几个方面把事物写清楚的。	初步学习整合信息，介绍一种事物。
四上第一单元	自然之美	《观潮》《走月亮》《现代诗二首》《繁星》	边读边想象画面，感受自然之美。	向同学推荐一个好地方，写清楚推荐的理由。
四下第五单元	习作单元	《海上日出》《记金华的双龙洞》《颐和园》《七月的天山》	了解课文按一定的顺序写景物的方法。	学习按游览的顺序写景物。
五上第七单元	四季之美	《古诗词三首》《四季之美》《鸟的天堂》《月迹》	初步体会课文中的静态描写和动态描写。	学习描写景物的变化。
五下第七单元	异域风情	《威尼斯的小艇》《牧场之国》《金字塔》	体会景物的静态美和动态美。	搜集资料，介绍一个地方。

积累词语 ⬇ 句法训练 ⬇ 章法训练

从上图可看出，统编教材对学生写景能力的训练，经历了低年级积累词语，到三年级的句法训练，再到四年级以后的章法训练，是循序渐进，螺旋上升的。

单元教学目标

1. 在"我的旅游攻略"活动情境中，通过学习课文，了解作者描写景物的顺序，设计"我的旅游路线图"。
2. 结合路线图，运用连接词或过渡句，自然衔接各景点，完成游记初稿。
3. 在"中国美景排行榜"活动中，学习有重点地描写印象深刻景物的表达方法并迁移运用。
4. 在"校园旅游节"活动中，能紧扣"有序描写、特点突出、过渡巧妙"分享游记；能与同伴交换习作，针对标准交流评改，并提出修改意见，评选优秀导游。

单元教学结构

暑假即将来到，我创设了"我的旅游攻略"单元学习情境，让学生为大家推荐旅游胜地。我将单元教学内容整合为三大学习任务：

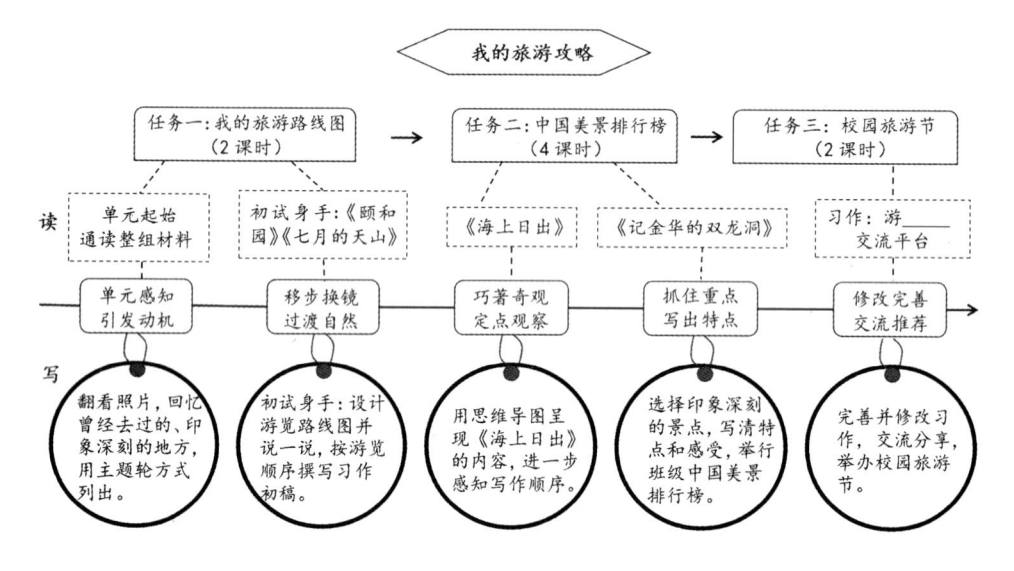

图3 单元教学结构图

课题	17 记金华的双龙洞
课时	第2课时
课型	新授课☑　精读或略读指导☐　口语交际课☐　专题复习课☐ 习作指导或讲评☐　学科实践活动课☐　其他☐

课时教学内容分析

1. 教材内容分析。

课文按游览顺序记叙，依次写了游金华双龙洞时的路上见闻、游外洞、由外洞进入内洞、游内洞的所见所闻所感及乘船出洞的情况。通过描写路上景色的明艳、溪流的欢唱、外洞的宽敞，以及内外洞连接处孔隙的"窄、低、小"，内洞的"黑、奇、大"，作者为读者展现了大自然的鬼斧神工、美轮美奂，令人身临其境。

全文思路清晰，结构严谨。课文以游览顺序，以及泉水、溪水的来路，"一明一暗"两条线索来写，巧妙地将景点的方位和作者观察地点的变化有机结合，移步换景，堪称游记体文章的典范。其中"过孔隙"一段，以"段"的形式，集中体现出游记体"篇"的特点，将游程、见闻和感受有机结合，是中年级学生学写游记的优秀范本。

2. 课时特点分析。

《记金华的双龙洞》一课安排了两课时的教学。第一课时在语境中理解"孔隙"等词语的含义。整体感知课文内容后，在文中找出表示作者行踪的句子，圈画地点，画出游览路线图。通过自学批注与小组合作学习相结合的方式，探究作者是怎样把每一处的景物特点写清楚的。

第二课时，重点感受作者是怎样抓住印象深刻的景物——孔隙，并把它狭小的特点和自己的感受写清楚的。然后迁移运用，借助"我的旅游路线图"梳理自己印象深刻景物的特点，写一段话，把重点景物特点写清楚，然后进行分享、交流、评价。

学习者分析

本班学生具备初步的自主阅读、默读批注、品悟语言的能力，学生思维活跃，乐于交流，善于表达，小组学习效果较好，师生互动和谐。所以本课继续采用"自主学习、小组合作探究"的学习模式展开教学。

为了准确把握学生的学习起点，科学制定教学目标，在进行了单元活动热身后，指导学生确定习作选材，绘制游览路线图并完成习作预写。预写分析如图4：

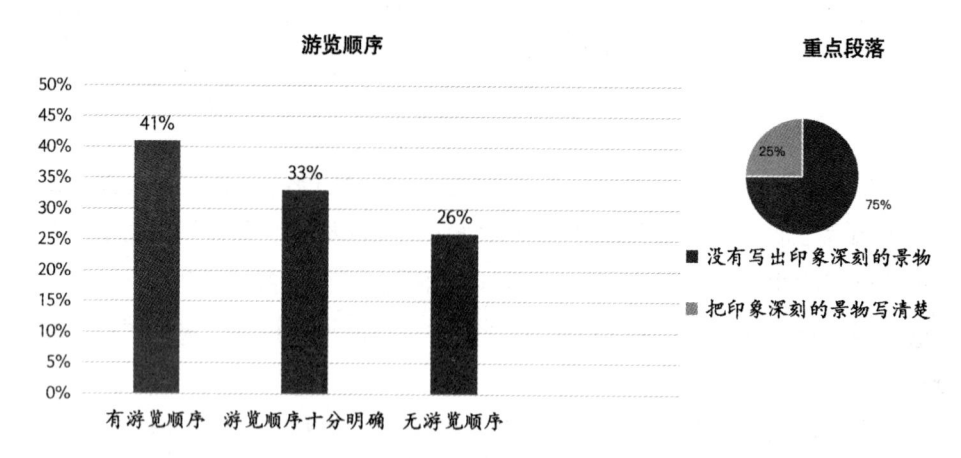

图 4　习作预写中有关"游览顺序"和"重点段落"的分析

大多数学生能够有意识地按照游览的顺序完成习作，运用表示地点转换的句子，但是部分学生的习作游览顺序不够明确，重点段落中没能将印象深刻的景物写清楚，表达角度比较单一，缺少自己的感受。

通过《记金华的双龙洞》的第一课时教学，指导学生重点针对游览顺序和过渡句进行修改，在《记金华的双龙洞》第二课时中，指导学生学习表达方法并迁移运用，将自己印象深刻的景物特点写清楚。

课时教学目标

1.学习孔隙部分，体会作者怎样把孔隙的狭小和自己的感受写清楚的，感受大自然的神奇与美丽。（教学重点）

2.运用习得的表达方法，尝试把自己印象深刻的景物写清楚，为"中国美景排行榜"活动做准备。（教学难点）

学习评价设计

表 3　"我的旅游攻略"习作评价单

内容	优秀	良好	一般
游览过程有顺序			
重点景物写清楚			
过渡语句自然			

教学活动设计

一、单元活动引入,明确学习目标

(一)单元活动引入

1. 回顾单元活动:在"我的旅游攻略"活动中,绘制了旅行路线图,还按照游览顺序完成了游记预写。

2. 呈现游记问题:各个景点笔墨差不多,没有给人留下深刻的印象。思考:怎么能让我们的游记更吸引人呢?

(二)出示学习任务

1. 学习《记金华的双龙洞》孔隙部分,了解作者是怎样把重点景物写清楚的。

2. 写一个片段,把自己印象深刻的景物写清楚,为"中国美景排行榜"活动做准备。

【设计意图:从单元活动整体入课,明确学习任务,激发学习兴趣。承接第一课时的学习内容,利用游览路线图梳理课文结构,巩固游览顺序及各景物特点。】

二、小组合作探究,感受孔隙的狭小

(一)自主学习

读第五自然段,思考:作者是怎么把孔隙的狭小和自己的感受写清楚的。

(二)小组合作学习

分工合作,借助思维导图,做小组汇报准备。

(三)小组交流汇报,其他学生补充

1. 抓关键词语,聚焦直观描写。

预设:从"小船、刚合适、没法再容"这几个关键词中体会到了孔隙的小;从"两头系绳子、拉、进去、出来"这几个关键词中体会了孔隙的窄,窄到都没法划船,只能靠人工拉拽;从"贴、挤压、稍微、准会"这些词语中感受到了孔隙很低矮,游客只能平躺在船上,一动不能动。

教师适时指导:

(1)短短一句话,竟然用了四个小字。从小船的小写出了孔隙的狭小。

(2)这里通过写行船的方式写出了孔隙的窄,从而突出了孔隙的狭小。

(3)没有一处不贴着船底的。这种感觉描写得多精准、多真实呀,让我们真切地感受到孔隙很低矮,突出了孔隙的狭小。

小结:作者从孔隙的小、窄、低三个不同的方面写出了孔隙狭小的特点。

2. 体验式朗读，体验真实感受。

（1）情感朗读：用朗读的形式跟着作者乘小船过孔隙，想象画面，自己练一练，读一读。

（2）小结写法：小船的小和行船的方式，这是作者看到的；自己过孔隙的动作及感觉，这是作者的真实感受。读后让人觉得就像自己也到了那里，这就叫身临其境。

【设计意图：用自主、合作、探究的学习方式，引发学生主动思考、交流，在生生、师生的思维碰撞中，深入体会文本内容和写法。通过想象画面，体验式朗读，层层深入，体会作者怎样把孔隙的狭小和感受写清楚的，感受大自然的神奇与美丽，突出教学重点。】

三、读写互动交流，突出景物特点

（一）例文引路，理清思路

1. 出示学生预写优秀片段，采访分享感受。

2. 教师小结。

（二）预写片段，突出特点

1. 理清思路，完成提纲。

（1）在重点景物旁，用一个关键词写出景物特点。

（2）尝试从不同方面突出景物的这个特点。

2. 分享思路，交流评改。

（三）展示交流，分享美景

1. 组内交流分享，互评互赞。

2. 全班展示交流，赏析评价。

【设计意图：片段练习，学与用有机结合，突破教学难点，为单元后面的习作做铺垫，提高单元学习的实效性。遵循《课标》建议，鼓励学生分享自己写的美景片段，互评互赞，培养写作兴趣和自信心。】

板书设计

游记

17 记金华的双龙洞

叶圣陶

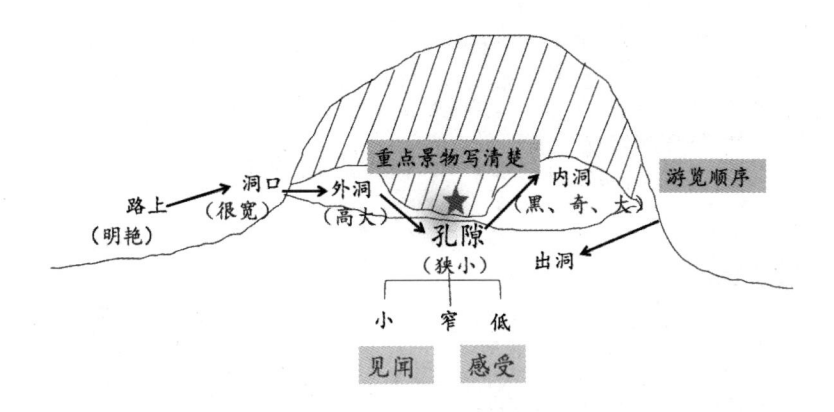

作业设计

1.必做：继续完善游记，准备参加"中国美景排行榜"的评选。
2.选做：推荐阅读《中国当代名家游记散文集粹》。

教学反思与改进

1.统整读写要素，使读写目标具有成长性。

通过系统分析教材及学生的已有经验，以《课标》为纲，前后勾连，制定单元学习目标。以画"主题轮"的形式引导学生学会选材，确定旅游目的地；以绘制"我的旅游路线图"的方式梳理旅游路线，使游览顺序更清晰；以学生预写作为学习的起点，在边学边悟中达成"按一定的顺序——重点景物写清楚——尝试使用过渡句"的习作目标，逐层推进，引导学生学会写游记，乐于与人分享。

2.统整教学内容，使读写活动具有阶梯性。

围绕习作单元主题，利用现实生活中的现成写作课程资源，以"我的旅游攻略"为情境进行学习，由"要我写"转变为"我要写"。在活动中，依据教材和学生特点，设计了三个具有阶梯性的学习任务：通过"设计我的旅游路线图"理清游览顺序，通过"中国美景排行榜"学会印象深刻景物重点描写，通过"校园旅游节"进行优秀习作的展示分享。这三个活动把读写学习变成了综合且连贯的、看得见的学习活动，激发了学生的读写兴趣。

（指导教师：中国人民大学附属中学实验小学 马敬）

第八册　第五单元《记金华的双龙洞》

孙冬

教学单元基本信息			
姓名	孙冬	单位	北京市大兴区第二小学
年级	四年级	单元	下册第五单元
单元主题	习作单元		

单元指导思想与理论依据

《义务教育语文课程标准（2011年版）》提出第二学段的学习目标是"观察周围世界，能不拘形式地写下自己的见闻、感受和想象，注意把自己觉得新奇有趣或印象最深、最受感动的内容写清楚"。同时还强调"要重视写作教学与阅读教学、口语交际教学之间的联系，善于将读与写、说与写有机结合，相互促进"。本单元为四下习作单元，整个单元紧紧围绕培养学生习作能力这条主线，通过一系列读写实践活动，引导学生掌握按游览顺序写景物的方法，凸显了"阅读铺路，读中学写"的设计理念。教学中要充分借助精读课文、习作例文学法悟法，借交流平台、初试身手和单元习作迁移用法，在学、练、用中实现读与写的有机融合。

单元教学内容及要素分析

一、纵向教材分析

编排体系：统编教材的中高年级共设八个习作单元，三上以"观察"为题，后面依次为三下"想象"，四上"写事"，四下"写景"，五上"写物"，五下"写人"，六上"围绕中心意思写"，六下"表达真情实感"，各册前后贯通，自成一体。

人文主题：本单元为四年级下册第五单元习作单元，单元人文主题为"妙手写美景，巧手著奇观"。写景类人文主题在中段统编教材中的编排为三上第六单元"祖国河山"、三下第七单元"奇妙的世界"、四上第一单元"自然之美"、四下第一单元"田园生活"，分别从不同角度描绘了自然奇观、壮美山河、乡村生活等，以激发学生对祖国山河的热爱之情、对大自然奥秘的探究之趣。

语文要素：本单元语文要素为"了解课文按一定顺序写景物的方法""学习按游览的顺序写景物"。学生在三年级和四年级上学期已经初步学习了通过细致、连续地观察描写景物的方法。三上第五单元初步学习留心观察，并把观察到的事物写下来；三上第六单元习作"这儿真美"，初步学习通过观察描写一处景物；四上第一单元习作"推荐一个好地方"，学习介绍一个景点；四上第三单元学习写观察日记，本单元习作"游____"强调有顺序地描写多处景物，这种编排体现了统编教材表达能力训练循序渐进的梯度设计。本次习作是学生第一次接触按照游览顺序描写多处景物，因此教学中要充分发挥精读课文、习作例文"样本""范例"的功能，引导学生读中悟法、学中练写，实现读写联动，学用结合。

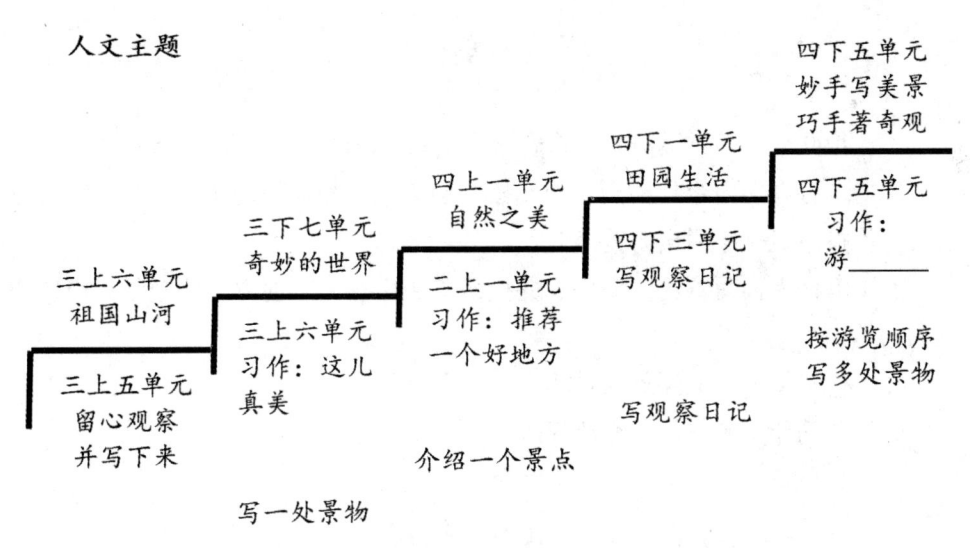

图1 第二学段写景类人文主题与语文要素的编排

二、单元内容分析

本单元以"按照游览顺序写景物"为主线，编排了两篇精读课文《海上日出》和《记金华的双龙洞》、交流平台、初试身手、两篇习作例文《颐和园》和《七月的天山》，以及习作"游____"，五部分内容教学功能各不相同：精读课文重在读中学法,"交流平台"和"初试身手"重在梳理方法、尝试运用,习作例文重在进一步悟法,单元习作则重在实践中迁移用法,其核心都指向表达,即培养学生的习作能力。

表1　本单元教学内容梳理表

分类	内容	教学重点	功能
精读课文	《海上日出》	理清顺序,了解按事物变化顺序写景的方法。	读中习得方法
	《记金华的双龙洞》	理清游览顺序;抓特点写景,感受深的重点写。	
交流平台		梳理按景物变化和游览顺序写景的方法。	梳理总结方法
初试身手		按顺序介绍一处景物。	尝试运用方法
习作例文	《颐和园》	移步换景的游览顺序;用过渡句写出景物转换。	借助范例悟法
	《七月的天山》	写同一景物也要按顺序,有层次。	
习作	游____	理清游览顺序;抓感受深的景物特点重点描写;注意过渡。	实践迁移用法

单元教学目标

1. 认识9个生字,读准1个多音字,会写24个字,会写24个词语。

2. 能结合课文内容,梳理、交流按照游览顺序和景物变化顺序写景物的方法,并能按游览顺序说出游览路线。

3. 了解作者描写景物的顺序,并按游览顺序写一个地方,体会是如何抓住景物的特点写清楚的。

4. 习作时能把印象深刻的景物作为重点,写出特点。

5. 能与同伴交换习作,交流评改,并提出修改意见。

单元教学结构

本单元教学以"学有序表达　绘奇观美景"为主题,充分挖掘和整合各部分内容的教学价值,引导学生在学、练、用等一系列读写活动中逐步提升习作能力。

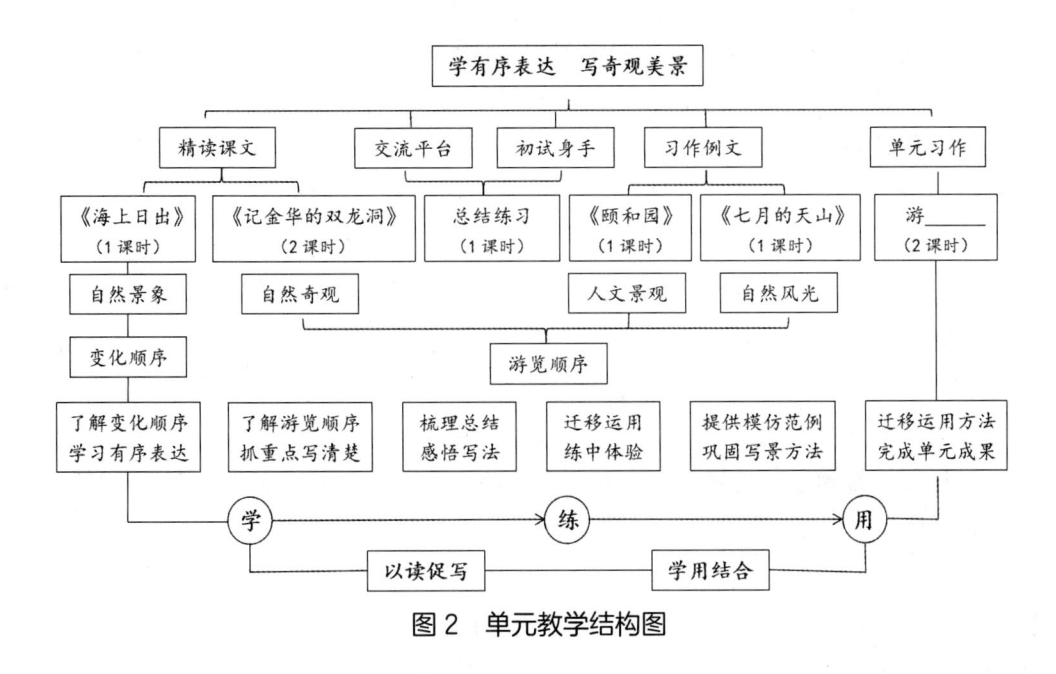

```
                          学有序表达  写奇观美景
          ┌──────────┬──────────┬──────────┬──────────┐
        精读课文    交流平台   初试身手   习作例文    单元习作
       ┌────┴────┐     │         │      ┌────┴────┐      │
    《海上日出》《记金华的双龙洞》总结练习 《颐和园》《七月的天山》 游____
     (1课时)    (2课时)    (1课时)  (1课时)   (1课时)   (2课时)
      自然景象   自然奇观            人文景观   自然风光
      变化顺序                 游览顺序
     了解变化顺序 了解游览顺序 梳理总结  迁移运用  提供模仿范例 迁移运用方法
     学习有序表达 抓重点写清楚 感悟写法  练中体验  巩固写景方法 完成单元成果
           学 ────────── 练 ────────── 用
              以读促写      学用结合
```

图 2　单元教学结构图

课题	17 记金华的双龙洞
课时	第 2 课时
课型	新授课☑　精读或略读指导☐　口语交际课☐　专题复习课☐ 习作指导或讲评☐　学科实践活动课☐　其他☐

课时教学内容分析

《记金华的双龙洞》是一篇游记，按照游览顺序介绍了游览景点的见闻感受。文章详略分明，重点介绍了孔隙狭小的特点。学生在《海上日出》中已经学习了按时间变化的顺序写同一景物的方法，本文着重学习按游览顺序写不同景物的方法，对感受深的重点内容要写清楚。

课后第一题直指语文要素"了解课文按一定顺序写景物的方法"。课后第二题指向学习把感受深的重点景物写清楚的能力要素训练。

本课学习重点是借助游览路线图理清文章的游览顺序，其中体会作者结合直观描写和自身感受将孔隙写清楚是学习难点。因此，教学中紧扣语文要素，创设情境，重点围绕"游览了哪些景点""绘制旅游路线""如何抓特点写景"几个方面，引导学生在学、练的过程中逐步实现学习目标。

学习者分析

四年级学生已经学习了认真观察、描写景物的方法；在阅读教学中也积累了按照时间顺序、事情发展顺序、方位顺序等写景叙事的方法，具备了一定的顺序意识。

根据前测分析，87%的学生能正确把握文章结构，知道课文是按游览顺序写景的；79%的学生能完成课后习题一，理清作者游览路线；但是对于第二题作者是如何把孔隙的狭小写清楚的，有81%的学生能说出抓住了自己坐船的感受，32%的学生只说出了通过船小来体现孔隙的狭小。因此本课时教学重点将聚焦领悟作者是如何将重点内容写清楚的，引导学生关注文章结构的同时，重点关注写法，为后面运用方法写作做准备。

课时教学目标

1. 了解按游览顺序写景的方法。（教学重点）
2. 学习作者如何把重点景物——孔隙写清楚的。（教学难点）
3. 感受双龙洞景色的神奇有趣，产生对大自然的热爱之情。

学习评价设计

表1 学习评价表

内容	评价标准	评价星
自评	能梳理出文章路线图并自主设计路线图	☆☆☆☆☆
自评	课堂上能体验到学习知识的喜悦	☆☆☆☆☆
互评	小组交流中发言的积极性	☆☆☆☆☆
互评	能将自己印象深刻的景物特点写出来	☆☆☆☆☆
师评	课堂发言反映出的思维深度	☆☆☆☆☆
师评	善于提出问题，积极探究	☆☆☆☆☆

教学活动设计

一、创设情境 回顾顺序

（一）谈话导入

上节课我们跟随叶圣陶爷爷一起欣赏了双龙洞沿途迷人的风光，这节课我们继续游览双龙洞，游览前，我想问问大家，双龙洞景点很多，我们该按照什么路线进行游览呢？哪位小导游能给我们介绍一下？

（二）展示反馈

路上→（洞口）→（外洞）→（孔隙）→（内洞）→出洞

【设计意图：通过情境创设，激发学习兴趣，借助课后习题一帮助学生回顾第一课时内容，梳理游览路线，相机导入新课。】

二、感受特点 探究写法

（一）自主学习，了解洞口和外洞特点

1. 出示自学提示。

默读第 4 自然段，思考洞口和外洞给你留下了什么印象？圈画关键词句，批注感受。

2. 交流感受，深化理解。

（1）抓住"山相当高""洞口像桥洞似的，很宽"等语句体会洞口宽和高的特点；

（2）抓住"仿佛到了个大会堂""聚集一千或是八百人开个会，一定不觉得拥挤"等语句体会外洞的大。（了解比喻和列数字的作用）

（二）小组合作，感悟孔隙特点和写法

1. 默读第 5 自然段，思考孔隙有什么特点。画一画你是从哪些语句读出来的，把感受批注在旁边。

2. 小组内交流。

3. 分组汇报，师生共同总结梳理。

（1）聚焦所见

指名朗读"怎样小的小船呢？两个人并排仰卧，刚合适，再没法容第三个人，是这样小的小船"，从中体会小船的小。

（2）聚焦所闻

指读圈画的重点句子"船两头都系着绳子……船就出来"，借行船方式突出孔隙的"窄小"。

（3）聚焦所感

①哪位导游告诉我，如果我现在坐船进孔隙到内洞去，应该怎么做呢？

②品读关键词句，体会作者是怎样把孔隙特点写清楚的。

③出示视频资源，进一步直观感受孔隙狭小的特点。

4.总结归纳，感悟写法。

作者抓住自己的见闻和感受就把孔隙狭小的特点写得特别清楚，我们在记录美景时也要把最吸引自己的景物作为重点来写。

【设计意图：引导学生自主画批、小组交流，品读重点词句，领会通过直观描写见闻和亲身感受相结合的方式把重点内容写清楚、写具体的方法。】

（三）同桌共学，了解内洞特点

1.快速浏览第6、7自然段，思考内洞给你留下了什么印象，批注感受并和你的同桌交流。

2.班级交流，结合关键词句体会内洞的黑、大、奇。

（1）指读相关语句，由双龙洞名字的由来感悟内洞的神奇。

（2）借助资料和图片，感受石钟乳和石笋的奇特。

①出示石钟乳资料。

②出示图片，直观感受内洞的神奇。

【设计意图：继续运用批注的方法自主学习内洞部分，深挖课程资源、调动多种感官，深化理解，进一步感悟作者抓特点写景物的方法。】

三、课堂实践 迁移用法

（一）总结谈话，梳理方法

叶圣陶爷爷这篇游记不仅按游览路线写出了游览过程，而且为了把感受深的景物特点写清楚，还重点写了自己的见闻和感受。

（二）迁移运用，完善习作

1.结合课前活动中自己绘制的游览路线图，把其中感受深的景点圈出来，并试着将它的特点写清楚。

2.教师巡视指导。

3.班级展示评议。

【设计意图：本环节重在体现习作训练与阅读教学的有机结合，结合课前游览公园绘制路线图活动，引导学生迁移运用，将读与写、学与练有机结合。】

板书设计

17 记金华的双龙洞

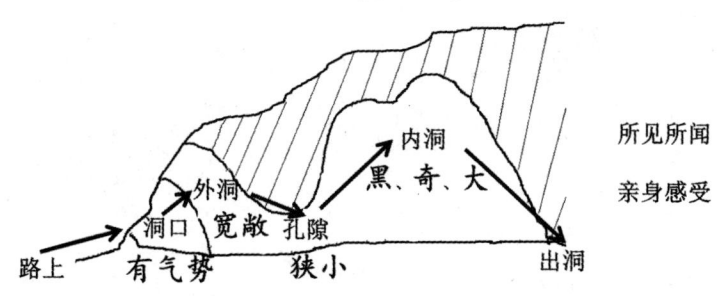

路上 有气势　洞口　外洞 宽敞　孔隙 狭小　内洞 黑、奇、大　出洞

所见所闻
亲身感受

作业设计

1. 修改完成"将感受深的景点特点写清楚"这一片段,可以配上照片或图画。
2. 以小导游的身份向家人、同伴介绍所写景点。

教学反思与改进

一是文本引路,读中学法。习作单元精读课文多为名家名篇,从不同角度体现语文要素,给学生提供了可借鉴的方法、技巧。本课教学中,充分发挥课文"样例"价值,聚焦语言表达,引导学生读中体会写法,获得完成单元习作的方法与技巧。

二是读写迁移,练中用法。课文是学生习作的范例,教学时将"交流平台""初试身手"与课文学习有机整合,以课文为例引导学生读中学法,并当堂练笔,运用习得的方法写一个景点,从而实现读写之间的初步迁移和交融。

本课教学也存在评价语单一、评价不及时,课上不能有效以学定教、顺学而导等需改进的问题。

（指导教师：北京市大兴区教师进修学校 王云阁）

第九册　第五单元《太阳》

艾欣欣

教学单元基本信息

姓名	艾欣欣	单位	北京市平谷区第二小学
年级	五年级	单元	上册第五单元
单元主题			说明文以"说明白了"为成功

单元指导思想与理论依据

本单元扉页上是叶圣陶先生的一句话:"说明文以'说明白了'为成功。"这句话为整个单元指明了方向。《义务教育语文课程标准(2011年版)》在第三学段阅读目标中提出:阅读说明性文章,能抓住要点,了解文章的基本说明方法。同时,学段习作目标中提出:养成留心观察周围事物的习惯,有意识地丰富自己的见闻,珍视个人的独特感受,积累写作素材。习作单元意在以语文要素为基点,以习作能力发展为主线,整体设计各类课文,实施"单元整体教学"。立足单元整体统一规划,阅读与写作有机接轨,在重视培养阅读理解能力的同时,引导语文教学更加关注表达,改变多年来语文教学实践中重阅读轻习作的状况。因此,教师在教学中应努力构建开放而有活力的语文课堂,引导学生走进文本,在积极主动的思维和情感活动中,获得思想的启迪,提高阅读和写作的能力。

单元教学内容及要素分析

统编教材五年级上册第五单元是习作单元,以"说明文以'说明白了'为成功"为主题。本单元有两个语文要素点:一个指向阅读——阅读简单的说明性文章,了解基本的说明方法;一个指向习作——搜集资料,用恰当的说明方法，把某一种事物介绍清楚。围绕语文要素，依次安排了两篇精读课文《太阳》《松鼠》、"交流平台"、"初试身手"、两篇习作例文《鲸》《风向袋的制作》、习作等内容。精读课文指向学习说明文的写作方法；交流平台是对说明方法的梳理和归纳；初试身手初步尝试，运用表达方法；习作例文通过批注的方法进一步领悟表达方法，最后呈现习作成果。整个单元读写结合，以读促写。

本单元的阅读要素是"阅读简单的说明性文章，了解基本的说明方法"。在中年级，学生就接触到了一些说明性文章，对说明性文体有了初步的感知。到了五年级上册这个单元，对说明性文体做了一个总结和提炼，从读与写两个角度，提升学生对此类文体的把握，水到渠成。

本单元的习作要素是"搜集资料，用恰当的说明方法，把某一种事物介绍清楚"。这和本单元的阅读要素密切相关，是阅读要素的运用。梳理统编教材，可以发现，从三上写出"观察"的内容到四上"试着写出特点"，到本单元"写清事物的主要特点"，难度逐级提升。所以，本单元习作训练的重点是用恰当的说明方法把事物说明白。

单元教学目标

1. 认识 12 个生字，会写 20 个字，会写 22 个词语。
2. 默读课文，把握文章主要内容，能分条记录获取的信息。
3. 了解基本的说明方法，能结合具体语句体会运用说明方法的好处。
4. 能初步体会说明性文章不同的语言风格。
5. 搜集资料，用恰当的说明方法分段介绍事物的不同方面，写清楚事物的主要特点。
6. 能和同学分享习作并交流自己的感受。
7. 培养热爱自然的兴趣，有探索自然的欲望。

单元教学结构

第一板块：单元开启课，整体感知，明确要素。

第二板块：学习方法，落实要素。细读《太阳》《松鼠》两篇文章，以课后题为核心任务，关注课文表达方法及表达效果。精读文章和"初试身手"的小练笔相结合，以读促写，并通过"交流平台"来进行单元的回顾和梳理，让学生增进对说明文的认识。最后通过习作例文进一步领悟表达方法，搭建支架，方法迁移，为习作做准备。

第三板块：运用方法，完成习作。

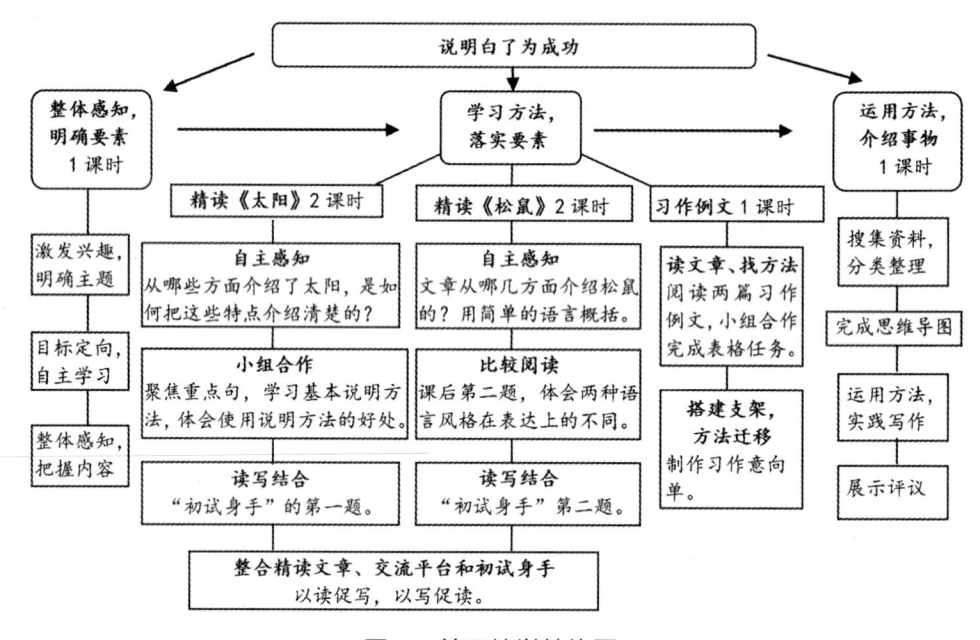

图1 单元教学结构图

课题	16 太阳
课时	第2课时
课型	新授课☑ 精读或略读指导☐ 口语交际课☐ 专题复习课☐ 习作指导或讲评☐ 学科实践活动课☐ 其他☐

课时教学内容分析

《太阳》是统编教材五年级上册第五单元的第一篇文章。本单元为习作单元。《太阳》作为本单元的第一课，承载着开启习作指导的重要任务。课文语言平实，通俗易懂，作者运用列数字、举例子等说明方法从多个方面介绍了太阳。课后的两道思考题，明确了课堂教学方向。特别是第二题，指向了课文表达方法及其表达效果，为学生从阅读中习得方法，恰当地运用说明方法将事物的特点介绍清楚做好铺垫。

学习者分析

　　说明性文章对五年级学生来说并不陌生，在中年级就学过《蟋蟀的住宅》《纳米技术就在我们身边》等课文，在日常生活中也有过阅读科普读物、说明书等的经验。前测考察了学生对说明方法的种类、定义、使用和好处等方面了解的程度。结果发现，学生大都知道说明方法，但其中有 35% 的学生对于说明方法的定义并不清晰；67.8% 的学生对说明方法如何使用及其好处没有清楚的认知；63.5% 的学生对说明文语言的准确性还没有清晰的了解。所以本课重在引导学生了解基本的说明方法，体会使用说明方法的好处，并能恰当运用说明方法把某一种事物介绍清楚。

课时教学目标

　　1. 能结合课文内容了解列数字、作比较等基本的说明方法，体会运用这些说明方法的好处。（教学重难点）
　　2. 学习阅读说明文的方法，尝试运用恰当的说明方法描述事物。（教学重难点）
　　3. 培养学生热爱自然的兴趣，有探索自然的欲望。

学习评价设计

选择身边的一个事物，试着运用多种说明方法来介绍它的特征。
1. 评价方式：自我评价、生生互评和教师总评。
2. 评价标准。
　　（1）写清楚事物的一个主要特征：★
　　（2）试着运用恰当的说明方法：★★
　　（3）运用多种方法写清楚事物的两个或两个以上的主要特征：★★★

教学活动设计

一、复习导入，激发阅读

（一）回顾内容

同学们，这节课我们继续学习《太阳》这篇课文，通过上节课的学习，我们知道课文围绕太阳写了哪两方面的内容?

（二）传说激趣

写太阳的特点这部分还有一个关于太阳的传说——后羿射日，不管后羿的箭法有多么好，他有可能射到太阳吗？

追问：课文又是怎样证明的呢？

【设计意图：以传说引入，激发学生的阅读兴趣，同时引起学生思考。】

二、自主探究，感悟方法

传说大揭秘：请你默读第1—3自然段，结合太阳远、大、热的特点想一想，把可以证明你观点的句子画下来。先独立思考，再小组交流讨论，最后进行汇报。

（一）结合太阳"远"的特点，说明观点

> 太阳离我们约有一亿五千万千米远。到太阳上去，如果步行，日夜不停地走，差不多要走三千五百年；就是坐飞机，也要飞二十几年。

预设：太阳离我们约有一亿五千万千米远，太远了，箭射不到。

1. 把这个数字换成"很远很远"，你认为好不好？

师："列数字"非常具体、准确地说明太阳和我们的距离远。

2. 追问：一亿五千万千米到底有多远？课文怎么说的？

预设：步行和坐飞机都离我们的实际生活很近。作者用了这两个例子说明一亿五千万千米到底有多远。

师：用人们熟悉的例子来说明，让我们更具体更直观地了解太阳的远。

（二）结合太阳"大"的特点，说明观点

预设：太阳太大了，约一百三十万个地球才抵得上一个太阳，小小的一支箭根本射不下来。

1. 作者把什么和什么进行比较？有什么作用？

> 把_____和_____加以比较，突出强调了太阳_____的特征。

2. 为什么用地球来比较，而不用其他星球？

小结：作比较的说明方法，是拿我们熟悉事物做参照物，很容易让读者了解说明对象的特点。

（三）结合太阳"热"的特点，说明观点

预设：太阳表面有五千多摄氏度，箭还没射到它就融化了。

1. 补充资料：水一百摄氏度会沸腾，铁块在一千五百三十摄氏度以上会熔化成铁水，那太阳表面五千摄氏度会什么样？

小结：举例子的说明方法，更加具体地说明了太阳温度很高。

2.太阳温度这么高，文中说太阳是个大火球。为什么不用"皮球"代替"大火球"？

预设：大火球符合太阳发光发热的特点，更加生动形象。

同学们，虽然后羿射日的传说不能成立，但我们探索太阳奥秘的脚步没有停止。随着科学技术的不断发展，将来我们一定能够更近一步了解太阳，探索到更多太阳的奥秘。

【设计意图：自主探究，引导学生聚焦重点语句发现说明方法，结合课文内容体会使用说明方法的好处，落实了语文要素，并让学生初步体会了运用说明方法可以使说明事物具体、形象、准确。】

三、读写结合，迁移运用

（一）巩固方法

默读《鲸》的第一自然段，思考：主要描写了鲸的什么特点？作者是怎样把这一特点写清楚的？

（二）总结方法

在说明文当中，为了把事物介绍得更清楚，让读者更容易理解，我们会采取哪些方法？

预设1：抓住事物特点进行介绍。

预设2：使用恰当的说明方法。

（三）初试身手

1.出示范例。

（1）描写了电视塔的什么特点？

（2）作者是怎样把它的特点介绍清楚的？

2.写作：选择身边的一个事物，试着运用多种说明方法来介绍它的特征。

3.展示，集体评议。

【设计意图：以读促写，总结方法并运用恰当的说明方法说明一个事物的某个特征，给学生创造练笔的机会，为写好整篇说明文做好铺垫。】

板书设计

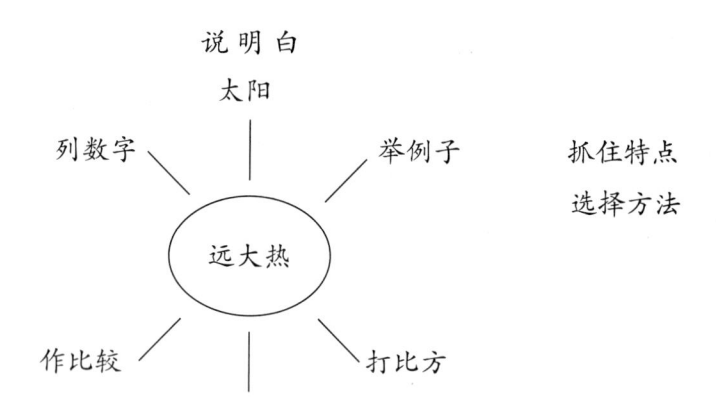

```
                    说 明 白
                     太 阳
     列数字  \         |         /  举例子     抓住特点
              \       |       /                选择方法
                  ( 远大热 )
              /       |       \
     作比较  /         |         \  打比方
```

作业设计

1. 总结本课学习方法,整理学习笔记。
2. 查阅有关月亮的资料,写一篇介绍月亮的说明文。

要求:选取月亮的两三个特点写一写,运用恰当的说明方法,争取把月亮的特点说清楚。

教学反思与改进

1. 立足单元,挖掘教学内容间的内在联系。

《太阳》是习作单元的精读课文,其主要功能是引领学生学习写作知识、体会说明方法的表达效果。单元整合设计可以关注联系,关注发展,以清晰的路径(品读课文内容→发现说明方法→体会表达效果→尝试实践运用),让学生领悟说明事物的关键是抓住事物的特点,运用适当的说明方法,这样才能介绍得具体又通俗,有很强的说服力,从而促进学生语文素养的提升。

2. 以传说揭秘,激发兴趣。

利用游戏活动教学不仅能调动学生的学习兴趣,使枯燥的说明文充满生气,而且能引发学生积极思考,提高学习效率。在这个环节中,学生自主探究,聚焦重点语句,在比较、发现、鉴赏的过程中理解说明方法是为了服务于把事物说明白,让读者清晰地获得关于太阳特点的正确认知,并体会说明方法的好处。

3. 迁移运用，落实语文要素。

注重习得方法后的言语迁移。在学生体会完说明方法的表达效果后，紧扣单元语文要素，链接单元后的"初试身手"。初步尝试用多种说明方法说明事物的特征。在这一部分中教师也关注到学情，给学生提的要求是可以用一种说明方法，也可以使用多种，可以说明一种或几种特征，将说明文富有特色的表达方法进行内化，转化为自己的写作能力，将语文要素落到实处。

（指导教师：北京市平谷区教育研修中心 李新会）

第九册　第五单元《松鼠》

赵娜

教学单元基本信息				
姓名	赵娜	单位	北京市顺义区马坡中心小学	
年级	五年级	单元	上册第五单元	
单元主题		抓特征，学表达，落实说明文写法		

单元指导思想与理论依据

小学语文课程具有工具性与人文性统一的特征。在阅读教学中，为了帮助学生理解课文，可以引导学生随文学习必要的语文知识，重视培养学生的语文实践能力，在实践中体会、把握运用语言的规律。

本单元的学习以自学、质疑、启发、探究的学习方式展开，关联相关内容进行对比、整合、联结，体会说明文语言特点，能使用说明方法及适当表达方式将事物说明白。以课文背景为依托，培养学生搜集和处理信息的能力，让他们对说明性文章产生兴趣。在课堂上引领学生构建语言，在说明文语言环境中提升人文精神，让语文要素和人文主题紧密地通联起来。

单元教学内容及要素分析

五年级上册的第五单元是习作单元，人文主题是"说明文以'说明白了'为成功"，重点是了解如何将事物说明白。为了达成人文主题，可以从语文要素切入，从整体、整合的角度解读整个单元，明确能力发展点，从而实现"单元发展目标"。

纵向梳理教材，"阅读简单的说明性文章，了解基本的说明方法"这一要素在中年级《飞向蓝天的恐龙》《纳米技术在我们身边》等已有学习；表达要素"搜集资料，用恰当的说明方法，把事物介绍清楚"与中年级"学写观察日记""试着把观察到的事物写清楚"也有关联。在这些学习基础上以读写融合的方式，挖掘课文中可以"取法"之处，学会迁移运用，运用说明方法将事物说明白。

本单元以感受说明文不同表达手法为核心，将各板块的学习目标均指向提升表达能力。两篇精读课文是作为范例为表达积累经验，感受说明性文章语言风格不同，再结合习作例文，通过对比拓展，体会不同的说明对象要选择适当的方式说明。横向梳理本单元时可以按照图1落实人文要素和语文要素：

	《太阳》	《松鼠》	交流平台	初试身手		交流平台	习作
定位与要求	精读课文，科普性说明文，从太阳的几方面科学准确地介绍太阳的特点。	精读课文，文艺性说明文，介绍了松鼠外形、行动、搭窝等方面的内容，趣味盎然。	介绍了什么是说明性文章，还介绍了说明性文章不同的语言风格。	选择事物，尝试介绍；改写《白鹭》，在比较中体会说明性文章的特点。	《鲸》：科普性说明文，用恰当的说明方法，科学准确地介绍了鲸的特点。	《制作风向袋》：运用多种说明方法，准确、平实地介绍了风向袋制作的过程。	选择一种你了解并感兴趣的事物。
要素渗透	根据科普性说明文的特点，恰当运用多种说明方法。	融说明方法于形象化的描写之中，不失准确，又充满情趣。	回顾本单元学过的说明方法和不同的语言风格。	运用说明方法介绍事物，并在比较中说明白说明性文章的特点。	根据科普性说明文的特点，运用多种说明方法，介绍一种事物。	分步骤、恰当地运用说明方法，了解制作的过程。	综合运用学到的介绍事物的说明方法，检验语文要素是否落实。

图1 单元双线结构梳理

习作单元的六个组成部分相互衔接，构成一个以习作能力培养为中心的传动链，从阅读到习作，再到生活中拓展运用，就是学生形成说明文写作能力的学习过程。

单元教学目标

1. 认识12个生字，会写20个字，会写22个词语，能通过联系上下文或查词典等方式理解词语。

2. 把握本文的主要内容，能分条记录获取的信息，并在阅读中结合生活实际，深入了解事物。

3. 感受说明性文章的不同语言风格，了解在描写不同事物时选择恰当的表达方式。

4. 掌握说明文的说明方法，并积极运用到习作中，激发探索科学的欲望，树立科学研究的意识。

单元教学结构

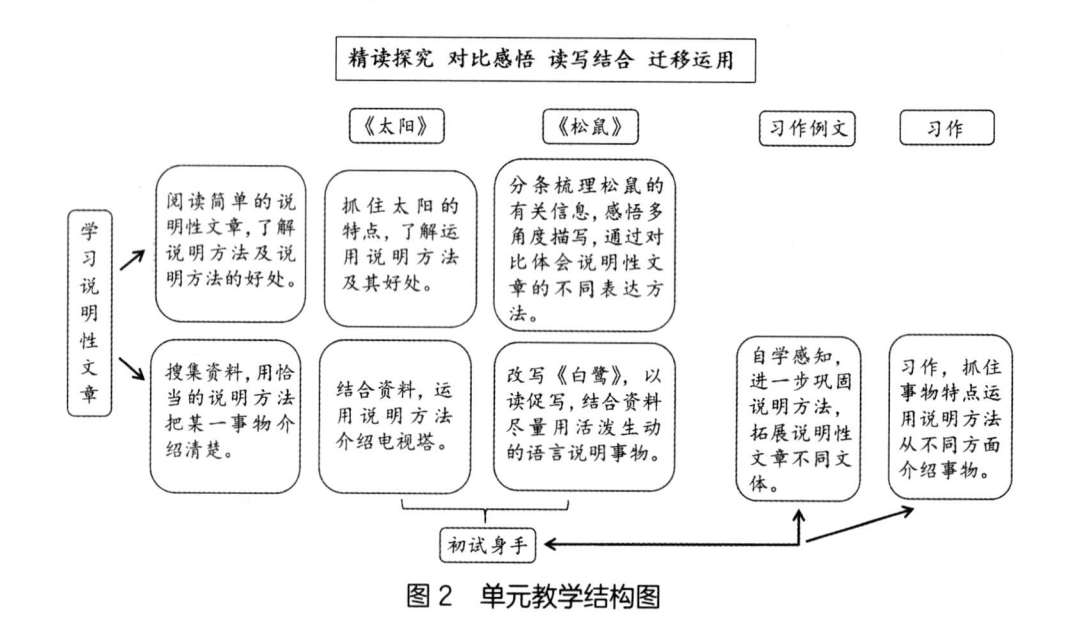

图2 单元教学结构图

课题	17 松鼠
课时	第2课时
课型	新授课□　精读或略读指导☑　口语交际课□　专题复习课□ 习作指导或讲评□　学科实践活动课□　其他□

课时教学内容分析

《松鼠》是说明性文章，但表达方式不同于以往的说明文，其语言细致生动，而抓住事物鲜明特点具体说明又是说明性文章的特点。本文是学生学习说明性文章不同表达方式的最好"例子"。在教学中引导学生在阅读实践中整体把握，提炼信息，厘清句子之间的联系，领悟到说明的条理性。

学习者分析

对于说明文，学生并不陌生，可以根据语言特点判断说明方法。课前学生利用以往学习经验观察事物进行了记录，根据需要搜集相关信息，通过本课学习，学生应进一步体会说明文的不同的语言风格，能运用说明方法将事物说明白；懂得细致观察或搜集资料是准确说明事物的基础，而生动形象的语言是揭示被说明事物特征的关键所在。

课时教学目标

1. 了解松鼠的特点，提炼、梳理松鼠的相关信息，并分条记录。
2. 通过细致观察事物，学习本文抓住事物特征，并条理有序介绍事物的方法。（教学重点）
3. 感受说明性文章用不同表达方式说明事物，并能结合情境恰当选择。（教学难点）

学习评价设计

1. 自学评价。

表1　自学评价表

	全面、简练5分	不够简略4分	不够全面3分
外形特点			
活动范围时间			
行为特点			
搭窝			
其他习性			

2. 汇报交流松鼠信息时小组评分表。

表2　小组评价表

	自评	生互评	师评
汇报过程流畅、声音洪亮			
梳理信息全面，能合理板书			
与班级同学有互动交流			

3. 对比《中国百科全书》中的松鼠及《太阳》与本文表达上的不同。（自评）
4. 《白鹭》练笔评价表。

表3 练笔评价表

	自评	生互评	师评
汇报过程流畅、声音洪亮			
梳理信息全面，能合理板书			
与班级同学有互动交流			

教学活动设计

一、复习导入，明确方向

上节课我们梳理了这篇课文的内容：分别描写了松鼠的外形、活动时间范围、行为特点、搭窝以及其他习性，从字里行间感受到作者对小松鼠的喜爱。这节课我们继续了解作者是怎样把松鼠介绍明白的。

【设计意图：从整体入手，回顾本文的结构内容，体现了一、二课时的衔接，课堂伊始明确学习内容。】

二、品读课文，感知松鼠外形

（一）整体阅读，探讨结构之巧

1.读自学提示，明确自学要求。

> 1.默读课文，用批注圈画的方式将有关松鼠的信息分条梳理出来。
> 2.和小组同学交流并汇总。

2.小组汇报，梳理松鼠信息。

自学并小组讨论后，以组为单位整理补充信息，全班汇报交流。

预设：

外形	面容，眼睛，身体，四肢，玲珑小面孔，帽缨形的尾巴，直立。
活动时间范围	高处活动，晚上行动。
行为特点	警觉、敏捷；秋天拾榛子，冬天找食物。
搭窝	舒适；窝的样子；搭窝有技巧。
其他	一胎生三四个；过冬换毛；爱干净。

生生交流补充，完善松鼠信息。其他组若有列表、思维导图形式的梳理，也进行补充，并给予肯定。

3.点拨提升，感受文章结构写法。

点拨 1：针对作者描写的松鼠外形，你有什么发现？

预设：抓住关键词，发现描写松鼠时是按照从上到下从头到脚的顺序描写。

点拨 2：松鼠给你印象最深的是什么？

预设：尾巴帽缨形、向上翘。

小结：在描写时我们的描写要有序而且还要抓住重点来描写。

点拨 3：作者是怎样把搭窝的方法写清楚的？

预设：用"先、然后、再"表示先后的词，使步骤顺序清晰。

小结：通过互相补充，我们将松鼠的有关信息进行了整理，文中开头就概括了松鼠的特点——松鼠是一种漂亮的小动物，乖巧，驯良，很讨人喜欢。我们在介绍一种事物时可以先想一想事物最主要的特征，然后再详细写每个方面的细节，再抓住特点，条理清晰地把事物介绍明白。

【设计意图：学生在梳理松鼠信息时，容易发生以偏概全、遗漏等现象，在课堂上生生交流补充使思维更加严谨，提升梳理信息、整合信息的能力。】

（二）对比发现，学习表达之情

1. 对比《中国百科全书》，体会写法不同。

布封笔下的松鼠活泼有趣，《中国百科全书中》是这样介绍松鼠的。

> 1. 松鼠体形细长，体长 17～26 厘米，尾长 15～21 厘米，体重 300～400 克。
> 2. 松鼠在树上筑巢或利用树洞栖居，巢以树的干枝条及杂物构成，直径约 50 厘米。
> 3. 松鼠每年春、秋季换毛。年产仔 2～3 次，一般在 4、6 月产仔较多。

你能在文中找到对应的句子吗？请三组同学分别读一读，有什么相同或不同的感受？

预设一：都是在说外形、搭窝及其他习性。

预设二：百科全书更多运用数据说明，而课文更多运用打比方。

小结：百科全书注重用数字说话，科学、严谨、简洁、直接；本文描写松鼠语言活泼，透露出松鼠的可爱，读来更加有趣。

2. 对比《太阳》，感受语言不同。

快速默读《松鼠》和《太阳》，比较语言上有什么相同和不同。

预设：都是说明性文章，有科学严谨的特点，只是语言表达不同：《太阳》语言准确具体，写得很清楚；《松鼠》多运用打比方，写得很生动。

小结：《太阳》一文是用平实直接的语言把太阳"说明白了"，而《松鼠》

一文是用活泼的语言把松鼠不仅"说明白了",而且"说生动了"。

【设计意图:本环节旨在落实交流平台中"说明性文章语言风格多样,有的平实,有的活泼"。通过朗读品味发现语言多样,为"初试身手"做好铺垫。】

(三)观读者意,选择适合之法

设置情境引发思考:①在博物馆张贴有关松鼠的知识。②给幼儿园小朋友讲解松鼠。哪种方式介绍松鼠比较适合?

预设:在博物馆更适合用《中国百科全书》中的语言,综合运用多种手法说明其特点,显得严谨;给小朋友介绍松鼠用课文中的语言,抓住鲜明特点形象说明显得生动有趣活泼可爱。

小结:不同的说明对象要选择不同的表达方式进行说明,写给不同的人来看也应选择不同的语言。

【设计意图:同一种事物可以用多种方式说明,通过不同情境比较,让学生体会选择恰当表达方法的好处,为自己写说明文做好准备。】

三、读写结合,落实语言表达

阅读《白鹭》第2—5自然段,这是用散文写出来白鹭的外形,可以用说明文写吗?要想准确具体说明白,要先搜集资料,有条件的可以细心观察,才能更好地将事物写明白。学生结合资料进行改写。

学生写完后根据习作评价表交流互评。(附学生习作作品)

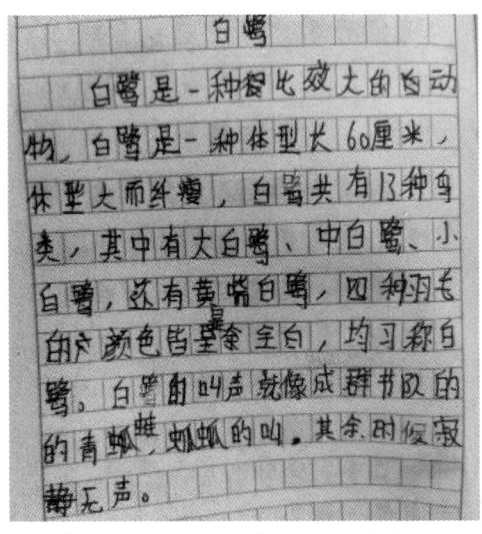

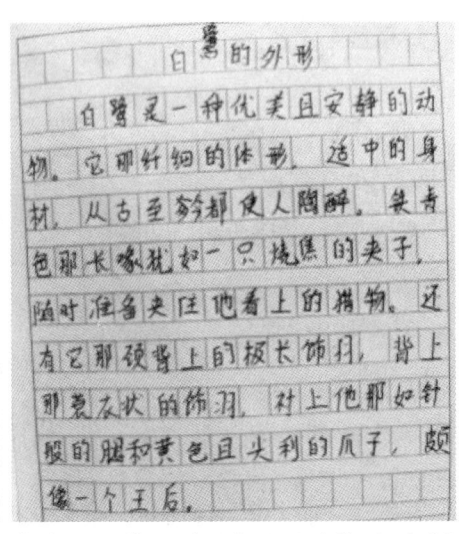

【设计意图:本单元是习作单元,从精读课文学习到"交流平台"再到"初试身手",呈现了循序渐进的学习过程,通过练习实现学以致用。】

四、梳理写法，自主拓展

这节课，布封用生动的语言为我们介绍了松鼠，内容严谨科学、结构清晰。在表达手法上，说明性文章可以有不同的形式，可以平实直接简练，也可以生动活泼，课下我们还可以阅读自述型、程序性说明文等。

板书设计

17 松鼠

外形：	帽缨形尾巴	上翘
活动时间范围：	高处	晚上
行为特点：	警觉　敏捷	秋天拾榛子
搭窝：	设计巧妙	舒适
其他：	一胎生三四个	过冬换毛

说明白 → 说生动

作业设计

1. 阅读《雨的自述》《水葫芦喊冤》《水的语言》，感受自述性、实验性的说明性文章。

2. 通过观察身边的小动物，如小猫、小狗或者蚯蚓等，抓住他们的某一特点，用说明性的语言来介绍它。

教学反思与改进

1. 通过《松鼠》引导学生感悟文章表达上的特点，学习表达方法。"读"是为了悟写法，为"写"积累经验，所以在教学上重点结合课后习题，厘清文章结构，梳理信息，点拨学生在介绍事物时抓住特点，多角度描写，运用生动的语言说明事物。

2. 通过比较与辨析，帮助学生找到新旧知识之间的联系与区别。从《中国百科全书》到《松鼠》，再到《太阳》，学生可以感受"说明白"、"说生动"。比较的过程以朗读、默读、联系、想象等自然地融合过渡，以语文的方式品读、感受、有所获。

3. 作为习作单元精读课文，课堂要落实迁移运用，以促进学生学习的主动性和学习能力在实践中凸显。改写《白鹭》的环节，不仅巩固了说明方法，也让学生感受到说明文还可以以生动的语言来写，同时，还引发了学生对另一语文要素的关注，搜集资料用恰当的方法将事物说明白的同时，凸显"说生动"。

（指导教师：北京市顺义区马坡中心小学 王瑛玮）

第十册　第二单元　习作：写读后感

周晓萱

教学单元基本信息			
姓名	周晓萱	单位	北京小学通州分校
年级	五年级	单元	下册第二单元
单元主题	学习方法读名著 纵横古今品人物		

单元指导思想与理论依据

《义务教育语文课程标准（2011年版）》（以下简称《课标》）明确指出："语文课程是实践性课程，应着重培养学生的语文实践能力，而培养这种能力的主要途径也应是语文实践。"要让学生"认识到中华文化的丰厚博大，汲取民族文化智慧"，"要重视培养学生广泛的阅读兴趣，扩大阅读面，增加阅读量，提高阅读品位"。

在小学高年级学段，《课标》对习作的要求是：能根据内容表达的需要，分段表述，学写读书笔记和常见应用文。

综上所述，本单元教学将通过多种形式，激发学生阅读兴趣，引导学生走进古典名著，感悟百味人生，学写读后感，提高学生的语文素养。

单元教学内容及要素分析

一、从单篇课文看个性

每篇课文都是单元的一个组成部分，且各具特点，各有其不可替代的作用。

《草船借箭》是第一篇改写的精读课文。本课的教学重点在于激发兴趣，引导学生走进古典名著，通过课文与阅读链接初步感受阅读古典名著的方法。

《景阳冈》是节选自原著的一篇精读课文。本课教学重点在于：初步学习阅读古典名著的方法，丰富对人物的认识，讲好故事。

《石猴出世》《红楼春趣》是两篇略读课文。重点在于激发学生的阅读兴趣，从而达到复习、拓展、掌握阅读古典名著方法的目的。

二、从单元整体看联系

本单元的核心要素是：走进名著，初步学习阅读古典名著的方法，感受百味人生；学习写读后感。本单元的每篇课文，每个训练内容，都是为此服务的，既有联系又有区别。

共同点都是古典名著，线索清晰，故事性强，通过人物的言行、细节等刻画人物，而且诸葛亮、武松、孙悟空、贾宝玉都是学生熟悉并喜欢的人物。

不同点是，在语言表达方面，由现代白话文到古白话文，这样编排在于降低学习难度，激发学生兴趣；在训练要点方面，《草船借箭》初步体会阅读策略，《景阳冈》初步学习阅读策略，《猴王出世》《红楼春趣》巩固掌握阅读策略，在读写结合方面，阅读是围绕内容谈感受，写读后感是联系生活实际或调用阅读积累表达感受。

综上所述，在落实语文要素的过程中，应梯度推进，缺一不可。

三、从统编教材看发展

语文要素是一个多维的复杂结构，其形成发展过程前铺后垫。在讲述故事、阅读策略、名著阅读三个层面都为今后的学习做好了铺垫。

单元教学目标

1. 认识51个生字，读准5个多音字，会写26个字，会写17个词语。继续培养学生自主识字的能力。

2. 能初步了解阅读名著的方法，把握课文的主要内容，感受主要人物的特点。

3. 能运用阅读方法自主阅读古典名著，乐于与别人分享课外阅读的成果。

4. 乐于把自己的阅读感受写下来，初步了解写读后感的基本方法，感想真实、具体。

单元教学结构

说明：习作讲评"写读后感"承担本单元13课时。

```
        统整阅读方法，学读古典名著，畅谈古今感受
```

单元教学目标
1. 继续指导学生自主识字。引导学生根据上下文和已有经验猜测词语的意思。
2. 指导学生初步了解阅读古典名著的方法，采用猜、演、讲等方法，了解课文的主要内容，感受主要人物的特点。
3. 指导学写读后感。
4. 引导编演课本剧，落实快乐读书吧要求，乐于与大家分享课外阅读的成果，培养学生阅读中国古典名著的兴趣。

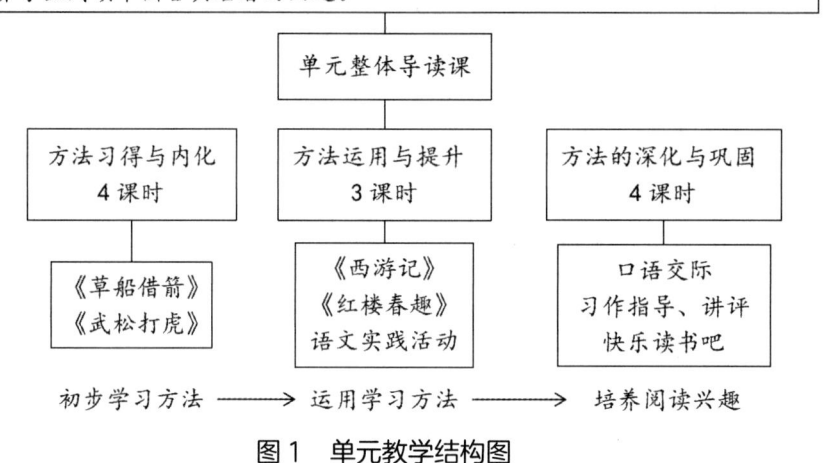

```
                    单元整体导读课
                          │
        ┌─────────────────┼─────────────────┐
   方法习得与内化      方法运用与提升      方法的深化与巩固
      4课时              3课时              4课时
        │                  │                  │
   《草船借箭》         《西游记》          口语交际
   《武松打虎》        《红楼春趣》       习作指导、讲评
                     语文实践活动         快乐读书吧

   初步学习方法 ──→  运用学习方法 ──→  培养阅读兴趣
```

图1 单元教学结构图

课题	习作：写读后感
课时	第1课时
课型	新授课□　精读或略读指导□　口语交际课□　专题复习课□ 习作指导或讲评☑　学科实践活动课□　其他□

课时教学内容分析

本单元习作任务是"学习写读后感"，要求学生选择读过的一篇文章或一本书写读后感，旨在引导学生回顾读过的文章或书籍，关注阅读过程中产生的思考与感受，并清楚地表达出来。通过写读后感，促使学生积极思考，获得更深入的理解，从而实现阅读能力和表达能力的双重提升。让学生在习

作中真实、具体地表达自己的感想，把握重点、突破难点是本次习作教学的关键所在。

学习者分析

五年级学生思维活跃、乐于表达、愿意交流。读后感中要求概括书籍或文章的主要内容，这是学生在以往的学习中已经逐渐形成的能力，而"写出自己的感想"是新的要求。虽然对于阅读过的书籍或文章学生能有所体验与感悟，但书写表达有一定的难度。因此，本次习作教学，我引导学生从写作角度、写作内容、写作方法三方面学习读后感的基本写作方法。

课时教学目标

1. 初步了解写读后感的基本方法，明确读后感的基本要求，掌握写读后感的基本结构，能选择读过的一篇文章或一本书写读后感。（教学重难点）
2. 学会从不同角度感受作品，找准感悟点，从而写好读后感。

学习评价设计

表1　习作"写读后感"评价表

评价标准	个人评价	组员评价	教师评价
文章的开头结尾是否点明内容和中心			
能简单介绍文章或书的主要内容，重点介绍印象最深的部分			
能选择感触最深的一两处，写出真实、具体的感受			
语句、段落衔接过渡是否自然巧妙			

教学活动设计

一、谈话导入，揭示课题

（一）回顾旧知，复习学法

本单元我们不仅一起观三国烽烟，识梁山好汉，叹取经艰难，惜红楼梦断，同时也学习了一些阅读方法，谁来说说理解词语都用到了什么方法？

预设：猜读、结合语境猜测词义、结合积累猜测词义。

（二）运用方法，了解词义

1. 引导学生猜测词义：结合你的积累，说一说什么是读后感。

预设：读后的感受，读完一本书或文章的感受。

2. 明确任务，揭示课题：今天就让我们学写读后感。（板书：写）

【设计意图：调动学生已知，运用通过阅读积累的知识，理解读后感的概念，激发学生写读后感的兴趣。同时引导学生梳理读与感的关系，认识"读"是写读后感的前提和基础。】

二、阅读理解，明确内容与要求

（一）阅读回顾，交流收获

课前我们完成了预习单。谁愿意分享给你印象最深的那本书或文章，简要说说它的内容？

（二）阅读教材，明确要点

1. 自读教材，理解内容：结合语文书 P36 习作要求尝试概括围绕读后感写了哪几方面内容。

2. 交流补充，完善表格。

内容	介绍文章/书	感想	联系……
要求	简单、重点	真实、具体	生活经验等

（板书：内容概述、读文之悟、生活之联）

3. 对照板书，归纳小结：读后感，有读有感。读是感的基础，是对内容的概述；感是对读的升华，是读文之悟，生活之联。

【设计意图：让学生充分交流文章内容，为概括读后感主要内容做铺垫；同时利用表格，简单明了地反映出内容与要求，渗透学法；最后让学生讨论、交流，在自主自悟中明白读后感的一般写法及布局谋篇之道，为提炼重难点，落实教学目标做铺垫。】

三、夯实感点，攻克难点

（一）理解感悟点，练习表达

1. 知"感点"：读后感，重在"感"。"感点"，就是让你感触最深的那一点。想写好感想，需要一个值得思考的"点"。谁愿意结合课前预习单分享你写的感想？

预设：针对文章内容、人物等不同方面发表感受。

方法提炼：同学们，读书其实就是无声的谈话，我们或许会被文中人物的品质打动，或许会被曲折的情节吸引，或许文中揭示的道理或一句饱含哲理的话会使你回味无穷。总之写感受，要从自己感受最深的地方入手。

2. 说"感点"。

（1）读例子，说一说你会如何议论。

方法提炼：先过渡，表达赞美。再正面议论，反面议论。

（2）运用方法修改范例。你能根据刚才学习到的表达感受的方法，帮助这个同学修改一下吗？

预设：正面：忠厚、守信；反面：人不可无信

【设计意图：旨在让学生明确"感点"，围绕这一点，从概念的理解出发，用具体例子，丰富学生的写作视角，搜寻习作材料。同时引导学生学会找准感点，更准确地表达感点。】

（二）联系实际，拓展感悟

1. 范文引路，知方法。

思考交流，例文片段运用了哪些方法写出感想？

预设：联系生活实际、调用阅读积累。

2. 练习落实，明要求。

（1）连线练习。

（2）给一个题目，谁能举联系生活的例子？

爸爸，妈妈，给我自由的空间——读《父母的承诺》有感

预设：例子和承诺、自由有关。

3. 方法总结：读后感的联系要围绕"感"来写。不仅可以想到自己，想到生活中的人和事，还可以结合自己的阅读积累或引用原文语句等。

4. 围绕标准，完善感受部分。

【设计意图：借助例文片段阅读和方法学习，引导学生学会如何联系实际，拓展感悟，使学生在比较中学会思考，在鉴赏中提高能力，在探究中习得方法。】

四、明确形式，学拟题目

（一）知晓题目形式

出示三种题目范例。

（二）比较不同，思考交流

学生思考并交流：这三种题目有什么不同？

（三）拟题练习，教师总结

1. 出示例子：请你根据小片段给读后感拟一个标题。

2. 总结：自拟主标题。题目破折号前面的叫主标题，后面的叫副标题。拟主标题要紧扣感想的中心，即抓住感悟点，突出感想主题，同时讲究语言的高度概括。

3. 结合所学，练习给读后感拟第三种标题。

4. 出示标准，明晰读后感完成后的自查依据。

【设计意图：题目更具有确定习作重点，锁定习作主体的聚焦、定位作用。本环节由范例引路，学生自主归纳，通过比较练习等方式，让学生知道读后感题目的形式，学会拟题。】

五、例文引路，由理性到感性

（一）赏析例文，理性分析

默读例文，思考以下问题。

1. 例文包括几部分？每部分内容是什么？

2. 按书上要求，对照表格进行评价。

预设：能清楚、简洁地交代所读书目及内容。能抓住印象最深的人物和情节，并联系生活实际谈认识和看法，最后结尾升华主题。

（二）对照板书，课堂总结

【设计意图：尊重学生独特的理解和感受。让学生结合自己已有的习作经验，完成习作，由易到难的训练是符合学生认知规律的。】

六、布置作业，实践提升

板书设计

```
                              写
                              读 —— 内容概述
         感"点"做题目         后 ┌ 读书之悟
                              感 └ 生活之联
```

作业设计

修改并完善表格内容，完成预作；誊抄在作文纸上，与同学交流。

教学反思与改进

1. 环环相扣，猜读方法。

环节设置上与单元整体教学设计相扣。课堂中联系本单元学习古典名著中用到的理解词语的猜读方法，调动学生思维，用猜的方式帮助学生初步理解读后感的概念。

2. 巧设表格，有效引导。

表格设计简洁明了，突出重点、难点，鼓励自主学习。同时，课前预习单及课上表格使用贯彻始终，体现了课内外的有机融合。

3. 珍视阅读体验，唤醒学生真实体验和感受。

珍视学生个体的阅读经验，从各种阅读经历中选择适宜的习作对象，引导学生自己去感悟、去发现、去总结，从读中学写，由仿到作，力争达到"言有尽而意无穷"的效果。但是还需提示学生写读后感一定要联系社会实际和自己的生活、思想，忌说假话、空话、套话。

（指导教师：北京小学通州分校 靳朝霞）

第十册　第五单元《刷子李》

侯旭

教学单元基本信息

姓名	侯旭	单位	北京市东城区和平里第一小学
年级	五年级	单元	下册第五单元
单元主题			习作单元：形形色色的人

单元指导思想与理论依据

在阅读教学方面，《义务教育语文课程标准（2011年版）》（以下简称《课标》）第三部分实施建议中指出："阅读教学应引导学生钻研文本，在主动积极的思维和情感活动中，加深理解和体验，有所感悟和思考……"在阅读、感悟和思维中体现对文本的理解，收获有深度的思考。

对于习作方面，《课标》中第三学段习作要求中明确指出："养成留心观察周围事物的习惯，有意识地丰富自己的见闻，珍视个人的独特感受，积累习作素材。"善于发现自己身边人身边事，成为自己的习作素材，并将自己独特的感受表达出来。

单元教学内容及要素分析

一、教学内容

本单元为习作单元，共安排了两篇精读课文和两篇例文。这个单元的课文出处皆为经典的著作，《人物描写一组》中《摔跤》出自《小兵张嘎》，《他像一棵挺脱的树》出自《骆驼祥子》，《两茎灯草》出自《儒林外史》，本篇课文《刷子李》出自《俗世奇人》。本单元的人物刻画鲜明生动，给学生提供了最为经典的学习素材。

二、要素分析

本次教学中的阅读训练要素是学习描写人物的基本方法。习作训练要素是初步运用描写人物的基本方法，具体地表现一个人的特点。关于人物描写要素的培养，可以从图1中得知：学生自三年级起就逐渐接触，先尝试发现人物的特点，并在习作中尝试运用，到四年级开始感受人物形象，五年级学习人物描写的方法，通过人物描写的方法来体现人物形象，这也正是学生在该年级应该掌握的能力，同时，也为六年级除了人物描写外，继续关注情节、环境感受人物形象，并体会人物品格做好铺垫工作。

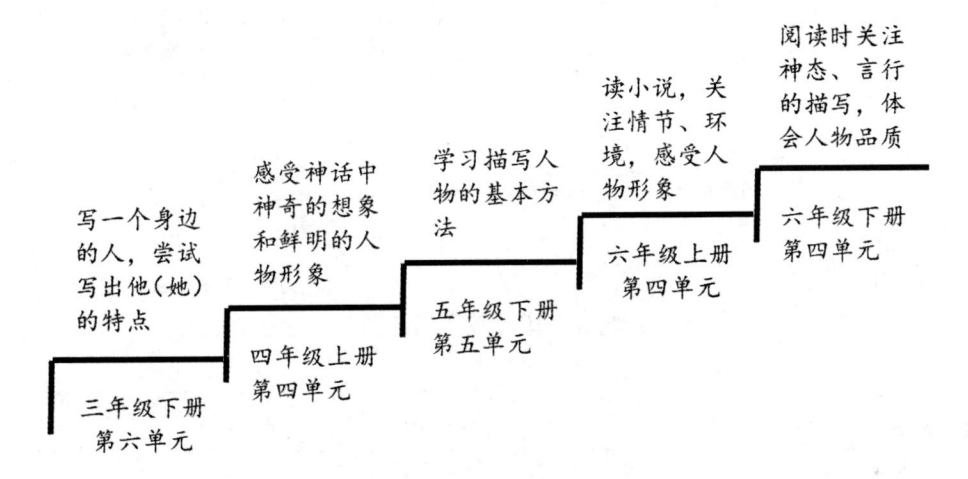

图1 人物描写要素进阶图

单元教学目标

1. 认识18个生字，读准1个多音字，会写30个字，会写28个词语。

2. 了解可以通过描写人物语言、动作、外貌、神态、心理等表现人物的特点，还可以通过描写他人反应表现主要人物的特点，体会这些方法的表达效果。

3. 试着用学过的方法描写一个同学、家人或者身边其他人的特点。能选择典型事例，通过人物描写方法具体表现人物的特点。

单元教学结构

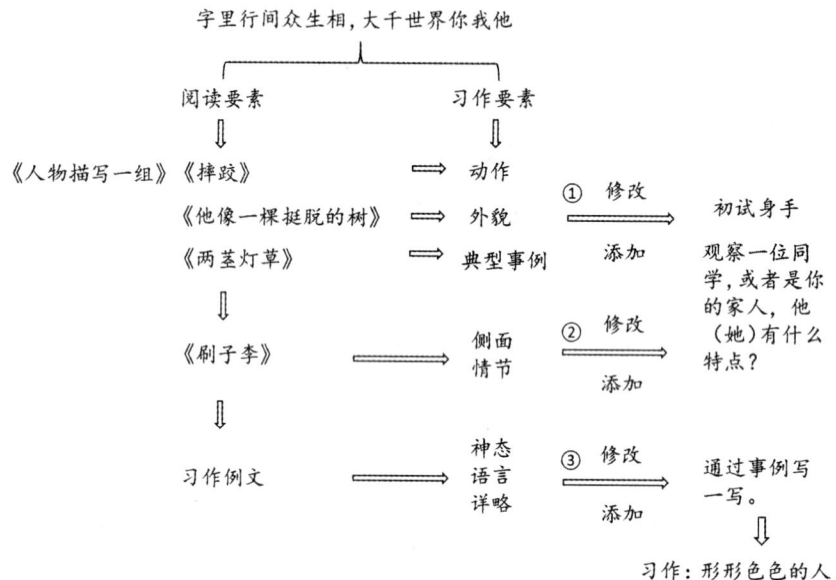

图 2　单元教学结构图

课题	14 刷子李
课时	第 2 课时
课型	新授课□　精读或略读指导☑　口语交际课□　专题复习课□ 习作指导或讲评□　学科实践活动课□　其他□

课时教学内容分析

本节课是第五单元第二篇精读课文《刷子李》的第 2 课时。这篇文章的主人公有着鲜明的特征。本文描写了他的徒弟曹小三的所看、所想，而读者的心情也随着他的眼睛和心理而起伏。紧张的情节，侧面的视角，让人物的特点不言自明。这是本篇课文承载的阅读任务，同时也对习作的谋篇布局起到了非常关键的提示作用。

学习者分析

通过以往的习作可知，学生已熟知人物描写方法，包括人物语言、动作、外貌、神态、心理描写等。在习作中 90% 左右的学生能够在习作中使用人物语言和动作描写，但其他描写运用得较少。因此本节课中能够体会侧面描写对于人物特点所起到的作用，并在自己习作中尝试运用是教学的重点。

通过日常课堂表现，学生对于整篇文章中情节的发展关注度比较低。因此，借助曹小三的所看和所想，引导发现情节的起伏对于表现人物特点所起到的作用，是本课学习的难点。

课时教学目标

1.找出描写曹小三所看到的刷子李的动作的语句，通过朗读和对语句的理解感受刷子李粉刷的技术非常高。

2.抓住曹小三所见，以及对应的所想，发现事情发展过程中曹小三心理的变化，体会侧面描写对表现人物特点起到的作用。（教学重难点）

3.借助曹小三心理变化的起伏线，感受情节的变化对人物特点的表现所起到的作用。（教学重难点）

学习评价设计

表1 课堂学习效果评价量表

评价维度		课堂效果			实施情况
知识和能力（课中）	在文中可以找到相关描写的语句	A.准确、全面	B.准确但不全面	C.不够准确	
	借助语言文字，能够多角度体会刷子李粉刷技术高	A.多角度体会	B.单一角度体会	C.不能体会	
过程与方法（课中）	借助填空，梳理曹小三心理活动过程	A.准确表达，有序梳理	B.能够有序梳理，但表达不够准确	C.表达和顺序都存在问题	
	能发现曹小三心理变化过程对应的对刷子李的评价变化	A.能够一一对应	B.出现一两处对应不准确	C.不能将评价与心理对应	
情感、态度、价值观（课后）	能将侧面描写的写法在自己的习作中体现	A.在自己的习作中恰当地运用侧面描写	B.在自己习作中尝试使用侧面描写	C.没有将写法在自己习作中运用	
	有进一步阅读《俗世奇人》的愿望	A.积极、主动阅读整本书，并愿意分享	B.能够阅读整本书	C.没有进一步阅读整本书	

教学活动设计

一、课文回顾

这个阶段的学习，主要通过《俗世奇人》一书中的原文，与第1课时对刷子李特点的回顾，感知刷子李的手艺高超的环境需要和个人需要。

（一）码头特点

出示原文中的片段：

码头上的人，全是硬碰硬。手艺人靠的是手，手上就必得有绝活。有绝活的，吃荤，亮堂，站在大街中央；没能耐的，吃素，发蔫，靠边待着。这一套可不是谁家定的，它地地道道是码头上的一种活法。

导入语：这是《刷子李》原文中的第一段话，通过这段话，你读懂什么了？

预设：码头上都需要有绝活的人，有绝活才能在码头生活得好。刷子李也是这里的一员，粉刷的本领一定是这里最好的。

（二）刷子李特点

过渡：是的，我们今天这个手艺人是——刷子李，他的绝活是——粉刷。

提问：这个刷子李，他在施展他的绝活时，有什么特点吗？

预设：他不仅手艺高，而且规矩奇特。

【设计意图：用原文引出课文，建立人物与环境的关系，环境成就人的手艺，手艺使人在环境中立足，进而更为突显刷子李高超的粉刷技艺做出铺垫。】

二、关注侧面人物

这一环节，主要是引领学生发现侧面人物，并关注到侧面人物的具体表现。

（一）引出侧面人物

过渡语：本课虽然主要人物是刷子李，但是除了他以外，还有一个不能缺少的人，他就是曹小三。

他是什么身份？在这件事情中会起到什么作用？

预设：刷子李的徒弟。他可以在和刷子李一起工作时看到刷子李是怎么刷墙的。

过渡语：是呀，通过别人的眼睛看到刷子李的表现，比直接写刷子李本领高超更让人信服。就让我们看看曹小三看到的刷子李是怎么粉刷的吧。

（二）找出相关语句

出示学习提示：

默读课文，曹小三所看到的刷子李的手艺如何呢？找出相关的语句，在旁边批注上你的理解。

【设计意图：侧面描写是本课的重点，通过这个环节让学生意识到侧面人物的重要性。】

三、感悟手艺高

这一环节主要通过学生自由交流分享自己的发现，用朗读表达自己的体会。

预设1：关注第5自然段

重点语句：

1.屋顶尤其难刷，蘸了稀溜溜粉浆的板刷往上一举，谁能一滴不掉？一掉准掉在身上。可刷子李一举刷子，就像没有蘸浆。

关注：通过对比，体现刷子李与一般粉刷者的区别，突显手艺绝。

想想日常蘸汤、水等，体会能做到这样很难，这是刷子李的绝活。

2.……立时匀匀实实一道白，白得透亮，白得清爽。

关注：粉刷过的地方平整、薄且遮盖均匀，粉刷的手艺高。

3.只见师傅的手臂悠然摆来，悠然摆去，如同伴着鼓点，和着琴音，每一摆刷，那长长的带浆的毛刷便在墙面啪地清脆一响，极是好听。

关注：粉刷中的节奏感。学生做动作，老师朗读，体会胳膊举着累。再对比刷子李的动作中的轻松感，出示音乐指挥家的图片，感受到不是在粉刷墙壁，而是一种艺术的表演。体会刷子李对粉刷的热爱和享受。带着理解朗读。

4.啪啪声里，一道道浆，衔接得天衣无缝，刷过去的墙面，真好比平平整整打开一面雪白的屏障。

预设2：关注第6段，芝麻大小的粉点也没发现。体会刷子李干净、利索、手艺高。

通过朗读表现曹小三惊讶的心情。

预设3：关注第9段，借助一个小误会，再次证明刷子李的手艺高。

【设计意图：借助语言、与生活的联结、想象等品味文字中情感的表达和对人物特点的评价。】

四、感受情节变化

这一环节，主要通过图像更为直观地体现心理变化与情节发展变化的关联。

（一）心理变化

1.过渡语：刷子李的手艺在你们心中的水平怎么样？（学生答：高超）在

曹小三心中呢？（学生：非常高超）。追问：自始至终他是一直这么想的吗？

2.让我们看看徒弟曹小三对刷子李手艺的看法及变化吧。

出示：

（半信半疑）——（　　　）——（　　　）——（　　　）——（佩服至极）

学习提示：请你结合课文内容，梳理出曹小三的心理变化。

预设：

心理变化：半信半疑　对应第3自然段

　　　　　佩服　第5段师傅的手法（均匀）

　　　　　崇拜　黑色的衣服有种神圣不可侵犯的威严（没有白点）

　　　　　沮丧/失望　朗读第7自然段（白点），体会形象崩塌、失望。

　　　　　佩服至极　发现是烟烫的点儿

（二）梳理心情线

1.过渡语：（黑板画一条直线）如果这一条横线代表曹小三正常情况下的心情，那么你能根据刚才我们发现的他的心情变化和对应的事件，用你喜欢的方式在这条线上标注出来吗？

关注：点出不同心情所在的位置；在心情的旁边标上对应的事情（简写）

2.形成心情变化曲线：（1）将点连成曲线图；（2）关注点的位置，最后一个点应该最高。

3.我们刚才也是和曹小三一样，在这样的心情起伏中，感受到刷子李手艺的高超，这样的情节真是"一波三折"呀！"文似看山不喜平"，好文章就应该是这样的，情节曲折，才能吸引读者。

【设计意图：梳理心理发展变化，在画线中发现情节曲折变化，感受心理与情节变化的关联。】

五、修改草稿

（一）总结收获

这节课的学习给你什么样的收获？

预设：借助他人的反应，侧面写出人物特点。情节设计有起有伏。

（二）修改习作

根据收获，再次看自己的习作，进行修改。

自由分享交流自己修改的思路，或者前后修改的片段对比。

【设计意图：这一环节也是整个单元中的第二次修改，是学生掌握更多关于人物刻画方法后的一次修改。】

板书设计

14. 刷子李

崇拜至极（烟烫的）
崇拜（没有白点）

佩服

徒弟曹小三　　半信半疑
他人反应
侧面描写　　　　　　　　　　　　失望（白点）

情节变化　　　　　　　　　　　一波三折（情节起伏）

作业设计

基础作业：尝试在自己的习作草稿中修改并加入一两处侧面描写。
拓展作业：阅读完整的《俗世奇人》，了解其他奇人的特点。
实践作业：重新梳理你习作中的故事情节，设置一两个情节的变化。

教学反思与改进

本节课立足于习作单元的特殊性，以习作的高质量顺利完成为目的。以草稿初拟为始，通过每一节课一个阅读和习作要素点的学习，两次完善和修改初稿，并最终收获一篇优质习作。这样的单元整体设计流程着重体现学与用的关系，让学生学以致用。

个人依然存在的困惑是：这单元的设计是先初步写出草稿，之后不断修改完善。一般的习作单元是先通过课文的学习，习得方法后，再进行习作，一气呵成。希望了解哪一种方法更利于学生的培养，习作呈现出的效果更理想。

（指导教师：北京市东城区和平里第一小学 富津津）

第十册　第五单元　习作：形形色色的人

王红艳

教学单元基本信息				
姓名	王红艳	单位	北京市东城区和平里第四小学	
年级	五年级	单元	下册第五单元	
单元主题	习作单元			

单元指导思想与理论依据

《义务教育语文课程标准（2011年版）》（以下简称《课标》）实施建议中指出：写作教学应抓住取材、立意、构思、起草、加工等环节，指导学生在写作实践中学会写作；要重视写作与阅读教学、口语交际教学直接的联系，善于将读与写、说与写有机结合，相互促进。

作为习作单元，本单元在教材编排上充分体现了《课标》要求，几个板块以"人"为主线，构成了"读人、说人、写人"的富有特色的一组内容。把对"人物"的读、说、写紧密地结合起来，是本单元习作的要求，也是本单元开展教学活动的依据和主线。

单元教学内容及要素分析

本单元作为习作单元，人文主题是：字里行间众生相，大千世界你我他。语文要素是：学习描写人物的基本方法。习作要求是：初步运用描写人物的基本方法，具体地表现一个人的特点。由此可以看出，本单元人文主题、语文要素、习作的学习目标和能力训练点均聚焦在了"人物描写"上，双线组元，目标统一。

围绕语文要素和习作要求，本单元首先编排了《人物描写一组》和《刷子李》两篇精读课文，四篇小说选段都采用了多样的人物描写方法，塑造了多个特点鲜明的人物形象，引导学生在走近人物过程中，从不同角度体会具体表现人物特点的基本方法，为习作奠定方法基础。教材接着安排了"交流平台""初试身手""习作例文""习作"等内容，在梳理、总结具体表现人物特点的基本方法后，尝试运用方法进行练写，最后在习作表达中进行实践。

单元教学目标

1. 认识本单元18个生字，读准1个多音字，会写30个生字，会写本单元28个词语。

2. 能正确、流利、有感情地朗读课文，结合课文描写人物的相关语句，感受人物形象的特点，体会表达效果。

3. 丰富阅读视野，结合本单元学习，从名著中感受语言的魅力，学习写人的基本方法，激发学生阅读中外名著的兴趣。

4. 结合例文和批注，进一步感知写人的基本方法；能交流、总结写人的基本方法，并试着用学过的方法描写一个同学；能列出表现家人特点的典型事例。

5. 能选择典型事例，通过描写语言、动作、外貌、神态、心理等，具体地表现人物的特点。

单元教学结构

```
《人物描写一组》+"初试身手"活动布置+《刷子李》
                    ↓
          "交流平台"+"初试身手"
                    ↓
              习作例文+习作
```

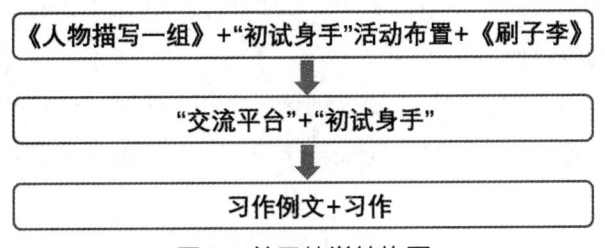

图1 单元教学结构图

教学时围绕语文要素，突出单元整体性设计，形成三个层次的教学结构：

首先，通过精读课文的学习，体会描写人物的方法，同时将"初试身手"内容前置。接着，借助"交流平台"和"初试身手"板块，对所学的几种人物描写方法进行梳理总结，在"初试身手"的练笔中尝试运用。最后，根据本单元的习作主题和要求，借助两篇习作例文，把学到的人物描写方法在习作中加以实践运用。

课题	习作：形形色色的人
课时	第 1 课时
课型	新授课□　精读或略读指导□　口语交际课□　专题复习课□ 习作指导或讲评☑　学科实践活动课□　其他□

课时教学内容分析

统编教材呈现稳步发展、螺旋递进的态势，具有极强的前后关联性，有层次、有梯度地为学生语文素养的培养和能力提升奠定基础。

纵观各册教材，写人的习作在三至五年级共安排了五次，分别为：三下《身边那些有特点的人》、四上《小小动物园》、四下《我的自画像》、五上《漫画老师》以及五下《形形色色的人》，从尝试写出特点，到写出人物特点，再到具体表现人物特点，凸显了习作要求的递进关系。

从单元角度分析，教材编排了《我的朋友容容》和《小守门员和他的观众们》两篇习作例文，这是统编教材习作单元里设置的一个环节，也是统编教材编写的一个亮点。它安排在精读课文、"初试身手"之后，又在"习作"之前，承上启下，既与精读课文互为补充，又能起到指导习作的作用，强化了读与写的关联性。阅读铺路，从读中学写，以写促读。

本次单元习作的要求包括了三部分内容：第一部分是导语，明确了本次习作的内容和要求；第二部分是图示化的习作构思案例，具体呈现了筛选典型事例的方法，明确了习作中选材的要求；第三部分则提出了习作完成后，交流互评、自主修改的要求。

多角度、多层面对教材进行深入解读、分析、定位，才能更好地帮助我们制定教学目标、选择教学策略、完成教学设计、开展教学活动。

学习者分析

学生在之前完成的写人的习作中，已初步感知、学习了写人过程中要抓住人物特点来写，但如何能够选择恰当的人物描写方法，具体地表现出人物特点，如何围绕本单元"学习描写人物的基本方法"这一语文要素，由课文学习中的体会走向习作中的运用，是学生本次习作的难点，需要教师在教学中巧妙设计、恰当引导。

课时教学目标

1. 能结合例文和批注，进一步感知写人的基本方法。

2. 能选择典型事例，通过描写语言、动作、外貌、神态、心理等，具体地表现人物的特点。（教学重难点）

学习评价设计

表1　习作评价标准

评价目标＼评价标准	A	B	C
选取典型事例	能够选取典型事例	选取事例比较典型	选取事例不典型
恰当地选择语言、动作、外貌、神态、心理描写等，具体地表现出人物的特点	恰当地选择语言、动作、外貌、神态、心理描写等，具体地表现出了人物的特点	比较恰当地选择语言、动作、外貌、神态、心理描写等，比较具体地表现出了人物的特点	选择语言、动作、外貌、神态、心理描写等不恰当，不能具体地表现出人物的特点

教学活动设计

一、回顾旧知，导入新课

交流回顾本单元课文内容，导入本节课学习内容。

二、明确要求，回顾方法

（一）提取要点，明确习作要求

读一读，看看本次习作为我们提出了哪些要求。

（二）明确写作对象

1. 选择一个人写下来，可以写谁？你还能想到哪些人？

2. 无论是熟悉的人，还是陌生人，他们都可以成为我们写作的对象。

（三）选取典型事例

1. 是不是所选人物所有的事例都可以写？

2. 结合教材范例，思考：这位同学是怎样进行典型事例筛选的？

3. 这几个事例可以怎样筛选，为什么？

爸爸特别孝敬父母 {
①昨天，爸爸给爷爷买了他爱吃的东西。
②奶奶生病了，爸爸精心地照顾她。
③爸爸每天坚持给爷爷洗脚、按摩。
④爷爷和奶奶金婚纪念日那天，爸爸把悄悄精心整理的他们50年来的合影制成相册，作为礼物送给了他们，他们十分感动。

4.经过思考和分析，最终选取最典型、最能突出人物特点的事例来写。
5.对自己想要选取的事例进行筛选，为习作做好准备。
【设计意图：结合图示，以问题引导学生探究选取典型事例的思考过程，引导学生在交流中发现、总结出选取典型事例的方法，并在事例筛选实践活动中掌握方法，讲练结合。】

（四）回顾描写人物的方法
结合课文，回顾本单元学过的描写人物的方法。
（五）明确习作题目
题目自拟，根据习作内容自拟合适题目。
【设计意图：此环节看似只是带领学生围绕本次习作要求进行逐一分析、解读的过程，实则对于学生开展习作活动有着十分重要的作用。分析、明确习作要求是学生习作中不可或缺的一个重要环节，也是培养学生审题意识、养成审题习惯的重要途径。】

三、借助例文，感悟方法

（一）阅读习作例文一
1.怎么运用这些方法才能体现出所写人物的特点？欣赏习作例文。
2.默读《我的朋友容容》，思考：
（1）短文通过哪两个事例，向我们展现了容容是个怎样的孩子？
（2）结合批注，想一想课文是怎么写容容这个人的，这样写有什么好处。
3.梳理事例及人物特点，感受事例选取的典型性。
4.结合文章重点段落及批注，感受描写方法在体现人物特点中的作用。
（二）阅读习作例文二
1.默读《小守门员和他的观众们》，思考：
（1）文中哪个人物给你留下的印象最深，为什么？
（2）结合批注，想一想，课文是怎样通过对小守门员和观众们的外貌、动作、神态的描写，表现出人物的不同特点的？

2.结合文章重点段落及批注，感受如何运用不同描写方法表现不同人物特点。

（三）比较两篇习作例文，梳理方法

1.思考：比较两篇文章，说说它们有什么相同点和不同点。

2.从描写角度及选材上进行比较，感受两篇例文的不同特点。

3.梳理把一个人的特点写具体的方法。

【设计意图：此环节借助两篇习作例文的学习，在阅读、比较、分析、感悟中，使学生更加真切地感受到，选择恰当的人物描写的方法在突出人物的特点中的作用。】

四、课后总结，布置作业

这节课我们了解了本次习作的要求，学习了筛选典型事例的方法，又结合两篇习作例文回顾了人物描写的方法。结合今天的学习，根据习作要求，完成习作，下节课交流。

板书设计

　　　　　　　习作：形形色色的人
　　　　　　　　选取典型事例
　　　　　　　　描写人物的方法

作业设计

根据习作要求，结合人物特点，先对事例进行筛选，然后完成习作。

教学反思与改进

1.恰用例文，发挥导学功能。

统编教材的每一篇习作例文几乎都配有例文旁批与课后习题，正确解读旁批与习题，可以帮助我们更好地确定习作例文的教学重点和难点。我以此为线索，紧扣单元习作训练目标，引导学生独立阅读、分享交流，从而让他们习得技巧，获得习作启示。本课教学，充分发挥了"习作例文"中批注及课后题的导学功能，引导学生读中思考，体会选取典型事例及运用恰当描写方法在突出人物特点中的作用。基于教材，更创造性地使用教材，引导学生在阅读、比较、分析、感悟中，真切感受描写方法的效果，从而进一步有效地发挥了习作例文在学生习作方法指导上的重要作用。

2. 讲练结合，体会方法运用。

有关选取典型事例的方法，在统编教材的习作中本单元第一次以图示和泡泡的形式呈现，作为本次习作教学的目标之一，我引导学生从对范例的分析、解读中，感悟、总结典型事例的选取方法，为习作做好材料筛取上的准备。接着，为学生提供了选取典型事例的练习作为补充，请学生用上刚刚学到的方法，进行选取典型事例的实践练习，讲练结合，进一步掌握事例筛选的方法，为习作中事例的选取做准备。同时，也实现了本课教学目标。

（指导教师：北京市东城区和平里第四小学 黄颖）

第十一册　第五单元《夏天里的成长》

籍莹莹

教学单元基本信息				
姓名	籍莹莹	单位	中国传媒大学附属小学	
年级	六年级	单元	上册第五单元	
单元主题	围绕中心意思写			

单元指导思想与理论依据

《义务教育语文课程标准（2011年版）》中对第三学段习作的具体要求为：懂得写作是为了自我表达和与人交往；能写简单的纪实作文和想象作文，内容具体，感情真实；能根据内容表达的需要，分段表述。不管是写话、纪实作文、想象作文，写作伊始阶段都需要围绕中心意思进行选材、安排结构，这样的作文才能增加可读性和信服力。"围绕中心意思写"是学生完成习作的重要能力之一。如何围绕中心意思进行选材、设计结构，需要教师引导孩子进行分析、学习。

单元教学内容及要素分析

统编小学语文六年级上册第五单元是习作单元，语文要素为"体会文章是怎样围绕中心意思来写的"和"从不同方面或选取不同事例，表达中心意思"。围绕这一要素，安排了写人、记事、写景等不同类型的课文，包括精读课文和习作例文，以引导学生体会怎样表达中心意思，帮助学生掌握围绕中心意思写作的方法。

单元教学目标

1. 会写 22 个字，会写 24 个词语。
2. 学习课文，能把握文章的中心意思。
3. 能联系课文内容，体会文章是怎样围绕中心意思来写的。
4. 能结合课文，交流围绕中心意思选择材料，并将重要部分写具体的方法。
5. 能围绕一个意思选择不同的事例或从不同的方面写。学习将重要的部分写详细、写具体的方法。
6. 与同伴交换习作，能针对是否写清中心意思做出评价、修改习作。

单元教学结构

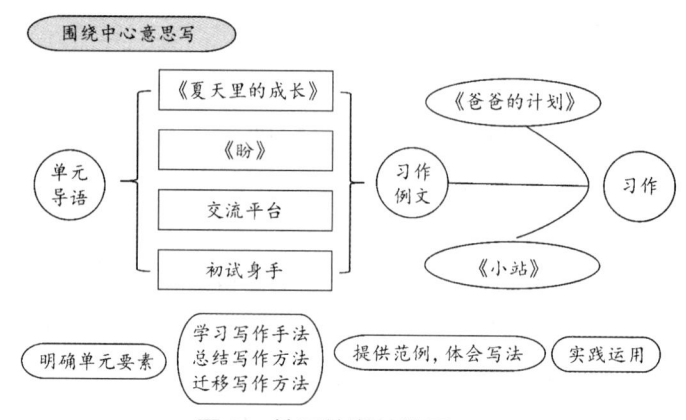

图1 单元教学结构图

《夏天里的成长》是本单元首篇精读课文，教学指向在阅读中学习写作的方法。通过阅读，体会课文从不同方面选材，围绕中心意思写的方法，感受课文从不同方面选材来表达中心的层次感，品悟出人生哲理。通过对这篇文章的学习，学生对于单元习作的提纲撰写、围绕中心意思从不同方面选材会有深刻印象，对于完成自己的单元习作大有裨益。

课题	16 夏天里的成长
课时	第 2 课时
课型	新授课☑　精读或略读指导☐　口语交际课☐　专题复习课☐ 习作指导或讲评☐　学科实践活动课☐　其他☐

课时教学内容分析

　　《夏天里的成长》一文语言简洁有画面感，极富夏日活力与生机；引用俗语农谚，增添说服力与感染力；开门见山点明中心，结尾富有人生哲理，回味无穷。作者用简洁朴素、清新优美的语言描绘了夏天万物生长的自然现象。题目中"成长"的本义是生命向成熟阶段发展。"长"是生命的成长，也是心灵的成长，是夏天这个万物迅速生长的季节赋予成长的特殊含义。

　　本节课设计出发点是引导学生发现"围绕中心意思写"的具体方法，从选材的恰当度、对事例的具体描写等方面进行指导，旨在提升学生的写作能力。本节课以教师讲述、小组合作学习、读写迁移为主要教学方式，引导学生体会课文从不同方面选材，围绕中心意思写的方法，感受课文从不同方面选材来表达中心的层次感，品悟出人生哲理。

学习者分析

　　为了更好地设计教学内容，我设计了前测调研问卷，旨在了解学生自主学习和第一课时学习之后已经达到的水平。通过仔细分析，调研结果如下：

　　1. 学生能够确定中心立意，但不能多角度地进行选材：12.63% 的学生在中心、选材上均完成不错；76.85% 的学生选材不够恰当；10.52% 的学生中心表述不够明确。

　　2. 学生对于引用谚语这种形式还欠缺灵活运用能力。97.36% 的学生认为引入谚语是不错的选择，但只有 15.78% 的学生觉得自己能够经常使用，23.68% 的学生选择"偶尔，但非常恰当"，其他大部分学生则是写过但不确定是否恰当，或者较少使用过。

课时教学目标

　　1. 有感情地朗读课文，读出成长之欢喜，体会作者表达特点。

　　2. 借助思维导图和关键词句学习从不同方面选材、围绕中心意思层层推进的写作手法，感受作者选材之妙。（教学重点）

　　3. 理解文章最后一句话的含义，懂得一定要珍惜时间，积极争取知识、能力、经验的增长，不能错过时机，否则就会一事无成。（教学难点）

学习评价设计

表1 学习评价设计

课堂表现	优秀 ☆☆☆	良好 ☆☆	合格 ☆
朗读能力	声音洪亮，语气语调能够根据文章内容巧妙变化，充分表现出对成长之妙的欢喜。	声音洪亮，语气语调有变化，能够比较投入地将感情融入其中。	声音洪亮，流畅自然，能够努力读出语气语调的变化，努力读出成长之妙。
阅读思维	阅读中能够围绕任务进行有深度的思考，并能理解和发现问题的关键。	能够理解阅读任务，并进行一定深度的思考，形成自己的观点。	能够理解阅读任务并形成自己的观点。
小组合作	能够积极主动参加小组合作学习，在合作学习过程中，能认真倾听，主动分享，分享内容角度丰富。	能够主动参与小组合作，在合作学习过程中，能认真倾听，主动分享。	在老师和同伴的提示下，能参与小组合作学习，在合作过程中，能认真倾听，主动分享。
学习习惯	在课堂上展示出读书、写字、合作的好习惯。	有意识地养成读书、写字、合作的好习惯。	在老师和同伴的提示下，有意识地养成读书、写字的好习惯。
习作能力	能围绕中心意思从不同方面选择材料，对重点部分描写生动具体，富有韵味。题目能突出中心，颇具新意。	能围绕中心意思进行选材，重点部分描写较为具体，文章中心明确，题目与中心意思相对一致。	能围绕中心意思进行选材重点段落相对突出。中心意思比较明确，能够为文章起题目。

在评价方式上，采用自我评价、同桌互评、教师评价、师生评价等多种评价方式，并使用文字与照片方式进行留存，为学期末学生进行语文学习的终结性评价提供依据。

教学活动设计

一、创设情境，激发学习兴趣

（一）创设情境，谈话导入

孩子们，《史记》有言："夫春生夏长，秋收冬藏，此天道之大经也。弗顺则无以为天下纲纪。"司马迁强调"春生夏长，秋收冬藏"是自然界的重要规律，不顺应它就无法制定天下纲纪。夏天里万物生长，孩子们，你们喜欢夏天吗？说说为什么。

（二）自然过渡，揭示课题

这些画面也给梁容若留下了深刻的印象，于是写下了《夏天里的成长》这篇文章，今天我们继续学习这篇文章，细细地品一品这夏天成长之妙，文笔之精。

（三）复习回顾，温故知新

结合课堂笔记，谁来带大家复习上节课内容？

【设计意图：从学生感兴趣的话题入手，引导学生从身边的事物初步感知夏天，进一步激发学生对课文的学习热情。】

二、研读课文，感受成长之妙，习写法之精

（一）研读第二自然段

1. 出示："生物从小到大，本来是天天长的，不过夏天的长是飞快的长，跳跃的长，活生生的看得见的长。"这是第二段的中心句，对吗？

2. 围绕中心句作者写了哪些生物在夏天里飞快生长？谁来说说你画出了哪些生物？作者举例真不少，大致可分为哪两类？

3. 读出生物生长之快：这些植物和动物是怎么生长的？找出相关句子。选择你喜欢的一种生物读出成长的特点。

重点点拨：昨天是苞蕾，今天是鲜花，明天就变成了小果实。（夸张手法）

预设：这里的"今天"指现在，"昨天"和"明天"分别指什么？（过去和将来）

4. 夏天里迅速生长的可不止这些呢，请看！能不能用"昨天、今天、明天"或者"你看，一天／一夜／其他时间词＋发生的变化"写一写你的发现。

5. 同学们，中心观点是一句话，可聪明的作者却让我们看到了一幅幅画面。作者是怎么把这一段写得这么形象的？（选取具有代表性的事物，妙用修辞：对比、夸张）

【设计意图：本环节引导学生抓住文中列举的几种事物和表示时间的词语体会夏天动植物成长迅速的特点，引导学生体会作者选取了具有代表性的事物，并抓住了事物的特点进行描写，为单元习作打下基础。此环节的设计落实了本课的教学重点。】

（二）研读第三自然段

1. 围绕着万物迅速生长，第二段讲了生物的成长，第三段讲了谁的生长？（事物）

2. 变成小诗，读一读。

　　草长／树木长／山是一天一天地变丰满

　　稻秧长／甘蔗长／地一天一天地高起来

　　水长／瀑布长／河也是一天一天地变宽变深

3. 这段文字诗意盎然，每一段都有三种意象，有什么关系吗？

4. 铁轨、柏油路：描述的是"热胀冷缩"的现象，写得那么生动。

【设计意图：一是联系生活实际，将课内与课外有机结合；二是为了让学生通过充分讨论无生命的事物在夏天成长的合理性，让学生明白作者选择多个方面，围绕中心，层层深入展开的构篇思路，体会文章表达特点，突破教学重难点。】

（三）研读第四自然段

1. 夏天是万物生长的时候，我们也不例外，作者是如何描写人在夏天的成长呢？

2. 第四段中引用了两句谚语，解释意思，体味与中心意思的关系。

明确两句谚语与中心意思的关系："农作物到了该长的时候不长，或是长得太慢，就没有收成的希望。人也是一样，要赶时候，赶热天，尽量地用力地长。"读了这句话，你感受到了什么？

3. 深刻体会人要成长的道理。

【设计意图：引导学生学习如何围绕中心意思去引用谚语，增强文章表达效果；揭示文章中心，引发学生深思。】

三、回顾课文，总结写法

（一）看板书：全文的中心句是什么？全文是怎样围绕这句话来写的？围绕中心句按顺序写了：植物、动物、山水、铁轨、马路、人。

（二）作者为什么选取这几种事物来写？抓住典型事物的特点，围绕中心意思去写。

（三）思考：文章顺序能不能调换？

【设计意图：对于围绕中心意思选材进行梳理总结，并发现三方面的内在逻辑关系。】

四、读写迁移，初步尝试运用结构图列出提纲，完成课堂小练笔

（一）学过的内容，我们要努力尝试运用，把它转化成自己的写作金点子。请大家拿出学习单，尝试修改写作提纲，并完成其中一个方面的撰写。

（二）交流分享：先同桌分享，然后全班交流展示、集中修改。

（三）为文章起一个题目，用一个字来体现中心。

【设计意图：读写迁移，将所学转化为自己的锦囊妙计，修改提纲后，完成一个段落的仿写，通过多种评价形式，完善提升段落细节。】

五、结语

今天我们一起学习了《夏天里的成长》，看到了作者笔下万物迅速生长的景象，体味到了人生道理。老师把这篇文章的精彩之处变成了一首散文诗，我们一起再来读一读。在朗读中结束课程。

板书设计

16 夏天里的成长

夏天是万物迅速生长的季节

生物生长　　事物的生长　　人的生长

尝试用谚语引出中心

作业设计

1. 积累与自己小练笔相关的有趣谚语，并尝试运用。
2. 完成自己的小练笔，并尝试为自己的文章创作一幅插画。

教学反思与改进

1. 明确阅读目标，突出教学重点。本课的阅读目标是体会文章是怎样围绕"夏天是万物迅速生长的季节"这个中心句来写的，这也是教学的重点所在。本课教学紧扣教学目标，由浅入深，体现了阅读的梯度，符合学生的认知规律。

2. 创设教学情境，激发学习兴趣。情景教学可以帮助学生更好地感受与理解课文，有效地完成教学任务。本文语言浅显，通俗易懂。因此，教学时教师要充分利用多媒体等教学手段，积极创设情境，把学生带入文本之中。

3. 需要改进之处：完成小练笔之后的评价时间较为紧张，评价方式还需要更加多元化，更加立体，在生生评价、提建议后，还可以同主题更大范围内交流。

（指导教师：北京市朝阳区教育科学研究院　马妍）

第十一册　　第五单元《盼》

付京芳

教学单元基本信息			
姓名	付京芳	单位	北京市平谷区东交民巷小学马坊分校
年级	六年级	单元	上册第五单元
单元主题		围绕中心意思写	

单元指导思想与理论依据

《义务教育语文课程标准（2011年版）》中指出："阅读是搜集处理信息、认识世界、发展思维、获得审美体验的重要途径。""写作是运用语言文字进行表达和交流的重要方式，是认识世界、认识自我、创造性表述的过程。"教师在进行阅读教学时，既要关注阅读能力的培养，又要培养学生从读中学习表达的能力，从而呈现出"吸收——内化——产出"一体化的教学过程。

单元教学内容及要素分析

统编教材采用了"读写分编，兼顾读写结合"的编排方式，从三年级开始每一学期都推出了习作单元，共八个单元。每个年级的习作主题、语文要素以及所承载的任务都有所不同。教材对于习作的要求随年级增长呈现出由低到高的阶梯状递进。三年级之前注重的是观察和写作的兴趣，四、五年级则注重的是写作的顺序和方法，到了六年级就关注到写作的目的，我为什么而写作，怎样才能把我的写作目的表达得更加清晰有力，这就是"立意"与"选材"的能力。第十一册的习作单元又打破以前学生习惯写一件完整事的常规，提出"可以写一件事的几个方面或几件事表达同一中心"这一训练重点，为六年级下及初中学习写多件事和议论文打下基础。因此，本单元所承载的任务是非常重要的。

本册教材前后贯穿，连为一体。第五单元恰好处于中间位置，在学生对于"从不同方面或不同事例表达同一意思"有了些许的认识之后，进行专项的指导与练习是最佳时机。而后面三个单元，既是这一单元内容的延续，又为下一册习作的功用性进行铺垫。

上述关系可以简练地用思维导图来表示：

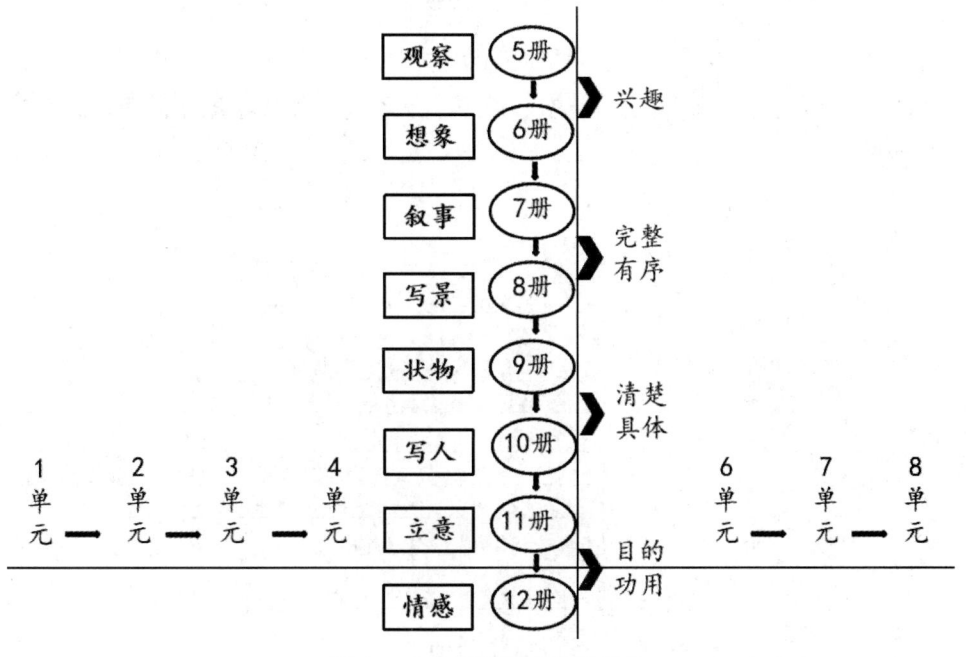

图1 六上第五单元梳理图

单元教学目标

1. 会写"棚、苔、袖、蓬"等22个字，会写"活生生、苔藓、斗篷、情况"等24个词语。

2. 学习课文，能把握文章的中心意思。能联系课文内容，体会文章是怎样围绕中心意思来写的。

3. 能围绕中心意思，从不同方面或选取不同事例作为材料，能将重点部分写详细、写具体。

4. 与同伴交换习作，能针对是否写清中心意思做出评价，在交流与评价中感受到写作的乐趣。

单元教学结构

本单元有两篇精读课文《夏天里的成长》《盼》。第一篇开篇以"夏天是万物迅速生长的季节"总领全文，而后围绕中心句从动植物（有生命的）、山河大地（无生命的）、孩子的成长三方面来具体描写，文章结构明晰，且层层深入。《盼》则以"新雨衣"为线索，通过一系列的小事凸显出"我"强烈盼望能够穿上它的各种复杂心情，更加贴近孩子的生活以及心理体验。习作例文《爸爸的计划》《小站》从不同角度为学生习作提供范例。最后以"感受最深的汉字"为话题，指导学生围绕中心意思，从不同方面或选取不同事例，完成一篇习作。

整个单元的结构展示如下：

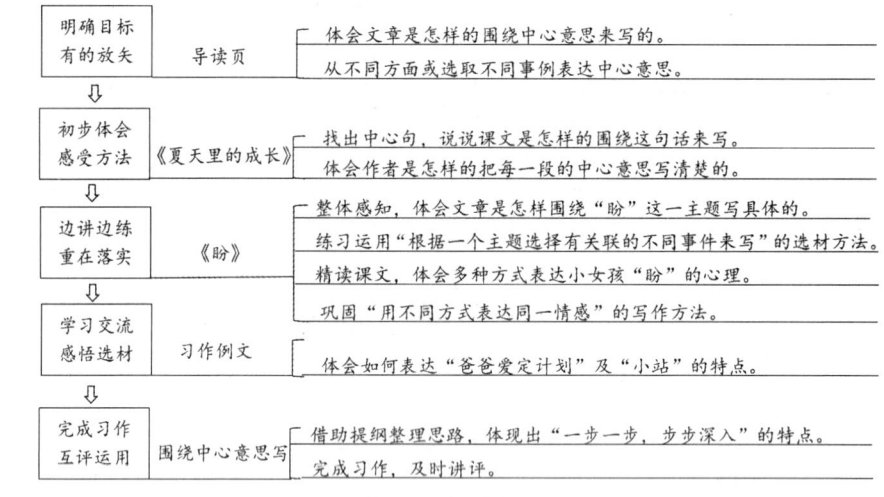

图 2　单元教学结构图

课题	17 盼
课时	第 2 课时
课型	新授课☑　精读或略读指导□　口语交际课□　专题复习课□ 习作指导或讲评□　学科实践活动课□　其他□

课时教学内容分析

这篇课文以"新雨衣"为线索，围绕一个"盼"字展开，充分体现了本单元"紧紧围绕中心意思，选取不同事例"和"把重要事例写得具体生动"

两个语文要素的运用，它对于学生习作的指导作用更强。第二课时着重解决"课文哪些地方具体描写了'盼'这一心理活动？选出你认为最生动的两处，说说这样写的好处"这一问题。学生通过品读，体会不仅可以通过心理活动表达"盼"，还可以在细小动作中渗透"盼"、在对话语言中流露"盼"、通过环境描写烘托"盼"。

学习者分析

六年级的学生能够运用基本表达方式把一件事情的经过写清楚、写具体，但是对于心理活动的认识比较狭隘，对于动作、语言、神态、环境与心理活动描写的一致性还没有系统的认知。通过访谈，80%的学生对于写作的目的并不清晰，不知道写作是为了表达自己内心的情感而进行的活动。

课时教学目标

1. 朗读课文，感受作者是怎样通过语言、动作、心理以及环境描写等方式将"盼"的心理活动写具体、写生动的，并能说出这样写的好处。（教学重点）
2. 能够选取多种方法把某一种心理活动写具体。（教学难点）
3. 感受到阅读与习作中的成就感，乐于参与其中。

学习评价设计

采用学生自评、同伴互评、教师评价相结合的方式（在相应的位置打√）。

表1 学习效果评价表

评价内容	评价等级			
	A	B	C	D
阅读体验	深刻感受到作者是怎样通过语言、动作、心理以及环境描写等方式将"盼"的心理活动写具体、写生动的。	基本感受到作者是通过语言、动作、心理以及环境描写等方式将"盼"的心理活动写具体、写生动的。	感受到语言、动作、心理、环境描写其中一种方法的运用。	对课文的内容不明白。

续表

评价内容	评价等级			
	A	B	C	D
学习生成	能够选取多种方法把某一种心理活动写具体,语言生动,有自己的独特之处。	能够选取多种方法把某一种心理活动写具体,但语言比较平淡。	能将重要的部分写详细、写具体,但方式比较单一(只有一种或两种)。	不能将重要的部分写清楚,错词、病句较多,语句不通。
参与度	认真参与学习,积极思考,回答问题精准到位,感受到学习过程非常快乐。	较认真参与学习,能跟随大家进行思考,偶尔回答问题,对学习的过程比较喜欢。	愿意参与学习,基本可以跟随大家进行思考,但不愿回答问题,仿写练习比较吃力。	不愿意参与学习,不能跟随大家进行思考。

教学活动设计

一、回顾已知,导入新课

导语:同学们,我们继续来学习《盼》这篇文章。这篇课文讲的是谁在盼着什么?

二、品味心情,探索写法

(一)旧知呈现,感受"盼"的直接表达

出示:太阳把天烤得这样干,还能长云彩吗?为什么我一有了雨衣,天气预报就总是"晴"呢?请一名学生读出"我"急切的心情。

板书:心理活动表达盼

(二)感悟新知,体会"盼"的间接表达

1. 自主学习。

自学提示:文中还有哪些地方具体描写了"盼"这一心理活动呢?默读第4—17自然段,选出你认为写得生动的两处,想想这样写的好处。

学生自主学习,教师巡视指导。

【设计意图:通过自主学习,能联系上下文和自己的积累,推想课文中有关词句的意思,辨别词语的感情色彩,体会其表达效果。】

2. 汇报交流。

(1)心理活动表达"盼"。

"路上行人都加快了走路的速度,我却放慢了脚步,心想,雨点儿打在头上，才是世界上最美的事呢！"

（2）细小动作渗透"盼"。

出示第 4 自然段：在读书时要边读边想开去，你从"我却放慢了脚步"里想象到了什么？在本段中还有一系列的动作描写，你也来体会一下这些动作中是怎样渗透"盼"的心理的。

总结：作者这种异常兴奋的心理并没有直白地用心理活动描写来展现，而是采取了一系列的动作，将"盼"的欣喜渗透于每一个细小的动作之中。

板书：细小动作渗透盼

（3）对话语言流露"盼"。

出示第 5—15 自然段：你能从这些对话中猜测出"我"的真正用意吗？

（总是想买东西，就是想出去，盼着穿上雨衣。）

总结：在这几段中，作者虽然没有过多地描绘自己的心理活动，可是我们通过她和妈妈的对话体会到了她的心情。这一连串的语言每一句都流露着对穿上雨衣出去玩的期盼。

师生对读，体会心情。

板书：对话语言流露"盼"

（4）环境描写烘托"盼"。

读第 17 自然段，说说读后的感受。

与作者原文中的一段话作对比，猜猜为什么此刻的雨在作者眼中却是那么的美好。

板书：环境描写烘托"盼"

回顾第 4 段，第 16 段，体会环境描写中"盼"的味道。

3. 灵活运用。

出示第 18—20 自然段：自由朗读，交流作者又是用什么样的方式来表达这份"盼"来的欣喜的？

【设计意图：深入体会作者怎样将"盼"这一情感，用一系列动作、一连串的对话、环境描写来表达的，感悟心理活动的多种描写方法。】

三、梳理提升，学以致用

（一）总结写法

讨论：作者将"盼"的心理巧妙地埋藏在了一串动作、一段语言或者一些景物之中，这样的安排有什么好处？

1. 不单调，形式多样，使文章更加有魅力。

2. 符合实际，心情会影响你的动作、语言、神态，看到的景物也会随心情好坏或美或丑。

板书：立意—能文

（二）仿写练习

过渡：作者可以用这么多方法来表达自己"盼"的心理，你学会了吗？选择一个写一写。

出示：等　乐　悔　累

【设计意图：从对表象的认知过渡到深入的理解，边学边用，读写结合。在运用中，加深学生对"多种方式表达同一情感"这一语文要素的掌握，为后面的习作做准备。】

四、归纳总结，畅谈收获

围绕中心意思写文章，不仅可以选取不同方面的小事例，还可以用不同的描写方法来表达这个中心意思，可以使你的文章更加生动，更有感染力。

板书设计

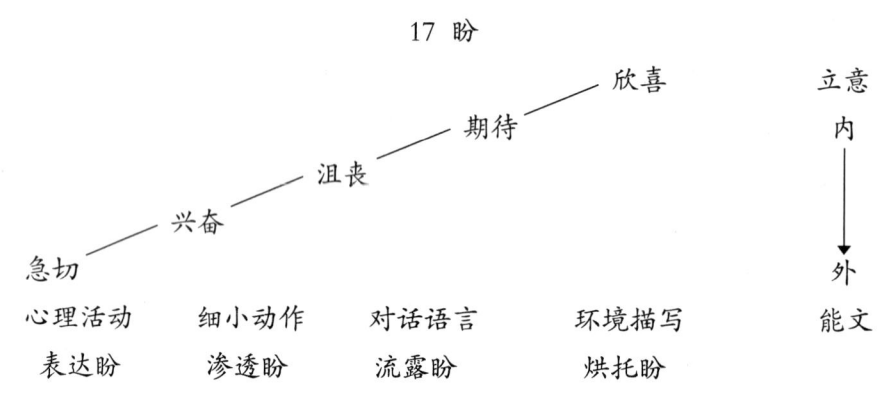

<pre>
                     17 盼

                                    欣喜   立意
                              期待   内
                        沮丧   ↓
                  兴奋   外
            急切   能文

  心理活动   细小动作   对话语言   环境描写
  表达盼   渗透盼   流露盼   烘托盼
</pre>

作业设计

1. 必做：完善习作片段，小组择优推荐（1—2篇，有推荐陈述语），以手抄报形式在公示栏展示。三天内完成。

2. 选做：在片段基础上写成文章，教师帮助向《平谷文学》投稿。1—2周完成。

教学反思与改进

1. 阅读感悟突破原有认知，体现表达方法的多样性。

第2课时主要解决课后第二大题，通常来讲，学生能够很顺利地找到直接描写心理活动的句子，而教师所做的工作就是引导学生打开认知的角度，让他们知道动作、语言、环境处处都可以渗透作者的心情，都是心理活动描写，体会多元化表达的灵动效果。

2. 课上边学边练，将学习到的方法落实到笔头上。

教师安排约10分钟的写作方法应用练习，让学生从上节课"急""悔""乐""累"中选择一个话题，落实选材的基础上，引导学生进行详略规划，落实"把重要事例写得具体生动"这一语文要素。

3. 强调习作的个性化。

教师组织学生进行讨论：作者为什么能把这些内容写得这么吸引人？使学生明白写作的目的是要表达自己的真实情感，胡编乱造的东西不可取，同时也感悟到习作要写得和别人不一样，有自己的特点才能更加吸引人。在评价习作时，教师也将个性化列入其中，强化"我手写我心"这个习作的最终目的。

（指导教师：北京市平谷区教育研修中心　李新会）

第十一册 第五单元《夏天里的成长》

刘文娟

教学单元基本信息				
姓名	刘文娟	单位	北京市平谷区第七小学	
年级	六年级	单元	上册第五单元	
单元主题	习作单元			

单元指导思想与理论依据

《义务教育语文课程标准（2011年版）》指出："写作教学应该抓住取材、立意、构思、起草、加工等环节，指导学生在写作实践中学会写作。"立意是文章的核心，起到统领的作用，是作者创作的主要目的和意图。在写作过程中，只有当中心意思明确以后，在内容的选择和材料的组织上才会有明确的方向。而写好一篇文章，立意要做到新颖、深刻，材料的选取要紧紧围绕中心意思。材料是文章的血肉，选择时要筛选出要最能表现中心意思的、不可替代的典型材料以及他人想不到的、新颖的材料。构思是对文章整体结构脉络的把握，是总体性思维过程，把思维过程外化成文字符号来表达就是提纲，它是文章的骨架。写作教学中的立意、取材、构思等都指向学生语文素养的提升。

单元教学内容及要素分析

本单元教材安排了两篇精读课文，目的是让学生体会文章是怎样围绕中心意思来写的，初步学习从不同方面或选取不同事例来表达中心意思的方法。《夏天里的成长》是一篇散文，围绕"夏天是万物迅速生长的季节"这一中心，从夏天里有生命的动植物，到山河大地的"长"，最后写人的成长，观察细腻，选材贴切，构思巧妙。《盼》是一篇记叙文，以"新雨衣"为线索，围绕一个"盼"

字，描述了几个小事件。课文在表达上有两个特点来表现单元语文要素：一是"紧紧围绕中心意思，选取不同事例"；二是"把重要的事例写得具体生动"。"交流平台"结合两篇精读课文，梳理总结了围绕中心意思写清楚的方法。"初试身手"在交流总结方法的基础上，引导学生尝试围绕中心意思选择合适的材料。首先，"戏迷爷爷"是对已提供的材料进行判断，选出"合适的材料"；接着，依据给出的题目，思考围绕中心意思可以选取哪些事例或者从哪些方面写。"习作例文"从不同角度为学生提供范例，《爸爸的计划》围绕"爱定计划的爸爸"这一中心选择多个事例，在教材的旁批中介绍了一般性罗列、选择典型事例描写、选一个重点事例具体来写的方法；《小站》中的旁批和课后练习提示学生思考课文的中心意思，怎样选择材料表达中心意思。习作以"感受最深的文字"为话题，提供了"甜、乐"等12个汉字，提示学生选择一个感受最深的汉字，确定表达的中心意思，先拟一个提纲，再围绕中心意思从不同方面或选取不同事例来写作。

单元教学目标

1. 会写"棚、苔"等22个字，会写"活生生、苔藓"等24个词语。

2. 能结合课文学习，说出课文是通过哪些方面或者事例来表达中心意思的，知道围绕中心意思表达时，要把重点部分写具体，归纳出围绕中心意思写的方法。

3. 能够围绕中心意思，选择不同的事例或者不同的方面来写作，能够将重要部分写详细，写具体。

4. 在作文的互评和修改中培养学生写作兴趣，提升学生的成就感。在课文的理解中，感受到时间的宝贵以及童真童趣。

单元教学结构

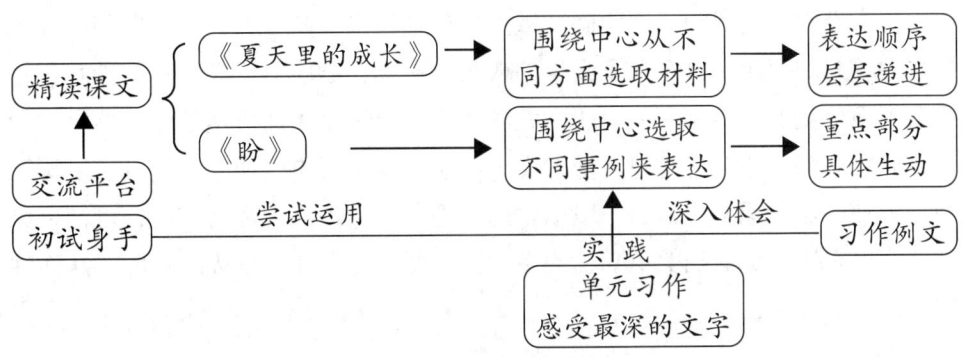

图1 单元教学结构图

两篇精读课文主要是让学生从阅读中习得写作方法;"交流平台"结合对精读课文的分析,梳理总结课文的写作方法;"初试身手"是让学生尝试运用学到的方法进行表达练习;在"习作例文"中进一步让学生体会写法;"单元习作"是让学生运用方法进行实践。

课题	16 夏天里的成长
课时	第 2 课时
课型	新授课□　精读或略读指导☑　口语交际课□　专题复习课□ 习作指导或讲评□　学科实践活动课□　其他□

课时教学内容分析

《夏天里的成长》是梁容若《夏天》一文中的片段,是一篇说理性散文。开篇以"夏天是万物迅速生长的季节"这一中心句引领全文,以"迅速生长"点明夏天事物生长的特点。课文围绕中心句,分别从动植物的生长,山河大地等事物的"长"以及孩子们的成长三方面具体描写。先是第二自然段以"总分结构"写动植物夏天里长得快,变化大的特点,再借助生物的变化,描写事物的变化,感受事物的"长",想法独特,构思巧妙。最后更上一层,引用两句谚语,引出人也要"赶时候,赶热天,尽量地用力地长"。启迪我们:"人要把握时间,尽量地用力地长。"

学习者分析

学生在四、五年级就学习了写人、记事、状物、写景、说明的方法,但是在习作中经常会出现中心不明确,重点部分不突出,缺少材料的选取和安排的层次性较差的问题。对于《夏天里的成长》一文,学生对于"长"的理解,停留在表面变化上,不够深入,所以教学中要引导学生关注表达顺序,体会作者是如何层层深入地安排材料,把课文中心意思表达得更全面、更充分、更深入的。另外,对于课文的最后一段蕴含的道理,学生理解起来有难度,可结合原文的构思安排,提取相关语句,联系生活实际,感受作者的表达目的,从而理解"长"的深刻含义。

课时教学目标

1. 通过抓住关键词句，体会作者语言表达的特点，感受作者是如何表现事物生长的。

2. 能够体会课文从不同方面表达中心意思的写法。（教学重难点）

3. 通过课文的理解和感悟，体会"人也是一样，要赶时候，赶热天，尽量地用力地长"的含义，从而懂得把握时间、珍惜时间。

学习评价设计

1. 出示文章结构图，学生能够清晰说明围绕中心意思写的表达顺序，以及这样安排内容的原因。

2. 出示关键语句，能够说明语句要表达的中心意思。

3. 给出其他的中心意思，能够尝试从不同方面选取恰当的材料，构思表达的顺序。

教学活动设计

一、回顾课文，整体把握文章结构

提问引出中心句，围绕中心句作者写了哪几方面的内容，引入话题：继续走进课文，体会不同事物不同的生长状态。

二、细读文本，发现语言表达规律

（一）感受生物的"长"，学习选材要找典型

1. 提问：作者写了各种各样的事物，哪一种事物让你感受到了迅速生长的状态？

2. 出示阅读提示。

默读课文第2自然段，圈画出让你感受到事物迅速生长的词句，把体会简要批注在旁边。

3. 学生交流，教师引导。

（1）学生抓住"一天""一夜"感受瓜藤长得快，竹林、高粱的高度增长快。体会作者从听和看的角度去观察事物变化。

（2）介绍桃花从开花到结果就需要15到20天，引导学生体会"昨天""今

天"和"明天"用三天时间表现一大段时间,感受变化之快。

(3)去掉"几天不见"与原文对比,感受表达效果的不同。

(4)学生抓住时间词以及描写动物变化的词语,感受小动物活生生的、看得见的长。

4.提问:作者身边的动植物那么多,为什么独独写了这几种?

预设:作者紧紧围绕着这段话的中心句选取了几种典型的动植物,比如竹子的生长速度很快,可以达到每昼夜长高150厘米~200厘米。(板书:选择材料找典型)

(二)感受山河大地的"长",学习作者选材构思的新颖

1.过渡:作者不仅仅看到了生物的"长",更看到了山河大地的"长",这些没有生命的事物是如何迅速生长的呢?

2.品读作者语言,模仿句式,感受中心句"什么都在生长"。

(1)学生联系生活体会作者借助生物的变化,感受到了本来静止的山河大地的变化。

(2)学生结合"热胀冷缩"的科学知识感受到了事物的"长"。

(3)作者以独特的视角,细微的观察,发现了静止的事物的生长,仿照作者的句式,说一说哪些静止的事物也在"长"。

_____长,_____长,_____是一天一天地_____。

小结:在你们的细致观察和想象中,什么都在变化,什么都在生长,从一个新的视角让我们感受到了夏天迅速生长的状态。

【设计意图:引导学生关注作者的语言表达特点,借助动植物感受静止事物的"长",同时体会自然段的中心意思,即"什么都在生长"。】

(三)感受人的成长,感悟道理

引导学生深入思考人的成长,感受生长意义的升华。

1.提问引导学生思考:最后一个自然段说人的成长和其他动植物的成长有什么不同呢?仅仅是身高、年龄的增长吗?

预设:学识、阅历、意志力提升等。

2.出示《夏天》片段,让学生谈谈对成长的理解。

"夏天给人们种种磨难与考验……你要当学生……耐得住磨难,经不起考验的,只有碰得遍体鳞伤,血淋淋地退下来。"

3.结合生活中的事例图片,谈谈他们的成长。比如:案板下认真学习的小女孩;为躲避喧嚣,寒冷冬天里在峭壁下学习的学生;感染新冠,仍然不忘学

习的男孩；等等。

4.出示两句谚语，感受道理：珍惜时间，不负韶华。

三、回归全文，领悟方法。

（一）教师依照板书，梳理文章结构，感受紧紧围绕中心意思从不同方面选材的方法。

（二）引导学生思考文章结构的层次性，提问：第2至4自然段的顺序可以调换吗？两段可以互换吗？

预设：不能，第2自然段写的是看得见的活生生的动植物生长，是生活中大家都熟悉的。第3自然段写的是间接生长的山河大地，让我们意想不到。

（三）教师小结并提问：作者选材上独特的视角让我们耳目一新，我们在围绕中心意思选择材料时也要打开思路，选取他人想不到的材料。第3、第4段能互换位置吗？

预设：成长的含义从外在到内在的变化，有提升。课文最后说道理，这个道理要从万物生长中获得，否则说得空洞，没有说服力。

（四）小结：作者围绕"夏天是万物迅速生长的季节"这一中心意思，从动植物、山河大地、人这三个不同方面层层递进地展开（板书：层层递进）。这种方法可以更充分、更深入地表达中心意思。当我们明确中心意思后，选取材料要打开思路，选取典型材料，安排结构要注意层次性。

【设计意图：通过思考段落顺序是否可以调换，感受作者构思时的层层递进。】

四、迁移方法，尝试运用

（一）出示题目，学生尝试练习写"夏天里的（　　　）"

（二）明确提纲步骤：确定题目，明确中心意思，围绕这个意思从不同方面想几个关键词，确定要写的事物。

（三）学生分享自己的构思，其他同学针对选材和构思进行评价、补充、修改。

总结：这节课我们感受到了万物生长。是的，人也一样，要尽量尽情地生长。生长就是磨砺的过程，即使会遇到各种荆棘，也要展现最美的姿态。

板书设计

16. 夏天里的成长

中心　　夏天是万物迅速生长的季节

选材　　动植物　→　山河大地　→　人

构思　　独特新颖　　层层递进

作业设计

继续完善《夏天里的（　　　）》提纲

教学反思与改进

设计本课时，本着提高学生写作能力的目的，为落实单元语文要素"体会文章是怎样围绕中心意思来写的"，引导学生明确文章的中心意思是什么，围绕中心意思选取了哪些材料，这些材料又是怎样组织安排的。根据学生在写作时立意不清，缺少构思的问题，引导学生发现作者取材上的独特之处，围绕中心意思层层递进安排材料的精心之处，在板书时从中心立意到材料选取再到内容安排，为学生搭建了一个清晰的认知支架。另外对于文本的深入分析，看似是内容剖析，但主要目的仍然指向体会作者构思上的精心安排。

（指导教师：北京市平谷区教育研修中心　李新会）

第十一册　第五单元《夏天里的成长》

霍暲

教学单元基本信息

姓名	霍暲	单位	北京市房山区良乡第四小学
年级	六年级	单元	上册第五单元
单元主题			立意为宗

单元指导思想与理论依据

《义务教育语文课程标准（2011年版）》（以下简称《课标》）对于习作教学的具体建议是：要为学生的自主写作提供有利条件和广阔空间，减少对学生写作的束缚，鼓励自由表达和有创意的表达。本单元为六年级上册的习作单元，主要是学习怎么围绕中心选取材料、组织材料。借助本单元的写作方法，来提升学生写作能力，让他们能够自如地表达和交流。

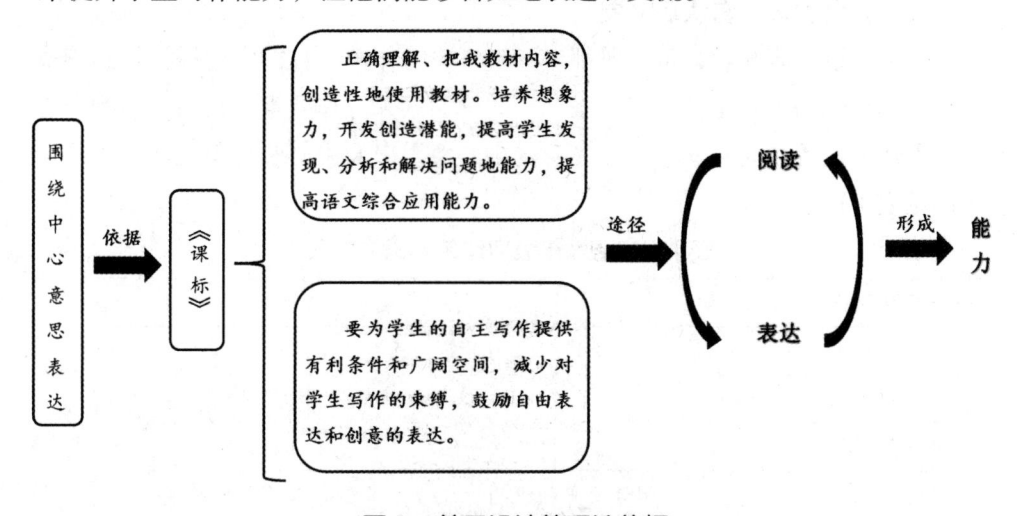

图1　单元设计的理论依据

单元教学内容及要素分析

一、立足课标，看知识落位

《课标》对于第三学段习作教学提出的要求是，"懂得习作为了自我表达和与人交流"，因此要让学生感受到学习写作是一件与自己的生活密切相关的事。学生感受到了习作的乐趣，自然就会有意识地丰富自己的见闻，珍视个人的感受，积累习作素材。这样的习惯，会为学生日后的习作储备材料，同时也为第四学段做好铺垫，更为生活中自由、有创意的表达打下了坚实的基础。

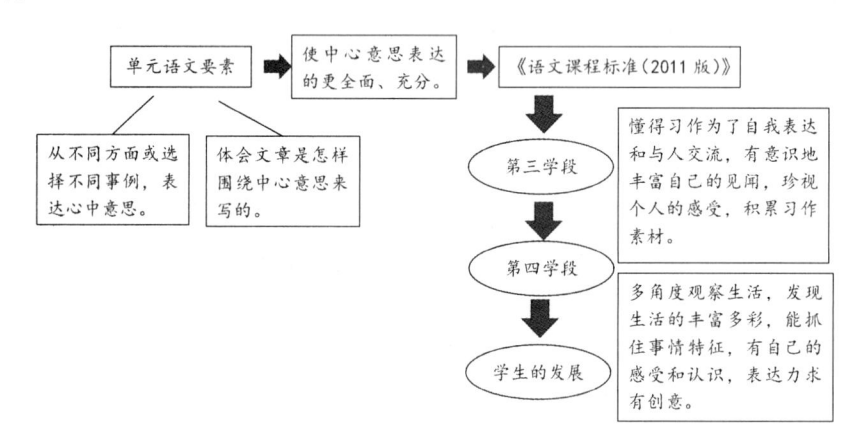

图 2　单元设计的课标依据

二、立足学段，看认知发展

从三年级上册开始，每一册都专门安排了习作单元，能力的提升呈螺旋式上升。本单元的主题是"立意为宗"，阅读要素和习作要素都指向"围绕中心意思表达"，旨在引导学生关注文章的中心意思以及中心和材料之间的关系。（详见表 1）

表 1　三至六年级习作单元语文要素

三年级上册	体会作者是怎样留心观察周围事物的。
三年级下册	走进想象的世界，感受想象的神奇。
四年级上册	了解作者是怎样把事情写清楚的。
四年级下册	了解课文按一定顺序写景物的方法。
五年级上册	阅读简单的说明性文章，了解基本说明方法。
五年级下册	学会描写人物的基本方法。

续表

六年级上册	体会文章是怎样围绕中心意思写的。
六年级下册	体会文章是怎样表达情感的。

三、立足单元，看能力发展

本单元结构与三至五年级的习作单元是相同的，但本单元打破了文体的界限，指向习作结构化表达的方法。《夏天里的成长》和《小站》写法相似，都是从不同方面围绕着中心意思写；《盼》和《爸爸的计划》则都是通过不同事例突出中心意思。课文编排上交错呼应，有利于学生逐步领会单元语文要素。

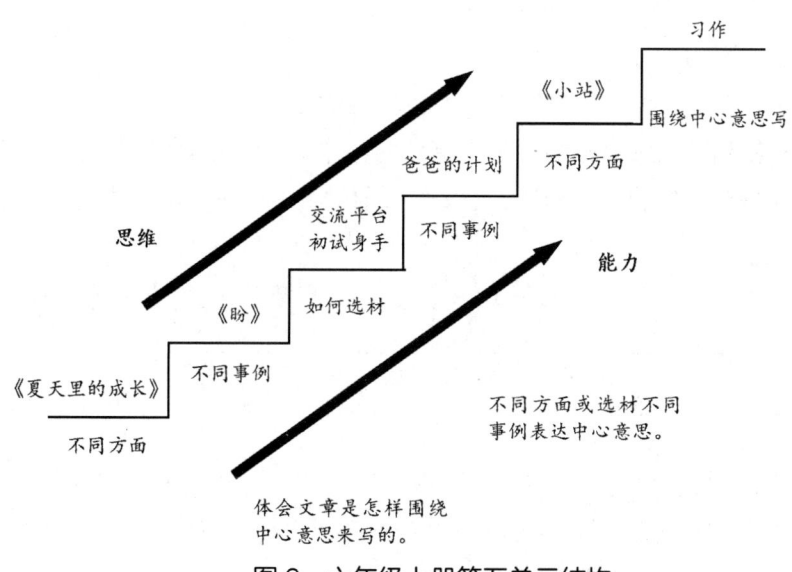

图3 六年级上册第五单元结构

单元教学目标

1. 会写22个字，会写24个词语。

2. 学习课文，能把握文章的中心意思，并能联系课文内容，体会文章是怎样围绕中心意思写的。

3. 能围绕中心意思，从不同方面或选择不同的事例进行表达，并能把重要的部分写详细、写具体。

4. 与同伴交换习作，能针对是否写清中心意思做出评价。

单元教学结构

我将本单元的内容重组分为四个板块的内容。

板块一：开启单元。在这一板块的学习中，学生需要了解本单元的主题、要素，初读本单元的几篇课文，了解作者，集中识字。

板块二：不同方面表中心。在这一板块我将精读课文《夏天里的成长》与习作例文《小站》组合在一起，是因为两篇课文都是从不同的方面围绕中心意思来写的。同时我将"初试身手1"融入其中，使学生经历学方法到用方法的过程。

板块三：不同事例表中心。这一板块我将精读课文《盼》和习作例文《爸爸的计划》组合，融入了"初试身手2"，因为两篇课文都是通过不同的事例围绕中心意思写的。

板块四：完成习作。通过以上几个板块的学习，学生们学习了一些表达方法，思维也得到了训练。最终通过本单元的习作，让学生运用从本单元习得的方法，这既是对学生的一次训练，也是一个让学生展示本领的好机会。（流程如图4）

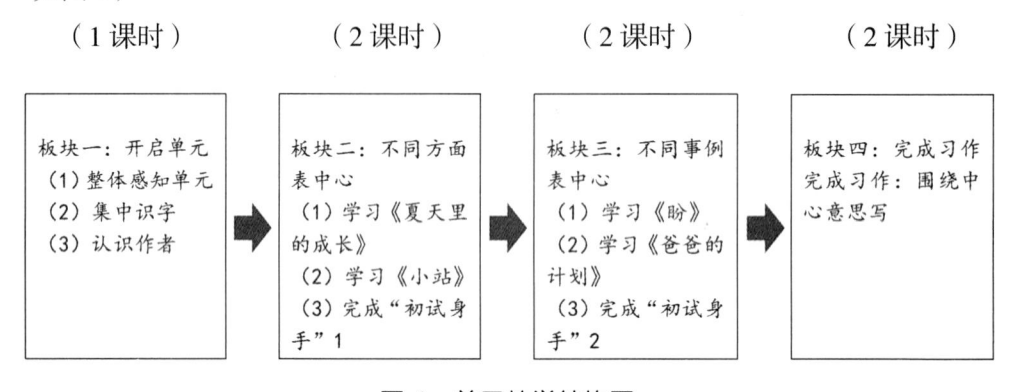

（1课时）　　（2课时）　　（2课时）　　（2课时）

```
┌─────────────┐    ┌─────────────┐    ┌─────────────┐    ┌─────────────┐
│板块一：开启单元│    │板块二：不同方面│    │板块三：不同事例│    │板块四：完成习作│
│(1)整体感知单元│ ➡ │表中心        │ ➡ │表中心        │ ➡ │完成习作：围绕中│
│(2)集中识字   │    │(1)学习《夏天里│    │(1)学习《盼》 │    │心意思写      │
│(3)认识作者   │    │的成长》      │    │(2)学习《爸爸的│    │             │
│             │    │(2)学习《小站》│    │计划》        │    │             │
│             │    │(3)完成"初试身│    │(3)完成"初试身│    │             │
│             │    │手"1          │    │手"2          │    │             │
└─────────────┘    └─────────────┘    └─────────────┘    └─────────────┘
```

图4　单元教学结构图

课题	16 夏天里的成长
课时	第1课时
课型	新授课☑　精读或略读指导☐　口语交际课☐　专题复习课☐ 习作指导或讲评☐　学科实践活动课☐　其他☐

课时教学内容分析

《夏天里的成长》，围绕"夏天是万物生长的季节"这一中心意思，写了生物、山河大地、人三个方面的成长。生物的成长又从"长得快"和"变化大"两个角度划分为两个大的方面，"长得快"具体描写了瓜藤、竹子、高粱，"变化大"具体描写了苞蕾、苔藓、草、菜、小猫、小狗、小鸡、小鸭等。

学习者分析

学生可以依据中心意思选择事件，但事件的重复罗列说明学生没有关注这些事件与中心意思的关系，更没有关注到这些事件之间的层次关系，以及这一层次关系对表达中心意思有什么作用。这是学生在之前学习基础上的思维发展点。

课时教学目标

1.默读课文，找出文章的中心句，并能说出作者是怎样围绕中心意思表达的。

2.重点品读课文第2自然段，体会作者是如何生动具体地描写夏天生物飞快生长的状态的。（教学重点）

3.仿照课文的写法，确定一个中心意思，列提纲。（教学难点）

学习评价设计

表2 教学评价依据

评价内容 \ 评价等级 \ 评价环节	★★★	★★	★
感受作者是如何围绕中心意思写的	能说出本课的中心意思是什么，知道作者围绕中心意思写了哪几方面内容，能感受到作者选材的层次。	能说出本课的中心意思是什么，知道作者围绕中心意思写了哪几方面内容。	能说出本课的中心意思是什么。

续表

评价内容＼评价等级＼评价环节	★★★	★★	★
借助本节课所学的方法，围绕"戏迷"列提纲。	确定好中心意思，知道围绕这一中心意思可以从哪几方面写，并能有层次地选择素材，最终完成提纲。	确定好中心意思，知道围绕这一中心意思可以从哪几方面写。	能确定中心意思，知道哪些事例可以作为写作素材。

教学活动设计

一、创设情境，导入新课

（一）自读单元导语，明确单元语文要素

（二）创设情境，完成"初试身手"

根据"初试身手"创设情境，帮助这位同学以"戏迷爷爷"为中心意思，选择合适的材料。

过渡：根据中心意思，我们帮他选择了材料，我们可以从哪几个方面来写这个"戏迷"呢？选择哪些材料更合适？怎样组材呢？学完了今天的这篇课文，相信你就知道了。

【设计意图：借助"初试身手1"为学生创造情境，帮助学生明确本单元语文要素。但是围绕着"戏迷"可以从几方面写？如何组材？为学生们留下疑问，也为最后环节的列提纲做了铺垫。】

二、整体感知，理清结构

（一）初读课文，明确中心意思

（二）浏览课文，感知结构

默读课文，说一说课文围绕中心意思写了哪几方面内容。

过渡：课文围绕着"夏天是万物迅速生长的季节"这一中心意思写了生物、事物、人的"长"这三方面的内容。那我们就走进这几部分的内容，看看作者是怎样具体描写他们的生长的。

三、精读深思，感悟写法

（一）走进第2自然段，提出要求

> 默读第 2 自然段，说说作者写了哪些动植物，是怎样体现这一段的中心意思的。

（二）交流反馈

预设：1. 作者通过描写瓜藤、竹子、高粱、花苞、小猫、小狗等事物的生长体现了这段话的中心意思。

教师引导：这些事物都是夏天最常见的，作者就是抓住了这些典型的事物体现了夏天生物的长，是看得见的长。

2. 作者使用了很多表示时间的词语，例如：一天、一夜、个把月等。好像他们的快速生长就在眼前。

教师引导：作者借助了表示时间的词语，把夏天生物的生长描写得生动、形象。

（三）总结方法

在这一段，作者通过描写一些典型事例，并且借助表示时间的词语，表达了中心意思。这些事物的发现，离不开作者的一双慧眼。

（四）齐读课文

一边感受着夏天生物那种"看得见的长"，一边伴着轻快的音乐，齐读第 2 自然段。

【设计意图：借助本段的学习，既学习了"围绕中心意思写"的方法，又为放手学习第 3、4 段做了铺垫。同时通过交流，同学们感受到作者是因为对生活细致观察，才有如此发现的。】

四、合作学习，体会写法

（一）合作学习

> 两人一组，默读课文，从 3、4 自然段中选择一个段落，借助学习第 2 自然段的方法来学习，体会所选的这一段是怎样体现中心意思的。

（二）全班交流，总结方法

1. 小组中推选一位同学，任意选择一段，交流这一段是如何体现中心意思的，另外一位同学补充。

2. 根据发言，总结方法。

①作者借助了对其他事物的描写，写出了山、地、河的长。

②作者在写人的生长的时候，还借助了谚语。

（三）回归整体，感受层次

1. 教师抛出问题：三部分的内容可否调换位置？可否删掉一部分？

2. 学生们通过交流发现作者的编排是层层递进的，这样表达中心意思才更全面更深入。

【设计意图：教师充分放开，使学生通过交流明白这两个自然段作者是如何把夏天里的成长写具体的。同时，引导学生发现作者的选材是有顺序的，是层层递进的，这样表达得才更加充分。除此之外，让学生意识到要想写出这样的文章，不仅要有一双慧眼，还要有一颗慧心。】

五、重回情境，完成提纲

（一）重回情境，列提纲

1. 今天我们学会了这么多的本领，课前，我们帮这位要写戏迷爷爷的同学选择了材料，帮人得帮到底，接下来请你们思考：该从几个方面写呢？怎样组材呢？请同学们帮他列一个提纲。

2. 自主列提纲。

3. 分享提纲

（二）总结本课，引出单元主题

1. 出示本课的原文——《夏天》的最后一段，学生齐读，感受文章的中心意思。

2. 总结：读文章时找到了中心意思才能真正感受作者表达的情感。同样，习作时也要确定好中心意思，就像本单元的导语中写到的"以立意为宗，不以能文为本"。

【设计意图：前后勾连，并引出本单元学习主题。】

板书设计
　　　　　　　　16 夏天里的成长

　　　　　　　　　　　生物　　看得见的长
　　万物迅速生长　　　事物　　什么都在长
　　　　　　　　　　　人　　　用力地长

　　　　中心意思　　　　　　　选材

作业设计

1. 读一读本课的原文——《夏天》，感受这篇文章的中心意思。
2. 修改"戏迷爷爷"的提纲。

教学反思与改进

本课的设计中力图体现以下特色：

借助"初试身手1"为学生创设了情境：要帮助一位同学围绕"戏迷爷爷"选择材料。选材并不难，但是如何给材料分类，如何组材，则需要本节课的学习。通过学习，学生们掌握了方法，最后回归情境，将学到的方法用到习作中，以情境推动学生的学习，学生始终都充满了乐趣。学生在学习表达到实践表达这一过程中，我始终关注学生表达能力的提升，也始终在引导同学们意识到：作者之所以能写出这样的文章，离不开对生活的观察，使他们知道要想积累更多的素材，写出更好的文章离不开一颗慧心和一双慧眼。

在本节课的教学过程中也有一些需要改进之处：

本想借助"初试身手"为学生创设一个真实的情境，但是"戏迷爷爷"这一情境离一部分学生的生活较远，并没有完全实现我课前的预期。因此我还应对学生进行一次调查，借助"交流平台"为学生创设出离他们生活更近的情境。

（指导教师：北京市房山区教师进修学校 谷凤霞）

第十一册　第五单元　围绕中心意思写

张志坤

教学单元基本信息				
姓名	张志坤	单位	北京市石景山区实验小学	
年级	六年级	单元	上册第五单元	
单元主题		以立意为宗，不以能文为本		

单元指导思想与理论依据

《义务教育语文课程标准（2011年版）》在教学建议中指出：教师是学习活动的组织者和引导者。教师应转变观念，更新知识，钻研教材，不断提高自身的综合素养；应创造性地理解和使用教科书，积极开发课程资源，精心设计教学方案，灵活运用多种教学策略，引导学生在实践中学会学习。

基于上述理念、教材特点和学生实际情况，教学设计时，立足创造性地使用教材，灵活处理单元内容各板块之间的关系，把教学内容加以整合、调序、筛选，便于对学生进行强化训练，更好地落实本单元语文要素。

单元教学内容及要素分析

本单元是习作单元。单元主题是"以立意为宗，不以能文为本"，强调的是"立意"。围绕着主题，本单元安排了两个语文要素：一是体会文章是怎样围绕中心意思来写的；二是从不同方面或选取不同事例表达中心意思。这两个要素都是侧重于"写作"，围绕这两个语文要素安排了《夏天里的成长》和《盼》两篇精读课文，两篇习作例文《爸爸的计划》和《小站》，以及"交流平台""初试身手""单元习作"。精读课文，直接指向表达，强调从阅读中学习写作的方法。"交流平台"是结合对精读课文的分析梳理,总结写作方法。"初试身手"则是让学生趁热打铁,尝试运用学到的方法进行表达练习。"习作例文"从不同角度提供范例,使学生进一步领悟围绕中心意思写的作用和效果。本单元的内容安排,意在以两篇精读课文为例,以"交流平台""初试身手""习作例文"为载体,将对课文的阅读训练要素,转变成一种学习活动,引导学生体会怎样选择具体的事例表达中心意思,帮助学生掌握围绕中心意思写作的方法。

单元教学目标

1.通过课前独立预学,正确读写本单元生字、词语,并能够运用多种方法基本理解词义。

2.通过课前独立预学,绘制思维导图,梳理课文内容,基本把握文章结构。

3.教学过程中,通过小组合作探究、典范分享、全班共享等学习方式,深入学习课文,体会文章是怎样选择典型事例,围绕中心意思来写的。

4.在小组合作探究中,利用"交流平台""初试身手""习作例文"不断尝试,逐步深入学会要围绕一个中心意思写,并把握住围绕中心意思选择具体事例或从不同方面表达。

5.能独立绘制习作的思维导图,借助小组合作探究、生生评价、师生评价修改自己的习作,进一步明确怎样围绕中心意思写,掌握习作方法。

6.通过小组合作探究,在生生互动、师生互动中,激发写作兴趣,使学生敢于表达、乐于动笔,能够倾听他人意见,养成自主修改习作的习惯。

单元教学结构

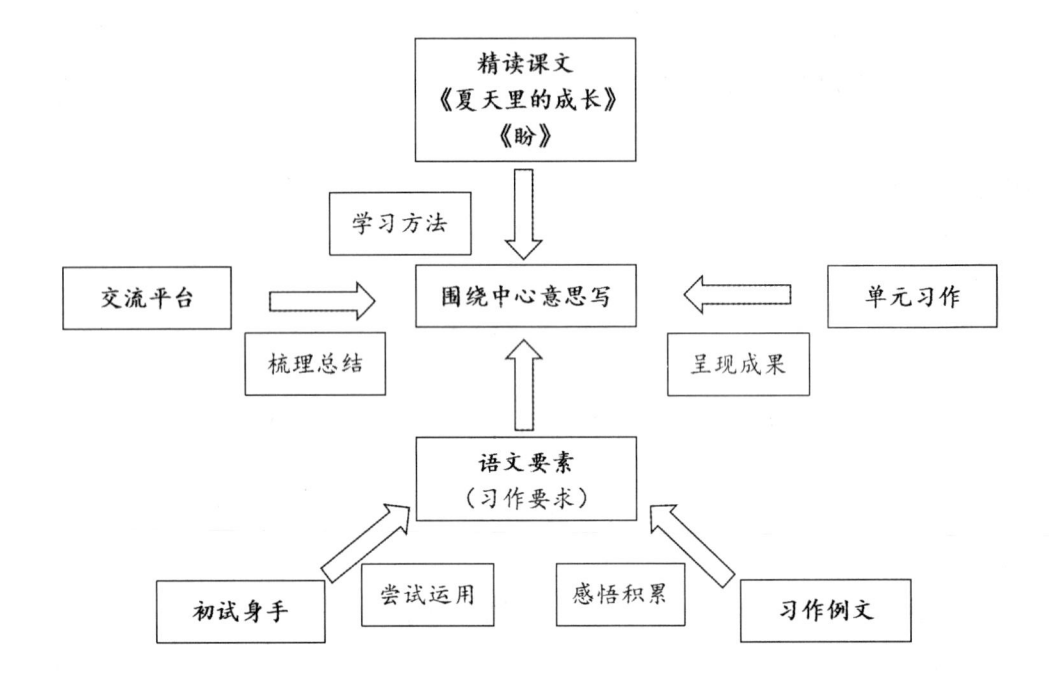

图1 单元教学结构图

课题	围绕中心意思写
课时	第1课时
课型	新授课□ 精读或略读指导□ 口语交际课□ 专题复习课□ 习作指导或讲评☑ 学科实践活动课□ 其他□

课时教学内容分析

　　本单元是习作单元，习作单元中每一项内容的安排，目的都指向习作能力的培养。本单元习作，意在引导学生关注文章的中心意思以及中心意思和材料之间的关系，强调培养学生写作之前选材构思的能力，要求学生试着运用以前掌握的写人、记事等的方法，写出中心明确、材料具体而恰当的习作，重在引导学生运用方法进行实践。

本单元习作以汉字的内涵引出话题，提示学生选择一个感受最深的汉字，写一篇习作，也可以自主选择。这样使得主题更加广泛，材料来源自由。为落实"围绕中心意思写"这一习作要素，选择适合的材料是本次习作的关键。教材在"习作例文"之前安排"初试身手"，意在引导学生学习初步判断习作材料是否围绕中心意思，进而能否将事例描写具体。此板块给出的材料贴近学生生活，引发了学生浓厚的兴趣。结合教材特点及学生实际，我决定把"初试身手"和"习作"两个板块相整合，放大"初试身手"的作用，在学生深入交流探究的基础上，自主完成本次习作，落实单元的习作要素。

学习者分析

　　本班学生通过四、五年级参与"当代好课堂"的课堂教学实践，有了较好的合作意识和合作能力，思维活跃，乐于分享。90%以上的学生具有独立自主的学习能力，基本掌握以思维导图的形式外化阅读收获的方法，也具备一定的利用思维导图整理呈现习作构思的能力。同时还具备一定的写作功底。但是因为年龄小，生活阅历有限，所以他们选材范围较小，情感表达不够充分，需要老师在课堂上及时给予点拨和指导。

　　基于学情实际，我将教学重点定位在：通过小组合作探究、共享研学，围绕中心意思从不同方面或选择不同事例写，做到文章层次清楚，将重要的部分写详细、写具体，情感自然融入其中。在此互动交流中完善习作选材、结构安排、情感表达，进而提升习作表达能力。

课时教学目标

　　1. 回顾本单元的习作方法，交流独立设计的习作提纲，明确如何围绕中心意思选择材料。

　　2. 小组合作探究，围绕中心意思，从不同方面或选择不同事例写，文章层次清楚，将重要的部分写详细、写具体。（教学重点）

　　3. 共享研学成果，在互动交流中完善习作选材、结构、表达，拓宽思维，提升习作表达能力。（教学难点）

学习评价设计

1. 自主预学单。

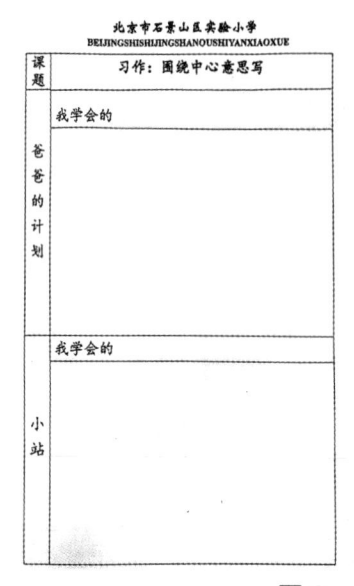

图 2 自主预学单

2. 在小组探究中生生互评。
3. 在全班共享中生生、师生点评。

教学活动设计

一、谈话引入，回顾旧知

1. 同学们，这几天我们在学习第五单元，这个单元和其他单元有什么不一样？

2. 这个单元我们通过范文引路，重点学习写作方法，你有什么收获？

（1）指名发言。

（2）板书：不同方面 不同事例

3. 结合两篇习作例文，具体说说怎样围绕中心意思写。

小结：上节课，我们学习完习作例文后，大家从"初试身手"中选择了自己感兴趣的话题，并列了提纲，下面我们就拿出习作提纲，自己回顾一下，准备和大家分享。

【设计意图：通过复习回顾总结本单元通过不同方面、不同事例表达中心

意思的写作方法，帮助学生习得方法，为接下来的学习活动奠定基础。】

二、独立回顾，典范分享

1. 自己回顾习作提纲。

2. 指名分享。

3. 全班评一评、议一议。

（1）评议要求：先说优点，再提出自己的建议。

（2）提示评议主要关注：

①围绕中心选择不同方面或不同事例

②详略得当

③材料之间的关系

（3）在学生交流过程中，老师给予适当点拨，指导提升。

4. 小结：感谢几位同学的分享。他们的习作起了抛砖引玉的作用。刚才的讨论对你有没有启发呢？下面我们进行小组合作研学。

【设计意图：通过个例分享，引发学生的思考，引导学生在掌握写法的基础上能够对典型事例的取舍、布局详略、层次关系进行探究，为修改习作提纲打下基础。】

三、自主选择，合作探究

1. 小组合作，按研学要求讨论。

（1）在小组中选择一份比较典型的习作提纲进行讨论。

（2）按照习作要求共同探究，完善修改。

（3）准备汇报研学成果。

2. 学生按要求进行小组合作研学，教师巡视指导。

【设计意图：六年级学生对于选材、运用动作、语言、心理描写等方法比较熟练，习作讲评课重在引导学生围绕中心意思，详略得当地安排材料，并融入自己的情感。在前面分析讲评的基础上，通过小组合作探究，共同完善提纲，生生之间互相启发，互助共省，培养学生的构思能力、自我评改能力，达到合作构思，引发深思、细思的目的。】

四、交流分享，总结提升

1. 指名小组进行分享。

2. 指名发言评议。

3. 学生小结收获，教师指导提升。

总结：写文章我们不但要注意从不同方面或不同事例围绕中心意思写，还要注意详略得当，突出中心，融入情感。

【设计意图：通过典范小组分享研学成果，引发全班学生共省，互相学习，互相借鉴，碰撞出智慧的火花。教师在此环节，重点总结写作方法，不仅要引发学生对习作围绕中心意思的材料选择、结构布局的思考，更引发学生为突出习作中心意思以及主题思想深入思考，于课后尝试将自己更深刻的思想情感表达出来。】

板书设计

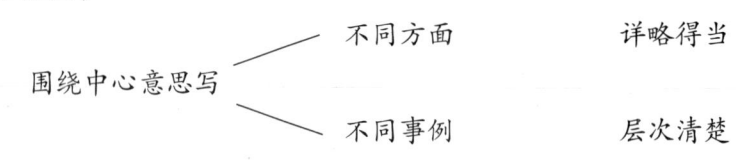

```
                    ┌── 不同方面      详略得当
围绕中心意思写 ──┤
                    └── 不同事例      层次清楚
```

作业设计

1. 课下小组继续交流，完善自己的习作提纲。
2. 根据提纲独立完成一篇习作。

教学反思与改进

1. 整合学习内容。

课前以学习单形式引领学生将本单元"习作例文"内容及习得的写作方法进行梳理，依照围绕一个中心意思，从不同方面或不同事例选择材料范例，独立设计习作提纲。在这一过程中，学生把所学内容和预学内容进行整合梳理，综合运用；教师可以依此更加准确地把握学生学习的起点，为进一步关注到每一个学生习作表达能力做好铺垫。

2. 整合学习能力。

本节课也是对学生探究学习能力的整合。一方面通过小组合作探究，在完善整理习作提纲的过程中，强化围绕中心意思确定不同方面或不同事例，对选择的材料进一步筛选；另一方面，通过生生之间的点拨启发、互助互省，对"能够突出中心意思的事例，要如何安排详细描写，做到详略得当，同时注意调整材料安排的顺序，让习作层次更加清晰"这个习作要求稳步落实到每个同学身上。

3. 整合师生活动。

学生在课上同伴互助，合作分享，共同完成材料筛选，安排层次、详略关系的学习过程。教师在此过程中，只是引导、点拨、提升，做到"不愤不启，不悱不发"，把课堂主阵地还给学生。这样不仅稳步落实了习作要素，提升了学生的思维和表达能力，同时引发学生情感共鸣，促进学生自主生成抒发情感、表达思想的意愿，让习作主题更加深刻。

本节课也存在着一些不足，因为时间有限，所以不能让每个小组把讨论的结果加以呈现，教师不能针对学生出现的所有问题进行一一点拨。所以在小组合作过程中，如何提高小组合作效率需要继续加强研究。

（指导教师：北京市石景山区实验小学 张雪玲）

第十一册　第五单元　围绕中心意思写

潘晓庚

教学单元基本信息		
姓名	潘晓庚	单位	北京市朝阳区白家庄小学迎曦分校
年级	六年级	单元	上册第五单元
单元主题		以立意为宗，不以能文为本

单元指导思想与理论依据

统编教材主编陈先云先生提出了教科书编写理念的四个突破，其中第四个是：创新单元编排体例，以习作能力发展为主线组织单元内容，改变传统的完全以阅读为中心的编排体系，在重视培养阅读理解能力的同时，引导语文教学更加关注表达，改变多年来语文教学实践中重阅读轻习作的状况。

《义务教育语文课程标准（2011年版）》明确要求，第三学段学生要能写简单的纪实作文和想象作文，内容具体，感情真实。

单元教学内容及要素分析

本单元是习作单元，语文要素是：体会文章是怎样围绕中心意思来写的。习作要求是：学生能从不同方面或选取不同事例表达中心意思。教材安排了"精读课文""交流平台""初试身手""习作例文""习作"五个板块。每个板块都指向习作表达能力的提升。精读课文的主要功能是让学生从阅读中学习写作的方法；"交流平台"是结合对精读课文的分析，梳理总结课文的写作方法，帮助学生对"围绕中心意思写"形成明确的理解；"初试身手"是让学生运用学到的方法进行表达练习;"习作例文"提供范例,让学生从围绕中心意思写的角度进行阅读,继续体会写法,提升构思选材的能力;"习作"是引导学生运用习得的方法进行实践,采用列提纲的方法,尝试训练围绕中心意思选择合适材料,并写具体。

单元教学目标

1. 会写22个字,会写24个词语。
2. 学习课文,能把握文章的中心意思。
3. 能联系课文内容,体会文章是怎样围绕中心意思来写的。
4. 能结合课文,交流围绕中心意思选择材料的方法。
5. 能围绕一个意思选择不同的事例或从不同的方面写。学习将重要的部分写详细、写具体。
6. 与同伴交换习作,能针对是否写清中心意思做出评价、修改习作。

单元教学结构

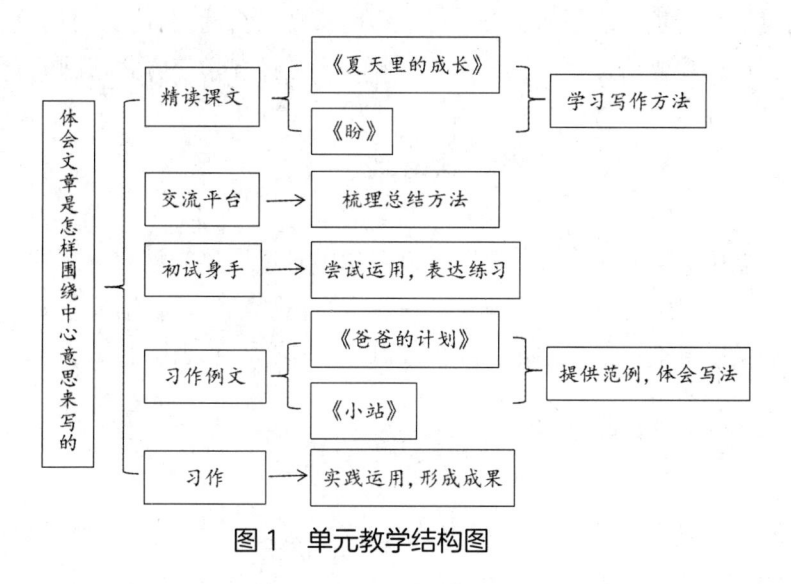

图1 单元教学结构图

课题	围绕中心意思写
课时	第1课时
课型	新授课□ 精读或略读指导□ 口语交际课□ 专题复习课□ 习作指导或讲评☑ 学科实践活动课□ 其他□

课时教学内容分析

本单元习作的要求是"围绕中心意思写",学生选择一个感受最深的汉字确定中心,写一篇习作。旨在培养学生"围绕中心意思,从不同的方面或选择不同的事例来写"的写作能力。学生在学习了"精读课文""交流平台""初试身手"和"习作例文"之后,运用习得的方法进行实践,采用列提纲的方法,尝试围绕中心意思选择合适材料,并写具体。本课时为第1课时,是写作指导课。

学习者分析

六年级学生已经具备了良好的预习能力,且该班学生经过近两年的练习,习惯并乐于运用思维导图的形式设计提纲。但是该阶段学生思维能力处于直观形象思维向抽象思维过渡的阶段,学生思维的广度和深度都处在发展中,面对"选择一个感受最深的汉字确定中心写一篇习作"这一要求会感到困难。一方面,对学生来说,主题范围太广,习作自由度过高,如何围绕中心意思选材是一个难点;另一方面,六年级学生大部分具备文从字顺的写作能力,能够把自己的感受写清楚,但如何围绕中心意思将重要部分写得详细、具体依然是学生的生长点,需要结合课文、习作例文和学生互评互学等方式帮助他们提升。

课时教学目标

1. 能从不同方面或选取不同事例表达中心意思。
2. 会围绕中心意思选择典型的材料,写出提纲。(教学重点)
3. 拓展思维导图,将具体事例写具体。(教学难点)

学习评价设计

表1 学习评价表

评价方式	评价项目	评价内容			
		评价等级			
		A	B	C	D
	听讲	认真听讲	偶尔走神	需要多次提醒	不听讲

续表

评价方式	评价内容				
	评价项目	评价等级			
		A	B	C	D
自评	表达	积极发言，能顺畅表达独特的见解	比较愿意发言，能说出自己的想法	发言较少，语言逻辑性较弱	不爱发言，不能清晰表达。
	中心意思	突出	明确	一般	不清晰
	详写的事件/方面	具体明确、文从字顺地表达	表达比较有条理	个别语句不通顺	内容缺乏条理，不清楚
	思维导图	完整、精美	完整	基本完整	未完成
同伴互评	小组合作情况	积极参与	一般	比较被动	不参与

教学活动设计

一、谈话导入，明确要求

（一）明确习作要求

1. 交流汉字的文化内涵，明确此次习作与汉字有关。

2. 交流、明确此次习作主题：围绕中心意思写。

（二）展示预学单

PPT 呈现学生预学单

1. 肯定习作预习习惯，鼓励学生继续坚持。

2. 课件展示所有学生的学习单照片。

3. 教师对于学生喜欢运用思维导图的形式呈现习作提纲给予充分肯定，同时提出提纲存在的问题，为接下来的课堂教学埋下伏笔，激起学生学习欲望。

二、交流答疑，确定选材

（一）小组合作，探究问题

1. 全班分为六个小组，教师将问题学习单各装进六个信封内，各小组派代表抽取信封。

2. 各小组分别由组长带领，讨论抽取信封中学习单的问题所在，共同商议解决方案。

（二）汇报交流，突破重点

各小组按顺序汇报，一人主说问题，一人说改进建议，组内其他同学适时补充。

1. 第一小组。

（1）问题：中心意思不突出

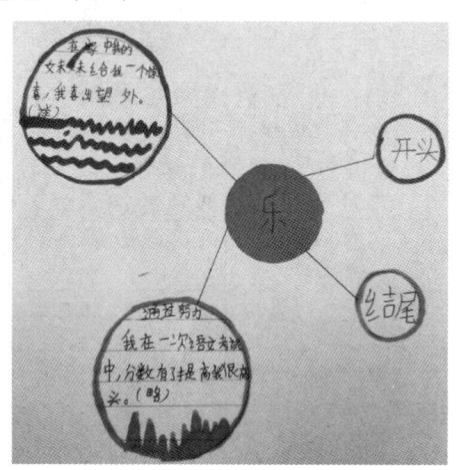

（2）改进建议：

建议1：先选择一个印象最深的汉字，再想一想，这个字给你最大的感受是什么？

建议2：给感受最深的汉字进行组词，如"乐"，可以组"快乐""欢乐""乐此不疲"，进而从这三个词语展开描写，提炼出中心意思：快乐无处不在。

建议3：回想生活中印象最深刻的几个事件，再想想这几件事有什么共同之处，最终提取中心意思。

如第一件事：妈妈不辞辛劳，为我精心准备生日大餐。

第二件事：同学在我生病时主动帮我倒水、打饭等。

这两件事共同之处都是体现了对我的爱，在爱的包围下，我感到很幸福。

（3）将问题学习单归还小主人，学生根据上述建议现场修改中心意思。

（4）教师小结：中心意思是一篇文章的灵魂，写作之前，我们必须先明确中心意思。

2. 第二小组。

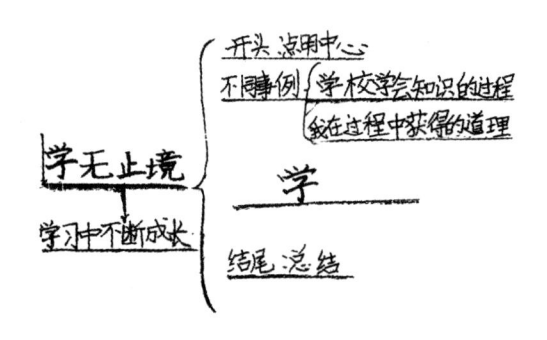

（1）问题：所选材料不恰当，不是不同事例，而是一件事情的不同阶段。

（2）改进建议：

建议1：再围绕中心意思想一想还有哪些印象深刻的事。

建议2：可以像课文《盼》那样，根据时间的变化，列出不同事例。

（3）将问题学习单归还小主人，学生根据上述建议现场修改中心意思。

（4）教师小结：不管是从不同方面还是选取不同事例，我们都要写出两个以上的典型事件，突出中心意思。注意选择多个事例时，要注意详略得当。

3. 第三小组。

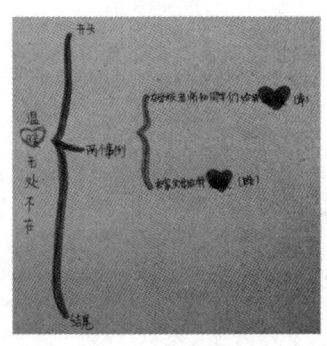

（1）问题：事例叙述不清晰

（2）改进建议：

说清楚"谁？在哪？什么时间？做了什么？感受如何？（突出中心）"

（3）将问题学习单归还小主人，学生根据上述建议现场修改中心意思。

（4）教师小结：要把选取的典型事件用一两句话说清楚，不能只谈自己的感受。

（三）交流收获，总结方法

1. 学生归纳、总结这次习作要注意的问题，有以下几点：

（1）要有明确的中心意思。

（2）从不同方面或选取不同事件围绕中心意思写，至少两个材料。

（3）选取的材料要典型，突出中心。

（4）详略得当。

（5）题目可以是感受最深的一个字，也可自拟。

2. 学生快速修改提纲，完善自己的选材。

三、学习例文，一试身手

（一）过渡

老舍先生曾经说过："有了提纲，心里就有了底，写起来就顺理成章；先麻烦点，后来可省事。"

（二）探究写法

1. 文章整体安排。

（1）学生思考：在叙述两件事或者两个方面时有什么建议？

（2）汇报：详略得当，略写事件用几句话围绕中心说清楚"谁？在哪？干什么？心情如何？"等即可，详写事件要围绕中心意思写得具体些。

2. 将重要事件写详细。

（1）学生思考：围绕一个中心意思表达时，怎样才能将重要部分写具体、详细？

（2）交流汇报：

①按照事情的起因、经过、结果进行叙述。

②教师出示锦囊：学习例文《爸爸的计划》中生动的人物描写方法。

（三）明确三星标准

中心明确☆ 典型事例☆ 详略得当☆

（四）小试牛刀

1. 学生自主创作。

2. 教师捕捉学生资源并相机指导。

3. 交流展示，师生共评。

（1）各小组派代表投影分享介绍。

（2）生依照三星标准进行评价，说明理由。

（3）教师从是否突出中心意思和具体写事、写物的方法运用是否恰当等层面来进行综合评价。

4. 风采展示，将完善好的思维导图贴到黑板上，一起分享。

四、课堂总结

总结：明末清初有一位文人名叫魏禧，他曾经说过："文章之道，必先立本，本丰则末茂。"意思是说写文章必先确立中心，好像树木一样，它的根深，枝叶也就茂盛了。可见，明确的中心意思与典型材料对于一篇文章来说，是多么重要。下节课我们再继续完善这篇文章，期待大家一篇篇根深叶茂的好作品。

板书设计：

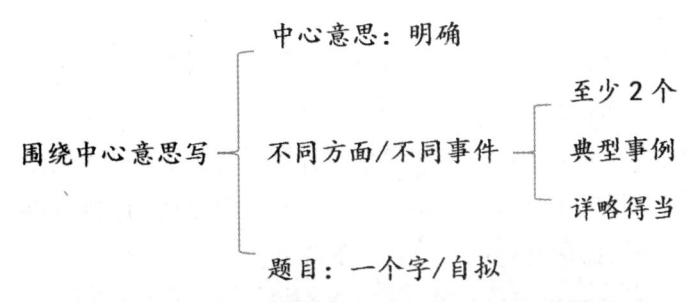

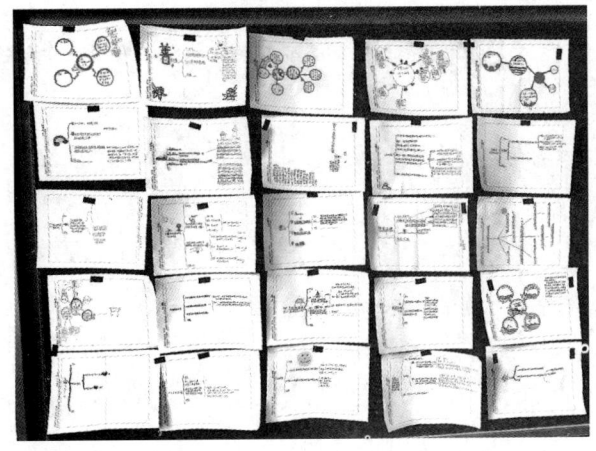

```
                    ┌─ 中心意思：明确
                    │                        ┌─ 至少2个
围绕中心意思写 ─────┼─ 不同方面/不同事件 ───┼─ 典型事例
                    │                        └─ 详略得当
                    └─ 题目：一个字/自拟
```

作业设计：

1.必做：与伙伴交流自己所写的具体事件，互提建议，修改完善思维导图。

2.选做：尝试从材料、角度、体裁等方面进行创新，使文章更有意思，别具一格。比如角度创新：以一棵小树的角度，观察到两个事件，感受到人间的温暖。

教学反思与改进

本节课前，我按照惯例让学生结合预学单进行预习，写出习作提纲。我收齐学生的预学单进行整理分析，从中发现问题，根据学生实际问题，调整课堂教学策略。把学生分成几个小组，抽签选中一份问题预学单，然后小组合作，找到问题所在并商议、汇报改进办法。这样从学生实际困难着手，带领学生解决问题，有效提升了学生学习兴趣。

为了突破重难点，让学生学会围绕中心意思选择典型的材料，写出提纲，我引导学生通过组词的方法拓展思维。比如"甜"既可以表示甜味，又可以表示甜蜜。进而思考生活中哪些事件带给你这样的感受，学生的思维得到了有效的发散。

但是，本节课由于前边研究选材方法时用时较长，导致后边学生写作的时间少了，最后分享交流很仓促。

我想在以后的教学中，应该在教学设计时做更加充分的预设，尽可能针对学生可能出现的问题想好解决策略。这样才能在以学生为主导的课堂上，游刃有余地引导，保质保量地完成每一环节的任务。

（指导教师：北京市朝阳区白家庄小学迎曦分校 马靖）

第十二册　第一单元　习作：家乡的风俗

孙小超

教学单元基本信息				
姓名	孙小超	单位	北京市教育科学研究院附属顺义实验小学	
年级	六年级	单元	下册第一单元	
单元主题		民俗文化		

单元指导思想与理论依据

《义务教育语文课程标准（2011年版）》中指出："工具性与人文性的统一，是语文学科的基本特点。"统编教材"双线组元"的单元结构特点，就是对这一理念的很好的诠释。

本单元以"民俗文化"为主题，重视中国传统民俗文化对学生精神世界带来的影响，同时致力于通过阅读活动达到"阅读中了解文章的表达顺序，体会作者的思想感情，初步领悟文章的基本表达方法"的目的，实现工具性与人文性的统一，同时发展和提升学生语文核心素养。

单元教学内容及要素分析

本单元人文主题较为鲜明，丰富而不单调。从不同的时节、不同的地区、不同的民族等不同的角度介绍了各具特色的民风民俗，向我们展现了一幅幅绚丽多姿的民俗风情画，反映了中华文化的丰厚博大。

本单元指向阅读的语文要素是"分清内容的主次，体会作者是如何详写主要部分的"，旨在进一步了解文章的表达方法，感受文章详略结构的巧妙安排，体会作者怎样谋篇布局以及这样写的好处。如《北京的春节》重点写了腊八、腊月二十三、除夕、正月初一、正月十五这几天，其他的日子则一笔带过。《腊八粥》一课"等粥"部分写得详细,"喝粥"部分写得简略,同时体会作者是如何详写主要部分的。课后习题让学生关注这样的写法,并结合课文内容说说这样写的好处。语文园地的"交流平台"引导学生回顾课文中"分清主次、详略得当、写出特点"的写法,具体说明了其作用,并建议学生运用到自己的写作中去。

　　本单元指向表达的要素是"注意抓住重点,写出特点",这与本单元的课文一脉相承,实现四、五年级的习作达到把作文写清楚、写具体的培养目标。在六年级上册的习作单元中,又强化了学生关注文章的中心意思以及中心意思和材料之间的关系,本单元习作在此基础上,要求学生合理安排详略,写出中心意思明确的作文,材料运用具体而恰当。本单元《北京的春节》《腊八粥》的编排,为本次习作提供了很好的范例,课文突出重点,详略得当,精妙的布局谋篇对学生的习作起引导作用。

　　本单元的人文主题作为文章的主旨贯穿整个单元,我将围绕着"节日民俗——人文线"与"详写重点——要素线"两条线索展开教学,课时安排遵循本单元教材布局顺序。

单元教学目标

　　1. 会写 35 个字,会写 28 个词语。
　　2. 能正确流利地朗读课文。背诵古诗词。
　　3. 了解文章的表达方法,分清内容的主次,体会作者是如何详写主要部分的,体会这样写的好处。
　　4. 仔细阅读课文,体会不同节日的风俗文化。
　　5. 习作时能抓住重点,写出特点。

单元教学结构

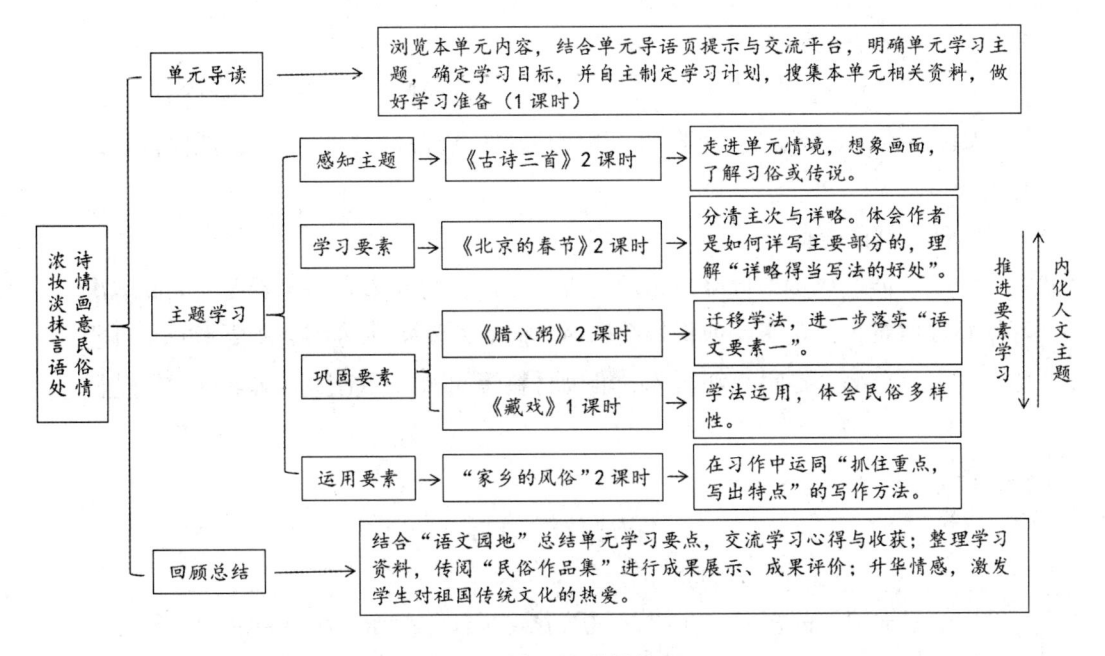

```
                      ┌─ 单元导读 ──→ 浏览本单元内容，结合单元导语页提示与交流平台，明确单元学习主
                      │              题，确定学习目标，并自主制定学习计划，搜集本单元相关资料，做
                      │              好学习准备（1课时）
                      │
                      │              ┌─ 感知主题 ─→《古诗三首》2课时 ─→ 走进单元情境，想象画面，
                      │              │                                  了解习俗或传说。
     ┌──────┐        │              │
     │诗浓  │        │              │  学习要素 ─→《北京的春节》2课时 ─→ 分清主次与详略。体会作者
     │情妆  │        │              │                                    是如何详写主要部分的，理
     │画淡  │ ───→   ├─ 主题学习 ──┤                                    解"详略得当写法的好处"。
     │意抹  │        │              │
     │民言  │        │              │  巩固要素 ─→《腊八粥》2课时 ─→ 迁移学法，进一步落实"语
     │俗语  │        │              │                                  文要素一"。
     │情处  │        │              │              《藏戏》1课时 ─→ 学法运用，体会民俗多样
     └──────┘        │              │                                  性。
                      │              │
                      │              └─ 运用要素 ─→"家乡的风俗"2课时 ─→ 在习作中运用"抓住重点，
                      │                                                  写出特点"的写作方法。
                      │
                      └─ 回顾总结 ──→ 结合"语文园地"总结单元学习要点，交流学习心得与收获；整理学习
                                      资料，传阅"民俗作品集"进行成果展示、成果评价；升华情感，激发
                                      学生对祖国传统文化的热爱。
```

图 1　单元教学结构图

课题	习作：家乡的风俗
课时	第 1 课时
课型	新授课☐　精读或略读指导☐　口语交际课☐　专题复习课☐ 习作指导或讲评☑　学科实践活动课☐　其他☐

课时教学内容分析

本次习作要求学生介绍一种风俗或写一写参加风俗活动的经历，这与本单元主题紧密结合，贴近学生生活实际。

教材首先出示图片，唤起学生对风俗的真实体验，拓展思路，激发写作兴趣。然后提出具体要求。如果是介绍一种风俗，写之前先查阅资料或问问长辈，深入了解这种风俗，可以从不同方面介绍，抓住重点，写出特点。如果写参加风俗活动的经历，则要重点描写活动现场情况和自身的感受，也可以表达出对这种风俗习惯的看法。最后，以"风俗作品集"的方式，为学生创设展示的平台，提升学生写作的成就感。

学习者分析

1.学生现有认知。

通过对本单元课文的学习，学生已经从不同时间、不同地点感受到祖国地域辽阔，风俗各有不同，也学习了如何巧妙布局谋篇，分清主次，抓住重点，写出特点。

2.待发展的方面。

学生可能会因为对家乡风俗缺乏深入了解，写起来有一定难度，因此本次习作要提前布置，在课前搜集相关资料。同时，学生在运用语文要素时，可能会出现对重点部分描写不够具体、堆砌材料等问题，可借助课文重点片段进行引导。

课时教学目标

1.能根据搜集的资料，介绍一种风俗或写自己参加一次风俗活动的经历，重点介绍经历和感受。（教学重点、难点）

2.能抓住重点，分清内容主次，写出特点。（教学重点）

3.能够合作设计一本民俗集。

学习评价设计

表1 作文评价量规

评价内容	评价主体	评价量规 ★★★	★★
资料的运用	集体评价	搜集相关资料，有针对性地选取材料；能够合理安排材料。	能适当运用材料，以丰富自己的习作。
方法的运用	生生互评 教师评价	对风俗的描写，能够抓住重点，分清内容主次，写出特点；精巧布局，详略得当。	对风俗的描写，能够抓住重点，分清内容主次，写清民俗的特点。
语言的运用	集体评价	能用生动形象的语言，描绘出一幅鲜活的民俗画面，表达出真情实感。	格式正确，语句通顺，语言流畅。

教学活动设计

一、回顾旧知，明确任务

同学们，今天我们来上一节习作课"家乡的风俗"，学习本单元之前，我们一起设计了本单元的实践作业"制定民俗集"，随着这节课的结束，我们的作品就要完成了。最终，老师会将大家的作品制成民俗集，发送到班级公众号，和朋友们一起分享。

通过对本单元四篇课文的学习，你都有哪些收获？

预设：我感受到祖国幅员辽阔，民族众多，每个地方都有自己独特的风俗习惯；我学会了如何巧妙布局谋篇、分清主次、抓住重点、写出特点……

二、审明题意，明确要求

自读习作要求，边读边思考，把书中的要求用笔画下来。

预设1：介绍一种家乡风俗，也可以写自己参加风俗活动的亲身经历。

预设2：介绍时想一想，这种风俗的主要特点是什么？可以分几个方面介绍？重点介绍什么？

教师总结：通过读习作要求，我们知道，这次的习作可以分为两个角度，即介绍风俗或者参加经历。习作要求是要抓住重点，分清内容主次，写出特点。

（预设板书：风俗、经历，详写重点）

【设计意图：首先让学生自己发现习作要求，打开思路、构思写法。让学生理解可以聚焦风俗本身、直接介绍，也可以以故事、说经历的方式，让听众感同身受。】

三、感受风俗，指导选材

1.分组简介搜集的资料。

"离家三里远，别是一乡风"，中国的民俗，在世界上是最为多样，最为丰富的！下面请同学们根据学习单中表格内容和课前小组分工，展示小组课前制作的PPT。

节日／习俗	不同传统风俗习惯	习俗来历或亲身感受
春节		
端午节		
中秋节		
……	……	

教师总结：这些都是中国传统民俗，端午吃粽子、赛龙舟，中秋吃月饼、赏月，还有最让你们开心的就是过大年。

【设计意图：以学生的亲身经历激发他们表达的欲望和兴趣。通过交流，探索表述民俗的注意事项，为接下来介绍、写作民俗活动做准备。】

2. 确定所写风俗。

现在我们了解了这么多传统风俗习惯，写作时你准备选择哪个风俗来写呢，打算从哪个角度介绍呢？

预设1：我要写的是南方的端午节，我从几个有趣的风俗来写，分别是赛龙舟、包粽子、悬艾草、佩香囊、挂荷包。

预设2：我想写"包饺子"这种民俗活动，写一写"准备材料、包饺子、吃饺子"等相关过程。

追问：你想重点写哪些方面呢？

预设1：我想重点写端午节包粽子这一部分，因为这个风俗习惯，南方和北方有很多不同之处。

预设2：我想重点写除夕夜全家人坐在一起包饺子，其乐融融的场面。

学生发言，教师顺势小结提升：应从自己最感兴趣和印象最深的风俗活动中选择，再结合你掌握的资料和生活经历，来确定是介绍一种风俗还是写自己参加一次风俗活动的经历。

3. 知晓方法。

怎样才能把你家乡的风俗或你参加过的一次风俗活动介绍清楚呢？结合教材第14页，默读第3、4自然段，提取关键信息。

用自己的话说一说，本次习作都需要我们注意什么。

预设：介绍一种风俗要抓特点，分方面介绍，做到突出重点，还要适当写写体验；介绍一次风俗活动主要写活动现场和自身感受，适当穿插风俗的特点和来历。

总结：不论是介绍一种风俗还是一次风俗活动，都要抓住特点，突出它的重点，进而加入自己的经历，表达对这一风俗的理解和感受。

【设计意图：从选题开始帮助学生明确本次习作训练重点，分清主次，抓住重点，写出特点。】

四、拟写提纲，确定重点

1. 请你根据搜集到的资料、照片以及生活经历，简要列出习作提纲。

2. 把你的习作思路说给你的同桌听，同桌互相学习补充完善。

3. 学生遇到困难时，教师对比呈现《腊八粥》中腊八节这个风俗活动中的来历，指导学生列提纲要具体到某一方面的重点部分或某一活动的重点环节。

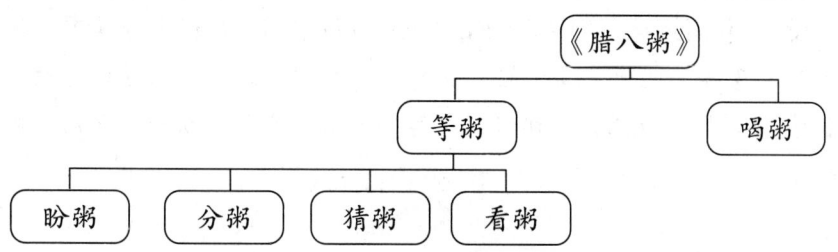

```
                《腊八粥》
                ┌──────┴──────┐
               等粥           喝粥
        ┌───┬───┼───┐
       盼粥  分粥  猜粥  看粥
```

【设计意图：在刚刚说完之后就动笔列提纲，可以迅速将刚刚的思维过程形成文字，在这个基础上要求学生选出重点方面或者事例，一是强调突出重点的写法，二是为下面写重点方面或事例做好铺垫。】

五、重点片段，落笔成文

请你根据所列提纲的重点部分进行家乡风俗的介绍（用时 8—10 分钟）。

【设计意图：在有限时间内有一定速度地完成习作，是六年级学生的基本能力。为了给学生充足的时间，只要求完成习作重点部分，也为下面赏析指导做好铺垫。】

六、片段赏析，例文指导

（一）赏析学生作品

1. 小组交流。

学生写完后进行小组交流，推荐出优秀作品。

2. 集体赏析。

依照时间，选择 1—2 篇投影共享。其他学生根据习作要求做出评价，评价语言要简洁准确，若评价不全面，教师再补充。

预设：学生在介绍重点部分时可能不够具体；介绍风俗活动时，可能写不出特点。

（二）根据需要出示例文，交流启示

读一读《北京的春节》片段，你从中受到哪些启发？

> 除夕真热闹。家家赶做年菜，到处是酒肉的香味。老少男女都穿起新衣，门外贴好红红的对联，屋里贴好各色的年画，哪一家都灯火通宵，不许间断，鞭炮声日夜不绝。在外边做事的人，除非万不得已，必定赶回家来，吃团圆饭，祭祖。这一夜，除了很小的孩子，没有什么人睡觉，都要守岁。

预设 1：作者从香味、色彩、声音，对除夕进行全方位描写，抓住重点，写出特点，表现出了除夕的"热闹"。

预设 2：作者还从人们活动的角度进行详细描写，写得十分具体。

【设计意图：挑出一篇比较优秀的课堂习作展示，是为了给学生一个互相评价赏析与参考的机会。利用例文再一次给学生学习机会，了解一些习作技法。】

七、学生总结，布置作业

1. 请对照板书用自己的话说一说怎样抓住重点，写出特点。

2. 请在课下完成这篇习作。

【设计意图：要求学生自己对本次习作课堂的知识进行总结，借助板书用自己的话说一说。第一，能将所学内容进行梳理和归纳；第二，巩固、深化学生对本单元语文要素的理解。】

板书设计

介绍一种家乡风俗
↓　　　　↓
抓住重点　写出特点
风俗、经历　详写重点

作业设计

1. 完成习作。

2. 能够合作设计一本民俗集。将不同民俗收集在一起，主要介绍民俗名称、由来、活动，也可以贴上活动的场景照片。

教学反思与改进

1. 落实要素，读写结合。

"不谋全局者，不足谋一域"。本课我基于单元整体进行设计，学以致用，落实"抓住重点，写出特点"的习作要素。通过课前搜集资料和课上交流，进一步加深学生对中国传统习俗文化的理解，为习作活动做准备。

2. 关注所有学生的进步。

在课堂教学过程中,"10分钟落笔成文"对于习作能力较弱的学生来说还是有难度的。因此,在此环节我进行了个别指导,让他们选取一个场面来写,或结合书中片段进行仿写。这样既不会因难度太大而望而却步,也有利于这部分学生习作水平的提高。

(指导教师:北京市顺义区教育研究和教师研修中心 孔凡艳)

第十二册　第三单元《那个星期天》

燕京华

教学单元基本信息			
姓名	燕京华	单位	北京市顺义区高丽营第二小学
年级	六年级	单元	下册第三单元
单元主题		习得表达方法　抒写真情实感	

单元指导思想与理论依据

《义务教育语文课程标准（2011年版）》（以下简称《课标》）关于习作明确提出："养成留心观察周围事物的习惯，珍视个人的独特感受，积累习作素材。"学生的生活丰富多彩，在教学中要引导学生主动、细心观察生活，并能用书面表达的方式记录生活、流露真情。

《课标》还要求学生"能具体明确、文从字顺地表达自己的意思。能根据日常生活需要，运用常见的表达方式写作"。因此，学生要能依据自己的需要选择合适的表达方式抒发自己内心的情感。

单元教学内容及要素分析

习作单元不同于其他单元，单元内各项内容都是围绕习作编排的，几个板块环环相扣、紧密联系，最终指向习作表达。本单元安排如下：

表1　单元教学内容列表

板块	导语	精读课文	交流平台	初试身手	习作例文	习作
教学内容	让真情在笔尖流露。体会文章是怎样表达情感的。选择合适的内容写出真情实感。	8.《匆匆》 9.《那个星期天》	总结表达情感的两种方法。	对本单元写作方法的初步运用。	《别了，语文课》《阳光的两种用法》	让真情自然流露

学生学习《匆匆》和《那个星期天》两篇课文，习得直接表达和间接表达情感的写作方法，在"交流平台"梳理方法，对比两种方法的异同。"初试身手"让学生有机会初步尝试使用习得的方法。"习作例文"可前置、后置，为学生习作服务。教师要合理使用单元资源，将读写有机结合到一起。

本单元人文主题是"让真情在笔尖流露"。写作是一种记录生活的方式，学生应学会运用语言文字记录自己的生活，回味生活的酸甜苦辣。

本单元的语文要素是"体会文章是怎样表达情感的"，引导学生学习表达真情实感的方法。这一语文要素在统编教材中共出现过6次，前5次侧重于在阅读中体会情感，本单元则是要总结表达情感的方法，进而运用方法表达自己的情感。

表2　语文要素梳理表

册别	单元	要素
四下	第一单元	抓住关键词句，初步体会课文表达的思想感情。
四下	第四单元	体会作家是如何表达对动物的感情的。
五上	第一单元	初步了解课文借助具体事物抒发情感的方法。
五上	第四单元	结合资料，体会课文表达的思想感情。
五下	第一单元	体会课文表达的思想感情。
六下	第三单元	体会文章是怎样表达情感的。

本单元习作要求是"选择合适的内容写出真情实感"，这是习作最基本的要求。"写出真情实感"就是要有老老实实的态度，有真意，说自己想说的话，不说假话、空话、套话。写出真情实感这一习作要求，在过往的习作单元中常有体现，如三年级上册的"那次玩得真高兴"，四年级上册的"生活万花筒"等。学生在之前的写作练习中已经尝试使用一种或多种方式表达自己的情感。

单元教学目标

1. 会写19个字，会写"明媚、拨弄、草丛"等29个词语。
2. 有感情地朗读课文。背诵《匆匆》。
3. 了解课文内容，体会作者表达的情感。
4. 能联系课文内容，感悟、交流作者表达情感的方法。
5. 能选择一两个情境，运用把情感融入景物之中的方法写几句话。
6. 能选择合适的内容，把内容写具体，能真实自然地表达自己的情感。

单元教学结构

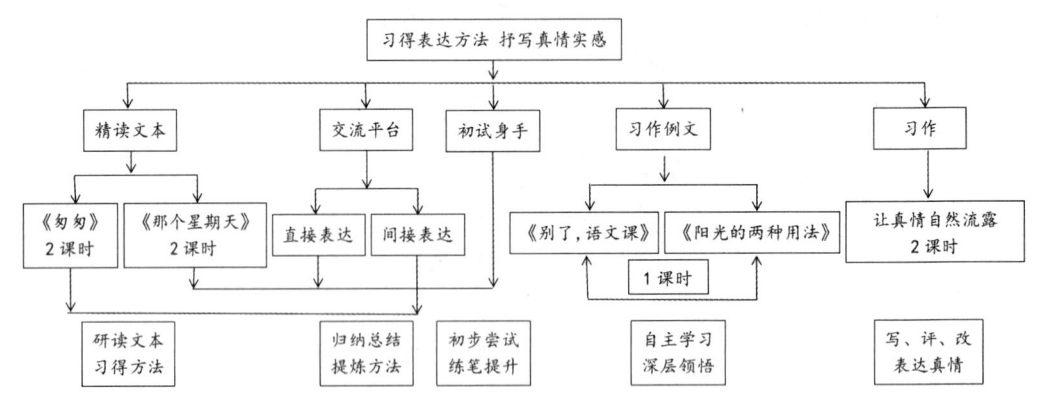

```
            习得表达方法 抒写真情实感
    ┌──────────┬──────────┬──────────┬──────────┐
  精读文本    交流平台  初试身手  习作例文      习作
  ┌────┬────┐ ┌────┬────┐         ┌────┬────┐
《匆匆》《那个星期天》直接表达 间接表达 《别了,语文课》《阳光的两种用法》 让真情自然流露
 2课时   2课时                        1课时              2课时
  │       │      │        │         │                   │
研读文本 习得方法 归纳总结 初步尝试  自主学习             写、评、改
         提炼方法 练笔提升 深层领悟             表达真情
```

图1　单元教学结构图

课题	9 那个星期天
课时	第 2 课时
课型	新授课☑　精读或略读指导☐　口语交际课☐　专题复习课☐ 习作指导或讲评☐　学科实践活动课☐　其他☐

课时教学内容分析

《那个星期天》是六年级下册第三单元第二篇课文，本组教材以"让真情在笔尖流露"为专题编排教学内容。课文写了"我"在一个星期天里等待母亲带"我"出去玩的经历。课文真实感人地写出了"我"一天中的心情变化。这种情感的变化，不但表现在对"我"的动作、内心独白的细腻描写中，还体现在对周围景物的具体描写中。学生阅读本文习得作者表达情感的具体方法，为接下来的习作做好方法上的准备。

学习者分析

通过学习《匆匆》，学生习得了作者用生活中的寻常之事生动地描写了时光的匆匆流逝，以及直接表达情感的方法。通过本课第1课时的学习，学生感受到了文中的"我"情感的变化。

在之前的学习中，学生在四年级下册第一单元学习了"抓住关键词句，初步体会课文表达的思想感情"；在五年级下册第一单元《月是故乡明》和《祖父的园子》了解了直接表达和间接表达。学生已经对这些表达情感的方法有了一定认识。

课时教学目标

1. 联系课文内容，体会课文对人物内心、动作、周围环境的细致描写，感受细腻真挚的情感。（教学重难点）
2. 比较本课与《匆匆》在情感表达方式上的异同。
3. 能选择一两个情境，运用把情感融入景物之中的方法写几句话。

学习评价设计

表3 学习评价表

达成目标＼评价标准	优秀	良好	合格	自评	互评
体会情感习得方法	联系课文内容，体会课文对人物内心、动作、周围环境的细致描写，感受细腻真挚的情感。	联系课文内容，体会课文对人物内心、动作的细致描写，感受细腻真挚的情感。	联系课文内容，体会课文对人物内心的细致描写，感受细腻真挚的情感。		
比较写法	比较本课与《匆匆》在情感表达方式上的异同。	简单比较本课与《匆匆》在情感表达方式上的异同。	说出课文的情感表达方式。		
写话	能选择一两个情境，运用把情感融入景物之中的方法写几句话，表达真情实感，表达得体恰当。	能够选择一个情境，运用情感融入景物之中的方法写几句话，基本表达出自己的情感。	愿意运用情感融入景物之中的方法写几句话，语言通顺。		

教学活动设计

一、回顾内容，复习导入

学生复习、回顾这一天里"我"的心情经历了什么样的变化，回忆上节课所学，导入课文内容。

时间	"我"的心情
早晨	兴奋、急切
上午	焦急
下午	焦急、惆怅
黄昏	失望、委屈

教师根据学生的汇报PPT出示"时间、心情变化表"。

【设计意图：学生回顾上节课所学，重温"我"的心情变化，感受其中的情感流露，为接下来细致体会课文内容和表达方法做准备。】

二、研读文本，体会方法

学生在教师引导下关注情感表达的相关内容，进而体会其作用和方法。

（一）融情于事

1. 聚焦第4自然段，梳理事例。

要求学生自读课文第4自然段，抓住第一句话"这段时光不好挨"，紧扣"挨"字，请学生边读边思考，"我"在等待妈妈的过程中做了哪些事情。学生结合第4自然段内容和书中插图梳理、汇报：跳房子、看云彩走、拨弄蚁穴、翻看画报。

教师相机板书。

2. 替换事例，对比阅读。

教师将事例换成："我在门口的杏树上摘了一箩筐杏子，仔仔细细洗干净，边看画报边美滋滋地吃着，等着母亲带我出去玩。"学生通过替换的事例体会到"我"的心情是悠闲自在的，并不能表现"我"的焦急，从而感受事例的选择要能准确抒情。

3. 提炼方法，体会作用。

教师总结：作者借助"跳房子""看着云彩走"这些举动，真实自然地表达了"我"等待时"焦急又兴奋"的心情。写作时，我们可以把感情融入具体的事例中。

教师板书：融情于事

（二）融情于人

1. 学生圈画"我"在等待母亲带"我"出去玩时的内心独白。

"母亲买菜回来却又翻箱倒柜忙开了。走吧……看她做完一件事又去做一件事。"这段文字语言和心理独白交织在一起，平实质朴，明白如话，直接又鲜明地表现出"我"焦急的心情。这里让学生读悟结合，读出"念念叨叨"、越来越急，甚至有些不耐烦的感觉。

"我蹲在她身边，看着她洗。我一声不吭，盼着。我想我再不离开半步，再不把觉睡过头。我想衣服一洗完我马上拉起她就走，决不许她再耽搁。"

2. 通过对"再不""一洗完……马上""决不许"的体会，感受"我"迫切的心情。

3. 最后再让学生读一读，体会作者通过富有儿童情味的内心独白表达心情的好处。

教师板书：融情于人。

（三）融情于景

1. 聚焦全文，自读自悟，圈画环境描写。

学生默读全文，圈画文中的环境描写。学生圈画四处环境描写语句："那是个春天的早晨……""看着盆里揉动的衣服……""我现在还能感觉到……""男孩儿蹲在……"

2. 引导体会，明确方法。

教师引导学生体会作者只是抓住"阳光"这一个景物来写，但是不同心情之下阳光的样子是完全不同的。（板书：阳光变化）

教师总结：写作时，我们还可以把感情融到具体的环境中。

教师板书：融情于景

【设计意图：通过圈画、写批注、对比的方式阅读文章，提炼作者表达情感的方法。学生语言的构建与运用能力在一个个言语活动中得到培养和提升。】

三、回顾比较，感悟不同

教师出示思考问题：《匆匆》和《那个星期天》都表达了作者真实的情感，这两篇课文在表达情感的方式上，有哪些相同点和不同点？联系"交流平台"，填一填下面的对比表。

表达情感的方式		
课文	相同点	不同点
《匆匆》	都将情感融入具体事物，都表现了对时光易逝的无奈与惆怅，抒发了真情实感。	一连串的问句占了全文很大篇幅，把情感直接地表达出来。
《那个星期天》		更多地将感情融入人、事、景物中，间接表达出来。

【设计意图：对比两篇精读文章的写作方法，让学生体会文章在表达情感

上的特点和不同，明确直接表达与间接表达情感的方法，为习作做铺垫。】

四、迁移写法，创境练笔

（一）阅读文字，体会心情

学生自主阅读"初试身手"，说一说读出了什么。

（二）观察图片，调动感官

出示"校园"图片，说一说看到了哪些景物。学生交流汇报，教师引导学生关注不同情境下的典型景物，由此借景抒情。同时，教师相机点拨可以调动"视觉、听觉、味觉、嗅觉、触觉"多种感官感受自然事物，为将情感融于景物寻找支点。

（三）选择情境，借景抒情

学生选择在四种情境中选择一种，就心情"好"与"不好"两种状态运用已经习得的写法练笔。

（四）小组交流，点评修改

板书设计

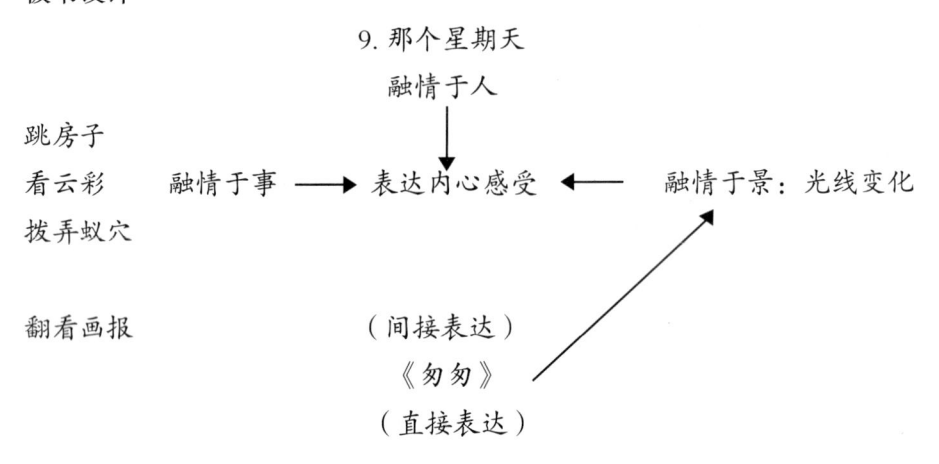

```
                    9. 那个星期天
                        融情于人
                           ↓
跳房子
看云彩    融情于事 →  表达内心感受  ← 融情于景：光线变化
拨弄蚁穴                       ↗
                      （间接表达）
翻看画报              《匆匆》
                      （直接表达）
```

作业设计

必做：

1. 继续完善"初试身手"语段。
2. 结合旁批和本课所学自主预习两篇习作例文，尝试解决课后题。

选做：

用几个事例写一写心情"好"与"不好"这两种状态。

教学反思与改进

1. 叶圣陶说:"语文教材无非是个例子。"课文指向习作要素时,它就应该为习作服务,就是习作的"例子"。本节课延续上节课对文章表达方法的学习,结合以前所学,学生能够总结、归纳出作者表达情感的方法,为后面写作做好准备。读后写,将读与写紧密结合在一起,把好文章的作用发挥到最大。

2. 学生在尝试使用"借景抒情"这一方法表达情感时,描写内容单一,缺少新意,出现大量同质化的表达。此环节可以出示学生以往活动照片,引导学生关注当时的天气、环境、事物,激发学生的创作热情,丰富学生的写作内容。

(指导教师:北京市顺义区高丽营第二小学 龚晓静)

语文综合性学习单元板块

第四册　第一单元《找春天》

张雨

教学单元基本信息				
姓名	张雨	单位	北京市顺义区教育研究和教师研修中心附属实验小学	
年级	二年级	单元	下册第一单元	
单元主题		读春天的故事，感受语气的魅力		

单元指导思想与理论依据

《义务教育语文课程标准（2011年版）》（简称《课标》）指出："语文是一门学习语言文字运用的综合性、实践性课程。"语文学习的核心任务是"学习语言文字的运用"，倡导教学时要设计"综合性、实践性"的语文活动。《课标》还提出能"正确、流利、有感情地朗读课文"的要求。低学段的阅读教学，要引导学生在阅读中体会句号、问号、感叹号所表达的不同语气。结合本单元"朗读课文，注意语气和重音"这一语文要素，在阅读教学中，教师要充分利用联结策略，将文本内容与学生的已有经验、知识联结，通过设计具体的学习活动，使学生在整体情境中落实朗读训练，培养学生的理解与表达能力。

单元教学内容及要素分析

本单元围绕"春天"这一人文主题，安排了《古诗二首》《找春天》《开满鲜花的小路》《邓小平爷爷植树》四篇课文和"口语交际""语文园地一"以及"快乐读书吧"。《古诗二首》《找春天》和"语文园地一"中的《赋得古原草送别（节选）》描绘了春天的景象；《开满鲜花的小路》《邓小平爷爷植树》和"语文园地一"中的《笋芽儿》讲述了与春天有关的故事。"语文园地一"中"识字加油站""字词句运用"均以春天里的公园为背景；"快乐读书吧"推荐阅读儿童故事，文中儿童的顽皮、可爱与春天相契合。

本单元的语文要素是"朗读课文，注意语气和重音"。"注意语气"这一要求学生并不陌生，"注意重音"是二年级下册提出的新要求。低学段各单元对朗读的要求如表1：

表1 第一学段教材中对朗读的要求梳理

位置	课文	朗读要求
一上(第六单元)	《雨点儿》	分角色朗读课文，读好角色说话语气。
一下(第三单元)	《小公鸡和小鸭子》	练习读好角色对话，读出不同角色说话的语气。
一下(第六单元)	《要下雨了》	关注对话，分角色朗读，能读好问与答的语气。
一下(第七单元)	《动物王国开大会》	体验角色，读好对话，读出祈使句带有号召、命令的语气，读出疑问句思考的语气。
一下(第八单元)	《棉花姑娘》《小壁虎借尾巴》	读出祈使句的语气，读好多个角色之间的对话，尝试读好请求、盼望的语气；读好不同角色说的话语，特别是主人公说的话
二上(第五单元)	《坐井观天》《我要的是葫芦》	分角色朗读课文，读好反问、感叹的语气。对比朗读，体会同一个意思可以用感叹句或陈述句、反问句或陈述句来表达，不同的语气表达不同情感。
口语交际	商量	学习使用商量的语气与别人交流，把自己的想法说清楚。
二上(第七单元)	《雾在哪里》	读好雾说话时的语气。
二上(第八单元)	《狐狸分奶酪》	分角色朗读课文
二下(第一单元)口语交际	《开满鲜花的小路》注意说话的语气	分角色朗读课文，根据不同角色读出不同语气。与人交流时，语气不同会有不同的效果；注意用恰当的语气说话。

一年级和二年级上册多次训练学生读出疑问句、感叹句、祈使句等句式的语气。二年级下册，在继续强化落实不同句式读出不同语气的基础上，引导学生在具体的语境中，根据不同角色的心情读出不同语气，尝试根据语意读出重音。

"朗读课文，注意语气和重音"是有感情地朗读课文的基本技能之一，围绕朗读目标，各册要求有所不同。这体现了朗读能力的发展序列：从读准字音、读通句子，开始向读出情感、读出理解过渡。

本单元每篇文章在落实语文要素时的侧重点也不同。《古诗二首》《找春天》和"语文园地一"中的《赋得古原草送别（节选）》在让学生感受春景的过程中侧重语气和重音的教学，引导学生读出节奏和韵律；《开满鲜花的小路》《笋芽儿》适合分角色朗读，在读好人物语言的同时表现人物心情；《邓小平爷爷植树》是叙事的文章，用合适的语速、娓娓道来的语气来朗读课文；口语交际"注意说话的语气"从交际的角度体现了本单元的语文要素。

单元教学目标

1. 认识53个生字，1个多音字，会写34个字，会写34个词语。
2. 正确、流利地朗读课文，能注意语气和重音。
3. 能用自己的话说出诗句描述的春天美景；了解课文内容，能说出孩子们找到的春天是什么样的；能借助插图，说出邓爷爷植树的情景。
4. 在感受春天的美好中朗读课文，读出语气和重音。
5. 能用恰当的语气与别人交流，避免使用命令的语气。

单元教学结构

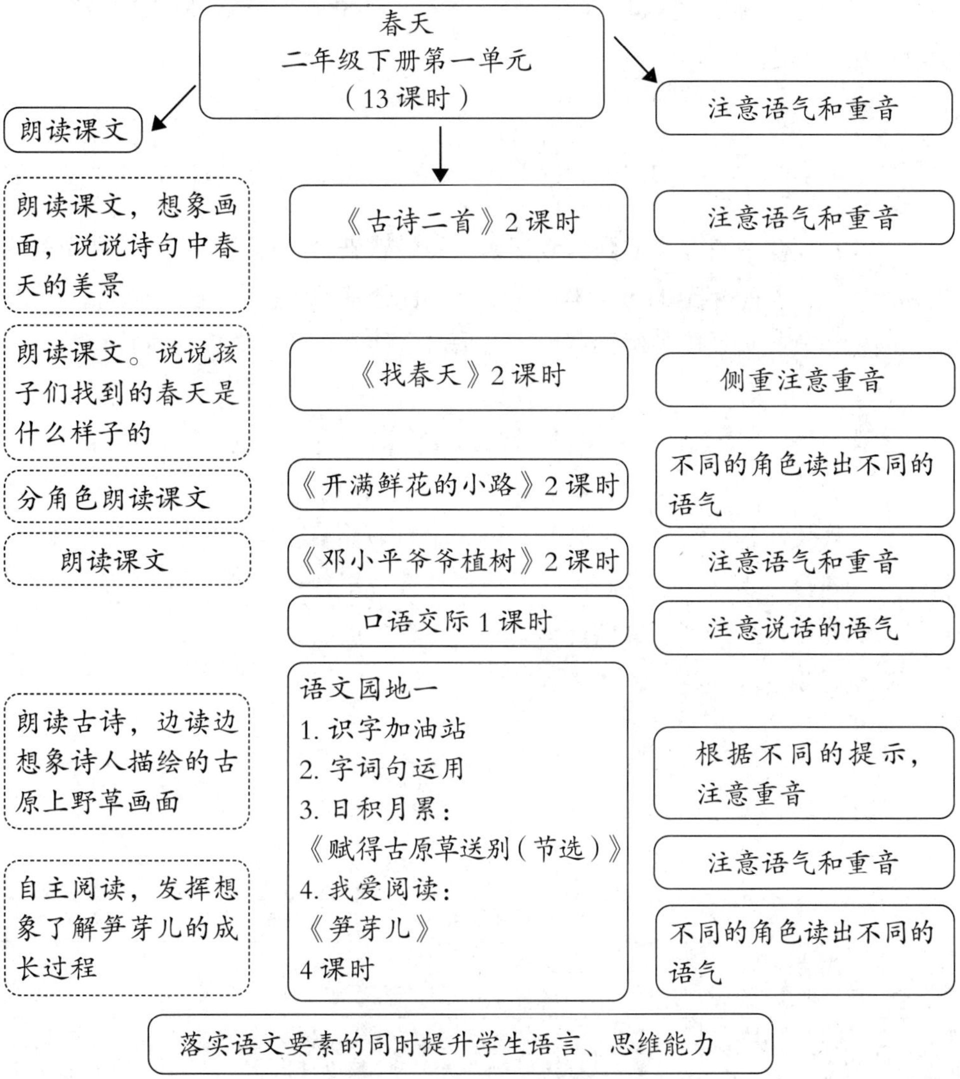

```
                    春天
              二年级下册第一单元
                  （13课时）

朗读课文                                          注意语气和重音

朗读课文，想象画      《古诗二首》2课时           注意语气和重音
面，说说诗句中春
天的美景

朗读课文。说说孩      《找春天》2课时            侧重注意重音
子们找到的春天是
什么样子的

分角色朗读课文       《开满鲜花的小路》2课时      不同的角色读出不同的
                                               语气

朗读课文            《邓小平爷爷植树》2课时      注意语气和重音

                   口语交际1课时               注意说话的语气

朗读古诗，边读边     语文园地一
想象诗人描绘的古     1. 识字加油站              根据不同的提示，
原上野草画面         2. 字词句运用              注意重音
                   3. 日积月累：
                   《赋得古原草送别（节选）》     注意语气和重音

自主阅读，发挥想     4. 我爱阅读：              不同的角色读出不同的
象了解笋芽儿的成     《笋芽儿》                 语气
长过程              4课时

        落实语文要素的同时提升学生语言、思维能力
```

图1 单元教学结构图

课题	2 找春天
课时	第 2 课时
课型	新授课☐　精读或略读指导☑　口语交际课☐　专题复习课☐ 习作指导或讲评☐　学科实践活动课☐　其他☐

课时教学内容分析

《找春天》讲述了春天到来时，孩子们寻找春天时的兴奋情景。内容丰富有趣，贴近儿童生活，语言表达生动优美。在理解课文内容、体会作者感情的基础上，运用多种朗读形式让学生学习积累、尝试表达，感受春天的美好，领会其中的情与趣。

学习者分析

二年级学生具有好奇心强、爱探索、易受感染的心理特点，容易被新鲜的事物所吸引。在一年半的语文学习后，他们已经能够说一段较完整的话，但对朗读时的语气把握还需教师创设情境，采取多种方式增强学生的体验和感受。

课时教学目标

1. 能够关注标点符号，注意语气和重音，有感情地朗读课文。（教学重点）
2. 通过品读课文，想象画面，掌握"什么+干什么（怎么样），那是春天的（什么）吧？"句式，并能迁移运用。（教学重点）
3. 能发现春天的特点，感受到春天的美好。（教学难点）

学习评价设计

表 2　学习评价表

方法	评价内容	★★★	★★	★
自评	我能读： 朗读课文	正确、流利、注意重音、语气	正确、流利	正确
互评	我能说： 你找到的春天是什么样的。	能清楚、完整、流畅地说出春天的样子。	能比较清楚、流畅地说出春天的样子。	能用自己的话简单说出春天的样子。

续表

方法	评价内容	★★★	★★	★
师评	我能写：（什么事物）（干什么），那是春天的（什么）吧？ （怎样的事物）（怎么样），那是春天的（什么）吧？	能用自己的话，生动、形象地写出句子。	能照书中句式，简单写出句子。	能照书中样子，写句子。

教学活动设计

活动一：朗读课文，多元感悟

1. 整体感知。朗读课文，让学生说说对春天有怎样的印象。

（1）出示句子：春天像个害羞的小姑娘，遮遮掩掩，躲躲藏藏。

（2）通过字源识字、理解字义和组词等识记方法来学习"羞"字。

（3）理解"害羞"。用换词或做动作的方法理解。

（4）通过感受"春天像个害羞的小姑娘"，相机学习叠词"遮遮掩掩、躲躲藏藏"并拓展积累AABB类型的词语。

2. 学习第1—3自然段。

（1）自由朗读课文。

（2）圈画表示动作的词，抓住"脱掉、冲出、奔向"等表示动作的词语，感受孩子们急切、激动的心情。

（3）读出两个"春天来了！"的变化，抒发孩子们对春天来临的喜悦之情。

【设计意图：紧扣词语"害羞"，整体感知，为下文的学习做铺垫；抓住"脱掉、冲出、奔向"等动词，体现孩子们的欣喜之情；扣住标点，朗读指导，为积累语言做好基础。】

活动二：尝试表达，积累语言

1. 看图尝试表达。

（1）看图找春天。仔细看图，寻找图中的春天，说给大家听。

（2）尝试练说。

2. 学习第4—7自然段，朗读想象画面。

（1）朗读4—7自然段，了解春天的样子，在想象中感受春天的美好。

（2）朗读指导：读出春天里的"小草、野花、树木、小溪"的样子，想象成"春天的眉毛、眼睛、音符、琴声"。（随机板贴）

3. 学习第8自然段，读中拓展画面。

我们继续去找春天，她还会在哪里呢？

（1）相机出示第8自然段，引导学生边读边想象画面，感受春天无处不在。

（2）古诗联读，拓展画面。

> 杨柳绿千里，春风暖万家。
> 黄莺鸣翠柳，紫燕剪春风。
> 春风一拂千山绿，南燕双归万户春。
> 儿童散学归来早，忙趁东风放纸鸢。

（3）背诵段落，积累语言。

【设计意图：先看图说话，再学习书本语言，体现"先学后教"；通过各种形式的朗读，体悟儿童散文语言的诗意灵动，背诵积累，形成语言图式；链接课外古诗文，把"春天"的文化元素植入学生心田。】

活动三：拓展运用，仿写句式

1. 启发想象，寻找春天。

（1）到处都是春天的脚印，我们继续观察欣赏，用耳朵听，用鼻子闻，用手摸一摸，还会找到更多美丽的春天。

（2）同桌交流，说一说。

2. 比较句子，学习句式表达。

（1）出示第4—7自然段，发现规律，说说自己眼中的春天。

（　　）（　　），那是春天的（　　）吧？

（　　）（　　），那是春天的（　　）吧？

（2）学生仿写，教师巡视指导。

（3）全班交流，师生互评。

3. 回归整体，朗读全文，做小小朗读者，读出语气和重音，感受春天的美好。

【设计意图：借助句式比较，发现语言的共同点，为学生写话提供表达支架。】

板书设计

```
              ┌─ 寻找春天
              │             ┌ 小草  眉毛 ┐
   2 找春天 ──┼─ 感受春天 ─┤ 野花  眼睛 ├─ 发现春天
              │             │ 嫩芽  音符 │   热爱春天
              │             └ 溪水声 琴声 ┘
              └─ 找到春天
```

作业设计

1. 以"我眼中的春天"为主题开展语文实践活动，学生根据自己的特长组成合作小组，完成"找春天——拍春天——绘春天——诵春天——写春天"的学习活动。

2. 拓展阅读。阅读朱自清《春》中的有关段落。

【设计意图：课堂不是学生学习的终点，而是学生学习的开始。本学习设计让学生围绕"我眼中的春天"这一主题，选择自己喜欢的一项任务开展语文实践活动并进行拓展阅读，既促进了学生对课文的深入学习，又锻炼了学生观察、表达、合作的能力，实现了课内与课外、语文与其他学科之间的融合。】

教学反思与改进

与以往相比，教学本课我更加尊重学生的阅读体验及独特见解，体现在以下几点：

1. 更加注重创设情境，始终引导学生在找春天的美好的情境中，充分调动学生的学习兴趣。

2. 更加重视朗读的训练，让学生在多种形式的朗读中理解词句，注意语气和重音，感悟情感。

3. 更加重视学生思维与语言的发展。除了让学生在多种形式的朗读中欣赏感悟春天的美景，还为学生的写话搭建支架。课文最后一段中"我们看到了她，我们听到了她，我们闻到了她，我们触到了她"这个句子中的四个动词"看、听、闻、触"，告诉我们描写事物可以通过多种感官获得信息，再通过发现第4—7自然段的句式特点，引导学生大胆想象，放飞思维，语言表达能力得到了充分提升。

（指导教师：北京市顺义区教育研究和教师研修中心附属实验小学 刘占红）

第十册　第三单元　汉字真有趣

赵露

教学单元基本信息			
姓名	赵露	单位	北京市大兴区庞各庄镇第二中心小学
年级	五年级	单元	下册第三单元
单元主题			遨游汉字王国

单元指导思想与理论依据

《义务教育语文课程标准（2011年版）》（以下简称《课标》）提出："语文教学应努力体现语文课程的实践性和综合性。"综合性学习既符合语文教育的传统，又具有鲜明的时代特征，体现了学生综合能力的整体发展、语文课程与其他课程的沟通、书本学习与生活实践的紧密结合，在小学语文学习中占有重要的地位。

《课标》在第三学段综合性学习目标中，围绕发现问题、策划和参与活动、自我表达、解决问题等方面提出了明确的要求。《课标》在实施建议中还强调，"综合性学习应突出学生的自主性，主要由学生自行设计和组织活动，注重探索和研究的过程，加强教师在各环节的指导作用"。本单元是教材第一次设置整组的综合性学习内容，旨在进一步拓宽学生的学习空间，增加实践机会，因此在教学中我将通过任务驱动方式，调动学生学习的兴趣，并在搜集资料、活动设计、撰写报告三个重要环节加强指导，促进学生在积极主动的实践活动中不断地提升语文能力，增强学生对中国汉字以及中华传统文化的热爱之情。

单元教学内容及要素分析

统编教材更加注重学生语文素养的提升，注重语文的综合性、实践性，注重语文与生活的联系。在整合原人教版综合性学习的基础上，更加凸显能力要求的序列性和鲜明的时代性。

一、纵向教材分析

统编教材在三至六年级一共安排了四次综合性学习，三、四年级分别在普通单元穿插安排了两次综合性学习，即"中华传统节日"和"轻叩诗歌大门"；五、六年级各安排了一次以单元整组方式出现的综合性学习，即"遨游汉字王国"和"难忘小学生活"。与原人教版教材的综合性学习相比，虽然次数大大缩减，但是内容更加整合，也便于实施，而且学习要素的提升序列更加清晰，对学生语文能力的要求呈现出明显的梯度设计。（详见图1）

单元主题

三下三单元
中华传统文化
收集材料，交流节日风俗习惯，写一写过节过程。

四下三单元
轻叩诗歌大门
收集资料，学习整理资料的方法，合作编诗集，举办朗诵会。

五下三单元
遨游汉字王国
学习搜集资料的方法，学写研究报告。

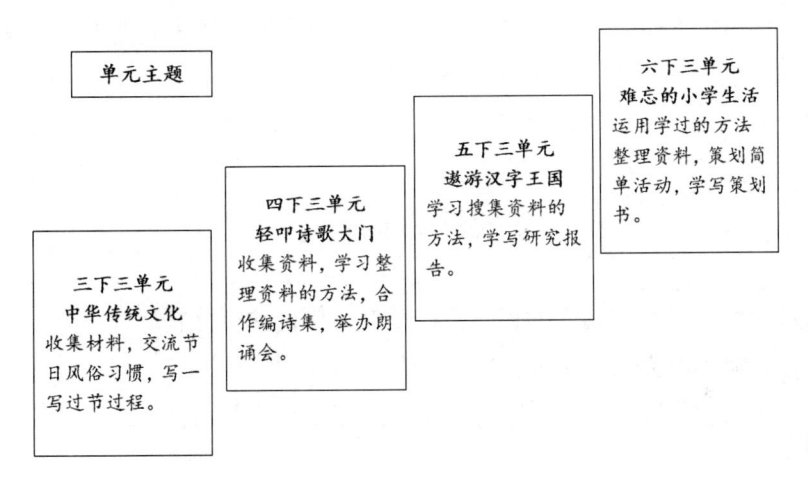

六下三单元
难忘的小学生活
运用学过的方法整理资料，策划简单活动，学写策划书。

图1　单元主题与学习要素序列表

二、单元内容分析

本单元是教材第一次以单元整组的方式编排综合性学习活动。教材围绕"遨游汉字王国"这个主题，安排了"前言"和"汉字真有趣""我爱你，汉字"两个活动板块，两个板块前后关联，第一个是基础，后一个是提升。每个板块又包括"活动建议"和"阅读材料"。活动建议提示了具体的活动任务；阅读材料围绕活动主题从多个角度编排了文章、谜语、书法作品等，帮助学生进一步了解汉字，打开活动思路，顺利完成活动任务，体现了以活动贯穿始终，通过任务驱动带动整个单元学习的编排特点。

本单元有三项学习任务，分别是"感受汉字的趣味，了解汉字文化""学习搜集资料的基本方法""学写简单的研究报告"。教材力图通过活动的开展，使学生对汉字的特点、历史、文化有更丰富全面的认识，对汉字产生更浓厚的兴趣，同时让学生掌握有目的、多渠道搜集整理资料的方法，提升他们问题研究的能力。

不论是"感受汉字的趣味"，还是"学写研究报告"，都必须搜集资料、整理资料、引用资料。因此"学习搜集资料的方法"是完成单元任务的重要手段。五年级学生在语文学习和实践活动中已经初步掌握了收集资料的方法，而搜集主要指通过广泛的渠道有目的地搜寻某些资料，然后整理汇总。从收集到搜集，难度有所提高，旨在让学生掌握更多的获取信息的方法，更加精准地查找需要的资料。因此，本次综合性学习采取"任务驱动、方法引领、小组合作"的策略，以"感受汉字趣味，了解汉字文化"为目的，以"学习搜集资料的方法"为手段，以"小组合作学习"为组织形式，以"学写简单的研究报告"为成果，让学生在学中做、做中学，并努力将课堂学习与课外实践有机结合，达到课堂"减负增效"的理想境界，促进学生语文素养的全面提升。

单元教学目标

1. 通过学习活动感受汉字的趣味，产生对汉字的热爱之情。
2. 以任务驱动的方式学习搜集资料的基本方法。
3. 通过小组合作，自主探究的方式学写简单的研究报告。

单元教学结构

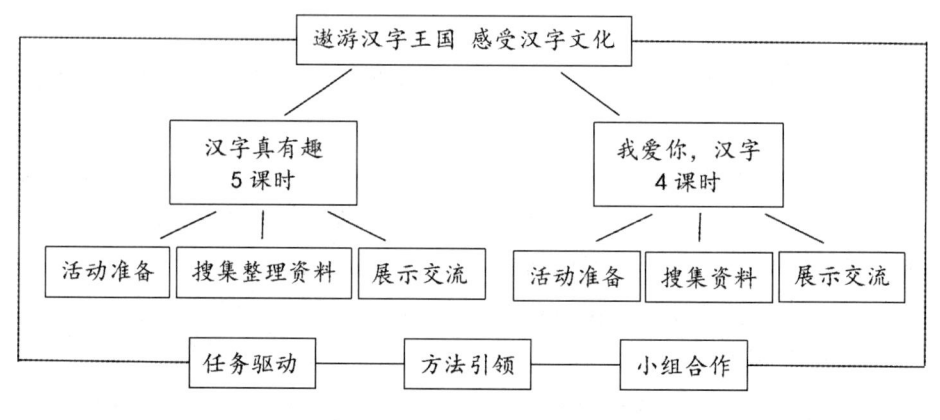

图2　单元教学结构图

课题	汉字真有趣
课时	第 2 课时
课型	新授课□　精读或略读指导□　口语交际课□　专题复习课□ 习作指导或讲评□　学科实践活动课□　其他☑

课时教学内容分析

本板块主题是"汉字真有趣",围绕主题安排了两部分内容,分别是"活动建议"和"阅读材料"。

"活动建议"对活动形式和大致步骤提出了建议,并提供了"搜集字谜、猜字谜""搜集材料、举办趣味汉字交流会"两项活动内容,因为这两项活动都离不开资料的搜集整理,因此本板块还以图表的形式呈现了搜集资料的三种常见渠道,为学生搜集整理资料提供了基本的方法。两项活动任务难易程度有所区别,可以满足不同程度学生的需求。

"阅读材料"围绕主题编排了五篇材料,从广义的角度展现了汉字音、形、义等方面的趣味,意在丰富学生对汉字特点的认识,增进对中国汉字文化的热爱之情,同时帮助学生打开选择活动内容、搜集资料、展示交流的思路,提高学生参与活动的兴趣。

基于综合性学习课程的特点以及本板块学习要求,本单元采取"任务驱动、方法引领、小组合作"的策略组织和开展学习活动,意在引导学生通读活动建议和阅读材料,明确任务要求,了解搜集资料的方法,并在小组合作的基础上完成小组计划的制定,做好任务分工,为后面活动的顺利举行做好充分准备,将课内学习与生活实践有机结合。

学习者分析

五年级的学生已经认识了近三千个汉字,对汉字有了丰富的感性认识。学生在三年级和四年级已经接触了两次综合性学习活动,对综合性学习并不陌生,并且通过语文的学习,已经初步具备了收集整理资料的能力,能在教师指导、小组合作下开展一些有趣味的实践活动。我校近两年参与了区"全阅读项目"的研究,学校每学期都要开展丰富多彩的语文实践活动,学生语文学习兴趣浓厚,参与活动的积极性比较高。但是班级中也有个别学生语文基础比较薄弱,阅读习惯不好，搜集整理资料的能力不强，语言表达水平不高，需要重点关注。本单元是第一次设置单元整组的综合性学习内容，历时较长，任务较多，需要在小组合作中完成，因此还需要关注各小组活动的组织和进展情况，对于任务完成存在困难的小组，需加强指导。

课时教学目标

1. 感受汉字的趣味，产生对汉字的热爱之情。
2. 选择活动任务，制定小组活动计划。（教学重点）
3. 了解搜集资料的基本方法，学会搜集整理资料。（教学重点）

学习评价设计

表1 小组搜集整理资料评价表

项目	评价标准	同学评价	教师评价	家长评价
搜集资料方法	能熟练灵活搜集资料；搜集资料效率高。	☆☆☆☆☆	☆☆☆☆☆	☆☆☆☆☆
搜集资料内容	能围绕主题通过多种渠道搜集资料；搜集的资料内容丰富有趣。	☆☆☆☆☆	☆☆☆☆☆	☆☆☆☆☆
资料整理情况	能结合主题对搜集的资料进行分类整理。	☆☆☆☆☆	☆☆☆☆☆	☆☆☆☆☆

教学活动设计

一、激趣导入，明确学习任务

（一）启发谈话，导入新课

1. 我们平时读书、看报、写文章，都离不开汉字，你对汉字有哪些了解呢？

2. 一位外国人曾经这样赞美我们中国的文字："世界上有一个伟大的国家，她的每个字，都是一首优美的诗，一幅美丽的画。这个国家就是中国。"汉字文化，博大精深。这节课，让我们共同走进汉字王国，感受汉字如诗如画的无穷魅力吧！

（二）阅读导语，明确任务

引导学生阅读单元导语，明确本单元综合性学习的三大任务要求。

【设计意图：通过引入外国人对汉字的评价，激发学生对汉字的兴趣，导

入新课的学习，明确此次综合性学习活动的主题。】

二、合作学习，制定小组计划

（一）学习阅读资料

1. 自主阅读课本第43页第一自然段，说一说你从中获取了哪些信息。

2. 学生进行汇报，明确活动内容。

（二）建立合作小组

1. 听了同学们的精彩汇报，我发现有的同学喜欢猜字谜，有的同学喜欢汉字趣味交流会。现在咱们根据自己的喜好，自由组建小组，每组6~8人。

2. 请各小组推选出一名组长。

（三）制定活动计划

1. 出示任务单，明确活动计划的主要内容。

```
_____活动计划
一、活动时间：
二、活动地点：
三、活动主题：
四、活动过程：
  （一）活动准备
  1.
  2.
  ……
  （二）活动分工
  1.
  2.
  ……
  （三）展示交流
  1.
  2.
  ……
```

2. 各小组在组长带领下制定本组活动计划。

3. 选择两个小组，分别交流活动计划制定情况。

【设计意图：本环节既有学生自主的钻研，也有小组合作交流，意在培养学生自主探究、合作交流与展示学习成果的能力，充分调动学生的积极性，尊重学生主体，把课堂交给学生。】

三、文化探寻，汉字资料搜集

（一）阅读资料，感受有趣的汉字

1. 认真阅读课本第 44—46 页的阅读材料，思考：从中你有哪些收获，你觉得汉字哪里有趣？

2. 你还知道哪些关于汉字的有趣的字谜、歇后语、汉字故事？

3. 教师出示自己搜集到的有关趣味汉字的资料。

（二）查找资料，探寻有趣的汉字

1. 各小组要举办好这次活动。我们如果想了解更多有趣的汉字知识、汉字故事，可以通过哪些途径来获得呢？

2. 教师总结演示"查找图书、网络搜索、请教别人"三种搜集资料的方式。

【设计意图：通过资料阅读、启发谈话等，引导学生进一步感受汉字的趣味；同时总结梳理搜集资料的方法，拓宽学生获取信息的渠道，提高学生搜集整理信息的能力，为后面活动的开展做好充分的准备。】

四、延伸课外，促进内外衔接

总结和强调本次主题活动的任务和要求，请各小组结合活动计划，认真搜集整理资料，为汉字趣味活动的顺利召开做好充分准备。

【设计意图：加强课内外的有机衔接，促进书本学习与生活实践的有机结合。】

板书设计

汉字真有趣

组建小组——制定计划——搜集资料

作业设计

运用搜集方法，围绕汉字历史、书法或者其他感兴趣的与汉字有关的内容，搜集更多的资料。

教学反思与改进

  结合综合性学习课程的特点，采取"任务驱动、方法引领、小组合作"的策略组织和开展学习活动。活动中注重任务情境的创设和兴趣激发，通过多元评价方式激发学生参与活动的积极性和主动性。本课教学重点围绕活动的准备展开，通过教给学生搜集资料的基本方法，拓宽学生搜集整理资料的渠道，提高学生搜集处理信息的能力，从而为活动顺利开展做好准备。搜集处理信息的能力需要学中做、做中学，因此教学中我特别注意课内与课外的有机衔接，引导学生在生活实践中不断提升语文能力。

  反思本节课，在课堂分组环节教师的组织和调控有些薄弱，学生分组耽误了时间，对个别小组关注不够，导致小组计划完成情况不理想。

（指导教师：北京市大兴区教师进修学校 王云阁）